GAO DENG SHU XUE
高等数学

主　编　臧振春　苏白云
副主编　刘泮振　张　瑞
　　　　石永生　侯俊林

河南大学出版社
·郑州·

图书在版编目(CIP)数据

高等数学/臧振春,苏白云主编. —郑州:河南大学出版社,2012.8(2023.8 重印)
ISBN 978-7-5649-0938-3

Ⅰ.①高…　Ⅱ.①臧…②苏…　Ⅲ.①高等数学－高等学校－教材　Ⅳ.①O13

中国版本图书馆 CIP 数据核字(2012)第 191436 号

责任编辑　朱建伟
责任校对　牛　伟
封面设计　郭　灿

出　版	河南大学出版社		
	地址:郑州市郑东新区商务外环中华大厦 2401 号	邮编:450046	
	电话:0371－86059701(营销部)	网址:hupress.henu.edu.cn	
排　版	郑州市今日文教印制有限公司		
印　刷	河南田源印务有限公司		
版　次	2012 年 8 月第 1 版	印　次	2023 年 8 月第 12 次印刷
开　本	787mm×1092mm　1/16	印　张	22.5
字　数	519 千字	印　数	54751－59450 册
定　价	39.90 元		

(本书如有印装质量问题,请与河南大学出版社营销部联系调换)

前　言

　　高等数学是财经、管理类等学科的专业基础课,也是研究生入学考试的必考内容.随着高等教育事业的发展和教育改革的不断深入,高等教育对基础课的内容也提出了一系列新的要求.教材改革作为教育改革的基本内容,愈来愈受到学校和教育人士的关注.本书编者根据财经、管理类等学科的发展需要,结合多年来的教学实践,广泛参阅国内外有关著作,组织编写了《高等数学》这本教材.

　　本书内容符合教学大纲的基本要求,具有以下主要特点:

　　1. 注重基本理论、基本知识的介绍和基本技能的训练,概念引入力求自然、简洁明了.针对一些较难问题的提出,不易理解的概念和不易掌握的方法均给出了注释.

　　2. 尽量吸收本学科新的、比较成熟的研究成果,充实了数学在经济管理中的应用.

　　3. 书中配有较多的典型例题,题型多样,内容广泛,使读者有更多的解题训练机会,以培养分析和解决问题的能力.

　　4. 本书各章配备习题,针对性强,又兼顾前后内容的复习和巩固,具有典型性和代表性,分 A,B 两组.A 组为传统题型,B 组为标准化题型,难度高于 A 组,以备读者进一步学习之用.

　　本书由臧振春、苏白云担任主编.参与编写的作者具体分工如下:刘泮振第一章、习题解答,石永生第二章、第七章,苏白云第三章、第四章,张瑞第五章、第六章,侯俊林第八章、第九章,臧振春第十章、附录.

　　本书编写过程中,曾得到河南大学出版社、河南财经政法大学教务处及参与授课教师的大力支持和帮助,在此一并感谢.

　　由于编者水平有限,书中难免有不妥之处,祈望同仁和广大读者不吝指正.

编　者

2012.7

目　录

第1章　函数 ……………………………………………………………………（1）
　§1.1　集合 …………………………………………………………………（1）
　§1.2　函数 …………………………………………………………………（4）
　§1.3　函数的几何特性 ……………………………………………………（7）
　§1.4　反函数 ………………………………………………………………（11）
　§1.5　复合函数 ……………………………………………………………（13）
　§1.6　初等函数 ……………………………………………………………（14）
　§1.7　经济学中的常用函数 ………………………………………………（17）
　习题1 …………………………………………………………………………（18）

第2章　极限与连续 ……………………………………………………………（25）
　§2.1　数列的极限 …………………………………………………………（25）
　§2.2　函数的极限 …………………………………………………………（32）
　§2.3　极限的基本性质 ……………………………………………………（38）
　§2.4　极限的四则运算 ……………………………………………………（40）
　§2.5　极限的存在性定理 …………………………………………………（45）
　§2.6　两个重要极限 ………………………………………………………（47）
　§2.7　无穷小量与无穷大量 ………………………………………………（51）
　§2.8　函数的连续性 ………………………………………………………（57）
　§2.9　闭区间上连续函数的性质 …………………………………………（62）
　习题2 …………………………………………………………………………（63）

第3章　导数与微分 ……………………………………………………………（70）
　§3.1　导数概念 ……………………………………………………………（70）
　§3.2　求导法则 ……………………………………………………………（77）
　§3.3　反函数、复合函数、隐函数的导数 ………………………………（80）
　§3.4　导数公式 ……………………………………………………………（85）
　§3.5　高阶导数 ……………………………………………………………（88）
　§3.6　微分 …………………………………………………………………（90）
　§3.7　导数在经济学中的简单应用 ………………………………………（95）
　习题3 …………………………………………………………………………（100）

第4章　中值定理与导数的应用 ………………………………………………（107）
　§4.1　中值定理 ……………………………………………………………（107）

§4.2 未定式的定值法——罗必塔法则 …………………………………………… (113)
　　§4.3 函数的增减性判别法 …………………………………………………………… (117)
　　§4.4 函数的极值与最值 ……………………………………………………………… (119)
　　§4.5 曲线的凹凸性、拐点与渐近线 ………………………………………………… (125)
　　§4.6 函数图形的讨论 ………………………………………………………………… (129)
　　习题 4 …………………………………………………………………………………… (132)
第 5 章　不定积分 …………………………………………………………………………… (139)
　　§5.1 不定积分的概念及性质 ………………………………………………………… (139)
　　§5.2 基本积分公式 …………………………………………………………………… (142)
　　§5.3 换元积分法 ……………………………………………………………………… (145)
　　§5.4 分部积分法 ……………………………………………………………………… (151)
　　*§5.5 有理函数积分法 ……………………………………………………………… (156)
　　习题 5 …………………………………………………………………………………… (159)
第 6 章　定积分 ……………………………………………………………………………… (165)
　　§6.1 定积分的概念及性质 …………………………………………………………… (165)
　　§6.2 定积分的计算 …………………………………………………………………… (173)
　　§6.3 定积分的应用 …………………………………………………………………… (182)
　　§6.4 广义积分初步 …………………………………………………………………… (188)
　　习题 6 …………………………………………………………………………………… (193)
第 7 章　无穷级数 …………………………………………………………………………… (202)
　　§7.1 数项级数的概念及性质 ………………………………………………………… (202)
　　§7.2 正项级数敛散性的判别 ………………………………………………………… (207)
　　§7.3 任意项级数敛散性的判别 ……………………………………………………… (212)
　　§7.4 幂级数 …………………………………………………………………………… (216)
　　§7.5 函数的幂级数展开 ……………………………………………………………… (222)
　　习题 7 …………………………………………………………………………………… (228)
第 8 章　多元函数微积分 …………………………………………………………………… (233)
　　§8.1 预备知识 ………………………………………………………………………… (233)
　　§8.2 多元函数的概念 ………………………………………………………………… (237)
　　§8.3 偏导数与全微分 ………………………………………………………………… (240)
　　§8.4 复合函数与隐函数的微分 ……………………………………………………… (246)
　　§8.5 高阶偏导数 ……………………………………………………………………… (251)
　　§8.6 多元函数的极值与最值 ………………………………………………………… (252)
　　§8.7 二重积分 ………………………………………………………………………… (259)
　　习题 8 …………………………………………………………………………………… (271)
第 9 章　微分方程 …………………………………………………………………………… (278)
　　§9.1 微分方程的基本概念 …………………………………………………………… (278)
　　§9.2 一阶微分方程 …………………………………………………………………… (279)

§9.3 高阶微分方程 …………………………………………………… (287)
§9.4 微分方程在经济学中的应用 ……………………………………… (296)
习题 9 …………………………………………………………………… (299)

第 10 章 差分方程 …………………………………………………………… (302)
§10.1 差分与差分方程的基本概念 ……………………………………… (302)
§10.2 一阶常系数线性差分方程 ………………………………………… (306)
§10.3 二阶常系数线性差分方程 ………………………………………… (311)
§10.4 n 阶常系数线性差分方程 ………………………………………… (315)
§10.5 差分方程在经济学中的应用 ……………………………………… (318)
习题 10 ………………………………………………………………… (321)

附录 在高等数学中应用 MATLAB 软件 ……………………………… (324)

参考答案与提示 ……………………………………………………………… (337)

第1章 函 数

高等数学研究的是自然现象或生产过程中变化的量和变化的图形,其理论基础和主要研究工具是极限,是在代数法、解析法和几何法密切结合的基础上发展起来的,应用非常广泛,而这些问题的基本研究对象就是函数,因而函数是高等数学中最重要的概念之一,本章主要对函数的概念及其基本性质进行复习和归纳.

§1.1 集 合

一、集合

1. 集合的概念

具有某种共同属性的一些对象或事物的全体称为集合;集合中的每一个对象或事物称为集合的元素.

集合用大写字母 $A,B,C,\cdots$ 表示,集合中的元素用小写字母 $a,b,c,\cdots$ 表示;若 a 是集合 A 中的元素,记作 $a\in A$,读作 a 属于 A;若 a 不是 A 中的元素,记作 $a\bar{\in}A$ 或 $a\notin A$,读作 a 不属于 A.

例 1 某院校 2010 级全体学生构成一个集合,其元素为张三、李四等.

例 2 全体自然数构成一个集合,其元素为 $1,2,3,\cdots$.

例 3 方程 $x^2-4x+3=0$ 的一切根构成一个集合,其元素为 1 和 3.

集合按元素个数的多少分为有限集和无限集.由有限个元素构成的集合称为有限集,如以上例 1 和例 3;由无限个元素构成的集合称为无限集,如以上例 2.

2. 集合的表示法

(1) 列举法:是指按任意顺序列出集合中所有的元素,并用花括号{ }括起来.

例 4 由 a,b,c,d 四个元素构成的集合,可用列举法表示为 $A=\{a,b,c,d\}$.

例 5 由 $x^2-4x+3=0$ 的一切根构成的集合,可表示为 $B=\{1,3\}$.

注 1 用列举法表示集合时元素不得遗漏和重复,且一般用于元素较少的集合.

(2) 描述法:是指把集合中元素所具有的某个共同属性描述出来,用 $A=\{x\,|\,x$ 具有共同属性$\}$ 表示.

例 6 满足 $x>2$ 的所有实数构成的集合,用描述法可表示为 $A=\{x\,|\,x>2,x\in\mathbf{R}\}$.

注 2 描述法一般用于元素个数较多、列举困难或无法列举的集合.

由所有研究对象构成的集合称为全集,记作 U;不含任何元素的集合称为空集,记作 $\varnothing$. 如方程 $x^2+1=0$ 在实数范围内无解,因而 $\varnothing=\{x\mid x\in\mathbf{R}\text{ 且 }x^2+1=0\}$ 表示一个空集.

注 3 全集是相对而言的,而 $\{0\},\{\varnothing\}$ 均不是空集.

如果集合 A 的所有元素都是集合 B 的元素,则称 A 为 B 的子集,记作 $A\subset B$ 或 $B\supset A$,读作 A 包含于 B 或 B 包含 A. 如果对于 A 和 B,$A\subset B$ 与 $B\subset A$ 同时成立,则称 A 与 B 相等,记作 $A=B$. 例如,$\mathbf{N}$ 显然是 $\mathbf{R}$ 的一个子集,故 $\mathbf{N}\subset\mathbf{R}$. 而集合 $A=\{x\mid 2^x=1\}$ 和集合 $B=\{0\}$ 则是相等的.

3. 集合的运算

像数与数之间有加、减、乘、除等各种运算一样,集合与集合之间也有其特殊的运算.

(1) **集合的并** 由集合 A 与集合 B 中所有元素构成的集合,称为集合的并,记作 $A\cup B$,即

$$A\cup B=\{x\mid x\in A \text{ 或 } x\in B\}.$$

例 7 设 $A=\{x\mid -1<x<2\},B=\{x\mid 1<x<3\}$,则 $A\cup B=\{x\mid -1<x<3\}$.

(2) **集合的交** 由集合 A 和集合 B 所有公共元素构成的集合,称为集合的交,记作 $A\cap B$,即

$$A\cap B=\{x\mid x\in A \text{ 且 } x\in B\}.$$

例 8 设 $A=\{a,b,c,d,e\},B=\{a,c,e,f\}$,则 $A\cap B=\{a,c,e\}$.

(3) **集合的差** 由属于集合 A 而不属于集合 B 的所有元素构成的集合,称为 A 与 B 的差,记作 $A-B$,即

$$A-B=\{x\mid x\in A \text{ 且 } x\overline{\in} B\}.$$

例 9 设 $A=\{-3,-1,0,2,5\},B=\{-1,0,3,5\}$,则 $A-B=\{-3,2\}$.

(4) **集合的补** 全集 U 中所有不属于 A 的元素构成的集合,称为 A 的补集,记作 $\overline{A}$,即

$$\overline{A}=\{x\in U \text{ 且 } x\overline{\in} A\}.$$

例 10 设 U 是全体实数集合,A 为全体有理数集合,则 $\overline{A}$ 为全体无理数构成的集合.

集合间的运算满足以下运算规律:

(1) 交换律 $A\cup B=B\cup A,A\cap B=B\cap A$.

(2) 结合律 $(A\cup B)\cup C=A\cup(B\cup C)$,
$(A\cap B)\cap C=A\cap(B\cap C)$.

(3) 分配律 $(A\cup B)\cap C=(A\cap C)\cup(B\cap C)$,
$(A\cap B)\cup C=(A\cup C)\cap(B\cup C)$.

(4) 摩根律 $\overline{(A\cup B)}=\overline{A}\cap\overline{B}$,
$\overline{(A\cap B)}=\overline{A}\cup\overline{B}$.

二、实数与实数的绝对值

1. 实数及其几何表示

实数由有理数与无理数两部分组成.有理数包括零、正负整数和正负分数,可表示为 p/q 的形式,其中 p,q 为整数,且 $q\neq 0$.有理数也可表示为有限小数或无限循环小数,而无理数只能表示为无限不循环小数.

实数与数轴上的点是一一对应的,为简便起见,我们常用一个字母或数字不加区别地表示某个实数或数轴上对应的点.比如,数 x_0 与点 x_0,数 $\sqrt{2}$ 与点 $\sqrt{2}$,…….

2. 实数的绝对值及其基本性质

实数 x 的绝对值定义为

$$|x|=\begin{cases} x & x\geqslant 0; \\ -x & x<0. \end{cases}$$

绝对值的几何意义是:$|x|$ 表示点 x 到原点的距离.如果 x 和 y 是两个不同的实数,则 $|x-y|$ 表示点 x 与 y 之间的距离.

绝对值有以下基本性质:

(1) $|x|\geqslant 0$,当且仅当 $x=0$ 时,$|x|=0$.

(2) $|x|=|-x|$;$|x|^2=x^2$;$\sqrt{x^2}=|x|$;$-|x|\leqslant x\leqslant |x|$.

(3) $|x\cdot y|=|x|\cdot |y|$.

(4) $|x+y|\leqslant |x|+|y|$.

此外,绝对值还有以下常用性质:

(5) $|x-y|\geqslant |x|-|y|$.

(6) $\left|\dfrac{x}{y}\right|=\dfrac{|x|}{|y|}$,$y\neq 0$.

(7) 如果 $a>0$,则有

$$\{x\mid |x|\leqslant a\}=\{x\mid -a\leqslant x\leqslant a\}.$$

(8) 如果 $a>0$,则有

$$\{x\mid |x|\geqslant a\}=\{x\mid x\leqslant -a\}\cup\{x\mid x\geqslant a\}.$$

三、区间与邻域

区间与邻域均为特殊的集合.

(1) 区间:设 a,b 为实数,且 $a<b$,则

$$(a,b)=\{x\mid a<x<b\}$$

表示满足不等式 $a<x<b$ 的全体实数的集合,称为开区间,在数轴上它表示以 a,b 为端点但不包含端点 a 和 b 的线段,如图 1-1.

同理,$[a,b]=\{x\mid a\leqslant x\leqslant b\}$ 称为闭区间,如图 1-2.

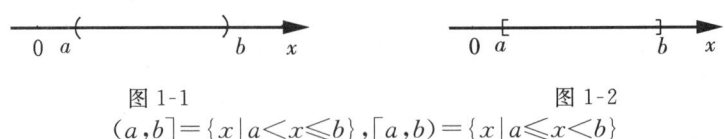

图 1-1 图 1-2

$$(a,b]=\{x|a<x\leqslant b\}, [a,b)=\{x|a\leqslant x<b\}$$

称为半开或半闭区间,如图 1-3,图 1-4.

图 1-3 图 1-4

以上区间统称为有限区间,而以下区间称为无限区间:

$(a,+\infty)=\{x|a<x\}$,
$[a,+\infty)=\{x|a\leqslant x\}$,
$(-\infty,b)=\{x|x<b\}$,
$(-\infty,b]=\{x|x\leqslant b\}$,
$(-\infty,+\infty)=\{x|-\infty<x<+\infty\}$.

(2) 邻域:由某点 x_0 附近的所有点构成的集合称为邻域. 具体地,设 x_0 是任意给出的点,δ 是一小正数,则

$$\{x||x-x_0|<\delta\}$$

即

$$\{x|x_0-\delta<x<x_0+\delta\}$$

称为点 x_0 的 δ 邻域,它表示以点 x_0 为中心,半径为 δ 的开区间,如图 1-5.

如果在上述邻域中去掉点 x_0,则集合

$$\{x|0<|x-x_0|<\delta\}$$

称为以点 x_0 为中心,半径为 δ 的空心邻域,如图 1-6.

图 1-5 图 1-6

例 11 集合 $\left\{x\big||x-4|<\dfrac{1}{4}\right\}$ 表示点 $x_0=4$ 的 $\dfrac{1}{4}$ 邻域,即开区间 $(3.75,4.25)$.

§1.2 函 数

一、常量与变量

在实际问题中,我们经常会遇到各种各样的量,如长度、重量、时间、成本、利润等.这些量一般可以分为两种:一种是在我们考察的某一变化过程中保持不变(取同一数值)的量,这种量叫常量;另一种是在我们考察的变化过程中可以发生变化的量(可以取不同数值),这种量叫变量.

常量和变量并不是绝对的.一种量在某一变化过程中是常量,而在另一变化过程中则可能就是变量.另外,为了研究简单起见或者为了使某一因素的作用更加突出,常常把变化很小或者对所研究的问题影响不大的量也看成是常量.

常量一般用字母 $a,b,c\cdots$ 表示,变量用 $x,y,z,t,u,v,\cdots$ 表示.

二、函数的概念

在讨论量的变化时,我们发现许多量的变化不是孤立的,而是遵循着一定的规律相互制约又相互依赖,这种变化规律通常由变量在变化过程中的数值对应关系反映出来.例如,企业商品的总收益 R 与销售量 Q、价格 P 之间关系为 $R=PQ$. 我们把这种变量之间确定的对应关系就称为函数关系.

定义 1.1 设 D 是一个非空的实数集合,如果对任一 $x \in D$,按照某种确定的规则 f,都有唯一确定的实数 y 与之对应,则称这个对应规则 f 为定义在 D 上的一个函数关系,或称变量 y 是变量 x 的函数,记作
$$y=f(x), \quad x \in D.$$
其中 x 称为自变量,y 称为因变量. x 的取值范围称为函数的定义域,记作 $D(f)$.

对于 D 中某一固定点 x_0,因变量相应的取值 $y_0=f(x_0)$ 称为当 $x=x_0$ 时的函数值,记作 $y|_{x=x_0}$. 当 x 取遍整个集合 D,所得到的所有函数值的集合,称为函数的值域,记作 $R(f)$.

关于函数的概念,我们作以下几点说明:

(1) 决定函数的实质有两个基本要素:定义域 D 和对应规则 f,两个函数关系是否相同就在于这两个要素是否一致.

例 1 $y=\sqrt{-x^2-1}$ 与 $y>x$ 均不是函数关系,前者定义域 $D(f)$ 是空集,而后者对于每一个 x 值对应的 y 值不确定.

例 2 $y=\lg x^2$ 与 $y=2\lg x$ 是两个不同的函数,因为二者的定义域不同.

(2) 函数的定义域,可分为两种情况:一种是对实际应用问题中的函数,其定义域应由问题的实际意义确定.另一种是对自变量的取值范围事先未给出限制,此时函数的定义域指的是能使式子有意义的所有点构成的集合.

例 3 某产品价格 P 与其销售量 Q 之间满足函数关系
$$P=80-0.2Q,$$
试确定其定义域.

解 根据实际问题,要使函数有意义,须使 $Q \geqslant 0$ 且 $80-0.2Q>0$ 同时成立,即要求 $Q \geqslant 0$ 且 $Q<400$ 同时成立,因此函数的定义域为
$$D(f)=\{Q \mid 0 \leqslant Q<400\}.$$

例 4 求函数 $y=\arccos\left(\lg \dfrac{x}{10}\right)$ 的定义域.

解 根据反三角函数的性质,欲使函数有意义,须
$$-1 \leqslant \lg \dfrac{x}{10} \leqslant 1, \text{即} \dfrac{1}{10} \leqslant \dfrac{x}{10} \leqslant 10,$$

从而得
$$1 \leqslant x \leqslant 100,$$
因此
$$D(f) = \{x \mid 1 \leqslant x \leqslant 100\}.$$

例 5 求函数 $y = \dfrac{\sqrt{2-x}}{\lg(x^2-1)-1}$ 的定义域.

解 由题意要求,有
$$\begin{cases} 2-x \geqslant 0; \\ x^2-1 > 0; \\ \lg(x^2-1)-1 \neq 0. \end{cases}$$

解之得,$x \leqslant 2, |x| > 1$ 且 $x \neq \pm\sqrt{11}$,所以函数的定义域为
$$D(f) = (-\infty, -\sqrt{11}) \cup (-\sqrt{11}, -1) \cup (1, 2].$$

(3) 有时候函数关系并不直接表达为 $y=f(x)$ 的形式,而是通过某个方程 $F(x,y)=0$ 体现出来. 一般地,凡是由方程 $F(x,y)=0$ 确定的函数 $y=y(x)$ 称为隐函数,如 $\dfrac{y^2}{a^2}+\dfrac{x^2}{b^2}=1, \dfrac{y}{x}=\ln y$;而直接表达为 $y=f(x)$ 形式的称为显函数,如 $y=\sqrt{1-x^2}, y=\lg(5-x)+\dfrac{\sin x}{1-x^2}$.

(4) 当函数关系不是用一个统一的数学式子表示,而是由两个或两个以上数学式子分段表示时,该函数称为分段函数. 例如,绝对值函数
$$y = |x| = \begin{cases} x & x \geqslant 0; \\ -x & x < 0. \end{cases}$$

注 分段函数并不是几个函数联立而成的,而是一个函数在定义域的不同区间表达式不同而已.

例 6 确定函数 $y = \begin{cases} \sqrt{1-x^2} & |x| < 1; \\ x^2-1 & 1 < |x| \leqslant 2 \end{cases}$ 的定义域.

解 由 $|x| < 1$ 得 $-1 < x < 1$,由 $1 < |x| \leqslant 2$ 得 $-2 \leqslant x < -1$ 或 $1 < x \leqslant 2$,因此函数的定义域为
$$D(f) = [-2, -1) \cup (-1, 1) \cup (1, 2].$$

(5) 函数 $f(x)$ 表示将对应规则 f 施加于 x 之上,如果把 $f(x)$ 中的 x 换为具体的数值或某个数学式子,则表示将 f 施加于这些具体数值或数学式子之上.

例 7 设函数 $y = f(x) = \dfrac{1}{1-x}$,求 $f(0), f(x+1), f\left(\dfrac{1}{1-x}\right)$.

解 $f(0) = \dfrac{1}{1-0} = 1,$
$$f(x+1) = \dfrac{1}{1-(x+1)} = -\dfrac{1}{x},$$
$$f\left(\dfrac{1}{1-x}\right) = \dfrac{1}{1-\dfrac{1}{1-x}} = \dfrac{x-1}{x}.$$

三、函数的表示法

根据表示函数对应关系的方法不同,常用的函数表示法有解析法、列表法和图示法三种.

1. 解析法(公式法)

自变量 x 和函数 y 之间的函数关系直接用公式表示出来,如 $y=\ln\sin x$.

2. 列表法

将一系列自变量的值与对应的函数值列成表格.如某商店一年里各月毛线的零售量(单位:百公斤)如下:

月份(t)	1	2	3	4	5	6	7	8	9	10	11	12
零售量(S)	41	42	23	23	5	3	3	8	47	81	72	62

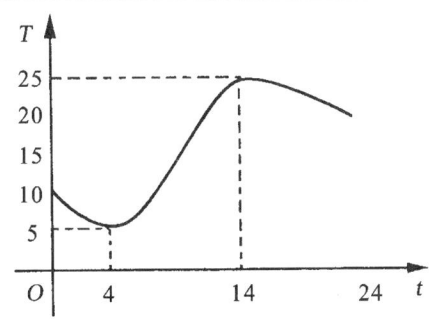

图 1-7

它表示了某商店毛线零售量 S 随月份 t 而变化的函数关系
$$S=f(t).$$

3. 图示法

把自变量 x 和函数 y 分别当作坐标平面内点的横坐标和纵坐标,这些点所描出的平面曲线就表示了 y 和 x 的函数关系.如某气象站利用自动记录仪测出该地一昼夜气温的变化情况,如图 1-7.此图象表示气温 T 随时间 t 而变化的函数关系
$$T=f(t).$$

§1.3 函数的几何特性

用图象表示函数,使我们有可能借助于几何图形形象直观地研究事物的运动变化过程,它对于理解高等数学中的概念、方法和结论是十分重要的.有些函数,将其几何图象绘制在平面直角坐标系中,它们往往会呈现出各种各样的特性.

一、单调性

定义 1.2 设函数 $y=f(x)$ 在集合 D 上有定义.

(1) 如果对任意的 $x_1,x_2\in D$,当 $x_1<x_2$ 时,都有 $f(x_1)<f(x_2)$,则称 $f(x)$ 在 D 上单调增加.

(2) 如果对任意的 $x_1,x_2\in D$,当 $x_1<x_2$ 时,都有 $f(x_1)>f(x_2)$,则称 $f(x)$ 在 D 上单调减少.

单调增加或单调减少统称为函数的单调性,在集合 D 上具有单调性的函数,称为 D 上的单调函数.

注 1 所谓函数的单调性,总是相对集合 D 来说的,D 可以是整个定义域,也可以是定义域的某一部分,如函数 $y=x^2$ 在 $(0,+\infty)$ 内单调增加,在 $(-\infty,0)$ 内单调减少,可称 $(-\infty,0)$ 和 $(0,+\infty)$ 为函数 $y=x^2$ 的两个单调区间,但是 $y=x^2$ 在整个定义域 $(-\infty,+\infty)$ 内并不是单调函数.

注 2 在区间 (a,b) 内单调增加或减少的函数,在几何上体现为在 (a,b) 范围内 $y=f(x)$ 的图象是一条沿 x 轴正方向上升或下降的曲线,如图 1-8、图 1-9.

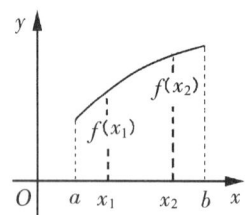 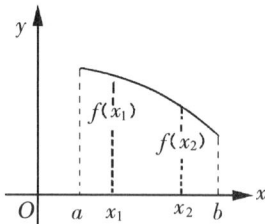

图 1-8　　　　　图 1-9

例 1 讨论函数 $y=\lg x$ 在整个定义域 $(0,+\infty)$ 内的单调性.

解 任取 $x_1,x_2\in(0,+\infty)$,且 $x_1<x_2$,因为

$$\lg x_1-\lg x_2=\lg\frac{x_1}{x_2}<0\left(\frac{x_1}{x_2}<1\right).$$

因此,$y=\lg x$ 在 $(0,+\infty)$ 内单调增加.

例 2 考察函数 $y=2^{x^2}$ 的单调性.

解 任取 x_1,x_2,因为恒有 $y>0$,所以

$$\frac{y_2}{y_1}=2^{x_2^2-x_1^2}=2^{(x_2-x_1)(x_2+x_1)}.$$

当 $x_1,x_2\in(0,+\infty)$,且 $x_1<x_2$ 时,$\frac{y_2}{y_1}>1$,即 $y_2>y_1$,因而 $y=2^{x^2}$ 在 $(0,+\infty)$ 内是单调增加的;

当 $x_1,x_2\in(-\infty,0)$,且 $x_1<x_2$ 时,$\frac{y_2}{y_1}<1$,即 $y_2<y_1$,因而 $y=2^{x^2}$ 在 $(-\infty,0)$ 内是单调减少的.

所以函数 $y=2^{x^2}$ 在其定义域 $(-\infty,+\infty)$ 内不是单调函数.

二、有界性

定义 1.3 设函数 $f(x)$ 在集合 D 上有定义,如果存在某正数 M,对任意的 $x\in D$ 都有 $|f(x)|\leqslant M$,则称函数 $f(x)$ 在 D 上有界,否则称 $f(x)$ 在 D 上无界.

注 1 集合 D 可以是 $f(x)$ 的整个定义域,也可以是定义域的一部分,若 $f(x)$ 在整个定义域上有界,则称 $f(x)$ 为有界函数.

注 2 几何上,$f(x)$ 在 D 上有界表现为 $f(x)$ 在 D 内的图形夹在直线 $y=M$ 与 $y=-M$ 之间,如图1-10.

例 3 函数 $y=\ln x$ 在 $[1,2]$ 上有界,而在 $(0,1)$ 内无界,在 $[1,+\infty)$ 内也是无界的.

函数 $y=\sin x$ 是有界函数,因为在整个定义域 $(-\infty,+\infty)$ 内,对任何 x,恒有 $|\sin x|\leqslant 1$.

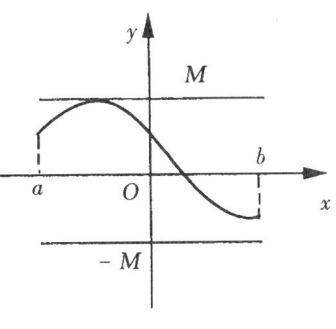

图 1-10

注 3 若函数 $f(x)$ 在集合 D 上恒有 $f(x)\leqslant M$ 或 $f(x)\geqslant -M$,则称此函数在 D 上有上界或有下界.

例 4 函数 $f(x)=-x^2$ 在其整个定义域 $(-\infty,+\infty)$ 内有上界,且上界 $M=0$,如图 1-11;而函数 $f(x)=x^2-1$ 在定义域 $(-\infty,+\infty)$ 内有下界,且下界 $-M=-1$,如图 1-12.

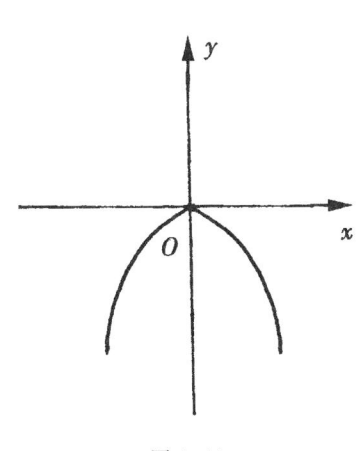

图 1-11

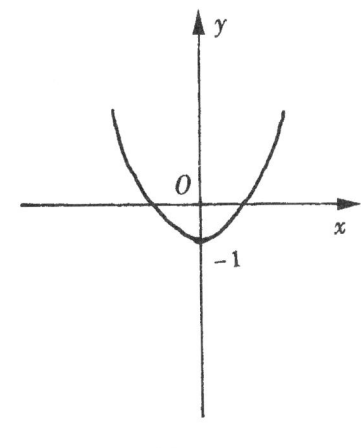

图 1-12

例 5 判断函数 $y=\dfrac{x}{x^2+1}$ 的有界性.

解 由 $a^2+b^2\geqslant 2ab$ 知 $x^2+1\geqslant 2x$,所以在函数的整个定义域 $(-\infty,+\infty)$ 内任一点 x,恒有

$$|y|=\left|\dfrac{x}{x^2+1}\right|\leqslant\left|\dfrac{x}{2x}\right|=\dfrac{1}{2}.$$

因此函数 $y=\dfrac{x}{x^2+1}$ 为有界函数.

三、奇偶性

定义 1.4 设函数 $f(x)$ 在集合 D 上有定义,如果对任意的 $x \in D$,都有

(1) $f(-x) = -f(x)$,则称 $f(x)$ 为奇函数;

(2) $f(-x) = f(x)$,则称 $f(x)$ 为偶函数.

注 几何上,奇函数的图形关于坐标原点对称,如图 1-13 所示;偶函数的图形关于 y 轴对称,如图 1-14 所示.

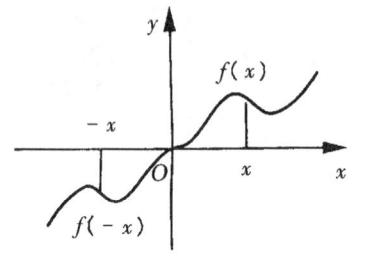

图 1-13

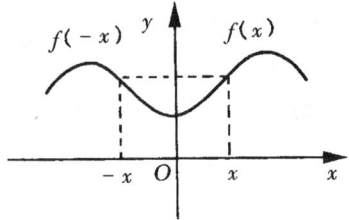

图 1-14

例 6 $y = x + x^3, y = \sin x, y = \dfrac{e^x - e^{-x}}{2}$ 均为奇函数.

$y = x^2 + 1, y = \cos x, y = \dfrac{\sin x}{x}, y = \dfrac{e^x + e^{-x}}{2}$ 均为偶函数.

而 $y = x^2 + x^3$ 既不是奇函数也不是偶函数,称之为非奇非偶函数.

例 7 判断 $y = \ln(x + \sqrt{x^2 + 1})$ 的奇偶性.

解 因为
$$f(-x) = \ln(-x + \sqrt{(-x)^2 + 1})$$
$$= \ln(\sqrt{x^2 + 1} - x)$$
$$= \ln \frac{(\sqrt{x^2 + 1} + x)(\sqrt{x^2 + 1} - x)}{\sqrt{x^2 + 1} + x}$$
$$= \ln \frac{1}{\sqrt{x^2 + 1} + x}$$
$$= -\ln(x + \sqrt{x^2 + 1}).$$

即有 $f(-x) = -f(x), x \in (-\infty, +\infty)$.

所以函数 $y = \ln(x + \sqrt{x^2 + 1})$ 为奇函数.

四、周期性

定义 1.5 设函数 $f(x)$ 在集合 D 上有定义,如果存在一个正数 T,使得对于任意的 $x \in D$,有
$$f(x) = f(x + T)$$
成立,则称 $f(x)$ 为周期函数,满足上述等式的最小正数 T 称为 $f(x)$ 的周期.

注1 从定义可知,如果 T 是 $f(x)$ 的周期,则 $2T$ 也是 $f(x)$ 的周期,因为 $f(x+2T)=f[(x+T)+T]=f(x+T)=f(x)$. 用归纳法可推出, kT (k 为正负整数)均为 $f(x)$ 的周期,即
$$f(x+kT)=f(x).$$

注2 几何上,周期函数图形的特点是自变量每增加或减少一个周期 T,图形重复出现,如图 1-15.

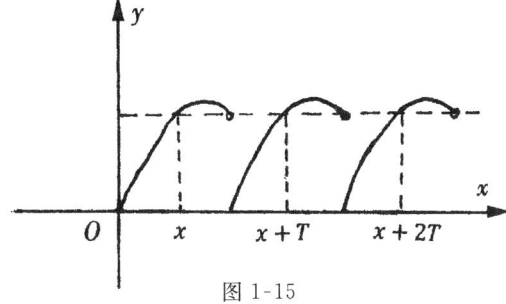

图 1-15

常见的周期函数 $y=\sin x$ 和 $y=\cos x$ 的周期均是 2π,$y=\tan x$ 和 $y=\cot x$ 的周期都是 π,而函数 $y=A\sin(Bx+C)+D$ 的周期是 $T=\dfrac{2\pi}{|B|}$.

例8 求函数 $y=\sin\dfrac{x}{2}$ 与 $y=\sin^2 x$ 的周期.

解 因为
$$\sin\frac{x}{2}=\sin\left(\frac{x}{2}+2\pi\right)=\sin\frac{1}{2}(x+4\pi),$$
$$\sin^2 x=\frac{1-\cos 2x}{2}=-\frac{1}{2}\cos 2x+\frac{1}{2}=-\frac{1}{2}\cos 2(x+\pi)+\frac{1}{2},$$

所以 $y=\sin\dfrac{x}{2}$ 的周期 $T=4\pi$,$y=\sin^2 x$ 的周期 $T=\pi$.

§1.4 反 函 数

在两个变量的函数 $y=f(x)$ 关系中,自变量和因变量的地位是相对的,不仅要研究变量 y 随 x 的变化而变化,有时还要研究变量 x 随 y 变化的情况. 例如,在某商品的销售中,已知商品的价格为 k,如果想从销售量 x 来确定销售收入 y,那么 x 是自变量,y 是因变量,其函数关系为
$$y=kx.$$

相反,如果想从销售收入确定其销售量,就把 y 取作自变量,x 取作因变量,并由上式得出函数关系为
$$x=\frac{y}{k}.$$

我们把 $x=\dfrac{y}{k}$ 称为 $y=kx$ 的反函数.

定义 1.6 设函数 $y=f(x)$ 的定义域为 $D(f)$,值域为 $R(f)$.如果对 $R(f)$ 中每一个数 y,在 $D(f)$ 中都有唯一的满足 $y=f(x)$ 的数 x 与之对应,则 x 是 y 的函数,记为 $x=f^{-1}(y)$.我们把这个函数称之为函数 $y=f(x)$ 的反函数,或称函数 $y=f(x)$ 与函数 $x=f^{-1}(y)$ 互为反函数.

注 1 由定义,函数 $x=f^{-1}(y)$,y 为自变量,定义域为 $R(f)$,x 为因变量,值域为 $D(f)$,也称之为 $y=f(x)$ 的本义反函数.而习惯上,我们常常把自变量记作 x,因变量记作 y,所以 $x=f^{-1}(y)$ 也可以写成 $y=f^{-1}(x)$,我们称之为 $y=f(x)$ 的矫形反函数.以后说的反函数通常是指矫形反函数.

注 2 几何上,函数与其本义反函数的图形是同一条曲线,而函数与其矫形反函数的图形在同一坐标系中是以直线 $y=x$ 为对称轴的对称曲线,如图 1-16.

注 3 如果 $y=f(x)$ 有反函数,意味着 $D(f)$ 与 $R(f)$ 之间的值按规则 f 建立起了一一对应的关系,因而对 $D(f)$ 上任意两个数 $x_1 \neq x_2$,则必有 $f(x_1) \neq f(x_2)$.可以验证,单调函数一定有反函数,且其单调性一致.

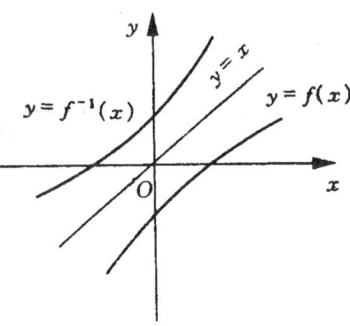

图 1-16

例 1 求 $y=2x-2$ 的反函数.

解 由 $y=2x-2$ 反解可得

$$x=\frac{1}{2}(y+2),$$

所以 $y=2x-2$ 的反函数是 $y=\frac{1}{2}(x+2)$.如图 1-17.

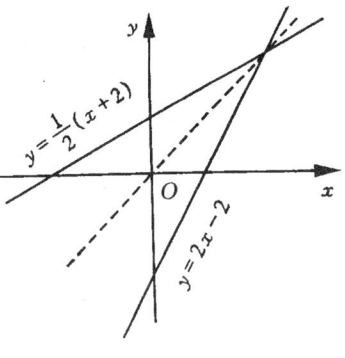

图 1-17

例 2 三角函数 $y=\sin x$ 在整个定义域 $(-\infty,+\infty)$ 内没有反函数,但若考察 $y=\sin x$,$x\in\left[-\frac{\pi}{2},\frac{\pi}{2}\right]$,则存在反函数,记作

$$y=\arcsin x, x\in[-1,1], y\in\left[-\frac{\pi}{2},\frac{\pi}{2}\right].$$

同理 $y=\cos x$,$x\in[0,\pi]$ 有反函数

$$y=\arccos x, x\in[-1,1],$$

$y=\tan x$,$x\in\left(-\frac{\pi}{2},\frac{\pi}{2}\right)$ 有反函数

$$y=\arctan x, x\in(-\infty,+\infty),$$

$y=\cot x$,$x\in(0,\pi)$ 有反函数

$$y=\operatorname{arccot} x, x\in(-\infty,+\infty).$$

§1.5 复合函数

我们在研究函数变量之间的关系中可以发现,两个变量的联系有时不是直接的,而是通过另一个中间变量联系起来的,由此得到复合函数的概念.

定义 1.7 设函数 $y=f(u)$ 的定义域为 $D(f)$,函数 $u=g(x)$ 的值域为 $R(g)$.如果 $R(g)\bigcap D(f)\neq\varnothing$,则称 $y=f[g(x)]$ 为复合函数.其中 x 为自变量,y 为因变量,u 称为中间变量.

注 1 根据定义,两个函数能否复合成一个新函数,关键在于 $R(g)\bigcap D(f)$ 是否为空集.$R(g)\bigcap D(f)\neq\varnothing$ 称为复合条件,两个函数只有在具备复合条件时才能复合.有些函数尽管形式上可以复合起来,但由于其 $R(g)\bigcap D(f)=\varnothing$,这种形式上的复合并无意义,构不成一个函数.

例 1 讨论函数 $y=f(u)=\sqrt{1+u}$,$u=g(x)=1-x^2$ 能否复合为新的函数.

解 $y=f(u)$ 的定义域 $D(f)=[-1,+\infty)$,而 $u=g(x)$ 的值域 $R(g)=(-\infty,1]$,由于
$$R(g)\bigcap D(f)=[-1,1]\neq\varnothing,$$
所以它们可以复合为一个新的函数 $y=\sqrt{1+(1-x^2)}=\sqrt{2-x^2}$.

例 2 验证 $y=f(u)=\arcsin u$,$u=g(x)=x^2+2$ 不能构成复合函数.

解 由于 $D(f)=[-1,1]$,$R(g)=[2,+\infty)$,而
$$D(f)\bigcap R(g)=\varnothing,$$
所以以上两函数构不成一个复合函数.

注 2 两个函数复合成 $y=f[g(x)]$ 后,一般情况下定义域都要发生变化,但复合函数的定义域不会超过函数 $u=g(x)$ 的定义域.

例 3 求复合函数 $y=\arcsin\dfrac{2x-1}{3}$ 的定义域.

解 令 $y=\arcsin u$,$u=\dfrac{2x-1}{3}(x\in(-\infty,+\infty))$.要求 $|u|\leqslant 1$,即 $\left|\dfrac{2x-1}{3}\right|\leqslant 1$,因此有 $-1\leqslant x\leqslant 2$.所以 $y=\arcsin\dfrac{2x-1}{3}$ 的定义域为 $[-1,2]$.

例 4 设 $f(x)=\dfrac{x}{1-x}$,求 $f[f(x)]$ 及其定义域.

解 由于 $y=f(u)=\dfrac{u}{1-u}$,$u=g(x)=\dfrac{x}{1-x}$,$g(x)=f(x)$,
$$D(g)=D(f)=(-\infty,1)\bigcup(1,+\infty),$$
$$R(g)=R(f)=(-\infty,-1)\bigcup(-1,+\infty).$$

而 $R(g)\bigcap D(f)$ 非空,所以有复合函数

$$f[g(x)]=f[f(x)]=\frac{\frac{x}{1-x}}{1-\frac{x}{1-x}}=\frac{x}{1-2x}(x\neq 1).$$

故复合函数 $f[f(x)]=\dfrac{x}{1-2x}$ 的定义域为 $x\neq 1$ 并且 $x\neq \dfrac{1}{2}$.

注 3 复合函数还可以是多重复合,即形成复合函数的中间变量可以不止一个. 如设 $y=f(u), u=g(v), v=\varphi(x)$,则

$$y=f(u)=f[g(v)]=f\{g[\varphi(x)]\}$$

为一个三重复合函数,但每一次复合都应满足复合条件.

例 5 设函数 $y=\cos u, u=\sqrt{v}, v=x^2+1$,则可以构成复合函数为 $y=\cos\sqrt{x^2+1}$.

注 4 利用复合函数的概念,可以对一个较复杂的函数适当引入中间变量,把它看成是由几个简单函数复合而成,这样便于对函数进行讨论.

例 6 将函数 $y=(\ln\sin x)^2$ 分解成为较简单的函数.

解 $y=u^2, u=\ln v, v=\sin x$.

§1.6 初 等 函 数

一、基本初等函数

下列六类函数统称为基本初等函数. 这是在中学里已学过的一些常用函数,在微积分中它们也非常重要,作为复习,现归纳简述如下.

1. 常量函数 $y=c$(c 是常数)

其定义域为 $(-\infty,+\infty)$. 不管自变量取何值,对应的函数值都是常数 c,其图形为平行于 x 轴截距为 c 的直线,如图 1-18 所示.

2. 幂函数 $y=x^a (a\neq 0)$

其定义域、值域、图形及性质随 a 而异,但是一般说来,不论 a 为何值,函数 $y=x^a$ 在 $(0,+\infty)$ 内总有定义,并且其图形都经过 $(1,1)$ 点.

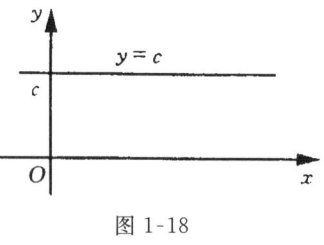

图 1-18

例如,$y=x^2, y=x^{\frac{2}{3}}$,其定义域为 $(-\infty,+\infty)$,图形关于 y 轴对称,如图 1-19 所示. $y=x^3, y=x^{\frac{1}{3}}$,其定义域为 $(-\infty,+\infty)$,图形关于原点对称,如图 1-20 所示.

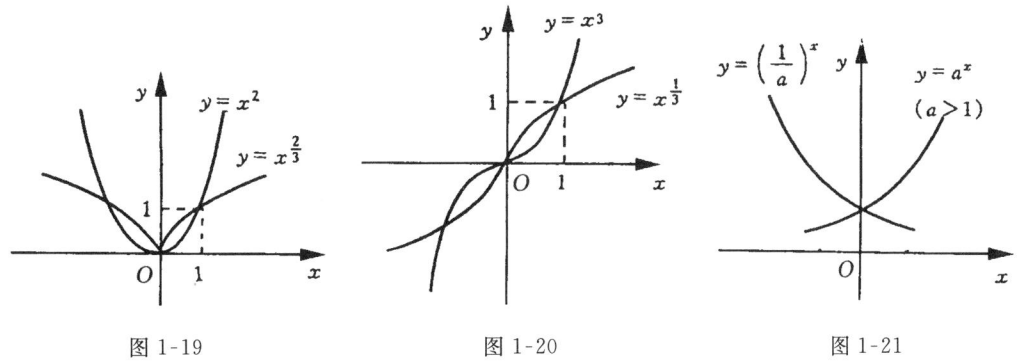

图 1-19　　　　　　　图 1-20　　　　　　　图 1-21

3. 指数函数 $y=a^x(a>0,a\neq 1)$

其定义域为 $(-\infty,+\infty)$。不论 x 取何值，总有 $a^x>0$，所以值域为 $(0,+\infty)$，其图形都过点 $(0,1)$。当 $a>1$ 时，函数单调增加；当 $0<a<1$ 时，函数单调减少。如图 1-21 所示。常用函数 $y=e^x$。

4. 对数函数 $y=\log_a x(a>0,a\neq 1)$

其定义域为 $(0,+\infty)$，图形都过点 $(1,0)$。当 $a>1$ 时，函数单调增加；当 $0<a<1$ 时，函数单调减少。如图 1-22。

注 1　当 $a=e$ 时，$y=\log_e x$，简记作 $y=\ln x$。

注 2　$y=a^x$ 与 $y=\log_a x$ 互为反函数，其图形关于直线 $y=x$ 对称，如图 1-23。

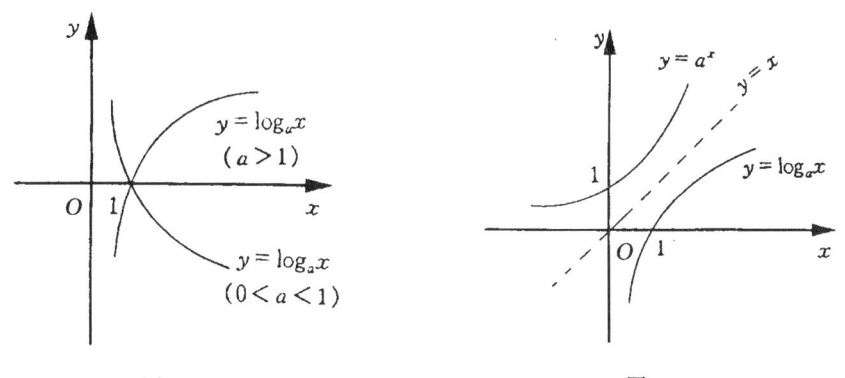

图 1-22　　　　　　　图 1-23

5. 三角函数

正弦　　$y=\sin x,-\infty<x<+\infty$。

余弦　　$y=\cos x,-\infty<x<+\infty$。

正切　　$y=\tan x,x\neq k\pi+\dfrac{\pi}{2},(k=0,\pm 1,\pm 2,\cdots)$。

余切　　$y=\cot x,x\neq k\pi,(k=0,\pm 1,\pm 2,\cdots)$。

正割　　$y=\sec x,x\neq k\pi+\dfrac{\pi}{2},(k=0,\pm 1,\pm 2,\cdots)$。

余割　　$y=\csc x,x\neq k\pi,(k=0,\pm 1,\pm 2,\cdots)$。

它们都是周期函数，其中 $y=\sin x,y=\cos x,y=\sec x,y=\csc x$ 的周期均为 2π。

$y=\sin x$ 为奇函数，$y=\cos x$ 为偶函数，又 $|\sin x|\leqslant 1,|\cos x|\leqslant 1$，所以 $y=\sin x$ 与 $y=$

$\cos x$ 都是有界函数,图形介于直线 $y=\pm 1$ 之间,如图 1-24.

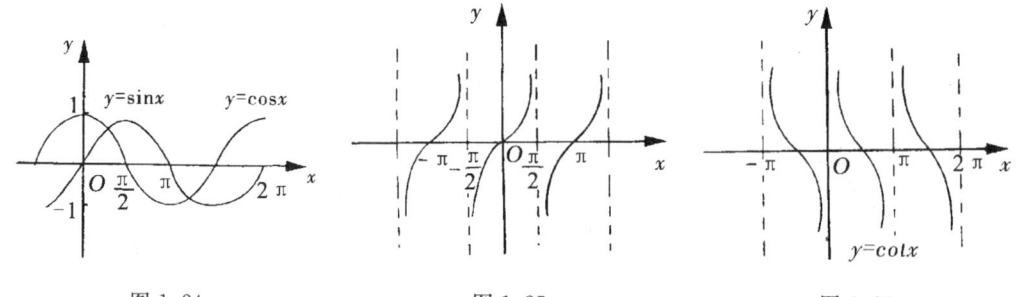

图 1-24　　　　　　图 1-25　　　　　　图 1-26

$y=\tan x$ 与 $y=\cot x$ 周期均为 π,且都是奇函数,如图 1-25、图 1-26.

6. 反三角函数

反正弦　$y=\arcsin x, x\in[-1,1], y\in\left[-\dfrac{\pi}{2},\dfrac{\pi}{2}\right]$.

反余弦　$y=\arccos x, x\in[-1,1], y\in[0,\pi]$.

反正切　$y=\arctan x, x\in(-\infty,+\infty), y\in\left(-\dfrac{\pi}{2},\dfrac{\pi}{2}\right)$.

反余切　$y=\operatorname{arccot} x, x\in(-\infty,+\infty), y\in(0,\pi)$.

上述反三角函数是三角函数的反函数,且其值域在主值范围内讨论,称为主值分支. 其图形分别如图 1-27、图 1-28、图 1-29、图 1-30.

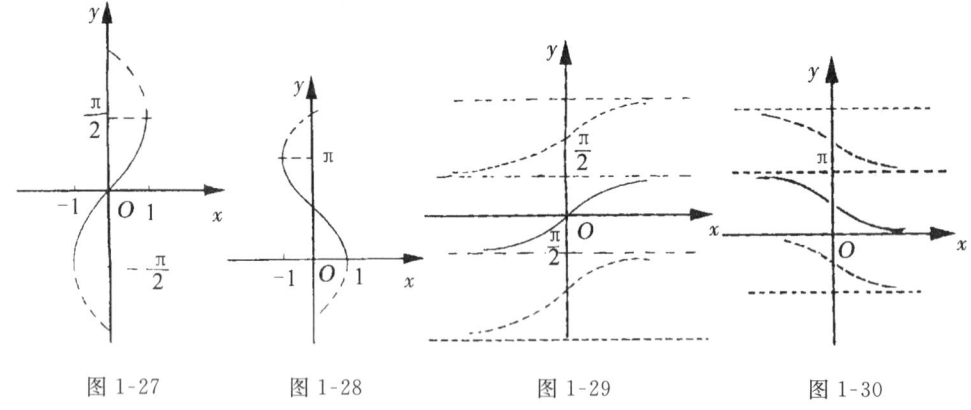

图 1-27　　　　　图 1-28　　　　　图 1-29　　　　　图 1-30

二、初等函数

由上述六种基本初等函数经过有限次的四则运算和有限次复合而得到的函数,统称为初等函数. 例如:

$$y=\sqrt{\dfrac{x-1}{x+2}}+\ln(1+\tan x),\quad y=\sqrt{\lg\dfrac{5x-x^2}{4}}-\sqrt{1-x^2}.$$

注　分段函数一般不是初等函数,但由于分段函数在其定义域的各个子区间上可表示为初等函数,所以分段函数可以通过初等函数来研究. 不过,有些分段函数也可以用一个解析式子表示,如

$$y = |x| = \begin{cases} -x & x<0; \\ 0 & x=0; \\ x & x>0. \end{cases}$$

它可以表示成 $y = \sqrt{x^2}$，所以它是初等函数.

§1.7 经济学中的常用函数

为了解决经济学中的实际问题，首先需要建立实际问题的数学模型，即函数关系. 下面我们通过经济问题的实例，建立并介绍几种常用的经济函数关系. 需要注意的是，在确定这些函数的定义域时，不仅要考虑函数的解析式，还要考虑变量的实际意义.

一、需求函数

顾客对某种商品的需求量 Q_d 受很多因素的影响，如人口、个人收入、商品的价格、可替代商品的价格和数量等. 我们通常假设除商品的价格 p 外，影响商品需求的其他一切因素都保持不变，则可建立起 Q_d 与 p 之间的函数关系 $Q_d = Q(p)$，称之为商品的需求函数.

在正常情况下，价格越低，需求量越大；价格越高，需求量越小. 所以一般说来，需求函数是单调减少函数. 当然在个别情况下，如通货膨胀引起抢购时就不服从这一规律.

常用的需求函数类型有：

线性函数 $Q_d = b - ap \ (a, b > 0)$.

幂函数 $Q_d = \dfrac{k}{p^a} \ (a, k > 0)$.

指数函数 $Q_d = a\mathrm{e}^{-bp} \ (a, b > 0)$.

幂函数 $Q_S = kp^a \ (a, k > 0)$.

指数函数 $Q_S = a\mathrm{e}^{bp} \ (a, b > 0)$.

需求量、供给量与销售价格间有密切联系. 一般说来，如果不考虑其他经济要素对市场的影响，市场上商品的价格 p 主要是由代表消费行为的需求函数和代表生产供应行为的供给函数共同决定. 当价格偏低时，需求量较大而供给量较小，即 $Q_d > Q_S$，此时商品出现供不应求现象，按市场规律，这将导致价格上升；而当价格过高时，$Q_d < Q_S$，又会出现商品供过于求现象，将导致价格下降；如果 $Q_d = Q_S$，则市场上商品量达到供求平衡，此时的商品价格经济学中称为均衡价格.

二、成本函数

从生产厂家的角度出发，生产一批数量为 Q 的产品所需的全部经济投入的价格或费用总额称为产品的总成本.它由固定成本 C_1 和可变成本 $C_2(Q)$ 组成,固定成本主要指厂房、设备等,可变成本指劳动力、原料等,它随产量 Q 而变化.总成本函数可写作
$$C(Q)=C_1+C_2(Q).$$
一般情况下,总成本是单调增加函数.

三、收益函数

收益是厂家以价格 P 出售数量为 Q 的产品所获得的全部收入,即
$$R(Q)=QP.$$
在实际问题中,价格 P 并不一定是常数,往往会发生变化,它的确定较为复杂.在市场经济中,有时价格 P 可以由需求函数确定,即 $P=P(Q)$,此时,收益函数可写作 $R(Q)=QP(Q)$.

四、利润函数

销售量为 Q 时,总收益 $R(Q)$ 与总成本 $C(Q)$ 之差称为利润,记作
$$L(Q)=R(Q)-C(Q).$$
利润是生产厂家追求的目标,生产产品太少,不能获得高利润;生产产品太多,造成供过于求,也不能获得高利润.怎样才能获得最大利润,将在微分学中讨论.

例 1 设某商品的需求函数为 $Q=75-3P$,而总成本函数为 $C(Q)=Q+100$,试求利润函数.

解 由需求函数知 $\qquad P=25-\dfrac{1}{3}Q,$

所以收益函数 $\qquad R(Q)=PQ=25Q-\dfrac{1}{3}Q^2,$

故利润函数 $\qquad L(Q)=R(Q)-C(Q)$
$$=25Q-\frac{1}{3}Q^2-(Q+100)$$
$$=24Q-\frac{1}{3}Q^2-100.$$

由需求函数中 $P\geqslant 0,Q\geqslant 0$,可得 $0\leqslant P\leqslant 25$,而 $0\leqslant Q\leqslant 75$,故利润函数 $L(Q)$ 的定义域为 $[0,75]$.

习题 1
(A)

1. 写出集合 $A=\{1,2,3\}$ 的所有子集.
2. 设 $A=\{1,2,3\},B=\{1,3,5\},C=\{2,4,6\}$,求
   (1) $A\cup B$; (2) $A\cap B$; (3) $A\cup B\cup C$; (4) $A\cap B\cap C$; (5) $A-B$.

3. 设 $A=\{x\mid |x-4|<1\}, B=\{x\mid x>4\}$,求

(1) $A\cup B$; (2) $A\cap B$; (3) $A-B$.

4. 已知 $A=\{a,2,3,4\}, B=\{b,1,3,5\}$,若 $A\cap B=\{1,2,3\}$,求 a 和 b.

5. 下列各题中,$f(x)$ 与 $g(x)$ 是否相同?

(1) $f(x)=\dfrac{x^2}{x}, g(x)=x$; (2) $f(x)=e^{-\frac{1}{2}\ln x}, g(x)=\dfrac{1}{\sqrt{x}}$;

(3) $f(x)=1, g(x)=\sec^2 x-\tan^2 x$; (4) $f(x)=1, g(x)=\sin^2 x+\cos^2 x$;

(5) $f(x)=\ln\dfrac{1+x}{1-x}, g(x)=\ln(1+x)-\ln(1-x)$;

(6) $f(x)=\sqrt{1+\dfrac{1}{x^2}}, g(x)=\dfrac{\sqrt{1+x^2}}{x}$.

6. 求下列函数值或函数关系.

(1) $f(x)=x^2-3x+3$,求 $f(1), f(-x), f(x+1)$.

(2) $f(x)=\dfrac{|x-2|}{x+1}$,求 $f(0), f(2), f\left(\dfrac{1}{x}\right)$.

(3) $f(x)=x^2+1$,求 $f(x^2), [f(x)]^2$.

(4) $f(x)=\dfrac{1}{x^2}\left(1-\dfrac{a-x}{\sqrt{a^2-2ax+x^2}}\right)(a>0)$,求 $f\left(\dfrac{a}{2}\right)$.

(5) $f(x)=\begin{cases}\arctan x & x>0, \\ 0 & x\leqslant 0.\end{cases}$ 求 $f\left(\dfrac{\pi}{4}\right)-f\left(-\dfrac{\pi}{4}\right)$.

7. 求下列函数的定义域.

(1) $y=\sqrt{2x+1}$; (2) $y=\dfrac{1}{\sqrt{9-x^2}}$; (3) $y=\dfrac{-5}{x^2+4}$;

(4) $y=\arcsin\dfrac{x-1}{2}$; (5) $y=\ln\dfrac{1}{1-x}$; (6) $y=\sqrt{\sin\sqrt{x}}$;

(7) $y=\arcsin\left(\lg\left|\dfrac{x}{10}\right|\right)$; (8) $y=\dfrac{\sqrt{16-x^2}}{\ln(x+2)}$.

8. 设 $f(x)$ 的定义域为 $[0,1]$,求函数 $f(\lg x)$ 的定义域.

9. 设 $f\left(\dfrac{1}{x}\right)=x+\sqrt{x^2+1}$,求 $f(x)$.

10. 设 $f(\sin x)=\cos 2x$,求 $f(x)$.

11. 设 $f(x)=\dfrac{x}{2-x}$,求 $f[f(x)]$ 和 $f\{f[f(x)]\}$.

12. 设 $f(x)=2000$,求 $f[f(x)]$.

13. 判断下列函数的单调性.

(1) $y=2^{-x}$; (2) $y=\ln(x+1)$; (3) $y=\sqrt[3]{x}$;

(4) $y=|x|-x$; (5) $y=x+\lg x$.

14. 判断下列函数的有界性.

(1) $y=\dfrac{\cos x}{1+x^2}$. (2) $y=\dfrac{x\sin x}{1+x^2}$. (3) $y=x+\dfrac{1}{x}$.

(4) $y=\begin{cases}\sin\dfrac{1}{x} & x\neq 0;\\ 1 & x=0.\end{cases}$　　(5) $y=\arcsin x+\arctan x$.　(6) $y=x\sin x$.

15. 判断下列函数的奇偶性.

(1) $f(x)=x^3+\sin x$;　　(2) $f(x)=\dfrac{x^2\cos x}{1+x^2}$;　　(3) $f(x)=\lg(x^2+1)$;

(4) $f(x)=xe^x$;　　(5) $f(x)=\ln\dfrac{1-x}{1+x}$;　　(6) $f(x)=e^{|\sin x|}$.

16. 试证:

(1) 两个偶函数的和、差、积、商仍为偶函数;

(2) 两个奇函数的和、差为奇函数,两个奇函数的积、商是偶函数;

(3) 一个奇函数与一个偶函数的积、商是奇函数.

17. 设 $f(x)$ 的定义域为 $(-\infty,+\infty)$,证明:

(1) $f(x)+f(-x)$ 为偶函数;　　(2) $f(x)-f(-x)$ 为奇函数.

18. 判断下列函数的周期性,若是周期函数,求出周期.

(1) $y=3\sin(2x+1)$;　　(2) $y=|\cos 3x|$;　　(3) $y=\sin^2 x$;

(4) $y=\sin x^2$;　　(5) $y=\sin x\cos x$;　　(6) $y=2^{\sin x}$;

(7) $y=e^{\tan(2x-1)}$;　　(8) $y=\arctan x$.

19. 求下列函数的反函数.

(1) $y=x^3+2$;　　(2) $y=\sqrt{1-x^2}\ (-1\leqslant x\leqslant 0)$;

(3) $y=\dfrac{x-1}{x+1}$;　　(4) $y=\dfrac{2^x}{2^x+1}$;

(5) $y=1+\ln(x+2)$;　　(6) $y=\dfrac{\pi}{2}-\arcsin\dfrac{x-1}{2}$.

20. 将下列各题中 y 表示成 x 的函数.

(1) $y=\lg u,u=\sqrt{x}$;　　(2) $y=\sqrt{u},u=2+v^2,v=\cos x$;

(3) $y=u^2,u=\ln v,v=2x+1$;　　(4) $y=\arcsin u,u=\dfrac{x^2}{1+x^2}$.

21. 下列函数可以看成是由哪些简单函数复合而成的.

(1) $y=\sin^2 x^2$;　　(2) $y=(1+\ln x)^3$;

(3) $y=(\ln x^2)^3$;　　(4) $y=\sqrt{e^{\sqrt{x}}}$;

(5) $y=\arcsin\sqrt{1-x^2}$;　　(6) $y=\log_a(x+\sqrt{x^2+1})$.

22. 分别就 $a=2,a=\dfrac{1}{2},a=-2$ 讨论 $y=\lg(a-\sin x)$ 是不是复合函数.如果是复合函数,求其定义域.

23. $f(x)=x^2,g(x)=2^x$,求 $f[g(x)],g[f(x)]$.

24. 已知 $f\left(\dfrac{1+x}{x}\right)=\dfrac{x^2+1}{x}+\dfrac{1}{x}$,求 $f(x)$.

25. 已知 $f(x)=|x|,g(x)=\begin{cases}x^2+1 & x\geqslant 1;\\ x & x<1.\end{cases}$ 求 $f(x)+g(x)$.

26. 已知某商品的需求函数为 $Q_d = \dfrac{16}{p}$，供给函数为 $Q_s = 2p - 4$. 求均衡价格.

27. 投入 10000 元固定成本生产某种产品，每生产一件成本增加 5 元，求总成本函数和平均成本函数，并分别求生产 1000 件和 10000 件时的平均成本.

28. 生产某产品 1000 件，前 800 件售价每件 20 元，其余部分打九折出售，求收益函数.

29. 已知某商品的需求函数 $Q = 1000 - 100p$（件），而成本函数 $C(Q) = 5Q + 200$（元），求该商品的利润函数.

（B）

1. 是非判断

（1）用列举法表示所有自然数组成的集合为 $\{1, 2, 3, \cdots, n, \cdots\}$. （　　）

（2）$\varnothing$ 是空集，则 $\{\varnothing\}$ 也是空集. （　　）

（3）如果两个函数的定义域和对应规则一致，那么这两个函数相同. （　　）

（4）函数 $y = \dfrac{1}{\lg(1-x)}$ 的定义域是 $(-\infty, 1)$. （　　）

（5）$f(x) = 2x^2 + e^{x^2}$ $(-1 \leqslant x \leqslant 2)$ 为偶函数. （　　）

（6）若 $f(x)$ 为单调增加函数，则 $y = -f(x)$ 为单调减少函数. （　　）

（7）如果奇函数 $f(x)$ 在原点处有定义，则 $f(0) = 0$. （　　）

（8）单调函数一定有反函数. （　　）

（9）如果 $f(x)$ 有反函数，则 $f(x)$ 一定是单调函数. （　　）

（10）$y = f(u) = \sqrt{u}$，$u = \varphi(x) = -2 + \sin x$ 不能构成复合函数. （　　）

2. 单项选择

（1）设 $f(x) = 2x \sin x$，则 $f\left(\dfrac{\pi}{2}\right) = （　　）$.

(A) π　　(B) $\pi - 1$　　(C) $\pi + 1$　　(D) 2π

（2）下列函数中基本初等函数是（　　）.

(A) $y = \begin{cases} 4x & x \geqslant 0, \\ -4x+1 & x < 0 \end{cases}$　　(B) $y = x^2 + \sin x$

(C) $y = x$　　(D) $\cos \sqrt{y} = \sin 2x$

（3）函数 $y = \sqrt{1-x} + \arccos \dfrac{x+1}{2}$ 的定义域是（　　）.

(A) $x < 1$　　(B) $-3 \leqslant x \leqslant 1$

(C) $(-3, 1)$　　(D) $\{x \mid x < 1\} \cap \{x \mid -3 \leqslant x \leqslant 1\}$

（4）函数 $y = \begin{cases} x - 3 & -4 \leqslant x \leqslant 0, \\ x^2 + 1 & 0 < x < 3 \end{cases}$ 的定义域是（　　）.

(A) $-4 \leqslant x \leqslant 0$　　(B) $0 < x \leqslant 3$

(C) $[-4, 3)$　　(D) $\{x \mid -4 \leqslant x \leqslant 0\} \cup \{x \mid 0 < x \leqslant 3\}$

（5）函数 $y = |\sin x|$ 的周期为（　　）.

(A) $\dfrac{\pi}{2}$　　　(B) π　　　(C) 2π　　　(D) 4π

(6) 函数 $y=x\cos x+\sin x, x\in(-\infty,+\infty)$ 是(　　).
(A) 偶函数　　　　　　　(B) 奇函数
(C) 非奇非偶函数　　　　(D) 既奇又偶函数

(7) 函数 $f(x)=|x|-e^{-x^2}$ 在区间(　　)上为偶函数.
(A) $(-\infty,0)$　　(B) $[-1,1]$　　(C) $(-\infty,+\infty)$　　(D) $[0,+\infty]$

(8) 函数 $y=\lg\dfrac{x+3}{x-3}$ 的图形关于(　　)对称.
(A) 原点　　　(B) x 轴　　　(C) y 轴　　　(D) 直线 $y=x$

(9) $y=\dfrac{1}{2}(e^x+e^{-x})$ 的图形关于直线 l 对称,则直线 l 的方程是(　　).
(A) $y=0$　　　(B) $y=-x$　　　(C) $x=0$　　　(D) $y=x$

(10) 下列函数中,在 $(-\infty,+\infty)$ 内是单调函数的有(　　).
(A) x^2-x　　(B) $|x|$　　(C) e^{-x}　　(D) $\sin x$.

(11) 函数 $y=\dfrac{1}{x}$ 在区间(　　)上无界.
(A) $(1,+\infty)$　　(B) $(0,1)$　　(C) $(-\infty,-1)$　　(D) 以上都不对

(12) 设 $f(u)$ 是定义在 $(-\infty,+\infty)$ 内的奇函数,则下列是奇函数的是(　　).
(A) $y=f(x^3)$　　(B) $y=f(x)+8$　　(C) $y=f(e^x)$　　(D) $y=|f(x)|$

(13) 函数 $y=2+3\sin x$ 的值域是(　　).
(A) $[-1,3]$　　(B) $[-3,5]$　　(C) $(-1,5)$　　(D) $[-1,5]$

(14) 设函数 $f(x)=10+5\cdot 2^x$,且 $f(x_0)=15$,则 $x_0=$(　　).
(A) $\dfrac{\ln 5}{\ln 2}$　　　(B) 0　　　(C) 1　　　(D) 以上都不对

(15) 若 $f\left(x+\dfrac{1}{x}\right)=x^2+\dfrac{1}{x^2}$,则 $f(x)=$(　　).
(A) x^2　　(B) x^2-2　　(C) x^2+2　　(D) $\dfrac{x^2+x^4}{1+x^4}$

(16) 设 $f\left(\sin\dfrac{x}{2}\right)=\cos x+1$,则 $f\left(\cos\dfrac{x}{2}\right)=$(　　).
(A) $\sin^2\dfrac{x}{2}$　　　　　　(B) $1-\cos x$
(C) $\sqrt{-2\cos x-\cos^2 x}$　　(D) $1+\sin x$

(17) 下列函数中,相同的是(　　).
(A) $f(x)=\cos x$ 与 $g(x)=\sqrt{1-\sin^2 x}$
(B) $f(x)=\sqrt{x(x-1)}$ 与 $y(x)=\sqrt{x}\cdot\sqrt{x-1}$
(C) $f(x)=\dfrac{x}{x}$ 与 $g(x)=1$

(D) $f(x)=\dfrac{x\ln(1-x)}{x^2}$ 与 $g(x)=\dfrac{\ln(1-x)}{x}$

(18) 设 $y=f(x)=1+\log_a(x+3)(a>0,a\neq 1)$，则 $y=f^{-1}(x)$ 为（　　）.

(A) a^x-3 　　(B) $a^{x-1}+3$ 　　(C) $a^{x+1}-3$ 　　(D) 以上都不对

(19) 下列函数对中，能构成复合函数 $f[\varphi(x)]$ 的有（　　）.

(A) $f(x)=\sqrt{x},\varphi(x)=x^2+2$

(B) $f(x)=\ln(1-x),\varphi(x)=x^2+2$

(C) $f(x)=\arcsin x,\varphi(x)=\sqrt{4+x^2}$

(D) $f(x)=\sqrt{x},\varphi(x)=-2+\sin x$

(20) 若 $\varphi(x)=\begin{cases}1 & |x|\leqslant 1,\\ x & |x|>1;\end{cases}$ $f(x)=\sin x$. 则当 $x\in(-\infty,+\infty)$ 时，$\varphi[f(x)]=$（　　）.

(A) 1 　　(B) x 　　(C) $\sin x$ 　　(D) 不存在

3. 填空

(1) 设集合 $A=\{x|-3<x\leqslant 4\}$，$B=\{x|-2<x<7\}$，则 $A\cap B=$ _____.

(2) 已知函数 $f(x-1)=\dfrac{x}{1+2x}$，则 $f(x)=$ _____.

(3) 设 $f(x)=x^2+e^x-1$，则 $f[f(0)]=$ _____.

(4) $f(x)=\dfrac{1}{\lg|x-5|}$ 的定义域是 _____.

(5) 如果 $f(x)=\ln x^2$ 与 $g(x)=2\ln x$ 表示同一函数，则 x 取值范围是 _____.

(6) 设 $f(x)=\begin{cases}2x+1 & x>0;\\ xe^x & x\leqslant 0.\end{cases}$ 则 $f(2)-f(0)=$ _____.

(7) 函数 $y=3\cos\left(\dfrac{2}{3}x+1\right)$ 的周期是 _____.

(8) 函数 $y=1-x^2$ 的单调增加区间是 _____.

(9) 讨论奇偶性，$f(x)=x^3+\sin x$ 是 _____，其图形关于 _____ 对称.

(10) 讨论有界性，函数 $y=2^x$ 在 $(-\infty,0)$ 内 _____，在 $(-\infty,+\infty)$ 内 _____.

(11) 设 $y=\arcsin\dfrac{x-1}{4}$，则当 $-\dfrac{\pi}{2}\leqslant x\leqslant\dfrac{\pi}{2}$ 时，其反函数是 _____.

(12) 函数 $y=\dfrac{x}{|x|}$ 的值域是 _____.

(13) 函数 $y=e^{(\sin\sqrt{x})^2}$ 是由基本初等函数 _____ 复合而成.

(14) 设 $f(x)=e^{(x-3)^2}$，$\varphi(x)=3+\cos x$，则 $f[\varphi(x)]=$ _____.

(15) 用分段函数形式表示 $y=5-|2x-1|$，则 $y=$ _____.

4. 计算下列函数的定义域

(1) $y=\dfrac{\lg(2-x)}{\sqrt{|x|-1}}$；

(2) $y=\sqrt{\ln\dfrac{5x-x^2}{4}}$；

(3) $y = \dfrac{\arccos \dfrac{2x-1}{7}}{\sqrt{x^2-x-6}} - 1$;　　(4) $y = \ln(\sqrt{x-4} - \sqrt{6-x}) + \ln(x + \sqrt{x^2+1})$;

(5) $y = \sqrt{\sin x} + \sqrt{16 - x^2}$.

5. 设 $f(x)$ 的定义域为 $[0,1]$，求 $f\left(x + \dfrac{1}{4}\right) + f\left(x - \dfrac{1}{4}\right)$ 的定义域.

6. 设 $f\left(x - \dfrac{1}{x}\right) = x^2 + \dfrac{1}{x^2}$，求 $f(x)$.

7. 设 $f(\ln x) = x + \ln x + 1$，求 $f(x)$.

8. $y = \begin{cases} x+1 & x \leqslant 0, \\ 2x+1 & x > 0 \end{cases}$ 与 $y = \dfrac{1}{2}(3x + \sqrt{x^2}) + 1$ 是否为同一函数？

9. 当 k 取何值时函数 $f(x) = \dfrac{x+k}{kx^2+2kx+2}$ 的定义域为 $(-\infty, +\infty)$？

10. 判断函数 $y = \dfrac{x^2-x+1}{1+x^3}, x \in (0, +\infty)$ 的有界性.

11. 设 $f(x)$ 在 $(-l, l)$ 内有定义，则 $f(x)$ 可表示成一个奇函数与一个偶函数的和.

12. 设 $f(x)$ 与 $g(x)$ 满足复合条件，试证：

(1) 若 $g(x)$ 为偶函数，则 $f[g(x)]$ 为偶函数；

(2) 若 $f(x)$ 为偶函数，$g(x)$ 为奇函数，则 $f[g(x)]$ 为偶函数；

(3) 若 $g(x)$ 为周期函数，周期为 T，则 $f[g(x)]$ 也是周期函数，且最小周期不超过 T.

13. 求 $y = \sin x + \cos x$ 的周期.

14. 设 $f(x)$ 是以 T 为周期的函数，证明 $f(ax+b)$ 的周期为 $\dfrac{T}{a}(a > 0)$.

15. 设 $y = f(x) = \dfrac{ax+b}{cx-a}(a^2 \neq -bc)$，证明 $f(y) = x$.

16. 设 $f(x) = \begin{cases} 0 & x \leqslant 0, \\ x & x > 0; \end{cases}$　$g(x) = \begin{cases} 0 & x \leqslant 0, \\ -x^2 & x > 0. \end{cases}$ 求 $f[f(x)], f[g(x)], g[f(x)], g[g(x)]$.

17. 某厂每年共需某种原材料 a 吨，分若干次购进，每次采购费 b 元. 该原材料均匀用于生产，平均每吨库存费 c 元/年. 设每次采购量为 x 吨，试将总采购费与总库存费之和表示成 x 的函数.

第 2 章 极限与连续

极限是高等数学中最基本的概念之一,它是研究变量变化趋势的基本工具.在高等数学中,有许多概念,如连续、导数、定积分、无穷级数等都是通过极限来定义的.在许多实际问题求解中,往往先找近似值,然后逐步精确化,一般要用到极限的思想方法.极限方法也是研究函数的一种最基本方法.

§2.1 数列的极限

一、数列

设函数 $y=f(n),n\in \mathbf{N}$,其中自变量 n 只取正整数,我们称该函数 $f(n)$ 为整标函数.

定义 2.1 对于整标函数 $f(n)$,将函数值依自变量 n 增大的顺序排列
$$f(1),f(2),f(3),\cdots,f(n),\cdots$$
称这一列数为数列,记作 $\{f(n)\}$. 也可把 $f(n)$ 记作 y_n,即 $y_n=f(n)$,从而数列也可记为 $\{y_n\}$,即
$$y_1,y_2,y_3,\cdots,y_n,\cdots$$
其中每一个数称为数列的项,y_1 为第一项,y_n 为第 n 项,第 n 项也称作一般项或通项.

在不致混淆时,也可将数列简记作 y_n.

数列的例子:

$\left\{\dfrac{1}{2^n}\right\}: \dfrac{1}{2},\dfrac{1}{4},\dfrac{1}{8},\cdots,\dfrac{1}{2^n},\cdots$

$\left\{\dfrac{n}{n+1}\right\}: \dfrac{1}{2},\dfrac{2}{3},\dfrac{3}{4},\cdots,\dfrac{n}{n+1},\cdots$

$\{n^2\}: 1,4,9,\cdots,n^2,\cdots$

$\left\{\dfrac{1+(-1)^n}{2}\right\}: 0,1,0,1,\cdots$

注 数列中各项的数,是按一定的顺序(项数 n 从小到大)排列的,数列中某些项甚至无穷多项的数值可以相等.

数列的几何表示有两种:

(1) 作一条数轴,将数列 $\{y_n\}$ 中的每一项,都用数轴上的点来表示.这样,数列 $\{y_n\}$ 就

可以用数轴上的一个点列来表示. 当 n 变化时,数列的变化就可以用这些点的变动来描述. 例如数列 $\left\{\dfrac{1}{2^n}\right\}$ 的点列,如图 2-1 所示.

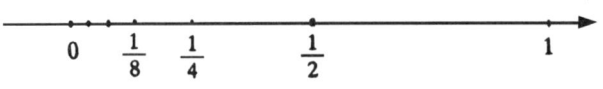

图 2-1

(2) 作一直角坐标系,横轴为 n 轴,纵轴为 y_n. 对数列 $\{y_n\}$ 中的每一项,就有平面上点 (n,y_n) 相对应,这些点就可表示数列 $\{y_n\}$. 例如数列 $\left\{\dfrac{n}{n+1}\right\}$ 如图 2-2 所示.

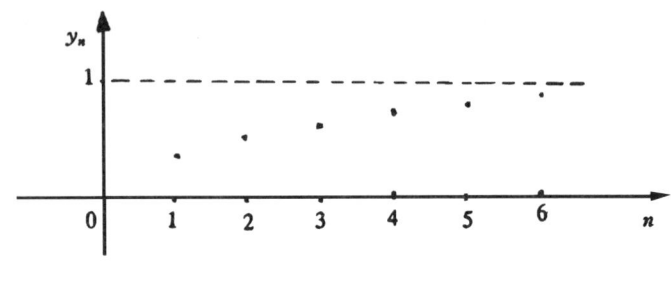

图 2-2

数列的几何特性:

数列是特殊的函数,即定义在自然数集上的整标函数,因此函数的某些特性也可用到数列上.

(1) 单调性　对于数列 $\{y_n\}$,如果
$$y_1 \leqslant y_2 \leqslant y_3 \leqslant \cdots \leqslant y_n \leqslant y_{n+1} \leqslant \cdots$$
则称数列 $\{y_n\}$ 单调增加;如果
$$y_1 \geqslant y_2 \geqslant y_3 \geqslant \cdots \geqslant y_n \geqslant y_{n+1} \geqslant \cdots$$
则称数列 $\{y_n\}$ 单调减少.

例如:数列 $\left\{\dfrac{1}{n}\right\}$:$\dfrac{1}{2},\dfrac{1}{4},\dfrac{1}{8},\cdots,\dfrac{1}{2^n},\cdots$ 单调减少.

数列 $\left\{\dfrac{n}{n+1}\right\}$:$\dfrac{1}{2},\dfrac{2}{3},\dfrac{3}{4},\cdots,\dfrac{n}{n+1},\cdots$ 单调增加.

单调增加或单调减少数列统称单调数列.

(2) 有界性　对于数列 $\{y_n\}$,如果存在正数 M(常数),对一切的 y_n,都有
$$|y_n| \leqslant M,$$
则称数列 $\{y_n\}$ 有界;否则称数列无界.

例如,数列 $\left\{\dfrac{1}{2^n}\right\}$,$\left\{\dfrac{n}{n+1}\right\}$,$\left\{\dfrac{1+(-1)^n}{2}\right\}$ 都是有界数列,因这三个数列均有 $|y_n| \leqslant 1$. 而数列 $\{n^2\}$ 无界,因为随着 n 无限增大,$y_n = n^2$ 可以大于任何预先指定的正数.

有界数列也可用 $A \leqslant y_n \leqslant B$ 来定义. 此时,A 为数列 $\{y_n\}$ 的下界,B 为上界.

二、数列的极限

我国古代数学家刘徽利用圆内接正多边形来推算圆面积的方法——割圆术,就是极限思想在几何上的应用.其方法是:设有一圆,首先作内接正六边形,把它的面积记作 A_1;再作内接正十二边形,其面积记为 A_2;再作内接正二十四边形,面积记作 A_3;循此下去,得到一系列内接正多边形的面积:

$$A_1, A_2, A_3, \cdots, A_n, \cdots$$

构成一无穷数列.当 n 越来越大时,内接正多边形与圆的差别就越来越小,从而以 A_n 作为圆面积的近似值也越来越精确.当 n 无限增大时,A_n 就无限接近圆的面积.圆的面积就是数列 $A_1, A_2, A_3, \cdots, A_n, \cdots$ 当 n 无限增大(记作 $n \to \infty$)时的极限.

对于一个数列,我们主要关心的不是它某一项的值,而是要研究当 n 无限增大时,数列的变化趋势.

例如,上述数列中 $y_n = \dfrac{1}{2^n}$,当 n 越来越大时,$y_n = \dfrac{1}{2^n}$ 越来越接近于常数 0,而数列 $y_n = \dfrac{n}{n+1}$,随着 n 的增大,无限接近于常数 1.

又如数列 $y_n = \dfrac{n+1}{n}: 2, \dfrac{3}{2}, \dfrac{4}{3}, \cdots, \dfrac{n+1}{n}, \cdots$,如图 2-3 所示.

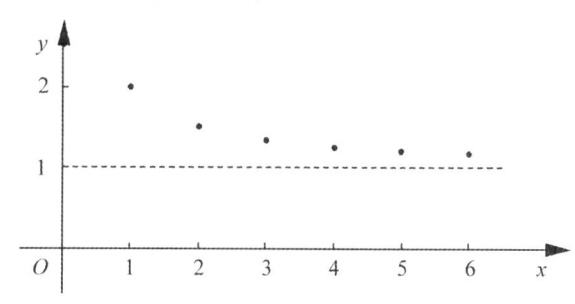

图 2-3

数列 $y_n = \dfrac{n+(-1)^n}{n}: 0, \dfrac{3}{2}, \dfrac{2}{3}, \dfrac{5}{4}, \cdots, \dfrac{n+(-1)^n}{n}, \cdots$,如图 2-4 所示.

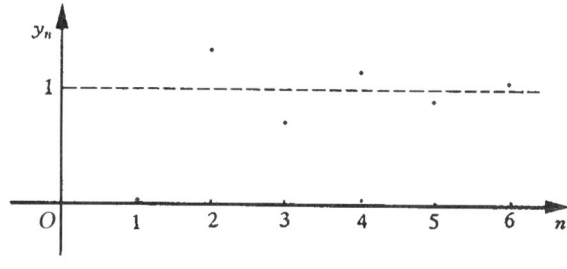

图 2-4

当 n 无限增大时,它们都无限接近于常数 1,或者说 y_n 与 1 的距离即 $|y_n - 1|$ 无限减小,趋于 0,我们称这个常数 1 是数列 $\{y_n\}$ 当 n 趋于无穷时的极限.

定义 2.2 （数列极限的描述性定义）

对于数列 $\{y_n\}$，设有常数 A，如果当 n 无限增大时，y_n 无限接近于 A（$|y_n-A|$ 无限接近于 0），则称当 n 趋于无穷大时 $\{y_n\}$ 以 A 为极限．记作

$$\lim_{n\to\infty} y_n = A \text{ 或 } y_n \to A(n\to\infty).$$

有极限的数列称为收敛数列，否则称数列发散．若数列 $\{y_n\}$ 以 A 为极限，亦称 $\{y_n\}$ 收敛于 A．

例如 $y_n=\dfrac{1}{n}:1,\dfrac{1}{2},\dfrac{1}{3},\cdots,\dfrac{1}{n},\cdots$ 易见，当 n 无限增大时，$\dfrac{1}{n}$ 无限接近于 0，故该数列收敛于 0，即 $\lim\limits_{n\to\infty}\dfrac{1}{n}=0$．

而数列 $y_n=n^2$，当 n 无限增大时，n^2 也无限增大，故该数列是发散的．

当 $n\to\infty$ 时，数列 $y_n=\dfrac{1+(-1)^n}{2}$ 无休止地反复取 0，1 两个数，而不会无限接近于任何一个确定的常数，我们说它是振荡无极限，因而也是发散的．

数列的描述性定义比较简单、直观，容易理解．但"无限增大"、"无限接近"的说法很含糊，不能从数量上表现 n 的增大程度和 y_n 与 A 的接近程度，需要对这种说法精确化．我们可以换一种说法，描述为："当 n 充分大时，$|y_n-A|$ 可以任意小"．这里"充分大"、"任意小"的说法仍嫌不够确切，因为大和小都是相对的，究竟大到什么程度才算"充分大"，小到什么程度才算"任意小"呢？

所谓"任意小"，应当小于预先给定的任意正数．即"对任意给定的正数 ε，不论它多么小，恒有 $|y_n-A|<\varepsilon$ 成立"，这是"任意小"的确切表述．"充分大"是"任意小"的前提条件，所谓"充分大"，只要大到能保证结论成立的程度就行了．如果"存在正整数 N，当 $n>N$ 时"结论成立，这就是"n 充分大"．由此，可以用"$\varepsilon-N$"语言给出数列极限的精确化定义．

定义 2.3 （数列极限的分析定义）

设有数列 $\{y_n\}$ 和实数 A，如果对任意给定的正数 ε，不论它多么小，总存在一个正整数 N，当 $n>N$ 时，$|y_n-A|<\varepsilon$ 恒成立，则称当 n 趋于无穷时，数列 $\{y_n\}$ 以 A 为极限．记作

$$\lim_{n\to\infty} y_n = A \text{ 或 } y_n \to A(n\to\infty).$$

这个定义通常也称为 $\varepsilon-N$ 定义，它从数量关系上深刻地描述了数列 y_n 的极限过程．ε 用来刻画 y_n 与 A 的接近程度；N 表明一个时刻，刻划 n 充分大的程度；ε 是任意给定的，N 随 ε 而定，并且不唯一（若存在一个 N，则 $N+1,N+2,\cdots$ 均可），强调它的存在性．

例如对数列 $y_n=\dfrac{n+1}{n}$，由 $|y_n-1|=\dfrac{1}{n}$ 知，若指定 $\varepsilon=\dfrac{1}{100}$，取项数 $N=100$，当 $n>N$ 时，即从第 101 项起以后的各项 y_n 都能使不等式 $|y_n-1|<\varepsilon$ 成立．若指定 $\varepsilon=\dfrac{1}{10000}$，可以取 $N=10000$，当 $n>N$ 时，即从第 10001 项起以后的各项 y_n 都有 $|y_n-1|<\varepsilon$．

一般地，对于任意指定的正数 ε，不论它多么小，都可以取 $N=\left[\dfrac{1}{\varepsilon}\right]$（$[x]$ 表示不超过 x 的最大整数），当 $n>N$ 时，恒有 $|y_n-1|<\varepsilon$ 成立．由此称数列 $y_n=\dfrac{n+1}{n}$ 以 1 为极限．

为了表达方便,引入记号"∀"表示"对于任意给定的",记号"∃"表示"存在".于是"对于任意给定的正数 ε"写成"∀ε>0","存在正整数 N"写成"∃正整数 N",这样数列极限的 ε－N 定义可表达为:

$$\lim_{n\to\infty} y_n = A \Leftrightarrow \forall \varepsilon > 0, \exists 正整数\ N, 当\ n > N\ 时,有\ |y_n - A| < \varepsilon.$$

数列极限的定义并未给出求极限的方法,只给出了论证数列 $\{y_n\}$ 的极限为 A 的方法,其论证过程为:∀ε>0,由 $|y_n - A| < \varepsilon$ 开始分析倒推,若推出 $n > \varphi(\varepsilon)$,取 $N \geqslant [\varphi(\varepsilon)]$ (比如取 $N = [\varphi(\varepsilon)]$ 或取 $N = [\varphi(\varepsilon)] + 1$),再用 ε－N 定义顺述结论.

例 1 用 ε－N 定义证明 $\lim\limits_{n\to\infty} \dfrac{1}{2^n} = 0$.

证 ∀ε>0,要使 $\left|\dfrac{1}{2^n} - 0\right| < \varepsilon$,只须 $2^n > \dfrac{1}{\varepsilon}$,从而 $\log_2 2^n > \log_2 \dfrac{1}{\varepsilon}$,即 $n > \log_2 \dfrac{1}{\varepsilon}$.

故 ∀ε>0,取 $N = \left[\log_2 \dfrac{1}{\varepsilon}\right]$,当 $n > N$ 时,恒有 $\left|\dfrac{1}{2^n} - 0\right| < \varepsilon$ 成立,所以数列 $y_n = \dfrac{1}{2^n}$ 以 0 为极限,即

$$\lim_{n\to\infty} \frac{1}{2^n} = 0.$$

仿此可进一步证明,当 $|q| < 1$ 时,等比数列 $y_n = q^n$ 的极限为 0,即 $\lim\limits_{n\to\infty} q^n = 0$.

由于数列有两种几何表示法,所以,对于数列的极限也可以作出两种几何解释.

(1) 以数轴上的点列来表示数列 $\{y_n\}$ 时,$\lim\limits_{n\to\infty} y_n = A$ 的几何含义是:不论 ε 多么小,总存在一个项数 N,数列 $\{y_n\}$ 中从第 $N+1$ 项起的一切项所表示的点全都落在点 A 的 ε 邻域内,即区间 $(A-\varepsilon, A+\varepsilon)$ 内,在区间 $(A-\varepsilon, A+\varepsilon)$ 外面只有有限多个点.如图 2-5 所示.

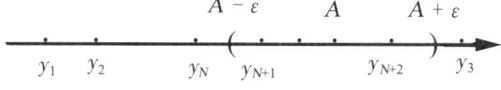

图 2-5

(2) 以直角坐标平面上的点 (n, y_n) 来表示数列 $\{y_n\}$ 时,$\lim\limits_{n\to\infty} y_n = A$ 的几何意义是:不论 ε 多么小,总存在一个项数 N,数列 $\{y_n\}$ 中从第 $N+1$ 项起的一切项所表示的点全都落在从直线 $y = A - \varepsilon$ 到直线 $y = A + \varepsilon$ 之间的带形区域内,在带形区域外面只有有限多个点.如图 2-6 所示.

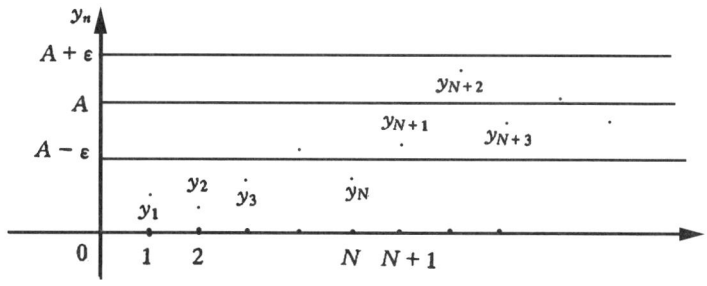

图 2-6

三、数列极限的基本性质

定理 2.1 （极限的唯一性） 如果数列 $\{y_n\}$ 收敛，则其极限值唯一.

证 （用反证法） 假设当 $n \to \infty$ 时，同时有 $y_n \to A$ 及 $y_n \to B$，且 $A \neq B$，不妨设 $A < B$，取 $\varepsilon = \dfrac{B-A}{2} > 0$.

因为 $\lim\limits_{n \to \infty} y_n = A$，故存在正整数 N_1，当 $n > N_1$ 时，

$$|y_n - A| < \frac{B-A}{2}, \text{即} \frac{3A-B}{2} < y_n < \frac{A+B}{2}.$$

同理，又由 $\lim\limits_{n \to \infty} y_n = B$，故存在正整数 N_2，当 $n > N_2$ 时，

$$|y_n - B| < \frac{B-A}{2}, \text{即} \frac{A+B}{2} < y_n < \frac{3B-A}{2}.$$

取 $N = \max\{N_1, N_2\}$，则当 $n > N$ 时，就有

$$y_n < \frac{A+B}{2} \text{ 及 } y_n > \frac{A+B}{2}$$

同时成立. 这是不可能的，由此矛盾就证明了 $A = B$.

定理 2.2 （收敛数列的有界性） 如果数列 $\{y_n\}$ 收敛，则数列 $\{y_n\}$ 一定有界.

证 因为数列 $\{y_n\}$ 收敛，设 $\lim\limits_{n \to \infty} y_n = A$，则对于 $\varepsilon = 1$，存在正整数 N，当 $n > N$ 时，有 $|y_n - A| < 1$ 成立. 从而当 $n > N$ 时，

$$|y_n| = |(y_n - A) + A| \leqslant |y_n - A| + |A| < 1 + |A|.$$

取 $M = \max\{|y_1|, |y_2|, \cdots, |y_N|, 1 + |A|\}$，则对一切 n，都有 $|y_n| \leqslant M$，所以数列 $\{y_n\}$ 有界.

由此定理可知，如果数列 $\{y_n\}$ 无界，则它一定发散. 但是，如果数列 $\{y_n\}$ 有界，却不能断定它一定收敛. 例如数列 $y_n = \dfrac{1+(-1)^n}{2}: 0, 1, 0, 1, \cdots$ 有界，但这个数列发散. 所以数列有界是数列收敛的必要条件，而不是充分条件.

例 2 判断数列 $y_n = (-1)^n \dfrac{n}{n+1}$ 的有界性和敛散性.

解 因为 $|y_n| = \left|(-1)^n \dfrac{n}{n+1}\right| < 1$，所以数列 $\{y_n\}$ 有界.

观察数列 $\{y_n\}: -\dfrac{1}{2}, \dfrac{2}{3}, -\dfrac{3}{4}, \dfrac{4}{5}, -\dfrac{5}{6}, \dfrac{6}{7}, \cdots, (-1)^n \dfrac{n}{n+1}, \cdots$.

当 n 为奇数时，$y_n \to -1$，当 n 为偶数时，$y_n \to 1$，不满足极限的唯一性，所以数列 $\{y_n\}$ 发散.

定理 2.3 （数列极限不等式） 设有数列 $\{x_n\}, \{y_n\}$，如果从某一项开始，有 $x_n \leqslant y_n$，且 $\lim\limits_{n \to \infty} x_n = A$，$\lim\limits_{n \to \infty} y_n = B$，则 $A \leqslant B$.

证 （反证法） 假设 $A > B$，取 $\varepsilon = \dfrac{A-B}{2} > 0$.

由 $\lim\limits_{n\to\infty}x_n=A$，即存在正整数 N_1，当 $n>N_1$ 时，有 $|x_n-A|<\dfrac{A-B}{2}$ 成立，即
$$\dfrac{A+B}{2}<x_n<\dfrac{3A-B}{2}.$$

又 $\lim\limits_{n\to\infty}y_n=B$，则对给定的 $\varepsilon=\dfrac{A-B}{2}$，存在正整数 N_2，当 $n>N_2$ 时，有 $|y_n-B|<\dfrac{A-B}{2}$ 成立，即 $\dfrac{3B-A}{2}<y_n<\dfrac{A+B}{2}.$

取 $N=\max\{N_1,N_2\}$，则当 $n>N$ 时，同时有
$$x_n>\dfrac{A+B}{2} \text{ 和 } y_n<\dfrac{A+B}{2}$$
成立.

故 $x_n>y_n$，而这与条件"从某项开始 $x_n\leqslant y_n$"矛盾，因此 $A>B$ 的假设是错的，从而证明了 $A\leqslant B$.

注意，如果把定理 2.3 中的 $x_n\leqslant y_n$ 换成 $x_n<y_n$，也不能把结论换成 $A<B$.

例如，若 $x_n=\dfrac{n-1}{n}$，$y_n=\dfrac{n+1}{n}$，则 $x_n<y_n$，但
$$\lim\limits_{n\to\infty}x_n=\lim\limits_{n\to\infty}\dfrac{n-1}{n}=1,\lim\limits_{n\to\infty}y_n=\lim\limits_{n\to\infty}\dfrac{n+1}{n}=1.$$

特别地，作为定理 2.3 的特殊情况，有以下推论.

推论 如果数列 $\{y_n\}$ 从某项起有 $y_n\geqslant 0$（或 $y_n\leqslant 0$），且 $\lim\limits_{n\to\infty}y_n=A$，则 $A\geqslant 0$（或 $A\leqslant 0$）.

定理 2.4（收敛数列的保号性） 如果 $\lim\limits_{n\to\infty}y_n=A$，并且 $A>0$（或 $A<0$），则存在正整数 N，当 $n>N$ 时，有 $y_n>0$（或 $y_n<0$）.

证 设 $A>0$，取 $\varepsilon=\dfrac{A}{2}>0$.

由 $\lim\limits_{n\to\infty}y_n=A$，得出对给定的 $\varepsilon=\dfrac{A}{2}$，存在正整数 N，当 $n>N$ 时，有 $|y_n-A|<\dfrac{A}{2}$ 成立，即
$$0<\dfrac{A}{2}<y_n<\dfrac{3A}{2}.$$

（当 $A<0$ 时，取 $\varepsilon=\dfrac{|A|}{2}$，可证出 $y_n<0$）

该定理说明，收敛于非零的数列从某项起，它以后的各项都与极限值保持同号.

最后介绍子数列的概念和子数列的收敛性.

在数列 $\{y_n\}$ 中任意抽取无限多项并保持在原数列 $\{y_n\}$ 中的先后次序，这样得到一个数列称为原数列 $\{y_n\}$ 的子数列（或子列）.

设在数列 $\{y_n\}$ 中，第一次抽取 y_{n_1}，第二次抽取 y_{n_2}，第三次抽取 y_{n_3}，…，如此反复抽取下去，就得到数列 $\{y_n\}$ 的一个子数列 $y_{n_1},y_{n_2},\cdots,y_{n_k},\cdots$.

注 在子数列 $\{y_{n_k}\}$ 中，一般项 y_{n_k} 是第 k 项，也是原数列 $\{y_n\}$ 中的第 n_k 项，显然 $n_k\geqslant k$.

*定理 2.5 （收敛数列与其子数列间的关系） 如果数列 $\{y_n\}$ 收敛于 A，则它的任一子数列也收敛，且极限也是 A.

证 设数列 $\{y_{n_k}\}$ 是数列 $\{y_n\}$ 的任一子数列.

由 $\lim\limits_{n\to\infty} y_n = A$，得出 $\forall \varepsilon > 0$，$\exists$ 正整数 N，当 $n > N$ 时，恒有 $|y_n - A| < \varepsilon$ 成立.

取 $K = N$，则当 $k > K$ 时，$n_k \geq k > K = N$. 于是 $|y_{n_k} - A| < \varepsilon$，即 $\lim\limits_{k\to\infty} y_{n_k} = A$.

由定理 2.4 的逆否命题知，如果数列 $\{y_n\}$ 有两个子数列收敛于不同的极限，则数列 $\{y_n\}$ 是发散的.

数列极限的其他运算性质和判别准则将放在后面与函数极限的相应内容一起叙述.

§2.2 函数的极限

函数极限是描述函数值随自变量变化而变化的趋势的一个概念，其基本思想与数列极限类似，只不过数列极限是特殊函数的极限，而一般函数是定义在实数集上的，其自变量的变化方式可以有多种，因而函数极限的类型有多样. 对于函数 $f(x)$，如果在自变量的某个变化过程中，对应的函数值无限接近于某个确定的数，则这个确定的数就叫作在这一个变化过程中函数的极限. 这个极限是与自变量的变化过程密切相关的，由于自变量的变化过程不同，函数的极限就表现为不同的形式. 以下就自变量的六种变化过程，讨论函数的极限.

一、x 趋于无穷大时函数 $f(x)$ 的极限

1. $x \to +\infty$ 时 $f(x)$ 的极限

我们观察函数 $f(x) = 1 + \dfrac{1}{x}$，如图 2-7 所示.

当自变量 x 沿 x 轴正方向无限增大时，函数 $f(x)$ 的值无限接近于常数 1，即 $|f(x) - 1|$ 无限接近于 0. 我们称常数 1 为函数 $f(x)$ 当 x 趋于正无穷大时的极限，记作 $\lim\limits_{x\to+\infty} f(x) = 1$.

一般地，对于函数 $f(x)$，如果当 x 无限增大时，对应的函数值 $f(x)$ 无限接近于确定的数值 A，则称 A 为函数 $f(x)$ 当 x 趋于正无穷大时的极限，记作 $\lim\limits_{x\to+\infty} f(x) = A$.

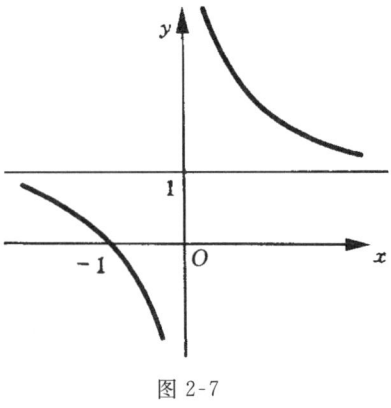

图 2-7

类似于数列的极限，这种对极限的描述性定义不够确切，依照数列极限的定义，给出以下函数极限的分析定义.

定义 2.4 设 $f(x)$ 在 $(a, +\infty)$ 有定义，A 为一常数，如果对任意给定的正数 ε，不论

它多么小,总存在一个正数 X,当 $x>X$ 时,恒有 $|f(x)-A|<\varepsilon$ 成立,则称当 x 趋于正无穷时,函数 $f(x)$ 以 A 为极限,记作

$$\lim_{x\to+\infty} f(x)=A \text{ 或 } f(x)\to A(x\to+\infty).$$

定义中的 ε 刻画 $f(x)$ 与 A 的接近程度,X 刻画 x 充分大的程度;ε 是任意给定的正数,X 随 ε 而定.

这个定义也可称为函数极限的 $\varepsilon-X$ 分析定义,可简单表达为:

$$\lim_{x\to+\infty} f(x)=A \Leftrightarrow \forall \varepsilon>0, \exists X>0, \text{当 } x>X \text{ 时,有 } |f(x)-A|<\varepsilon.$$

在用 $\varepsilon-X$ 定义验证函数极限时,也与数列极限的论证过程相似:$\forall \varepsilon>0$,首先化简甚至可适当放大 $|f(x)-A|$,比如得 $|f(x)-A|\leqslant g(x)$;然后由 $g(x)<\varepsilon$ 解出 $x>\varphi(\varepsilon)$;取 $X\geqslant\varphi(\varepsilon)$,再用 $\varepsilon-X$ 定义顺述结论.

例 1 证明 $\lim_{x\to+\infty}\dfrac{\sin x}{x}=0$.

证 $\forall \varepsilon>0$,须证 $\left|\dfrac{\sin x}{x}-0\right|<\varepsilon$.

由于 $\left|\dfrac{\sin x}{x}-0\right|=\left|\dfrac{\sin x}{x}\right|\leqslant\dfrac{1}{x}(x>0)$,要使 $\dfrac{1}{x}<\varepsilon$,只须 $x>\dfrac{1}{\varepsilon}$.

因此,$\forall \varepsilon>0$,取 $X=\dfrac{1}{\varepsilon}$,当 $x>X$ 时,有 $\left|\dfrac{\sin x}{x}-0\right|<\varepsilon$ 成立.

所以 $\lim_{x\to+\infty}\dfrac{\sin x}{x}=0$.

$x\to+\infty$ 时的函数极限定义与数列极限的定义非常相似,并且有如下结论:

设 $f(x)$ 在 $(a,+\infty)$ 内有定义,如果 $\lim_{x\to+\infty} f(x)=A$,则 $\lim_{n\to+\infty} f(n)=A$. 其中 $f(n)$ 为函数 $f(x)$ 当 x 取自然数时函数值构成的数列.

上述结论反之不成立.

2. $x\to-\infty$ 时 $f(x)$ 的极限

我们仍然观察函数 $f(x)=1+\dfrac{1}{x}$,当自变量 x 向 x 轴的负方向变化时,即 $x<0$ 且 $|x|$ 无限增大时,函数 $f(x)$ 的值也无限接近于常数 1,即 $|f(x)-1|$ 无限接近于 0. 我们称这个常数 1 为函数 $f(x)$ 当 x 趋于负无穷大时的极限,记作 $\lim_{x\to-\infty} f(x)=1$.

一般地,对于函数 $f(x)$,如果 x 从某一时刻起往后总是取负值,并且 $|x|$ 无限增大时,对应的函数值 $f(x)$ 无限接近于确定的数值 A,则称 A 为函数 $f(x)$ 当 x 趋于负无穷大时的极限,记作 $\lim_{x\to-\infty} f(x)=A$.

类似地可给出如下函数极限分析定义:

定义 2.5 设 $f(x)$ 在 $(-\infty,b)$ 内有定义,A 为一常数,如果对任意给定的正数 ε,不论它多么小,总存在一正数 X,当 $x<-X$ 时,恒有 $|f(x)-A|<\varepsilon$ 成立,则称当 x 趋于负无穷时,函数 $f(x)$ 以 A 为极限,记作

$$\lim_{x\to-\infty} f(x)=A \text{ 或 } f(x)\to A(x\to-\infty).$$

该定义可简单表达为:

$$\lim_{x\to-\infty}f(x)=A \Leftrightarrow \forall\varepsilon>0, \exists X>0, 当 x<-X 时, 有|f(x)-A|<\varepsilon.$$

例 2 证明 $\lim\limits_{x\to-\infty}e^x=0$.

证 $\forall\varepsilon>0$(不妨设 $0<\varepsilon<1$), 须证$|e^x-0|<\varepsilon$, 由 $e^x<\varepsilon$, 即 $\ln e^x<\ln\varepsilon$, 知 $x<\ln\varepsilon$.

所以, $\forall\varepsilon>0$, 不论它多么小($0<\varepsilon<1$), 取 $X=-\ln\varepsilon>0$, 当 $x<-X$ 时, 即 $x<\ln\varepsilon$ 时, 有$|e^x-0|<\varepsilon$ 成立, 依极限定义, 有 $\lim\limits_{x\to-\infty}e^x=0$.

3. $x\to\infty$ 时 $f(x)$ 的极限

前面已经看到, 对于函数 $f(x)=1+\dfrac{1}{x}$, 既有 $\lim\limits_{x\to+\infty}f(x)=1$, 又有 $\lim\limits_{x\to-\infty}f(x)=1$, 即不论 x 是正是负, 只要$|x|$无限增大, 就有 $f(x)$ 无限接近于常数 1($|f(x)-1|$无限接近于 0). 此时, 称 x 趋于无穷大时, $f(x)$ 以 1 为极限, 记作$\lim\limits_{x\to\infty}f(x)=1$.

对于函数 $f(x)$, 如果$|x|$无限增大时(包括 x 趋于正无穷大和 x 趋于负无穷大两个方向), 对应的函数值 $f(x)$ 无限接近于同一个确定的数值 A, 则称 A 为函数 $f(x)$ 当 x 趋于无穷大时的极限, 记作 $\lim\limits_{x\to\infty}f(x)=A$.

对应的分析定义为:

定义 2.6 设 $f(x)$ 在$(-\infty,b)\cup(a,+\infty)$有定义, A 为一常数, 如果对任意给定的正数 ε, 不论它多么小, 总存在一正数 X, 当$|x|>X$时, 恒有$|f(x)-A|<\varepsilon$ 成立, 则称当 x 趋于无穷时函数 $f(x)$ 以 A 为极限, 记作

$$\lim_{x\to\infty}f(x)=A 或 f(x)\to A(x\to\infty).$$

该定义可简单表达为:

$$\lim_{x\to\infty}f(x)=A \Leftrightarrow \forall\varepsilon>0, \exists X>0, 当|x|>X 时, 有|f(x)-A|<\varepsilon.$$

例 3 证明 $\lim\limits_{x\to\infty}\dfrac{x^2}{x^2+1}=1$.

证 $\forall\varepsilon>0$, 须证 $\left|\dfrac{x^2}{x^2+1}-1\right|<\varepsilon$. 而 $\left|\dfrac{x^2}{x^2+1}-1\right|=\dfrac{1}{x^2+1}<\dfrac{1}{x^2}$, 要使 $\dfrac{1}{x^2}<\varepsilon$, 即 $x^2>\dfrac{1}{\varepsilon}$, 只需$|x|>\sqrt{\dfrac{1}{\varepsilon}}$即可.

所以, $\forall\varepsilon>0$, 取 $X=\sqrt{\dfrac{1}{\varepsilon}}$, 当$|x|>X$时, $\left(|x|>\sqrt{\dfrac{1}{\varepsilon}}, \dfrac{1}{x^2}<\varepsilon\right)$, 则有 $\left|\dfrac{x^2}{x^2+1}-1\right|<\varepsilon$ 成立.

依定义, $\lim\limits_{x\to\infty}\dfrac{x^2}{x^2+1}=1$.

$\lim\limits_{x\to\infty}f(x)=A$ 的几何意义是: 作直线 $y=A+\varepsilon$ 和 $y=A-\varepsilon$, 不论 ε 多么小, 总存在一个正数 X, 当 $x<-X$ 或 $x>X$ 时, 函数 $y=f(x)$ 的图形位于这两条直线之间. 如图 2-8 所示. 这时, 直线 $y=A$ 称为函数 $y=f(x)$ 的图形的水平渐近线.

根据上述定义, 可明显得出如下结论:

$\lim\limits_{x\to\infty}f(x)=A$ 的充分必要条件是 $\lim\limits_{x\to-\infty}f(x)=\lim\limits_{x\to+\infty}f(x)=A$.

观察函数图象, 根据极限定义, 易得如下极限:

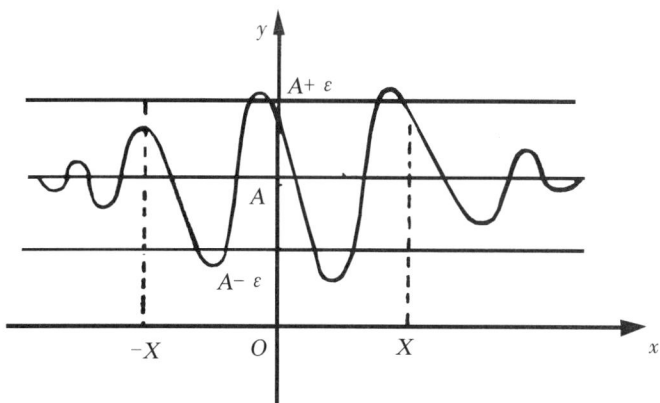

图 2-8

$$\lim_{x\to\infty}\frac{1}{x}=0; \quad \lim_{x\to\infty}\frac{\sin x}{x}=0; \quad \lim_{x\to-\infty}2^x=0; \quad \lim_{x\to+\infty}\left(\frac{1}{2}\right)^x=0;$$

$$\lim_{x\to-\infty}\arctan x=-\frac{\pi}{2}; \quad \lim_{x\to+\infty}\arctan x=\frac{\pi}{2}; \quad \lim_{x\to-\infty}\operatorname{arccot} x=\pi; \quad \lim_{x\to+\infty}\operatorname{arccot} x=0.$$

注意,$\lim_{x\to\infty}2^x$,$\lim_{x\to\infty}\arctan x$,$\lim_{x\to\infty}\operatorname{arccot} x$ 等均不存在.

二、函数在一点处的极限

1. $x\to x_0$ 时 $f(x)$ 的极限

下面讨论 x 无限接近定点 x_0 时函数 $f(x)$ 的变化趋势.观察函数 $f(x)=\dfrac{x^2-1}{x-1}$,如图 2-9 所示.

虽然它在 $x=1$ 处无定义,但当 x 无限接近于定点 1 时,函数 $f(x)$ 的值无限接近于常数 2.我们称 $x\to 1$ 时 $f(x)$ 以 2 为极限,记作 $\lim\limits_{x\to 1}f(x)=2$.

上述对极限的描述可换成:当 $|x-1|$ 充分小时($x\neq 1$),$|f(x)-2|$ 可以任意小.用 $|x-1|<\delta$ 表示 $|x-1|$ 充分小,用 $|f(x)-2|<\varepsilon$ 表示 $f(x)$ 与 2 的距离任意小.

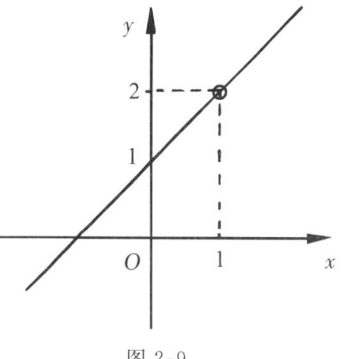

图 2-9

一般地,对于函数 $f(x)$,如果在 $x\to x_0$ 的过程中,对应的函数值 $f(x)$ 无限接近于确定的数值 A,则称 A 为函数 $f(x)$ 当 $x\to x_0$ 时的极限,记作 $\lim\limits_{x\to x_0}f(x)=A$.

类似地,可给出 $x\to x_0$ 时函数极限的分析定义:

定义 2.7 设函数 $f(x)$ 在 x_0 的某空心邻域内有定义,A 为一常数,如果对任意给定的正数 ε,不论它多么小,总存在一个正数 δ,当 $0<|x-x_0|<\delta$ 时,恒有 $|f(x)-A|<\varepsilon$ 成立,则称当 x 趋于 x_0 时,函数 $f(x)$ 以 A 为极限,记作

$$\lim_{x\to x_0}f(x)=A \text{ 或 } f(x)\to A(x\to x_0).$$

该定义可简单表达为:

$$\lim_{x \to x_0} f(x) = A \Leftrightarrow \forall \varepsilon > 0, \exists \delta > 0, 当 0 < |x - x_0| < \delta 时, 有 |f(x) - A| < \varepsilon.$$

这个定义通常称为 ε-δ 定义,ε 刻画 $f(x)$ 与 A 的接近程度,δ 刻画 x 与 x_0 的接近程度;ε 是任意给定的,δ 随 ε 而定.

在用 ε-δ 定义验证函数极限时,也与前面函数极限的论证过程相类似:$\forall \varepsilon > 0$,首先化简甚至可适当放大 $|f(x) - A|$,比如得 $|f(x) - A| \leqslant g(|x - x_0|)$;然后由 $g(|x - x_0|) < \varepsilon$ 解出 $|x - x_0| < \varphi(\varepsilon)$;取 $\delta \leqslant \varphi(\varepsilon)$,再用 ε-δ 定义顺述结论.

例 4 证明 $\lim_{x \to 1}(x^2 - 2x + 5) = 4$.

证 $\forall \varepsilon > 0$,须证 $|(x^2 - 2x + 5) - 4| < \varepsilon$,

由于 $|(x^2 - 2x + 5) - 4| = |x^2 - 2x + 1| = |x - 1|^2$,

要使 $|x - 1|^2 < \varepsilon$,只需 $|x - 1| < \sqrt{\varepsilon}$.

所以,$\forall \varepsilon > 0$ 取 $\delta = \sqrt{\varepsilon}$,当 $0 < |x - 1| < \delta$ 时,有 $|(x^2 - 2x + 5) - 4| < \varepsilon$ 成立.

依定义知,$\lim_{x \to 1}(x^2 - 2x + 5) = 4$.

注意,在讨论 $x \to x_0, f(x)$ 的极限时,$f(x)$ 在 x_0 点处可以有定义,也可以无定义,即极限 $\lim_{x \to x_0} f(x)$ 与 $f(x)$ 在 x_0 有无定义没有关系.

$\lim_{x \to x_0} f(x) = A$ 的几何意义是:对任意给定的 ε>0,不论它多么小,总可以找到 δ>0,当 x 落入 x_0 的 δ 空心邻域 $(x_0 - \delta, x_0) \cup (x_0, x_0 + \delta)$ 内时,相应的纵坐标 $f(x)$ 将全部落入区间 $(A - \varepsilon, A + \varepsilon)$ 内,即此时 $y = f(x)$ 的图形介于直线 $y = A + \varepsilon$ 与 $y = A - \varepsilon$ 之间.如图 2-10 所示.

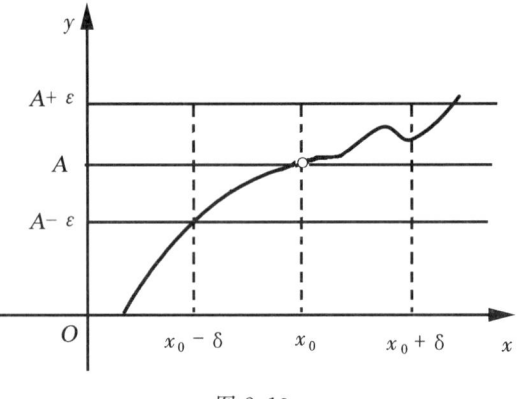

图 2-10

2. 左极限

上面讨论的当 $x \to x_0$ 时 $f(x)$ 的极限,x 可以沿 x 轴以任何方式趋于点 x_0,也就是可以从点 x_0 的左右两侧无限接近于点 x_0. 但有时研究函数 $f(x)$ 的极限时,仅对点 x_0 一侧的函数值有研究的必要,对另一侧的函数值不需要研究,或者函数在另一侧无意义. 这就需要考虑当 x 仅从 x_0 的左侧(或右侧)无限接近于 x_0 时 $f(x)$ 的变化趋势,称之为单侧极限.

如果当 x 从 x_0 的左侧无限接于 x_0 时,即 $x < x_0$ 且 $|x - x_0| = x_0 - x$ 无限趋于 0(记作 $x \to x_0^-$)时,$f(x)$ 无限接近于常数 A,则称 A 为 $f(x)$ 在 x_0 的左极限,记作 $\lim_{x \to x_0^-} f(x) = A$.

定义 2.8 设 $f(x)$ 在 x_0 的左邻域内有定义,A 为一常数,如果对任意给定的正数 ε,不论它多么小,总存在一个正数 δ,当 $0 < x_0 - x < \delta$ 时,恒有 $|f(x) - A| < \varepsilon$ 成立,则称 A 为 $f(x)$ 在 x_0 的左极限,记作

$$\lim_{x \to x_0^-} f(x) = A \text{ 或 } f(x_0 - 0) = A.$$

该定义可简单表达为：
$$\lim_{x \to x_0^-} f(x) = A \Leftrightarrow \forall \varepsilon > 0, \exists \delta > 0, 当 0 < x_0 - x < \delta 时，有 |f(x) - A| < \varepsilon.$$

3. 右极限

当 x 从 x_0 的右侧无限接近于 x_0 时，即 $x > x_0$ 且 $|x - x_0| = x - x_0$ 无限趋于 0（记作 $x \to x_0^+$）时，所得的极限为 $f(x)$ 在 x_0 的右极限，记作 $\lim\limits_{x \to x_0^+} f(x) = A$.

定义 2.9 设 $f(x)$ 在 x_0 的右邻域内有定义，A 为一常数，如果对任意给定的正数 ε，不论它多么小，总存在一个正数 δ，当 $0 < x - x_0 < \delta$ 时，恒有 $|f(x) - A| < \varepsilon$ 成立，则称 A 为 $f(x)$ 在 x_0 的右极限，记作

$$\lim_{x \to x_0^+} f(x) = A \text{ 或 } f(x_0 + 0) = A.$$

该定义可简单表达为：
$$\lim_{x \to x_0^+} f(x) = A \Leftrightarrow \forall \varepsilon > 0, \exists \delta > 0, 当 0 < x - x_0 < \delta 时，有 |f(x) - A| < \varepsilon.$$

例如，前面曾观察函数 $f(x) = \dfrac{x^2 - 1}{x - 1}$，有

$$\lim_{x \to 1} f(x) = 2, \lim_{x \to 1^-} f(x) = \lim_{x \to 1^+} f(x) = 2.$$

又如，函数 $f(x) = \begin{cases} x & x < 1; \\ x - 1 & x \geq 1. \end{cases}$ 如图 2-11 所示，

可以看出：$\lim\limits_{x \to 1^-} f(x) = \lim\limits_{x \to 1^-} x = 1$，

$$\lim_{x \to 1^+} f(x) = \lim_{x \to 1^+} (x - 1) = 0.$$

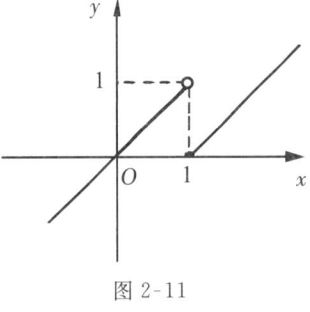

图 2-11

函数在 $x = 1$ 处，左、右极限都存在，但不相等，因而极限 $\lim\limits_{x \to 1} f(x)$ 不存在.

根据以上函数在一点处极限的定义，易知有如下结论：

定理 2.6 $\lim\limits_{x \to x_0} f(x)$ 存在的充分必要条件是

$$\lim_{x \to x_0^-} f(x) = \lim_{x \to x_0^+} f(x).$$

因此，如果函数 $f(x)$ 在某点 x_0 左、右极限中至少有一个不存在，或者即使都存在，但二者不相等，我们都说 $\lim\limits_{x \to x_0} f(x)$ 不存在.

例 5 研究当 $x \to 0$ 时，$f(x) = |x|$ 的极限.

解 $f(x) = \begin{cases} -x & x < 0; \\ x & x \geq 0. \end{cases}$ 如图 2-12 所示.

易知 $\lim\limits_{x \to 0^-} f(x) = \lim\limits_{x \to 0^-} (-x) = 0, \lim\limits_{x \to 0^+} f(x) = \lim\limits_{x \to 0^+} x = 0.$

所以，由定理 2.6 可得 $\lim\limits_{x \to 0} |x| = 0$.

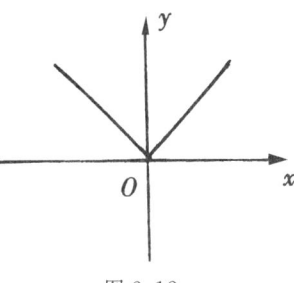

图 2-12

§2.3 极限的基本性质

前面我们介绍了函数的六种极限过程,为了以后叙述方便,我们用符号 $\lim f(x) = A$ 表示 $x \to x_0$、$x \to \infty$ 等各种极限过程中函数的极限.甚至可以把数列 $f(n)$ 和函数 $f(x)$ 概括为变量 y,把 $n \to \infty, x \to \infty, x \to x_0$ 等七种变化过程概括为"在某变化过程中",把数列极限和函数极限概括为变量的极限,记作 $\lim y = A$.

例如 $\lim C = C$(C 为常数)是指:

对于数列 $y_n = f(n) = C$,有 $\lim_{n \to \infty} y_n = \lim_{n \to \infty} C = C$;对于函数 $f(x) = C$,有 $\lim_{x \to \infty} f(x) = \lim_{x \to \infty} C = C$;$\lim_{x \to x_0} f(x) = \lim_{x \to x_0} C = C$ 等.

因为变量 $y = C$ 不论是数列还是函数,也不论自变量在哪种变化过程中,$\forall \varepsilon > 0$,恒有 $|y - C| = |C - C| = 0 < \varepsilon$,所以 $\lim C = C$.

需要注意的是,在变量极限 $\lim y = A$ 中,如果变量 y 已给出为具体的数列或函数,并且给出函数自变量的具体变化过程,则必须在极限符号下面标明所研究的自变量的变化过程.例如 $\lim_{n \to \infty} \frac{1}{n} = 0, \lim_{n \to \infty} \left[1 + \frac{(-1)^n}{n}\right] = 1, \lim_{x \to 0} |x| = 0$,不能出现形如 $\lim \frac{1}{x}$ 的符号形式.

与数列极限的性质类似,函数极限也有这些基本性质,并且针对 x 的不同变化过程,相应性质的叙述和证明都是类似的.以下仅选择一种情况给出函数极限的性质结果.

定理 2.7 (函数极限的唯一性) 如果函数极限存在,则其极限值唯一.

证 以 $\lim_{x \to x_0} f(x) = A$ 为例用反证法证明.

假设 $\lim_{x \to x_0} f(x) = A$ 又 $\lim_{x \to x_0} f(x) = B$,且 $A \neq B$,不妨设 $A < B$,取 $\varepsilon = \frac{B-A}{2} > 0$.

因为 $\lim_{x \to x_0} f(x) = A$,所以对取定的 $\varepsilon = \frac{B-A}{2}$,存在 $\delta_1 > 0$,当 $0 < |x - x_0| < \delta_1$ 时,有 $|f(x) - A| < \frac{B-A}{2}$ 成立,即 $\frac{3A-B}{2} < f(x) < \frac{A+B}{2}$.

又因为 $\lim_{x \to x_0} f(x) = B$,所以对取定的 $\varepsilon = \frac{B-A}{2}$,存在 $\delta_2 > 0$,当 $0 < |x - x_0| < \delta_2$ 时,有 $|f(x) - B| < \frac{B-A}{2}$ 成立,即

$$\frac{A+B}{2} < f(x) < \frac{3B-A}{2}.$$

取 $\delta = \min\{\delta_1, \delta_2\}$,则当 $0 < |x - x_0| < \delta$ 时,有 $f(x) < \frac{A+B}{2}$ 和 $\frac{A+B}{2} < f(x)$ 同时成立,这是不可能的.所以 $A = B$,证毕.

定理 2.8 (函数极限的局部有界性) 如果在某变化过程中,有 $\lim f(x) = A$,则当 x 变化到一定程度后,函数 $f(x)$ 有界.

其中"某变化过程"可以是 $x \to x_0, x \to \infty$ 等六种变化过程中的任一个.

证 （以 $x \to x_0$ 的情况为例来证明）

设 $\lim_{x \to x_0} f(x) = A$（$A$ 为常数），对于给定的 $\varepsilon = 1$，存在 $\delta > 0$，当 $0 < |x - x_0| < \delta$ 时，有 $|f(x) - A| < 1$，所以

$$|f(x)| = |(f(x) - A) + A|$$
$$\leqslant |f(x) - A| + |A| < 1 + |A|.$$

令 $M = 1 + |A|$，即当 $0 < |x - x_0| < \delta$ 时，有 $|f(x)| < M$，所以 $f(x)$ 有界.

仿此可对其他变化过程证 $f(x)$ 有界.

注意，这个定理的逆命题不成立. 例如 $x \to \infty$ 时，函数 $f(x) = \sin x$ 有界，但 $x \to \infty$ 时，$f(x) = \sin x$ 在 -1 和 $+1$ 之间振荡无极限.

定理 2.9 （函数极限的局部保号性） 如果 $\lim_{x \to x_0} f(x) = A$，并且 $A > 0$（或 $A < 0$），则存在一个正数 δ，当 $0 < |x - x_0| < \delta$ 时，有 $f(x) > 0$（或 $f(x) < 0$）.

证 设 $A > 0$，取 $\varepsilon = \dfrac{A}{2} > 0$，由于 $\lim_{x \to x_0} f(x) = A$，所以对 $\varepsilon = \dfrac{A}{2}$，存在 $\delta > 0$，当 $0 < |x - x_0| < \delta$ 时，有 $|f(x) - A| < \dfrac{A}{2}$，即 $0 < \dfrac{A}{2} < f(x) < \dfrac{3A}{2}$.

（当 $A < 0$ 时，取 $\varepsilon = \dfrac{|A|}{2}$ 可证出 $f(x) < 0$）

仿此可对 $\lim_{x \to \infty} f(x) = A$ 等其他极限过程证保号性.

定理 2.10 如果 $\lim_{x \to x_0} f(x) = A$，并且在 x_0 的某空心邻域内 $f(x) \geqslant 0$（或 $f(x) \leqslant 0$），则 $A \geqslant 0$（或 $A \leqslant 0$）.

证 （反证法） 假设 $A < 0$，由定理 2.9 知，存在 x_0 的 δ 邻域，在此邻域内 $f(x) < 0$，这与 $f(x) \geqslant 0$ 矛盾，故 $A < 0$ 的假设是错的，即 $A \geqslant 0$.

注意，把条件中 $f(x) \geqslant 0$ 换成 $f(x) > 0$，结论中 $A \geqslant 0$ 并不能换成 $A > 0$.

定理 2.9 和定理 2.10 表明了函数符号与极限符号的一致性，揭示了函数极限的保号性.

定理 2.11 （函数极限不等式） 如果在 x_0 的某空心邻域内有 $f(x) \leqslant g(x)$，并且 $\lim_{x \to x_0} f(x) = A, \lim_{x \to x_0} g(x) = B$，则 $A \leqslant B$.

证 （反证法） 假设 $A > B$，取 $\varepsilon = \dfrac{A - B}{2} > 0$.

由于 $\lim_{x \to x_0} f(x) = A$，则对给定的 $\varepsilon = \dfrac{A - B}{2} > 0$，总存在 $\delta_1 > 0$，当 $0 < |x - x_0| < \delta_1$ 时，有 $|f(x) - A| < \dfrac{A - B}{2}$，即 $\dfrac{A + B}{2} < f(x) < \dfrac{3A - B}{2}$.

又由于 $\lim_{x \to x_0} g(x) = B$，则对给定的 $\varepsilon = \dfrac{A - B}{2} > 0$，总存在 $\delta_2 > 0$，当 $0 < |x - x_0| < \delta_2$ 时，有 $|g(x) - B| < \dfrac{A - B}{2}$，即 $\dfrac{3B - A}{2} < g(x) < \dfrac{A + B}{2}$.

取 $\delta=\min\{\delta_1,\delta_2\}$，则当 $0<|x-x_0|<\delta$ 时，同时有 $\frac{B-A}{2}<f(x)$ 及 $g(x)<\frac{B-A}{2}$ 成立，即 $f(x)>g(x)$，这与条件 $f(x)\leqslant g(x)$ 矛盾，故 $A\leqslant B$.

仿此，对其他极限过程也有类似结论.

§2.4 极限的四则运算

以上介绍了极限的基本概念和极限的基本性质，由极限的定义可以验证某个常数是否为某个变量的极限，但一般不能求出变量的极限. 本节我们先介绍一些极限的运算法则，然后利用这些法则去求一些变量的极限.

以下极限的四则运算法则对数列极限和函数极限均成立，并且适用于各种极限过程.

定理 2.12 如果在自变量的某同一变化过程中，$\lim f(x)$ 和 $\lim g(x)$ 都存在，则 $\lim[f(x)\pm g(x)]$ 也存在，并且

$$\lim[f(x)\pm g(x)]=\lim f(x)\pm \lim g(x).$$

证 （以 $x\to x_0$ 为例来证明）

设 $\lim_{x\to x_0}f(x)=A$，$\lim_{x\to x_0}g(x)=B$，则对任意给定的正数 ε，不论它多么小，$\frac{\varepsilon}{2}$ 也是小正数.

存在 $\delta_1>0$，当 $0<|x-x_0|<\delta_1$ 时，有 $|f(x)-A|<\frac{\varepsilon}{2}$ 成立.

存在 $\delta_2>0$，当 $0<|x-x_0|<\delta_2$ 时，有 $|g(x)-B|<\frac{\varepsilon}{2}$ 成立.

取 $\delta=\min\{\delta_1,\delta_2\}$，则当 $0<|x-x_0|<\delta$ 时，同时有 $|f(x)-A|<\frac{\varepsilon}{2}$ 和 $|g(x)-B|<\frac{\varepsilon}{2}$ 成立，此时

$$|[f(x)\pm g(x)]-(A\pm B)|$$
$$=|[f(x)-A]\pm[g(x)-B]|$$
$$\leqslant |f(x)-A|+|g(x)-B|<\frac{\varepsilon}{2}+\frac{\varepsilon}{2}=\varepsilon.$$

所以 $$\lim_{x\to x_0}[f(x)\pm g(x)]=A\pm B=\lim_{x\to x_0}f(x)\pm\lim_{x\to x_0}g(x).$$

仿此可对其他变化过程证明结论成立.

定理 2.13 如果在自变量的某同一变化过程中，$\lim f(x)$，$\lim g(x)$ 都存在，则 $\lim[f(x)\cdot g(x)]$ 也存在，并且

$$\lim[f(x)\cdot g(x)]=\lim f(x)\cdot \lim g(x).$$

（证明从略）

定理 2.12 和定理 2.13 均可推广到有限多个变量的情形. 例如，如果在自变量的某同一变化过程中，$\lim f(x)$，$\lim g(x)$，$\lim h(x)$ 都存在，则有

$$\lim[f(x)+g(x)-h(x)] = \lim f(x) + \lim g(x) - \lim h(x);$$
$$\lim[f(x)g(x)h(x)] = \lim f(x) \lim g(x) \lim h(x).$$

推论 1 常数因子可提到极限符号外面,即
$$\lim[Cf(x)] = C \cdot \lim f(x) \quad (C \text{ 为常数}).$$

推论 2 如果 m 是与极限变量 x 无关的正整数,则有
$$\lim[f(x)]^m = [\lim f(x)]^m;$$
$$\lim[f(x)]^{\frac{1}{m}} = [\lim f(x)]^{\frac{1}{m}}.$$

这是因为 $\lim[f(x)]^m = \lim[f(x) \cdot f(x) \cdots f(x)]$
$$= \lim f(x) \cdot \lim f(x) \cdots \lim f(x) = [\lim f(x)]^m.$$

若令 $[f(x)]^m = g(x)$,则 $f(x) = [g(x)]^{\frac{1}{m}}$,代入上式,即有 $\lim g(x) = \{\lim[g(x)]^{\frac{1}{m}}\}^m$,所以 $\lim[g(x)]^{\frac{1}{m}} = [\lim g(x)]^{\frac{1}{m}}$.

定理 2.14 如果在自变量的某同一变化过程中,$\lim f(x), \lim g(x)$ 都存在,并且 $\lim g(x) \neq 0$,则有
$$\lim \frac{f(x)}{g(x)} = \frac{\lim f(x)}{\lim g(x)}.$$

(证明从略)

注 上述极限的运算法则,给求数列或函数的极限带来很大方便.但应注意,运用这些法则的前提是被运算的变量的个数应为有限多个,且各个变量的极限必须都存在;在考虑商的极限时,还要求分母的极限不为零.

有些极限非常简单,是已知的基本极限,如 $\lim C = C$ (C 为常数), $\lim_{x \to x_0} x = x_0$, $\lim_{x \to \infty} \frac{1}{x} = 0$ 等.利用已知的基本极限和上述极限的运算法则,可以计算一些函数或数列的极限.

例 1 求 $\lim_{x \to 1}(3x^2 - 2x + 1)$.

解 $\lim_{x \to 1}(3x^2 - 2x + 1) = \lim_{x \to 1} 3x^2 - \lim_{x \to 1} 2x + \lim_{x \to 1} 1$
$$= 3\lim_{x \to 1} x^2 - 2\lim_{x \to 1} x + 1$$
$$= 3(\lim_{x \to 1} x)^2 - 2 + 1$$
$$= 3 - 2 + 1 = 2.$$

例 2 求 $\lim_{x \to 2} \frac{x^2 - 3x + 1}{x - 3}$.

解 因为 $\lim_{x \to 2}(x^2 - 3x + 1) = (\lim_{x \to 2} x)^2 - 3\lim_{x \to 2} x + 1$
$$= 2^2 - 3 \times 2 + 1 = -1,$$
$$\lim_{x \to 2}(x - 3) = 2 - 3 = -1 \neq 0.$$

所以 $$\lim_{x \to 2} \frac{x^2 - 3x + 1}{x - 3} = \frac{\lim_{x \to 2}(x^2 - 3x + 1)}{\lim_{x \to 2}(x - 3)} = \frac{-1}{-1} = 1.$$

从上面两个例子可以看出,求有理函数(多项式)或有理分式函数当 $x \to x_0$ 时的极限时,只要把 x_0 代替函数中的 x 就行了.但对于有理分式函数,如果代入后分母为零,则没有意义.

事实上,设多项式 $f(x)=a_0x^n+a_1x^{n-1}+\cdots+a_n$,则
$$\lim_{x\to x_0}f(x)=\lim_{x\to x_0}(a_0x^n+a_1x^{n-1}+\cdots+a_n)$$
$$=a_0(\lim_{x\to x_0}x)^n+a_1(\lim_{x\to x_0}x)^{n-1}+\cdots+\lim_{x\to x_0}a_n$$
$$=a_0x_0^n+a_1x_0^{n-1}+\cdots+a_n=f(x_0).$$

又设有理分式函数 $F(x)=\dfrac{f(x)}{g(x)}$,其中 $f(x),g(x)$ 都是多项式,于是 $\lim\limits_{x\to x_0}f(x)=f(x_0),\lim\limits_{x\to x_0}g(x)=g(x_0)$,如果 $g(x_0)\neq 0$,则

$$\lim_{x\to x_0}F(x)=\lim_{x\to x_0}\frac{f(x)}{g(x)}=\frac{\lim\limits_{x\to x_0}f(x)}{\lim\limits_{x\to x_0}g(x)}=\frac{f(x_0)}{g(x_0)}=F(x_0).$$

但如果 $g(x_0)=0$,则不能直接应用商的极限法则.

例 3 求 $\lim\limits_{x\to 3}\dfrac{x^2-3x+1}{x-3}$.

解 因为 $\lim\limits_{x\to 3}(x-3)=0$,所以不能应用商的极限法则.而
$$\lim_{x\to 3}(x^2-3x+1)=3^2-3\times 3+1=1\neq 0,$$
$$\lim_{x\to 3}\frac{x-3}{x^2-3x+1}=\frac{0}{1}=0.$$

所以极限 $\lim\limits_{x\to 3}\dfrac{x^2-3x+1}{x-3}$ 不存在.

但是它不同于一般的极限不存在,因为,当 $x\to 3$ 时,$\left|\dfrac{x^2-3x+1}{x-3}\right|$ 无限增大,我们把这种极限状态记作
$$\lim_{x\to 3}\frac{x^2-3x+1}{x-3}=\infty.$$

类似地如 $\lim\limits_{x\to 0}\dfrac{1}{x}=\infty$.

一般地,如果 $\lim g(x)=0,\lim f(x)=A\neq 0$,则
$$\lim\frac{f(x)}{g(x)}=\infty.$$

例 4 求 $\lim\limits_{x\to 3}\dfrac{x^2-5x+6}{x^2-9}$.

解 $\lim\limits_{x\to 3}(x^2-5x+6)=0,\lim\limits_{x\to 3}(x^2-9)=0.$

虽然分子、分母的极限都存在,但分母极限为 0,所以不能直接使用商的极限法则.由于此时分子极限也为 0,通过因式分解,发现有公因式 $x-3$,约去公因式可得
$$\lim_{x\to 3}\frac{x^2-5x+6}{x^2-9}=\lim_{x\to 3}\frac{(x-3)(x-2)}{(x-3)(x+3)}=\lim_{x\to 3}\frac{x-2}{x+3}=\frac{1}{6}.$$

一般地,如果 $\lim\limits_{x\to x_0}f(x)=0,\lim\limits_{x\to x_0}g(x)=0$,则称 $\lim\limits_{x\to x_0}\dfrac{f(x)}{g(x)}$ 为 "$\dfrac{0}{0}$" 型的极限.若能把分子、分母因式分解出公因式 $x-x_0$,约去公因式后再求极限,这种方法通常称为"约去零因子法".

例 5 求 $\lim\limits_{n\to\infty}\dfrac{n^2-2n+3}{2n^2+3n-4}$.

解 因分子、分母的极限均不存在,所以不能直接用商的极限法则. 将分子、分母同除以 n^2,得

$$\lim_{n\to\infty}\dfrac{n^2-2n+3}{2n^2+3n-4}=\lim_{n\to\infty}\dfrac{1-\dfrac{2}{n}+\dfrac{3}{n^2}}{2+\dfrac{3}{n}-\dfrac{4}{n^2}}.$$

因为
$$\lim_{n\to\infty}\left(1-\dfrac{2}{n}+\dfrac{3}{n^2}\right)=\lim_{n\to\infty}1-\lim_{n\to\infty}\dfrac{2}{n}+\lim_{n\to\infty}\dfrac{3}{n^2}=1,$$

$$\lim_{n\to\infty}\left(2+\dfrac{3}{n}-\dfrac{4}{n^2}\right)=2\neq 0.$$

所以
$$\lim_{n\to\infty}\dfrac{n^2-2n+3}{2n^2+3n-4}=\dfrac{\lim\limits_{n\to\infty}\left(1-\dfrac{2}{n}+\dfrac{3}{n^2}\right)}{\lim\limits_{n\to\infty}\left(2+\dfrac{3}{n}-\dfrac{4}{n^2}\right)}=\dfrac{1}{2}.$$

例 6 求 $\lim\limits_{x\to\infty}\dfrac{2x^2-3x+1}{3x^3+4x^2-2}$.

解 分子、分母同除以 x^3,得

$$\lim_{x\to\infty}\dfrac{2x^2-3x+1}{3x^3+4x^2-2}=\lim_{x\to\infty}\dfrac{\dfrac{2}{x}-\dfrac{3}{x^2}+\dfrac{1}{x^3}}{3+\dfrac{4}{x}-\dfrac{2}{x^3}}=\dfrac{0-0+0}{3+0-0}=0.$$

例 7 求 $\lim\limits_{x\to\infty}\dfrac{3x^4+4x^3-2}{5x^3+x}$.

解 分子、分母同除以 x^4,得

$$\lim_{x\to\infty}\dfrac{3x^4+4x^3-2}{5x^3+x}=\lim_{x\to\infty}\dfrac{3+\dfrac{4}{x}-\dfrac{2}{x^4}}{\dfrac{5}{x}+\dfrac{1}{x^3}}=\infty.$$

总结例 5、例 6、例 7 的结果可知,当 $x\to\infty$ 时,求有理分式的极限,可将分子、分母同除以 x 的最高次幂,然后再分别求分子、分母的极限. 并且可得如下规律:

$$\lim_{x\to\infty}\dfrac{a_0 x^n+a_1 x^{n-1}+\cdots+a_n}{b_0 x^m+b_1 x^{m-1}+\cdots+b_m}=\begin{cases}\dfrac{a_0}{b_0} & n=m;\\ 0 & n<m;\\ \infty & n>m.\end{cases}$$

其中,$a_0,a_1,\cdots,a_n,b_0,b_1,\cdots,b_m$ 均为常数,并且 $a_0\neq 0,b_0\neq 0,m,n$ 为非负整数.

一般地,如 $\lim f(x)=\infty,\lim g(x)=\infty$,则称 $\lim\dfrac{f(x)}{g(x)}$ 为"$\dfrac{\infty}{\infty}$"型极限.

例 8 求 $\lim\limits_{n\to\infty}\dfrac{n+\sqrt{n^2-1}}{\sqrt{n^2+n-1}}$.

解 分子、分母同除以 n,得

$$\lim_{n\to\infty}\frac{n+\sqrt{n^2-1}}{\sqrt{n^2+n}-1}=\lim_{n\to\infty}\frac{1+\sqrt{1-\frac{1}{n^2}}}{\sqrt{1+\frac{1}{n}}-\frac{1}{n}}=\frac{1+\sqrt{1-0}}{\sqrt{1+0}-0}=2.$$

在许多情况下，常常需要对给定的数列或函数的极限式子作适当的变形，然后再求极限.

例 9 求 $\lim\limits_{n\to\infty}\left(\dfrac{1}{n^2}+\dfrac{2}{n^2}+\cdots+\dfrac{n}{n^2}\right)$.

解 $n\to\infty$ 时，式中和的项数也在无限增加，不能直接使用有限多项和的极限运算法则，应先变形再求极限.

$$\lim_{n\to\infty}\left(\frac{1}{n^2}+\frac{2}{n^2}+\cdots+\frac{n}{n^2}\right)=\lim_{n\to\infty}\frac{1+2+\cdots+n}{n^2}$$
$$=\lim_{n\to\infty}\frac{\frac{1}{2}n(n+1)}{n^2}=\lim_{n\to\infty}\frac{1}{2}\left(1+\frac{1}{n}\right)=\frac{1}{2}.$$

例 10 求 $\lim\limits_{x\to 1}\dfrac{\sqrt{x}-1}{x-1}$.

解 将分子有理化得
$$\lim_{x\to 1}\frac{\sqrt{x}-1}{x-1}=\lim_{x\to 1}\frac{(\sqrt{x}-1)(\sqrt{x}+1)}{(x-1)(\sqrt{x}+1)}$$
$$=\lim_{x\to 1}\frac{x-1}{(x-1)(\sqrt{x}+1)}$$
$$=\lim_{x\to 1}\frac{1}{\sqrt{x}+1}=\frac{1}{2}.$$

例 11 求 $\lim\limits_{x\to+\infty}(\sqrt{x+1}-\sqrt{x})$.

解 $x\to+\infty$ 时，$\sqrt{x+1}$ 与 $\sqrt{x}$ 的极限不存在（均趋于无穷），所以不能用差的极限法则，需作变形，有理化得

$$\lim_{x\to+\infty}(\sqrt{x+1}-\sqrt{x})=\lim_{x\to+\infty}\frac{(\sqrt{x+1}-\sqrt{x})(\sqrt{x+1}+\sqrt{x})}{\sqrt{x+1}+\sqrt{x}}$$
$$=\lim_{x\to+\infty}\frac{1}{\sqrt{x+1}+\sqrt{x}}=0.$$

例 12 求 $\lim\limits_{x\to 1}\left(\dfrac{1}{x-1}-\dfrac{2}{x^2-1}\right)$.

解 $\lim\limits_{x\to 1}\left(\dfrac{1}{x-1}-\dfrac{2}{x^2-1}\right)=\lim\limits_{x\to 1}\dfrac{x+1-2}{x^2-1}=\lim\limits_{x\to 1}\dfrac{1}{x+1}=\dfrac{1}{2}.$

例 13 已知
$$f(x)=\begin{cases}e^x-1 & x\leqslant 0;\\ \dfrac{x^2-x+1}{1-x^2} & x>0.\end{cases}$$

求 $\lim\limits_{x\to 0}f(x),\lim\limits_{x\to\infty}f(x)$.

解 因为
$$\lim_{x\to 0^-}f(x)=\lim_{x\to 0^-}(e^x-1)=0,$$
$$\lim_{x\to 0^+}f(x)=\lim_{x\to 0^+}\frac{x^2-x+1}{1-x^2}=\frac{0-0+1}{1-0}=1,$$
$$\lim_{x\to 0^-}f(x)\neq\lim_{x\to 0^+}f(x),$$

所以 $\lim\limits_{x\to 0}f(x)$ 不存在.

又
$$\lim_{x\to -\infty}f(x)=\lim_{x\to -\infty}(e^x-1)=-1,$$
$$\lim_{x\to +\infty}f(x)=\lim_{x\to +\infty}\frac{x^2-x+1}{1-x^2}$$
$$=\lim_{x\to +\infty}\frac{1-\frac{1}{x}+\frac{1}{x^2}}{\frac{1}{x^2}-1}=\frac{1-0+0}{0-1}=-1,$$
$$\lim_{x\to -\infty}f(x)=\lim_{x\to +\infty}f(x)=-1,$$

故
$$\lim_{x\to\infty}f(x)=-1.$$

§2.5 极限的存在性定理

本节介绍判定极限存在的两个准则.

前面讨论过数列的单调性和有界性,对于单调有界数列有如下结论:

定理 2.15 单调有界数列必有极限.

(证明从略)

这个定理的严格证明超出本书的范围,但从几何上看结论是明显的. 因为数列是单调的,所以随着 n 无限增大,y_n 的值只有一个变化方向(即越来越大或越来越小). 又因为数列是有界的,所以 y_n 的变化只能是越来越接近于定点 A 而又不能越过 A,即 A 是数列的极限.

例如,如果数列 $\{y_n\}$ 单调增加并且有上界 M(自然有下界 $m\leqslant y_1$),所以随着 n 越来越大,y_n 离 M 越来越近,又不能大于 M,故在某时刻以后,数列中的项 y_n 必然集中于某数 A ($A\leqslant M$)的附近,即 $\forall\varepsilon>0$,$\exists N$,当 $n>N$ 时,有 $|y_n-A|<\varepsilon$,从而数列 $\{y_n\}$ 的极限存在.

同样地,如果数列 $\{y_n\}$ 单调减少并且有下界,则 $\{y_n\}$ 的极限也一定存在.

例如,数列 $y_n=\dfrac{n+1}{n}:2,\dfrac{3}{2},\dfrac{4}{3},\dfrac{5}{4},\cdots,\dfrac{n+1}{n},\cdots$ 显然 y_n 单调减少并且 $y_n>1$,所以 $\lim\limits_{n\to\infty}y_n$ 一定存在. 事实上在 §2.1 节中我们就已经知道 $\lim\limits_{n\to\infty}\left(\dfrac{n+1}{n}\right)=1$.

例 1 求数列 $\sqrt{3},\sqrt{3\sqrt{3}},\sqrt{3\sqrt{3\sqrt{3}}},\cdots$ 的极限.

解 用数学归纳法证数列的单调性和有界性.

设 $y_1=\sqrt{3}, y_2=\sqrt{3\sqrt{3}}, y_3=\sqrt{3\sqrt{3\sqrt{3}}}, \cdots, y_n=\sqrt{3y_{n-1}}, \cdots$

(1) 单调性.

$n=1$ 时,由于 $y_1=\sqrt{3}>1, 3<3\sqrt{3}$,即 $\sqrt{3}<\sqrt{3\sqrt{3}}$,故 $y_1<y_2$.

假设 $n=k$ 时,$y_k<y_{k+1}$,则当 $n=k+1$ 时,由 $y_k<y_{k+1}$ 得
$$3y_k<3y_{k+1}, \sqrt{3y_k}<\sqrt{3y_{k+1}},$$
即 $y_{k+1}<y_{k+2}$,所以对一切自然数 n,都有 $y_n<y_{n+1}$,即数列 y_n 单调增加.

(2) 有界性.

$n=1$ 时,$y_1=\sqrt{3}<3$.

假设 $n=k$ 时,有 $y_k<3$,则当 $n=k+1$ 时,
$$y_{k+1}=\sqrt{3y_k}<\sqrt{3\times 3}=3.$$
所以对一切自然数 n,都有 $1<y_n<3$,即数列 y_n 有界.

根据定理 2.15 知,数列 $\sqrt{3}, \sqrt{3\sqrt{3}}, \sqrt{3\sqrt{3\sqrt{3}}}, \cdots$ 一定有极限.设其极限值为 A,即 $\lim_{n\to\infty}y_n=A$,同时 $\lim_{n\to\infty}y_{n-1}=A$,又 $y_n=\sqrt{3y_{n-1}}$,所以 $\lim_{n\to\infty}y_n=\lim_{n\to\infty}\sqrt{3y_{n-1}}$,即 $A=\sqrt{3A}, A^2=3A$. 因此 $A=3$,即 $\lim_{n\to\infty}y_n=3$.

定理 2.16 (夹逼定理) 如果数列 $\{x_n\}, \{y_n\}, \{z_n\}$ 满足下列条件:

(1) 从某项开始有 $x_n\leqslant y_n\leqslant z_n$;

(2) $\lim_{n\to\infty}x_n=\lim_{n\to\infty}z_n=A$.

则数列 $\{y_n\}$ 的极限存在,并且 $\lim_{n\to\infty}y_n=A$.

证 设从 N_1 项开始,即 $n>N_1$ 时,$x_n\leqslant y_n\leqslant z_n$.

又因为 $\lim_{n\to\infty}x_n=\lim_{n\to\infty}z_n=A$,根据数列极限的定义,对任意给定的正数 ε,存在正整数 N_2,当 $n>N_2$ 时,有 $|x_n-A|<\varepsilon$,存在正整数 N_3,当 $n>N_3$ 时,有 $|z_n-A|<\varepsilon$.

取 $N=\max\{N_1, N_2, N_3\}$,则当 $n>N$ 时有 $|x_n-A|<\varepsilon$ 及 $|z_n-A|<\varepsilon$ 同时成立,即
$$A-\varepsilon<x_n<A+\varepsilon, A-\varepsilon<z_n<A+\varepsilon,$$ 并且有 $x_n\leqslant y_n\leqslant z_n$,

所以
$$A-\varepsilon<x_n\leqslant y_n\leqslant z_n<A+\varepsilon.$$
即当 $n>N$ 时,有 $|y_n-A|<\varepsilon$ 成立,所以 $\lim_{n\to\infty}y_n=A$.

例 2 求 $\lim_{n\to\infty}\left(\dfrac{1}{\sqrt{n^2+1}}+\dfrac{1}{\sqrt{n^2+2}}+\cdots+\dfrac{1}{\sqrt{n^2+n}}\right)$.

解 因为
$$\dfrac{n}{\sqrt{n^2+n}}\leqslant\dfrac{1}{\sqrt{n^2+1}}+\dfrac{1}{\sqrt{n^2+2}}+\cdots+\dfrac{1}{\sqrt{n^2+n}}\leqslant\dfrac{n}{\sqrt{n^2+1}},$$

而
$$\lim_{n\to\infty}\dfrac{n}{\sqrt{n^2+n}}=\lim_{n\to\infty}\dfrac{1}{\sqrt{1+\dfrac{1}{n}}}=1, \lim_{n\to\infty}\dfrac{n}{\sqrt{n^2+1}}=\lim_{n\to\infty}\dfrac{1}{\sqrt{1+\dfrac{1}{n^2}}}=1,$$

所以
$$\lim_{n\to\infty}\left(\dfrac{1}{\sqrt{n^2+1}}+\dfrac{1}{\sqrt{n^2+2}}+\cdots+\dfrac{1}{\sqrt{n^2+n}}\right)=1.$$

注 利用夹逼定理求 $\{y_n\}$ 的极限,关键是构造出 x_n 与 z_n,并且 x_n 与 z_n 的极限相同且容易求得.通常是采用将 y_n 适当缩小、适当放大的方法构造 x_n 与 z_n.

例3 求 $\lim\limits_{n\to\infty}\dfrac{n!}{n^n}$.

解 由 $\dfrac{n!}{n^n}=\dfrac{1\cdot 2\cdot 3\cdots n}{n\cdot n\cdot n\cdots n}\leqslant\dfrac{1\cdot n\cdot n\cdots n}{n\cdot n\cdot n\cdots n}=\dfrac{1}{n}$,即有 $0<\dfrac{n!}{n^n}\leqslant\dfrac{1}{n}$,又 $\lim\limits_{n\to\infty}\dfrac{1}{n}=0$,所以,$\lim\limits_{n\to\infty}\dfrac{n!}{n^n}=0$.

这个夹逼定理可以推广到函数极限的情况,即如果在同一变化过程中,函数 $f(x)$,$g(x)$,$h(x)$ 满足下列条件:

(1) 当 x 变化到一定程度后有 $f(x)\leqslant g(x)\leqslant h(x)$;
(2) $\lim f(x)=\lim h(x)=A$.

则 $\lim g(x)$ 存在并且等于 A.

§2.6 两个重要极限

利用上节中两个极限存在定理可证明下列两个重要极限.

一、$\lim\limits_{x\to 0}\dfrac{\sin x}{x}=1$

证 因为函数 $f(x)=\dfrac{\sin x}{x}$ 为偶函数,即 $\dfrac{\sin(-x)}{-x}=\dfrac{\sin x}{x}$,所以当 x 改变符号时 $\dfrac{\sin x}{x}$ 的值不变,故只需证明 $\lim\limits_{x\to 0^+}\dfrac{\sin x}{x}=1$ 即可.

作单位圆如图 2-13 所示. A,B 为圆上两点,半径 $OA=OB=1$,OB 的延长线与 A 点的切线交于 D,C 为 B 到 OA 的垂足.

设圆心角 $\angle AOB=x\left(0<x<\dfrac{\pi}{2}\right)$,则 $CB=\sin x$,$\overset{\frown}{AB}=x$,$AD=\tan x$.因为 $\triangle AOB$ 的面积 $<$ 扇形 AOB 的面积 $<\triangle AOD$ 的面积,所以

$$\dfrac{1}{2}\sin x<\dfrac{1}{2}x<\dfrac{1}{2}\tan x,\text{即 }\sin x<x<\tan x,$$

变形为 $\quad 1<\dfrac{x}{\sin x}<\dfrac{1}{\cos x},\cos x<\dfrac{\sin x}{x}<1.$

从而 $\quad 0<1-\dfrac{\sin x}{x}<1-\cos x.$

再用 $\sin\dfrac{x}{2}<\dfrac{x}{2}\left(0<x<\dfrac{\pi}{2}\right)$,有

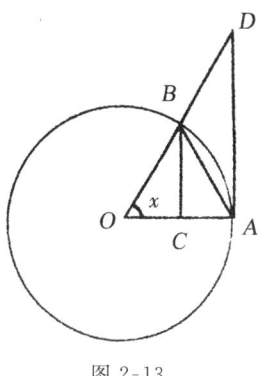

图 2-13

$$1-\cos x = 2\sin^2\frac{x}{2} < 2\cdot\left(\frac{x}{2}\right)^2 = \frac{1}{2}x^2,$$

从而可得
$$0 < 1-\frac{\sin x}{x} < 1-\cos x < \frac{1}{2}x^2.$$

由于 $\lim\limits_{x\to 0^+}0=0$，$\lim\limits_{x\to 0^+}\frac{1}{2}x^2=0$，所以，$\lim\limits_{x\to 0^+}\left(1-\frac{\sin x}{x}\right)=0$，即 $\lim\limits_{x\to 0^+}\frac{\sin x}{x}=1$.

因 $f(x)=\frac{\sin x}{x}$ 为偶函数，可证 $\lim\limits_{x\to 0^-}\frac{\sin x}{x}=1$. 因此 $\lim\limits_{x\to 0}\frac{\sin x}{x}=1$.

(从中还可得到 $\lim\limits_{x\to 0}\cos x=1$)

这个极限可进一步推广成：

在某同一变化过程中，如果 $\lim a(x)=0$，则 $\lim\frac{\sin a(x)}{a(x)}=1$.

注 这个重要极限的极限形式可简称为"$\frac{\sin 0}{0}$"型. 推广的极限形式涉及复合函数求极限，可用变量替换的方法：令 $t=a(x)$，这样在自变量 x 的某变化过程中，如果 $\lim a(x)=0$，即 $t\to 0$，则 $\lim\frac{\sin a(x)}{a(x)}=\lim\limits_{t\to 0}\frac{\sin t}{t}=1$.

变量替换又称换元，在高等数学的许多部分都非常有用. 例如，求 $\lim\limits_{x\to 0}\frac{\arcsin x}{x}$，可令 $\arcsin x=t$，则 $x=\sin t$，$x\to 0$ 时，$t\to 0$，所以 $\lim\limits_{x\to 0}\frac{\arcsin x}{x}=\lim\limits_{t\to 0}\frac{t}{\sin t}=1$.

推广的极限形式中的 $a(x)$ 可以是函数，也可以是数列，只要它趋近于 $0(a(x)\neq 0)$，可直接使用这个重要极限，不一定要把它换成变量 t. 例如，$\lim\limits_{n\to\infty}n\sin\frac{1}{n}=\lim\limits_{n\to\infty}\frac{\sin\frac{1}{n}}{\frac{1}{n}}=1$.

例 1 求 $\lim\limits_{x\to 0}\frac{\tan x}{x}$.

解 $\lim\limits_{x\to 0}\frac{\tan x}{x}=\lim\limits_{x\to 0}\left(\frac{\sin x}{x}\cdot\frac{1}{\cos x}\right)=\lim\limits_{x\to 0}\frac{\sin x}{x}\cdot\lim\limits_{x\to 0}\frac{1}{\cos x}=1$.

例 2 求 $\lim\limits_{x\to 0}\frac{\sin 5x}{x}$.

解 $\lim\limits_{x\to 0}\frac{\sin 5x}{x}=\lim\limits_{x\to 0}5\cdot\frac{\sin 5x}{5x}=5\lim\limits_{x\to 0}\frac{\sin 5x}{5x}=5\times 1=5$.

例 3 求 $\lim\limits_{x\to 0}\frac{1-\cos x}{x^2}$.

解 $\lim\limits_{x\to 0}\frac{1-\cos x}{x^2}=\lim\limits_{x\to 0}\frac{2\sin^2\frac{x}{2}}{x^2}=\lim\limits_{x\to 0}\frac{1}{2}\cdot\frac{\sin^2\frac{x}{2}}{\left(\frac{x}{2}\right)^2}$

$=\frac{1}{2}\lim\limits_{x\to 0}\left(\frac{\sin\frac{x}{2}}{\frac{x}{2}}\right)^2=\frac{1}{2}\left(\lim\limits_{x\to 0}\frac{\sin\frac{x}{2}}{\frac{x}{2}}\right)^2=\frac{1}{2}\times 1^2=\frac{1}{2}$.

例 4 求 $\lim\limits_{x\to\infty}\left(\dfrac{\sin x}{x}+x\sin\dfrac{1}{x}\right)$.

解 注意 $\lim\limits_{x\to\infty}\dfrac{\sin x}{x}=0$(见 §2.2 节例 1).

而 $$\lim\limits_{x\to\infty}x\sin\dfrac{1}{x}=\lim\limits_{x\to\infty}\dfrac{\sin\dfrac{1}{x}}{\dfrac{1}{x}}=1,$$

所以 $$\lim\limits_{x\to\infty}\left(\dfrac{\sin x}{x}+x\sin\dfrac{1}{x}\right)=0+1=1.$$

例 5 求 $\lim\limits_{x\to 1}\dfrac{\sin(x^2-1)}{x-1}$.

解 $$\lim\limits_{x\to 1}\dfrac{\sin(x^2-1)}{x-1}=\lim\limits_{x\to 1}\dfrac{\sin(x^2-1)}{x^2-1}\cdot(x+1)$$
$$=\lim\limits_{x\to 1}\dfrac{\sin(x^2-1)}{x^2-1}\cdot\lim\limits_{x\to 1}(x+1)=2.$$

二、$\lim\limits_{x\to\infty}\left(1+\dfrac{1}{x}\right)^x=\mathrm{e}$

首先考虑 x 取正整数 n 而趋于 $+\infty$ 的情况. 设数列 $y_n=\left(1+\dfrac{1}{n}\right)^n$,我们可以通过计算 y_n 的值(见表 2-1)来观察其变化趋势.

表 2-1

n	10	50	100	1000	10000	100000	1000000	…
y_n	2.593742	2.691588	2.704814	2.716924	2.718146	2.718268	2.718280	…

从上表可见,$y_n=\left(1+\dfrac{1}{n}\right)^n$ 随着 n 的增大而增大,但增大的速度越来越慢,且逐步接近于一个常数. 为证明其极限存在,下面先证明数列 $\{y_n\}$ 单调增加且有界.

由二项式定理

$$y_n=\left(1+\dfrac{1}{n}\right)^n$$
$$=1+\dfrac{n}{1!}\cdot\dfrac{1}{n}+\dfrac{n(n-1)}{2!}\cdot\dfrac{1}{n^2}+\dfrac{n(n-1)(n-2)}{3!}\cdot\dfrac{1}{n^3}+\cdots$$
$$+\dfrac{n(n-1)(n-2)\cdots(n-n+1)}{n!}\cdot\dfrac{1}{n^n}$$
$$=1+1+\dfrac{1}{2!}\left(1-\dfrac{1}{n}\right)+\dfrac{1}{3!}\left(1-\dfrac{1}{n}\right)\left(1-\dfrac{2}{n}\right)+\cdots$$
$$+\dfrac{1}{n!}\left(1-\dfrac{1}{n}\right)\left(1-\dfrac{2}{n}\right)\cdots\left(1-\dfrac{n-1}{n}\right).$$

类似地

$$y_{n+1}=\left(1+\dfrac{1}{n+1}\right)^{n+1}$$

$$= 1 + 1 + \frac{1}{2!}\left(1 - \frac{1}{n+1}\right)$$
$$+ \frac{1}{3!}\left(1 - \frac{1}{n+1}\right)\left(1 - \frac{2}{n+1}\right) + \cdots$$
$$+ \frac{1}{n!}\left(1 - \frac{1}{n+1}\right)\left(1 - \frac{2}{n+1}\right)\cdots\left(1 - \frac{n-1}{n+1}\right)$$
$$+ \frac{1}{(n+1)!}\left(1 - \frac{1}{n+1}\right)\left(1 - \frac{2}{n+1}\right)\cdots\left(1 - \frac{n}{n+1}\right).$$

比较 y_n 与 y_{n+1} 的展开式,二者前两项都是 1,从第三项开始,y_{n+1} 的每一个项都大于 y_n 的对应项,并且 y_{n+1} 还多出最后一项正值,因而 $y_n < y_{n+1}$,即数列 y_n 单调增加.

又从 y_n 的展开式中可得
$$y_n \leqslant 1 + 1 + \frac{1}{2!} + \frac{1}{3!} + \cdots + \frac{1}{n!}$$
$$\leqslant 1 + 1 + \frac{1}{1 \cdot 2} + \frac{1}{2 \cdot 3} + \cdots + \frac{1}{(n-1)n}$$
$$= 1 + 1 + \left(1 - \frac{1}{2}\right) + \left(\frac{1}{2} - \frac{1}{3}\right) + \cdots + \left(\frac{1}{n-1} - \frac{1}{n}\right)$$
$$= 1 + 1 + 1 - \frac{1}{n} < 3.$$

所以,数列 y_n 有界.

根据极限存在定理 2.15 知数列 y_n 的极限存在.极限值用字母 e 表示,即
$$\lim_{n\to\infty}\left(1 + \frac{1}{n}\right)^n = e.$$

由 $n > 1$ 时,$2 < y_n < 3$,可估计 e 的值应介于 2 和 3 之间.可以证明 e 是一个无理数,取充分大的 n 值可以计算出它的近似值:$e \approx 2.718281828459\cdots$.

进一步利用夹逼定理可以证明,当 x 取实数而趋于 $+\infty$ 或 $-\infty$ 时,函数 $\left(1 + \frac{1}{x}\right)^x$ 的极限都存在并且均为 e,因此有
$$\lim_{x\to\infty}\left(1 + \frac{1}{x}\right)^x = e.$$

作代换 $t = \frac{1}{x}$,则当 $x \to \infty$ 时,$t \to 0$,于是有
$$\lim_{t\to 0}(1 + t)^{\frac{1}{t}} = e,\text{或写成}\lim_{x\to 0}(1 + x)^{\frac{1}{x}} = e.$$

还可进一步推广到:

在某同一变化过程中,如果 $\lim a(x) = 0$,则 $\lim [1 + a(x)]^{\frac{1}{a(x)}} = e$;

在某同一变化过程中,如果 $\lim \varphi(x) = \infty$,则 $\lim \left[1 + \frac{1}{\varphi(x)}\right]^{\varphi(x)} = e$.

这个极限形式可简称为"$(1+0)^\infty$"型.

例 6 求 $\lim\limits_{x\to\infty}\left(1 + \frac{k}{x}\right)^x$(常数 $k \neq 0$).

解 作代换 $t = \frac{k}{x}$,$x = \frac{k}{t}$,则当 $x \to \infty$ 时,$t \to 0$,于是有

$$\lim_{x\to\infty}\left(1+\frac{k}{x}\right)^x =\lim_{x\to\infty}\left[\left(1+\frac{k}{x}\right)^{\frac{x}{k}}\right]^k =\lim_{t\to 0}[(1+t)^{\frac{1}{t}}]^k =[\lim_{t\to 0}(1+t)^{\frac{1}{t}}]^k =e^k.$$

由此还可得
$$\lim_{x\to\infty}\left(1-\frac{1}{x}\right)^x =\lim_{x\to\infty}\left(1+\frac{-1}{x}\right)^x =e^{-1}.$$

例 7 求 $\lim_{x\to 0}(1-2x)^{\frac{1}{x}}$.

解 $\lim_{x\to 0}(1-2x)^{\frac{1}{x}} =\lim_{x\to 0}[(1-2x)^{\frac{1}{-2x}}]^{-2} =e^{-2}$

类似地，$\lim_{x\to 0}(1+kx)^{\frac{1}{x}}=e^k$.

例 8 求 $\lim_{n\to+\infty}\left(\frac{n+2}{n+1}\right)^n$.

解 $\lim_{n\to+\infty}\left(\frac{n+2}{n+1}\right)^n =\lim_{n\to+\infty}\left(\frac{n+1+1}{n+1}\right)^n =\lim_{n\to+\infty}\left(1+\frac{1}{n+1}\right)^{n+1-1}$

$$=\lim_{n\to+\infty}\frac{\left(1+\frac{1}{n+1}\right)^{n+1}}{\left(1+\frac{1}{n+1}\right)^1} =\frac{\lim_{n\to+\infty}\left(1+\frac{1}{n+1}\right)^{n+1}}{\lim_{n\to+\infty}\left(1+\frac{1}{n+1}\right)} =\frac{e}{1}=e.$$

例 9 求 $\lim_{x\to\infty}\left(\frac{x-1}{x+1}\right)^x$.

解 $\lim_{x\to\infty}\left(\frac{x-1}{x+1}\right)^x =\lim_{x\to\infty}\left[\frac{1-\frac{1}{x}}{1+\frac{1}{x}}\right]^x =\lim_{x\to\infty}\frac{\left(1-\frac{1}{x}\right)^x}{\left(1+\frac{1}{x}\right)^x} =\frac{\lim_{x\to\infty}\left(1-\frac{1}{x}\right)^x}{\lim_{x\to\infty}\left(1+\frac{1}{x}\right)^x} =\frac{e^{-1}}{e}=e^{-2}.$

这个重要极限不仅在数学理论上，而且在实际应用中都是很有用的.

例如，计算复利息问题：设本金为 A_0，利率为 r，期数为 t.

如果每期结算一次，则本利和 A 为 $A=A_0(1+r)^t$.

如果每期结算 n 次，则 t 期本利和 A_n 为 $A_n=A_0\left(1+\frac{r}{n}\right)^{nt}$.

如果立即产生利息立即结算，即 $n\to\infty$，需要计算 A_n 的极限 $\lim_{n\to\infty}A_0\left(1+\frac{r}{n}\right)^{nt}$.

在现实世界中有许多事物是属于这种模型的，如物体的冷却、放射性物质的衰变、细胞的繁殖、树木的生长等. 这个极限式子反映了现实世界中一些事物生长或消失的数量规律. 现在我们来计算这个极限

$$\lim_{n\to\infty}A_0\left(1+\frac{r}{n}\right)^{nt} =\lim_{n\to\infty}A_0\left[\left(1+\frac{r}{n}\right)^{\frac{n}{r}}\right]^{rt} =A_0\left[\lim_{n\to\infty}\left(1+\frac{r}{n}\right)^{\frac{n}{r}}\right]^{rt} =A_0e^{rt}.$$

§2.7 无穷小量与无穷大量

在考虑变量的变化趋势时，有两个特殊的极限状态很重要：一是变量的绝对值"无限变小"，一是变量的绝对值"无限变大".

一、无穷小量

如果在某变化过程中,变量 y 的极限为零,则称在该变化过程中 y 为无穷小量.

这里"变量 y"可以是数列 y_n,也可以是函数 $f(x)$,而"变化过程"可以是 $n\to\infty$,$x\to x_0$,$x\to\infty$ 等(共七种).

将 §2.1 节、§2.2 节有关极限定义中的极限值 A 换成 0,即可得到各变化过程中无穷小量的分析定义.例如以函数 $f(x)$ 在 $x\to x_0$ 时的极限为例可得无穷小量的定义:

定义 2.10 如果对任意给定的正数 ε,不论它多么小,总存在 δ,当 $0<|x-x_0|<\delta$ 时,恒有 $|f(x)|<\varepsilon$ 成立. 即 $\lim\limits_{x\to x_0}f(x)=0$,则称 $x\to x_0$ 时,$f(x)$ 为无穷小量.

一般地,对于变量 y,$\forall \varepsilon>0$,如果在变量 y 的某变化过程中,总存在那么一个时刻,在那个时刻以后,有 $|y|<\varepsilon$,则称在该变化过程中变量 y 为无穷小量.

例如,$\lim\limits_{x\to 0}x^2=0$,称 $x\to 0$ 时,x^2 为无穷小量.

又如,$\lim\limits_{x\to\infty}\dfrac{1}{x}=0$,称 $x\to\infty$ 时,$\dfrac{1}{x}$ 为无穷小量. $\lim\limits_{n\to\infty}\dfrac{1}{2^n}=0$,称 $n\to\infty$ 时,$\dfrac{1}{2^n}$ 为无穷小量.

注意,无穷小量不同于很小的数.无穷小量是极限为 0 的变量,即在相应极限过程中,它的绝对值可以无限变小,能小于任意给定的正数 ε.而万分之一、百万分之一等都不是无穷小量.零可作为特殊的无穷小量(因 $\lim 0=0$).

变量及其极限与无穷小量有密切的关系.

在某变化过程中,$\lim y=A$ 的充分必要条件是变量 y 可表示成极限 A 与一无穷小量的和. 即 $y=A+\alpha$,其中 α 为同一极限过程中的无穷小量.

以函数 $f(x)$ 在 $x\to x_0$ 时的极限为例给出结论:

定理 2.17 $\lim\limits_{x\to x_0}f(x)=A$ 的充要条件是 $f(x)=A+\alpha(x)$,其中 $\alpha(x)$ 为 $x\to x_0$ 时的无穷小量.

证 必要性:

因为 $\lim\limits_{x\to x_0}f(x)=A$,所以 $\lim\limits_{x\to x_0}[f(x)-A]=\lim\limits_{x\to x_0}f(x)-\lim\limits_{x\to x_0}A=A-A=0$.

故 $f(x)-A$ 为无穷小量,记作 $\alpha(x)$,即 $f(x)-A=\alpha(x)$,$f(x)=A+\alpha(x)$.

充分性:

由 $f(x)=A+\alpha(x)$,其中 $\lim\limits_{x\to x_0}\alpha(x)=0$,得

$$\lim\limits_{x\to x_0}f(x)=\lim\limits_{x\to x_0}[A+\alpha(x)]=\lim\limits_{x\to x_0}A+\lim\limits_{x\to x_0}\alpha(x)=A.$$

无穷小量有下列运算性质:

定理 2.18 有限个无穷小量的代数和仍为无穷小量.

证 以两个无穷小量为例来证明.

设 $\lim\limits_{x\to x_0}f(x)=0$,$\lim\limits_{x\to x_0}g(x)=0$,$F(x)=f(x)\pm g(x)$.由极限的运算法则可得

$$\lim\limits_{x\to x_0}F(x)=\lim\limits_{x\to x_0}[f(x)\pm g(x)]=\lim\limits_{x\to x_0}f(x)\pm\lim\limits_{x\to x_0}g(x)=0.$$

所以 $F(x)$ 为无穷小量.

定理 2.19 有界变量与无穷小量的乘积仍是无穷小量.

证 以 $x \to x_0$ 时函数的极限为例来证明.

设 $x \to x_0$ 时 $f(x)$ 为有界函数，$g(x)$ 为无穷小量，即存在正数 M 和 δ，当 $0<|x-x_0|<\delta$ 时，有 $|f(x)| \leqslant M$.

所以 $\quad |f(x)g(x)| = |f(x)| \cdot |g(x)| \leqslant M \cdot |g(x)|$,

即 $\quad -M \cdot |g(x)| \leqslant f(x)g(x) \leqslant M \cdot |g(x)|$.

又由 $\lim\limits_{x \to x_0} g(x) = 0$，得 $\lim\limits_{x \to x_0} |g(x)| = 0$,

从而 $\quad \lim\limits_{x \to x_0}(-M \cdot |g(x)|) = \lim\limits_{x \to x_0}(M \cdot |g(x)|) = 0$.

由夹逼定理知 $\lim\limits_{x \to x_0}[f(x)g(x)] = 0$.

推论 1 常数与无穷小量的乘积是无穷小量.

推论 2 有限个无穷小量的乘积是无穷小量.

例 1 求 $\lim\limits_{x \to 0} x \sin \dfrac{1}{x}$.

解 因为 $\left|\sin\dfrac{1}{x}\right| \leqslant 1$，所以 $\sin\dfrac{1}{x}$ 为有界函数.

又 $\lim\limits_{x \to 0} x = 0$，即 x 为无穷小量，所以 $x \sin \dfrac{1}{x}$ 是无穷小量，即 $\lim\limits_{x \to 0} x \sin \dfrac{1}{x} = 0$.

二、无穷小量的比较

无穷小量虽然都是极限为零的变量，但在同一极限过程中，不同的无穷小量趋于零的速度却不一定相同. 例如，当 $x \to 0$ 时，x^2 和 x^3 都是无穷小量，但它们趋于零的速度却不一样. 当 $x = \dfrac{1}{10}$ 时，$x^2 = \dfrac{1}{100}$，$x^3 = \dfrac{1}{1000}$；而当 $x = \dfrac{1}{100}$ 时，$x^2 = \dfrac{1}{10000}$，$x^3 = \dfrac{1}{1000000}$，可见 x^3 趋于零的速度更快些. 为比较无穷小量趋于零的快慢速度，我们引入阶的概念，称趋于零速度较快的无穷小量为更高阶的无穷小量.

注意到 $\lim\limits_{x \to 0} \dfrac{x^3}{x^2} = 0$，$\lim\limits_{x \to 0} \dfrac{x}{x^2} = \infty$，从中可看出各无穷小量趋于 0 的快慢程度不同，它们比值的极限不同. 反之，我们利用无穷小量之比的极限来反映无穷小量趋于 0 的快慢程度.

定义 2.11 设在某同一极限过程中，$\alpha(x)$，$\beta(x)$ 都是无穷小量.

(1) 如果 $\lim \dfrac{\alpha(x)}{\beta(x)} = 0$，则称 $\alpha(x)$ 是比 $\beta(x)$ 更高阶的无穷小量，记作 $\alpha(x) = o(\beta(x))$.

(2) 如果 $\lim \dfrac{\alpha(x)}{\beta(x)} = \infty$，则称 $\alpha(x)$ 是比 $\beta(x)$ 更低阶的无穷小量.

(3) 如果 $\lim \dfrac{\alpha(x)}{\beta(x)} = C \neq 0$（$C$ 为常数），则称 $\alpha(x)$ 与 $\beta(x)$ 是同阶无穷小量. 特别地，当 $C = 1$ 时，称 $\alpha(x)$ 与 $\beta(x)$ 是等价无穷小量，记作 $\alpha(x) \sim \beta(x)$.

(4) 如果 $\lim \dfrac{\alpha(x)}{[\beta(x)]^k} = C \neq 0$（$C$ 为常数，$k > 0$），则称 $\alpha(x)$ 是 $\beta(x)$ 的 k 阶无穷小量.

例如,当 $x \to 0$ 时,就前述的无穷小量 x, x^2, x^3,根据定义知道 x^3 是比 x^2 高阶的无穷小量,x 是比 x^2 低阶的无穷小量.并且易知,x^2 是 x 的二阶无穷小量,x^3 是 x 的三阶无穷小量.

注意,并非任意两个无穷小量都可以比较,例如,$x \to 0$ 时,x 和 $x\sin\frac{1}{x}$ 都是无穷小量,但它们的比值

$$\frac{x\sin\frac{1}{x}}{x} = \sin\frac{1}{x}$$

极限不存在,所以这两个无穷小量不可以比较.

例 2 当 $x \to 0$ 时,将无穷小量 $\sin x, \tan x, \ln(1+x)$ 与 x 进行比较.

解 由 $\lim\limits_{x \to 0}\frac{\sin x}{x} = 1, \lim\limits_{x \to 0}\frac{\tan x}{x} = 1, \lim\limits_{x \to 0}\frac{\ln(1+x)}{x} = \lim\limits_{x \to 0}\ln(1+x)^{\frac{1}{x}} = \ln e = 1$.

所以当 $x \to 0$ 时,$\sin x, \tan x, \ln(1+x)$ 都与 x 等价,

即 $\sin x \sim x, \tan x \sim x, \ln(1+x) \sim x (x \to 0)$.

类似地,由 §2.6 例3,$\lim\limits_{x \to 0}\frac{1-\cos x}{x^2} = \frac{1}{2}$,所以当 $x \to 0$ 时,$1-\cos x$ 与 x^2 是同阶无穷小量,或说 $1-\cos x$ 是 x 的二阶无穷小量,进一步知 $1-\cos x \sim \frac{1}{2}x^2$.

同理可以证明,当 $x \to 0$ 时,还有下列常用等价无穷小量关系:

$\arcsin x \sim x, \arctan x \sim x, e^x - 1 \sim x, a^x - 1 \sim x\ln a (a > 0), (1+x)^\alpha - 1 \sim \alpha x (\alpha \neq 0)$.

利用等价无穷小量,可以简化一些极限的计算.极限式中的分子、分母或乘积因式都可以用它们的等价无穷小量替换而极限值不变.这是因为,设 $\alpha(x) \sim \beta(x)$,则有

$$\lim\frac{\alpha(x)}{f(x)} = \lim\frac{\alpha(x)}{\beta(x)} \cdot \frac{\beta(x)}{f(x)} = \lim\frac{\alpha(x)}{\beta(x)} \cdot \lim\frac{\beta(x)}{f(x)} = \lim\frac{\beta(x)}{f(x)}.$$

同理 $\lim[\alpha(x)f(x)] = \lim[\beta(x)f(x)]$.

如果 $\alpha(x) \sim \beta(x), f(x) \sim g(x)$,则

$$\lim\frac{\alpha(x)}{f(x)} = \lim\frac{\beta(x)}{g(x)}.$$

例 3 求 $\lim\limits_{x \to 0}\frac{\sin 5x \cdot \ln(1+2x)}{1-\cos^2 x}$.

解 $x \to 0$ 时,分子、分母都是无穷小量,并且 $\sin 5x \sim 5x, \ln(1+2x) \sim 2x, 1-\cos^2 x = \sin^2 x \sim x^2$,所以

$$\lim_{x \to 0}\frac{\sin 5x \cdot \ln(1+2x)}{1-\cos^2 x} = \lim_{x \to 0}\frac{5x \cdot 2x}{\sin^2 x} = \lim_{x \to 0}\frac{10x^2}{x^2} = 10.$$

例 4 求 $\lim\limits_{x \to 0}\frac{\sqrt[3]{1+x\sin x}-1}{\arctan x^2}$.

解 因为当 $x \to 0$ 时,$\sqrt[3]{1+x}-1 \sim \frac{1}{3}x$,故有 $\sqrt[3]{1+x\sin x}-1 \sim \frac{1}{3}x\sin x$,由 $\arctan x \sim x$,故有 $\arctan x^2 \sim x^2$,所以

$$\lim_{x\to 0}\frac{\sqrt[3]{1+x\sin x}-1}{\arctan x^2}=\lim_{x\to 0}\frac{\frac{1}{3}x\sin x}{x^2}=\lim_{x\to 0}\frac{1}{3}\cdot\frac{\sin x}{x}=\frac{1}{3}.$$

注意，等价无穷小量代换，只能用于乘、除运算，作为因式进行代换，对加、减项的无穷小量不能随意代换，但可考虑等价无穷小量的等式形式，为此给出下面结论：

定理 2.20 $\alpha(x)$ 与 $\beta(x)$ 是等价无穷小量的充分必要条件是

$$\alpha(x)=\beta(x)+o(\beta(x)).$$

证 （1）必要性 设 $\alpha(x)\sim\beta(x)$，则

$$\lim\frac{\alpha(x)-\beta(x)}{\beta(x)}=\lim\left[\frac{\alpha(x)}{\beta(x)}-1\right]=\lim\frac{\alpha(x)}{\beta(x)}-1=0.$$

所以 $\alpha(x)-\beta(x)=o(\beta(x))$，即 $\alpha(x)=\beta(x)+o(\beta(x))$.

（2）充分性 设 $\alpha(x)=\beta(x)+o(\beta(x))$，则

$$\lim\frac{\alpha(x)}{\beta(x)}=\lim\frac{\beta(x)+o(\beta(x))}{\beta(x)}=\lim\left[1+\frac{o(\beta(x))}{\beta(x)}\right]=1,$$

所以 $\alpha(x)\sim\beta(x)$.

需要注意的是，符号 $o(\beta(x))$ 并不是一个具体的表达式，仅表示与 $\beta(x)$ 的一种关系状态，即"比 $\beta(x)$ 更高阶的无穷小量".

例如，当 $x\to 0$ 时，$\sin x\sim x$，$1-\cos x\sim\frac{1}{2}x^2$ 可表述为：

$$\sin x=x+o(x),\quad 1-\cos x=\frac{1}{2}x^2+o\left(\frac{1}{2}x^2\right),$$

即

$$\cos x=1-\frac{1}{2}x^2+o(x^2).$$

例 5 求 $\lim\limits_{x\to 0}\dfrac{\tan 2x-\cos x+1}{\sin 3x}$.

解 因为 $\tan 2x=2x+o(x)$，$1-\cos x=\frac{1}{2}x^2+o(x^2)$，$\sin 3x=3x+o(x)$.

所以

$$\lim_{x\to 0}\frac{\tan 2x-\cos x+1}{\sin 3x}=\lim_{x\to 0}\frac{2x+o(x)+\frac{1}{2}x^2+o(x^2)}{3x+o(x)}$$

$$=\lim_{x\to 0}\frac{2+\frac{o(x)}{x}+\frac{1}{2}x+\frac{o(x^2)}{x}}{3+\frac{o(x)}{x}}=\frac{2}{3}.$$

一般地，易知，如果 $\alpha_1(x)\sim\beta(x)$，$\alpha_2(x)\sim\beta(x)$，则 $\alpha_1(x)\sim\alpha_2(x)$，$\alpha_1(x)+\alpha_2(x)$ 是与 $\beta(x)$ 同阶的无穷小量，而 $\alpha_1(x)\alpha_2(x)$，$\alpha_1(x)-\alpha_2(x)$ 都是比 $\beta(x)$ 更高阶的无穷小量.

例如，当 $x\to 0$ 时，$x\sim\sin x\sim\tan x\sim\arcsin x\sim\arctan x$. 可以证明其中任意两个之差是 x 的三阶无穷小量，而 $x\sim e^x-1\sim\ln(1+x)$ 中任意两个之差是 x 的二阶无穷小量.

三、无穷大量

如果在某变化过程中，变量 y 的绝对值无限增大，则称在该变化过程中 y 为无穷大

量.

以函数 $f(x)$ 在 $x \to x_0$ 时的极限过程为例给出定义.

定义 2.12 对于任意给定的正数 M,不论它多么大,总存在正数 δ,当 $0 < |x - x_0| < \delta$ 时,有 $|f(x)| > M$ 成立,则称 $x \to x_0$ 时 $f(x)$ 为无穷大量,记作 $\lim\limits_{x \to x_0} f(x) = \infty$.

根据极限定义,此时函数 $f(x)$ 的极限是不存在的,但为了便于表述函数的这一变化状态,我们也说"函数的极限是无穷大".

如果将定义中的 $|f(x)| > M$ 换成 $f(x) > M$,则可记作 $\lim\limits_{x \to x_0} f(x) = +\infty$;换成 $f(x) < -M$,则可记作 $\lim\limits_{x \to x_0} f(x) = -\infty$. 分别称 $f(x)$ 为正无穷大量和负无穷大量.

仿此定义,可给出其他极限过程中的无穷大量、正无穷大量和负无穷大量的定义.

注意,无穷大量不同于很大的数,无穷大量的变化趋势是其绝对值无限增大,可以大于任何事先给定的很大的正数.而再大的数如一万、一亿等都不是无穷大量.

与无穷小量一样,无穷大量也是相对于自变量的某一变化过程而言的.

根据无穷大量的定义,易知有下列无穷大量:

$\lim\limits_{n \to \infty} [(-1)^n \cdot n^2] = \infty$, $\lim\limits_{x \to \infty} x^2 = +\infty$, $\lim\limits_{x \to -\infty} x^{\frac{1}{3}} = -\infty$,

$\lim\limits_{x \to +\infty} e^x = +\infty$, $\lim\limits_{x \to +\infty} \ln x = +\infty$, $\lim\limits_{x \to 0^+} \ln x = -\infty$,

$\lim\limits_{x \to \frac{\pi}{2}^-} \tan x = +\infty$, $\lim\limits_{x \to \frac{\pi}{2}^+} \tan x = -\infty$, $\lim\limits_{x \to \frac{\pi}{2}} \tan x = \infty$.

注 无穷大量一定是无界变量,但无界变量不一定是无穷大量. 如 $y_n = \dfrac{1+(-1)^n}{2} n$,当 $n \to \infty$ 时,是无界变量,但不是无穷大量.

四、无穷大量的比较

类似于无穷小量,无穷大量趋于无穷的速度也有快有慢,例如当 $n \to \infty$ 时,n^3 比 n^2 无限增大的速度快. 我们称绝对值无限增大的速度较快的无穷大量为更高阶的无穷大量. 例如 n^3 是比 n^2 更高阶的无穷大量.

定义 2.13 设在同一变化过程中,$f(x), g(x)$ 都是无穷大量.

(1) 如果 $\lim \dfrac{f(x)}{g(x)} = 0$,则称 $f(x)$ 是比 $g(x)$ 更低阶的无穷大量.

(2) 如果 $\lim \dfrac{f(x)}{g(x)} = \infty$,则称 $f(x)$ 是比 $g(x)$ 更高阶的无穷大量.

(3) 如果 $\lim \dfrac{f(x)}{g(x)} = C \neq 0$ (C 为常数),则称 $f(x)$ 与 $g(x)$ 是同阶的无穷大量. 特别地,如果 $C = 1$,称 $f(x)$ 与 $g(x)$ 是等价无穷大量.

(4) 如果 $\lim \dfrac{f(x)}{[g(x)]^k} = C \neq 0$ ($k > 0$),则称 $f(x)$ 是 $g(x)$ 的 k 阶无穷大量.

五、无穷小量与无穷大量的关系

定理 2.21 在同一变化过程中,

(1) 如果变量 y 是无穷大量,则 $\frac{1}{y}$ 是无穷小量;

(2) 如果变量 y 是无穷小量,并且 $y\neq 0$,则 $\frac{1}{y}$ 是无穷大量.

证 这里仅以函数 $f(x)$ 在 $x\to x_0$ 时的极限过程为例来证明(1).

任意给定正数 ε,不论它多么小,由 $\lim\limits_{x\to x_0}f(x)=\infty$,根据无穷大量的定义,则对给定的 $M=\frac{1}{\varepsilon}$,总存在正数 δ,当 $0<|x\to x_0|<\delta$ 时,有 $|f(x)|>M=\frac{1}{\varepsilon}$ 成立,即 $\left|\frac{1}{f(x)}\right|<\varepsilon$. 因此

$$\lim_{x\to x_0}\frac{1}{f(x)}=0.$$

根据这个定理,我们可以将无穷大量的讨论归结为关于无穷小量的讨论.

§2.8 函数的连续性

在自然界和社会现象中,变量的变化有两种不同的形式:渐变和突变,反映到数学上,就是函数的连续与间断.

一、连续函数的概念

有许多现象如气温的变化、植物的生长、河水的流动、岁月的流逝等都是连续变化的. 如气温,虽然不同时刻有不同的温度,但当两个时刻相距非常近时,气温的变化也很微小,即温度的变化是连续渐变的. 这种特点就是所谓连续.

所谓连续函数,从几何直观上看,函数的图形是一条连续不断的曲线,即函数值从曲线上的一个点连续渐变到另一个点.

连续函数是微积分研究的主要对象,并且微积分中的许多主要概念、定理、公式、法则等,往往都要求函数具有连续性.

为描述函数的连续性,我们先引入函数改变量的概念.

设变量 u 从它的初值 u_0 变到终值 u_1,则称终值与初值之差 u_1-u_0 为变量 u 的改变量(亦称增量).记作 $\Delta u=u_1-u_0$.

注 记号 Δu 是一个符号整体,它可以是正的,也可以是负的.

设函数 $f(x)$ 在 x_0 的某邻域内有定义,当自变量从点 x_0 变化到某点 x 时,相应的函数值就从 $f(x_0)$ 变化到 $f(x)$,自变量的改变量记作 Δx,即 $\Delta x=x-x_0$,相应的函数改变量记作 Δy,则 $\Delta y=f(x)-f(x_0)$. 由 $x=x_0+\Delta x$,所以函数的改变量也可写作 $\Delta y=$

$f(x_0+\Delta x)-f(x_0)$. 如图 2-14 所示.

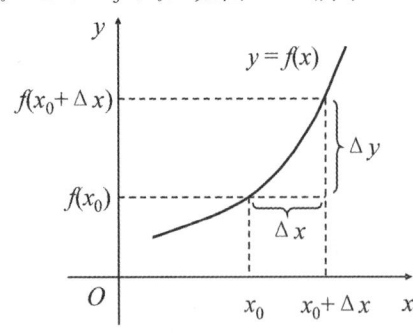

图 2-14

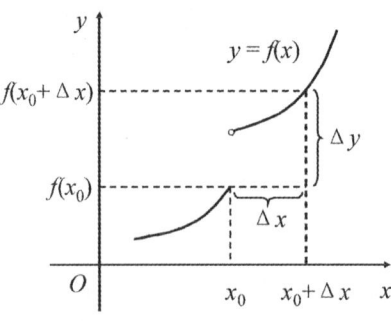

图 2-15

借助函数改变量可引入函数连续的概念.

我们说函数 $f(x)$ 在它的定义域内某点处连续,是指在这一点处函数值的变化是连续渐变的,即当自变量的变化量 Δx 很微小时,函数的变化量 Δy 也很微小. 准确地说,当 Δx 趋于 0 时,Δy 也趋于 0. 相反地,若 Δx 趋于 0 时,Δy 不趋于 0,则函数在该点不连续. 如图 2-15 所示.

定义 2.14 设函数 $y=f(x)$ 在点 x_0 的某邻域内有定义,如果自变量的改变量 $\Delta x = x - x_0$ 趋于零时,相应函数的改变量 Δy 也趋于零. 即

$$\text{当 } \Delta x \to 0 \text{ 时}, \Delta y \to 0, \text{即} \lim_{\Delta x \to 0} \Delta y = 0,$$

则称函数 $f(x)$ 在点 x_0 连续.

例如,函数 $y=x^2$ 在点 $x_0=1$ 处是连续的,因为

$$\lim_{\Delta x \to 0} \Delta y = \lim_{\Delta x \to 0} [f(1+\Delta x)-f(1)]$$
$$= \lim_{\Delta x \to 0} [(1+\Delta x)^2 - 1^2]$$
$$= \lim_{\Delta x \to 0} [2\Delta x + (\Delta x)^2] = 0.$$

在定义 2.14 中,由于 $\Delta x = x - x_0$,$\Delta y = f(x) - f(x_0)$,当 $\Delta x \to 0$ 时,$\Delta y \to 0$ 可改写成:当 $x \to x_0$ 时,$f(x) \to f(x_0)$,因此可以把 $f(x)$ 在 x_0 连续的定义叙述为另一种形式.

定义 2.15 设函数 $f(x)$ 在点 x_0 的某邻域内有定义,如果当 $x \to x_0$ 时 $f(x)$ 的极限存在,并且等于它在点 x_0 处的函数值,即

$$\lim_{x \to x_0} f(x) = f(x_0),$$

则称 $f(x)$ 在点 x_0 连续.

这个定义还可以用"$\varepsilon - \delta$"语言表述如下:

定义 2.16 设函数 $f(x)$ 在点 x_0 的某邻域内有定义,如果对任给的正数 ε,不论它多么小,总存在一个正数 δ,当 $|x-x_0|<\delta$ 时,恒有

$$|f(x)-f(x_0)|<\varepsilon$$

成立,则称 $f(x)$ 在点 x_0 连续.

由以上定义可知,函数 $f(x)$ 在点 x_0 连续,必须同时满足下列三个条件:

(1) $f(x)$ 在点 x_0 有定义,值为 $f(x_0)$;

(2) $x \to x_0$ 时 $f(x)$ 的极限存在,即 $\lim_{x \to x_0} f(x)$ 存在;

(3) $\lim_{x \to x_0} f(x) = f(x_0)$.

如果这三个条件中有任何一条不满足,则 $f(x)$ 在点 x_0 就不连续,称 x_0 为 $f(x)$ 的间断点.

例1 试证函数 $f(x) = \begin{cases} x\sin\dfrac{1}{x} & x \neq 0; \\ 0 & x = 0 \end{cases}$ 在 $x = 0$ 处连续.

证 因为 $\lim_{x \to 0} f(x) = \lim_{x \to 0} x\sin\dfrac{1}{x} = 0$,且 $f(0) = 0$,故有 $\lim_{x \to 0} f(x) = f(0)$,由定义 2.15 知函数 $f(x)$ 在 $x = 0$ 处连续.

有时需要考虑函数 $f(x)$ 在点 x_0 一侧的变化情况. 如果 $f(x)$ 在 x_0 及其左邻域 $(x_0 - \delta, x_0]$ 有定义,并且 $\lim_{x \to x_0^-} f(x) = f(x_0)$,则称 $f(x)$ 在点 x_0 左连续;如果 $f(x)$ 在 $[x_0, x_0 + \delta)$ 有定义,并且 $\lim_{x \to x_0^+} f(x) = f(x_0)$,则称 $f(x)$ 在点 x_0 右连续.

根据左、右极限与极限的关系定理 2.6,显然有如下结论:

函数 $f(x)$ 在点 x_0 连续的充分必要条件是,函数 $f(x)$ 在点 x_0 处既左连续又右连续.

例2 已知函数 $f(x) = \begin{cases} x + a & x \leq 0; \\ (1+x)^{\frac{1}{x}} & x > 0 \end{cases}$ 在 $x = 0$ 处连续,求 a 的值.

解 在 $x = 0$ 处,$f(0) = a$,
$$\lim_{x \to 0^-} f(x) = \lim_{x \to 0^-} (x + a) = a,$$
$$\lim_{x \to 0^+} f(x) = \lim_{x \to 0^+} (1+x)^{\frac{1}{x}} = e.$$
因为 $f(x)$ 在 $x = 0$ 处连续,故 $\lim_{x \to 0^-} f(x) = \lim_{x \to 0^+} f(x) = f(0)$,所以 $a = e$.

定义 2.17 如果函数 $f(x)$ 在开区间 (a, b) 内每一点都连续,则称 $f(x)$ 在开间区 (a, b) 内连续;如果函数 $f(x)$ 在 (a, b) 内连续,并且在左端点 a 处右连续,在右端点 b 处左连续,则称 $f(x)$ 在闭区间 $[a, b]$ 上连续.

例3 证明 $y = \sin x$ 在 $(-\infty, +\infty)$ 内连续.

证 在 $(-\infty, +\infty)$ 内任取一点 x_0,当自变量在 x_0 处有一改变量 Δx 时,函数 y 相应的改变量为
$$\Delta y = \sin(x_0 + \Delta x) - \sin x_0 = 2\sin\frac{\Delta x}{2}\cos\left(x_0 + \frac{\Delta x}{2}\right).$$

由于 $\left|\cos\left(x_0 + \dfrac{\Delta x}{2}\right)\right| \leq 1$,可知 $\cos\left(x_0 + \dfrac{\Delta x}{2}\right)$ 为有界变量,而 $\Delta x \to 0$ 时,$\sin\dfrac{\Delta x}{2} \to 0$,即 $\sin\dfrac{\Delta x}{2}$ 为无穷小量,所以当 $\Delta x \to 0$ 时,Δy 为无穷小量,即
$$\lim_{\Delta x \to 0} \Delta y = \lim_{\Delta x \to 0} 2\sin\frac{\Delta x}{2}\cos\left(x_0 + \frac{\Delta x}{2}\right) = 0.$$

由定义可知 $y = \sin x$ 在点 x_0 连续. 又因为 x_0 是 $(-\infty, +\infty)$ 内任意一点,所以 $y = \sin x$ 在 $(-\infty, +\infty)$ 内连续.

二、函数的间断点

函数不连续的点即为间断点. 如果 $f(x)$ 在 x_0 处有下列三种情况之一, 则点 x_0 就是 $f(x)$ 的间断点.

(1) 在点 x_0 处 $f(x)$ 没有定义;

(2) $\lim\limits_{x \to x_0} f(x)$ 不存在;

(3) 虽然 $f(x_0)$ 有定义, 并且 $\lim\limits_{x \to x_0} f(x)$ 存在, 但 $\lim\limits_{x \to x_0} f(x) \neq f(x_0)$.

如果间断点 x_0 处的左、右极限都存在, 称 x_0 为第一类间断点; 否则, 即左、右极限至少有一个不存在, 这样的间断点为第二类间断点. 在第一类间断点中, 如果 $\lim\limits_{x \to x_0^-} f(x) = \lim\limits_{x \to x_0^+} f(x)$, 则称 x_0 为可去间断点; 如果 $\lim\limits_{x \to x_0^-} f(x) \neq \lim\limits_{x \to x_0^+} f(x)$, 则 x_0 为跳跃间断点.

例 4 函数 $f(x) = \dfrac{\sin x}{x}$ 在点 $x = 0$ 处没有定义, 所以 $x = 0$ 为 $f(x)$ 的间断点, 但是 $\lim\limits_{x \to 0} f(x) = 1$. 所以可以在点 $x = 0$ 处补充一个函数值为 1, 得到一个新函数

$$g(x) = \begin{cases} \dfrac{\sin x}{x} & x \neq 0, \\ 1 & x = 0; \end{cases}$$

则它在 $x = 0$ 处连续.

像这种间断点, 由于 $\lim\limits_{x \to x_0} f(x)$ 存在, 只是 $f(x)$ 在 x_0 无定义, 或者即便有定义但与 $\lim\limits_{x \to x_0} f(x)$ 不相等, 我们可以通过补充定义 $f(x_0)$ 或更改 $f(x_0)$ 的值, 使其等于 $\lim\limits_{x \to x_0} f(x)$, 从而将间断点 x_0 变为连续点, 所以称这种间断点可去间断点.

例 5 函数

$$f(x) = \begin{cases} 1-x & x < 1, \\ \dfrac{1}{2} & x = 1, \\ 2-x & x > 1; \end{cases}$$

由 $\lim\limits_{x \to 1^-} f(x) = \lim\limits_{x \to 1^-}(1-x) = 0$, $\lim\limits_{x \to 1^+} f(x) = \lim\limits_{x \to 1^+}(2-x) = 1$,

$$\lim\limits_{x \to 1^-} f(x) \neq \lim\limits_{x \to 1^+} f(x),$$

所以 $x = 1$ 为跳跃间断点, 如图 2-16 所示.

例 6 函数 $f(x) = \dfrac{1}{x}$, 在 $x = 0$ 无定义, 并且

$$\lim\limits_{x \to 0^-} \dfrac{1}{x} = -\infty, \lim\limits_{x \to 0^+} f(x) = +\infty.$$

称 $x = 0$ 为 $f(x)$ 的无穷间断点.

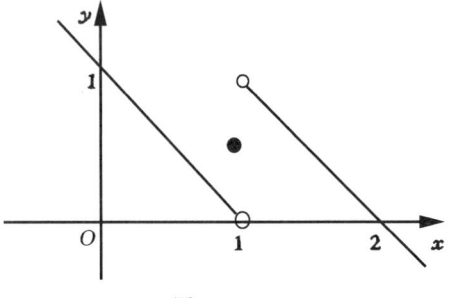

图 2-16

例 7 函数 $f(x)=\sin\dfrac{1}{x}$，在 $x=0$ 处无定义，并且 $x\to 0$ 时函数 $f(x)$ 在 -1 与 $+1$ 之间无限振荡，称 $x=0$ 为函数 $\sin\dfrac{1}{x}$ 的振荡间断点，如图 2-17 所示.

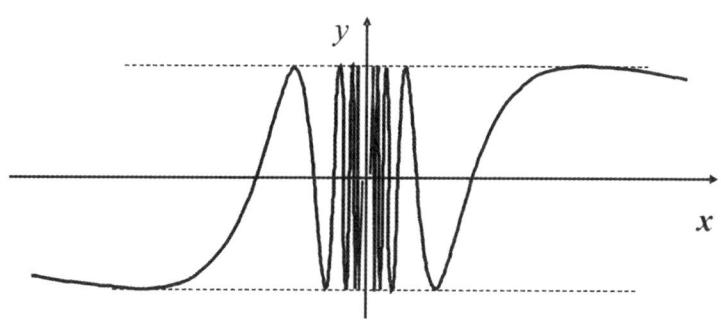

图 2-17

三、连续函数的运算性质

利用极限的性质可以证明连续函数的下列性质.

定理 2.22 如果函数 $f(x)$ 和 $g(x)$ 都在点 x_0 处连续，则有
(1) $f(x)+g(x)$ 在 x_0 连续；
(2) $f(x)-g(x)$ 在 x_0 连续；
(3) $f(x)g(x)$ 在 x_0 连续；
(4) 当 $g(x_0)\neq 0$ 时，$\dfrac{f(x)}{g(x)}$ 在 x_0 连续.

利用极限的四则运算法则容易证明这些性质.

定理 2.23 如果函数 $y=f(u)$ 在 u_0 处连续，$u=g(x)$ 在 x_0 处连续，并且 $u_0=g(x_0)$，则复合函数 $y=f[g(x)]$ 在 x_0 处连续.

证明从略.

定理 2.24 如果 $y=f(x)$ 在 x_0 处连续，$y_0=f(x_0)$，并且 $y=f(x)$ 有反函数 $x=f^{-1}(y)$，则 $f^{-1}(y)$ 在 y_0 处连续.

证明从略.

从以上结论进一步可知，一般地由有限多个连续函数经过有限次四则运算或复合，所得函数在其定义区间内仍连续.

综上所述可知：所有基本初等函数，在其定义域内都是连续函数. 而初等函数是由基本初等函数经过有限次四则运算或复合得到的，所以，一切初等函数在其定义区间内都是连续的.

由连续函数定义知，如果 $f(x)$ 在 x_0 处连续，则
$$\lim_{x\to x_0}f(x)=f(x_0).$$

所以要计算初等函数在其定义区间内某点 x_0 处的极限,只需直接计算出该点的函数值 $f(x_0)$ 即可.

例 8 $\lim\limits_{x\to 0}\dfrac{\ln(\sin x+\cos x+\arctan x)}{\sqrt{x^2+1}\cdot e^x}=\dfrac{\ln(\sin 0+\cos 0+\arctan 0)}{\sqrt{0^2+1}\cdot e^0}=0.$

对于连续函数,由 $\lim\limits_{x\to x_0}x=x_0$ 知

$$\lim\limits_{x\to x_0}f(x)=f(x_0)=f(\lim\limits_{x\to x_0}x),$$

即函数符号与极限符号可交换位置.

更一般地,如果在某变化过程中,函数 $g(x)$ 的极限存在,$\lim g(x)=u_0$,并且函数 $f(x)$ 在 u_0 连续,则对复合函数 $f[g(x)]$ 有

$$\lim f[g(x)]=f[\lim g(x)].$$

例 9 求 $\lim\limits_{x\to 0}\dfrac{x}{a^x-1}(a>0$ 且 $a\neq 1)$.

解 作代换,令 $u=a^x-1$,则 $x=\log_a(1+u)$,由指数函数 a^x 与对数函数 $\log_a x$ 的连续性知,当 $x\to 0$ 时,有 $u\to 0$,并且

$$\lim\limits_{x\to 0}\dfrac{x}{a^x-1}=\lim\limits_{u\to 0}\dfrac{\log_a(1+u)}{u}=\lim\limits_{u\to 0}\log_a(1+u)^{\frac{1}{u}}$$

$$=\log_a[\lim\limits_{u\to 0}(1+u)^{\frac{1}{u}}]=\log_a e=\dfrac{1}{\ln a}.$$

注 函数 $f(x)=[u(x)]^{v(x)}$ 既不是幂函数,也不是指数函数,称之为幂指函数.因为

$$[u(x)]^{v(x)}=e^{\ln[u(x)]^{v(x)}}=e^{v(x)\ln u(x)},$$

故幂指函数可化为复合函数,在计算幂指函数的极限时,若 $\lim u(x)=A, \lim v(x)=B$,则有

$$\lim [u(x)]^{v(x)}=[\lim u(x)]^{\lim v(x)}=A^B.$$

分段函数,一般不是初等函数,但如果在各子区间段上的表达式是初等函数形式,则分段函数在各子区间段上连续,剩下的问题只需要讨论分段点处的连续性.

§2.9 闭区间上连续函数的性质

闭区间上的连续函数有以下重要性质,它们的几何意义明显,易于理解,我们不加证明地给出如下结论:

定理 2.25 (有界性定理) 如果函数 $f(x)$ 在闭区间 $[a,b]$ 上连续,则 $f(x)$ 在 $[a,b]$ 上有界.

定理 2.26 (最大最小值定理) 如果函数 $f(x)$ 在闭区间 $[a,b]$ 上连续,则它在 $[a,b]$ 上一定有最大值和最小值.

即在 $[a,b]$ 上至少存在两点 ξ_1 和 ξ_2,使对任意 $x\in[a,b]$,都有 $f(\xi_1)\leqslant f(x)\leqslant f(\xi_2)$. 这里 $f(\xi_1)$ 为最小值,$f(\xi_2)$ 为最大值;ξ_1 和 ξ_2 分别为最小值点和最大值点. 最小值常记作

m,最大值常记作 M,如图2-18所示.

注意,上述两个定理中,若区间是非闭区间或函数在闭区间上有间断点,则定理中的结论就不一定成立. 例如 $y=\dfrac{1}{x}$ 在 $(0,1)$ 内连续,但在 $(0,1)$ 内无最大最小值,也无界.

定理 2.27 （介值定理） 如果函数 $f(x)$ 在闭区间 $[a,b]$ 上连续,则对介于最小值 m 和最大值 M 之间的任一实数 C（即 $m<C<M$）,至少存在一点 $\xi\in(a,b)$,使得 $f(\xi)=C$.

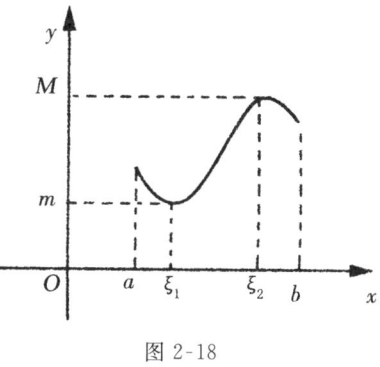

图 2-18

该定理说明,介于最小值和最大值之间的任何实数,都是函数 $f(x)$ 在 (a,b) 内某点的函数值.

其几何意义是,在直线 $y=m$ 与 $y=M$ 之间任作一条平行于 x 轴的直线 $y=C$,则该直线与曲线段 $y=f(x)(x\in(a,b))$ 至少有一个交点,如图2-19所示.

推论 （零点存在定理） 如果函数 $f(x)$ 在闭区间 $[a,b]$ 上连续,并且 $f(a)$ 与 $f(b)$ 异号（即 $f(a)f(b)<0$）,则至少存在一点 $\xi\in(a,b)$,使得 $f(\xi)=0$.

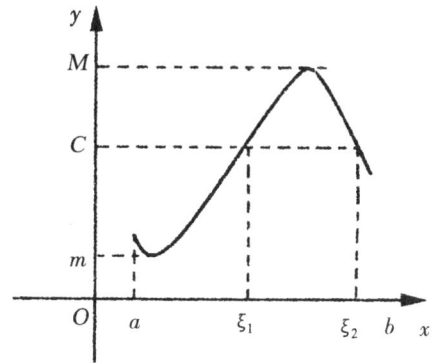

图 2-19

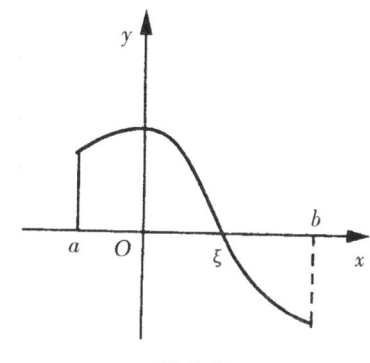

图 2-20

其几何意义也很明显,由于 $f(a)$ 与 $f(b)$ 异号,即曲线 $f(x)$ 的两个端点 $(a,f(a))$ 和 $(b,f(b))$ 分别在 x 轴的两侧,又曲线 $f(x)$ 是从一个端点连续过渡到另一个端点,所以曲线 $f(x)$ 至少与 x 轴有一个交点,如图 2-20 所示.

例 1 证明方程 $x=e^{\sin x}$ 在 $(0,\pi)$ 内至少有一个实根.

证 令 $f(x)=x-e^{\sin x}$,因为 $f(x)$ 在 $[0,\pi]$ 上连续,并且 $f(0)=-1<0$,$f(\pi)=\pi-1>0$. 由零点存在定理可知,在 $(0,\pi)$ 内至少存在一点 ξ,使 $f(\xi)=0$ 即 $\xi-e^{\sin\xi}=0$,ξ 即为 $x=e^{\sin x}$ 的根,即方程 $x=e^{\sin x}$ 在 $(0,\pi)$ 内至少有一个根.

习题 2
(A)

1. 写出下列数列的前五项,并观察哪些数列收敛,若收敛求其极限.

(1) $y_n = 1 - \dfrac{1}{2^n}$; (2) $y_n = \dfrac{n-1}{n+1}$; (3) $y_n = \dfrac{(-1)^n n + 1}{n+1}$;

(4) $y_n = \sin\dfrac{n\pi}{2}$; (5) $y_n = \dfrac{n^2-1}{n}$; (6) $y_n = \dfrac{3}{10} + \dfrac{3}{10^2} + \cdots + \dfrac{3}{10^n}$.

2. 写出下列数列的通项,并观察哪些数列是有界数列,哪些是单调数列,哪些是收敛数列.

(1) $1, -\dfrac{1}{2}, \dfrac{1}{3}, -\dfrac{1}{4}, \dfrac{1}{5}, \cdots$; (2) $1, -1, 1, -1, 1, \cdots$;

(3) $1, 3, 5, 7, 9, \cdots$; (4) $\dfrac{1}{2}, \dfrac{1}{4}, \dfrac{1}{6}, \dfrac{1}{8}, \dfrac{1}{10}, \cdots$;

(5) $0, \dfrac{1}{2}, 0, \dfrac{1}{4}, 0, \dfrac{1}{6}, \cdots$.

3. 用数列极限的定义证明下列极限.

(1) $\lim\limits_{n\to\infty} \dfrac{n}{n+1} = 1$; (2) $\lim\limits_{n\to\infty} \dfrac{1}{\sqrt{n}} \sin\dfrac{n\pi}{2} = 0$.

4. 用函数极限的定义证明下列极限.

(1) $\lim\limits_{x\to\infty} \dfrac{x}{2x+1} = \dfrac{1}{2}$; (2) $\lim\limits_{x\to 1}(2x+1) = 3$;

(3) $\lim\limits_{x\to 1^+} \sqrt{x-1} = 0$; (4) $\lim\limits_{x\to -\infty} 10^x = 0$.

5. 观察并判断下列函数极限是否存在,若存在写出其极限.

(1) $\lim\limits_{x\to\infty} \cos x$; (2) $\lim\limits_{x\to\infty} \cos\dfrac{1}{x}$; (3) $\lim\limits_{x\to -\infty} \ln(1-x)$;

(4) $\lim\limits_{x\to 0} \ln(1-x)$; (5) $\lim\limits_{x\to 1^+} \ln(x-1)$; (6) $\lim\limits_{x\to 0^-} e^{\frac{1}{x}}$.

6. 判定下列各函数在 $x=0$ 处的极限是否存在.

(1) $f(x) = \begin{cases} 1+x & x \geqslant 0, \\ 1-x & x < 0; \end{cases}$ (2) $f(x) = \dfrac{|x|}{x}$.

7. 设函数 $f(x) = \begin{cases} e^{\frac{1}{x}} & x < 0; \\ a + \sin x & x > 0. \end{cases}$ 问 a 为何值时, $\lim\limits_{x\to 0} f(x)$ 存在.

8. 设

$$f(x) = \begin{cases} 3x+2 & x \leqslant 0; \\ x^2+1 & 0 < x \leqslant 1; \\ \dfrac{2}{x} & 1 < x. \end{cases}$$

分别讨论 $x\to 0$ 及 $x\to 1$ 时 $f(x)$ 的极限是否存在.

9. 判断下列数列的极限是否存在,为什么?

(1) $y_n = \begin{cases} \dfrac{n}{1+n} & n \text{ 为奇数}, \\ \dfrac{n}{1-n} & n \text{ 为偶数}; \end{cases}$ (2) $y_n = \begin{cases} 1+\dfrac{1}{n} & n \text{ 为奇数}, \\ (-1)^n & n \text{ 为偶数}. \end{cases}$

10. 求下列极限.

(1) $\lim\limits_{n\to\infty}\dfrac{3n^3+2n^2+1}{4n^3+3n+3}$; (2) $\lim\limits_{n\to\infty}\dfrac{2n+1}{\sqrt{n^2+n}}$; (3) $\lim\limits_{n\to\infty}\dfrac{n\arctan n}{\sqrt{n^2+1}}$;

(4) $\lim\limits_{n\to\infty}(\sqrt{n+1}-\sqrt{n-1})$; (5) $\lim\limits_{n\to\infty}(\sqrt{n^2+n}-n)$.

11. 求下列极限.

(1) $\lim\limits_{n\to\infty}\left(1+\dfrac{1}{3}+\dfrac{1}{9}+\cdots+\dfrac{1}{3^n}\right)$; (2) $\lim\limits_{n\to\infty}\left(\dfrac{n}{2}-\dfrac{1+2+3+\cdots+n}{n+3}\right)$;

(3) $\lim\limits_{n\to\infty}\left(\dfrac{1^2}{n^3}+\dfrac{2^2}{n^3}+\cdots+\dfrac{n^2}{n^3}\right)$; (4) $\lim\limits_{n\to\infty}\left[\dfrac{1}{1\cdot 2}+\dfrac{1}{2\cdot 3}+\cdots+\dfrac{1}{n(n+1)}\right]$.

12. 求下列极限.

(1) $\lim\limits_{x\to 1}\dfrac{x^2-3}{x+1}$; (2) $\lim\limits_{x\to 0}\left(1+\dfrac{2}{1-x}\right)$;

(3) $\lim\limits_{x\to\sqrt{2}}\dfrac{x^2-2}{x^4+x^2+1}$; (4) $\lim\limits_{x\to 0}\dfrac{x^3-2x^2+3x}{4x^2+5x}$;

(5) $\lim\limits_{x\to 1}\dfrac{x^2+2x-3}{x^2-1}$; (6) $\lim\limits_{x\to\infty}\dfrac{x^2+2x-3}{x^2-1}$;

(7) $\lim\limits_{x\to 1}\dfrac{x^n-1}{x-1}$; (8) $\lim\limits_{h\to 0}\dfrac{(x+h)^3-x^3}{h}$;

(9) $\lim\limits_{x\to\infty}\dfrac{(4x^2+1)^5(3x-1)^{10}}{(2x-1)^{20}}$; (10) $\lim\limits_{x\to 0}\dfrac{\sqrt{x+1}-1}{x}$;

(11) $\lim\limits_{x\to 4}\dfrac{x-4}{\sqrt{x-3}-1}$; (12) $\lim\limits_{x\to 1}\left(\dfrac{3}{1-x^3}-\dfrac{1}{1-x}\right)$;

(13) $\lim\limits_{x\to\infty}\dfrac{2000x}{1+x^2}$; (14) $\lim\limits_{x\to+\infty}(\sqrt{x^2+x+1}-\sqrt{x^2-x+1})$;

(15) $\lim\limits_{x\to+\infty}x(\sqrt{9x^2+1}-3x)$; (16) $\lim\limits_{x\to\frac{\pi}{2}}\dfrac{2\sin^2 x-\sin x-1}{\sin^2 x+\sin x-2}$.

13. 设 $f(x)=\sqrt{x}$, 求 $\lim\limits_{h\to 0}\dfrac{f(x+h)-f(x)}{h}$.

14. 若 $\lim\limits_{x\to 2}\dfrac{x^2-2x+k}{x-2}=2$, 求 k 的值.

15. 设 $\lim\limits_{x\to 1}\dfrac{x^2+ax+b}{x-1}=3$, 求 a,b 的值.

16. 设 $\lim\limits_{x\to\infty}\left(\dfrac{x^2+1}{x+1}-ax-b\right)=0$, 求 a,b 的值.

17. 求数列 $\sqrt{2},\sqrt{2+\sqrt{2}},\sqrt{2+\sqrt{2+\sqrt{2}}},\cdots,\sqrt{2+\sqrt{2+\sqrt{\cdots+\sqrt{2}}}},\cdots$ 的极限.

18. 利用夹逼定理, 证明:

(1) $\lim\limits_{n\to\infty}\left[\dfrac{1}{n^2}+\dfrac{1}{(n+1)^2}+\dfrac{1}{(n+2)^2}+\cdots+\dfrac{1}{(2n)^2}\right]=0$;

(2) $\lim\limits_{n\to\infty}n\left(\dfrac{1}{n^2+\pi}+\dfrac{1}{n^2+2\pi}+\cdots+\dfrac{1}{n^2+n\pi}\right)=1$.

19. 求下列极限.

(1) $\lim\limits_{x\to 0}\dfrac{\sin 2x}{\sin 3x}$;　　(2) $\lim\limits_{x\to 0}\dfrac{1-\cos^2 x}{x^2}$;　　(3) $\lim\limits_{x\to 0}\dfrac{x-\sin x}{x+\sin x}$;

(4) $\lim\limits_{x\to 0}\dfrac{\tan x-\sin x}{x^3}$;　　(5) $\lim\limits_{n\to\infty}n\sin\dfrac{\pi}{n}$;　　(6) $\lim\limits_{x\to 0}\dfrac{\cos x-\cos 3x}{x^2}$.

20. 求下列极限.

(1) $\lim\limits_{x\to\infty}\left(1+\dfrac{2}{x}\right)^{3x}$;　　(2) $\lim\limits_{x\to 0}(1+2x)^{\frac{1}{x}+1}$;　　(3) $\lim\limits_{x\to\infty}\left(\dfrac{n-x}{n}\right)^{\frac{1}{x}}$;

(4) $\lim\limits_{x\to\infty}\left(\dfrac{x}{1+x}\right)^x$;　　(5) $\lim\limits_{n\to\infty}n[\ln(n+1)-\ln n]$;　　(6) $\lim\limits_{x\to 0}\dfrac{\ln(1+x^2)}{\sin^2 x}$;

(7) $\lim\limits_{x\to 0}(1+\sin x)^{\frac{1}{x}}$;　　(8) $\lim\limits_{x\to\frac{\pi}{2}}(1-\cos x)^{2\sec x}$.

21. 判断下列变量在什么变化过程中为无穷小量.

(1) $2x^2$;　　(2) x^2-5x+6;　　(3) $\dfrac{1}{x}\cos\dfrac{1}{x}$;

(4) $\ln(1+x)$;　　(5) $e^{\frac{1}{1-x}}$;　　(6) $\dfrac{1}{\ln(2-x)}$.

22. 判断下列变量在什么变化过程中为无穷大量.

(1) $\dfrac{x+2}{x^2-1}$;　　(2) $\ln(1-x)$;　　(3) $e^{\frac{1}{x}}$;　　(4) $\dfrac{x}{\sqrt{x+1}}$.

23. 函数 $y=a^x(a>1)$ 在什么变化过程中为无穷小量？又在什么变化过程中为无穷大量？

24. 函数 $y=x\cos x$ 在 $(-\infty,+\infty)$ 内是否有界？当 $x\to\infty$ 时，这个函数是否为无穷大量？为什么？

25. 当 $x\to 0$ 时，试将下列无穷小量与 x 比较.

(1) $x^2+1000x$;　　　　(2) $\sqrt{1+x}-\sqrt{1-x}$.

26. 证明：当 $x\to 0$ 时，下列各对无穷小量等价.

(1) $\arctan x\sim x$;　　(2) $1-\cos x\sim\dfrac{1}{2}x^2$;　　(3) $\sqrt{1+x}-1\sim\dfrac{1}{2}x$;

(4) $\sqrt[3]{x^3+\sqrt[3]{x}}\sim\sqrt[9]{x}$;　　(5) $e^x-1\sim x$.

27. 证明：当 $x\to 0$ 时，

(1) $\sqrt{1+x}-1$ 与 $\sqrt{4+x}-2$ 是同阶无穷小量；

(2) $\sin\sin x\sim\ln(1+x)$；

(3) $x^2\sin\dfrac{1}{x}=0(\sin x)$.

28. 如果 $x\to 0$ 时，$f(x)\sim x$，证明 $f(x)-x=o(x)$.

29. 证明下列函数在 $(-\infty,+\infty)$ 内是连续函数.

(1) $y=2x^3+1$;　　　　(2) $y=\cos x$.

30. 求下列函数的间断点.

(1) $y=\dfrac{x-3}{x^2-5x+6}$; (2) $y=\dfrac{e^{\frac{1}{x}}}{1-x}$;

(3) $y=\dfrac{\sqrt{x+2}}{(x+1)(x+4)}$; (4) $y=(x-1)\sin\dfrac{1}{x^2-1}$;

(5) $y=\begin{cases}\dfrac{1-x^2}{1-x} & x\neq 1,\\ 1 & x=1;\end{cases}$ (6) $y=\begin{cases}\dfrac{\sin x}{|x|} & x\neq 0,\\ 1 & x=0.\end{cases}$

31. 讨论下列函数的连续性.

(1) $f(x)=\begin{cases}x+2 & x\geq 0,\\ \dfrac{x}{1-\sqrt{1-x}} & x<0;\end{cases}$ (2) $f(x)=\begin{cases}1-e^{\frac{1}{x-2}} & x<2,\\ \sin\dfrac{\pi}{x} & x\geq 2;\end{cases}$

(3) $f(x)=\begin{cases}\dfrac{\ln(1+2x)}{x} & x>0,\\ 1+x\cos x & x\leq 0;\end{cases}$ (4) $f(x)=\begin{cases}\dfrac{\sqrt{1+x}-\sqrt{1-x}}{x} & x\neq 0,\\ 1 & x=0.\end{cases}$

32. 给 $f(0)$ 补充一个什么数值,能使 $f(x)$ 在点 $x=0$ 处连续?

(1) $f(x)=\sin x\cos\dfrac{1}{x}$; (2) $f(x)=\ln(1+\alpha x)^{\frac{\beta}{x}}$.

33. 求 a,b 的值,使函数 $f(x)$ 在其定义域内连续.

(1) $f(x)=\begin{cases}\dfrac{1}{x}\sin x & x<0,\\ a & x=0,\\ x\sin\dfrac{1}{x}-b & x>0;\end{cases}$ (2) $f(x)=\begin{cases}ax+1 & |x|\leq 1,\\ x^2+x+b & |x|>1.\end{cases}$

34. 利用函数连续性,求下列极限.

(1) $\lim\limits_{x\to 0}\dfrac{e^{x^2}\cos x}{\arcsin(x+1)}$; (2) $\lim\limits_{x\to 0}\dfrac{\ln(1+x^2)}{\tan(1+x^2)}$.

35. 证明方程 $xe^x=1$ 在 $(0,1)$ 内至少有一个实根.

36. 证明方程 $x=a\sin x+b(a>0,b>0)$ 至少有一个正根,并且它不超过 $a+b$.

37. 设 $f(x)=e^x-2$,求证:在区间 $(0,2)$ 内至少存在一点 x_0,使 $e^{x_0}-2=x_0$.

38. 设函数 $f(x)$ 在 $[a,b]$ 上连续,且 $f(a)<a,f(b)>b$,证明至少存在一点 $\xi\in(a,b)$,使 $f(\xi)=\xi$.

(B)

1. **是非判断**

(1) 单调有界数列必定收敛; (　　)

(2) 无界数列必定发散; (　　)

(3) 如果数列 $\{a_n\}$ 与 $\{b_n\}$ 均发散,则数列 $\{a_n+b_n\}$ 一定发散; (　　)

(4) 无穷小量是非常小的正数; (　　)

(5) 零是无穷小量; (　　)

(6) 两个无穷大量的和、差仍为无穷大量; (　　)

(7) 无界变量一定是无穷大量； (   )
(8) 若 $f(x)$ 在 x_0 无定义,则 $f(x)$ 在 x_0 一定无极限； (   )
(9) 若 $f(x)$ 在 x_0 有定义且有极限,则 $f(x)$ 在 x_0 处连续； (   )
(10) 一切初等函数在其定义域内都连续. (   )

2. 填空

(1) 数列 $0.3, 0.33, 0.333, \cdots, 0.33\cdots3, \cdots$ 的极限是_____；

(2) 如果 $\lim\limits_{x \to a} f(x) = A$,则 $\lim\limits_{x \to a}(x-a)f(x) =$ _____；

(3) $\lim\limits_{x \to -\infty} \dfrac{\sin e^x}{e^x} =$ _____, $\lim\limits_{x \to +\infty} \dfrac{\sin e^x}{e^x} =$ _____；

(4) $\lim\limits_{x \to 0}\left(\dfrac{\sin x}{x} + x\sin\dfrac{1}{x}\right) =$ _____, $\lim\limits_{x \to \infty}\left(\dfrac{\sin x}{x} + x\sin\dfrac{1}{x}\right) =$ _____；

(5) $x \to 0$ 时, $x + \sin x$ 是 x 的 _____ 阶无穷小量；

(6) $\lim\limits_{x \to \pi} \dfrac{\sin x}{x - \pi} =$ _____；

(7) $\lim\limits_{x \to \infty}\left(\dfrac{x+2}{x}\right)^{2x} =$ _____；

(8) 设 $f(x) = \dfrac{2ax^2 - (a-2)x - 1}{ax^2 - (a^2-1)x - a}$ (a 为常数),

当 $a =$ _____ 时, $\lim\limits_{x \to 1} f(x)$ 不存在；

当 $a =$ _____ 时, $\lim\limits_{x \to \frac{1}{2}} f(x) = 2$；

(9) 若 $f(x)$ 有界, $\lim\limits_{x \to x_0} g(x) = \infty$, 则 $\lim\limits_{x \to x_0}[f(x) + g(x)] =$ _____；

(10) 函数 $y = \dfrac{1}{x^2 - 2x - 3}$ 的连续区间为 _____.

3. 试证:数列 $\{y_n\}$ 收敛的充分必要条件是 $\{y_n\}$ 的子数列

$$\{y_{2k-1}\}: y_1, y_3, y_5, \cdots, y_{2k-1}, \cdots,$$
$$\{y_{2k}\}: y_2, y_4, y_6, \cdots, y_{2k}, \cdots,$$

都收敛且极限值相等.

4. 求 $\lim\limits_{x \to +\infty}(\sqrt{a^x + 4} - \sqrt{a^x + 1})$ ($a > 0$, 且 $a \neq 1$, 讨论 a 的各种可能情况).

5. 求下列极限.

(1) $\lim\limits_{x \to +\infty}[\sqrt{(x+p)(x+q)} - x]$；　　(2) $\lim\limits_{x \to \frac{\pi}{4}} \tan 2x \cdot \tan\left(\dfrac{\pi}{4} - x\right)$；

(3) $\lim\limits_{x \to 1} \dfrac{\sqrt[3]{x} - 1}{\sqrt{x} - 1}$；　　(4) $\lim\limits_{n \to \infty}(\sqrt{2} \cdot \sqrt[4]{2} \cdots \sqrt[2^n]{2})$；

(5) $\lim\limits_{n \to \infty} \dfrac{(-2)^n + 3^n}{(-2)^{n+1} + 3^{n+1}}$；　　(6) $\lim\limits_{n \to \infty}(\sqrt{n + \sqrt{n + \sqrt{n}}} - \sqrt{n})$；

(7) $\lim\limits_{n \to \infty}\left[\dfrac{3}{1^2 \cdot 2^2} + \dfrac{5}{2^2 \cdot 3^2} + \cdots + \dfrac{2n+1}{n^2 \cdot (n+1)^2}\right]$；

(8) $\lim\limits_{n \to \infty}\left(1 - \dfrac{1}{2^2}\right)\left(1 - \dfrac{1}{3^2}\right) \cdots \left(1 - \dfrac{1}{n^2}\right)$；

(9) $\lim\limits_{x\to 1}\dfrac{x+x^2+\cdots+x^n-n}{x-1}$;　　　(10) $\lim\limits_{x\to 0}\dfrac{(1+x)^{\frac{1}{n}}-1}{x}$.

6. 设 $|x|<1$，求 $\lim\limits_{n\to\infty}(1+x)(1+x^2)(1+x^4)\cdots(1+x^{2^n})$.

7. 已知 $\lim\limits_{x\to+\infty}(\sqrt{x^2-x+1}-ax-b)=0$，求常数 a,b.

8. 证明 $\lim\limits_{n\to\infty}\dfrac{a^n}{n!}=0(a>0,\text{常数})$.

9. 求 $\lim\limits_{n\to\infty}\left(\dfrac{1}{n^2+1}+\dfrac{2}{n^2+2}+\cdots+\dfrac{n}{n^2+n}\right)$.

10. 证明 $\lim\limits_{n\to\infty}(1^n+2^n+3^n+4^n+5^n)^{\frac{1}{n}}=5$.

11. 设 $y_1=10,y_{n+1}=\sqrt{6+y_n},(n=1,2,\cdots)$，试证明数列 $\{y_n\}$ 极限存在，并求此极限.

12. 设 $0<y_1<3,y_{n+1}=\sqrt{y_n(3-y_n)}(n=1,2,\cdots)$，试证明数列 $\{y_n\}$ 极限存在，并求此极限.

13. 求下列极限.

(1) $\lim\limits_{x\to\frac{\pi}{6}}\dfrac{1-2\sin x}{\sin\left(x-\dfrac{\pi}{6}\right)}$;　　　(2) $\lim\limits_{x\to 0}\dfrac{\ln\sqrt{1+5x}}{x}$;

(3) $\lim\limits_{x\to 0}\dfrac{1}{\sin x}\ln(1+x+x^2+x^3)$;　　　(4) $\lim\limits_{x\to+\infty}(\sin\sqrt{x+1}-\sin\sqrt{x})$;

(5) $\lim\limits_{x\to\infty}\left(\dfrac{x^2}{x^2-1}\right)^x$.

14. 设 $f(x)=\dfrac{px^2-2}{x^2+1}+3qx+5$，当 $x\to\infty$ 时，p,q 取何值 $f(x)$ 为无穷小量？p,q 取何值 $f(x)$ 为无穷大量？

15. 设 $f(x)$ 在 $[a,b]$ 上连续，$x_1,x_2,\cdots,x_n$ 为 $[a,b]$ 中的 n 个点，证明必存在 $\xi\in[a,b]$，使

$$f(\xi)=\dfrac{1}{n}[f(x_1)+f(x_2)+\cdots+f(x_n)].$$

第 3 章　导数与微分

在前面两章中,我们研究了变量之间的函数关系以及变量的变化趋势问题,但是在许多实际问题中,需要我们研究变量的变化快慢程度,即变化率问题,如物体的瞬时运动速度,某企业产品产量的增长率及成本、利润的变化率,等等.这类问题在数学上归结为求导数问题.为此本章介绍导数与微分这两个概念以及它们的计算公式与运算法则.

§3.1　导　数　概　念

一、引出导数概念的例子

1. 变速直线运动的速度

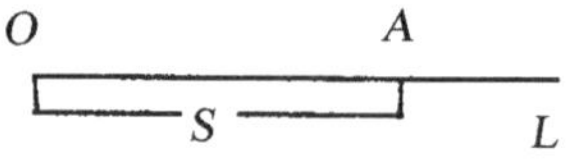

设物体 M 沿直线 L 作变速运动,运动开始时($t=0$)物体 M 位于 O 点,经过一段时间 t 之后,物体 M 到达 A 点,这时,物体所走过的路程 $S=OA$ 显然是时间 t 的函数,即 $S=f(t)$,求在时刻 t_0 时的速度 $v(t_0)$.

图 3-1

物体从时刻 t_0 到时刻 $t_0+\Delta t(\Delta t>0)$ 所走过的路程为
$$\Delta S=f(t_0+\Delta t)-f(t_0).$$
所以物体在这段时间内的平均速度为
$$\bar{v}=\frac{\Delta S}{\Delta t}=\frac{f(t_0+\Delta t)-f(t_0)}{\Delta t}.$$
若物体作匀速直线运动,则 $\bar{v}$ 就是物体在时刻 t_0 的速度,也是物体在任意时刻的速度.

若物体作变速直线运动,它的速度与时间有关,当 Δt 很小时,物体的运动来不及有太大的变化,可以认为 $\bar{v}$ 是 $v(t_0)$ 的近似值,而且 Δt 越小,其近似程度越高.如果当 $\Delta t \to 0$ 时,平均速度 $\bar{v}$ 的极限存在,我们就定义此极限为物体在时刻 t_0 的瞬时速度,即
$$v(t_0)=\lim_{\Delta t \to 0}\frac{\Delta S}{\Delta t}=\lim_{\Delta t \to 0}\frac{f(t_0+\Delta t)-f(t_0)}{\Delta t}.$$

2. 平面曲线的切线斜率

设平面的曲线方程为 $y=f(x)$,其中 $y_0=f(x_0)$,如图 3-2 所示.设 $M_1(x_0+\Delta x, y_0+\Delta y)(\Delta x \neq 0)$ 为曲线上另一点,连接点 M 和点 M_1 的直线称为曲线 $y=f(x)$ 的割线.当动

点 M_1 沿曲线趋近点 M 时,割线 MM_1 的极限位置 MT 就是曲线在点 M 处的切线.现在我们求切线 MT 的斜率.设割线 MM_1 的倾角为 φ,其斜率为

$$\tan\varphi = \frac{\Delta y}{\Delta x} = \frac{f(x_0+\Delta x)-f(x_0)}{\Delta x}.$$

显然,点 M_1 趋近于点 M 等价于 $\Delta x \to 0$,而当 $\Delta x \to 0$ 时,割线 MM_1 的倾角 φ 趋近切线 MT 的倾角 α,由正切函数的连续性可知,割线 MM_1 的斜率 $\tan\varphi$ 将趋近切线的斜率 $\tan\alpha$.于是,曲线 $y=f(x)$ 在点 M 处的切线斜率为

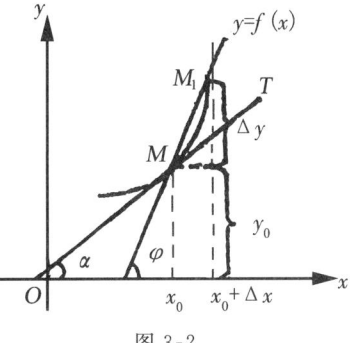

图 3-2

$$\tan\alpha = \lim_{\Delta x \to 0}\tan\varphi = \lim_{\Delta x \to 0}\frac{\Delta y}{\Delta x} = \lim_{\Delta x \to 0}\frac{f(x_0+\Delta x)-f(x_0)}{\Delta x}.$$

3. 产品总成本的变化率

设某产品的总成本 C 是产量 x 的函数,即 $C=f(x)$.当产量 x 由 x_0 变到 $x_0+\Delta x$ 时,总成本相应的改变量为

$$\Delta C = f(x_0+\Delta x)-f(x_0);$$

当产量由 x_0 变到 $x_0+\Delta x$ 时,总成本的平均变化率为

$$\frac{\Delta C}{\Delta x} = \frac{f(x_0+\Delta x)-f(x_0)}{\Delta x}.$$

当 $\Delta x \to 0$ 时,如果极限

$$\lim_{\Delta x \to 0}\frac{\Delta C}{\Delta x} = \lim_{\Delta x \to 0}\frac{f(x_0+\Delta x)-f(x_0)}{\Delta x}$$

存在,则称此极限是产量为 x_0 时总成本的变化率.

以上三个问题虽然各自的含义不同,但是它们都可归结为:由自变量的一个改变量,引起函数的一个相应的改变量,当自变量的改变量趋于零时,函数的改变量与自变量的改变量之比的极限,我们把这种函数的变化率称为函数的导数.

二、导数的定义

定义 3.1 设函数 $y=f(x)$ 在点 x_0 的某邻域内有定义,对自变量在 x_0 点处的任一改变量 Δx,函数的相应改变量为

$$\Delta y = f(x_0+\Delta x)-f(x_0).$$

如果极限

$$\lim_{\Delta x \to 0}\frac{\Delta y}{\Delta x} = \lim_{\Delta x \to 0}\frac{f(x_0+\Delta x)-f(x_0)}{\Delta x}$$

存在,则称函数 $f(x)$ 在 x_0 点可导(或导数存在). x_0 为 $f(x)$ 的可导点,并称此极限值为 $f(x)$ 在 x_0 点的导数(或微商),记为 $f'(x_0)$.即

$$f'(x_0) = \lim_{\Delta x \to 0}\frac{f(x_0+\Delta x)-f(x_0)}{\Delta x}.$$

导数 $f'(x_0)$ 也可记为

$$y'\Big|_{x=x_0} \quad \frac{\mathrm{d}y}{\mathrm{d}x}\Big|_{x=x_0} \quad \frac{\mathrm{d}f}{\mathrm{d}x}\Big|_{x=x_0}.$$

如果令 $x = x_0 + \Delta x$,则当 $\Delta x \to 0$ 时,$x \to x_0$,于是导数 $f'(x_0)$ 的定义又等价于

$$f'(x_0) = \lim_{x \to x_0} \frac{f(x) - f(x_0)}{x - x_0}.$$

如果上述极限不存在,则称函数 $f(x)$ 在点 x_0 处不可导或没有导数,x_0 称为 $f(x)$ 的不可导点.

由导数定义可将求导数的方法概括为以下三个步骤:

(1) 求出对应于自变量改变量 Δx 的函数改变量 $\Delta y = f(x_0 + \Delta x) - f(x_0)$;

(2) 作出比值 $\dfrac{\Delta y}{\Delta x} = \dfrac{f(x_0 + \Delta x) - f(x_0)}{\Delta x}$;

(3) 求 $\Delta x \to 0$ 时 $\dfrac{\Delta y}{\Delta x}$ 的极限即 $f'(x_0) = \lim\limits_{\Delta x \to 0} \dfrac{f(x_0 + \Delta x) - f(x_0)}{\Delta x}$.

例 1 求函数 $y = x^3$ 在点 $x = 2$ 处的导数.

解 因为
$$\Delta y = f(2 + \Delta x) - f(2) = (2 + \Delta x)^3 - 2^3$$
$$= 12\Delta x + 6(\Delta x)^2 + (\Delta x)^3,$$

所以
$$f'(2) = \lim_{\Delta x \to 0} \frac{\Delta y}{\Delta x} = \lim_{\Delta x \to 0} \frac{12\Delta x + 6(\Delta x)^2 + (\Delta x)^3}{\Delta x}$$
$$= \lim_{\Delta x \to 0} [12 + 6\Delta x + (\Delta x)^2]$$
$$= 12.$$

例 2 试按导数定义求下列各极限(假设各极限均存在).

(1) $\lim\limits_{x \to a} \dfrac{f(2x) - f(2a)}{x - a}$; (2) $\lim\limits_{x \to 0} \dfrac{f(x)}{x}$,其中 $f(0) = 0$.

解 (1) 由导数定义和极限的运算法则,有

$$\lim_{x \to a} \frac{f(2x) - f(2a)}{x - a} = \lim_{2x \to 2a} \frac{f(2x) - f(2a)}{\frac{1}{2}(2x - 2a)}$$
$$= 2 \lim_{2x \to 2a} \frac{f(2x) - f(2a)}{2x - 2a}$$
$$= 2f'(2a).$$

(2) 因为 $f(0) = 0$,于是
$$\lim_{x \to 0} \frac{f(x)}{x} = \lim_{x \to 0} \frac{f(x) - f(0)}{x - 0}$$
$$= f'(0).$$

三、导数的几何意义

由本节前述可知,如果函数 $y = f(x)$ 在点 x_0 处可导,则其导数 $f'(x_0)$ 的几何意义是:$f'(x_0)$ 为曲线 $y = f(x)$ 在点 $(x_0, f(x_0))$ 处的切线斜率.于是曲线 $y = f(x)$ 在点

$(x_0, f(x_0))$ 处的切线方程为
$$y - f(x_0) = f'(x_0)(x - x_0),$$
法线方程为
$$y - f(x_0) = -\frac{1}{f'(x_0)}(x - x_0).$$

例 3 求 $y = x^3$ 在点 $(2,8)$ 处的切线方程及法线方程.

解 由例 1 知 $y'|_{x=2} = 12$,因此所求切线方程为
$$y - 8 = 12(x - 2),$$
即
$$12x - y - 16 = 0.$$
法线方程为
$$y - 8 = -\frac{1}{12}(x - 2),$$
即
$$x + 12y - 98 = 0.$$

四、左右导数

定义 3.2 如果极限 $\lim\limits_{\Delta x \to 0^-} \dfrac{f(x_0 + \Delta x) - f(x_0)}{\Delta x}$ 存在,则称此极限为 $f(x)$ 在点 x_0 处的左导数,记作 $f'_-(x_0)$;如果极限 $\lim\limits_{\Delta x \to 0^+} \dfrac{f(x_0 + \Delta x) - f(x_0)}{\Delta x}$ 存在,则称此极限为 $f(x)$ 在点 x_0 处的右导数,记作 $f'_+(x_0)$.

对应于导数定义,左、右导数也有另外一个定义形式:

如果极限 $\lim\limits_{x \to x_0^-} \dfrac{f(x) - f(x_0)}{x - x_0}$ 存在,则称此极限为 $f(x)$ 在 x_0 处的左导数,记作 $f'_-(x_0)$;如果极限 $\lim\limits_{x \to x_0^+} \dfrac{f(x) - f(x_0)}{x - x_0}$ 存在,则称此极限为 $f(x)$ 在 x_0 处的右导数,记作 $f'_+(x_0)$.

显然,当且仅当函数在一点的左、右导数都存在且相等时,函数在该点才是可导的.

函数 $f(x)$ 在 $[a,b]$ 上可导,指 $f(x)$ 在开区间 (a,b) 内处处可导,且存在 $f'_+(a)$ 及 $f'_-(b)$.

例 4 如图 3-3,讨论函数
$$y = f(x) = \begin{cases} x & x \geq 1, \\ 1 & x < 1 \end{cases}$$
在 $x = 1$ 处的连续性与可导性.

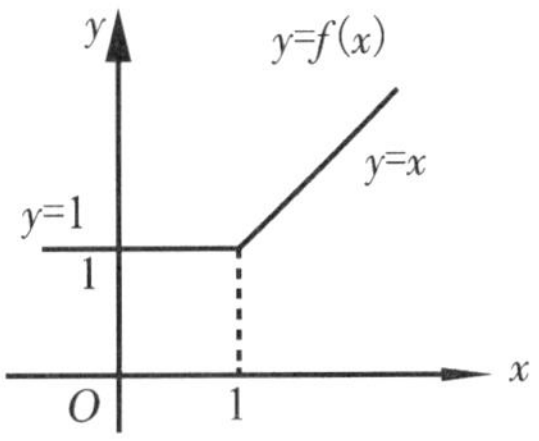

解 $f(1) = 1$,
$$\lim_{x \to 1^-} f(x) = \lim_{x \to 1^-} 1 = 1,$$
$$\lim_{x \to 1^+} f(x) = \lim_{x \to 1^+} x = 1,$$
所以
$$\lim_{x \to 1} f(x) = 1 = f(1).$$
而
$$f'_-(1) = \lim_{\Delta x \to 0^-} \frac{\Delta y}{\Delta x} = \lim_{\Delta x \to 0^-} \frac{1 - 1}{\Delta x} = 0,$$

图 3-3

$$f'_+(1) = \lim_{\Delta x \to 0^+} \frac{\Delta y}{\Delta x} = \lim_{\Delta x \to 0^+} \frac{\Delta x}{\Delta x} = 1,$$

显然
$$f'_-(1) \neq f'_+(1).$$

故 $f(x)$ 在 $x=1$ 处连续,但不可导.

本题求左、右导数也可按如下方式:
$$f'_-(1) = \lim_{x \to 1^-} \frac{f(x)-f(1)}{x-1} = \lim_{x \to 1^-} \frac{1-1}{x-1} = 0$$
$$f'_+(1) = \lim_{x \to 1^+} \frac{f(x)-f(1)}{x-1} = \lim_{x \to 1^+} \frac{x-1}{x-1} = 1.$$

此例说明,由连续不一定能推出可导,那么可导与连续之间究竟存在什么样的关系呢?

五、可导与连续的关系

定理 3.1 如果函数 $y=f(x)$ 在点 x_0 处可导,则它在点 x_0 处一定连续.

证 因为函数 $y=f(x)$ 在点 x_0 处可导,所以有
$$\lim_{\Delta x \to 0} \frac{\Delta y}{\Delta x} = f'(x_0).$$

由 $\Delta y = \frac{\Delta y}{\Delta x} \Delta x$,可得
$$\lim_{\Delta x \to 0} \Delta y = \lim_{\Delta x \to 0} \frac{\Delta y}{\Delta x} \Delta x = \lim_{\Delta x \to 0} \frac{\Delta y}{\Delta x} \cdot \lim_{\Delta x \to 0} \Delta x = f'(x_0) \cdot 0 = 0.$$

这就是说,函数 $y=f(x)$ 在点 x_0 处连续.

这个定理的逆定理不成立,即函数 $y=f(x)$ 在点 x_0 处连续,但在点 x_0 处不一定可导.

例 5 讨论函数
$$f(x) = \begin{cases} 2 & x \leqslant 0, \\ 3x+1 & 0 < x \leqslant 1, \\ x^3+3 & x > 1 \end{cases}$$
在点 $x=0$ 及 $x=1$ 处的连续性与可导性.

解 ①在点 $x=0$ 处.

因为
$$\lim_{x \to 0^-} f(x) = \lim_{x \to 0^-} 2 = 2,$$
$$\lim_{x \to 0^+} f(x) = \lim_{x \to 0^+} (3x+1) = 1,$$

所以
$$\lim_{x \to 0^-} f(x) \neq \lim_{x \to 0^+} f(x).$$

故,$\lim_{x \to 0} f(x)$ 不存在,从而 $f(x)$ 在 $x=0$ 处既不连续也不可导.

②在点 $x=1$ 处.

因为
$$\lim_{x \to 1^-} f(x) = \lim_{x \to 1^-} (3x+1) = 4,$$
$$\lim_{x \to 1^+} f(x) = \lim_{x \to 1^+} (x^3+3) = 4.$$

于是有
$$\lim_{x\to 1}f(x)=4=f(1).$$

$$f'_{-}(1)=\lim_{\Delta x\to 0^{-}}\frac{f(1+\Delta x)-f(1)}{\Delta x}=\lim_{\Delta x\to 0^{-}}\frac{3(1+\Delta x)+1-4}{\Delta x}$$
$$=\lim_{\Delta x\to 0^{-}}\frac{3\Delta x}{\Delta x}=3.$$
$$f'_{+}(1)=\lim_{\Delta x\to 0^{+}}\frac{f(1+\Delta x)-f(1)}{\Delta x}$$
$$=\lim_{\Delta x\to 0^{+}}\frac{(1+\Delta x)^{3}+3-4}{\Delta x}$$
$$=\lim_{\Delta x\to 0^{+}}\frac{3\Delta x+3(\Delta x)^{2}+(\Delta x)^{3}}{\Delta x}$$
$$=\lim_{\Delta x\to 0^{+}}[3+3\Delta x+(\Delta x)^{2}]=3.$$

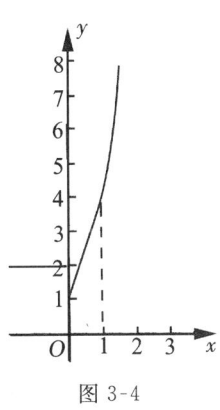

图 3-4

因此函数 $f(x)$ 在 $x=1$ 处连续且可导,见图 3-4.

六、导函数

定义 3 如果函数 $f(x)$ 在某区间 (a,b) 内每一点处都可导,则称 $f(x)$ 在区间 (a,b) 内可导. 此时, 对于区间 (a,b) 内每一点 x, 都有一个导数值与它对应, 这就定义了一个新的函数, 称为函数 $y=f(x)$ 在区间 (a,b) 内对 x 的导函数, 简称为导数, 记作

$$f'(x), y', \frac{\mathrm{d}y}{\mathrm{d}x} 或 \frac{\mathrm{d}}{\mathrm{d}x}f(x).$$

函数 $f(x)$ 在一点 x_0 处的导数 $f'(x_0)$ 与 $f(x)$ 的导函数 $f'(x)$ 在 x_0 处的函数值是相等关系.

由导数定义,本节一中的三个问题可以叙述为:

(1) 瞬时速度是路程 S 对时间 t 的导数,即
$$v=S'=\frac{\mathrm{d}S}{\mathrm{d}t}.$$

(2) 曲线 $y=f(x)$ 在点 x 处的切线斜率是曲线的纵坐标 y 对横坐标 x 的导数,即
$$\tan\alpha=f'(x)=\frac{\mathrm{d}y}{\mathrm{d}x}.$$

(3) 产品总成本 $C=f(x)$ 的变化率是总成本对产量的导数,即
$$f'(x)=\frac{\mathrm{d}C}{\mathrm{d}x}.$$

由导数定义可将求导数的方法概括为以下三个步骤:

(1) 求出对应于自变量改变量 Δx 的函数改变量
$$\Delta y=f(x+\Delta x)-f(x);$$

(2) 作出比值
$$\frac{\Delta y}{\Delta x}=\frac{f(x+\Delta x)-f(x)}{\Delta x};$$

(3) 求 $\Delta x \to 0$ 时 $\dfrac{\Delta y}{\Delta x}$ 的极限,即

$$y' = f'(x) = \lim_{\Delta x \to 0} \frac{f(x+\Delta x) - f(x)}{\Delta x}.$$

例 6 求 $y = C$(C 为常数)的导数.

解 (1) $\Delta y = C - C = 0$;

(2) $\dfrac{\Delta y}{\Delta x} = 0$;

(3) $y' = \lim\limits_{\Delta x \to 0} \dfrac{\Delta y}{\Delta x} = \lim\limits_{\Delta x \to 0} 0 = 0$.

即 $(C)' = 0$.

例 7 求 $y = x^n$(n 为正整数)的导数.

解 (1) $\Delta y = (x+\Delta x)^n - x^n$
$= \left[x^n + nx^{n-1}\Delta x + \dfrac{n(n-1)}{2} x^{n-2}(\Delta x)^2 + \cdots + (\Delta x)^n \right] - x^n$
$= \left[nx^{n-1} + \dfrac{n(n-1)}{2} x^{n-2} \Delta x + \cdots + (\Delta x)^{n-1} \right] \Delta x$;

(2) $\dfrac{\Delta y}{\Delta x} = nx^{n-1} + \dfrac{n(n-1)}{2} x^{n-2} \Delta x + \cdots + (\Delta x)^{n-1}$;

(3) $y' = \lim\limits_{\Delta x \to 0} \dfrac{\Delta y}{\Delta x} = nx^{n-1}$.

后面将会证明,上式中的正整数换为任意实数 α,其结果仍然成立,即

$$(x^\alpha)' = \alpha x^{\alpha-1}.$$

例 8 求对数函数 $y = \log_a x$($a > 0, a \neq 1$)的导数.

解 (1) $\Delta y = \log_a(x + \Delta x) - \log_a x = \log_a\left(1 + \dfrac{\Delta x}{x}\right)$;

(2) $\dfrac{\Delta y}{\Delta x} = \dfrac{1}{\Delta x} \log_a\left(1 + \dfrac{\Delta x}{x}\right) = \dfrac{1}{x} \cdot \dfrac{x}{\Delta x} \log_a\left(1 + \dfrac{\Delta x}{x}\right) = \dfrac{1}{x} \log_a\left(1 + \dfrac{\Delta x}{x}\right)^{\frac{x}{\Delta x}}$;

(3) 令 $\beta = \dfrac{x}{\Delta x}$,则当 $\Delta x \to 0$ 时,$\beta \to \infty$,由对数函数的连续性及 $\lim\limits_{\beta \to \infty}\left(1 + \dfrac{1}{\beta}\right)^\beta = e$ 可得

$$y' = \lim_{\Delta x \to 0} \frac{\Delta y}{\Delta x} = \frac{1}{x} \lim_{\Delta x \to 0} \log_a\left(1 + \frac{1}{\frac{x}{\Delta x}}\right)^{\frac{x}{\Delta x}} = \frac{1}{x} \lim_{\beta \to \infty} \log_a\left(1 + \frac{1}{\beta}\right)^\beta = \frac{1}{x} \log_a e,$$

即

$$(\log_a x)' = \frac{1}{x} \log_a e = \frac{1}{x \ln a}.$$

特别地,当 $a = e$ 时,有 $(\ln x)' = \dfrac{1}{x}$.

例 9 求函数 $y = \sin x$ 的导数.

解 (1) $\Delta y = \sin(x + \Delta x) - \sin x = 2\cos\left(x + \dfrac{\Delta x}{2}\right)\sin\dfrac{\Delta x}{2}$;

(2) $\dfrac{\Delta y}{\Delta x} = \cos\left(x + \dfrac{\Delta x}{2}\right) \cdot \dfrac{\sin\dfrac{\Delta x}{2}}{\dfrac{\Delta x}{2}}$;

(3) 由 $y=\cos x$ 的连续性有 $\lim\limits_{\Delta x \to 0}\cos\left(x+\dfrac{\Delta x}{2}\right)=\cos x.$

又由 $\lim\limits_{x\to 0}\dfrac{\sin x}{x}=1$ 有 $\lim\limits_{\Delta x\to 0}\dfrac{\sin\dfrac{\Delta x}{2}}{\dfrac{\Delta x}{2}}=1.$

所以 $y'=\lim\limits_{\Delta x\to 0}\left[\cos\left(x+\dfrac{\Delta x}{2}\right)\dfrac{\sin\dfrac{\Delta x}{2}}{\dfrac{\Delta x}{2}}\right]=\lim\limits_{\Delta x\to 0}\cos\left(x+\dfrac{\Delta x}{2}\right)\cdot\lim\limits_{\Delta x\to 0}\dfrac{\sin\dfrac{\Delta x}{2}}{\dfrac{\Delta x}{2}}=\cos x.$

即 $y'=(\sin x)'=\cos x.$

同理可求得,$(\cos x)'=-\sin x.$

求导公式归纳如下：

$$(C)'=0;(x^a)'=ax^{a-1};(\log_a x)'=\dfrac{1}{x}\log_a e;$$

$$(\ln x)'=\dfrac{1}{x};(\sin x)'=\cos x;(\cos x)'=-\sin x.$$

§3.2 求 导 法 则

在上节中,我们利用导数定义求出了几个最简单函数的导数,但如果对每一个函数均按定义求其导数,那将是很繁琐的. 因此,我们在本节中给出函数求导的一般法则,用以简化求导的计算.

一、函数代数和的导数

定理 3.2 如果 $u(x)$ 与 $v(x)$ 均可导,则 $y=u(x)\pm v(x)$ 也可导,且
$$y'=[u(x)\pm v(x)]'=u'(x)\pm v'(x).$$

证 对自变量 x 的改变量 Δx,函数 $u(x),v(x)$ 依次取得改变量 $\Delta u,\Delta v$,于是函数 y 相应改变量为
$$\Delta y=[(u+\Delta u)\pm(v+\Delta v)]-(u\pm v)=\Delta u\pm\Delta v,$$
因而
$$\dfrac{\Delta y}{\Delta x}=\dfrac{\Delta u}{\Delta x}\pm\dfrac{\Delta v}{\Delta x},$$
于是
$$y'=\lim\limits_{\Delta x\to 0}\dfrac{\Delta y}{\Delta x}=\lim\limits_{\Delta x\to 0}\dfrac{\Delta u}{\Delta x}\pm\lim\limits_{\Delta x\to 0}\dfrac{\Delta v}{\Delta x}=u'(x)\pm v'(x).$$
即
$$[u(x)\pm v(x)]'=u'(x)\pm v'(x).$$

上述结果可以推广到有限多个函数的代数和的情形,即
$$[u_1(x)\pm u_2(x)\pm\cdots\pm u_n(x)]'=u_1'(x)\pm u_2'(x)\pm\cdots\pm u_n'(x).$$

二、函数积的导数

定理 3.3 如果 $u(x), v(x)$ 均可导,则 $y=u(x)v(x)$ 也可导,且
$$y'=[u(x)v(x)]'=u'(x)v(x)+u(x)v'(x).$$

证 当自变量 x 取得改变量 Δx 时,函数 $u(x), v(x)$ 依次取得改变量 $\Delta u, \Delta v$,于是函数 y 取得改变量为
$$\Delta y = [u(x)+\Delta u][v(x)+\Delta v]-u(x)v(x)$$
$$=u(x)\Delta v+v(x)\Delta u+\Delta u\Delta v,$$

从而
$$\frac{\Delta y}{\Delta x}=u(x)\frac{\Delta v}{\Delta x}+v(x)\frac{\Delta u}{\Delta x}+\frac{\Delta v}{\Delta x}\cdot\Delta u.$$

由于 $u(x)$ 在点 x 处连续,故 $\lim\limits_{\Delta x\to 0}\Delta u=0$,而当 $\Delta x\to 0$ 时,$u(x), v(x)$ 与 Δx 无关,因而它们的值并不改变.

于是
$$y'=\lim_{\Delta x\to 0}\frac{\Delta y}{\Delta x}$$
$$=u(x)\lim_{\Delta x\to 0}\frac{\Delta v}{\Delta x}+v(x)\lim_{\Delta x\to 0}\frac{\Delta u}{\Delta x}+\lim_{\Delta x\to 0}\frac{\Delta v}{\Delta x}\lim_{\Delta x\to 0}\Delta u$$
$$=u(x)v'(x)+v(x)u'(x)+v'(x)\cdot 0$$
$$=u(x)v'(x)+v(x)u'(x).$$

即
$$[u(x)v(x)]'=u'(x)v(x)+u(x)v'(x).$$

特别地,当 $u(x)=C$(C 为常数)时
$$[Cv(x)]'=Cv'(x).$$

即常数因子可以提到导数符号外面.

函数积的求导法则,也可推广到有限多个函数乘积的情形.即
$$[u_1(x)u_2(x)\cdots u_n(x)]'$$
$$=u_1'(x)u_2(x)\cdots u_n(x)+u_1(x)u_2'(x)\cdots u_n(x)+\cdots+u_1(x)u_2(x)\cdots u_n'(x).$$

例 1 求函数 $y=\sin 2x$ 的导数.

解 由 $\sin 2x=2\sin x\cos x$ 可得
$$y'=(2\sin x\cos x)'=2[(\sin x)'\cos x+\sin x(\cos x)']$$
$$=2(\cos^2 x-\sin^2 x)=2\cos 2x.$$

三、函数商的导数

定理 3.4 如果 $u(x), v(x)$ 均可导,且 $v(x)\neq 0$,则 $y=\dfrac{u(x)}{v(x)}$ 也可导,且
$$y'=\left[\frac{u(x)}{v(x)}\right]'=\frac{u'(x)v(x)-u(x)v'(x)}{v^2(x)}.$$

证 当 x 取得改变量 Δx 时,函数 $u(x), v(x)$ 依次取得改变量 $\Delta u, \Delta x$,于是函数 y 取得相应的改变量为

$$\Delta y = \frac{u(x)+\Delta u}{v(x)+\Delta v} - \frac{u(x)}{v(x)} = \frac{v(x)\Delta u - u(x)\Delta v}{[v(x)+\Delta v]v(x)},$$

所以
$$\frac{\Delta y}{\Delta x} = \frac{v(x)\dfrac{\Delta u}{\Delta x} - u(x)\dfrac{\Delta v}{\Delta x}}{v(x)[v(x)+\Delta v]},$$

当 $\Delta x \to 0$ 时, $u(x)$ 与 $v(x)$ 均不改变, 且有 $\Delta v \to 0$, 因而

$$y' = \lim_{\Delta x \to 0}\frac{\Delta y}{\Delta x} = \frac{v(x)\lim\limits_{\Delta x \to 0}\dfrac{\Delta u}{\Delta x} - u(x)\lim\limits_{\Delta x \to 0}\dfrac{\Delta v}{\Delta x}}{v(x)[v(x)+\lim\limits_{\Delta x \to 0}\Delta v]}$$

$$= \frac{u'(x)v(x) - u(x)v'(x)}{v^2(x)},$$

即
$$\left[\frac{u(x)}{v(x)}\right]' = \frac{u'(x)v(x) - u(x)v'(x)}{v^2(x)}.$$

特别地, 当 $u(x)=C$ (C 为常数) 时,
$$\left[\frac{C}{v(x)}\right]' = -\frac{Cv'(x)}{v^2(x)}.$$

例 2 求 $y = \dfrac{x^2-1}{x^2+1}$ 的导数.

解
$$y' = \frac{(x^2+1)(x^2-1)' - (x^2-1)(x^2+1)'}{(x^2+1)^2}$$

$$= \frac{2x(x^2+1) - 2x(x^2-1)}{(x^2+1)^2}$$

$$= \frac{4x}{(x^2+1)^2}.$$

例 3 求 $y = \tan x$ 的导数.

解
$$y' = (\tan x)' = \left(\frac{\sin x}{\cos x}\right)' = \frac{(\sin x)'\cos x - \sin x(\cos x)'}{\cos^2 x}$$

$$= \frac{\cos^2 x + \sin^2 x}{\cos^2 x} = \frac{1}{\cos^2 x} = \sec^2 x.$$

同理可求得, $(\cot x)' = -\csc^2 x$.

例 4 求 $y = \sec x$ 的导数.

解
$$y' = (\sec x)' = \left(\frac{1}{\cos x}\right)'$$

$$= -\frac{(\cos x)'}{(\cos x)^2} = \frac{\sin x}{(\cos x)^2}$$

$$= \frac{1}{\cos x} \cdot \frac{\sin x}{\cos x} = \sec x \cdot \tan x.$$

同理可求得, $(\csc x)' = -\csc x \cdot \cot x$.

求导公式归纳如下:

$(\tan x)' = \sec^2 x$; $(\cot x)' = -\csc^2 x$; $(\sec x)' = \sec x \tan x$; $(\csc x)' = -\csc x \cot x$.

§3.3 反函数、复合函数、隐函数的导数

一、反函数的导数

定理 3.5 设函数 $y=f(x)$ 在点 x 处有不等于 0 的导数 $f'(x)$，并且其反函数 $x=f^{-1}(y)$ 在相应点处连续，则 $[f^{-1}(y)]'$ 存在，并且

$$[f^{-1}(y)]'=\frac{1}{f'(x)},$$

或

$$f'(x)=\frac{1}{[f^{-1}(y)]'}.$$

证 当 $y=f(x)$ 的反函数 $x=f^{-1}(y)$ 的自变量 y 取得改变量 Δy 时，因变量 x 取得相应的改变量 Δx. 当 $\Delta y\neq 0$ 时必有 $\Delta x\neq 0$（否则由 $\Delta x=f^{-1}(y+\Delta y)-f^{-1}(y)=0$ 得 $f^{-1}(y+\Delta y)=f^{-1}(y)$，但 $y=f(x)$ 是一一对应的，所以 $y+\Delta y=y$，于是 $\Delta y=0$ 与 $\Delta y\neq 0$ 的假设相矛盾）. 因此，当 $\Delta y\neq 0$ 时，有

$$\frac{\Delta x}{\Delta y}=\frac{1}{\frac{\Delta y}{\Delta x}}.$$

又因 $x=f^{-1}(y)$ 在相应点处连续，所以 $\Delta y\to 0$ 时，$\Delta x\to 0$，于是由上面的等式及 $f'(x)\neq 0$ 的假设，得到

$$[f^{-1}(y)]'=\lim_{\Delta y\to 0}\frac{\Delta x}{\Delta y}=\lim_{\Delta x\to 0}\frac{1}{\frac{\Delta y}{\Delta x}}=\frac{1}{\lim_{\Delta x\to 0}\frac{\Delta y}{\Delta x}}=\frac{1}{f'(x)}.$$

即

$$[f^{-1}(y)]'=\frac{1}{f'(x)}.$$

例 1 求指数函数 $y=a^x(a>0,a\neq 1)$ 的导数.

解 因为 $y=a^x$ 的反函数是 $x=\log_a y$，而 $(\log_a y)'=\dfrac{1}{y\ln a}\neq 0$，则由反函数求导公式可知

$$(a^x)'=\frac{1}{(\log_a y)'}=y\ln a=a^x\ln a.$$

即

$$(a^x)'=a^x\ln a.$$

特别地，当 $a=e$ 时，

$$(e^x)'=e^x.$$

例 2 求 $y=\arcsin x(-1<x<1)$ 的导数.

解 因为 $y=\arcsin x(-1<x<1)$ 的反函数是

$$x=\sin y\left(-\frac{\pi}{2}<y<\frac{\pi}{2}\right),$$

而
$$(\sin y)' = \cos y > 0 \left(-\frac{\pi}{2} < y < \frac{\pi}{2}\right),$$
$$\cos y = \sqrt{1-\sin^2 y} = \sqrt{1-x^2} > 0.$$

则由反函数的求导公式可知
$$y' = (\arcsin x)' = \frac{1}{(\sin y)'} = \frac{1}{\sqrt{1-x^2}} \quad (-1 < x < 1).$$

即
$$(\arcsin x)' = \frac{1}{\sqrt{1-x^2}} \quad (-1 < x < 1).$$

同理可求得，$(\arccos x)' = -\dfrac{1}{\sqrt{1-x^2}} \quad (-1 < x < 1).$

例 3 求 $y = \arctan x$ 的导数.

解 因为 $y = \arctan x$ 的反函数为 $x = \tan y$，所以
$$y' = (\arctan x)' = \frac{1}{(\tan y)'} = \frac{1}{\sec^2 y} = \frac{1}{1+\tan^2 y}$$
$$= \frac{1}{1+x^2}.$$

即
$$(\arctan x)' = \frac{1}{1+x^2}.$$

同理可求得，$(\text{arccot}\, x)' = -\dfrac{1}{1+x^2}.$

求导公式归纳如下：
$(a^x)' = a^x \ln a; \quad (e^x)' = e^x;$
$(\arcsin x)' = \dfrac{1}{\sqrt{1-x^2}} \quad (-1 < x < 1); \quad (\arccos x)' = -\dfrac{1}{\sqrt{1-x^2}} \quad (-1 < x < 1);$
$(\arctan x)' = \dfrac{1}{1+x^2} \quad (-\infty < x < +\infty); \quad (\text{arccot}\, x)' = -\dfrac{1}{1+x^2} \quad (-\infty < x < +\infty).$

例 4 求 $y = a^x e^x + \arctan x + \text{arccot}\, x$ 的导数.

解
$$y' = (a^x e^x)' + (\arctan x)' + (\text{arccot}\, x)'$$
$$= (a^x)' e^x + a^x (e^x)' + \frac{1}{1+x^2} - \frac{1}{1+x^2}$$
$$= a^x e^x \ln a + a^x e^x$$
$$= a^x e^x (\ln a + 1).$$

二、复合函数的导数

定理 3.6 如果 $u = \varphi(x)$ 在点 x 处有导数 $\dfrac{du}{dx} = \varphi'(x)$，$y = f(u)$ 在对应点 u 处有导数 $\dfrac{dy}{du} = f'(u)$，则复合函数 $y = f[\varphi(x)]$ 在点 x 处的导数也存在，而且
$$\frac{dy}{dx} = f'(u) \varphi'(x).$$

或
$$\{f[\varphi(x)]\}' = f'(u)\varphi'(x).$$

证 因为 $y=f(u)$ 在点 u 处可导,所以 $\lim\limits_{\Delta u \to 0}\dfrac{\Delta y}{\Delta u}=f'(u)$.

根据极限与无穷小的关系,有 $\dfrac{\Delta y}{\Delta u}=f'(u)+\alpha$,其中 α 是 $\Delta u \to 0$ 时的无穷小量,因此
$$\Delta y = f'(u)\Delta u + \alpha \cdot \Delta u.$$

上式对于 $\Delta u = 0$ 同样成立,从而
$$\frac{\Delta y}{\Delta x} = f'(u)\frac{\Delta u}{\Delta x} + \alpha \cdot \frac{\Delta u}{\Delta x}.$$

$$\lim_{\Delta x \to 0}\frac{\Delta y}{\Delta x} = \lim_{\Delta x \to 0}\left[f'(u)\frac{\Delta u}{\Delta x} + \alpha \cdot \frac{\Delta u}{\Delta x}\right]$$
$$= f'(u)\lim_{\Delta x \to 0}\frac{\Delta u}{\Delta x} + \lim_{\Delta x \to 0}\alpha \cdot \lim_{\Delta x \to 0}\frac{\Delta u}{\Delta x}$$
$$= f'(u)\lim_{\Delta x \to 0}\frac{\Delta u}{\Delta x} + \lim_{\Delta u \to 0}\alpha \cdot \lim_{\Delta x \to 0}\frac{\Delta u}{\Delta x}$$
$$= f'(u)\varphi'(x).$$

即
$$\frac{\mathrm{d}y}{\mathrm{d}x} = f'(u)\varphi'(x).$$

公式 $\dfrac{\mathrm{d}y}{\mathrm{d}x}=\dfrac{\mathrm{d}y}{\mathrm{d}u}\cdot\dfrac{\mathrm{d}u}{\mathrm{d}x}$ 称为复合函数导数的链式规则. 它对于多重复合函数同样适用. 如设
$$y=f(u), u=\varphi(v), v=\psi(x),$$
则复合函数 $y=f\{\varphi[\psi(x)]\}$ 对 x 的导数是
$$\frac{\mathrm{d}y}{\mathrm{d}x} = f'(u)\varphi'(v)\psi'(x).$$

即
$$\frac{\mathrm{d}y}{\mathrm{d}x} = \frac{\mathrm{d}y}{\mathrm{d}u}\cdot\frac{\mathrm{d}u}{\mathrm{d}v}\cdot\frac{\mathrm{d}v}{\mathrm{d}x}.$$

例 5 求 $y=(1+2x)^{30}$ 的导数.

解 设 $y=u^{30}, u=1+2x$,则由复合函数求导法则得
$$\frac{\mathrm{d}y}{\mathrm{d}x} = (u^{30})' \cdot (1+2x)' = 30u^{29}\cdot 2$$
$$= 60u^{29} = 60(1+2x)^{29}.$$

例 6 求 $y=\cos nx$ 的导数.

解 设 $y=\cos u, u=nx$,则
$$y' = (\cos u)'\cdot(nx)' = -\sin u \cdot n = -n\sin nx.$$

在熟练之后,计算时就不必将中间变量写出来.

例 7 求 $y=\ln(x+\sqrt{x^2+a^2})$ 的导数.

解
$$y' = \frac{1}{x+\sqrt{x^2+a^2}} \cdot (x+\sqrt{x^2+a^2})'$$
$$= \frac{1}{x+\sqrt{x^2+a^2}} \cdot \left[1 + \frac{(x^2+a^2)'}{2\sqrt{x^2+a^2}}\right]$$

$$= \frac{1}{x+\sqrt{x^2+a^2}} \cdot \left[1+\frac{2x}{2\sqrt{x^2+a^2}}\right]$$

$$= \frac{1}{x+\sqrt{x^2+a^2}} \cdot \frac{\sqrt{x^2+a^2}+x}{\sqrt{x^2+a^2}}$$

$$= \frac{1}{\sqrt{x^2+a^2}}.$$

例 8 证明

$$(\log_a|x|)' = \frac{1}{x\ln a}, x\neq 0, a>0, a\neq 1.$$

证 前面已经证明 $x>0$ 时，有

$$(\log_a|x|)' = (\log_a x)' = \frac{1}{x\ln a}.$$

当 $x<0$ 时，$\log_a|x| = \log_a(-x)$，所以

$$(\log_a|x|)' = [\log_a(-x)]' = \frac{1}{(-x)\ln a} \cdot (-x)' = \frac{1}{x\ln a}.$$

三、隐函数的导数

我们知道，表示函数 f（对应关系）的方法有多种，其中有一种自变量 x 与因变量 y 之间的函数关系 f 是由方程 $F(x,y)=0$ 所确定的，这种对应关系 f（或记为 $y=y(x)$）称为由方程所确定的隐函数. 一般来说，隐函数不一定可以或不容易从方程中解出 $y=f(x)$ 显式来，例如，$xy-e^x+e^y=0(x\geq 0)$ 就是这样. 对于由方程 $F(x,y)=0$ 所确定 y 为 x 的（可导）函数，我们希望有一种方法，即不管从方程 $F(x,y)=0$ 中能否解出 y，都能直接由方程求出它所确定的函数的导数来. 下面我们通过具体例子来说明这种方法.

例 9 求由方程 $x^3+y^2=1$ 所确定的隐函数 y 对 x 的导数.

解 由于方程确定 y 是 x 的隐函数，即 $y=y(x)$，那么原方程可看作 x 的恒等式

$$x^3+y^2=1.$$

为了求 y 对 x 的导数，将上式两边逐项对 x 求导，其中"y^2"是 y 的函数，而 y 又是 x 的函数 $y=y(x)$，故 y^2 是 x 的复合函数（y 是中间变量），则"y^2"对 x 求导需先对 y 求导再乘以 y 对 x 的导数，即 $\dfrac{\mathrm{d}(y^2)}{\mathrm{d}x} = \dfrac{\mathrm{d}(y^2)}{\mathrm{d}y} \cdot \dfrac{\mathrm{d}y}{\mathrm{d}x} = 2yy'$.

所以

$$(x^3+y^2)' = (1)',$$
$$3x^2+2yy' = 0,$$

因而

$$y' = -\frac{3x^2}{2y}.$$

从上例可以看出，在等式两边逐项对自变量求导，即可得到一个包含 y' 的一次方程，解出 y'，即为隐函数的导数.

例 10 求出方程 $e^{x+y}-xy=0$ 所确定的隐函数 $y=y(x)$ 的导数.

解 方程两边同时对 x 求导得

$$e^{x+y}(1+y') - y - xy' = 0.$$

解出 y' 得
$$y' = \frac{y - e^{x+y}}{e^{x+y} - x} = \frac{y - xy}{xy - x}.$$

例 11 求曲线 $x^2 - xy + y^2 = 4$ 上点 $(2,2)$ 处的切线方程.

解 方程两边逐项对 x 求导有
$$2x - (y + xy') + 2yy' = 0,$$

则
$$y' = -\frac{2x - y}{2y - x},$$

从而
$$y' \Big|_{\substack{x=2 \\ y=2}} = -\frac{2 \times 2 - 2}{2 \times 2 - 2} = -1.$$

于是曲线在点 $(2,2)$ 处的切线方程为
$$y - 2 = -(x - 2),$$

即
$$x + y - 4 = 0.$$

四、对数求导法

对某些类型的函数求导可先两边取对数,然后再对隐函数求导,这种方法称为对数求导法.

例 12 设 $y = (\cot x)^{\cos x}$,求 y'.

解 对 $y = (\cot x)^{\cos x}$ 两边取对数,得
$$\ln y = \cos x \ln \cot x.$$

两边对 x 求导得
$$\frac{1}{y} y' = -\sin x \ln \cot x + \cos x \cdot \frac{-\csc^2 x}{\cot x}$$
$$= -\sin x \ln \cot x - \csc x.$$

于是
$$y' = -y(\sin x \ln \cot x + \csc x)$$
$$= -(\cot x)^{\cos x}(\sin x \ln \cot x + \csc x).$$

例 13 求 $y = \frac{x^2}{1-x} \sqrt[3]{\frac{3-x}{(3+x)^2}}$ 的导数.

解 方程两边取对数
$$\ln y = 2\ln x - \ln(1-x) + \frac{1}{3}[\ln(3-x) - 2\ln(3+x)].$$

两边对 x 求导得
$$\frac{1}{y} y' = \frac{2}{x} - \frac{-1}{1-x} + \frac{1}{3}\left[\frac{-1}{3-x} - \frac{2}{3+x}\right]$$
$$= \frac{2}{x} - \frac{1}{x-1} - \frac{1}{3} \cdot \frac{x-9}{x^2-9},$$

故
$$y' = \left[\frac{2}{x} - \frac{1}{x-1} - \frac{1}{3} \cdot \frac{x-9}{x^2-9}\right] y$$

$$= \left[\frac{2}{x} - \frac{1}{x-1} - \frac{x-9}{3(x^2-9)}\right] \cdot \frac{x^2}{1-x} \sqrt[3]{\frac{3-x}{(3+x)^2}}.$$

如果一个函数是幂指函数,或者是由几个因子通过乘、除、乘方、开方构成的,通常采用对数求导法来求其导数.

利用对数求导法,容易证明

$$(x^a)' = ax^{a-1} (a \text{ 为任意常数}).$$

§3.4 导数公式

由上几节的推导可以看出基本初等函数的求导公式和求导法则在求导运算中是很重要的,为了便于记忆和查阅,我们将求导公式和法则归纳如下:

一、基本求导公式

(1) $(C)' = 0$ (C 为常数);

(2) $(x^a)' = ax^{a-1}$ (α 为任意常数);

(3) $(\log_a x)' = \frac{1}{x} \log_a e = \frac{1}{x \ln a} (a > 0, a \neq 1)$;

(4) $(\ln x)' = \frac{1}{x}$;

(5) $(a^x)' = a^x \ln a (a > 0, a \neq 1)$;

(6) $(e^x)' = e^x$;

(7) $(\sin x)' = \cos x$;

(8) $(\cos x)' = -\sin x$;

(9) $(\tan x)' = \frac{1}{\cos^2 x} = \sec^2 x$;

(10) $(\cot x)' = -\frac{1}{\sin^2 x} = -\csc^2 x$;

(11) $(\sec x)' = \sec x \tan x$;

(12) $(\csc x)' = -\csc x \cot x$;

(13) $(\arcsin x)' = \frac{1}{\sqrt{1-x^2}} (|x| < 1)$;

(14) $(\arccos x)' = -\frac{1}{\sqrt{1-x^2}} (|x| < 1)$;

(15) $(\arctan x)' = \frac{1}{1+x^2}$;

(16) $(\text{arccot}\, x)' = -\frac{1}{1+x^2}$.

二、求导法则

(1) $[u(x) \pm v(x)]' = u'(x) \pm v'(x)$;

(2) $[u(x)v(x)]' = u'(x)v(x) + u(x)v'(x), [Cu(x)]' = Cu'(x)$ (C 为常数);

(3) $\left[\frac{u(x)}{v(x)}\right]' = \frac{u'(x)v(x) - u(x)v'(x)}{v^2(x)} (v(x) \neq 0), \left[\frac{C}{v(x)}\right]' = -\frac{Cv'(x)}{v^2(x)}$ (C 为常数).

三、复合函数与反函数的求导法则

1. 复合函数求导法则

$$\frac{\mathrm{d}y}{\mathrm{d}x}=f'(u)\varphi'(x).$$

其中 $y=f(u), u=\varphi(x)$.

2. 反函数求导法则

$$f'(x)=\frac{1}{[f^{-1}(y)]'}\Big|_{y=f(x)}.$$

其中 $[f^{-1}(y)]'\neq 0$.

四、综合举例

例 1 $y=\ln[\cos(10+3x^2)]$,求 y'.

解
$$y'=\frac{1}{\cos(10+3x^2)}[\cos(10+3x^2)]'$$
$$=\frac{-\sin(10+3x^2)(10+3x^2)'}{\cos(10+3x^2)}$$
$$=-6x\tan(10+3x^2).$$

例 2 方程 $\ln\sqrt{x^2+y^2}=\arctan\frac{x}{y}$ 确定 y 是 x 的函数,求 y'.

解 方程两边同时对 x 求导得

$$\frac{1}{2}[\ln(x^2+y^2)]'=\left(\arctan\frac{x}{y}\right)',$$

即

$$\frac{1}{2(x^2+y^2)}(2x+2yy')=\frac{1}{1+\left(\frac{x}{y}\right)^2}\cdot\frac{y-xy'}{y^2}.$$

整理得

$$\frac{x+yy'}{x^2+y^2}=\frac{y-xy'}{x^2+y^2},$$

所以

$$y'=\frac{y-x}{y+x}.$$

例 3 已知

$$f(x)=\begin{cases}2 & x\leqslant 0,\\ 3x+1 & 0<x\leqslant 1,\\ x^3+3 & 1<x;\end{cases}$$

求 $f'(x)$.

解 当 $x<0$ 时,$f'(x)=0$,

当 $0<x<1$ 时,$f'(x)=3$,

当 $1<x$ 时,$f'(x)=3x^2$,

而在 $x=0,1$ 两点,由本章第一节例 10 的结果知 $f'(0)$ 不存在,$f'(1)=3$,所以
$$f'(x)=\begin{cases}0 & x<0;\\ 3 & 0<x\leqslant 1;\\ 3x^2 & 1<x.\end{cases}$$

例 4 已知 $f'(u)$ 可导,求 $[f(\ln x)]'$,$\{f[(x+a)^n]\}'$ 及 $\{[f(x+a)]^n\}'$.

解 要注意作为导数符号的"'"在不同位置表示对不同变量求导数,做题时应注意区分.

$f'(\ln x)$ 表示对 $\ln x$ 求导,$[f(\ln x)]'$ 表示对 x 求导,因此
$$[f(\ln x)]'=f'(\ln x)\cdot(\ln x)'=\frac{1}{x}f'(\ln x),$$
$$\{f[(x+a)^n]\}'=f'[(x+a)^n]\cdot[(x+a)^n]'$$
$$=n(x+a)^{n-1}f'[(x+a)^n],$$
$$\{[f(x+a)]^n\}'=n[f(x+a)]^{n-1}\cdot f'(x+a).$$
一般地,$\{f[\varphi(x)]\}'=f'[\varphi(x)]\cdot\varphi'(x)$.

例 5 已知
$$f(x)=\begin{cases}x^2 & x\leqslant x_0;\\ ax+b & x>x_0.\end{cases}$$
求 a,b,使函数 $f(x)$ 在点 $x=x_0$ 连续且可导.

解 因 $\lim_{x\to x_0^+}f(x)=\lim_{x\to x_0^+}(ax+b)=ax_0+b,$
$$\lim_{x\to x_0^-}f(x)=\lim_{x\to x_0^-}x^2=x_0^2,$$
且
$$f(x_0)=x_0^2,$$
所以欲使函数 $f(x)$ 在 $x=x_0$ 处连续,则应取 $ax_0+b=x_0^2$.

又因
$$\lim_{\Delta x\to 0^+}\frac{f(x_0+\Delta x)-f(x_0)}{\Delta x}=\lim_{\Delta x\to 0^+}\frac{a(x_0+\Delta x)+b-x_0^2}{\Delta x}=a,$$
$$\lim_{\Delta x\to 0^-}\frac{f(x_0+\Delta x)-f(x_0)}{\Delta x}=\lim_{\Delta x\to 0^-}\frac{(x_0+\Delta x)^2-x_0^2}{\Delta x}=2x_0,$$
因此欲使函数 $f(x)$ 在 $x=x_0$ 处可导,则应取 $a=2x_0$.

从而 $b=-x_0^2$,所以 $a=2x_0,b=-x_0^2$.

例 6 设球半径 R 以 2 厘米/秒的速度等速增加,求当球半径 $R=10$ 厘米时,其体积 V 增加的速度.

解 已知球的体积 V 是半径 R 的函数
$$V=\frac{4}{3}\pi R^3,$$
R 是时间 t 的函数,其导数 $\frac{\mathrm{d}R}{\mathrm{d}t}=2$,而 V 是时间 t 的复合函数,根据复合函数求导公式可得
$$\frac{\mathrm{d}V}{\mathrm{d}t}=\left(\frac{4}{3}\pi R^3\right)'_R\cdot\frac{\mathrm{d}R}{\mathrm{d}t}=4\pi R^2\frac{\mathrm{d}R}{\mathrm{d}t},$$

$$\left.\frac{dV}{dt}\right|_{\substack{R=10\\ \frac{dR}{dt}=2}}=800\pi.$$

§3.5 高阶导数

在生产实践中,我们不仅需要了解物体运动的速度,而且往往需要研究物体运动的速度变化的快慢,即速度对时间的变化率,这在物理学上称为加速度.例如自由落体的运动规律为 $s=\frac{1}{2}gt^2$,我们知道,路程 s 对时间 t 的导数就是自由落体的瞬时速度 $v=\frac{ds}{dt}=gt$,这个瞬时速度 v 仍然是 t 的函数,由于加速度是速度对时间的变化率,因此,只要将 v 对 t 求导就得到加速度即 $a=\frac{dv}{dt}=g$,由此可知,计算自由落体的加速度,只需 s 对 t 接连两次求导就行了,即

$$a=\frac{dv}{dt}=\frac{d}{dt}\left(\frac{ds}{dt}\right).$$

这种导数的导数 $\frac{d}{dt}\left(\frac{ds}{dt}\right)$ 称为 s 对 t 的二阶导数.

一般地,如果函数 $y=f(x)$ 的导函数 $f'(x)$ 在点 x 处可导,则称导函数 $f'(x)$ 在点 x 处的导数为函数 $y=f(x)$ 的二阶导数,记为

$$y''\text{ 或 }f''(x),\frac{d^2y}{dx^2},\frac{d^2f(x)}{dx^2}.$$

类似地定义 $y=f(x)$ 的三阶导数为二阶导数的导数,记为

$$y'''\text{ 或 }f'''(x),\frac{d^3y}{dx^3},\frac{d^3f(x)}{dx^3}.$$

如果函数 $y=f(x)$ 的 $n-1$ 阶导数存在且可导,则称 y 的 $n-1$ 阶导数的导数为函数 $y=f(x)$ 的 n 阶导数,记为

$$y^{(n)}\text{ 或 }f^{(n)}(x),\frac{d^ny}{dx^n},\frac{d^nf(x)}{dx^n}.$$

n 阶导数在 x_0 处的值记为

$$\left.y^{(n)}\right|_{x=x_0},f^{(n)}(x_0),\left.\frac{d^ny}{dx^n}\right|_{x=x_0}\text{ 或 }\frac{d^nf(x_0)}{dx^n}.$$

二阶和二阶以上的导数统称为高阶导数,如果函数 $y=f(x)$ 的 n 阶导数存在,则称 $f(x)$ 为 n 阶可导.

由高阶导数的定义可知,高阶导数的计算是求导方法的反复运用.

例 1 设 $y=e^x\sin x$,试证 $y''-2y'+2y=0$.

证 因为

$$y'=e^x\sin x+e^x\cos x=e^x(\sin x+\cos x),$$

$$y'' = (y')' = e^x(\sin x + \cos x) + e^x(\cos x - \sin x) = 2e^x \cos x.$$

所以 $$y'' - 2y' + 2y = 2e^x\cos x - 2e^x(\sin x + \cos x) + 2e^x\sin x = 0.$$

例 2 求 $y = x^n$(n 为正整数)的各阶导函数.

解
$$y' = nx^{n-1},$$
$$y'' = n(n-1)x^{n-2},$$
$$\cdots\cdots$$
$$y^{(n-1)} = n(n-1)\cdots 3 \cdot 2 \cdot x,$$
$$y^{(n)} = n(n-1)\cdots 3 \cdot 2 \cdot 1 = n!,$$
$$y^{(n+1)} = y^{(n+2)} = \cdots = 0.$$

由此看到,函数 x^n 每求导一次,幂次数降低一次,第 n 阶导数为常数,大于 n 的各阶导数均等于零.

例 3 求 $y = \cos x$ 的 n 阶导数.

解
$$y' = (\cos x)' = -\sin x = \cos\left(x + \frac{\pi}{2}\right),$$
$$y'' = \left[\cos\left(x + \frac{\pi}{2}\right)\right]' = -\sin\left(x + \frac{\pi}{2}\right) = \cos\left(x + 2 \cdot \frac{\pi}{2}\right),$$
$$y''' = \left[\cos\left(x + 2 \cdot \frac{\pi}{2}\right)\right]' = -\sin\left(x + 2 \cdot \frac{\pi}{2}\right) = \cos\left(x + 3 \cdot \frac{\pi}{2}\right),$$
$$\cdots\cdots$$
$$y^{(n)} = (\cos x)^{(n)} = \cos\left(x + n \cdot \frac{\pi}{2}\right).$$

同理可求得,$(\sin x)^{(n)} = \sin\left(x + n \cdot \frac{\pi}{2}\right)$.

例 4 求 $y = \ln(1+x)$ 的各阶导数.

解
$$y' = \frac{1}{1+x} = (1+x)^{-1}$$
$$y'' = -1 \cdot (1+x)^{-2}$$
$$y''' = (-1)(-2)(1+x)^{-3}$$
$$\cdots\cdots$$
$$y^{(n)} = (-1)(-2)\cdots[-(n-1)](1+x)^{-n}$$
$$= (-1)^{n-1} \cdot (n-1)!\ (1+x)^{-n}.$$

即 $$[\ln(1+x)]^{(n)} = \frac{(-1)^{n-1}(n-1)!}{(1+x)^n}.$$

例 5 设函数 $y = \dfrac{1}{2x+3}$,求 $y^{(n)}(0)$.

解
$$y = \frac{1}{2x+3} = (2x+3)^{-1},$$
$$y' = (-1)(2x+3)^{-2} \cdot 2,$$
$$y'' = (-1)(-2)(2x+3)^{-3} \cdot 2^2,$$
$$y''' = (-1)(-2)(-3)(2x+3)^{-4} \cdot 2^3,$$

......
$$y^{(n)} = (-1)(-2)(-3)\cdots(-n)(2x+3)^{-(n+1)} \cdot 2^n$$
$$= (-1)^n \cdot n!\ (2x+3)^{-(n+1)} \cdot 2^n.$$

即
$$\left(\frac{1}{2x+3}\right)^{(n)} = (-1)^n \frac{n! \cdot 2^n}{(2x+3)^{n+1}}.$$

故
$$y^{(n)}(0) = (-1)^n n!\ \frac{2^n}{3^{n+1}}.$$

例 6 已知 $xy - \sin(\pi y^2) = 0$,求 $y'\big|_{\substack{x=0\\y=-1}}, y''\big|_{\substack{x=0\\y=-1}}$.

解 方程两边作为 x 的函数同时求导
$$(y + xy') - \cos(\pi y^2) \cdot \pi 2 yy' = 0,$$
$$y'\big|_{\substack{x=0\\y=-1}} = -\frac{1}{2\pi}.$$
$$y' + (y' + xy'') - [-\sin(\pi y^2) \cdot \pi 2 yy' \cdot \pi 2 yy' + \cos(\pi y^2) \cdot \pi 2(y'y' + yy'')] = 0,$$
$$y''\big|_{\substack{x=0\\y=-1}} = -\frac{1}{4\pi^2}.$$

§3.6 微 分

一、微分定义

前面讲过函数的导数是表示函数在点 x 处的变化率,它描述了函数在点 x 处变化的快慢程度. 有时我们还需要了解函数在某一点当自变量取得一个微小的改变量时,函数取得的相应改变量的大小,这就需要引进微分的概念.

先看一个具体例子.

用 S 表示一个边长为 x 的正方形面积,显然 $S = x^2$. 如果给边长一个改变量 Δx,则 S 相应地有改变量
$$\Delta S = (x + \Delta x)^2 - x^2 = 2x\Delta x + (\Delta x)^2.$$

从上式中可见 ΔS 被分成两部分:

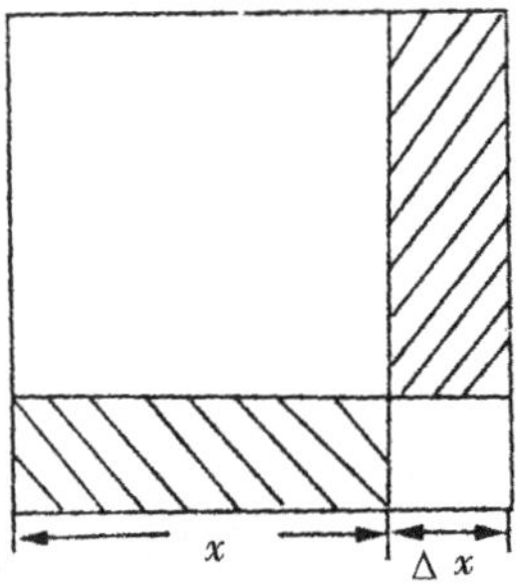

第一部分,$2x\Delta x$ 是 Δx 的线性函数. 这部分是图 3-5 画斜线的那两个矩形面积之和. 而第二部分 $(\Delta x)^2$,当 $\Delta x \to 0$ 时,是比 Δx 更高阶的无穷小量. 因此,当 Δx 很小时,我们可以用第一部分 $2x\Delta x$ 近似地表示 ΔS,而将第二部分忽略掉,其差 $\Delta S - 2x\Delta x$ 只是一个比 Δx 更高阶的无穷小量. 我们把 $2x\Delta x$ 称作正方形面积 S 的微分,记作
$$dS = 2x\Delta x.$$

图 3-5

定义 3.3 对于自变量在点 x 处的改变量 Δx,如果函数 $y = f(x)$ 的相应改变量 Δy

可以表示为
$$\Delta y = A\Delta x + o(\Delta x)(\Delta x \to 0),$$
其中 A 与 Δx 无关,则称函数 $y=f(x)$ 在点 x 处可微. 并称 $A\Delta x$ 为函数 $y=f(x)$ 在点 x 处的微分,记为 $\mathrm{d}y$ 或 $\mathrm{d}f(x)$,即
$$\mathrm{d}y = \mathrm{d}f(x) = A\Delta x.$$

由微分的定义可知,微分是自变量的改变量 Δx 的线性函数. 当 $\Delta x \to 0$ 时,$\Delta y - \mathrm{d}y = o(\Delta x)$ 是一个比 Δx 更高阶的无穷小量. 当 $A \neq 0$ 时,函数的微分 $\mathrm{d}y = A\Delta x$ 与函数改变量 Δy 是等价无穷小量. 通常称函数微分 $\mathrm{d}y$ 为函数改变量 Δy 的线性主部.

二、可微与可导的关系

设函数 $y=f(x)$ 在点 x 处可微,则由定义可知
$$\Delta y = A\Delta x + o(\Delta x)(\Delta x \to 0),$$
于是
$$\frac{\Delta y}{\Delta x} = A + \frac{o(\Delta x)}{\Delta x}(\Delta x \neq 0),$$
由于
$$\lim_{\Delta x \to 0} \frac{o(\Delta x)}{\Delta x} = 0,$$
则有
$$f'(x) = \lim_{\Delta x \to 0} \frac{\Delta y}{\Delta x} = A.$$
这说明函数 $f(x)$ 在 x 处可导,且 $f'(x) = A$.

反之,如果函数 $y=f(x)$ 在点 x 处可导,则由定义可知
$$\lim_{\Delta x \to 0} \frac{\Delta y}{\Delta x} = f'(x).$$
于是可知
$$\frac{\Delta y}{\Delta x} = f'(x) + \alpha, \text{其中} \lim_{\Delta x \to 0} \alpha = 0.$$
因此
$$\Delta y = f'(x)\Delta x + \alpha \Delta x.$$
其中 $f'(x)\Delta x$ 是 Δx 的线性函数,$\alpha \Delta x$ 是一个较 Δx 更高阶的无穷小量.

所以,函数 $f(x)$ 在点 x 处可微,且 $f'(x)\Delta x$ 就是它的微分.

综上所述,我们可得出如下定理.

定理 3.7 函数 $y=f(x)$ 在点 x 处可微的充分必要条件是函数 $f(x)$ 在点 x 处可导. 这时微分定义中的 $A = f'(x)$.

这个定理表明:函数的可导性与可微性是等价的,并且函数的微分等于该函数的导数与自变量改变量的乘积,即
$$\mathrm{d}y = f'(x)\Delta x.$$
由于 $y=x$ 的导数恒为 1,则有
$$\mathrm{d}y = \mathrm{d}x = (x)'\Delta x = 1 \cdot \Delta x = \Delta x,$$
即自变量的微分就是它的改变量,于是函数的微分可以表示为
$$\mathrm{d}y = f'(x)\mathrm{d}x. \tag{3-1}$$

即函数的微分就是函数的导数与自变量微分的乘积.由(3-1)式可得
$$\frac{dy}{dx}=f'(x).$$

以前我们曾用 $\frac{dy}{dx}$ 表示导数,是将其作为一个整体记号来用的,在引入微分概念以后,导数符号就可以看作函数的微分与自变量的微分之商,所以导数又称微商.由于求微分的问题可归结为求导数的问题,因此,求导数与求微分的方法又称作微分法.

例 1 求函数 $y=x^2$ 当 x 由 1 改变到 1.02 时的微分.

解 函数的微分为 $dy=(x^2)'dx=2xdx.$ 由已知条件知
$$x=1, dx=\Delta x=1.02-1=0.02,$$
于是
$$dy\Big|_{\substack{x=1\\\Delta x=0.02}}=2\times 1\times 0.02=0.04.$$

例 2 求 $y=\sin x$ 的微分.

解 $dy=(\sin x)'dx=\cos xdx.$

三、微分的几何意义

在 $y=f(x)$ 所表示的曲线上(图 3-6)取定一点 $M(x,y)$ 及它邻近的点 $M'(x+\Delta x,y+\Delta y)$,过 M 点作曲线的切线 MT,则此切线斜率为
$$f'(x)=\tan\alpha.$$
由图 3-6 易知 $MN=\Delta x, M'N=\Delta y,$ 且
$$NT=MN\tan\alpha=f'(x)\Delta x=dy.$$

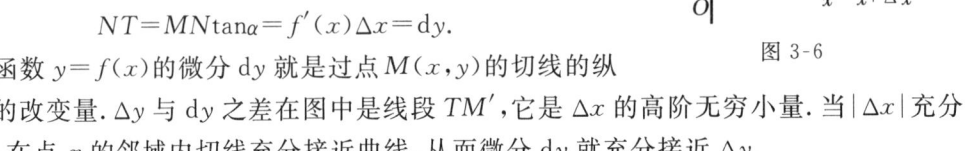

图 3-6

因而函数 $y=f(x)$ 的微分 dy 就是过点 $M(x,y)$ 的切线的纵坐标的改变量. Δy 与 dy 之差在图中是线段 TM',它是 Δx 的高阶无穷小量.当 $|\Delta x|$ 充分小时,在点 x 的邻域内切线充分接近曲线,从而微分 dy 就充分接近 Δy.

四、微分法则和微分基本公式

由 $dy=f'(x)dx$ 可知,求微分 dy,只要求出导数 $f'(x)$,再乘以 dx 即可.因此,利用导数的基本公式与运算法则,可直接导出微分的基本公式与运算法则.

1. 微分基本公式

(1) $dC=0;$

(2) $dx^a=ax^{a-1}dx;$

(3) $da^x=a^x\ln adx, de^x=e^xdx;$

(4) $d\log_a x=\frac{1}{x\ln a}dx, d\ln x=\frac{1}{x}dx;$

(5) $d\sin x=\cos xdx;$

(6) $d\cos x=-\sin xdx;$

(7) $d\tan x=\sec^2 xdx;$

(8) $d\cot x=-\csc^2 xdx;$

(9) $d\sec x=\sec x\tan xdx;$

(10) $d\csc x=-\csc x\cot xdx;$

(11) $d\arcsin x = \dfrac{1}{\sqrt{1-x^2}}dx$; (12) $d\arccos x = -\dfrac{1}{\sqrt{1-x^2}}dx$;

(13) $d\arctan x = \dfrac{1}{1+x^2}dx$; (14) $d\operatorname{arccot} x = -\dfrac{1}{1+x^2}dx$.

2. 微分运算法则

设 $u=u(x), v=v(x)$ 均可微，则有

(1) $d(u\pm v) = du \pm dv$; (2) $d(uv) = vdu + udv$;

(3) $d\left(\dfrac{u}{v}\right) = \dfrac{vdu - udv}{v^2} (v\neq 0)$.

由导数运算法则，很容易地可以证明微分运算法则，如(2)的证明

$$d(uv) = (uv)'dx = (u'v+uv')dx = v(u'dx) + u(v'dx) = vdu + udv.$$

五、微分形式的不变性

我们已经知道，当函数 $y=f(u)$ 对 u 可导而 u 是自变量时，其微分形式为

$$dy = f'(u)du.$$

如果 u 不是自变量，而是中间变量，$u=\varphi(x)$，且 $u=\varphi(x)$ 可导，那么函数 $y=f(u)$ 的微分形式如何呢？由复合函数求导公式

$$\dfrac{dy}{dx} = f'(u)\varphi'(x),$$

于是 $dy = f'(u)\varphi'(x)dx,$

而 $u=\varphi(x)$，则 $du = \varphi'(x)dx,$

所以 $dy = f'(u)du.$

由上面的分析我们知道，不论 u 是自变量，还是中间变量，函数 $y=f(u)$ 的微分形式是一样的，均为 $dy=f'(u)du$，这个性质称为(一阶)微分形式的不变性.

上述形式可简化微分的运算，尤其在求隐函数的微分时，利用微分形式不变性直接对方程两边微分，可得到包含 dx, dy 的方程，从中解出 dy 即可.

例3 设 $y = e^{1-3x}$，求 dy.

解 令 $u = 1-3x$ 则 $y = e^u$，根据微分形式不变性有

$$dy = e^u du = e^{1-3x}d(1-3x) = -3e^{1-3x}dx.$$

例4 设 $y = \sin(2x+3)$，求 dy.

解 $dy = \cos(2x+3)d(2x+3) = 2\cos(2x+3)dx.$

例5 求由 $\dfrac{x^2}{a^2} + \dfrac{y^2}{b^2} = 1$ 所确定的隐函数的微分 dy.

解 将方程两边微分有

$$d\left(\dfrac{x^2}{a^2} + \dfrac{y^2}{b^2}\right) = d(1) = 0, \quad d\left(\dfrac{x^2}{a^2}\right) + d\left(\dfrac{y^2}{b^2}\right) = 0,$$

即 $\dfrac{2x}{a^2}dx + \dfrac{2y}{b^2}dy = 0,$

于是
$$dy = -\frac{b^2 x}{a^2 y} dx.$$

六、微分在近似计算中的应用

如果函数 $y=f(x)$ 在点 x 处的导数 $f'(x) \neq 0$，则当 $\Delta x \to 0$ 时，微分 dy 是函数改变量 Δy 的线性主部．因而，当 $|\Delta x|$ 很小时，忽略高阶无穷小量不计，我们有近似公式
$$\Delta y \approx dy = f'(x) \Delta x.$$
这就是函数改变量的近似公式．

由 $\Delta y = f(x + \Delta x) - f(x) \approx dy = f'(x) \Delta x$ 可得
$$f(x + \Delta x) \approx f(x) + f'(x) \Delta x.$$
此为函数值的近似公式．

例 6 要制造一种钢环，内半径为 10cm，厚为 0.1cm，高为 5cm．试求所需钢材的近似值．

解 内半径为 r，高为 5cm 的圆柱体的体积为
$$V = 5\pi r^2 = f(r).$$
设钢环体积的精确值为 ΔV，而
$$dV = f'(r) dr = 10\pi r dr,$$
这时 $r = 10, dr = \Delta r = 0.1$．

所以 $\quad \Delta V \approx dV = 10 \times 3.14 \times 10 \times 0.1 = 31.4 (\text{cm}^3),$

即所需钢材的近似值为 31.4cm^3．

例 7 当 $|x|$ 很小时，证明近似公式
$$\sqrt[n]{1+x} \approx 1 + \frac{1}{n}x.$$

证 令 $f(x) = \sqrt[n]{1+x}$，则有
$$f(0) = 1, f'(x) = \frac{1}{n}(1+x)^{\frac{1}{n}-1}, f'(0) = \frac{1}{n},$$
取 $x_0 = 0, \Delta x = x$，则当 $|x|$ 很小时，由公式
$$f(x_0 + \Delta x) \approx f(x_0) + f'(x_0) \Delta x$$
得 $\quad f(x) = \sqrt[n]{1+x} \approx f(0) + f'(0)x = 1 + \frac{1}{n}x.$

类似地，可以证明，当 $|x|$ 很小时，有近似公式
$$\sin x \approx x; \tan x \approx x; e^x \approx 1+x; \ln(1+x) \approx x.$$

例 8 求 $\sqrt{0.97}$ 的近似值．

解 由 $\sqrt{0.97} = \sqrt{1+(-0.03)}$ 可知，在例 7 的近似公式中，若令 $n=2, x=-0.03$，则有
$$\sqrt{0.97} = \sqrt{1+(-0.03)} \approx 1 + \frac{1}{2} \times (-0.03) = 0.985.$$

对于可微函数 $y=f(x)$，当根据测量值 x 计算 y 的值时，如果已知测量值 x 的绝对

误差限为 $\delta_x > 0$,即 $|\Delta x| < \delta_x$,则根据近似公式 $|\Delta y| \approx |dy|$,可求得 y 的绝对误差限 δ_y 与相对误差限 $\dfrac{\delta_y}{|y|}(y \neq 0)$ 的近似值.它们分别为 $\delta_y \approx |y'|\delta_x$ 和 $\dfrac{\delta_y}{|y|} \approx \left|\dfrac{y'}{y}\right|\delta_x(y \neq 0)$.通常将绝对误差限与相对误差限分别简称为绝对误差和相对误差.

例 9 设圆半径 r 的测量值为 100 ± 0.5 mm,求圆面积的绝对误差和相对误差.

解 由题意可知,圆面积 $S = \pi r^2$,$r = 100$,$\delta_r = 0.5$,于是,S 的绝对误差为
$$\delta_s \approx |S'|\delta_r = 2\pi r\delta_r = 2\pi \times 100 \times 0.5 \approx 314.16 (\text{mm}^2).$$
S 的相对误差为
$$\frac{\delta_s}{S} \approx \frac{S'}{S}\delta_r = \frac{2\pi r}{\pi r^2}\delta_r = \frac{2\delta_r}{r} = \frac{2 \times 0.5}{100} = 1\%.$$

§3.7 导数在经济学中的简单应用

在经济研究中,导数常被用来分析市场供需、企业生产效益等许多问题.这种形成于 19 世纪末期的分析方法就是西方经济学中所谓的边际分析方法.这里借助于几个简单易懂的经济函数,介绍有关边际分析与弹性分析的基础知识.

一、边际函数——函数的变化率

定义 3.4 设函数 $f(x)$ 可导,则导函数 $f'(x)$ 称为 $f(x)$ 的边际函数,而 $f'(x_0)$ 是 $f(x)$ 在 $x = x_0$ 处的边际函数值.

$f'(x_0)$ 也称为 $f(x)$ 在 $x = x_0$ 处的变化率,它描述了函数在点 $x = x_0$ 处的瞬时变化速度,而
$$\frac{\Delta y}{\Delta x} = \frac{f(x_0 + \Delta x) - f(x_0)}{\Delta x}$$
称为当 x 由 x_0 变到 $x_0 + \Delta x$ 时,函数 $f(x)$ 的平均变化率.它描述了在 $(x_0, x_0 + \Delta x)$ 内 $f(x)$ 的平均变化速度.

在点 x_0 处,由微分近似公式可得
$$\Delta y \approx dy = f'(x)\Delta x \xrightarrow{x = x_0 \quad \Delta x = 1} f'(x_0).$$
这说明 $f(x)$ 在 $x = x_0$ 处,当 x 产生一个单位的改变时,函数 $y = f(x)$ 近似地改变 $f'(x_0)$ 个单位.通常在应用问题中解释边际函数值的具体意义时我们略去"近似"二字.

例 1 设函数 $y = x^3$,则
$$y' = 3x^2, \quad y'\bigg|_{x=10} = 3 \times 10^2 = 300.$$
它表示,当 $x = 10$ 时,x 改变一个单位,y(近似)改变 300 个单位.

1. 边际成本

设 C 表示总成本,C_1 为固定成本,C_2 为可变成本,$\overline{C}$ 表示平均成本,Q 为产量,则有

总成本函数 $$C=C(Q)=C_1+C_2(Q),$$

平均成本函数 $$\bar{C}=\bar{C}(Q)=\frac{C(Q)}{Q}=\frac{C_1}{Q}+\frac{C_2(Q)}{Q},$$

总成本的变化率称为边际成本,即边际成本函数
$$C'=C'(Q).$$

边际成本 $C'(Q_0)$ 的经济含义是指:当产量达到 Q_0 时,再增加(减少)一个单位的产品所引起的总成本的变化量.

例 2 已知某商品的成本函数是
$$C=C(Q)=100+Q+\frac{Q^2}{2}.$$

求 $Q=10$ 时的总成本、平均成本及边际成本.

解 由 $C=100+Q+\frac{Q^2}{2}$,有
$$\bar{C}=\frac{100}{Q}+1+\frac{Q}{2}, C'=1+Q.$$

则当 $Q=10$ 时,

总成本 $C(10)=100+10+50=160$,

平均成本 $\bar{C}(10)=10+1+5=16$,

边际成本 $C'(10)=1+10=11$.

2. 边际收益

设 P 为商品价格,Q 为商品销量,R 表示总收益,$\bar{R}$ 表示平均收益,则有

需求函数(价格函数) $$P=P(Q),$$

总收益函数 $$R=R(Q)=PQ,$$

平均收益函数 $$\bar{R}=\bar{R}(Q)=\frac{R(Q)}{Q}.$$

总收益的变化率称为边际收益,即
$$R'=R'(Q)$$

为边际收益函数.

边际收益 $R'(Q_0)$ 的经济含义是指:当销售量达到 Q_0 时,再增加(减少)一个单位产品的销售所引起的总收益的变化量.

例 3 某商品每月销售 Q 件的总收益函数为
$$R(Q)=100Q-Q^2,$$

求 $Q=50$ 时的总收益、平均收益和边际收益.

解 由 $R(Q)=100Q-Q^2$ 得
$$\bar{R}(Q)=\frac{R(Q)}{Q}=100-Q, R'(Q)=100-2Q.$$

则 $Q=50$ 时

总收益为 $R(50)=100\times 50-50^2=2500$,

平均收益为 $\bar{R}(50)=100-50=50$,

边际收益为 $R'(50)=100-2\times50=0$.

$R'(50)=0$ 表示当 $Q=50$ 时,再增加(减少)一个单位的产品销售,所增加(减少)的总收益为零.

3. 边际利润

设 L 表示总利润,$\bar{L}$ 表示平均利润,则有

总利润函数 $\qquad L=L(Q)=R(Q)-C(Q)$,

平均利润函数 $\qquad \bar{L}=\bar{L}(Q)=\dfrac{L(Q)}{Q}$,

总利润的变化率称为边际利润,即边际利润函数

$$L'=L'(Q)=R'(Q)-C'(Q).$$

它就是边际收益与边际成本之差.

边际利润 $L'(Q_0)$ 的经济含义是指:当销售量达到 Q_0 时,再增加(减少)一个单位产品的销售所引起的总利润的变化量.

例 4 设某厂每月生产产品的固定成本为 1000 元,生产 x 单位产品的可变成本为 $0.01x^2+10x$(元). 如果每单位产品的售价为 30 元,试求:边际成本,利润函数,边际利润为零时的产量.

解 总成本为可变成本与固定成本之和,即

$$C(x)=0.01x^2+10x+1000,$$

所以,边际成本为 $\qquad C'(x)=0.02x+10$,

总收益函数为 $\qquad R(x)=Px=30x$,

所以,总利润函数为

$$L(x)=R(x)-C(x)=-0.01x^2+20x-1000,$$

因此,边际利润函数为 $\qquad L'(x)=0.02(1000-x)$.

可见,当月产量为 1000 个单位时,边际利润为零,说明当月产量达到 1000 个单位时,再多生产一个单位产品也不会增加利润.

二、函数的弹性——函数的相对变化率

1. 弹性定义

前面所谈的函数改变量和函数变化率实际上是绝对改变量和绝对变化率,但在经济问题中,仅凭函数的绝对改变量与绝对变化率还不足以精确地解释某些经济现象.

例如,在价格调整中,甲种布的价格由 4 元/米调到 5 元/米,乙种布的价格由 10 元/米调到 11 元/米,这两种商品的绝对改变量相同,即均涨价 1 元,但与其原价相比,两者涨价的幅度不同,即

甲种布:上涨 $\dfrac{1}{4}=25\%$.

乙种布:上涨 $\dfrac{1}{10}=10\%$.

因此,对两种商品的市场需求量的影响是不同的. 所以我们还有必要研究函数的相对改变

量与相对变化率.

定义 3.5 设 $y=f(x)$ 在点 x_0 处可导,函数的相对改变量

$$\frac{\Delta y}{y_0}=\frac{f(x_0+\Delta x)-f(x_0)}{f(x_0)}$$

与自变量的相对改变量 $\frac{\Delta x}{x_0}$ 之比为

$$\frac{\Delta y}{y_0}\Big/\frac{\Delta x}{x_0}.$$

当 $\Delta x \to 0$ 时的极限称为 $f(x)$ 在 x_0 处的弹性,记作

$$\frac{Ey}{Ex}\Big|_{x=x_0} \text{ 或 } \frac{Ef}{Ex}\Big|_{x=x_0}.$$

即

$$\frac{Ey}{Ex}\Big|_{x=x_0}=\lim_{\Delta x \to 0}\frac{\Delta y/y_0}{\Delta x/x_0}=\lim_{\Delta \to 0}\left(\frac{\Delta y}{\Delta x}\cdot\frac{x_0}{y_0}\right)=f'(x_0)\cdot\frac{x_0}{f(x_0)}.$$

$\frac{Ey}{Ex}\Big|_{x=x_0}$ 也称为 $f(x)$ 在 x_0 处的相对变化率或相对导数.

$\frac{\Delta y/y_0}{\Delta x/x_0}$ 称为函数 $y=f(x)$ 在点 x_0 与点 $x_0+\Delta x$ 之间的弧弹性.

如果 $y=f(x)$ 在区间 (a,b) 内可导且 $f(x)\neq 0$,则称 $\frac{Ey}{Ex}=f'(x)\frac{x}{f(x)}$ 为函数 $y=f(x)$ 在区间 (a,b) 内的点弹性函数,简称为弹性函数.

$$\frac{\Delta y}{y}\approx\frac{\mathrm{d}y}{y}=\frac{y'\Delta x}{y}=y'\frac{x}{y}\cdot\frac{\Delta x}{x}=\frac{Ey}{Ex}\cdot\frac{\Delta x}{x}\xlongequal{x=x_0 \quad \frac{\Delta x}{x}=1\%}\left(\frac{Ey}{Ex}\Big|_{x=x_0}\right)\%.$$

弹性 $\frac{Ey}{Ex}\Big|_{x=x_0}$ 是指:在点 x_0 处,当 x 发生 1% 的改变时,$f(x)$ 近似地改变 $\frac{Ey}{Ex}\Big|_{x=x_0}$ %.

函数的弹性与有关变量所用的计量单位无关,这使弹性概念在经济学中得到广泛的应用.

例 5 求 $y=4x+5$ 在 $x=3$ 处的弹性.

解 因 $y'=4$,从而

$$\frac{Ey}{Ex}=y'\frac{x}{y}=\frac{4x}{4x+5}.$$

于是

$$\frac{Ey}{Ex}\Big|_{x=3}=\frac{4\times 3}{4\times 3+5}=\frac{12}{17}.$$

例 6 求 $y=x^\alpha$ (α 为常数) 的弹性函数.

解 由 $y'=\alpha x^{\alpha-1}$ 得

$$\frac{Ey}{Ex}=y'\cdot\frac{x}{y}=\alpha x^{\alpha-1}\cdot\frac{x}{x^\alpha}=\alpha.$$

因此,幂函数的弹性为常数,即在任意点处弹性不变,故称其为不变弹性函数.

2. 需求弹性

由于需求函数 $Q=f(p)$ 是单调减少函数,Δp 与 ΔQ 异号,于是 $\frac{\Delta Q/Q_0}{\Delta p/p_0}$ 为负数,为了用正数表示需求弹性,就用需求函数相对变化率的相反数来定义需求弹性.

定义 3.6 设某商品的市场需求量为 Q,价格为 p,需求函数 $Q=f(p)$ 可导,则称

$$-\frac{p}{f(p)}f'(p)$$

为该商品的需求价格弹性,简称需求弹性,记为 η. 即

$$\eta=-\frac{p}{f(p)}f'(p).$$

当 $p=p_0$ 时,$\dfrac{EQ}{Ep}\Big|_{p=p_0}=-\dfrac{p_0}{f(p_0)}\cdot\dfrac{\mathrm{d}Q}{\mathrm{d}p}\Big|_{p=p_0}$ 称为该商品在 $p=p_0$ 处的需求弹性,记作

$$\eta\Big|_{p=p_0}=\eta(p_0)=-f'(p_0)\frac{p_0}{f(p_0)}.$$

例 7 已知某商品的需求函数为

$$Q=\frac{900}{p}-6,$$

求 $p=20,30$ 时的弹性,并给予经济解释.

解 因为 $\dfrac{\mathrm{d}Q}{\mathrm{d}p}=-\dfrac{900}{p^2}$,由公式 $\eta=-f'(p)\cdot\dfrac{p}{f(p)}$ 得

$$\eta=\frac{900}{p^2}\cdot\frac{p}{\dfrac{900}{p}-6}=\frac{900}{900-6p},$$

$$\eta\Big|_{p=20}=\frac{900}{900-6\times20}=\frac{90}{78}\approx1.15,$$

$$\eta\Big|_{p=30}=\frac{900}{900-6\times30}=\frac{90}{72}=1.25.$$

$\eta\Big|_{p=20}=1.15$ 说明:当 $p=20$ 时,价格上涨(下跌)1%,需求将下降(增加)1.15%.

$\eta\Big|_{p=30}=1.25$ 说明:当 $p=30$ 时,价格上涨(下跌)1%,需求将下降(增加)1.25%.

3. 供给弹性

定义 3.7 如果某商品的供给函数 $Q=\varphi(p)$ 可导,则称 $\varphi'(p)\dfrac{p}{\varphi(p)}$ 为该商品的供给弹性,记作 ε,即

$$\varepsilon=\varphi'(p)\frac{p}{\varphi(p)}.$$

当 $p=p_0$ 时,称 $\varepsilon\Big|_{p=p_0}=\varphi'(p_0)\dfrac{p_0}{\varphi(p_0)}$ 为该商品在 $p=p_0$ 处的供给弹性.

例 8 设某商品的供给函数 $Q=\mathrm{e}^{p/5}$,求:①供给弹性函数;②$p=5$ 时的供给弹性,并解释其经济意义.

解 (1)因为

$$Q'=\frac{1}{5}\mathrm{e}^{\frac{p}{5}},$$

所以供给弹性为

$$\varepsilon=Q'\frac{p}{Q}=\frac{1}{5}\mathrm{e}^{\frac{p}{5}}\cdot\frac{p}{\mathrm{e}^{\frac{p}{5}}}=\frac{p}{5}.$$

(2) $\varepsilon\Big|_{p=5} = \dfrac{5}{5} = 1$.

这说明当 $p=5$ 时,价格上涨(下跌)1%,供给增加(减少)1%.

习题 3
(A)

1. 根据导数的定义求下列函数的导数.

   (1) $y = 3 + 2x^2$;   (2) $y = \dfrac{1}{x}$;   (3) $y = \sqrt{x}$.

2. 已知函数 $y = 3x^2 + 5x + 4$,求 $f'(x), f'(0), f'\left(\dfrac{1}{2}\right), f'\left(-\dfrac{5}{6}\right)$.

3. 一物体作直线运动的方程为 $S = 3t^2 + 1$,求 $t=1, t=3$ 时的瞬时速度.

4. 一物体沿直线的运动方程为 $S = 5t^2 + 10t$,当 $\Delta t = 1, 0.1$ 时,求 $t=4$ 到 $t = 4 + \Delta t$ 的这段时间内的平均运动速度,并求 $t=4$ 时的瞬时速度.

5. 求抛物线 $y = x^2 + 3x + 1$ 在点 $(1,5)$ 处的切线方程.

6. 抛物线 $y = 2x^2$ 与 $y = 3x^3$ 在 x 取什么值时,它们的切线相互平行?

7. 讨论下列函数在 $x=1$ 处的可导性,若可导求其导数.

   (1) $f(x) = \begin{cases} x^2 + 3 & 0 \leqslant x < 1, \\ 2x + 6 & 1 \leqslant x; \end{cases}$ (2) $f(x) = \begin{cases} \ln x + 1 & x < 1, \\ e^{x-1} & x \geqslant 1. \end{cases}$

8. 讨论下列函数在 $x=0$ 处的连续性与可导性.

   (1) $f(x) = \begin{cases} \ln(1+x) & -1 < x \leqslant 0, \\ \sqrt{1+x} - \sqrt{1-x} & 0 < x < 1; \end{cases}$ (2) $f(x) = \begin{cases} x^2 \cos \dfrac{1}{x} & x \neq 0, \\ 0 & x = 0. \end{cases}$

9. 求下列各函数的导数.

   (1) $y = x^3 - 2x^2 + 3x - 5$;   (2) $y = x^3 + \sqrt{x} - \dfrac{4}{x} + \sqrt[4]{3}$;

   (3) $y = (x+3)\sqrt{6x}$;   (4) $y = (\sqrt{x}+1)\left(\dfrac{1}{\sqrt{x}}+1\right)$;

   (5) $y = \dfrac{x}{1-x^2}$;   (6) $y = \dfrac{x^2 - 5x + 1}{\sqrt{x}}$.

10. 求下列各函数的导数.(其中 a, b, c, n 为常量)

    (1) $y = (x+a)(x+b)(x+c)$;   (2) $y = x^n \ln x$;

    (3) $y = \dfrac{cx}{1+ax^2}$;   (4) $y = \dfrac{1+\ln x}{1-\ln x}$.

11. 抛物线 $y = x^2$ 在哪一点的切线平行于直线 $y = 4x - 5$?

12. a 为何值时 $y = ax^2$ 与 $y = \ln x$ 相切?

13. 证明双曲线 $xy = a^2$ 上任意一点的切线与两坐标轴形成的三角形的面积等于常数 $2a^2$.

14. 求下列函数的导数.

(1) $y=a^x x^2$;   (2) $y=x^a+a^x+a^a$;   (3) $y=e^x \sin 2x$;

(4) $y=e^{-x^2}$;   (5) $y=e^{\tan x}$;   (6) $y=x^2 e^{-2x}\sin 3x$;

(7) $y=\sin e^{x^2+2x+1}$;   (8) $y=\dfrac{\arccos x}{\sqrt{1-x^2}}$;   (9) $y=\arccos x+\arcsin x$;

(10) $y=\left(\arctan\dfrac{1}{x}\right)^2$;   (11) $y=\arctan\dfrac{2x}{1-x^2}$;   (12) $y=\operatorname{arccot}\dfrac{1+x}{1-x}$;

(13) $y=\arcsin\dfrac{2x-1}{\sqrt{3}}$;   (14) $y=\left(\arcsin\dfrac{x}{2}\right)^{\frac{3}{2}}$.

15. 求下列函数的导数(其中 a,n 为常数).

(1) $y=(1+2x)(1-x^2)^2$;   (2) $y=(x^3-x)^5$;

(3) $y=(2x+3)^3(4x+5)^4$;   (4) $y=\dfrac{1}{\sqrt{1-x^2}}$;

(5) $y=\dfrac{(x-3)^2}{x+2}$;   (6) $y=\left(\dfrac{x}{1+x}\right)^{10}$;

(7) $y=\dfrac{x}{\sqrt[3]{1+x^2}}$;   (8) $y=\ln\tan x$;

(9) $y=\sqrt{x^2+a^2}$;   (10) $y=\sqrt{1+\ln^2 x}$;

(11) $y=\ln(a^2-x^2)$;   (12) $y=e^{-x^2+1}$;

(13) $y=\ln\sqrt{x}+\sqrt{\ln x}$;   (14) $y=\dfrac{1}{\sin(e^{3x})}$;

(15) $y=\sin nx$;   (16) $y=x\arctan\sqrt{x}$;

(17) $y=\sin x^n$;   (18) $y=\dfrac{\sin^2 x}{\sin x^2}$;

(19) $y=\sin^3\dfrac{x}{2}$;   (20) $y=\sqrt{4x-x^2}+4\arcsin\dfrac{\sqrt{x}}{2}$;

(21) $y=x^2\sin\dfrac{1}{x}$;   (22) $y=\dfrac{1}{2}x\sqrt{x^2+a^2}+\dfrac{a^2}{2}\ln(x+\sqrt{x^2+a^2})$;

(23) $y=\sin\sqrt{1+x^2}$;   (24) $y=\ln\dfrac{\sqrt{1-x}}{\sqrt{1+x}}$;

(25) $y=\ln(\ln x)$;   (26) $y=\dfrac{1}{2}\tan^2 x+\ln\cos x$;

(27) $y=\sqrt{1-e^x}$;   (28) $y=\ln(1+x+\sqrt{2x+x^2})$;

(29) $y=\ln\left(\dfrac{1}{\sin x}-\cot x\right)$;   (30) $y=e^{\tan\frac{1}{x}}\sin\dfrac{1}{x}$;

(31) $y=\dfrac{\sin x-x\cos x}{\cos x+x\sin x}$;   (32) $y=\ln[\cos(\arctan\sin x)]$.

16. 求下列隐函数的导数.

(1) $y^2-2xy+9=0$;   (2) $x^3+y^3-2xy=3$;

(3) $xy=e^{x+y}+x$;   (4) $y=1+xe^y$;

(5) $y=x+\ln y$; (6) $e^x+e^y+2^{xy}-1=0$;

(7) $\cos(x^2+y)=x$; (8) $x\sin y+y\sin x=0$;

(9) $xy-e^x+e^y=0$; (10) $\arctan\dfrac{y}{x}=\ln\sqrt{x^2+y^2}$.

17. 利用对数求导法求下列函数的导数.

(1) $y=x\sqrt{\dfrac{1-x}{1+x}}$; (2) $y=(\sin x)^{\cos x}$; (3) $y=(x+\sqrt{1+x^2})^n$;

(4) $y=\left(1+\dfrac{1}{x}\right)^x$; (5) $y=\sqrt{\dfrac{x+1}{(x+3)^3(x+2)^5}}$; (6) $y=x^{\sqrt{x}}$.

18. 设函数 $f(x)$ 可导,求下列函数的导数.

(1) $y=f(e^x)e^{f(x)}$,求 y'; (2) $y=f(x^e+e^x)$,求 y';

(3) $y=f(\log_a x)+\log_a f(x)$,求 y'; (4) $y=f(\sin^2 x)+f(\cos^2 x)$,求 y';

(5) $y=f[f(f(x))]$,求 y'; (6) 已知 $f\left(\dfrac{1}{x}\right)=\dfrac{x}{1+x}$,求 $f'(x)$.

19. 已知 $\varphi(x)=a^{f^2(x)}$ 且 $f'(x)=\dfrac{1}{f(x)\ln a}$,证明 $\varphi'(x)=2\varphi(x)$.

20. 证明

(1) 可导的偶函数的导数是奇函数;

(2) 可导的奇函数的导数是偶函数;

(3) 可导的周期函数的导数是具有同周期的周期函数.

21. 设 $f(x)$ 是偶函数且 $f'(0)$ 存在,求证 $f'(0)=0$.

22. 求曲线 $xy+\ln y=1$ 在点 $(1,1)$ 处的切线方程.

23. 两高速火车从同一车站出发,甲以 300 公里/小时的速度向西行驶,乙以 400 公里/小时的速度向南行驶,求甲、乙两火车间距离增加的速度.

24. 求下列函数的二阶导数.

(1) $y=\ln(1+x^2)$; (2) $y=x\ln x$; (3) $y=\arctan x$;

(4) $y^2+x^2=a^2$; (5) $xy-e^{x+y}=0$; (6) $y=ae^{x^2}$.

25. 求下列函数的 n 阶导数.

(1) $y=\sin x$; (2) $y=a^x$; (3) $y=(1+x)^n$; (4) $y=xe^x$.

26. 求下列函数的微分 dy.

(1) $y=4x^3$; (2) $y=\sqrt[3]{1+x^2}$; (3) $y=\ln x^3$;

(4) $y=e^{-x}\sin x$; (5) $y=\arccos\sqrt{2x}$; (6) $y=\ln x^2+\ln\sqrt{x}$;

(7) $y^2+2\ln y-x^4=0$; (8) $x^2-2xy-y^2=2x$.

27. 利用微分求下列各数的近似值.

(1) $e^{0.04}$; (2) $\ln 1.01$; (3) $\sqrt[3]{27.1}$; (4) $\cos 60°21'$.

28. 证明当 $|x|$ 很小时,下面近似公式成立.

(1) $\sin x\approx x$; (2) $\ln(1+x)\approx x$.

29. 已知正方形的边长为 2.4 ± 0.05 米,求正方形面积的近似值,并估计其绝对误差和相对误差.

30. 设某产品的总成本函数和总收益函数分别为
$$C(x)=x^3-9x^2+33x+10, R(x)=20x.$$
其中 x 为该产品的销售量,求该产品的边际成本、边际收益和边际利润.

31. 设某产品的需求函数和总成本函数分别为
$$Q=50-5p, C(Q)=10+3Q,$$
其中 Q 为销量,p 为价格.求边际利润函数,计算 $Q=5$ 和 $Q=10$ 时的边际利润,并解释所得结果的经济意义.

32. 求下列函数的弹性(其中 k,a 为常数).
(1) $y=kx^a$; (2) $y=10\sqrt{9-x}$.

33. 设某商品的需求函数为 $Q=75-p^2$.
(1) 求 $p=4$ 时的边际需求,并说明其经济含义.
(2) 求 $p=4$ 时的需求弹性,并说明其经济含义.
(3) 当 $p=4$ 时,若价格上涨 1%,总收益将变化百分之几? 是增加还是减少?
(4) 当 $p=6$ 时,若价格下跌 1%,总收益将变化百分之几? 是增加还是减少?

(B)

1. 是非判断

(1) 初等函数在其定义域内必可导. ( )

(2) 若 $f(x)$ 在 x_0 点不可导,则 $f(x)$ 的图形在点 $(x_0, f(x_0))$ 一定没有切线. ( )

(3) 若 $f(x)$ 在 x_0 点可导,则 $|f(x)|$ 在 x_0 点一定可导. ( )

(4) 若 $|f(x)|$ 在 x_0 点可导,则 $f(x)$ 在 x_0 点必可导. ( )

(5) 若函数 $f(x)$ 在 x_0 点有导数,而函数 $g(x)$ 在这点没有导数,则它们的和 $F(x)=f(x)+g(x)$ 在点 x_0 没有导数. ( )

(6) 若函数 $f(x)$ 与 $g(x)$ 二者在 x_0 点都没有导数,则它们的和 $F(x)=f(x)+g(x)$ 在点 x_0 没有导数. ( )

(7) 若 $y=f(x)$ 在 $x=0$ 处可微,且 $f(0)=0$,则 $f'(0)=0$. ( )

(8) 若 $y=2x^5$,则其弹性函数是一个常数. ( )

2. 单项选择

(1) $f(x)$ 对任意 x 均满足 $f(1+x)=af(x)$,且有 $f'(0)=b$,其中 a,b 均为非零常数,则( ).

(A) $f(x)$ 在 $x=1$ 处不可导
(B) $f(x)$ 在 $x=1$ 处可导,且 $f'(1)=a$
(C) $f(x)$ 在 $x=1$ 处可导,且 $f'(1)=b$
(D) $f(x)$ 在 $x=1$ 处可导,且 $f'(1)=ab$

(2) 设 $f(x)$ 在 $x=a$ 的某个邻域内有定义,则 $f(x)$ 在 $x=a$ 处可导的一个充分条件是( ).

(A) $\lim\limits_{h\to+\infty} h\left[f\left(a+\dfrac{1}{h}\right)-f(a)\right]$ 存在
(B) $\lim\limits_{h\to 0}\dfrac{f(a+2h)-f(a+h)}{h}$ 存在
(C) $\lim\limits_{h\to 0}\dfrac{f(a+h)-f(a-h)}{2h}$ 存在
(D) $\lim\limits_{h\to 0}\dfrac{f(a)-f(a-h)}{h}$ 存在.

(3) 设函数 $f(x)$ 在点 $x=a$ 处可导，则函数 $|f(x)|$ 在 $x=a$ 处不可导的充分条件是（　　）.

(A) $f(a)=0$ 且 $f'(a)=0$　　　　　(B) $f(a)=0$ 且 $f'(a)\neq 0$

(C) $f(a)>0$ 且 $f'(a)>0$　　　　　(D) $f(a)<0$ 且 $f'(a)<0$.

(4) 设 $F(x)=g(x)\varphi(x)$，$\varphi(x)$ 在 $x=a$ 连续，但不可导，又 $f'(a)$ 存在，则 $g(a)=0$ 是 $F(x)$ 在 $x=a$ 可导的（　　）条件

(A) 充要　　(B) 充分非必要　　(C) 必要非充分　　(D) 非充分非必要

(5) 设函数 $f(x)$ 在 $x=0$ 处连续，且 $\lim\limits_{x\to 0}\dfrac{f(x^2)}{x^2}=1$，则（　　）.

(A) $f(0)=0$ 且 $f'(0)$ 存在　　　　(B) $f(0)=1$ 且 $f'(0)$ 存在

(C) $f(0)=0$ 且 $f'_+(0)$ 存在　　　(D) $f(0)=1$ 且 $f'_+(0)$ 存在

(6) 设函数 $f(x)=(e^x-1)(e^{2x}-2)\cdots(e^{nx}-n)$，其中 n 为正整数，则 $f'(0)=$（　　）.

(A) $(-1)^{n-1}(n-1)!$　(B) $(-1)^n(n-1)!$　(C) $(-1)^{n-1}n!$　(D) $(-1)^n n!$

(7) 设 $f(x)$ 连续，$f'(0)>0$，则存在 $\delta>0$，使得（　　）.

(A) 当 $x\in(0,\delta)$ 时，$f(x)$ 单增　　(B) 当 $x\in(-\delta,0)$ 时，$f(x)$ 单减

(C) 当 $x\in(0,\delta)$ 时，$f(x)>f(0)$　　(D) 当 $x\in(-\delta,0)$ 时，$f(x)>f(0)$

(8) $y=(x^2-x-2)|x^3-x|$ 的不可导点的个数是（　　）.

(A) 0　　　　(B) 1　　　　(C) 2　　　　(D) 3

(9) 设 $f(x)$ 任意阶可导，但 $f'(x)=[f(x)]^2$，则 $f^{(n)}(x)=$（　　）.

(A) $n![f(x)]^{(n+1)}$　(B) $n![f(x)]^{n+1}$　(C) $n![f(x)]^{(2n)}$　(D) $n![f(x)]^{2n}$

(10) 已知某商品的需求函数为 $Q=160-2p$，其中 Q,P 分别表示需求量和价格，如果该商品需求弹性的绝对值等于 1，则商品的价格是（　　）.

(A) 10　　　　(B) 20　　　　(C) 30　　　　(D) 40

3. 填空

(1) 若 $f(x)$ 是 $(-\infty,+\infty)$ 上的可导奇函数，且 $\lim\limits_{\Delta x\to 0}\dfrac{f(x_0-2\Delta x)-f(x_0)}{\Delta x}=6$，则 $f'(-x_0)=$ _____ .

(2) 设周期函数 $f(x)$ 在 $(-\infty,+\infty)$ 内可导，周期为 4，又 $\lim\limits_{x\to 0}\dfrac{f(1)-f(1-x)}{2x}=-1$. 则曲线 $y=f(x)$ 在点 $(5,f(5))$ 处的切线斜率为 _____ .

(3) 设曲线 $f(x)=x^n$ 在点 $(1,1)$ 处的切线与 x 轴的交点为 $(\xi_n,0)$，则 $\lim\limits_{n\to\infty}f(\xi_n)=$ _____ .

(4) 若 $f(-x)=f(x)(-\infty<x<+\infty)$，在 $(-\infty,0)$ 内 $f'(x)>0$，$f''(x)<0$，则 $f(x)$ 在 $(0,+\infty)$ 内，一阶导数 $f'(x)$ 和二阶导数 $f''(x)$ 的符号分别为 _____ .

(5) 设 $y=f(\ln x)e^{f(x)}$，其中 f 可导，则 $\mathrm{d}y=$ _____ .

(6) 设方程 $x=y^y$ 确定 y 是 x 的函数，则 $\mathrm{d}y=$ _____ .

(7) 设 $f(t)=t\cdot\lim\limits_{x\to\infty}\left(\dfrac{x+t}{x-t}\right)^x$，则 $f'(x)=$ _____ .

(8) 设 $f(x)=\lim\limits_{t\to 0}x(1+3t)^{\frac{x}{t}}$,则 $f'(x)=$ _____.

(9) 设 $f(x)$ 在 $x=0$ 处可导,且 $\lim\limits_{x\to 0}\dfrac{\cos x-1}{2^{f(x)}-1}=1$,则 $f'(0)=$ _____.

(10) $f(x)=\begin{cases}\ln\sqrt{x} & x\geq 1,\\ 2x-1 & x<1;\end{cases}y=f[f(x)].$ 则 $\left.\dfrac{dy}{dx}\right|_{x=e}=$ _____.

(11) 设函数 $f(x)$ 在 $x=2$ 的某个邻域内可导,且 $f'(x)=e^{f(x)},f(2)=1$,则 $f'''(2)=$ _____.

(12) 设 $y=\ln\sqrt{\dfrac{1-x}{1+x^2}}$,则 $y''\big|_{x=0}=$ _____.

(13) 设 $y=\sin^2 x$,则 $\dfrac{d^n y}{dx^n}=$ _____.

(14) 已知某商品的需求函数为 $y=1000-100x$,其中 x 为价格,y 为需求量,则当 $x=8$ 时,价格增加 1% 时,需求将减少百分之_____.

(15) 正方形边长 $x=2.4$(米)± 0.05(米),则正方形面积的相对误差是_____.

4. 设 $f(x)=(x^2-a^2)g(x)$,其中函数 $g(x)$ 当 $x=a$ 时连续,用定义求 $f'(a)$.

5. 设 $f'(x)$ 存在,试证
$$\lim_{h\to 0}\frac{f(x+\alpha h)-f(x-\beta h)}{h}=(\alpha+\beta)f'(x)(\alpha\beta\neq 0).$$

6. 设 $f(x)=\begin{cases}x^\lambda\cos\dfrac{1}{x} & x\neq 0;\\ 0 & x=0.\end{cases}$ 其导函数在 $x=0$ 处连续,求 λ 的取值范围.

7. 设 $f(x)$ 在 $[a,b]$ 上连续,且 $f(a)=f(b)=0,f'(a)f'(b)>0$,试证明在 (a,b) 内至少有一点 c 使 $f(c)=0$.

8. 在 (a,b) 内 $f(x)$ 有定义,且对区间内任意 x_1,x_2 恒有 $|f(x_2)-f(x_1)|\leq (x_2-x_1)^2$,求证 $f(x)$ 在该区间内是一个常数.

9. 当 a,c 取何值时,能使曲线 $y=a(x-1)(x-3)(x-c)$ 在 $[1,3]$ 上与两条半直线 $y=x-1(-\infty<x<1)$ 及 $y=3(x-3)(3<x<+\infty)$ 光滑地连接起来.

10. 求与曲线 $4x^2+9y^2-8x+18y=59$ 相切且与直线 $3x-2y=6$ 垂直的直线方程.

11. 设函数 $y=\varphi(x)$ 由方程 $xe^{f(y)}=e^y$ 确定,其中 f 具有二阶导数,且 $f'\neq 1$,求 $\dfrac{d^2 y}{dx^2}$.

12. 设 $f(x)=|x-a|\varphi(x)$,其中 $\varphi(x)$ 为连续函数及 $\varphi(a)\neq 0$,证明此函数在 a 点没有导数.

13. (1) 已知 $y=(1+x^3)^{\cos x^2}$,求 $\dfrac{dy}{dx}$.

(2) 已知 $y=\sqrt[3]{x}\dfrac{1-x}{1+x^2}\sin^3 x\cos^2 x$,求 y'.

(3) 已知 $y=\arctan\left(\ln\dfrac{1}{x}\right)$,求 $\dfrac{dy}{dx}$.

(4) 已知 $y=f\left(\dfrac{3x-2}{3x+2}\right),f'(x)=\arctan x^2$,求 $\left.\dfrac{dy}{dx}\right|_{x=0}$.

(5) 设 $y = \arctan e^x - \ln \sqrt{\dfrac{e^{2x}}{e^{2x}+1}}$, 求 $\left.\dfrac{dy}{dx}\right|_{x=1}$.

(6) 设 $f(x) = \varphi(a+bx) - \varphi(a-bx)$, 其中 $\varphi(x)$ 在 $x=a$ 处可导, 求 $f'(0)$.

(7) 设函数 $f(x)$ 在 $x=0$ 处可导, 且 $f'(0) = \dfrac{1}{3}$, 又对任意的 x, 有 $f(3+x) = 3f(x)$, 求 $f'(3)$.

14. 求下列函数的微分.

(1) $\dfrac{d}{dx^3}(x^3 - 2x^6 - x^9)$; (2) $\dfrac{d(\sin x)}{d(\cos x)}$; (3) $\dfrac{d(\tan x)}{d(\cot x)}$; (4) $\dfrac{d(\arcsin x)}{d(\arccos x)}$.

15. 设 $y = \dfrac{x^2}{1-x}$, 求 $\dfrac{d^8 y}{dx^8}$.

16. (1) 设 $y = \dfrac{1}{x(1-x)}$, 求 $y^{(n)}$; (2) 设 $f(x) = \dfrac{1-x}{1+x}$, 求 $f^{(n)}(x)$.

17. 设某产品的需求函数为 $Q = Q(p)$, 收益为 $R = pQ$, 其中 p 为产品价格, Q 为需求量(产品的产量), $Q(p)$ 为单调减少函数, 如果当价格为 p_0, 对应的产量为 Q_0 时, 边际收益 $\left.\dfrac{dR}{dQ}\right|_{Q=Q_0} = a > 0$, 收益对价格的边际效应 $\left.\dfrac{dR}{dp}\right|_{p=p_0} = C < 0$, 需求对价格的弹性 $E_p = b > 1$, 求 p_0 和 Q_0.

18. 证明近似公式

$$\sqrt[n]{a^n + b} \approx a + \dfrac{b}{na^{n-1}} (a > 0),$$

其中 $|b|$ 与 a^n 相比是很小的量, 并计算 $\sqrt[10]{1000}$ 的近似值.

19. 设 $f(x) = \begin{cases} \dfrac{g(x) - e^{-x}}{x} & x \neq 0; \\ 0 & x = 0. \end{cases}$

其中 $g(x)$ 有二阶连续导数, 且 $g(0) = 1$, $g'(0) = -1$.

(1) 求 $f'(x)$;

(2) 讨论 $f'(x)$ 在 $(-\infty, +\infty)$ 上的连续性.

第 4 章 中值定理与导数的应用

本章利用函数的导数来讨论函数的性态以及经济极值问题. 深入讨论的理论基础就是微分中值定理, 它在微分学应用中起着桥梁的作用.

§4.1 中值定理

定理 4.1 （罗尔定理） 设函数 $f(x)$ 满足下面条件
(1) 在闭区间 $[a,b]$ 上连续；
(2) 在开区间 (a,b) 内可导；
(3) 在区间两个端点处的函数值相等, 即 $f(a)=f(b)$,
则至少存在一点 $\xi \in (a,b)$, 使得 $f'(\xi)=0$.

证 由于函数 $f(x)$ 在闭区间 $[a,b]$ 上连续, 故由连续函数性质可知, $f(x)$ 在 $[a,b]$ 上取得最大值 M 和最小值 m. 若 $M=m$, 则在开区间 (a,b) 内 $f(x)$ 恒等于常数 m. 因此在区间 (a,b) 内恒有 $f'(x)=0$, 所以对于 (a,b) 内的每一点都可取作 ξ, 此时定理结论成立.

若 $M \neq m$, 则 $M > m$, 由于 $f(a)=f(b)$, 则 M 与 m 中至少有一个不等于端点处的函数值, 不妨设 $M \neq f(a)$, 则在 (a,b) 内至少存在一点 ξ, 使 $f(\xi)=M$. 下面证明 $f'(\xi)=0$.

由于 $M=f(\xi) \geqslant f(x), x \in [a,b]$, 所以不论 Δx 为正或为负, 总有
$$f(\xi+\Delta x)-f(\xi) \leqslant 0, \xi+\Delta x \in (a,b).$$

当 $\Delta x > 0$ 时, 有
$$\frac{f(\xi+\Delta x)-f(\xi)}{\Delta x} \leqslant 0,$$

于是
$$\lim_{\Delta x \to 0^+} \frac{f(\xi+\Delta x)-f(\xi)}{\Delta x} \leqslant 0,$$

即
$$f'_+(\xi) \leqslant 0.$$

当 $\Delta x < 0$ 时, 有
$$\frac{f(\xi+\Delta x)-f(\xi)}{\Delta x} \geqslant 0,$$

于是
$$\lim_{\Delta x \to 0^-} \frac{f(\xi+\Delta x)-f(\xi)}{\Delta x} \geqslant 0,$$

即
$$f'_-(\xi) \geqslant 0.$$

而 $\xi \in (a,b)$, 所以 $f(x)$ 在 ξ 可导. 于是
$$f'(\xi)=f'_+(\xi)=f'_-(\xi),$$

所以
$$f'(\xi)=0.$$

罗尔定理的几何意义是:闭区间$[a,b]$上连续的光滑曲线$y=f(x)$若在A,B处的纵坐标相等,那么在曲线AB上至少有一点$C(\xi,f(\xi))$,使得过曲线上C点的切线平行于x轴.如图4-1中有两条切线平行于x轴.

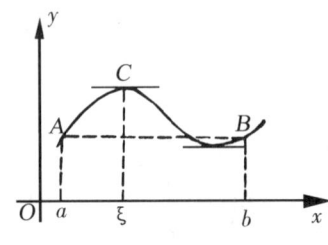

图 4-1

注 如果定理中的三个条件有一个不满足,则定理的结论就未必成立,如图4-2.

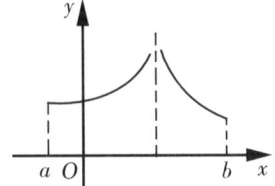

$f(x)$在$[a,b]$上不连续

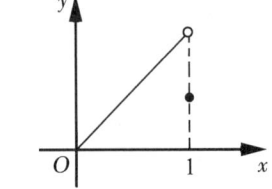

$f(x)=\begin{cases} x & 0\leqslant x<1, \\ \dfrac{1}{2} & x=1 \end{cases}$ 在右端点1处不连续

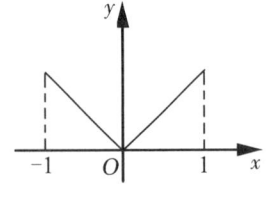

$f(x)=|x|$在0点不可导

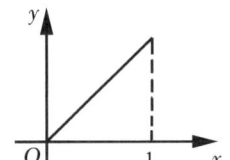

$f(x)=x$在端点$f(0)\neq f(1)$

图 4-2

例1 函数$f(x)=x^2-2x+3$在区间$[-1,3]$上满足罗尔定理的全部条件,故在$(-1,3)$内至少存在一点ξ,使$f'(\xi)=2\xi-2=0$,事实上,$(-1,3)$内的点$x=1$可取作定理中的ξ.

例2 试证明方程$x^3+x+c=0$至多有一个实根,其中c为任意常数.

证 用反证法,假设方程有两个不同的实根a,b,且$a<b$,则函数$f(x)=x^3+x+c$在闭区间$[a,b]$上满足罗尔定理的条件,所以在(a,b)内至少存在一点ξ,使得$f'(\xi)=3\xi^2+1=0$,这显然是不可能的,因此方程$x^3+x+c=0$不可能有两个不同的实根,不难看出方程也不可能有重实根.

例3 设$f(x)$在$[a,b]$上连续,在(a,b)内可导,则在(a,b)内至少存在一点ξ,使
$$2\xi[f(a)-f(b)]=(a^2-b^2)f'(\xi).$$

分析 欲证$2\xi[f(a)-f(b)]=(a^2-b^2)f'(\xi)$,

即证 $(a^2-b^2)f'(\xi)-2\xi[f(a)-f(b)]=0,$

亦证 $\varphi'(\xi)=0,$
而 $\varphi(x)=(a^2-b^2)f(x)-x^2[f(a)-f(b)].$

故选 $\varphi(x)$ 为辅助函数，验证 $\varphi(x)$ 满足罗尔定理全部条件，然后按分析过程逆向处理即可.

证 设 $\varphi(x)=(a^2-b^2)f(x)-x^2[f(a)-f(b)]$，易见 $\varphi(x)$ 在 $[a,b]$ 上连续，在 (a,b) 内可导.

$$\varphi(a)=(a^2-b^2)f(a)-a^2f(a)+a^2f(b)$$
$$=a^2f(b)-b^2f(a),$$
$$\varphi(b)=(a^2-b^2)f(b)-b^2f(a)+b^2f(b)$$
$$=a^2f(b)-b^2f(a),$$

故 $\varphi(a)=\varphi(b).$

所以 $\varphi(x)$ 在 $[a,b]$ 上满足罗尔定理的条件，因而在 (a,b) 内至少存在一点 ξ，使得
$$\varphi'(\xi)=0.$$
即 $2\xi[f(a)-f(b)]=(a^2-b^2)f'(\xi).$

例 4 设 $f(x)$ 在 $[a,b]$ 上连续，在 (a,b) 内可导，且 $f(a)=f(b)=0$，试证：在 (a,b) 内至少存在一点 ξ，使得 $f'(\xi)-f(\xi)=0.$

分析 欲证 $f'(\xi)-f(\xi)=0,$
即证 $e^{-\xi}[f'(\xi)-f(\xi)]=0, e^{-\xi}f'(\xi)-e^{-\xi}f(\xi)=0,$
亦证 $\varphi'(\xi)=0,$
而 $\varphi(x)=e^{-x}f(x).$

证 设 $\varphi(x)=e^{-x}f(x)$，显然 $\varphi(x)$ 在 $[a,b]$ 上满足罗尔定理条件，因此至少存在一点 $\xi\in(a,b)$，使得 $\varphi'(\xi)=0$，即
$$e^{-\xi}f'(\xi)-e^{-\xi}f(\xi)=0,$$
从而 $f'(\xi)-f(\xi)=0.$

定理 4.2 （拉格朗日中值定理） 如果函数 $f(x)$ 满足以下条件
(1) 在闭区间 $[a,b]$ 上连续；
(2) 在开区间 (a,b) 内可导，
则至少存在一点 $\xi\in(a,b)$，使得
$$f'(\xi)=\frac{f(b)-f(a)}{b-a}$$
或 $f(b)=f(a)+f'(\xi)(b-a).$

在证明本定理前，我们先来分析一下这个定理的几何意义.

设函数 $y=f(x)$ 在区间 $[a,b]$ 上的图形是连续光滑的曲线 AB，如图 4-3. 显然，$\frac{f(b)-f(a)}{b-a}$ 是联结点 $A(a,f(a))$ 和 $B(b,f(b))$ 的弦 AB 的斜率. 而 $f'(\xi)$ 是弧 $\widehat{AB}$ 上某点 $C(\xi,f(\xi))$ 处的切线斜率. 因此定理的结论是：在弧 $\widehat{AB}$ 上至少有一点 C，使过 C 点的切线平行于弦 AB，而且这种点可能不只一个. 图 4-3 中就有两个.

易知弦 AB 的方程为

$$y - f(a) = \frac{f(b)-f(a)}{b-a}(x-a),$$

即
$$y = f(a) + \frac{f(b)-f(a)}{b-a}(x-a).$$

它是 x 的线性函数,并且在区间 $[a,b]$ 上连续,在 (a,b) 内可导. 其导数就是弦 AB 的斜率 $\frac{f(b)-f(a)}{b-a}$. 由此可见,证明拉格朗日定理成立,就是要证明在 (a,b) 内至少存在一点 ξ 使 $f(x)$ 在 ξ 的导数等于这个线性函数的导数. 为此,只要证明至少存在一点 $\xi \in (a,b)$,使这两个函数之差

$$\varphi(x) = f(x) - \left[f(a) + \frac{f(b)-f(a)}{b-a}(x-a) \right]$$

在点 ξ 处的导数等于零即可. 要想证明这一点,只需证明 $\varphi(x)$ 满足罗尔定理.

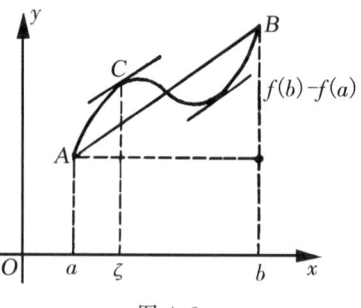

图 4-3

证 作辅助函数

$$\varphi(x) = f(x) - f(a) - \frac{f(b)-f(a)}{b-a}(x-a).$$

(1) 辅助函数 $\varphi(x)$ 在区间 $[a,b]$ 上连续;(2) 在 (a,b) 内可导;(3) $\varphi(a) = \varphi(b) = 0$,因此由罗尔定理知,至少存在一点 $\xi \in (a,b)$,使得

$$\varphi'(\xi) = f'(\xi) - \frac{f(b)-f(a)}{b-a} = 0,$$

即
$$f'(\xi) = \frac{f(b)-f(a)}{b-a}.$$

或
$$f(b) = f(a) + f'(\xi)(b-a).$$

关于 ξ,由于它介于 a 与 b 之间,因此 ξ 也可表示为

$$\xi = a + \theta(b-a).$$

其中 $\theta \in (0,1)$. 于是拉格朗日定理结论也可表示为

$$f(b) = f(a) + f'[a + \theta(b-a)](b-a) \quad (0 < \theta < 1).$$

易见,罗尔定理是拉格朗日定理在 $f(a) = f(b)$ 时的特殊情形.

前面我们已经知道,任何一个常数的导数皆为零. 反过来,若一个函数在某个区间上的导数恒为零,那这个函数是否一定是常数呢?

推论 1 如果函数 $f(x)$ 在区间 (a,b) 内任意一点的导数 $f'(x)$ 都等于 0,则函数 $f(x)$ 在 (a,b) 内是一个常数.

证 只要证明对 (a,b) 内的任意两点 x_1, x_2,其函数值 $f(x_1)$ 和 $f(x_2)$ 相等即可.

设 x_1, x_2 是区间 (a,b) 内的任意两点,且 $x_1 < x_2$,则 $f(x)$ 在 $[x_1, x_2]$ 上满足拉格朗日定理的两个条件,因此至少存在一点 $\xi \in (x_1, x_2)$,使

$$f(x_2) - f(x_1) = f'(\xi)(x_2 - x_1),$$

又因为在 (a,b) 内 $f'(x)$ 恒为零,所以 $f'(\xi) = 0$,从而 $f(x_2) - f(x_1) = 0$,即 $f(x_2) = f(x_1)$. 由 x_1, x_2 的任意性可知,$f(x)$ 在 (a,b) 内是一个常数.

推论 2 如果函数 $f(x)$ 与 $g(x)$ 在区间 (a,b) 内每一点的导数 $f'(x)$ 与 $g'(x)$ 都相等,则这两个函数在区间 (a,b) 内至多相差一个常数.

证 由假设对一切 $x \in (a,b)$ 有 $f'(x) = g'(x)$. 因此 $[f(x) - g(x)]' = f'(x) - g'(x) = 0$, 根据推论 1 可知, 函数 $f(x) - g(x)$ 在区间 (a,b) 内是一个常数. 设此常数是 C, 则
$$f(x) - g(x) = C.$$

例 5 证明不等式 $|\sin x_1 - \sin x_2| \leqslant |x_1 - x_2|$.

证 $x_1 = x_2$ 时, 不等式显然成立. $x_1 \neq x_2$ 时, 设 $f(x) = \sin x$, 显然 $f(x)$ 在 $[x_1, x_2]$ (或 $[x_2, x_1]$) 上满足拉格朗日定理的条件, 因此有
$$\sin x_1 - \sin x_2 = \cos \xi (x_1 - x_2) \ (\xi \text{ 介于 } x_1 \text{ 与 } x_2 \text{ 之间}).$$
而 $|\cos \xi| \leqslant 1$, 所以
$$|\sin x_1 - \sin x_2| = |\cos \xi| |x_1 - x_2| \leqslant |x_1 - x_2|.$$

例 6 试证 $x \neq 0$ 时, $e^x > 1 + x$.

证 设 $f(x) = e^x$, 显然 $f(x) = e^x$ 在 $[0, x]$ (或 $[x, 0]$) 上满足拉格朗日定理的条件, 因此有
$$e^x - e^0 = e^\xi (x - 0) \ (\xi \text{ 介于 } 0 \text{ 与 } x \text{ 之间}).$$
当 $x > 0$ 时, $\xi > 0$, 则 $e^\xi > 1$, $e^\xi x > x$, 所以 $e^x - 1 > x$ 即 $e^x > 1 + x$.

当 $x < 0$ 时, $\xi < 0$, 则 $e^\xi < 1$, $e^\xi x > x$, 所以 $e^x - 1 > x$ 即 $e^x > 1 + x$.

总之, 当 $x \neq 0$ 时, $e^x > 1 + x$.

例 7 设 $f(x)$ 在区间 $[a,b]$ 上连续, 在 (a,b) 内可导, 证明在 (a,b) 内至少存在一点 ξ, 使
$$\frac{bf(b) - af(a)}{b - a} = f(\xi) + \xi f'(\xi).$$

分析 欲证 $f(\xi) + \xi f'(\xi) = \dfrac{bf(b) - af(a)}{b - a}$,

即证
$$\varphi'(\xi) = \frac{\varphi(b) - \varphi(a)}{b - a},$$
而
$$\varphi(x) = x f(x).$$

证 设 $\varphi(x) = x f(x)$, 显然 $\varphi(x)$ 在 $[a,b]$ 上满足拉格朗日定理全部条件, 因此至少存在一点 $\xi \in (a,b)$, 使得
$$\varphi'(\xi) = \frac{\varphi(b) - \varphi(a)}{b - a},$$
从而原式成立.

例 8 试证明 $\arcsin x + \arccos x = \dfrac{\pi}{2}, x \in [-1, 1]$.

证 因为 $(\arcsin x + \arccos x)' = 0, x \in (-1, 1)$, 再由推论 1 可知, 在 $(-1, 1)$ 内恒有
$$\arcsin x + \arccos x = C, x \in (-1, 1).$$
令 $x = 0$, 得 $C = \dfrac{\pi}{2}$, 从而
$$\arcsin x + \arccos x = \frac{\pi}{2}, x \in (-1, 1).$$
再由函数 $\arcsin x + \arccos x$ 在 $[-1, 1]$ 上连续可知

$$\arcsin x + \arccos x = \frac{\pi}{2}, x \in [-1, 1].$$

定理 4.3 （柯西定理） 如果函数 $f(x)$ 与 $g(x)$ 满足条件
(1) 在闭区间 $[a, b]$ 上连续,
(2) 在开区间 (a, b) 内可导,
(3) $g'(x) \neq 0, x \in (a, b)$,

则至少存在一点 $\xi \in (a, b)$, 使得

$$\frac{f'(\xi)}{g'(\xi)} = \frac{f(b) - f(a)}{g(b) - g(a)}.$$

证 仿照拉格朗日定理的证明方法, 作辅助函数

$$F(x) = f(x) - f(a) - \frac{f(b) - f(a)}{g(b) - g(a)}[g(x) - g(a)].$$

容易验证, $F(x)$ 在 $[a, b]$ 上满足罗尔定理的条件, 从而, 至少存在一点 ξ 使

$$F'(\xi) = f'(\xi) - \frac{f(b) - f(a)}{g(b) - g(a)} g'(\xi) = 0.$$

再由 $g'(\xi) \neq 0$, 且 $g(b) \neq g(a)$, 可得

$$\frac{f'(\xi)}{g'(\xi)} = \frac{f(b) - f(a)}{g(b) - g(a)}, \xi \in (a, b).$$

注 拉格朗日定理是柯西定理当 $g(x) = x$ 时的特殊情形.

例 9 设 $f(x)$ 在 $[x_1, x_2]$ 上可导, 且 $0 < x_1 < x_2$, 试证在 (x_1, x_2) 内至少有一点 ξ, 使

$$\frac{x_1 f(x_2) - x_2 f(x_1)}{x_1 - x_2} = f(\xi) - \xi f'(\xi).$$

分析 欲证 $\dfrac{x_1 f(x_2) - x_2 f(x_1)}{x_1 - x_2} = f(\xi) - \xi f'(\xi)$,

即证

$$\frac{\dfrac{f(x_2)}{x_2} - \dfrac{f(x_1)}{x_1}}{\dfrac{1}{x_2} - \dfrac{1}{x_1}} = \frac{\xi f'(\xi) - f(\xi)}{-\dfrac{1}{\xi^2}},$$

亦证

$$\frac{F(x_2) - F(x_1)}{G(x_2) - G(x_1)} = \frac{F'(\xi)}{G'(\xi)},$$

而

$$F(x) = \frac{f(x)}{x}, G(x) = \frac{1}{x}.$$

证 设 $F(x) = \dfrac{f(x)}{x}, G(x) = \dfrac{1}{x}$.

由于 $f(x)$ 在 $[x_1, x_2]$ 上可导, 且 $0 < x_1 < x_2$, 所以 $F(x), G(x)$ 在 $[x_1, x_2]$ 上连续, 在 (x_1, x_2) 内可导, 且 $G'(x) = -\dfrac{1}{x^2} \neq 0$. 根据柯西中值定理, 至少存在一点 $\xi \in (x_1, x_2)$ 使

$$\frac{F(x_2) - F(x_1)}{G(x_2) - G(x_1)} = \frac{F'(\xi)}{G'(\xi)},$$

即

$$\frac{\dfrac{f(x_2)}{x_2} - \dfrac{f(x_1)}{x_1}}{\dfrac{1}{x_2} - \dfrac{1}{x_1}} = \frac{\xi f'(\xi) - f(\xi)}{-\dfrac{1}{\xi^2}},$$

亦 $$\frac{x_1 f(x_2)-x_2 f(x_1)}{x_1-x_2}=f(\xi)-\xi f'(\xi).$$

例 10 设函数 $f(x)$ 在 $[a,b]$ 上连续,在 (a,b) 内可导,且 $f'(x)\neq 0$,试证存在 $\xi,\eta\in(a,b)$,使得

$$\frac{f'(\xi)}{f'(\eta)}=\frac{e^b-e^a}{b-a}e^{-\eta}.$$

分析 欲证 $$\frac{f'(\xi)}{f'(\eta)}=\frac{e^b-e^a}{b-a}e^{-\eta},$$

即证 $$f'(\xi)=\frac{e^b-e^a}{b-a}\cdot\frac{f'(\eta)}{e^\eta},$$

等式左端 $f'(\xi)$ 为 $f(x)$ 在 ξ 点的导数,等式右端 $\frac{f'(\eta)}{e^\eta}$ 为 $f(x)$ 与 e^x 在 η 点的导数的商,故对 $f(x)$ 使用拉格朗日定理,对 $f(x)$ 及 e^x 使用柯西定理即可.

证 $f(x)$ 在 $[a,b]$ 上满足拉格朗日定理条件,故至少存在一点 $\xi\in(a,b)$,使得 $f'(\xi)=\frac{f(b)-f(a)}{b-a}$.

又 $f(x)$ 与 e^x 在 $[a,b]$ 上满足柯西定理条件,故至少存在一点 $\eta\in(a,b)$,使得 $\frac{f'(\eta)}{e^\eta}=\frac{f(b)-f(a)}{e^b-e^a}$,从而 $\frac{e^b-e^a}{b-a}\cdot\frac{f'(\eta)}{e^\eta}=\frac{f(b)-f(a)}{b-a}$,故原式成立.

从上述三个定理的结论中我们看到,式子的一端只涉及所讨论的函数本身,而式子的另一端则只涉及函数的导数,正是这些联系函数本身及其导数的公式,使我们以后可以运用导数来研究函数的某些特征.

§4.2 未定式的定值法——罗必塔法则

前面我们已经看到,两个无穷小量之比的极限或两个无穷大量之比的极限可能存在,也可能不存在,例如 $\lim\limits_{x\to 0}\frac{\sin x}{x}=1$,而 $\lim\limits_{x\to 0}\frac{\sin x}{x^2}$ 不存在. 通常我们称这种类型的极限为未定式,分别记为 $\frac{0}{0}$ 型或 $\frac{\infty}{\infty}$ 型,这一节我们将介绍一个重要而又简便的方法来计算这种未定式的极限.

定理 4.4 如果函数 $f(x)$ 与 $g(x)$ 满足以下条件

(1) $\lim\limits_{x\to a}f(x)=\lim\limits_{x\to a}g(x)=0$;

(2) 在点 a 的某空心邻域内可导,且 $g'(x)\neq 0$;

(3) $\lim\limits_{x\to a}\frac{f'(x)}{g'(x)}=A$(或 ∞).

则 $\lim\limits_{x\to a}\frac{f(x)}{g(x)}=\lim\limits_{x\to a}\frac{f'(x)}{g'(x)}=A$(或 ∞).

证 由于极限 $\lim\limits_{x\to a}\dfrac{f(x)}{g(x)}$ 存在与否,与函数值 $f(a)$ 和 $g(a)$ 取何值无关,故不妨补充定义 $f(a)=g(a)=0$,则 $f(x)$ 与 $g(x)$ 在题设的点 a 某邻域内连续.设 x 为这个邻域内的任意一点(如设 $x>a$),则在区间 $[a,x]$ 上,$f(x)$ 与 $g(x)$ 满足柯西定理的条件,因此有

$$\frac{f(x)}{g(x)}=\frac{f(x)-f(a)}{g(x)-g(a)}=\frac{f'(\xi)}{g'(\xi)}\quad(a<\xi<x).$$

显然 $x\to a$ 时,$\xi\to a$.于是上式两端求极限得

$$\lim_{x\to a}\frac{f(x)}{g(x)}=\lim_{x\to a}\frac{f'(\xi)}{g'(\xi)}=\lim_{\xi\to a}\frac{f'(\xi)}{g'(\xi)}=\lim_{x\to a}\frac{f'(x)}{g'(x)}=A(\text{或}\infty).$$

注 若把定理的 $x\to a$ 换成 $x\to a^-$,$x\to a^+$,或 $x\to\infty$,$x\to+\infty$,$x\to-\infty$,而其他条件不变,则只需对定理 4.4 中的条件(2)作相应的修改,定理仍然成立.

例1 求 $\lim\limits_{x\to 0}\dfrac{(1+x)^a-1}{x}$($a$ 为任何实数).

解 $\lim\limits_{x\to 0}\dfrac{(1+x)^a-1}{x}=\lim\limits_{x\to 0}\dfrac{a(1+x)^{a-1}}{1}=a.$

例2 求 $\lim\limits_{x\to 0}\dfrac{\sin mx}{\sin nx}$.

解 $\lim\limits_{x\to 0}\dfrac{\sin mx}{\sin nx}=\lim\limits_{x\to 0}\dfrac{m\cos mx}{n\cos nx}=\dfrac{m}{n}.$

例3 求 $\lim\limits_{x\to +\infty}\dfrac{\dfrac{\pi}{2}-\arctan x}{\dfrac{1}{x}}$.

解 $\lim\limits_{x\to +\infty}\dfrac{\dfrac{\pi}{2}-\arctan x}{\dfrac{1}{x}}=\lim\limits_{x\to +\infty}\dfrac{-\dfrac{1}{1+x^2}}{-\dfrac{1}{x^2}}=\lim\limits_{x\to +\infty}\dfrac{x^2}{1+x^2}=1.$

例4 求 $\lim\limits_{x\to +\infty}\dfrac{\sin\dfrac{1}{x}}{\ln\left(1+\dfrac{1}{x}\right)}$.

解 $\lim\limits_{x\to +\infty}\dfrac{\sin\dfrac{1}{x}}{\ln\left(1+\dfrac{1}{x}\right)}=\lim\limits_{x\to +\infty}\left(-\dfrac{1}{x^2}\cos\dfrac{1}{x}\right)\bigg/\left[\dfrac{1}{1+\dfrac{1}{x}}\left(-\dfrac{1}{x^2}\right)\right]$

$=\lim\limits_{x\to +\infty}\left(1+\dfrac{1}{x}\right)\cos\dfrac{1}{x}=1.$

例5 求 $\lim\limits_{x\to 0}\dfrac{\mathrm{e}^x-1}{x^3}$.

解 $\lim\limits_{x\to 0}\dfrac{\mathrm{e}^x-1}{x^3}=\lim\limits_{x\to 0}\dfrac{\mathrm{e}^x}{3x^2}=\infty.$

例6 求 $\lim\limits_{x\to 0}\dfrac{\mathrm{e}^x-\mathrm{e}^{-x}-2x}{x-\sin x}$.

解 $\lim\limits_{x\to 0}\dfrac{e^x-e^{-x}-2x}{x-\sin x}=\lim\limits_{x\to 0}\dfrac{e^x+e^{-x}-2}{1-\cos x}=\lim\limits_{x\to 0}\dfrac{e^x-e^{-x}}{\sin x}=\lim\limits_{x\to 0}\dfrac{e^x+e^{-x}}{\cos x}=2.$

例 7 求 $\lim\limits_{x\to 0}\dfrac{1}{x^2}\ln\dfrac{\sin x}{x}.$

解 $\lim\limits_{x\to 0}\dfrac{1}{x^2}\ln\dfrac{\sin x}{x}=\lim\limits_{x\to 0}\dfrac{1}{x^2}\ln\left[1+\left(\dfrac{\sin x}{x}-1\right)\right]=\lim\limits_{x\to 0}\dfrac{1}{x^2}\left(\dfrac{\sin x}{x}-1\right)$
$=\lim\limits_{x\to 0}\dfrac{\sin x-x}{x^3}=\lim\limits_{x\to 0}\dfrac{\cos x-1}{3x^2}=\lim\limits_{x\to 0}\dfrac{-\sin x}{6x}=-\dfrac{1}{6}.$

定理 4.5 设函数 $f(x)$ 和 $g(x)$ 满足条件

(1) $\lim\limits_{x\to a}f(x)=\lim\limits_{x\to a}g(x)=\infty$；

(2) 在点 a 的某空心邻域内可导,且 $g'(x)\neq 0$；

(3) $\lim\limits_{x\to a}\dfrac{f'(x)}{g'(x)}=A(或\infty).$

则 $\lim\limits_{x\to a}\dfrac{f(x)}{g(x)}=\lim\limits_{x\to a}\dfrac{f'(x)}{g'(x)}=A(或\infty).$

证明略.

注 若把定理中的 $x\to a$ 换成 $x\to a^-,x\to a^+,x\to -\infty,x\to +\infty,x\to \infty$,而其他条件不变,则只需对定理 4.5 中的条件(2)作相应的修改,定理仍然成立.

例 8 求 $\lim\limits_{x\to +\infty}\dfrac{x^2}{e^x}.$

解 $\lim\limits_{x\to +\infty}\dfrac{x^2}{e^x}=\lim\limits_{x\to +\infty}\dfrac{2x}{e^x}=\lim\limits_{x\to +\infty}\dfrac{2}{e^x}=0.$

例 9 求 $\lim\limits_{x\to 0^+}\dfrac{\ln\cot x}{\ln x}.$

解 $\lim\limits_{x\to 0^+}\dfrac{\ln\cot x}{\ln x}=\lim\limits_{x\to 0^+}\dfrac{\dfrac{1}{\cot x}\left(-\dfrac{1}{\sin^2 x}\right)}{\dfrac{1}{x}}=\lim\limits_{x\to 0^+}\dfrac{-x}{\sin x\cos x}$
$=\lim\limits_{x\to 0^+}\dfrac{x}{\sin x}\cdot\lim\limits_{x\to 0^+}\dfrac{-1}{\cos x}=-1.$

求解未定式极限问题时,应注意将罗必塔法则与其他求极限的方法结合使用,这样可使求解过程简化.

注 罗必塔法则仅适用于 $\dfrac{0}{0}$ 型或 $\dfrac{\infty}{\infty}$ 型的未定式,如果不是这两种类型或 $\lim\dfrac{f'(x)}{g'(x)}$ 不存在,也不为 ∞,这时罗必塔法则失效,需用其他方法求解.

例 10 求极限 $\lim\limits_{x\to 0}\dfrac{x^2\sin\dfrac{1}{x}}{\sin x}.$

解 这个问题是 $\dfrac{0}{0}$ 型未定式,分子分母求导后将化为 $\lim\limits_{x\to 0}\dfrac{2x\sin\dfrac{1}{x}-\cos\dfrac{1}{x}}{\cos x}$,此式振荡无极限,故罗必塔法则失效.

但原极限存在,因为 $\lim\limits_{x\to 0}\dfrac{x^2\sin\dfrac{1}{x}}{\sin x}=\lim\limits_{x\to 0}\left(\dfrac{x}{\sin x}\right)\cdot\lim\limits_{x\to 0}\left(x\sin\dfrac{1}{x}\right)=1\cdot 0=0.$

例 11 求 $\lim\limits_{x\to +\infty}\dfrac{e^x-e^{-x}}{e^x+e^{-x}}$.

解 它是 $\dfrac{\infty}{\infty}$ 型的未定式,应用罗必塔法则得

$$\lim\limits_{x\to +\infty}\dfrac{e^x-e^{-x}}{e^x+e^{-x}}=\lim\limits_{x\to +\infty}\dfrac{e^x+e^{-x}}{e^x-e^{-x}}.$$

再应用一次得

$$\lim\limits_{x\to +\infty}\dfrac{e^x+e^{-x}}{e^x-e^{-x}}=\lim\limits_{x\to +\infty}\dfrac{e^x-e^{-x}}{e^x+e^{-x}}.$$

如此反复使用总求不出它的极限,因此,罗必塔法则对此问题失效. 事实上

$$\lim\limits_{x\to +\infty}\dfrac{e^x-e^{-x}}{e^x+e^{-x}}=\lim\limits_{x\to +\infty}\dfrac{1-e^{-2x}}{1+e^{-2x}}=1.$$

本题也可先变形再使用罗必塔法则.

$$\lim\limits_{x\to +\infty}\dfrac{e^x-e^{-x}}{e^x+e^{-x}}=\lim\limits_{x\to +\infty}\dfrac{e^{2x}-1}{e^{2x}+1}=\lim\limits_{x\to +\infty}\dfrac{2e^{2x}}{2e^{2x}}=1.$$

利用罗必塔法则还可解决 $0\cdot\infty,\infty-\infty,1^\infty,0^0,\infty^0$ 等型的未定式的极限,只是需要将其经过适当的变换化为 $\dfrac{0}{0}$ 或 $\dfrac{\infty}{\infty}$ 型未定式求极限.

例 12 $\lim\limits_{x\to +\infty}\left(\dfrac{\pi}{2}-\arctan x\right)(\infty\cdot 0$ 型$)$.

解 $\lim\limits_{x\to +\infty}x\left(\dfrac{\pi}{2}-\arctan x\right)=\lim\limits_{x\to +\infty}\dfrac{\dfrac{\pi}{2}-\arctan x}{\dfrac{1}{x}}=\lim\limits_{x\to\infty}\dfrac{-\dfrac{1}{1+x^2}}{-\dfrac{1}{x^2}}=\lim\limits_{x\to\infty}\dfrac{x^2}{1+x^2}=1.$

例 13 求 $\lim\limits_{x\to 0}\left(\dfrac{1}{\sin x}-\dfrac{1}{x}\right)(\infty-\infty$ 型$)$.

解 $\lim\limits_{x\to 0}\left(\dfrac{1}{\sin x}-\dfrac{1}{x}\right)=\lim\limits_{x\to 0}\dfrac{x-\sin x}{x\sin x}=\lim\limits_{x\to 0}\dfrac{1-\cos x}{\sin x+x\cos x}=\lim\limits_{x\to 0}\dfrac{\sin x}{2\cos x-x\sin x}=0.$

例 14 求 $\lim\limits_{x\to 0}\left(\dfrac{1}{\sin^2 x}-\dfrac{\cos^2 x}{x^2}\right)$.

解 $\lim\limits_{x\to 0}\left(\dfrac{1}{\sin^2 x}-\dfrac{\cos^2 x}{x^2}\right)=\lim\limits_{x\to 0}\dfrac{x^2-\sin^2 x\cos^2 x}{x^2\sin^2 x}=\lim\limits_{x\to 0}\dfrac{x^2-\dfrac{1}{4}\sin^2 2x}{x^4}$

$=\lim\limits_{x\to 0}\dfrac{2x-\dfrac{1}{4}\cdot 2\sin 2x\cdot\cos 2x\cdot 2}{4x^3}=\lim\limits_{x\to 0}\dfrac{x-\dfrac{1}{4}\sin 4x}{2x^3}$

$=\lim\limits_{x\to 0}\dfrac{1-\cos 4x}{6x^2}=\lim\limits_{x\to 0}\dfrac{\sin 4x}{3x}=\dfrac{4}{3}.$

例 15 求 $\lim\limits_{x\to 0^+}x^x(0^0$ 型$)$.

解
$$\lim_{x\to 0^+} x^x = \lim_{x\to 0^+} e^{\ln x^x} = \lim_{x\to 0^+} e^{x\ln x},$$

而
$$\lim_{x\to 0^+} x\ln x = \lim_{x\to 0^+} \frac{\ln x}{\frac{1}{x}} = \lim_{x\to 0^+} \frac{\frac{1}{x}}{-\frac{1}{x^2}} = \lim_{x\to 0^+}(-x) = 0.$$

所以
$$\lim_{x\to 0^+} x^x = e^0 = 1.$$

例 16 求 $\lim\limits_{x\to \frac{\pi}{4}}(\tan x)^{\tan 2x}$ (1^∞ 型).

解
$$\lim_{x\to \frac{\pi}{4}}(\tan x)^{\tan 2x} = \lim_{x\to \frac{\pi}{4}} e^{(\tan 2x)\ln\tan x}$$

而
$$\lim_{x\to \frac{\pi}{4}}(\tan 2x)\ln\tan x = \lim_{x\to \frac{\pi}{4}} \frac{\ln\tan x}{\cot 2x} = \lim_{x\to \frac{\pi}{4}} \frac{\frac{1}{\tan x}\cdot\frac{1}{\cos^2 x}}{-\frac{1}{\sin^2 2x}\cdot 2}$$
$$= -\lim_{x\to \frac{\pi}{4}}\sin 2x = -1.$$

所以
$$\lim_{x\to \frac{\pi}{4}}(\tan x)^{\tan 2x} = e^{-1}.$$

例 17 求 $\lim\limits_{x\to 0^+}(\cot x)^{\frac{1}{\ln x}}$ (∞^0 型).

解
$$\lim_{x\to 0^+}(\cot x)^{\frac{1}{\ln x}} = \lim_{x\to 0^+} e^{\frac{1}{\ln x}\cdot\ln\cot x}$$

而
$$\lim_{x\to 0^+}\frac{\ln\cot x}{\ln x} = -1,$$

所以
$$\lim_{x\to 0^+}(\cot x)^{\frac{1}{\ln x}} = e^{-1}.$$

§4.3 函数的增减性判别法

在第一章中,我们已给出了函数单调增减性的定义.利用定义直接判别函数在某区间上的增减性并不容易,这一节将介绍一种利用导数判别函数单调增减性的方法.

函数 $y=f(x)$ 在某区间内的单调增减性,从几何直观上看是曲线在该区间内沿 x 轴正向上升或下降,如图 4-4.

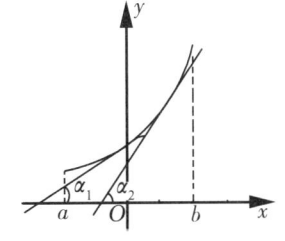
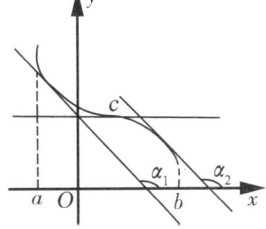

图 4-4

显然对于单调增函数,其函数的改变量 Δy 与自变量的改变量 Δx 是同号的,因而 $\dfrac{\Delta y}{\Delta x}>0$,所以 $\lim\limits_{\Delta x\to 0}\dfrac{\Delta y}{\Delta x}\geqslant 0$,即 $f'(x)\geqslant 0$. 而对于单调减函数,Δy 与 Δx 异号,从而 $f'(x)\leqslant 0$.

由以上分析可知,设函数 $y=f(x)$ 在 (a,b) 内可导,若 $f(x)$ 在 (a,b) 内单调增加,则 $f'(x)\geqslant 0$;若 $f(x)$ 在 (a,b) 内单调减少,则 $f'(x)\leqslant 0$. 反过来,能否用导数的符号来判断函数的单调性呢?

定理 4.6 设函数 $y=f(x)$ 在 $[a,b]$ 上连续,在 (a,b) 内可导.

(1) 如果在 (a,b) 内恒有 $f'(x)>0$,则 $f(x)$ 在 $[a,b]$ 上单调增加;

(2) 如果在 (a,b) 内恒有 $f'(x)<0$,则 $f(x)$ 在 $[a,b]$ 上单调减少.

证 设 x_1,x_2 是 $[a,b]$ 上的任意两点,且 $x_1<x_2$,则 $f(x)$ 在 $[x_1,x_2]$ 上满足拉格朗日定理的条件,因此至少存在一点 $\xi\in(x_1,x_2)$,使

$$f(x_2)-f(x_1)=f'(\xi)(x_2-x_1). \tag{4-1}$$

(1) 如果 $x\in(a,b)$ 时,$f'(x)>0$,则 $f'(\xi)>0$,由 (4-1) 式得 $f(x_2)>f(x_1)$,所以函数 $f(x)$ 在 $[a,b]$ 上单调增加.

(2) 如果 $x\in(a,b)$ 时,$f'(x)<0$,则 $f'(\xi)<0$,由 (4-1) 式得 $f(x_2)<f(x_1)$,所以函数 $f(x)$ 在 $[a,b]$ 上单调减少.

例 1 确定函数 $y=x^3-3x$ 的单调增减区间.

解 该函数的定义域为 $(-\infty,+\infty)$,

$$f'(x)=3x^2-3=3(x+1)(x-1).$$

令 $f'(x)=0$,得 $x_1=-1,x_2=1.$

以 x_1,x_2 为分点将函数的定义域 $(-\infty,+\infty)$ 分成三个子区间:$(-\infty,-1)$、$(-1,1)$、$(1,+\infty)$,然后,在这三个子区间上分别讨论 $f'(x)$ 的符号和函数的增减性. 其结果列表如下

x	$(-\infty,-1)$	-1	$(-1,1)$	1	$(1,+\infty)$
$f'(x)$	$+$	0	$-$	0	$+$
$f(x)$	↗		↘		↗

所以,由表可知 $f(x)$ 在 $(-\infty,-1)$ 及 $(1,+\infty)$ 内是单调增加,在 $(-1,1)$ 上单调减少. 如图 4-5.

例 2 确定函数 $y=x^3$ 的单调增减区间.

解 函数定义域为 $(-\infty,+\infty)$,$f'(x)=3x^2\geqslant 0$,且只有 $x=0$ 时,$f'(x)=0$.

所以 $f(x)=x^3$ 在 $(-\infty,+\infty)$ 上单调增加,如图 4-6.

注 如果在 (a,b) 内 $f'(x)\geqslant 0 (f'(x)\leqslant 0)$,且等号在个别点成立,则 $f(x)$ 在 (a,b) 内单调增加 (单调减少).

例 3 试证明 $x>0$ 时,有 $x>\ln(1+x)$.

证 只需证明 $x>0$ 时,

$$f(x)=x-\ln(1+x)>0.$$

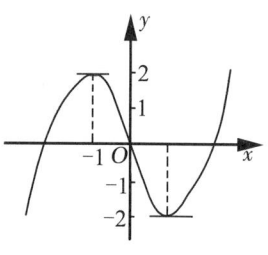

图 4-5

由 $f'(x)=1-\dfrac{1}{1+x}=\dfrac{x}{1+x}>0(x>0)$，且 $f(x)$ 在 $x=0$ 处连续可知，当 $x\geqslant 0$ 时，$f(x)$ 单调增加，又因 $f(0)=0-\ln(1+0)=0$，故 $x>0$ 时，$f(x)>0$，即
$$x>\ln(1+x)(x>0).$$

例4 试证明 $0<x<\pi$ 时，有 $\sin\dfrac{x}{2}>\dfrac{x}{\pi}$.

证 $$f(x)=\dfrac{\sin\dfrac{x}{2}}{x}-\dfrac{1}{\pi},$$

$$f'(x)=\dfrac{x\cdot\cos\dfrac{x}{2}\cdot\dfrac{1}{2}-\sin\dfrac{x}{2}}{x^2}=\dfrac{\cos\dfrac{x}{2}\left(\dfrac{x}{2}-\tan\dfrac{x}{2}\right)}{x^2}<0,$$

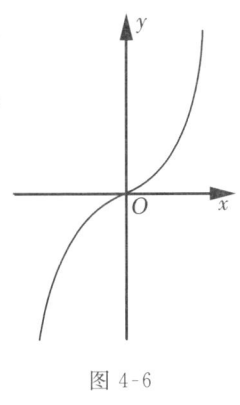

图 4-6

且 $f(x)$ 在 $x=\pi$ 处连续，故 $f(x)$ 在 $0<x\leqslant\pi$ 单调减少，从而 $f(x)>f(\pi)=0(0<x<\pi)$，所以原式成立.

§4.4 函数的极值与最值

一、函数的极值

在讨论函数的增减性时，经常会遇到这样的情形：函数先是递减的，到达某一点后它又变为递增的；也有先递增，后又变为递减的. 如上节例1中点 -1 和点 1 处即是这样的情况，在函数的增减性发生转变的地方，就出现了这样的函数值，它与附过的函数值比较起来，是最大的或者是最小的值.

定义 4.1 设函数 $f(x)$ 在点 x_0 的某个邻域内有定义，如果对该邻域内的任意点 $x(x\neq x_0)$，总有 $f(x)<f(x_0)$，那么就称 $f(x_0)$ 是函数 $f(x)$ 的极大值，而点 x_0 称为函数 $f(x)$ 的极大值点；如果对该邻域内的任意点 $x(x\neq x_0)$，总有 $f(x)>f(x_0)$，则称 $f(x_0)$ 是函数 $f(x)$ 的极小值，而点 x_0 称为函数 $f(x)$ 的极小值点.

函数的极大值和极小值统称为函数的极值，极大值点和极小值点统称为函数的极值点.

由定义可知，函数在某点达到极大值或极小值是指在局部范围内（即该点的附近）该点的函数值是最大或最小，而不一定是函数在整个考察范围内的最大值或最小值，因此一个定义在某区间上的函数，它可以有许多极大值和极小值，而且其中的极大值并不一定都大于每一个极小值，如图 4-7 所示极大值 $f(x_2)$ 小于极小值 $f(x_5)$.

如图 4-7 所示的曲线中可以看出，在极值点处，曲线或有水平切线（如点 x_1,x_2,x_3,x_4），或切线不存在（如点 x_5）这说明，极值点应在 $f'(x)$ 为零或 $f'(x)$ 不存在的点中去寻找，这就是下面极值点的必要条件.

定理 4.7 （极值点的必要条件） 点 x_0 是函数 $f(x)$ 的极值点的必要条件是 $f'(x_0)$

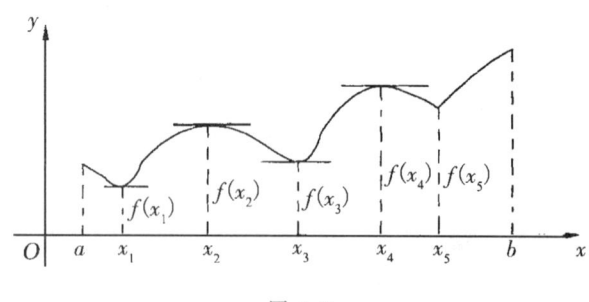

图 4-7

=0 或者 $f'(x_0)$ 不存在.

证 若 $f(x)$ 在 x_0 处不可导,则定理结论自然成立.

现设 $f(x)$ 在 x_0 处可导,且不妨设 x_0 为 $f(x)$ 的极大值点,则存在点 x_0 的某个邻域,使得对该邻域内的任一点 $x_0+\Delta x$,均有 $f(x_0)>f(x_0+\Delta x)$,于是

当 $\Delta x>0$ 时

$$\frac{f(x_0+\Delta x)-f(x_0)}{\Delta x}<0,$$

故

$$f'_+(x_0)=\lim_{\Delta x\to 0^+}\frac{f(x_0+\Delta x)-f(x_0)}{\Delta x}\leq 0.$$

当 $\Delta x<0$ 时

$$\frac{f(x_0+\Delta x)-f(x_0)}{\Delta x}>0,$$

故

$$f'_-(x_0)=\lim_{\Delta x\to 0^-}\frac{f(x_0+\Delta x)-f(x_0)}{\Delta x}\geq 0.$$

又因 $f(x)$ 在 x_0 处可导,所以有

$$f'(x_0)=f'_+(x_0)=f'_-(x_0).$$

从而有
$$f'(x_0)=0.$$

同理可证,当 x_0 为 $f(x)$ 的极小值点时,也必定有 $f'(x_0)=0$.

使 $f'(x)=0$ 的点 x,称为 $f(x)$ 的驻点.

定理 4.7 说明,函数的极值点必是其驻点或一阶导数不存在的点,但是驻点和一阶导数不存在的点不一定是极值点.

如 $f(x)=x^3$,$f'(0)=0$,但 $x=0$ 不是极值点,如图 4-6.

又如 $f(x)=|x|$,$f'(0)$ 不存在,但 $x=0$ 是 $f(x)$ 的极小值点,如图 4-8;而 $f(x)=x^{\frac{1}{3}}$,在 $x=0$ 处 $f'(x)$ 不存在,但 $x=0$ 不是它的极值点,如图 4-9.

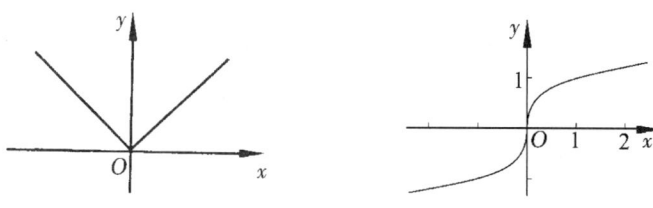

图 4-8　　　　图 4-9

因此,如何判断一个函数的驻点和一阶导数不存在的点是否为极值点,是一个需要进

一步解决的问题,下面给出判断极值点的方法.

定理 4.8 设函数 $f(x)$ 在点 x_0 的某个空心邻域内可导,且在 x_0 处连续.

(1) 如果在点 x_0 的左邻域内有 $f'(x)>0$,在点 x_0 的右邻域内,$f'(x)<0$,则 x_0 是 $f(x)$ 的极大值点;

(2) 如果在点 x_0 的左邻域内有 $f'(x)<0$,在点 x_0 的右邻域内,$f'(x)>0$,则 x_0 是 $f(x)$ 的极小值点;

(3) 如果在点 x_0 的空心邻域内,$f'(x)$ 不变号,则 x_0 不是 $f(x)$ 的极值点.

证 由(1)中的条件和定理 4.6 可知,函数 $f(x)$ 在 x_0 的左邻域内单调增加,而在 x_0 的右邻域内单调减少,且 $f(x)$ 在 x_0 处连续,故 $f(x_0)$ 是 $f(x)$ 的极大值,即 x_0 是 $f(x)$ 的极大值点.同理可证(2)与(3).

例 1 求函数 $f(x)=x-\dfrac{3}{2}x^{\frac{2}{3}}$ 的单调增减区间和极值.

解 $f'(x)=1-x^{-\frac{1}{3}}$.令 $f'(x)=0$,得驻点 $x=1$,且在 $x=0$ 时,$f'(x)$ 不存在.以点 $x=0,1$ 将函数的定义域 $(-\infty,+\infty)$ 分成三个部分列表如下.

x	$(-\infty,0)$	0	$(0,1)$	1	$(1,+\infty)$
$f'(x)$	+	不存在	−	0	+
$f(x)$	↗	极大值 0	↘	极小值 $-\dfrac{1}{2}$	↗

所以 $f(x)$ 在 $(-\infty,0)$ 及 $(1,+\infty)$ 内单调增加,在区间 $(0,1)$ 内单调减少,在点 $x=0$ 处取得极大值 $f(0)=0$,在 $x=1$ 处取得极小值 $f(1)=-\dfrac{1}{2}$,如图 4-10.

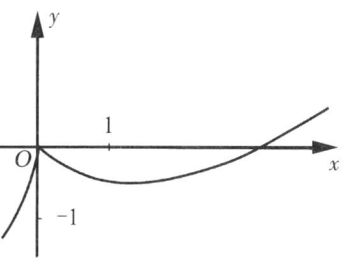

图 4-10

定理 4.9 设 $f(x)$ 在 x_0 的某邻域内可导,且 $f'(x_0)=0$,$f''(x_0)$ 存在.

(1) 若 $f''(x_0)<0$,则 $f(x)$ 在 x_0 取得极大值;

(2) 若 $f''(x_0)>0$,则 $f(x)$ 在 x_0 取得极小值.

证 因为

$$f''(x_0)=\lim_{x\to x_0}\frac{f'(x)-f'(x_0)}{x-x_0}<0,$$

又由于 $f'(x_0)=0$,故有

$$\lim_{x\to x_0}\frac{f'(x)}{x-x_0}<0.$$

于是由极限的保号性定理可知,在 x_0 的某空心邻域内,有

$$\frac{f'(x)}{x-x_0}<0.$$

于是,在该空心邻域内,$f'(x)$ 与 $x-x_0$ 的符号相反,即在 x_0 的左邻域内,由于 $x-x_0<0$,从而 $f'(x)>0$;在 x_0 的右邻域内,由于 $x-x_0>0$,从而有 $f'(x)<0$.因此由定理 4.8 可知,x_0 是 $f(x)$ 的极大值点.

同理可证(2).

例 2 求 $f(x)=x^2+\dfrac{432}{x}$ 的极值.

解 当 $x\neq 0$ 时,有
$$f'(x)=2x-\dfrac{432}{x^2}=\dfrac{2x^3-432}{x^2},$$
令 $f'(x)=0$,得驻点 $x=6$,因为
$$f''(6)=\left(2+\dfrac{864}{x^3}\right)\Big|_{x=6}=6>0.$$
故由定理 4.9 可知,$f(x)$ 在 $x=6$ 处取得极小值 $f(6)=108$.

二、函数的最值

函数在某区间上的最大值和最小值统称为函数的最值. 函数的极值和最值一般说是不同的. 极值是局部性的概念,而最值是全局性的概念. 最值可以在区间的端点取得,而极值则只能在区间的内点取得. 下面讨论怎样求出函数的最大值与最小值.

对于可导函数来说,若 $f(x)$ 在区间 (a,b) 内的一点 x_0 取得最大值(或最小值),则 x_0 为 $f(x)$ 的一个极值点,并且 $f'(x_0)=0$. 一般而言,最大值(最小值)还可能在区间的端点或不可导点上取得. 因此,若 $f(x)$ 在 $[a,b]$ 上连续,求 $f(x)$ 最值的办法是:求出 $f(x)$ 在 (a,b) 内的驻点、不可导点,以及区间端点 a,b 的函数值,然后进行比较,其中最大者为 $f(x)$ 在 $[a,b]$ 上的最大值,最小者为 $f(x)$ 在 $[a,b]$ 上的最小值.

例 3 求函数 $f(x)=x(x-1)^{\frac{1}{3}}$ 在区间 $[-2,2]$ 上的最值.

解 $f'(x)=(x-1)^{\frac{1}{3}}+\dfrac{1}{3}x(x-1)^{-\frac{2}{3}}=\dfrac{1}{3}(4x-3)(x-1)^{-\frac{2}{3}}.$

令 $f'(x)=0$ 得驻点 $x=\dfrac{3}{4}$. 显然在 $x=1$ 时,$f'(x)$ 不存在.

现在比较驻点、不可导点及区间端点的函数值,因为
$$f(-2)=2.88, f(2)=2, f\left(\dfrac{3}{4}\right)=-0.47, f(1)=0,$$
所以函数 $f(x)$ 在 $x=-2$ 处取得最大值 $f(-2)=2.88$,在 $x=\dfrac{3}{4}$ 处取得最小值 $f\left(\dfrac{3}{4}\right)=-0.47$.

特殊情况下,如果连续函数在区间 (a,b) 内有且仅有一个极大值,而没有极小值,则此极大值就是函数在区间 $[a,b]$ 上的最大值,如图 4-11 所示. 同样,如果连续函数在区间 (a,b) 内有且仅有一个极小值,而没有极大值,则此极小值就是函数在区间 $[a,b]$ 上的最小值,如图 4-12 所示. 这个结论在解决实际问题时经常用到.

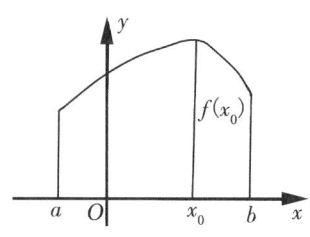

图 4-11

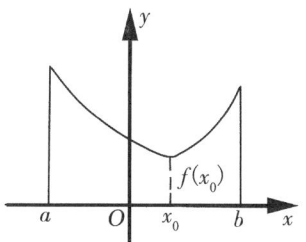

图 4-12

例 4 要造一个容积为 V 的无盖圆柱形桶,其底用铝制造,侧壁用铁制造. 已知铝与铁的单位面积价格为 $5:1$,问桶的底半径 r 与高 h 各为多少时,才能使桶的造价最低.

解 设每平方米铁皮的价格为 a 元,则每平方米铝皮的价格为 $5a$ 元,因为圆柱形桶的体积为 $V=\pi r^2 h$,所以

$$h=\frac{V}{\pi r^2}.$$

又因桶的表面积为 $S=\pi r^2+2\pi rh$,所以桶的总造价为

$$M(r)=\pi r^2 \cdot 5a+2\pi rh \cdot a$$
$$=\pi r^2 \cdot 5a+2\pi r \cdot \frac{V}{\pi r^2} a$$
$$=a\left(5\pi r^2+\frac{2V}{r}\right), r\in(0,+\infty).$$

于是 $$M'(r)=a\left(10\pi r-\frac{2V}{r^2}\right).$$

令 $M'(r)=0$ 得 $$r=\sqrt[3]{\frac{V}{5\pi}},$$

又 $$M''(r)=a\left(10\pi+\frac{4V}{r^3}\right),$$

所以 $$M''\left(\sqrt[3]{\frac{V}{5\pi}}\right)=30\pi a>0.$$

因此 $r=\sqrt[3]{\frac{V}{5\pi}}$ 是 M 的唯一极小值点,故也是最小值点. 所以当 $r=\sqrt[3]{\frac{V}{5\pi}}$ 时,桶的造价最低,此时 $h=5\sqrt[3]{\frac{V}{5\pi}}=5r$.

例 5 某产品总成本 C(单位:万元)为年产量 x(单位:百吨)的函数

$$C=C(x)=a+b\sqrt{x^3}.$$

其中 a,b 为待定系数,已知固定成本为 4 万元,且当年产量 $x=9$ 百吨时,总成本 $C=31$ 万元. 问年产量为多少时才能使平均单位成本 $\bar{C}$ 最低.

解 由于 $C(x)=a+b\sqrt{x^3}$,从而 $C(0)=a$,说明 a 为固定成本,故 $a=4$.

再将 $x=9$ 时,$c=31$ 代入 $C(x)$ 有 $31=4+b\sqrt{9^3}$,解出 $b=1$.

故 $C(x)=4+\sqrt{x^3}$,平均单位成本

$$\bar{C}(x) = \frac{C(x)}{x} = \frac{4}{x} + \sqrt{x},$$

$$\bar{C}'(x) = -\frac{4}{x^2} + \frac{1}{2\sqrt{x}}.$$

令 $\bar{C}'(x) = 0$,得唯一驻点 $x = 4$.

$$\bar{C}''(x) = \frac{8}{x^3} - \frac{1}{4\sqrt{x^3}},$$

$$\bar{C}''(x)\bigg|_{x=4} = \frac{1}{8} - \frac{1}{32} = \frac{3}{32} > 0.$$

所以年产量为 4 百吨时,平均单位成本最低.

例 6 某厂生产某种产品,年产量为 x(百台),总成本为 C(万元),其中固定成本为 2 万元,每生产 1 百台成本增加 1 万元,市场上每年可销售此种商品 4 百台,其销售总收入 $R(x)$ 是 x 的函数

$$R(x) = \begin{cases} 4x - \frac{1}{2}x^2 & 0 \leqslant x \leqslant 4; \\ 8 & x > 4. \end{cases}$$

问每年生产多少台时,总利润最大.最大利润是多少.

解 总成本 $C(x) = 2 + x$,总利润 $L(x) = R(x) - C(x)$.

故

$$L(x) = \begin{cases} 3x - \frac{1}{2}x^2 - 2 & 0 \leqslant x \leqslant 4; \\ 6 - x & x > 4. \end{cases}$$

$$L'(x) = \begin{cases} 3 - x & 0 \leqslant x \leqslant 4; \\ -1 & x > 4. \end{cases}$$

令 $L'(x) = 0$,得 $x = 3$,

$$L''(x) = \begin{cases} -1 & 0 \leqslant x < 4; \\ 0 & x > 4. \end{cases}$$

又 $L''(3) = -1 < 0$,故 $x = 3$ 时总利润最大,最大利润为 $L(3) = \frac{5}{2}$ 万元,此时产量为 3 百台.

例 7 某工厂生产过程中每年需要一种零件 8000 个,分若干批进货.已知每个零件每年的库存费为 4 元,每批进货费为 40 元,如果零件的消耗是均匀的(即零件的库存量是批量的一半),问零件分几批进货,能使库存费与进货费之和最省.

解 设每年分 x 批进货,每年的库存费与进货费之和为 C,则

$$C(x) = 40x + \frac{1}{2}\frac{8000}{x} \cdot 4 = 40x + \frac{16000}{x},$$

$$C'(x) = 40 - \frac{16000}{x^2},$$

令 $C'(x) = 0$,得驻点 $x = 20$.

由于

$$C''(x) = \frac{32000}{x^3}, \quad C''(20) = \frac{32000}{20^3} = 4 > 0.$$

故全年分 20 批进货,可使总费用最小,此时每次进货批量为 400 个.

例 8 设 $\lim_{x\to 0}\frac{f(x)}{x}=1$,且 $f''(x)>0$,证明 $f(x)\geqslant x$.

证 因 $\lim_{x\to 0}\frac{f(x)}{x}=1$,则 $\lim_{x\to 0}f(x)=0=f(0)$.

又 $\lim_{x\to 0}\frac{f(x)-f(0)}{x-0}=1$,则 $f'(0)=1$.

设 $F(x)=f(x)-x$,$F'(x)=f'(x)-1$,令 $F'(x)=0$ 得唯一解 $x=0$.

又 $F''(x)=f''(x)$,$F''(0)=f''(0)>0$.

故 $x=0$ 是唯一极值点且是极小值点,从而是最小值点,因此 $F(x)=f(x)-x\geqslant F(0)=0$.所以 $f(x)\geqslant x$.

§4.5 曲线的凹凸性、拐点与渐近线

在本章第三节中我们已经介绍了利用一阶导数 $f'(x)$ 的符号判定函数图形的上升与下降规律,本节进一步来讨论曲线的凹凸性及渐近线.

一、曲线的凹凸性与拐点

在研究函数图形的变化状况时,如果不知道曲线的弯曲方向,仍不能准确地描绘曲线变化的特性.如图 4-13 所示的图形,虽然这条曲线在 (a,b) 内一直是上升的,但是上升的规律却是不同的,从左向右,曲线先是向上弯曲着上升,通过 P 点后,扭转了弯曲的方向,变成向下弯曲着上升,因此为了更好地研究函数图形的变化状态,了解曲线的弯曲方向以及扭转弯曲方向的点是很有必要的. 从图 4-13 明显地可以看出:曲线向上弯曲的弧段位于这段弧上任意一点切线的上方,曲线向下弯的弧段位于这段弧上任意一点切线的下方,由此我们给出如下的定义:

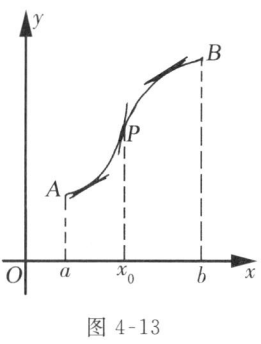

图 4-13

定义 4.2 如果在某个区间内,曲线位于其上任意一点切线的上方,则称该曲线在这个区间是凹曲线,记作 ⌣;如果在某个区间内,曲线位于其上任意一点切线的下方,则称该曲线在这个区间内是凸曲线,记作 ⌢.

例如图 4-13 中,(a,x_0) 内曲线是凹曲线,(x_0,b) 内曲线是凸曲线.

如何判别曲线的凹凸性呢? 如图 4-13 所示,当凹曲线上的切点由 A 向 P 运动时,其切线的斜率 $f'(x)$ 将单调增加;当凸曲线上的切点由 P 向 B 运动时,其切线的斜率 $f'(x)$ 将单调减少. 据此得到如下定理.

定理 4.10 如果函数 $f(x)$ 在区间 (a,b) 内可导,则曲线 $f(x)$ 在 (a,b) 内凹(凸)的充要条件是,导函数 $f'(x)$ 在区间 (a,b) 内单调增加(减少).

证 只证曲线凹的情形,对曲线凸的情形可类似地证明.

充分性 设 $f'(x)$ 在 (a,b) 内单调增加,我们来证明对 (a,b) 内的任一点 x_0,曲线 $f(x)$ 都在切线
$$y-f(x_0)=f'(x_0)(x-x_0)$$
的上方,即对 $\forall x \in (a,b)(x \neq x_0)$,有
$$f(x) > f(x_0) + f'(x_0)(x-x_0),$$
即
$$f(x) - f(x_0) > f'(x_0)(x-x_0).$$

由于 $f(x)$ 在 (a,b) 内可导,且 $x \in (a,b), x_0 \in (a,b)$,因此,$f(x)$ 在闭区间 $[x,x_0]$(或 $[x_0,x]$)上满足拉格朗日定理的条件,于是有
$$f(x) - f(x_0) = f'(\xi)(x-x_0)(\xi \text{ 介于 } x_0 \text{ 与 } x \text{ 之间}).$$
所以
$$f(x) - f(x_0) - f'(x_0)(x-x_0) = f'(\xi)(x-x_0) - f'(x_0)(x-x_0)$$
$$= [f'(\xi) - f'(x_0)](x-x_0).$$

由 $\xi - x_0$ 与 $x - x_0$ 同号及 $f'(x)$ 单调增加知,$f'(\xi) - f'(x_0)$ 与 $x - x_0$ 同号,所以
$$f(x) - f(x_0) > f'(x_0)(x-x_0).$$

必要性 如果曲线 $f(x)$ 在区间 (a,b) 内凹,下面证明 $f'(x)$ 在区间 (a,b) 内单调增加.

设 x_1, x_2 是 (a,b) 内任意两点,且 $x_1 < x_2$,则由定义 4.2 知,对 x_2 点的切线 $y - f(x_2) = f'(x_2)(x - x_2)$ 有
$$f(x_1) - f(x_2) > f'(x_2)(x_1 - x_2)$$
成立.

同样对 x_1 点的切线 $y - f(x_1) = f'(x_1)(x - x_1)$ 有
$$f(x_2) - f(x_1) > f'(x_1)(x_2 - x_1)$$
成立.

两不等式相加得
$$[f'(x_2) - f'(x_1)](x_1 - x_2) < 0.$$

由 $x_1 < x_2$ 得 $f'(x_1) < f'(x_2)$. 所以 $f'(x)$ 在 (a,b) 内单调增加.

如果 $f(x)$ 在 (a,b) 内二阶导数 $f''(x)$ 存在,则可根据 $f''(x)$ 的符号判断曲线的凹凸性.

定理 4.11 设函数 $f(x)$ 在区间 (a,b) 内具有二阶导数,那么

(1) 如果 $x \in (a,b)$ 时,恒有 $f''(x) > 0$,则曲线 $y = f(x)$ 在 (a,b) 内凹;

(2) 如果 $x \in (a,b)$ 时,恒有 $f''(x) < 0$,则曲线 $y = f(x)$ 在 (a,b) 内凸.

证 (1) 如果 $x \in (a,b)$ 时,恒有 $f''(x) > 0$,则 $f'(x)$ 单调增加,由定理 4.10 可知,$y = f(x)$ 在 (a,b) 内凹.

同理可证(2).

定义 4.3 曲线凹与凸的分界点称为曲线的拐点.

拐点既然是曲线凹与凸的分界点,如果拐点附近二阶导数存在,则在拐点的左右邻近,二阶导数 $f''(x)$ 必然异号,因而在拐点处必有 $f''(x) = 0$. 由此可知,如果 $P(x_0, f(x_0))$ 为拐点,则必有 $f''(x_0) = 0$ 或 $f''(x_0)$ 不存在.

例 1 讨论曲线 $f(x) = x^4 - 2x^3 + 1$ 的凹凸性与拐点.

解
$$f'(x)=4x^3-6x^2,$$
$$f''(x)=12x^2-12x=12x(x-1).$$

令 $f''(x)=0$ 得 $x_1=0,x_2=1$. 以 $x_1=0,x_2=1$ 将区间 $(-\infty,+\infty)$ 分成三个部分,列表如下:

x	$(-\infty,0)$	0	$(0,1)$	1	$(1,+\infty)$
$f''(x)$	+	0	−	0	+
$f(x)$	⌣	1	⌢	0	⌣

由表易见,曲线 $f(x)$ 在区间 $(-\infty,0)$ 及 $(1,+\infty)$ 上是凹曲线,在区间 $(0,1)$ 内是凸曲线. 拐点分别为 $(0,1)$ 与 $(1,0)$,如图 4-14.

例 2 讨论曲线 $y=(x-1)\sqrt[3]{x^5}$ 的凹向与拐点.

解
$$y'=x^{\frac{5}{3}}+(x-1)\cdot\frac{5}{3}x^{\frac{2}{3}}=\frac{8}{3}x^{\frac{5}{3}}-\frac{5}{3}x^{\frac{2}{3}},$$
$$y''=\frac{40}{9}x^{\frac{2}{3}}-\frac{10}{9}x^{-\frac{1}{3}}=\frac{10}{9}\cdot\frac{4x-1}{\sqrt[3]{x}}.$$

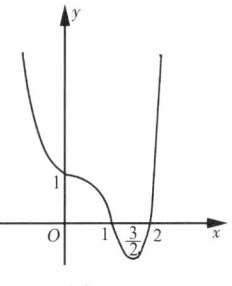

图 4-14

令 $y''=0$,得 $x=\frac{1}{4}$,而在 $x=0$ 处 y'' 不存在.

以点 $x=0,x=\frac{1}{4}$ 把定义域 $(-\infty,+\infty)$ 分成三个部分,列表讨论如下:

x	$(-\infty,0)$	0	$\left(0,\frac{1}{4}\right)$	$\frac{1}{4}$	$\left(\frac{1}{4},+\infty\right)$
y''	+	不存在	−	0	+
y	⌣	0	⌢	$-\frac{3}{16\sqrt[3]{16}}$	⌣

由表易见,曲线在 $(-\infty,0)$ 及 $\left(\frac{1}{4},+\infty\right)$ 内为凹曲线,在 $\left(0,\frac{1}{4}\right)$ 内为凸曲线,拐点分别是 $(0,0)$ 和 $\left(\frac{1}{4},-\frac{3}{16\sqrt[3]{16}}\right)$.

二、曲线的渐近线

在平面上,当曲线伸向无穷远处时,一般很难把它画准确,但当曲线伸向无穷远处,且能渐渐靠近一条直线时,我们就可以对该曲线伸向无穷远处的走向趋势比较好地描绘出来. 这样的直线就是曲线的渐近线.

定义 4.4 如果曲线上的动点 P 沿着曲线无限地远离原点时,点 P 与某一固定直线的距离趋于零,则称该直线为曲线的渐近线(图 4-15).

一般说来,曲线 $y=f(x)$ 即使无限伸展下去,也不一定有渐近线,如 $y=\cos x$,就没有渐近线.

下面研究曲线在什么情况下有渐近线,如果有渐近线的话,怎样求出渐近线的方程.

渐近线可分为水平渐近线、垂直渐近线(铅垂渐近线)和斜渐近线.

1. 水平渐近线

如果曲线 $y=f(x)$ 的定义域是无限区间,且有
$$\lim_{x\to-\infty}f(x)=b(\text{或}\lim_{x\to+\infty}f(x)=b),$$
则直线 $y=b$ 为曲线 $y=f(x)$ 的渐近线,称此渐近线为水平渐近线.

例3 求曲线 $y=\dfrac{1}{x-1}$ 的水平渐近线.

解 因为 $\lim\limits_{x\to\pm\infty}\dfrac{1}{x}=0$,所以 $y=0$ 是曲线的一条水平渐近线,如图 4-16.

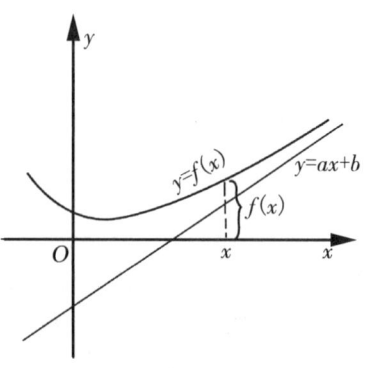

图 4-15

2. 垂直渐近线

如果曲线 $y=f(x)$ 在 c 点间断,且有
$$\lim_{x\to c^-}f(x)=\infty(\text{或}\lim_{x\to c^+}f(x)=\infty),$$
则直线 $x=c$ 为曲线的一条渐近线,称此渐近线为垂直渐近线.

例4 求曲线 $y=\dfrac{1}{x-1}$ 的垂直渐近线.

解 显然 $y=\dfrac{1}{x-1}$ 在 $x=1$ 处间断,且
$$\lim_{x\to 1}\dfrac{1}{x-1}=\infty,$$
所以 $x=1$ 是曲线的一条垂直渐近线,如图 4-16.

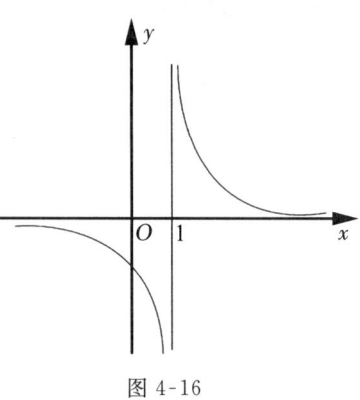

图 4-16

3. 斜渐近线

对曲线 $y=f(x)$ 及直线 $y=ax+b$,如果
$$\lim_{x\to\infty}[f(x)-(ax+b)]=0,$$
则 $y=ax+b$ 是该曲线的一条渐近线,称此渐近线为斜渐近线.

设 $y=ax+b$ 是 $y=f(x)$ 的斜渐近线,下面确定待定系数 a 和 b. 因为
$$\lim_{x\to\infty}\left[\dfrac{f(x)}{x}-a-\dfrac{b}{x}\right]=\lim_{x\to\infty}\dfrac{1}{x}[f(x)-ax-b]$$
$$=\lim_{x\to\infty}\dfrac{1}{x}\cdot\lim_{x\to\infty}[f(x)-ax-b]$$
$$=0\cdot 0=0.$$
所以
$$a=\lim_{x\to\infty}\dfrac{f(x)}{x}.$$
再将 a 的值代入 $\lim\limits_{x\to\infty}[f(x)-ax-b]=0$ 得
$$b=\lim_{x\to\infty}[f(x)-ax].$$

例5 求曲线 $y=\dfrac{x^2}{2x-1}$ 的渐近线.

解 因为
$$\lim_{x\to\infty}\dfrac{x^2}{2x-1}=\infty,\lim_{x\to\frac{1}{2}}\dfrac{x^2}{2x-1}=\infty,$$

所以该曲线无水平渐近线,而垂直渐近线为 $x=\dfrac{1}{2}$.

又因为
$$a=\lim_{x\to\infty}\dfrac{f(x)}{x}=\lim_{x\to\infty}\dfrac{x^2}{x(2x-1)}=\dfrac{1}{2},$$
$$b=\lim_{x\to\infty}[f(x)-ax]=\lim_{x\to\infty}\left[\dfrac{x^2}{2x-1}-\dfrac{1}{2}x\right]$$
$$=\lim_{x\to\infty}\dfrac{x}{2(2x-1)}=\dfrac{1}{4}.$$

所以该曲线有斜渐近线 $y=\dfrac{1}{2}x+\dfrac{1}{4}$.

例 6 求曲线 $y=(1+x)\mathrm{e}^{1-\frac{1}{x}}$ 的渐近线.

解 (1) $\lim\limits_{x\to\pm\infty}f(x)=\lim\limits_{x\to\pm\infty}(1+x)\mathrm{e}^{1-\frac{1}{x}}=\pm\infty$,故无水平渐近线.

(2) $\lim\limits_{x\to 0^+}f(x)=\lim\limits_{x\to 0^+}(1+x)\mathrm{e}^{1-\frac{1}{x}}=0$,

$\lim\limits_{x\to 0^-}f(x)=\lim\limits_{x\to 0^-}(1+x)\mathrm{e}^{1-\frac{1}{x}}=+\infty$,

故有垂直渐近线 $x=0$.

(3) $\lim\limits_{x\to\pm\infty}\dfrac{f(x)}{x}=\lim\limits_{x\to\pm\infty}\left(1+\dfrac{1}{x}\right)\mathrm{e}^{1-\frac{1}{x}}=\mathrm{e}\neq 0$,

$$\lim_{x\to\pm\infty}[f(x)-\mathrm{e}x]=\lim_{x\to\pm\infty}[(1+x)\mathrm{e}^{1-\frac{1}{x}}-\mathrm{e}x]$$
$$=\lim_{x\to\pm\infty}[\mathrm{e}^{1-\frac{1}{x}}+x(\mathrm{e}^{1-\frac{1}{x}}-\mathrm{e})]=\mathrm{e}+\lim_{x\to\pm\infty}x(\mathrm{e}^{1-\frac{1}{x}}-\mathrm{e})$$
$$=\mathrm{e}+\lim_{x\to\pm\infty}\dfrac{\mathrm{e}^{1-\frac{1}{x}}-\mathrm{e}}{1/x}=\mathrm{e}+\lim_{x\to\pm\infty}\dfrac{\mathrm{e}^{1-\frac{1}{x}}\cdot(1/x^2)}{-1/x^2}=0.$$

故斜渐近线为 $y=\mathrm{e}x$.

§4.6 函数图形的讨论

在中学里,我们已经学过了描点作图法,首先求出几个点的坐标,然后把它们逐个连接起来,就得到曲线的图象.在掌握了微分学这个工具之后,就可以利用函数的导数来进一步研究函数的性态,从而对函数曲线的变化轮廓产生全面的了解.

描绘函数图形的一般步骤:

(1) 求函数的定义域和值域,以确定图形范围;

(2) 确定曲线的对称性及周期性,以缩小描图范围;

(3) 讨论函数的单调性、凹凸性及极值与拐点;

(4) 确定曲线的渐近线;

(5) 由曲线方程计算出一些点的坐标,特别是曲线与坐标轴的交点坐标;

(6) 作函数图形.

例1 作函数 $y = \dfrac{4(x+1)}{x^2} - 2$ 的图形.

解 ① 定义域为 $(-\infty, 0) \cup (0, +\infty)$.

② 讨论单调性、极值、凹凸性与拐点.
$$y' = -\dfrac{4(x+2)}{x^3},\ y'' = \dfrac{8(x+3)}{x^4}.$$

令 $y'=0$, 得 $x=-2$, 令 $y''=0$, 得 $x=-3$, 用 $-3, -2, 0$ 将定义域分成四个部分, 列表讨论如下:

x	$(-\infty,-3)$	-3	$(-3,-2)$	-2	$(-2,0)$	0	$(0,+\infty)$
y'	$-$	$-$	$-$	0	$+$		$-$
y''	$-$	0	$+$	$+$	$+$		$+$
y	↘ 凸	$-2\dfrac{8}{9}$ 拐点	↘ 凹	-3 极小值	↗ 凹	间断	↘ 凹

③ 讨论渐近线.

因为 $\lim\limits_{x \to \pm\infty} \left[\dfrac{4(x+1)}{x^2} - 2 \right] = -2$, 所以 $y=-2$ 是曲线的水平渐近线; 又因 $\lim\limits_{x \to 0} \left[\dfrac{4(x+1)}{x^2} - 2 \right] = +\infty$, 所以 $x=0$ 是曲线的垂直渐近线.

④ 描点: $A(-1,-2), B(1,6), C(2,1), D\left(3, -\dfrac{2}{9}\right)$.

⑤ 作函数的图形, 如图 4-17.

例2 作函数 $y = \dfrac{1}{\sqrt{2\pi}} e^{-\frac{x^2}{2}}$ 的图形.

解 ① 定义域为 $(-\infty, +\infty)$, 值域为 $\left(0, \dfrac{1}{\sqrt{2\pi}}\right]$.

② 对称性: $y = \dfrac{1}{\sqrt{2\pi}} e^{-\frac{x^2}{2}}$ 是偶函数, 其图形关于 y 轴对称.

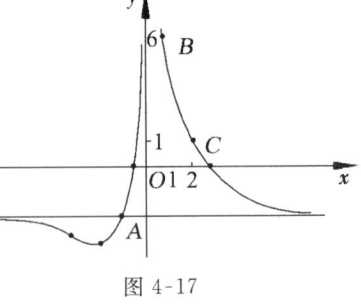

图 4-17

③ 讨论单调性、凹凸性、极值与拐点.
$$y' = -\dfrac{x}{\sqrt{2\pi}} e^{-\frac{x^2}{2}},\ y'' = \dfrac{(x+1)(x-1)}{\sqrt{2\pi}} e^{-\frac{x^2}{2}}.$$

令 $y'=0$ 得 $x_1=0$; 令 $y''=0$, 得 $x_2=-1, x_3=1$. 用 $0, -1, 1$ 三个点将定义域分成四个部分, 并列表讨论如下:

x	$(-\infty,-1)$	-1	$(-1,0)$	0	$(0,1)$	1	$(1,+\infty)$
y'	$+$	$+$	$+$	0	$-$	$-$	$-$
y''	$+$	0	$-$	$-$	$-$	0	$+$
y	↗ 凹	$\dfrac{1}{\sqrt{2\pi e}}$ 拐点	↗ 凸	$\dfrac{1}{\sqrt{2\pi}}$ 极大值	↘ 凸	$\dfrac{1}{\sqrt{2\pi e}}$ 拐点	↘ 凹

④ 渐近线：
$$\lim_{x \to \infty} \frac{1}{\sqrt{2\pi}} e^{-\frac{x^2}{2}} = 0,$$
所以 $y=0$ 是水平渐近线，无垂直渐近线．

⑤ 描出几个点：
$A\left(0, \frac{1}{\sqrt{2\pi}}\right), B\left(1, \frac{1}{\sqrt{2\pi e}}\right), C\left(2, \frac{1}{\sqrt{2\pi e^2}}\right)$

其中 $\frac{1}{\sqrt{2\pi}} \approx 0.4, \frac{1}{\sqrt{2\pi e}} \approx 0.24$．

⑥ 作函数的图形，如图 4-18．

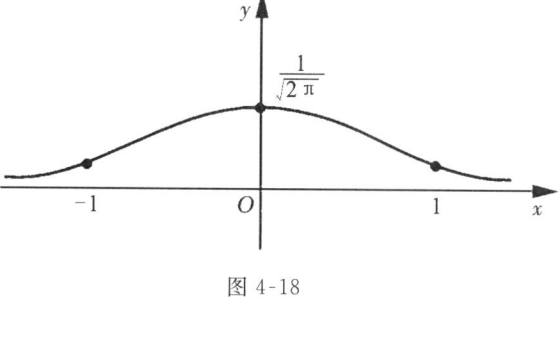

图 4-18

例 3 作函数 $y = \frac{(x-3)^2}{4(x-1)}$ 的图形．

解 ① 函数的定义域为 $(-\infty, 1) \cup (1, +\infty)$．

② 讨论单调性、凹凸性、极值与拐点．
$$y' = \frac{(x-3)(x+1)}{4(x-1)^2}, \quad y'' = \frac{2}{(x-1)^3}.$$

令 $y'=0$，$x_1=-1$，$x_2=3$．用 $x=-1,1,3$，将区间 $(-\infty,1)\cup(1,+\infty)$ 分成四个部分，并列表讨论如下：

x	$(-\infty,-1)$	-1	$(-1,1)$	1	$(1,3)$	3	$(3,+\infty)$
y'	$+$	0	$-$		$-$	0	$+$
y''	$-$		$-$		$+$		$+$
y	↗ ∩	-2 极大值	↘ ∩	间断	↘ ∪	0 极小值	↗ ∪

③ 讨论渐近线．

因为 $\lim\limits_{x \to 1} \frac{(x-3)^2}{4(x-1)} = \infty$，所以 $x=1$ 是曲线的垂直渐近线．

又因为 $\lim\limits_{x \to \infty} \frac{f(x)}{x} = \lim\limits_{x \to \infty} \frac{(x-3)^2}{4x(x-1)} = \frac{1}{4}$，
$$\lim_{x \to \infty}\left[\frac{(x-3)^2}{4(x-1)} - \frac{1}{4}x\right] = \lim_{x \to \infty}\frac{-5x+9}{4(x-1)} = -\frac{5}{4},$$
所以 $y = \frac{x}{4} - \frac{5}{4}$ 是曲线的斜渐近线．

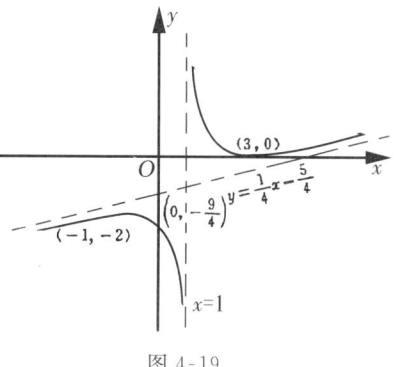

图 4-19

④ 描几个点．
$$A(-1,-2), B\left(0, -\frac{9}{4}\right), C(3,0).$$

⑤ 作函数图形，如图 4-19．

习题 4
(A)

1. 下列函数在给定的区间上是否满足罗尔定理的条件?

   (1) $f(x)=\dfrac{3}{2x^2+1}$, $[-1,1]$; (2) $f(x)=xe^{-x}$, $[0,1]$;

   (3) $f(x)=|x|$, $[-1,1]$; (4) $f(x)=x^4$, $[-2,2]$;

   (5) $f(x)=\ln\sin x$, $\left[\dfrac{\pi}{6},\dfrac{5\pi}{6}\right]$; (6) $f(x)=e^{x^2}-1$, $[-1,1]$.

2. 不求导数,判断函数 $f(x)=(x-1)(x-2)(x-3)$ 的导数有几个实根,以及其所在范围.

3. 证明:方程 $x^3-3x+c=0$ 在 $[0,1]$ 上至多有一个实根(c 为任意常数).

4. 设 $f(x)=\ln x$,在 $[1,e]$ 上求 ξ 的值使拉格朗日定理的结论成立.

5. 证明不等式 $|\arctan x_1-\arctan x_2|\leqslant |x_1-x_2|$.

6. 设 $0<a\leqslant b$,试证 $\dfrac{b-a}{b}\leqslant \ln\dfrac{b}{a}\leqslant \dfrac{b-a}{a}$.

7. 证明:如果函数 $f(x)$ 在 $(-\infty,+\infty)$ 内满足关系式 $f'(x)=f(x)$,且 $f(0)=1$,那么 $f(x)=e^x$.

8. 证明恒等式
$$2\arctan x+\arcsin\dfrac{2x}{1+x^2}=\pi\ (x\geqslant 1).$$

9. 已知函数 $f(x)=\sin x$ 和 $g(x)=1+\cos x$,$x\in\left[0,\dfrac{\pi}{2}\right]$,验证柯西中值定理的正确性.

10. 设 $f(x),g(x)$ 在 $[a,b]$ 上连续,(a,b) 内可导,且 $f(a)=f(b)=0$.
    证明:(1) 对任意 $\lambda\in(-\infty,+\infty)$,均存在 $\xi\in(a,b)$,使得 $f'(\xi)+\lambda f(\xi)=0$;
    (2) 存在 $\eta\in(a,b)$,使得 $f'(\eta)+f(\eta)g'(\eta)=0$.

11. 利用罗必塔法则求下列极限.

    (1) $\lim\limits_{x\to 0}\dfrac{e^x-e^{-x}}{x}$; (2) $\lim\limits_{x\to \frac{\pi}{2}}\dfrac{\ln\sin x}{(\pi-2x)^2}$; (3) $\lim\limits_{x\to \pi}\dfrac{\sin 3x}{\tan 5x}$;

    (4) $\lim\limits_{x\to+\infty}\dfrac{\ln\left(1+\dfrac{1}{x}\right)}{\operatorname{arccot} x}$; (5) $\lim\limits_{x\to \frac{\pi}{2}^+}\dfrac{\ln\left(x-\dfrac{\pi}{2}\right)}{\tan x}$; (6) $\lim\limits_{x\to\infty}(1+x^2)^{\frac{1}{x}}$;

    (7) $\lim\limits_{x\to 0}\left(\dfrac{1}{x}-\dfrac{1}{e^x-1}\right)$; (8) $\lim\limits_{x\to 0}\left(\dfrac{1}{\sin^2 x}-\dfrac{1}{1-\cos x}\right)$; (9) $\lim\limits_{x\to+\infty}\left[x(e^{\frac{1}{x}}-1)\right]$;

    (10) $\lim\limits_{x\to-\infty}x\left(\arctan x+\dfrac{\pi}{2}\right)$; (11) $\lim\limits_{x\to 1}(1-x)\tan\dfrac{\pi}{2}x$; (12) $\lim\limits_{x\to 0^+}x^{\sin x}$;

    (13) $\lim\limits_{x\to+\infty}\left(\dfrac{\pi}{2}-\arctan x\right)^{\frac{1}{\ln x}}$; (14) $\lim\limits_{x\to\infty}\left(1+\dfrac{1}{x^2}\right)^x$; (15) $\lim\limits_{x\to 0^+}\left(\dfrac{1}{x}\right)^{\tan x}$;

(16) $\lim\limits_{x\to+\infty}\dfrac{x^n}{e^{ax}}$,($a>0$,$n$ 为正整数).

12. 极限 $\lim\limits_{x\to\infty}\dfrac{x-\sin x}{x+\sin x}$ 是否存在？能否用罗必塔法则计算？为什么？

13. 确定下列函数的单调增减区间.

(1) $y=x^4-2x^2+2$;   (2) $y=x-e^x$;   (3) $y=\dfrac{x^2-1}{x}$;

(4) $y=\ln(1+x^2)-x$; (5) $y=(x-1)x^{\frac{2}{3}}$; (6) $y=x+\cos x$.

14. 利用函数的单调增减性，证明下列不等式.

(1) $\sin x<x\left(0<x<\dfrac{\pi}{2}\right)$;   (2) $\dfrac{x-1}{x+1}<\dfrac{1}{2}\ln x(x>1)$.

15. 设函数 $f(x)$ 在闭区间 $[0,A]$ 上连续，且 $f(0)=0$. 若 $f''(x)$ 存在，且 $f''(x)>0$，试证明 $F(x)=\dfrac{f(x)}{x}$ 在 $(0,A)$ 内单调增加.

16. 求下列函数的极值.

(1) $y=\dfrac{2x}{1+x^2}$;   (2) $y=x-\ln(1+x)$;   (3) $y=x+\tan x$;

(4) $y=x^2 e^{-x}$;   (5) $y=(x-5)\sqrt[3]{(x+1)^2}$; (6) $y=x-(x-2)^{\frac{2}{3}}$.

17. 求下列函数在所给区间上的最值.

(1) $y=\arctan x$, $[0,1]$;   (2) $y=x+2\sqrt{x}$, $[0,4]$;

(3) $y=|x^2-3x+2|$, $[-10,10]$; (4) $y=\sqrt{x}\ln x$, $\left[\dfrac{1}{2},1\right]$.

18. 设函数 $y=a\ln x+bx^2+x$ 在 $x_1=1$, $x_2=2$ 处取得极值，试问 a,b 的值为多少. 此时 $f(x)$ 在 x_1,x_2 处取得极大值还是极小值.

19. 将边长为 a 的一块正方形铁皮，四角各截去一个大小相同的小正方形，然后将四边折起做一个无盖的方盒，问截掉的小正方形边长为多大时，所得方盒的容积最大.

20. 欲做一个底为正方形、容积为 108 立方米的长方体开口容器，怎样做法所需材料最少？

21. 用一块半径为 R 的圆形铁皮，剪去一个圆心角为 α 的扇形后，做成一个漏斗形容器，问 α 为何值时，容器的容积最大.

22. A,B 两厂与码头均位于一条东西向直线形河流的一侧，河岸边的 A 厂离码头 10 公里，B 厂在码头的正北方，离码头 4 公里. 今要在 A,B 两厂间修一条公路，沿河筑路时，费用为 3（千元/公里），不沿河筑路时，费用为 5（千元/公里）. 问此路从 A 厂开始沿河修筑多少公里，才能使筑路总费用最省.

23. 有甲、乙两城，甲城位于一直线的河岸，乙城与甲城在河的同侧且离河岸 40 公里. 乙城到河岸的垂足与甲城相距 70 公里，两城拟在河边建一水厂，已知水厂到甲城和乙城铺设管道所需费用分别为 300 元/公里和 500 元/公里. 问水厂应建在何处才能使铺设水管的总费用最省.

24. 以汽船拖载重相等的小船若干只，在两港之间来回运送货物. 已知每次拖 4 只小船一日能来回 16 次,每次拖 7 只则一日能来回 10 次.如果小船增多的只数与来回减少的次数成正比,问每日来回多少,每次拖多少只小船才能使运货总量达到最大.

25. 甲船以每小时 20 浬的速度向东行驶,同一时间乙船在甲船正北 82 浬处以每小时 16 浬的速度向南行驶,问经过多少时间两船距离最近.

26. 某厂生产某种商品,其年销量为 100 万件,每批生产需增加准备费 1000 元,而每件的库存费为 0.05 元.如果年销售均匀,且上批销售完后,立即再生产下一批(此时商品库存量为批量的一半),问应分几批生产,能使生产准备费及库存费之和最小.

27. 某工厂生产某产品,年产量为 x 百台,总成本为 C 万元,其中固定成本为 2 万元,每生产 1 百台,成本增加 2 万元.市场上可销售此种商品 3 百台,其销售收入

$$R(x) = \begin{cases} 6x - x^2 + 1 & 0 \leqslant x \leqslant 3; \\ 10 & x > 3. \end{cases}$$

问每年生产多少台,总利润最大.

28. 由方程 $x^3 + 2y^3 - 6axy = 0 (a \neq 0)$ 确定的隐函数 $y = f(x)$,如果满足条件 $f(2a) = 2a$,试证明 $x = 2a$ 为 $y = f(x)$ 的驻点,并讨论 $x = 2a$ 是否为极值点.

29. 确定下列函数的凹向与拐点.

(1) $y = \dfrac{2x}{1+x^2}$;   (2) $y = x \arctan x$;   (3) $y = x^2 - x^3$;

(4) $y = x^3$;   (5) $y = \dfrac{1}{3}x^3 - x^2 + 2$;   (6) $y = xe^{-x}$.

30. a, b 为何值时,点 $(1,3)$ 为曲线 $y = ax^3 + bx^2$ 的拐点.

31. 试确定 a, b,使 $y = x^3 + ax^2 + bx$ 在 $x = 1$ 处有极值 -2,并求拐点.

32. 求下列曲线的渐近线.

(1) $y = e^{\frac{1}{x}} - 1$;   (2) $y = xe^{\frac{2}{x}} + 1$;   (3) $y = \dfrac{\ln x}{x-1}$;   (4) $y = x + \dfrac{\sin x}{x-1}$.

33. 作下列函数的图形.

(1) $y = \ln(1+x^2)$;   (2) $y = xe^{-x}$;   (3) $y = \dfrac{1}{1-x^2}$;

(4) $y = \dfrac{x^3}{(x-1)^2}$;   (5) $y = e^{\frac{1}{x}}$;   (6) $y = \dfrac{3}{5}x^{\frac{5}{3}}$.

(B)

1. 是非判断

(1) 若在 (a,b) 内 $f(x)$ 与 $g(x)$ 均可导,且 $f(x) > g(x)$,则在 (a,b) 内必有 $f'(x) > g'(x)$.   (   )

(2) 若 $f'(x)$ 在 (a,b) 内恒为常数,则 $f(x)$ 是线性函数.   (   )

(3) 单调可导函数的导数必定单调.   (   )

(4) 若导函数单调,则函数必单调.   (   )

(5) 设 $f(x)$ 在 (a,b) 内可导,$x_0 \in (a,b)$,若 $x > x_0$,则 $f'(x) > 0$;若 $x < x_0$,则 $f'(x) < 0$,那么 x_0 是 $f(x)$ 的极小值点.   (   )

(6) 若在 (a,b) 内对任意 x 都有 $f'(x) = 0$,则 $f(a) = f(b)$.   (   )

2. 单项选择

(1) 设 $f'(x_0)=f''(x_0)=0, f'''(x_0)>0$，则下列选项正确的是( ).

(A) $f'(x_0)$ 是 $f'(x)$ 的极大值　　(B) $f(x_0)$ 是 $f(x)$ 的极大值

(C) $f(x_0)$ 是 $f(x)$ 的极小值　　(D) $(x_0, f(x_0))$ 是曲线 $y=f(x)$ 的拐点

(2) 设 $f(x)$ 的导数在 $x=a$ 连续，又 $\lim\limits_{x\to a}\dfrac{f'(x)}{x-a}=-1$，则( ).

(A) $x=a$ 是 $f(x)$ 的极小值点

(B) $x=a$ 是 $f(x)$ 的极大值点

(C) $(a, f(a))$ 是 $y=f(x)$ 的拐点

(D) $x=a$ 不是 $f(x)$ 的极值点，$(a, f(a))$ 也不是 $y=f(x)$ 的拐点

(3) 设函数 $f(x)$ 在闭区间 $[a,b]$ 上有定义，在开区间 (a,b) 内可导，则( ).

(A) 当 $f(a)f(b)<0$ 时，存在 $\xi\in(a,b)$，使 $f(\xi)=0$

(B) 对 $\xi\in(a,b)$，有 $\lim\limits_{x\to\xi}[f(x)-f(\xi)]=0$

(C) 当 $f(a)=f(b)$ 时，存在 $\xi\in(a,b)$，使 $f'(\xi)=0$

(D) 存在 $\xi\in(a,b)$，使 $f(b)-f(a)=f'(\xi)(b-a)$

(4) 设 $f(x)=|x(1-x)|$，则( ).

(A) $x=0$ 是 $f(x)$ 的极值点，但 $(0,0)$ 不是曲线 $f(x)$ 的拐点

(B) $x=0$ 不是 $f(x)$ 的极值点，但 $(0,0)$ 是曲线 $f(x)$ 的拐点

(C) $x=0$ 是 $f(x)$ 的极值点，且 $(0,0)$ 是曲线 $f(x)$ 的拐点

(D) $x=0$ 不是 $f(x)$ 的极值点，$(0,0)$ 也不是曲线 $f(x)$ 的拐点

(5) 设 $f(x)=x\sin x+\cos x$，下列命题正确的是( ).

(A) $f(0)$ 是极大值，$f\left(\dfrac{\pi}{2}\right)$ 是极小值　　(B) $f(0)$ 是极小值，$f\left(\dfrac{\pi}{2}\right)$ 是极大值

(C) $f(0)$ 是极大值，$f\left(\dfrac{\pi}{2}\right)$ 也是极大值　　(D) $f(0)$ 是极小值，$f\left(\dfrac{\pi}{2}\right)$ 也是极小值.

(6) 设 $f(x), g(x)$ 具有二阶导数，且 $g''(x)<0$，$g(x_0)=a$ 是 $g(x)$ 的极值，则 $f[g(x)]$ 在 x_0 取极大值的一个充分条件是( ).

(A) $f'(a)<0$　　(B) $f'(a)>0$　　(C) $f''(a)<0$　　(D) $f''(a)>0$

(7) 曲线 $y=\mathrm{e}^{\frac{1}{x^2}}\arctan\dfrac{x^2+x-1}{(x+1)(x+2)}$ 的渐近线有( ).

(A) 1 条　　(B) 2 条　　(C) 3 条　　(D) 4 条

(8) 曲线 $y=\dfrac{1}{x}+\ln(1+\mathrm{e}^x)$ 的渐近线条数为( ).

(A) 0　　(B) 1　　(C) 2　　(D) 3

(9) 曲线 $y=x\mathrm{e}^{\frac{1}{x^2}}$ ( ).

(A) 仅有水平渐近线　　(B) 仅有铅垂渐近线

(C) 既有水平渐近线又有铅垂渐近线　　(D) 既有铅垂渐近线又有斜渐近线

(10) 设函数 $f(x)$ 在 $x=x_0$ 处二阶导数存在，且 $f''(x_0)<0, f'(x_0)=0$，则必存在 $\delta>0$，使得( ).

(A) 曲线 $y=f(x)$ 在区间 $(x_0-\delta,x_0+\delta)$ 上是凸的

(B) 曲线 $y=f(x)$ 在区间 $(x_0-\delta,x_0+\delta)$ 上是凹的

(C) 函数 $f(x)$ 在区间 $(x_0-\delta,x_0]$ 是单调增加,在区间 $[x_0,x_0+\delta)$ 是单调减少

(D) 函数 $f(x)$ 在区间 $(x_0-\delta,x_0]$ 是单调减少,在区间 $[x_0,x_0+\delta)$ 是单调增加

(11) 设 $f(x)$ 在 $x=0$ 的某邻域内存在二阶导数,且 $f'(0)=0, \lim\limits_{x\to 0}\dfrac{f''(x)}{|x|}=a, a>0$,则( ).

(A) $f(0)$ 是 $f(x)$ 的极小值

(B) $f(0)$ 是 $f(x)$ 的极大值

(C) 在点 $(0,f(0))$ 的左侧邻近,曲线 $y=f(x)$ 是凹的,右侧邻近是凸的

(D) 在点 $(0,f(0))$ 的左侧邻近,曲线 $y=f(x)$ 是凸的,右侧邻近是凹的

3. 填空

(1) 函数 $f(x)=(x-1)(x-2)(x-3)(x-4)$ 的导函数有_____个实根.

(2) 在曲线 $y=x^3$ 上某点的切线,平行于连接点 $A(-1,-1)$ 及点 $B(2,8)$ 所成的弦,则此点为_____或_____.

(3) $\lim\limits_{x\to a}\dfrac{a^x-x^a}{x-a}(a>0)=$ _____.

(4) 若 $f''(x_0)=3$,则 $\lim\limits_{h\to 0}\dfrac{f(x_0+h)+f(x_0-h)-2f(x_0)}{h^2}=$ _____.

(5) 设 $f(x)$ 在 $(-\infty,+\infty)$ 内可导,且对任意 x_1,x_2,当 $x_1>x_2$ 时,都有 $f'(x_1)>f'(x_2)$,则函数 $-f'(-x)$ 是单调_____.

(6) 已知函数 $y=f(x)$ 对一切 x 满足
$$xf''(x)+3x[f'(x)]^2=1-e^{-x}.$$
若 $f'(x_0)=0(x_0\neq 0)$,则 $f(x_0)$ 是 $f(x)$ 的极值,并且是极_____.

(7) 函数 $f(x)=2x+3\sqrt[3]{x^2}$ 的极大值为_____.

(8) $y=x+x^{\frac{5}{3}}$ 的拐点是_____.

(9) 在 $1,\sqrt{2},\sqrt[3]{3},\sqrt[4]{4},\cdots,\sqrt[n]{n},\cdots$ 中,最大的一个数是_____.

(10) 曲线 $y=\left(\dfrac{1+x}{1-x}\right)^4$ 的垂直渐近线是_____.

4. 设函数 $f(x)$ 在 $[0,3]$ 上连续,在 $(0,3)$ 内可导,且 $f(0)+f(1)+f(2)=3, f(3)=1$,试证必存在 $\xi\in(0,3)$,使得 $f'(\xi)=0$.

5. 设函数 $f(x),g(x)$ 在 $[a,b]$ 上连续,在 (a,b) 内二阶可导并存在相等的最大值,且 $f(a)=g(a), f(b)=g(b)$.

证明:(1) 存在 $\eta\in(a,b)$,使 $f(\eta)=g(\eta)$;(2) 存在 $\xi\in(a,b)$,使 $f''(\xi)=g''(\xi)$.

6. 设 $f(x)$ 在 $[a,b]$ 上二阶可导,并且 $f'(a)\cdot f'(b)>0, f(a)=f(b)=0$,试证明 $f'(x)$ 在 (a,b) 内至少有一个驻点.

7. 设 $f(x)$ 与 $g(x)$ 在 (a,b) 内可导,并且 $f'(x)+f(x)g'(x)\neq 0$,试证明 $f(x)$ 在 (a,b) 内至多有 1 个零点.

8. 设函数 $f(x)$ 在 $[0,\frac{1}{2}]$ 上二阶可导,且 $f(0)=f'(0)$, $f(\frac{1}{2})=0$. 试证:至少存在一点 $\xi\in(0,\frac{1}{2})$,使得 $f''(\xi)=\dfrac{3f'(\xi)}{1-2\xi}$.

9. 假设函数 $f(x)$ 和 $g(x)$ 在 $[a,b]$ 上存在二阶导数,并且 $g''(x)\neq 0$, $f(a)=f(b)=g(a)=g(b)=0$,试证

  (1) 在开区间 (a,b) 内 $g(x)\neq 0$;

  (2) 在开区间 (a,b) 内至少存在一点 ξ 使
  $$\frac{f(\xi)}{g(\xi)}=\frac{f''(\xi)}{g''(\xi)}.$$

10. 设函数 $f(x)$ 在区间 $[0,1]$ 上连续,在 $(0,1)$ 内可导,且 $f(0)=f(1)=0$, $f(\frac{1}{2})=1$,试证

  (1) 存在 $\eta\in(\frac{1}{2},1)$,使 $f(\eta)=\eta$;

  (2) 对任意实数 λ,存在 $\xi\in(0,\eta)$,使
  $$f'(\xi)-\lambda[f(\xi)-\xi]=1.$$

11. 设 $f(x)$ 在 $[a,b]$ 上连续,在 (a,b) 内可导,$0<a<b$,试证明:存在 $\xi\in(a,b)$,使得
$$\frac{ab}{b-a}[bf(b)-af(a)]=\xi^2[f(\xi)+\xi f'(\xi)].$$

12. 设 $f(x)$ 在 $[a,b]$ 上连续,在 (a,b) 内可导,且 $f(a)=f(b)=1$,试证存在 $\xi,\eta\in(a,b)$,使得
$$e^{\eta-\xi}[f(\eta)+f'(\eta)]=1.$$

13. 设 $f(x)$ 在 $[a,b]$ 上连续,在 (a,b) 内可导,且 $f'(x)\neq 0$, $b>a>0$,证明:存在 $\xi,\eta\in(a,b)$,使得
$$\frac{f'(\xi)}{f'(\eta)}=\frac{2\sqrt{\eta}}{\sqrt{a}+\sqrt{b}}.$$

14. 设 $f(x)$ 在闭区间 $[0,c]$ 上连续,其导数 $f'(x)$ 在开区间 $(0,c)$ 内存在且单调减少,$f(0)=0$,试应用拉格朗日定理证明不等式
$$f(a+b)\leqslant f(a)+f(b),$$
其中常数 a,b 满足条件
$$0\leqslant a\leqslant b\leqslant a+b\leqslant c.$$

15. 设 $x\in(0,1)$,证明 $(1+x)\ln^2(1+x)<x^2$.

16. 证明:当 $0<a<b<\pi$ 时,$b\sin b+2\cos b+\pi b>a\sin a+2\cos a+\pi a$.

17. 证明:$x\ln\dfrac{1+x}{1-x}+\cos x\geqslant 1+\dfrac{x^2}{2}$ $(-1<x<1)$.

18. 求 $\lim\limits_{n\to\infty}\left(n\tan\dfrac{1}{n}\right)^{n^2}$ (n 正整数).

19. 求 $\lim\limits_{x\to 0}\dfrac{\sqrt{1+\tan x}-\sqrt{1+\sin x}}{x\ln(1+x)-x^2}$.

20. 已知 $y=\dfrac{x^3}{(x-1)^2}$,求

(1) 函数的单调增减区间与极值;

(2) 函数图形的凹凸区间及拐点;

(3) 函数图形的渐近线.

21. 设某种商品的单价为 P 时,售出的商品数量 Q 可以表示成
$$Q=\dfrac{a}{P+b}-c.$$
其中 a,b,c 均正数,且 $a>bc$.

(1) 求 P 在何范围变化时,使相应销售额增加或减少;

(2) 要使销售额最大,商品单价 P 应取何值? 最大的销售额是多少?

22. 一商家销售某种商品的价格满足关系
$$P=7-0.2x(万元/吨),$$
x 为销售量(单位:吨),商品的成本函数是
$$C=3x+1(万元),$$
若每吨商品政府征税 t(万元),问该商家获得最大利润时的销售量是多少. 此时,t 为何值时,政府税收总额最大.

23. 假设某种商品的需求量 Q 是单价 P(元)的函数:$Q=12000-80P$;商品的总成本 C 是需求量 Q 的函数:$C=25000+50Q$. 每单位商品需要纳税 2 元,试求使销售利润最大的商品单价和最大利润额.

24. 设某酒厂有一批新酿的好酒,如果现在(假定 $t=0$)就售出,总收入为 R_0(元);如果窖藏起来待来日按陈酒价格出售,t 年末总收入为
$$R=R_0 e^{\frac{2}{5}\sqrt{t}}.$$
假定银行的年利率为 r,并以连续复利计息,试求窖藏多少年售出可使总收入的现值最大,并求 $r=0.06$ 时的 t 值.

25. 有一密闭容器,下部为直圆柱形,上部为半球形,设其容积等于 V(常数),问直圆柱的底半径 r 与高 h 为何值时,该容器表面积最小.

26. 某商品进价为 a(元/件),根据以往经验,当销售价为 b(元/件)时,销售量为 c 件 (a,b,c 均为正常数,且 $b\geqslant\dfrac{4}{3}a$),市场调查表明,销售每下降 10%,销售量可增加 40%,现决定一次性降价.试问,当销售价定为多少时,可获得最大利润? 并求出最大利润.

第 5 章 不 定 积 分

前面我们研究了微分学,它是已知函数,求函数的变化率即导函数的运算.但是,在数学理论及许多实际问题中,往往需要解决相反的问题:已知某函数的导函数,求该函数.这就是下面要讨论的求不定积分问题.

本章主要介绍不定积分的基本概念、性质及求法.

§5.1 不定积分的概念及性质

一、不定积分的概念

先看两个具体问题.

1. 已知某曲线方程为 $y=f(x)$,要求其上任一点处切线斜率,只要求出 $f'(x)$ 即可. 反过来,如果已知曲线上任一点处的切线斜率为 $f'(x)$,要求该曲线方程 $y=f(x)$,如何求?

2. 已知某产品的总成本为产量 Q 的函数 $C=C(Q)$,要求其边际成本函数,只要求出 $C'(Q)$. 反过来,若已知某产品的边际成本为 $C'(Q)$,如何求其总成本函数?

将上述问题数学化,就是已知一个函数 $f(x)$,求一个新函数 $F(x)$,使 $F'(x)=f(x)$. 于是就得到原函数的概念.

定义 5.1 设 $F(x),f(x)$ 都在某区间上有定义,如果对该区间上每一点 x,恒有
$$F'(x)=f(x) \text{ 或 } dF(x)=f(x)dx$$
成立,则称 $F(x)$ 为 $f(x)$ 在该区间上的一个原函数.

例 1 因为在区间 $(-\infty,+\infty)$ 内恒有 $(x^2)'=2x$,故 x^2 是 $2x$ 的一个原函数.

同理,$x^2+1, x^2-\dfrac{1}{3}, x^2+\sqrt{5}$ 都是 $2x$ 的一个原函数.

例 2 因为在区间 $(-1,1)$ 内恒有 $(-\arccos x)'=\dfrac{1}{\sqrt{1-x^2}}$,故 $-\arccos x$ 是 $\dfrac{1}{\sqrt{1-x^2}}$ 的一个原函数.

同理,$-\arccos x+\pi, -\arccos x-2\pi, -\arccos x+c$($c$ 是任意常数)都是 $\dfrac{1}{\sqrt{1-x^2}}$ 的原

函数.

由上可见,一个函数如果存在原函数,则其原函数有无穷多个. 我们给出下面的定理.

定理 5.1　如果 $F(x)$ 是 $f(x)$ 在某区间上的一个原函数,则 $F(x)+c$ 是 $f(x)$ 在该区间上的全部原函数,其中 c 是任意常数.

证　显然,$F(x)+c$ 是 $f(x)$ 的原函数.

另一方面,若 $G(x)$ 是 $f(x)$ 在该区间内的任一原函数,则 $G'(x)=f(x)$,又 $F'(x)=f(x)$,故

$$G'(x)=F'(x).$$

由微分中值定理的推论,有

$$G(x)=F(x)+c_0 \ (c_0\text{ 是一常数}).$$

因此,$f(x)$ 的任一原函数都是 $F(x)+c$ 的形式.

综上所述,$F(x)+c$ 是 $f(x)$ 在某区间上的全部原函数.

一个函数在何条件下存在原函数? 下面给出原函数存在定理.

定理 5.2　如果 $f(x)$ 在某区间内连续,则 $f(x)$ 在该区间内一定存在原函数.

(证明略).

由于一切初等函数在有定义的区间上都连续,因此,一切初等函数在其定义区间上都存在原函数.

定义 5.2　函数 $f(x)$ 的所有原函数,称为 $f(x)$ 的不定积分,记作

$$\int f(x)\mathrm{d}x.$$

其中"$\int$"为积分号,$f(x)$ 称为被积函数,$f(x)\mathrm{d}x$ 称为被积表达式,x 称为积分变量.

如果 $F(x)$ 是 $f(x)$ 的一个原函数,则由定理 5.1,有

$$\int f(x)\mathrm{d}x = F(x)+c.$$

这里 c 是任意常数,也叫积分常数.

求 $f(x)$ 的不定积分,只要求其中一个原函数,再加上任一常数 c 即可.

例 3　求 $f(x)=\cos x$ 的不定积分.

解　因为 $(\sin x)'=\cos x$,所以 $\int \cos x\mathrm{d}x = \sin x + c.$

例 4　求 $f(x)=x^3$ 的不定积分.

解　因为 $\left(\dfrac{1}{4}x^4\right)'=x^3$,所以 $\int x^3\mathrm{d}x = \dfrac{1}{4}x^4 + c.$

二、不定积分的几何意义

如果 $F(x)$ 是 $f(x)$ 的一个原函数,则称 $y=F(x)$ 的图象为 $f(x)$ 的一条积分曲线. 于是,$\int f(x)\mathrm{d}x = F(x)+c$ 就表示无穷多条积分曲线,称为 $f(x)$ 的积分曲线簇. 这些积分曲线是由曲线 $y=F(x)$ 沿 y 轴向上或向下平移 $|c|$ 个单位得到. 显然,每条积分曲线上横

坐标相同点处的切线相互平行,任意两条积分曲线的纵坐标之差为常数. 如图 5-1 所示.

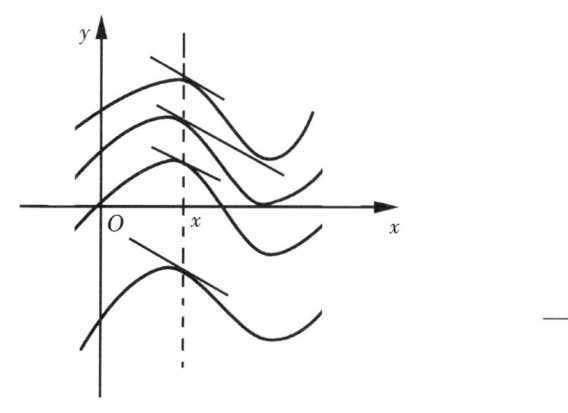

图 5-1　　　　　　　　　图 5-2

例 5　求过点 $(1,2)$、切线斜率为 $2x$ 的曲线方程.

解　由于 $\int 2x\mathrm{d}x = x^2 + c$,故积分曲线簇为 $y = x^2 + c$. 因曲线过 $(1,2)$ 点,将 $x=1$, $y=2$ 代入上式,可得 $c=1$. 于是,所求曲线方程为 $y = x^2 + 1$. 图形见图 5-2.

三、不定积分的性质

1. 求不定积分与求导数或微分互为逆运算.

① $\left[\int f(x)\mathrm{d}x\right]' = f(x)$ 或 $\mathrm{d}\left[\int f(x)\mathrm{d}x\right] = f(x)\mathrm{d}x$;

② $\int f'(x)\mathrm{d}x = f(x) + c$ 或 $\int \mathrm{d}f(x) = f(x) + c$.

由不定积分的定义不难验证上式都成立. 当积分号 "$\int$" 与导数符号 "$'$" 或微分符号 "d" 连用时,或者抵消,或者抵消后只差一个常数.

例 6　已知 $\int f(x)\mathrm{d}x = \mathrm{e}^{x^2} + c$,求 $f(x)$.

解　上式两边求导数,得

$$\left(\int f(x)\mathrm{d}x\right)' = (\mathrm{e}^{x^2} + c)'$$

故

$$f(x) = 2x\mathrm{e}^{x^2}.$$

2. 非零常数因子可提到积分号外,即

$$\int kf(x)\mathrm{d}x = k\int f(x)\mathrm{d}x \ (k \text{ 为非零常数}).$$

证　因为 $\left(k\int f(x)\mathrm{d}x\right)' = k\left(\int f(x)\mathrm{d}x\right)' = kf(x)$,所以 $k\int f(x)\mathrm{d}x$ 是 $kf(x)$ 的原函数,而 $k\int f(x)\mathrm{d}x$ 中已含有任意常数. 故

$$\int kf(x)\mathrm{d}x = k\int f(x)\mathrm{d}x.$$

3. 两函数代数和的不定积分等于两函数不定积分的代数和,即
$$\int [f(x) \pm g(x)]\mathrm{d}x = \int f(x)\mathrm{d}x \pm \int g(x)\mathrm{d}x.$$

证法同性质 2,请读者自行证明.

综合性质 2 和性质 3,得出下面的推论:

推论 有限个函数线性组合的不定积分,等于各函数不定积分的线性组合,即
$$\int [k_1 f_1(x) \pm k_2 f_2(x) \pm \cdots \pm k_n f_n(x)]\mathrm{d}x$$
$$= k_1 \int f_1(x)\mathrm{d}x \pm k_2 \int f_2(x)\mathrm{d}(x) \pm \cdots \pm k_n \int f_n(x)\mathrm{d}x.$$

$k_1, k_2, \cdots, k_n$ 为不全是零的常数.

§5.2 基本积分公式

一、公式

由于求不定积分是求导数的逆运算,故由基本导数公式,相应地得到如下积分基本公式:

(1) $\int 0 \mathrm{d}x = c$;

(2) $\int x^\alpha \mathrm{d}x = \frac{1}{1+\alpha} x^{1+\alpha} + c (\alpha \neq -1)$;

(3) $\int \frac{1}{x} \mathrm{d}x = \ln|x| + c$;

(4) $\int a^x \mathrm{d}x = \frac{1}{\ln a} a^x + c (a > 0, a \neq 1)$,

特别地, $\int e^x \mathrm{d}x = e^x + c$;

(5) $\int \sin x \mathrm{d}x = -\cos x + c$;

(6) $\int \cos x \mathrm{d}x = \sin x + c$;

(7) $\int \sec^2 x \mathrm{d}x = \tan x + c$;

(8) $\int \csc^2 x \mathrm{d}x = -\cot x + c$;

(9) $\int \frac{1}{\sqrt{1-x^2}} \mathrm{d}x = \arcsin x + c$;

(10) $\int \frac{1}{1+x^2} \mathrm{d}x = \arctan x + c$.

为了推导上述公式,只要验证公式右端的导数等于左端的被积函数.

基本积分公式是求积分的基础,许多积分最后都归结成基本公式,读者应牢牢记住.

二、简单积分法

直接利用积分公式或通过简单的代数、三角变换后利用积分公式的积分法,叫简单积分法.

例 1 求不定积分 $\int (5e^x + \cos x - \dfrac{4}{\sqrt{1-x^2}})dx$.

解
$$\int (5e^x + \cos x - \dfrac{4}{\sqrt{1-x^2}})dx$$
$$= 5\int e^x dx + \int \cos x dx - 4\int \dfrac{1}{\sqrt{1-x^2}}dx$$
$$= 5e^x + \sin x - 4\arcsin x + c.$$

例 2 求不定积分 $\int (x^2+1)(\sqrt{x}-x+2)dx$.

解
$$\int (x^2+1)(\sqrt{x}-x+2)dx$$
$$= \int (x^{\frac{5}{2}} - x^3 + 2x^2 + \sqrt{x} - x + 2)dx$$
$$= \dfrac{2}{7}x^{\frac{7}{2}} - \dfrac{1}{4}x^4 + \dfrac{2}{3}x^3 + \dfrac{2}{3}x^{\frac{3}{2}} - \dfrac{1}{2}x^2 + 2x + c.$$

例 3 求 $\int \dfrac{\sqrt{x}-x^3 2^x + x^2}{x^3}dx$.

解
$$\int \dfrac{\sqrt{x}-x^3 2^x + x^2}{x^3}dx = \int (x^{-\frac{5}{2}} - 2^x + \dfrac{1}{x})dx$$
$$= -\dfrac{2}{3}x^{-\frac{3}{2}} - \dfrac{2^x}{\ln 2} + \ln|x| + c.$$

例 4 求 $\int \dfrac{x^2-9}{x+3}dx$.

解
$$\int \dfrac{x^2-9}{x+3}dx = \int \dfrac{(x-3)(x+3)}{x+3}dx$$
$$= \int (x-3)dx = \dfrac{1}{2}x^2 - 3x + c.$$

例 5 求 $\int 3\sin^2 \dfrac{x}{2}dx$.

解
$$\int 3\sin^2 \dfrac{x}{2}dx = 3\int \dfrac{1-\cos x}{2}dx$$
$$= \dfrac{3}{2}x - \dfrac{3}{2}\sin x + c.$$

例 6 求 $\int \dfrac{\cos 2x}{\sin^2 x \cos^2 x}dx$.

解
$$\int \dfrac{\cos 2x}{\sin^2 x \cos^2 x}dx = \int \dfrac{\cos^2 x - \sin^2 x}{\sin^2 x \cos^2 x}dx$$
$$= \int \left(\dfrac{1}{\sin^2 x} - \dfrac{1}{\cos^2 x}\right)dx$$
$$= \int (\csc^2 x - \sec^2 x)dx$$
$$= -\cot x - \tan x + c.$$

例 7 求 $\int \dfrac{x^4}{x^2+1}\mathrm{d}x$.

解
$$\int \dfrac{x^4}{x^2+1}\mathrm{d}x = \int \dfrac{x^4-1+1}{x^2+1}\mathrm{d}x$$
$$= \int\left[(x^2-1)+\dfrac{1}{x^2+1}\right]\mathrm{d}x$$
$$= \dfrac{1}{3}x^3 - x + \arctan x + c.$$

例 8 设 $f(x)=\begin{cases} x^2 & x\geqslant 0;\\ 0 & x<0. \end{cases}$ 求 $\int f(x)\mathrm{d}x$.

解 当 $x>0$ 时，$\int f(x)\mathrm{d}x = \int x^2\mathrm{d}x = \dfrac{1}{3}x^3 + c_1$，

当 $x<0$ 时，$\int f(x)\mathrm{d}x = \int 0\mathrm{d}x = c_2$.

因 $f(x)$ 在 $(-\infty,+\infty)$ 连续，所以其原函数在 $(-\infty,+\infty)$ 内连续，又

$$\lim_{x\to 0^+}\left(\dfrac{x^3}{3}+c_1\right) = c_1 = \lim_{x\to 0^-}c_2 = c_2.$$

令 $c_1 = c_2 = c$，于是

$$\int f(x)\mathrm{d}x = \begin{cases} \dfrac{1}{3}x^3 + c & x\geqslant 0;\\ c & x<0. \end{cases}$$

三、不定积分在经济学中的简单应用

如果已知某经济函数的边际函数(变化率)，求该函数时，根据不定积分的定义，该函数就等于其边际函数的不定积分，其中的任意常数可由初始条件确定.

例 9 某工厂生产某种产品的边际成本为
$$C'(Q) = Q^2 - 10Q + 100,$$
又知固定成本为 1000 元，求总成本函数.

解 总成本 $C(Q) = \int C'(Q)\mathrm{d}Q = \int(Q^2 - 10Q + 100)\mathrm{d}Q$
$$= \dfrac{1}{3}Q^3 - 5Q^2 + 100Q + C_1,$$

由于固定成本为 1000 元，所以 $C(0) = 1000$.

因此，$C_1 = 1000$，故总成本函数为
$$C(Q) = \dfrac{1}{3}Q^3 - 5Q^2 + 100Q + 1000.$$

§5.3 换元积分法

能用简单积分法求不定积分的函数毕竟是少数,而对于许多常见的积分,如

$$\int \frac{1}{3x-1}\mathrm{d}x, \int x\mathrm{e}^{x^2}\mathrm{d}x, \int \sqrt{x^2-1}\mathrm{d}x$$

等,用简单积分法就积不出了.下面我们将介绍两种非常重要的积分法——第一类换元法和第二类换元法.

一、第一类换元法(凑微分法)

先看一个例子

$$\int \frac{1}{3x-1}\mathrm{d}x.$$

被积函数 $\frac{1}{3x-1}$ 是积分变量 x 的复合函数,因此不能直接套用公式 $\int \frac{1}{x}\mathrm{d}x = \ln|x|+c$.如果把 $3x-1$ 看做一个整体,将 $\mathrm{d}x$ 凑成 $\mathrm{d}(3x-1)$,再作变换 $u=3x-1$,即可套用公式.

$$\int \frac{1}{3x-1}\mathrm{d}x = \frac{1}{3}\int \frac{1}{3x-1}\mathrm{d}(3x-1) \xrightarrow{u=3x-1} \frac{1}{3}\int \frac{1}{u}\mathrm{d}u$$
$$= \frac{1}{3}\ln|u|+c = \frac{1}{3}\ln|3x-1|+c.$$

这种先凑微分式,再作变量替换,化成基本积分公式的方法,叫第一类换元法,也称凑微分法.一般地,有以下定理:

定理 5.3 如果 $\int f(u)\mathrm{d}u = F(u)+c$,且 $u=\varphi(x)$ 可微,则

$$\int f[\varphi(x)]\varphi'(x)\mathrm{d}x = \int f[\varphi(x)]\mathrm{d}\varphi(x) = F[\varphi(x)]+c.$$

证 由于 $\int f(u)\mathrm{d}u = F(u)+c$,

故 $F'(u)=f(u)$,

所以 $[F(\varphi(x))]' = F'[\varphi(x)]\varphi'(x) = f[\varphi(x)]\varphi'(x)$,

因而 $\int f[\varphi(x)]\varphi'(x)\mathrm{d}x = F[\varphi(x)]+c.$

凑微分法适用的积分特征是:被积函数可以分解成两个因子之积,其中一项因子是积分公式中函数与某函数复合而得,而该函数的导数恰为另一项因子(或仅差一常数倍).

常见的凑微分形式有如下类型:

类型 1 $\int f(ax+b)\mathrm{d}x = \frac{1}{a}\int f(ax+b)\mathrm{d}(ax+b)(a \neq 0).$

例1 求 $\int \sqrt{2x+1}\,dx$.

解
$$\int \sqrt{2x+1}\,dx = \frac{1}{2}\int (2x+1)^{\frac{1}{2}}\,d(2x+1)$$
$$\xlongequal{\text{设}\,2x+1=u} \frac{1}{2}\int u^{\frac{1}{2}}\,du = \frac{1}{2}\cdot\frac{2}{3}u^{\frac{3}{2}}+c$$
$$= \frac{1}{3}(2x+1)^{\frac{3}{2}}+c.$$

例2 求 $\int \dfrac{1}{x^2+a^2}\,dx\ (a\neq 0)$.

解
$$\int \frac{1}{x^2+a^2}\,dx = \frac{1}{a^2}\int \frac{1}{1+\left(\frac{x}{a}\right)^2}\,dx$$
$$= \frac{1}{a}\int \frac{1}{1+\left(\frac{x}{a}\right)^2}\,d\left(\frac{x}{a}\right)$$
$$\xlongequal{\text{令}\,u=\frac{x}{a}} \frac{1}{a}\int \frac{1}{1+u^2}\,du = \frac{1}{a}\arctan u + c$$
$$= \frac{1}{a}\arctan \frac{x}{a} + c.$$

注 方法熟练后,积分变量 u 可以不必设出.

例3 求 $\int \dfrac{1}{\sqrt{a^2-x^2}}\,dx\ (a>0)$.

解
$$\int \frac{1}{\sqrt{a^2-x^2}}\,dx = \int \frac{1}{\sqrt{1-\left(\frac{x}{a}\right)^2}}\cdot\frac{1}{a}\,dx = \int \frac{1}{\sqrt{1-\left(\frac{x}{a}\right)^2}}\,d\frac{x}{a}$$
$$= \arcsin \frac{x}{a} + c.$$

上述例2、例3结果可作为积分辅助公式.

例4 求 $\int \dfrac{1}{(a+x)(b+x)}\,dx\ (a\neq b, a,b\ \text{不同时为}\ 0)$.

解
$$\int \frac{1}{(a+x)(b+x)}\,dx = \frac{1}{b-a}\int \left(\frac{1}{a+x}-\frac{1}{b+x}\right)dx$$
$$= \frac{1}{b-a}\left[\int \frac{1}{a+x}\,d(a+x) - \int \frac{1}{b+x}\,d(b+x)\right]$$
$$= \frac{1}{b-a}[\ln|a+x|-\ln|b+x|] + c$$
$$= \frac{1}{b-a}\ln\left|\frac{a+x}{b+x}\right| + c.$$

例5 求 $\int \dfrac{1}{a^2-x^2}\,dx$.

解
$$\int \frac{1}{a^2-x^2}\,dx = \int \frac{1}{(a+x)(a-x)}\,dx = -\int \frac{1}{(a+x)(-a+x)}\,dx$$

$$= \frac{1}{2a}\ln\left|\frac{a+x}{-a+x}\right| + c = \frac{1}{2a}\ln\left|\frac{a+x}{a-x}\right| + c.$$

类型 2 $\int x^{\alpha} f(x^{\alpha+1}) \mathrm{d}x = \frac{1}{\alpha+1} \int f(x^{\alpha+1}) \mathrm{d}(x^{\alpha+1}) (\alpha \neq -1).$

例 6 求 $\int x^2 \mathrm{e}^{x^3+1} \mathrm{d}x.$

解 $\int x^2 \mathrm{e}^{x^3+1} \mathrm{d}x = \frac{1}{3}\int \mathrm{e}^{x^3+1} \mathrm{d}(x^3+1) = \frac{1}{3}\mathrm{e}^{x^3+1} + c.$

类型 3 $\int f(\cos x) \sin x \mathrm{d}x = -\int f(\cos x) \mathrm{d}\cos x;$
$\int f(\sin x) \cos x \mathrm{d}x = \int f(\sin x) \mathrm{d}\sin x.$

例 7 求 $\int \cot x \mathrm{d}x.$

解 $\int \cot x \mathrm{d}x = \int \frac{\cos x}{\sin x} \mathrm{d}x = \int \frac{1}{\sin x} \mathrm{d}\sin x = \ln|\sin x| + c.$

例 8 求 $\int \tan x \mathrm{d}x.$

解 $\int \tan x \mathrm{d}x = \int \frac{\sin x}{\cos x} \mathrm{d}x = -\int \frac{1}{\cos x} \mathrm{d}\cos x = -\ln|\cos x| + c.$

上述例 7、例 8 结论可作为积分辅助公式.

例 9 求 $\int \cos^2 x \sin^3 x \mathrm{d}x.$

解
$$\int \cos^2 x \sin^3 x \mathrm{d}x = \int \cos^2 x \sin^2 x \sin x \mathrm{d}x$$
$$= -\int \cos^2 x (1-\cos^2 x) \mathrm{d}\cos x$$
$$= -\int \cos^2 x \mathrm{d}\cos x + \int \cos^4 x \mathrm{d}\cos x$$
$$= -\frac{1}{3}\cos^3 x + \frac{1}{5}\cos^5 x + c.$$

例 10 求 $\int \sin^2 x \mathrm{d}x.$

解
$$\int \sin^2 x \mathrm{d}x = \int \frac{1-\cos 2x}{2} \mathrm{d}x = \frac{1}{2}x - \frac{1}{4}\int \cos 2x \mathrm{d}(2x)$$
$$= \frac{1}{2}x - \frac{1}{4}\sin 2x + c.$$

例 11 求 $\int \sec x \mathrm{d}x.$

解
$$\int \sec x \mathrm{d}x = \int \frac{1}{\cos x} \mathrm{d}x = \int \frac{\cos x}{\cos^2 x} \mathrm{d}x = \int \frac{1}{1-\sin^2 x} \mathrm{d}\sin x$$
$$= \int \frac{1}{(1-\sin x)(1+\sin x)} \mathrm{d}\sin x = \frac{1}{2}\int \left(\frac{1}{1-\sin x} + \frac{1}{1+\sin x}\right) \mathrm{d}\sin x$$
$$= \frac{1}{2}\ln\left|\frac{1+\sin x}{1-\sin x}\right| + c = \ln\left|\frac{1+\sin x}{\cos x}\right| + c$$

$$= \ln|\sec x + \tan x| + c.$$

即 $\int \sec x \, dx = \ln|\sec x + \tan x| + c.$

同理可求 $\int \csc x \, dx = \ln|\csc x - \cot x| + c.$

上述例子结论可作为积分辅助公式.

类型 4 $\int f(\ln x) \dfrac{1}{x} dx = \int f(\ln x) d(\ln x).$

例 12 求 $\int \dfrac{(2\ln x + 1)^3}{x} dx.$

解 $\int \dfrac{(2\ln x + 1)^3}{x} dx = \dfrac{1}{2} \int (2\ln x + 1)^3 d(2\ln x + 1) = \dfrac{1}{8}(2\ln x + 1)^4 + c.$

类型 5 $\int f(e^x) e^x dx = \int f(e^x) de^x.$

例 13 求 $\int \dfrac{1}{e^{-x} + e^x} dx.$

解 $\int \dfrac{1}{e^{-x} + e^x} dx = \int \dfrac{e^x}{e^{2x} + 1} dx = \int \dfrac{1}{1 + (e^x)^2} de^x = \arctan e^x + c.$

类型 6 $\int f(\arcsin x) \dfrac{1}{\sqrt{1-x^2}} dx = \int f(\arcsin x) d\arcsin x;$

$\int f(\arctan x) \dfrac{1}{1+x^2} dx = \int f(\arctan x) d\arctan x.$

例 14 求 $\int \dfrac{\sqrt[3]{\arcsin x}}{\sqrt{1-x^2}} dx.$

解 $\int \dfrac{\sqrt[3]{\arcsin x}}{\sqrt{1-x^2}} dx = \int (\arcsin x)^{\frac{1}{3}} d\arcsin x = \dfrac{3}{4} (\arcsin x)^{\frac{4}{3}} + c.$

例 15 求 $\int \dfrac{1 + (\arctan x)^2}{1 + x^2} dx.$

解 $\int \dfrac{1 + (\arctan x)^2}{1 + x^2} dx = \int [1 + (\arctan x)^2] d(\arctan x)$

$= \arctan x + \dfrac{1}{3}(\arctan x)^3 + c.$

二、第二类换元法

前面看到

$$\int f[\varphi(x)] \varphi'(x) dx \xrightarrow{\text{令 } u = \varphi(x)} \int f(u) du.$$

当左端积分不易积出时,利用上述公式凑成右端,而右端易积出,这就是上述的凑微分法;但有时情况恰巧相反,即右端积分不易积出,而作变量替换 $u = \varphi(x)$ 后,左端易积出,这种积分法就是第二类换元法.

定理 5.4 如果函数 $f(x), x = \varphi(t), \varphi'(t)$ 均为连续函数，$x = \varphi(t)$ 的反函数 $t = \varphi^{-1}(x)$ 存在且可导，并且
$$\int f[\varphi(t)]\varphi'(t)\mathrm{d}t = F(t) + c,$$
则
$$\int f(x)\mathrm{d}x = F[\varphi^{-1}(x)] + c.$$

证 由复合函数、反函数求导公式及 $F(t)$ 是 $f[\varphi(t)]\varphi'(t)$ 的原函数得
$$[F(\varphi^{-1}(x))]' = F'(t)[\varphi^{-1}(x)]' = f[\varphi(t)]\varphi'(t) \cdot \frac{1}{\varphi'(t)}$$
$$= f[\varphi(t)] = f(x),$$
故
$$\int f(x)\mathrm{d}x = F[\varphi^{-1}(x)] + c.$$

利用第二类换元法的关键是寻找适当的变量替换 $x = \varphi(t)$，使变换后的积分容易积出．而变量替换的选取没有一般的规则，视具体问题而定，常见的变量替换有如下几种类型．

类型 1 如果被积函数中含有无理因子，选取的变量替换应消去无理因子．

例 16 求 $\int \dfrac{x}{\sqrt{x-1}}\mathrm{d}x$.

解 设 $t = \sqrt{x-1}$，则 $x = t^2 + 1, \mathrm{d}x = 2t\mathrm{d}t$，所以
$$\int \frac{x}{\sqrt{x-1}}\mathrm{d}x = \int \frac{t^2+1}{t}2t\mathrm{d}t = 2\int(t^2+1)\mathrm{d}t = \frac{2}{3}t^3 + 2t + c$$
$$= \frac{2}{3}(\sqrt{x-1})^3 + 2\sqrt{x-1} + c.$$

本题也可用第一类换元积分法处理，请读者自行练习．

例 17 求 $\int \dfrac{1}{\sqrt{x}(1+\sqrt[3]{x})}\mathrm{d}x$.

解 设 $t = \sqrt[6]{x}$，则 $x = t^6, \mathrm{d}x = 6t^5\mathrm{d}t$，所以
$$\int \frac{1}{\sqrt{x}(1+\sqrt[3]{x})}\mathrm{d}x = \int \frac{1}{t^3(1+t^2)}6t^5\mathrm{d}t$$
$$= 6\int \frac{t^2}{1+t^2}\mathrm{d}t = 6\int(1 - \frac{1}{1+t^2})\mathrm{d}t$$
$$= 6(t - \arctan t) + c = 6(\sqrt[6]{x} - \arctan\sqrt[6]{x}) + c.$$

类型 2 如果被积函数中含有 $\sqrt{a^2-x^2}$，则设 $x = a\sin t$（或 $x = a\cos t$），可去掉根式．

例 18 求 $\int \dfrac{1}{x^2\sqrt{1-x^2}}\mathrm{d}x$.

解 设 $x = \sin t$，则 $\mathrm{d}x = \cos t\mathrm{d}t$，所以
$$\int \frac{1}{x^2\sqrt{1-x^2}}\mathrm{d}x = \int \frac{1}{\sin^2 t\cos t}\cos t\mathrm{d}t = \int \csc^2 t\mathrm{d}t$$
$$= -\cot t + c = -\frac{\sqrt{1-x^2}}{x} + c.$$

注 最后一步是根据换元 $x=\sin t$ 及三角函数恒等关系得到,也可借助图 5-3 中的三角形求得,今后,遇到"三角变换"求不定积分时,一般都使用这种方法.

类型 3 如果被积函数中含有 $\sqrt{x^2-a^2}$,则设 $x=a\sec t$(或 $x=a\csc t$),可去掉根式.

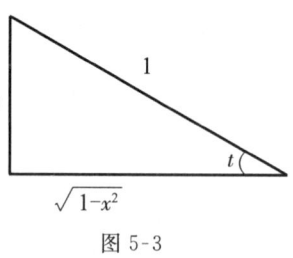

图 5-3

例 19 求 $\int \dfrac{1}{\sqrt{x^2-a^2}}\mathrm{d}x$.

解 如图 5-4,令 $x=a\sec t$,则 $\mathrm{d}x=a\tan t\sec t\,\mathrm{d}t$,所以

$$\int \frac{1}{\sqrt{x^2-a^2}}\mathrm{d}x = \int \frac{1}{a\tan t}a\tan t\sec t\,\mathrm{d}t$$

$$= \int \sec t\,\mathrm{d}t$$

$$= \ln|\tan t+\sec t|+c$$

$$= \ln\left|\frac{\sqrt{x^2-a^2}}{a}+\frac{x}{a}\right|+c$$

$$= \ln\left|\sqrt{x^2-a^2}+x\right|+c.$$

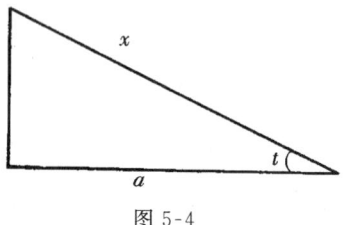

图 5-4

本题结果可作为积分辅助公式.

类型 4 如果被积函数中含有 $\sqrt{a^2+x^2}$,则设 $x=a\tan t$(或 $x=a\cot t$),可去掉根式.

例 20 求 $\int \dfrac{1}{x^2\sqrt{9+x^2}}\mathrm{d}x$.

解 如图 5-5,设 $x=3\tan t$,则 $\mathrm{d}x=3\sec^2 t\,\mathrm{d}t$,所以

$$\int \frac{1}{x^2\sqrt{9+x^2}}\mathrm{d}x = \int \frac{1}{9\tan^2 t\cdot 3\sec t}\cdot 3\sec^2 t\,\mathrm{d}t$$

$$= \frac{1}{9}\int \frac{\cos t}{\sin^2 t}\mathrm{d}t$$

$$= \frac{1}{9}\int \sin^{-2}t\,\mathrm{d}\sin t$$

$$= -\frac{1}{9}\frac{1}{\sin t}+c = -\frac{1}{9}\csc t+c$$

$$= -\frac{\sqrt{9+x^2}}{9x}+c.$$

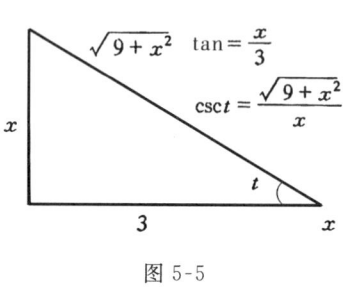

图 5-5

类型 5 如果被积函数是由 a^x 所构成的代数式,则令 $a^x=t$.

例 21 求 $\int \dfrac{\mathrm{d}x}{\mathrm{e}^x(1+\mathrm{e}^{2x})}$.

解 令 $\mathrm{e}^x=t$,则 $\mathrm{d}x=\dfrac{1}{t}\mathrm{d}t$,于是

$$\int \frac{\mathrm{d}x}{\mathrm{e}^x(1+\mathrm{e}^{2x})} = \int \frac{1}{t^2(1+t^2)}\mathrm{d}t$$

$$= \int \left(\frac{1}{t^2}-\frac{1}{1+t^2}\right)\mathrm{d}t$$

$$= -\frac{1}{t} - \arctan t + c = -\frac{1}{e^x} - \arctan e^x + c.$$

例 22 求 $\int \sqrt{\dfrac{e^x-1}{e^x+1}}dx$.

解 令 $e^x = t$,即 $x = \ln t$,则 $dx = \dfrac{dt}{t}$,从而

$$\int \sqrt{\frac{e^x-1}{e^x+1}}dx = \int \sqrt{\frac{t-1}{t+1}} \cdot \frac{1}{t}dt = \int \frac{t-1}{t\sqrt{t^2-1}}dt$$

$$= \int \frac{1}{\sqrt{t^2-1}}dt - \int \frac{1}{t\sqrt{t^2-1}}dt$$

$$= \ln|t+\sqrt{t^2-1}| - \int \frac{1}{t^2\sqrt{1-\left(\frac{1}{t}\right)^2}}dt$$

$$= \ln|t+\sqrt{t^2-1}| + \int \frac{1}{\sqrt{1-\left(\frac{1}{t}\right)^2}}d\left(\frac{1}{t}\right)$$

$$= \ln|t+\sqrt{t^2-1}| + \arcsin \frac{1}{t} + c$$

$$= \ln|e^x+\sqrt{e^{2x}-1}| + \arcsin(e^{-x}) + c.$$

本题也可令 $t = \sqrt{\dfrac{e^x-1}{e^x+1}}$,即 $x = \ln \dfrac{1+t^2}{1-t^2}$,从而

$$dx = d[\ln(1+t^2) - \ln(1-t^2)] = \left(\frac{2t}{1+t^2} + \frac{2t}{1-t^2}\right)dt$$

来解. 还可将原式化为

$$\int \sqrt{\frac{e^x-1}{e^x+1}}dx = \int \frac{e^x-1}{\sqrt{e^{2x}-1}}dx$$

来解. 请读者自行练习.

§5.4 分部积分法

设 $u = u(x)$,$v = v(x)$ 具有连续导数 $u'(x)$,$v'(x)$,由乘积导数公式
$$(uv)' = u'v + uv',$$
移项 $$uv' = (uv)' - u'v.$$
两边积分 $$\int uv'dx = uv - \int u'v dx,$$
或 $$\int u dv = uv - \int v du.$$

上述公式称为分部积分公式. 当积分 $\int uv'dx$ 不易积出,而积分 $\int u'v dx$ 比较容易求时,

可使用该公式.

应用分部积分公式时,要将被积函数分解成两项之积,而选取哪一项当公式中的 u,哪一项当 v' 是个关键. 选取的一般原则是,当作 v' 的函数的原函数 v 很容易看出,而 $\int u'v \mathrm{d}x$ 又易积出. 这种技巧,需在大量练习中才能掌握. 常见的有如下类型:

类型 1 形如 $\int P(x)\sin x \mathrm{d}x, \int P(x)\cos x \mathrm{d}x, \int P(x)\mathrm{e}^x \mathrm{d}x$.

令 $u = P(x), v' = \begin{cases} \sin x, \\ \cos x, \\ \mathrm{e}^x, \end{cases}$ 从而 $v = \begin{cases} -\cos x, \\ \sin x, \\ \mathrm{e}^x. \end{cases}$

例 1 求 $\int x\mathrm{e}^{2x}\mathrm{d}x$.

解 令 $u = x, v' = \mathrm{e}^{2x}$,从而 $v = \frac{1}{2}\mathrm{e}^{2x}$. 于是

$$\int x\mathrm{e}^{2x}\mathrm{d}x = \int x\left(\frac{1}{2}\mathrm{e}^{2x}\right)'\mathrm{d}x$$
$$= \frac{1}{2}x\mathrm{e}^{2x} - \frac{1}{2}\int \mathrm{e}^{2x}\mathrm{d}x = \frac{1}{2}x\mathrm{e}^{2x} - \frac{1}{4}\mathrm{e}^{2x} + c.$$

误解 $\int x\mathrm{e}^{2x}\mathrm{d}x = \int \mathrm{e}^{2x} \cdot \left(\frac{1}{2}x^2\right)'\mathrm{d}x = \frac{1}{2}x^2\mathrm{e}^{2x} - \int \frac{1}{2}x^2 \cdot (\mathrm{e}^{2x})'\mathrm{d}x$
$$= \frac{1}{2}x^2\mathrm{e}^{2x} - \int x^2\mathrm{e}^{2x}\mathrm{d}x.$$

例 2 求 $\int (2x+1)\cos 3x \mathrm{d}x$.

解 令 $u = 2x+1, v' = \cos 3x$,从而 $v = \frac{1}{3}\sin 3x$. 于是

$$\int (2x+1)\cos 3x \mathrm{d}x = \int (2x+1)\left(\frac{1}{3}\sin 3x\right)'\mathrm{d}x$$
$$= \frac{1}{3}(2x+1)\sin 3x - \int \frac{1}{3}\sin 3x \cdot 2\mathrm{d}x$$
$$= \frac{1}{3}(2x+1)\sin 3x - \frac{2}{3} \cdot \frac{1}{3}\int \sin 3x \mathrm{d}(3x)$$
$$= \frac{1}{3}(2x+1)\sin 3x + \frac{2}{9}\cos 3x + c.$$

在计算方法熟练后,变量替换过程可以省略.

例 3 求 $\int \sin x \ln\tan x \mathrm{d}x$.

解 $\int \sin x \ln\tan x \mathrm{d}x = -\int \ln\tan x (\cos x)'\mathrm{d}x$
$$= -\cos x \ln\tan x + \int \cos x \frac{\sec^2 x}{\tan x}\mathrm{d}x$$
$$= -\cos x \ln\tan x + \int \csc x \mathrm{d}x$$

$$= -\cos x \ln\tan x + \ln|\cot x - \csc x| + c.$$

例 4 求 $\int \dfrac{x}{\cos^2 x} dx$.

解
$$\int \dfrac{x}{\cos^2 x} dx = \int x\sec^2 x\, dx$$
$$= \int x(\tan x)' dx = x\tan x - \int \tan x\, dx$$
$$= x\tan x + \int \dfrac{1}{\cos x} d\cos x$$
$$= x\tan x + \ln|\cos x| + c.$$

例 5 求 $\int \dfrac{x\cos x}{\sin^3 x} dx$.

解
$$\int \dfrac{x\cos x}{\sin^3 x} dx = -\dfrac{1}{2}\int x\, d(\sin x)^{-2}$$
$$= -\dfrac{1}{2}x(\sin x)^{-2} + \dfrac{1}{2}\int (\sin x)^{-2} dx$$
$$= -\dfrac{x}{2\sin^2 x} + \dfrac{1}{2}\int \csc^2 x\, dx$$
$$= -\dfrac{1}{2}x\csc^2 x - \dfrac{1}{2}\cot x + c.$$

例 6 求 $\int e^{2x}\sin x\, dx$.

解
$$\int e^{2x}\sin x\, dx = \dfrac{1}{2}\int \sin x (e^{2x})' dx$$
$$= \dfrac{1}{2}\sin x\, e^{2x} - \dfrac{1}{2}\int e^{2x}\cos x\, dx$$
$$= \dfrac{1}{2}e^{2x}\sin x - \dfrac{1}{4}\int \cos x(e^{2x})' dx$$
$$= \dfrac{1}{2}e^{2x}\sin x - \dfrac{1}{4}e^{2x}\cos x + \dfrac{1}{4}\int e^{2x}(-\sin x) dx$$
$$= \dfrac{1}{2}e^{2x}\sin x - \dfrac{1}{4}e^{2x}\cos x - \dfrac{1}{4}\int e^{2x}\sin x\, dx,$$

移项得
$$\dfrac{5}{4}\int e^{2x}\sin x\, dx = e^{2x}\left(\dfrac{1}{2}\sin x - \dfrac{1}{4}\cos x\right) + c_1,$$

故
$$\int e^{2x}\sin x\, dx = \dfrac{2}{5}e^{2x}\left(\sin x - \dfrac{1}{2}\cos x\right) + c.$$

另解
$$\int e^{2x}\sin x\, dx = \int e^{2x}(-\cos x)' dx$$
$$= -\cos x\, e^{2x} + \int \cos x \cdot 2e^{2x} dx$$
$$= -\cos x\, e^{2x} + \int 2e^{2x}(\sin x)' dx$$
$$= -\cos x\, e^{2x} + 2e^{2x}\sin x - \int \sin x \cdot 4e^{2x} dx.$$

所以 $\int e^{2x}\sin x dx = \dfrac{2}{5}e^{2x}\left(\sin x - \dfrac{1}{2}\cos x\right) + c.$

类型 2 形如
$$\int P(x)\ln x dx, \int P(x)\arctan x dx, \int P(x)\arcsin x dx.$$

令 $u = \begin{cases}\ln x; \\ \arctan x, \\ \arcsin x.\end{cases} v' = P(x);$

例 7 求 $\int x^3 \ln x dx.$

解
$$\int x^3 \ln x dx = \int \ln x \left(\dfrac{1}{4}x^4\right)' dx$$
$$= \dfrac{1}{4}x^4 \ln x - \dfrac{1}{4}\int x^4 \cdot \dfrac{1}{x} dx$$
$$= \dfrac{1}{4}x^4 \ln x - \dfrac{1}{16}x^4 + c.$$

例 8 求 $\int x^2 \arctan x dx.$

解
$$\int x^2 \arctan x dx = \int \arctan x \left(\dfrac{1}{3}x^3\right)' dx$$
$$= \dfrac{1}{3}x^3 \arctan x - \dfrac{1}{3}\int \dfrac{x^3}{1+x^2} dx$$
$$= \dfrac{1}{3}x^3 \arctan x - \dfrac{1}{3}\int \left(x - \dfrac{x}{1+x^2}\right) dx$$
$$= \dfrac{1}{3}x^3 \arctan x - \dfrac{1}{3}\int x dx + \dfrac{1}{6}\int \dfrac{1}{1+x^2} d(1+x^2)$$
$$= \dfrac{1}{3}x^3 \arctan x - \dfrac{1}{6}x^2 + \dfrac{1}{6}\ln(1+x^2) + c.$$

例 9 求 $\int x \arcsin x dx.$

解
$$\int x \arcsin x dx = \int \arcsin x \left(\dfrac{1}{2}x^2\right)' dx$$
$$= \dfrac{1}{2}x^2 \arcsin x - \dfrac{1}{2}\int x^2 \dfrac{1}{\sqrt{1-x^2}} dx,$$

令 $x = \sin t,$ 则 $dx = \cos t dt.$
$$\int \dfrac{x^2}{\sqrt{1-x^2}} dx = \int \dfrac{\sin^2 t}{\cos t} \cos t dt$$
$$= \int \sin^2 t dt = \int \dfrac{1-\cos 2t}{2} dt$$
$$= \dfrac{1}{2}t - \dfrac{1}{4}\sin 2t + c$$
$$= \dfrac{1}{2}t - \dfrac{1}{2}\sin t \cos t + c$$

$$= \frac{1}{2}\arcsin x - \frac{1}{2}x\sqrt{1-x^2} + c.$$

故 $$\int x\arcsin x \, dx = \frac{1}{2}x^2\arcsin x - \frac{1}{4}\arcsin x + \frac{1}{4}x\sqrt{1-x^2} + c.$$

类型 1 和类型 2 的积分都是最常见的,对于其他形式的积分,要根据分部积分法的原则,具体分析,适当确定出 u 和 v.

例 10 求 $I_n = \int \dfrac{\mathrm{d}x}{(x^2+a^2)^n}$, n 为自然数, $a \neq 0$.

解
$$I_n = \int \frac{\mathrm{d}x}{(x^2+a^2)^n} = \frac{1}{a^2}\int \frac{x^2+a^2-x^2}{(x^2+a^2)^n}\mathrm{d}x$$
$$= \frac{1}{a^2}\int \frac{\mathrm{d}x}{(x^2+a^2)^{n-1}} - \frac{1}{a^2}\int \frac{x^2}{(x^2+a^2)^n}\mathrm{d}x$$
$$= \frac{1}{a^2}I_{n-1} - \frac{1}{2a^2}\int x \frac{\mathrm{d}(x^2+a^2)}{(x^2+a^2)^n}$$
$$= \frac{1}{a^2}I_{n-1} + \frac{1}{2(n-1)a^2}\int x \, \mathrm{d}\left(\frac{1}{(x^2+a^2)^{n-1}}\right)$$
$$= \frac{1}{a^2}I_{n-1} + \frac{1}{2(n-1)a^2}\left[\frac{x}{(x^2+a^2)^{n-1}} - \int \frac{1}{(x^2+a^2)^{n-1}}\mathrm{d}x\right]$$
$$= \frac{1}{a^2}I_{n-1} + \frac{1}{2(n-1)a^2} \cdot \frac{x}{(x^2+a^2)^{n-1}} - \frac{1}{2(n-1)a^2}I_{n-1}$$
$$= \frac{x}{2(n-1)a^2(x^2+a^2)^{n-1}} + \frac{2(n-1)-1}{2(n-1)a^2}I_{n-1},$$

因此 $$I_n = \frac{x}{2(n-1)a^2(x^2+a^2)^{n-1}} + \frac{2(n-1)-1}{2(n-1)a^2}I_{n-1}$$

是一个递推公式.

由于 $$I_1 = \int \frac{1}{x^2+a^2}\mathrm{d}x = \frac{1}{a}\arctan \frac{x}{a} + c.$$

由递推公式便可得出

$$I_2 = \frac{x}{2a^2(x^2+a^2)} + \frac{1}{2a^3}\arctan \frac{x}{a} + c;$$

$$I_3 = \frac{x}{4a^2(x^2+a^2)^2} + \frac{3x}{8a^4(x^2+a^2)} + \frac{3}{8a^5}\arctan \frac{x}{a} + c;$$

……

以上给出了求不定积分的三种基本方法:简单积分法、换元积分法、分部积分法.但不定积分和导数不同.对于给定的一个初等函数,我们总能求出它的导数,且导数仍是初等函数.但任一初等函数的不定积分就不一定能求得出来,甚至有的初等函数的不定积分根本不是初等函数.例如:$\int e^{-x^2}\mathrm{d}x$,$\int \dfrac{\sin x}{x}\mathrm{d}x$ 就不能用初等函数表出.但有一类函数的不定积分一定可以积出,且积分可按一定步骤进行,其结果仍是初等函数.这就是下面要介绍的有理函数积分法.

*§5.5 有理函数积分法

设 $P_n(x)$ 与 $Q_m(x)$ 分别为 n 次与 m 次多项式,则形如

$$\frac{P_n(x)}{Q_m(x)}$$

的函数,称为有理函数.

例如 $\dfrac{2x}{2x^3+3x^2+1}$, $\dfrac{5x^4+x^3-3x+1}{x^2+2x+3}$, $\dfrac{x^2+1}{2x^2+x+1}$ 都是有理函数.

当 $n \geqslant m$ 时, $\dfrac{P_n(x)}{Q_m(x)}$ 称为假分式;当 $n < m$ 时, $\dfrac{P_n(x)}{Q_m(x)}$ 称为真分式.

任一假分式都可通过多项式除法化为一个多项式与一个真分式之和,而多项式积分是容易的.因此,求有理函数的不定积分,关键在求真分式的不定积分.

一、真分式分解为简单分式

根据代数定理,对于真分式 $\dfrac{P_n(x)}{Q_m(x)}$ 有如下结论:

(1) 如果 $Q_m(x)$ 含有因子 $(x-a)^k$, 则 $\dfrac{P_n(x)}{Q_m(x)}$ 分解式中,必含有下述分式:

$$\frac{A_1}{x-a}+\frac{A_2}{(x-a)^2}+\cdots+\frac{A_k}{(x-a)^k},$$

其中 $A_1, A_2, \cdots, A_k$ 为待定的系数.

(2) 如果 $Q_m(x)$ 含有因子 $(x^2+px+q)^k$, 且 $p^2-4q<0$, 则 $\dfrac{P_n(x)}{Q_m(x)}$ 分解式中,必含有下述分式:

$$\frac{B_1x+C_1}{x^2+px+q}+\frac{B_2x+C_2}{(x^2+px+q)^2}+\cdots+\frac{B_kx+C_k}{(x^2+px+q)^k}.$$

其中 $B_1,B_2,\cdots,B_k$ 及 $C_1,C_2,\cdots,C_k$ 都是待定的系数.

由此可见,任何真分式都可分解成若干形如 $\dfrac{A}{x-a}$, $\dfrac{A}{(x-a)^n}$, $\dfrac{Ax+B}{x^2+px+q}$, $\dfrac{Ax+B}{(x^2+px+q)^n}$ $(p^2-4q<0)$ 称为简单分式之和.分解方法采用待定系数法.下面举例说明.

例 1 将 $\dfrac{2x+1}{(x+1)(x-2)^2}$ 分解为简单分式.

解
$$\frac{2x+1}{(x+1)(x-2)^2}=\frac{A}{x+1}+\frac{B}{x-2}+\frac{C}{(x-2)^2}$$

$$= \frac{(A+B)x^2+(C-4A-B)x+4A-2B+C}{(x+1)(x-2)^2}.$$

比较前后两式子的系数得

$$\begin{cases} A+B=0, \\ C-4A-B=2, \\ 4A-2B+C=1. \end{cases}$$

解之

$$\begin{cases} A=-\dfrac{1}{9}, \\ B=\dfrac{1}{9}, \\ C=\dfrac{5}{3}. \end{cases}$$

故

$$\frac{2x+1}{(x+1)(x-2)^2}=-\frac{1}{9(x+1)}+\frac{1}{9(x-2)}+\frac{5}{3(x-2)^2}.$$

例 2 将 $\dfrac{3x}{1+x^3}$ 分解成简单分式.

解

$$\frac{3x}{1+x^3}=\frac{3x}{(1+x)(1-x+x^2)}=\frac{A}{1+x}+\frac{Bx+C}{1-x+x^2}.$$

$$=\frac{(A+B)x^2+(B+C-A)x+(A+C)}{1+x^3}.$$

比较前后两式子得方程组并解之 $\begin{cases} A=-1, \\ B=1, \\ C=1. \end{cases}$

故

$$\frac{3x}{1+x^3}=-\frac{1}{1+x}+\frac{x+1}{1-x+x^2}.$$

例 3 将 $\dfrac{1-x-x^2}{(x^2+1)^2}$ 分解成简单分式.

解

$$\frac{1-x-x^2}{(x^2+1)^2}=\frac{Ax+B}{1+x^2}+\frac{Cx+D}{(1+x^2)^2}$$

$$=\frac{Ax^3+Bx^2+(A+C)x+(B+D)}{(1+x^2)^2}.$$

比较前后两式子得方程组并解之 $\begin{cases} A=0, \\ B=-1, \\ C=-1, \\ D=2. \end{cases}$

故

$$\frac{1-x-x^2}{(x^2+1)^2}=-\frac{1}{1+x^2}+\frac{2-x}{(1+x^2)^2}.$$

二、简单分式的积分

由上可见,真分式的积分转化成了四种类型的简单分式的积分:

类型 1 $\int \dfrac{1}{x-a}dx$； 类型 2 $\int \dfrac{1}{(x-a)^n}dx$；

类型 3 $\int \dfrac{Ax+B}{x^2+px+q}dx$； 类型 4 $\int \dfrac{Ax+B}{(x^2+px+q)^n}dx$.

类型 1、类型 2 应用凑微分法容易积出：

$$\int \dfrac{1}{x-a}dx = \ln|x-a| + c.$$

$$\int \dfrac{1}{(x-a)^n}dx = \dfrac{1}{(1-n)(x-a)^{n-1}} + c.$$

对于类型 3、类型 4：

$$x^2 + px + q = \left(x^2 + 2\dfrac{p}{2}x + \dfrac{p^2}{4}\right) + \left(q - \dfrac{p^2}{4}\right)$$

$$= \left(x + \dfrac{p}{2}\right)^2 + \left(\sqrt{q - \dfrac{p^2}{4}}\right)^2.$$

令 $t = x + \dfrac{p}{2}, a = \sqrt{q - \dfrac{p^2}{4}}$，则类型 3 化为

$$\int \dfrac{Ax+B}{x^2+px+q}dx = \int \left(\dfrac{At}{t^2+a^2} + \dfrac{B - \dfrac{p}{2}A}{t^2+a^2}\right)dt$$

$$= \dfrac{A}{2}\int \dfrac{d(t^2+a^2)}{t^2+a^2} + \left(B - \dfrac{p}{2}A\right)\int \dfrac{1}{t^2+a^2}dt$$

$$= \dfrac{A}{2}\ln(t^2+a^2) + \dfrac{B - \dfrac{p}{2}A}{a}\arctan\dfrac{t}{a} + c$$

$$= \dfrac{A}{2}\ln(x^2+px+q) + \dfrac{B - \dfrac{p}{2}A}{a}\arctan\dfrac{2x+p}{\sqrt{4q-p^2}} + c.$$

类型 4 同理可化为

$$\int \dfrac{Ax+B}{(x^2+px+q)^n}dx = \dfrac{A}{2}\int \dfrac{d(t^2+a^2)}{(t^2+a^2)^n} + \left(B - \dfrac{p}{2}A\right)\int \dfrac{1}{(t^2+a^2)^n}dt$$

$$= \dfrac{A}{2}\cdot\dfrac{1}{(1-n)(t^2+a^2)^{n-1}} + \left(B - \dfrac{p}{2}A\right)I_n.$$

其中，I_n 的计算在上节例 10 已经解决，也可作变换 $t = a\tan\theta$ 来求.

总之，有理函数的不定积分问题已全部解决，其步骤为：先将有理函数化为多项式与真分式之和，再将真分式分解为简单分式之和，最后求出多项式及简单分式的积分.

例 4 求 $\int \dfrac{3x}{1+x^3}dx$.

解 利用本节例 2 结果，有

$$\int \dfrac{3x}{1+x^3}dx = \int \left(-\dfrac{1}{1+x} + \dfrac{x+1}{1-x+x^2}\right)dx$$

$$= -\ln|1+x| + \dfrac{1}{2}\int \dfrac{d(1-x+x^2)}{1-x+x^2} + \dfrac{3}{2}\int \dfrac{1}{1-x+x^2}dx$$

$$= -\ln|1+x| + \frac{1}{2}\ln|1-x+x^2| + \frac{3}{2}\int \frac{1}{\left(x-\frac{1}{2}\right)^2 + \left(\frac{\sqrt{3}}{2}\right)^2} dx$$

$$= -\ln|1+x| + \frac{1}{2}\ln|1-x+x^2| + \sqrt{3}\arctan\frac{2x-1}{\sqrt{3}} + c.$$

例 5 求 $\int \frac{1-x-x^2}{(x^2+1)^2} dx$.

解 由本节例 3,有

$$\int \frac{1-x-x^2}{(x^2+1)^2} dx = \int \left(-\frac{1}{1+x^2}\right) dx + \int \frac{2-x}{(1+x^2)^2} dx$$

$$= -\arctan x + \int \frac{2}{(1+x^2)^2} dx - \frac{1}{2}\int \frac{d(1+x^2)}{(1+x^2)^2}$$

$$= -\arctan x + 2\int \frac{1}{(1+x^2)^2} dx + \frac{1}{2}\frac{1}{1+x^2}.$$

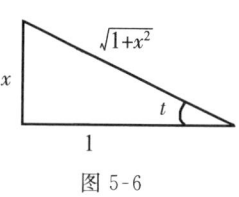

图 5-6

如图 5-6,令 $x = \tan t, dx = \sec^2 t dt$.

故 $\int \frac{1}{(1+x^2)^2} dx = \int \frac{1}{\sec^4 t} \cdot \sec^2 t dt = \int \cos^2 t dt = \int \frac{1+\cos 2t}{2} dt$

$$= \frac{1}{2}t + \frac{1}{4}\sin 2t + c = \frac{1}{2}t + \frac{1}{2}\sin t\cos t + c$$

$$= \frac{1}{2}\arctan x + \frac{1}{2}\frac{x}{1+x^2} + c.$$

因此 $\int \frac{1-x-x^2}{(1+x^2)^2} dx = -\arctan x + \frac{1}{2(1+x^2)} + \arctan x + \frac{x}{(1+x^2)} + c$

$$= \frac{1+2x}{2(1+x^2)} + c.$$

习题 5

(A)

1. 求解下列问题.

(1) $f(x) = e^{-2x^3}$ 是谁的原函数.

(2) $f(x) = \ln 5x$ 与 $g(x) = \ln x + 3$ 是同一函数的原函数吗?

(3) 已知 $f(x) = k\tan x$ 的原函数是 $g(x) = 2\ln\cos x$,求 k 的值.

(4) 已知 $\int f(x) dx = 5x^2\sin x + \cos x + c$,求 $f(x)$.

2. 求下列不定积分.

(1) $\int (2x - x^{\frac{3}{2}} + 1) dx$; (2) $\int (3^x + e^x - e^{-2x}) dx$; (3) $\int (\sqrt[4]{x} - \frac{1}{\sqrt[3]{x}}) dx$;

(4) $\int x(x^2 - \sqrt{x} + 3) dx$; (5) $\int \frac{x^3 + 2\sqrt[3]{x} - 3}{x} dx$; (6) $\int (\frac{2}{\sqrt{1-x^2}} + \sin x) dx$;

(7) $\int 2^x e^x dx$; (8) $\int \dfrac{2x^2}{1+x^2}dx$; (9) $\int \dfrac{e^{3x}-1}{e^x-1}dx$;

(10) $\int \dfrac{x^2-3x+2}{x-1}dx$; (11) $\int \cos^2 \dfrac{x}{2}dx$; (12) $\int \dfrac{1+\cos^2 x}{\sin^2 x}dx$;

(13) $\int \dfrac{1+x+x^2}{x(1+x^2)}dx$; (14) $\int \dfrac{1}{\sin^2 x \cos^2 x}dx$.

3. 已知曲线 $y=f(x)$ 上任一点 $(x,f(x))$ 处的切线斜率为 $k=2x^2+3$，且曲线经过 $(0,3)$，求该曲线方程.

4. 设某产品总产量的变化率为
$$f(t)=100+12t-0.6t^2 (单位/小时),$$
求该产品的总产量函数.

5. 设某商品的边际需求函数为
$$Q'(p)=-1500\ln 4 \cdot \left(\dfrac{1}{4}\right)^p,$$
已知该商品的最大需求为 1500，求需求函数.

6. 求下列不定积分.

(1) $\int (3x+4)^2 dx$; (2) $\int \dfrac{1}{\sqrt{4x-1}}dx$; (3) $\int e^{5x+2}dx$;

(4) $\int \sin(2x+1)dx$; (5) $\int x^2 \sqrt[3]{5x^3-2}dx$; (6) $\int (x+1)e^{2x^2+4x}dx$;

(7) $\int \dfrac{x^3}{(3x^4+1)^2}dx$; (8) $\int \dfrac{1}{\sqrt{9-4x^2}}dx$; (9) $\int \dfrac{e^x}{1-e^x}dx$;

(10) $\int \dfrac{1+\ln^2 x}{x}dx$; (11) $\int \dfrac{1}{x^2-x-2}dx$; (12) $\int \dfrac{dx}{4x^2+4x+10}$;

(13) $\int \dfrac{1}{\sqrt{5-2x-x^2}}dx$; (14) $\int e^x \sin(e^x+1)dx$; (15) $\int \dfrac{\cos\sqrt{x}}{\sqrt{x}}dx$;

(16) $\int \dfrac{\sin\frac{1}{x}}{x^2}dx$; (17) $\int \sin x(\cos^3 x+1)^2 dx$; (18) $\int 2^{\sin x}\cos x dx$;

(19) $\int \sin^3 x dx$; (20) $\int \cos(\ln^2 x)\ln x \dfrac{dx}{x}$; (21) $\int \sin^2 x \cos^5 x dx$;

(22) $\int \cos^2 3x dx$; (23) $\int \dfrac{(\arcsin x)^2}{\sqrt{1-x^2}}dx$; (24) $\int \dfrac{e^{\arctan x}}{1+x^2}dx$;

(25) $\int \dfrac{\cot(2x+1)}{\sin^2(2x+1)}dx$; (26) $\int \dfrac{\cos x - \sin x}{(\cos x + \sin x)^4}dx$.

7. 求下列不定积分.

(1) $\int x\sqrt{x-1}dx$; (2) $\int x^2 \sqrt[3]{x+2}dx$; (3) $\int \dfrac{1}{2+\sqrt{3x-1}}dx$;

(4) $\int \dfrac{\arctan\sqrt{x}}{\sqrt{x}(1+x)}dx$; (5) $\int \dfrac{\sqrt[4]{x}}{\sqrt{x}+\sqrt[4]{x}}dx$; (6) $\int (1-x^2)^{\frac{3}{2}}dx$;

(7) $\int \dfrac{x^3}{\sqrt{1-x^2}} \mathrm{d}x$;   (8) $\int \dfrac{\sqrt{1+x^2}}{x} \mathrm{d}x$;   (9) $\int \dfrac{1}{(4+x^2)^2} \mathrm{d}x$;

(10) $\int \dfrac{\sqrt{x^2-9}}{x} \mathrm{d}x$;   (11) $\int \dfrac{1}{x\sqrt{x^2-1}} \mathrm{d}x$;   (12) $\int \sqrt{\dfrac{a+x}{a-x}} \mathrm{d}x\,(a>0)$;

(13) $\int \dfrac{1}{1+\mathrm{e}^x} \mathrm{d}x$;   (14) $\int \dfrac{1}{\sqrt{9x^2-6x+7}} \mathrm{d}x$.

8. 求下列不定积分.

(1) $\int x^2 \mathrm{e}^x \mathrm{d}x$;   (2) $\int x\sin x \mathrm{d}x$;   (3) $\int (x^2+1)\cos x \mathrm{d}x$;

(4) $\int \mathrm{e}^x \cos x \mathrm{d}x$;   (5) $\int (x+1)\ln x \mathrm{d}x$;   (6) $\int x\ln(x^2+1) \mathrm{d}x$;

(7) $\int x\arctan x \mathrm{d}x$;   (8) $\int \ln(x+\sqrt{1+x^2}) \mathrm{d}x$;   (9) $\int \dfrac{\ln x}{x^4} \mathrm{d}x$;

(10) $\int \dfrac{x\arcsin x}{\sqrt{1-x^2}} \mathrm{d}x$;   (11) $\int \dfrac{x}{\sin^2 x} \mathrm{d}x$;   (12) $\int x\sin^2 x \mathrm{d}x$;

(13) $\int \sin(\ln x) \mathrm{d}x$;   (14) $\int \mathrm{e}^{\sqrt{x}} \mathrm{d}x$.

9. 求下列有理分式的不定积分.

(1) $\int \dfrac{x+1}{(x-1)^3} \mathrm{d}x$;   (2) $\int \dfrac{3x+2}{x(x+1)^3} \mathrm{d}x$;   (3) $\int \dfrac{1}{x^3+1} \mathrm{d}x$;

(4) $\int \dfrac{x}{(x+2)(x+3)^2} \mathrm{d}x$;   (5) $\int \dfrac{x}{(x^2+1)(x^2+4)} \mathrm{d}x$;   (6) $\int \dfrac{x-1}{(x^2+2x+5)^2} \mathrm{d}x$.

(B)

1. 是非判断

(1) 如果 $f(x)$ 是 $F(x)$ 的一个原函数,则 $F'(x)=f(x)$.   (   )

(2) 如果 $F(x)$ 是 $f(x)$ 的一个原函数,c 是任意常数,则 $\int f(x)\mathrm{d}x = F(x)+c$.

(   )

(3) 设在 (a,b) 内,$f'(x)=g'(x)$,则一定有

$$\left(\int f(x)\mathrm{d}x\right)' = \left(\int g(x)\mathrm{d}x\right)'.$$ (   )

(4) 设 $\int \mathrm{d}f(x) = \int \mathrm{d}g(x)$,则 $\mathrm{d}\left(\int f'(x)\mathrm{d}x\right) = \mathrm{d}\left(\int g'(x)\mathrm{d}x\right)$.   (   )

(5) 因一个函数的原函数之间仅差一个常数,故 $\sin^2 x$ 与 $-\dfrac{1}{2}\cos 2x$ 不是同一个函数的原函数.   (   )

(6) 如果 $F(x)$ 是 $f(x)$ 的一个原函数,则 $F(x)$ 为偶函数是 $f(x)$ 为奇函数的充要条件.   (   )

(7) 设 $f'(\ln x)=1+x$,则 $f(x)=x+\mathrm{e}^x+c$.   (   )

(8) 设 $\int f(x)\mathrm{d}x = x^2+c$,则 $\int xf(1-x^2)\mathrm{d}x = \dfrac{1}{2}(1-x^2)^2+c$.   (   )

2. 单项选择

(1) 若函数 $f(x)$ 的导函数为 $\sin x$，则 $f(x)$ 的一个原函数为(　　).

(A) $1+\sin x$　　(B) $1-\sin x$　　(C) $1+\cos x$　　(D) $1-\cos x$

(2) 若 $F'(x)=f(x)$，则 $\int \mathrm{d}F(x) = (\quad)$.

(A) $f(x)$　　(B) $F(x)$　　(C) $f(x)+c$　　(D) $F(x)+c$

(3) 若 $f(x)$ 在区间 $[a,b]$ 上满足(　　)，则其原函数一定存在.

(A) 有有限个间断点　(B) 极限存在　(C) 有界　(D) 连续

(4) 若 $\int f(x)\mathrm{d}x = F(x)+c$，并且 $x=at+b$，则 $\int f(t)\mathrm{d}t = (\quad)$.

(A) $F(x)+c$　(B) $F(t)+c$　(C) $F(at+b)+c$　(D) $\dfrac{1}{a}F(at+b)+c$.

(5) 下列结论正确的是(　　).

(A) 每个不定积分均可用初等函数表示出来　(B) 初等函数必有原函数

(C) 初等函数的原函数必定是初等函数　(D) 以上结论均不成立

(6) 设 $f'(\sin x)=\cos 2x$，则 $\int f(x)\mathrm{d}x = (\quad)$.

(A) $\dfrac{1}{2}x^2 - \dfrac{1}{6}x^4 + c_1 x + c_2$　　(B) $\dfrac{1}{2}x^2 - \dfrac{1}{6}x^4 + c$

(C) $\dfrac{1}{2}x^2 - \dfrac{1}{6}x^4 + c_1 x$　　(D) $\dfrac{1}{2}x^2 + c_1 x + c_2$.

(7) 设 $F'(x)=f(x)$，则 $\int \dfrac{f(-\sqrt{x})}{\sqrt{x}}\mathrm{d}x = (\quad)$.

(A) $-F(\sqrt{x})+c$　　(B) $\dfrac{1}{2}F(-\sqrt{x})+c$

(C) $-2F(-\sqrt{x})+c$　　(D) $-\dfrac{1}{2}F(-\sqrt{x})+c$

(8) 下列说法正确的是(　　).

(A) 连续函数必有原函数且原函数连续

(B) 连续函数必有原函数但原函数不一定连续

(C) 初等函数在有定义区间上不一定有原函数

(D) 分段函数在有定义区间上一定有原函数

3. 填空

(1) 设 $\int f(x)\mathrm{d}x = \sqrt{3x^2+1}+c$，则 $\int xf(3x^2+1)\mathrm{d}x = $ ＿＿＿＿＿.

(2) 设 $\left(\dfrac{\ln x}{x}\right)' = f(x)$，则 $\int xf'(x)\mathrm{d}x = $ ＿＿＿＿＿.

(3) 设 $f(x) = \mathrm{e}^{-x}$，则 $\int \dfrac{f'(\ln x)}{x}\mathrm{d}x = $ ＿＿＿＿＿.

(4) 设 e^{-x} 是 $f(x)$ 的一个原函数，则 $\int xf(x)\mathrm{d}x = $ ＿＿＿＿＿.

(5) 已知 $f(x)$ 的一个原函数为 $\ln^2 x$,则 $\int xf'(x)\mathrm{d}x =$ _____.

(6) 设 $\int f'(x^3)\mathrm{d}x = x^4 - x + c$,则 $f(x) =$ _____.

(7) 设 $\int \dfrac{f'(x)}{x}\mathrm{d}x = \arccos x + c$,则 $f(x) =$ _____.

(8) 设 $\int xf(x)\mathrm{d}x = \arcsin x + c$,则 $\int \dfrac{1}{f(x)}\mathrm{d}x =$ _____.

4. 求下列不定积分.

(1) $\int \dfrac{\ln\sin x}{\sin^2 x}\mathrm{d}x$;

(2) $\int x\sin^2 \dfrac{x}{2}\mathrm{d}x$;

(3) $\int \dfrac{\ln x - 1}{x^2}\mathrm{d}x$;

(4) $\int \dfrac{\mathrm{e}^x}{3 + \mathrm{e}^{2x}}\mathrm{d}x$;

(5) $\int \dfrac{1}{\sin^2 x + 4\cos^2 x}\mathrm{d}x$;

(6) $\int \dfrac{1}{\mathrm{e}^x + 2\mathrm{e}^{-x} + 2}\mathrm{d}x$;

(7) $\int \dfrac{\mathrm{d}x}{x\sqrt{\ln x(1 - \ln x)}}$;

(8) $\int \dfrac{x\mathrm{e}^x}{\sqrt{\mathrm{e}^x - 1}}\mathrm{d}x$;

(9) $\int \dfrac{x\mathrm{e}^{-x}}{(1 - x)^2}\mathrm{d}x$;

(10) $\int \dfrac{\sqrt{2 + \sqrt{x}}}{\sqrt[4]{x^3}}\mathrm{d}x$;

(11) $\int \dfrac{3x^3 + 1}{x^2 - 1}\mathrm{d}x$;

(12) $\int \dfrac{x}{\sqrt{(1 + x^2)^3}}\mathrm{e}^{\arctan x}\mathrm{d}x$;

(13) $\int \dfrac{1 + \sin x}{1 + \cos x}\mathrm{e}^x \mathrm{d}x$;

(14) $\int \dfrac{x}{\sqrt{1 + x^2}}\ln(x + \sqrt{1 + x^2})\mathrm{d}x$;

(15) $\int \dfrac{\arctan \mathrm{e}^x}{\mathrm{e}^x}\mathrm{d}x$;

(16) $\int \dfrac{\mathrm{d}x}{(2 - x)\sqrt{1 - x}}$;

(17) $\int \ln\left(1 + \sqrt{\dfrac{1 + x}{x}}\right)\mathrm{d}x \ (x > 0)$;

(18) $\int \dfrac{\arcsin \sqrt{x} + \ln x}{\sqrt{x}}\mathrm{d}x$;

(19) $\int \mathrm{e}^x \left(\dfrac{1 - x}{1 + x^2}\right)^2 \mathrm{d}x$;

(20) $\int \dfrac{x^2 + 1}{x(x - 1)^2}\ln x\mathrm{d}x$.

5. 设 $f(x)$ 的原函数为 $\dfrac{\sin x}{x}$,求 $\int xf'(x)\mathrm{d}x$.

6. 已知 $\dfrac{\sin x}{x}$ 是 $f(x)$ 的一个原函数,求 $\int x^3 f'(x)\mathrm{d}x$.

7. 设 $f(x)$ 有原函数 $x\ln x$,求 $\int xf(x)\mathrm{d}x$.

8. (1) 设 $f(x^2 - 1) = \ln \dfrac{x^2}{x^2 - 2}$,且 $f[\varphi(x)] = \ln x$,求 $\int \varphi(x)\mathrm{d}x$.

(2) 设 $f(x - 2) = \mathrm{e}^{\frac{x-1}{2x}}$,且 $f[\varphi(x)] = \mathrm{e}^x$,求 $\int \varphi(x)\mathrm{d}x$.

9. 设 $f'(\tan x + 1) = \cos^2 x + \sec^2 x$,且 $f(1) = 2$,求 $f(x)$.

10. 求 $\int \max(x^3, x^2, 1)\mathrm{d}x$.

11. 设 $f(\sin^2 x) = \dfrac{x}{\sin x}$，求 $\displaystyle\int \dfrac{\sqrt{x}}{\sqrt{1-x}} f(x) \mathrm{d}x$.

12. 设 $f(\ln x) = \dfrac{\ln(1+x)}{x}$，求 $\displaystyle\int f(x) \mathrm{d}x$.

13. 求不定积分 $\displaystyle\int x f'(2x) \mathrm{d}x$，其中 $f(x)$ 的原函数为 $\dfrac{\sin x}{x}$.

14. 设 $y = y(x)$ 是由方程 $y^2(x-y) = x^2$ 确定的隐函数，求不定积分 $\displaystyle\int \dfrac{1}{y^2} \mathrm{d}x$.

15. 设 $y = y(x)$ 是由方程 $y(x-y)^2 = x$ 确定的隐函数，求不定积分 $\displaystyle\int \dfrac{1}{x-3y} \mathrm{d}x$.

16. 设 $f(x)$ 连续可导，试计算下列积分

(1) $\displaystyle\int \dfrac{f'(\sqrt{x})}{\sqrt{x}[1+f^2(\sqrt{x})]} \mathrm{d}x$;

(2) $\displaystyle\int \dfrac{x f'(x) - (1+x) f(x)}{x^2 \mathrm{e}^x} \mathrm{d}x$.

17. 设 $F(x)$ 为 $f(x)$ 的原函数，且当 $x \geqslant 0$ 时
$$f(x) F(x) = \dfrac{x \mathrm{e}^x}{2(1+x)^2}.$$
已知 $F(0) = 1, F(x) > 0$，试求 $f(x)$.

第6章 定 积 分

本章介绍的定积分是微分法逆运算的另一个侧面.它和导数概念一样,有着许多实际背景.例如,求曲线围成的图形面积;求变速运动的物体在某时间段内走过的路程;计算不均匀物体的质量中心;已知某经济量的边际函数,求总量函数在某范围内的改变量,等等.在解决这一系列问题的过程中,就形成了定积分.

本章主要介绍定积分的概念、性质、计算方法和实际应用.

§6.1 定积分的概念及性质

一、定积分的概念

先看引出定积分概念的两个问题:

1. 求曲边梯形的面积

设 $y=f(x)$ 在 $[a,b]$ 上连续,且 $f(x) \geqslant 0$.由曲线 $y=f(x)$,直线 $x=a, x=b$ 及 x 轴围成的图形(如图 6-1)称为曲边梯形.为了求该图形面积,我们分如下四步进行.

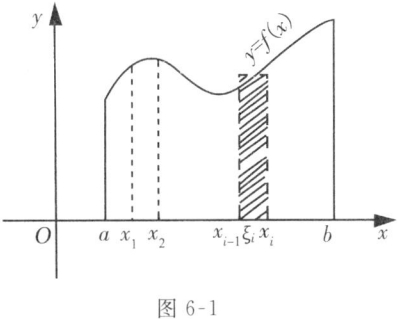

图 6-1

① 分割(化整为零)

在 $[a,b]$ 中插入 $n-1$ 个分点 $a=x_0<x_1<\cdots<x_{n-1}<x_n=b$,将区间 $[a,b]$ 分成 n 个小区间 $[x_{i-1},x_i]$ $(i=1,2,\cdots,n)$,区间长记为 $\Delta x_i = x_i - x_{i-1}(i=1,2,\cdots,n)$.

过各分点引 x 轴的垂线,将曲边梯形分成了 n 个小曲边梯形,第 i 个小曲边梯形面积记作 $\Delta S_i (i=1,2,\cdots,n)$.

② 近似(以不变代变)

任取 $\xi_i \in [x_{i-1},x_i]$,作以 $f(\xi_i)$ 为高,以 $[x_{i-1},x_i]$ 为底的小矩形(如图 6-1),当 Δx_i 较小时,$f(x)$ 在 $[x_{i-1},x_i]$ 上的变化不大,小曲边梯形面积就近似等于小矩形面积,即

$$\Delta S_i \approx f(\xi_i) \Delta x_i (i=1,2,\cdots,n).$$

③ 求和(积零为整)

当 Δx_i 较小时($i=1,2,\cdots,n$),曲边梯形面积就近似等于 n 个小矩形面积之和. 即
$$S = \sum_{i=1}^{n} \Delta S_i \approx \sum_{i=1}^{n} f(\xi_i) \Delta x_i.$$

④ 求极限

当分割无限细密,即分点无限多,各小区间长度趋于 0 时,若上述和式 $\sum_{i=1}^{n} f(\xi_i) \Delta x_i$ 的极限存在,则该极限就应该是所求曲边梯形的面积. 即
$$S = \lim_{\Delta x \to 0} \sum_{i=1}^{n} f(\xi_i) \Delta x_i,$$
其中 $\Delta x = \max_{1 \leqslant i \leqslant n} \{\Delta x_i\}$.

2. 求变速直线运动的物体走过的路程

设物体作变速直线运动,其瞬时速度为 $V(t)$,求其由时刻 $t=a$ 到时刻 $t=b$ 之间走过的路程.

这个问题的解决也采取同上的四步:

(1) 分割(化整为零):

分点 $a=t_0<t_1<\cdots<t_{n-1}<t_n=b$ 将时间区间 $[a,b]$ 分成 n 个小区间:$[t_{i-1},t_i]$($i=1,2,\cdots,n$),第 i 个小区间长记为 Δt_i,物体在 $[t_{i-1},t_i]$ 时间内走过的路程记为 ΔS_i($i=1,2,\cdots,n$).

(2) 近似(以不变代变):

任取 $\xi_i \in [t_{i-1},t_i]$,在 Δt_i 较小时,由于 $V(t)$ 在 $[t_{i-1},t_i]$ 上变化不大,物体运动可近似看成以 $V(\xi_i)$ 为速度的匀速运动,则
$$\Delta S_i \approx V(\xi_i) \Delta t_i.$$

(3) 求和(积零为整)

物体在时间段 $[a,b]$ 内走过路程 S 的近似值为
$$S \approx \sum_{i=1}^{n} V(\xi_i) \Delta t_i.$$

(4) 求极限(精确值)

当分割无限细密,即 $\Delta t = \max_{1 \leqslant i \leqslant n} \{\Delta t_i\} \to 0$ 时,上述和式的极限就是所求物体在时间 $[a,b]$ 内走过的路程,即
$$S = \lim_{\Delta t \to 0} \sum_{i=1}^{n} V(\xi_i) \Delta t_i.$$

上述两个例子分属于不同的具体问题,但处理的思想方法是相同的. 这种方法称为 "无限微元"法. 两个问题的结果结构也是一致的,都是乘积和的极限. 还有许多实际问题的解决,都可采取同样的方法,得出这种结构的极限. 因此,有必要将其抽象概括,以便进一步研究. 这就形成了定积分的概念.

3. 定积分的定义

定义 6.1 设 $f(x)$ 是定义在 $[a,b]$ 上的函数,在 $[a,b]$ 中任意插入 $n-1$ 个分点:
$$a=x_0<x_1<\cdots<x_{n-1}<x_n=b,$$

将 $[a,b]$ 分成 n 个区间 $[x_{i-1},x_i]$，区间长为 $\Delta x_i = x_i - x_{i-1}$ $(i=1,2,\cdots,n)$，记 $\Delta x = \max\limits_{1\leqslant i\leqslant n}\{\Delta x_i\}$，任取 $\xi_i \in [x_{i-1},x_i]$，作和

$$\sum_{i=1}^{n} f(\xi_i)\Delta x_i.$$

令 $\Delta x \to 0$，如果极限

$$\lim_{\Delta x \to 0}\sum_{i=1}^{n} f(\xi_i)\Delta x_i$$

存在，且与 $[a,b]$ 的分法及 ξ_i 的取法无关，则称该极限值为函数 $f(x)$ 在区间 $[a,b]$ 上的定积分，记作

$$\int_a^b f(x)\mathrm{d}x = \lim_{\Delta x \to 0}\sum_{i=1}^{n} f(\xi_i)\Delta x_i.$$

这时，称 $f(x)$ 在 $[a,b]$ 上可积，a,b 分别称为积分下限和上限，$[a,b]$ 称为积分区间.

关于定积分的定义再作以下说明：

(1) 定积分定义中，极限过程 $\Delta x \to 0$ 不能用 $n\to\infty$ 替代. 因为分点无限多并不能保证 $\Delta x \to 0$，等分除外.

(2) 由定积分概念知，若 $f(x)$ 在 $[a,b]$ 上可积，则 $\int_a^b f(x)\mathrm{d}x$ 是一个常数；该常数与 $f(x)$ 及 a,b 有关，而与积分变量 x 无关，即

$$\int_a^b f(x)\mathrm{d}x = \int_a^b f(t)\mathrm{d}t = \int_a^b f(u)\mathrm{d}u.$$

(3) 定积分的存在性：可以证明，$[a,b]$ 上的连续函数及只有有限个第一类间断点的函数、单调有界函数，在 $[a,b]$ 上都是可积的（证明略）.

(4) 无界不可积分.

如果 $f(x)$ 在 $[a,b]$ 上无界，我们总可以选取 ξ_i，使 $\lim\limits_{\Delta x \to 0}\sum\limits_{i=1}^{n} f(\xi_i)\Delta x_i$ 成为无穷大. 因此，无界函数一定不可积.

(5) 为了今后方便计算，规定：

$a>b$ 时，$\int_a^b f(x)\mathrm{d}x = -\int_b^a f(x)\mathrm{d}x$；

$a=b$ 时，$\int_a^a f(x)\mathrm{d}x = 0$.

例1 用定积分定义计算 $\int_0^1 x^2 \mathrm{d}x$.

解 由于 $f(x)=x^2$ 在 $[0,1]$ 上连续，所以 $f(x)$ 在 $[0,1]$ 上可积. 由定积分定义，对任意的分法和取法都有

$$\int_0^1 f(x)\mathrm{d}x = \lim_{\Delta x \to 0}\sum_{i=1}^{n} f(\xi_i)\Delta x_i.$$

为了计算方便，我们采用如下分法和取法：将 $[0,1]$ 分成 n 等份，于是，每个区间长 $\Delta x_i = \dfrac{1}{n}$；取 ξ_i 为 $[x_{i-1},x_i]$ 的右端点 x_i，即 $\xi_i = \dfrac{i}{n}$，作和

$$\sum_{i=1}^{n} f(\xi_i)\Delta x_i = \sum_{i=1}^{n}\left(\frac{i}{n}\right)^2 \frac{1}{n}$$
$$= \frac{1^2+2^2+\cdots+n^2}{n^3} = \frac{\frac{1}{6}n(n+1)(2n+1)}{n^3}$$
$$= \frac{(n+1)(2n+1)}{6n^2},$$

故 $$\int_0^1 x^2 \mathrm{d}x = \lim_{n\to\infty} \frac{(n+1)(2n+1)}{6n^2} = \frac{1}{3}.$$

4. 定积分的几何意义

由引出定积分概念的第一个问题知,在 $[a,b]$ 上,当 $f(x)\geqslant 0$ 时,$\int_a^b f(x)\mathrm{d}x$ 等于 $y=f(x)$ 在 $[a,b]$ 上围成的曲边梯形的面积(如图 6-2);当 $f(x)\leqslant 0$ 时,$\int_a^b f(x)\mathrm{d}x$ 等于 $y=f(x)$ 在 $[a,b]$ 上围成的图形面积的相反数(如图 6-3);当 $f(x)$ 有正有负时,$\int_a^b f(x)\mathrm{d}x$ 等于 $y=f(x)$ 在 x 轴上方与下方围成图形面积的代数和(如图 6-4).

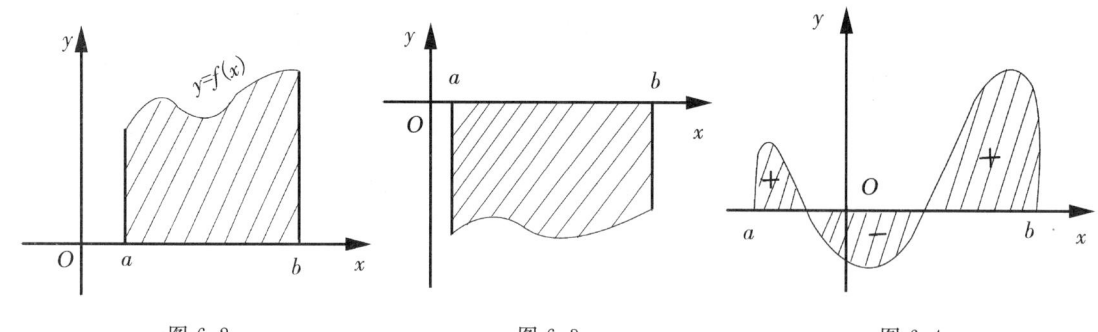

图 6-2　　　　　图 6-3　　　　　图 6-4

例 2　用定积分的几何意义求定积分 $\int_1^3 \sqrt{(x-1)(3-x)}\mathrm{d}x$ 之值.

解　因为 $\sqrt{(x-1)(3-x)} = \sqrt{4x-x^2-3} = \sqrt{1-(x-2)^2}$,

所以 $$\int_1^3 \sqrt{(x-1)(3-x)}\mathrm{d}x = \int_1^3 \sqrt{1-(x-2)^2}\mathrm{d}x.$$

而 $y=\sqrt{1-(x-2)^2}$ 为以 $(2,0)$ 为中心、半径为 1 的半圆,因此

$$\int_1^3 \sqrt{(x-1)(3-x)}\mathrm{d}x = \int_1^3 \sqrt{1-(x-2)^2}\mathrm{d}x = \frac{1}{2}\pi\cdot 1^2 = \frac{\pi}{2}.$$

二、定积分的性质

我们假设函数在下面所讨论的区间上都是可积的,定积分有如下性质.

性质 1　$\int_a^b kf(x)\mathrm{d}x = k\int_a^b f(x)\mathrm{d}x$ (k 为常数).

证　由定积分定义和极限性质可得:

$$\int_a^b kf(x)\mathrm{d}x = \lim_{\Delta x \to 0} \sum_{i=1}^n kf(\xi_i)\Delta x_i$$
$$= k\lim_{\Delta x \to 0} \sum_{i=1}^n f(\xi_i)\Delta x_i = k\int_a^b f(x)\mathrm{d}x.$$

性质 2 $\int_a^b [f(x) \pm g(x)]\mathrm{d}x = \int_a^b f(x)\mathrm{d}x \pm \int_a^b g(x)\mathrm{d}x.$

证 由定积分定义及极限性质得：
$$\int_a^b [f(x) \pm g(x)]\mathrm{d}x = \lim_{\Delta x \to 0} \sum_{i=1}^n [f(\xi_i) \pm g(\xi_i)]\Delta x_i$$
$$= \lim_{\Delta x \to 0} \sum_{i=1}^n f(\xi_i)\Delta x_i \pm \lim_{\Delta x \to 0} \sum_{i=1}^n g(\xi_i)\Delta x_i$$
$$= \int_a^b f(x)\mathrm{d}x \pm \int_a^b g(x)\mathrm{d}x.$$

由性质 1 和性质 2，还能得到如下推论：

推论 $\int_a^b [k_1 f_1(x) + k_2 f_2(x) + \cdots + k_n f_n(x)]\mathrm{d}x$
$$= k_1 \int_a^b f_1(x)\mathrm{d}x + k_2 \int_a^b f_2(x)\mathrm{d}x + \cdots + k_n \int_a^b f_n(x)\mathrm{d}x,$$

k_i 均为常数，$i=1,2,\cdots,n$.

性质 3 （区间可加性） $\int_a^b f(x)\mathrm{d}x = \int_a^c f(x)\mathrm{d}x + \int_c^b f(x)\mathrm{d}x,$

无论常数 a,b,c 三者位置如何，上式均成立.

证 （1）当 $a<c<b$ 时，由于
$$\int_a^b f(x)\mathrm{d}x = \lim_{\Delta x \to 0} \sum_{i=1}^n f(\xi_i)\Delta x_i$$

与分法无关，故可取 c 为一个分点，则
$$\lim_{\Delta x \to 0} \sum_{[a,b]} f(\xi_i)\Delta x_i = \lim_{\Delta x \to 0} \sum_{[a,c]} f(\xi_i)\Delta x_i + \lim_{\Delta x \to 0} \sum_{[c,b]} f(\xi_i)\Delta x_i,$$

即 $\int_a^b f(x)\mathrm{d}x = \int_a^c f(x)\mathrm{d}x + \int_c^b f(x)\mathrm{d}x.$

（2）当 $c<a<b$ 时，由（1）知，有
$$\int_c^b f(x)\mathrm{d}x = \int_c^a f(x)\mathrm{d}x + \int_a^b f(x)\mathrm{d}x$$
$$= -\int_a^c f(x)\mathrm{d}x + \int_a^b f(x)\mathrm{d}x.$$

移项得 $\int_a^b f(x)\mathrm{d}x = \int_a^c f(x)\mathrm{d}x + \int_c^b f(x)\mathrm{d}x.$

对于 a,b,c 大小关系的其他情形，都可仿（2）类似地讨论.

性质 4 （保号性） 如果在区间 $[a,b]$ 上恒有
$$f(x) \leqslant g(x),$$

则 $\int_a^b f(x)\mathrm{d}x \leqslant \int_a^b g(x)\mathrm{d}x.$

证 因为 $\int_a^b f(x)dx - \int_a^b g(x)dx = \int_a^b [f(x) - g(x)]dx$,

$$\lim_{\Delta x \to 0} \sum_{i=1}^n [f(\xi_i) - g(\xi_i)]\Delta x_i \leqslant 0,$$

所以 $\int_a^b f(x)dx \leqslant \int_a^b g(x)dx$.

例 3 不计算定积分,比较下列积分大小.

$$\int_0^1 e^x dx \text{ 与 } \int_0^1 e^{x^2} dx.$$

解 因为在 $[0,1]$ 上, $e^x \geqslant e^{x^2}$,故有

$$\int_0^1 e^x dx \geqslant \int_0^1 e^{x^2} dx.$$

由性质 4 可得到一个推论.

推论 如果 $f(x)$ 在 $[a,b]$ 上可积,且 $f(x) \geqslant 0$,则 $\int_a^b f(x)dx \geqslant 0$.

例 4 设 $f(x)$ 在 $[a,b]$ 上连续,且 $f(x) \geqslant 0$,如果 $\int_a^b f(x)dx = 0$,求证:在 $[a,b]$ 上 $f(x) \equiv 0$.

证 用反证法.假若存在 $x_0 \in [a,b]$,使 $f(x_0) > 0$,不妨设 $x_0 \in (a,b)$($x_0 = a$ 或 $x_0 = b$ 证法同下).由连续函数的局部保号性有:必存在 x_0 的某个邻域 $(x_0 - \delta, x_0 + \delta)$,使任意 $x \in (x_0 - \delta, x_0 + \delta)$ 恒有 $f(x) > \dfrac{f(x_0)}{2} > 0$,由性质 3 有

$$\int_a^b f(x)dx = \int_a^{x_0 - \delta} f(x)dx + \int_{x_0 - \delta}^{x_0 + \delta} f(x)dx + \int_{x_0 + \delta}^b f(x)dx,$$

再由性质 4 知 $\int_a^{x_0 - \delta} f(x)dx \geqslant 0, \int_{x_0 + \delta}^b f(x)dx \geqslant 0$,

而 $\int_{x_0 - \delta}^{x_0 + \delta} f(x)dx \geqslant \int_{x_0 - \delta}^{x_0 + \delta} \dfrac{f(x_0)}{2}dx = \dfrac{f(x_0)}{2}(x_0 + \delta - x_0 + \delta)$

$$= f(x_0)\delta > 0,$$

故 $\int_a^b f(x)dx > 0$,

这与已知矛盾.

由例 4 知,性质 4 及其推论可改进成如下形式:

性质 4' 如果在区间 $[a,b]$ 上恒有 $f(x) \leqslant g(x)$,且 $f(x) \not\equiv g(x)$,则

$$\int_a^b f(x)dx < \int_a^b g(x)dx.$$

推论 如果在区间 $[a,b]$ 上 $f(x) \geqslant 0 (\leqslant 0)$,且 $f(x) \not\equiv 0$,则

$$\int_a^b f(x)dx > 0 (< 0).$$

例 5 不计算定积分,比较下列定积分大小.

(1) $\int_0^1 e^x dx$ 与 $\int_0^1 e^{x^2} dx$; (2) $\int_{\frac{1}{2}}^1 x\ln x dx$ 与 $\int_\pi^{\frac{\pi}{2}} \sin x \cos^3 x dx$.

解 (1) 因在 $[0,1]$ 上, $e^x \geqslant e^{x^2}$ 且 $e^x \not\equiv e^{x^2}$, 故有 $\int_0^1 e^x dx > \int_0^1 e^{x^2} dx$.

(2) 因在 $\left[\dfrac{1}{2}, 1\right]$ 上, $x\ln x \leqslant 0$ 且 $x\ln x \not\equiv 0$, 故有 $\int_{\frac{1}{2}}^1 x\ln x dx < 0$.

又在 $\left[\dfrac{\pi}{2}, \pi\right]$ 上, $\sin x\cos^3 x \leqslant 0$, 且 $\sin x\cos^3 x \not\equiv 0$, 故有 $\int_\pi^{\frac{\pi}{2}} \sin x\cos^3 x dx =$
$-\int_{\frac{\pi}{2}}^\pi \sin x\cos^3 x dx > 0.$ 从而 $\int_{\frac{1}{2}}^1 x\ln x dx < \int_\pi^{\frac{\pi}{2}} \sin x\cos^3 x dx.$

性质 5 $\left|\int_a^b f(x) dx\right| \leqslant \int_a^b |f(x)| dx.$

由 $-|f(x)| \leqslant f(x) \leqslant |f(x)|$ 及性质 4 即可得上述不等式.

性质 6 (估值定理) 如果 $f(x)$ 在区间 $[a,b]$ 上对任意 $x \in [a,b]$, 恒有
$$A \leqslant f(x) \leqslant B.$$
其中 A, B 为常数, 则
$$A(b-a) \leqslant \int_a^b f(x) dx \leqslant B(b-a).$$

证 由性质 4 有
$$\int_a^b A dx \leqslant \int_a^b f(x) dx \leqslant \int_a^b B dx.$$

又由定义 $\int_a^b dx = b - a,$

故 $\int_a^b A dx = A(b-a), \int_a^b B dx = B(b-a),$

所以 $A(b-a) \leqslant \int_a^b f(x) dx \leqslant B(b-a).$

例 6 求证: $\dfrac{2}{5} \leqslant \int_1^2 \dfrac{x}{1+x^2} dx \leqslant \dfrac{1}{2}.$

证 设 $f(x) = \dfrac{x}{1+x^2}$, 则
$$f'(x) = \left(\dfrac{x}{1+x^2}\right)' = \dfrac{1-x^2}{(1+x^2)^2}.$$

对任意的 $x \in (1,2), f'(x) < 0,$ 且 $f(x)$ 在 $[1,2]$ 上连续, 故 $f(x)$ 在 $[1,2]$ 上单调递减, 所以最小值为 $f(2) = \dfrac{2}{5}$, 最大值为 $f(1) = \dfrac{1}{2}$. 因此, 由估值定理得
$$\dfrac{2}{5} \leqslant \int_1^2 \dfrac{x}{1+x^2} dx \leqslant \dfrac{1}{2}.$$

性质 7 (简单积分中值定理) 如果 $f(x)$ 在 $[a,b]$ 连续, 则至少存在一点 $\xi \in [a,b]$, 使得
$$\int_a^b f(x) dx = f(\xi)(b-a).$$

证 因为 $f(x)$ 在 $[a,b]$ 上连续, 故 $f(x)$ 在 $[a,b]$ 上必达到最大值 M 和最小值 m. 于是由性质 6 得

$$m(b-a) \leqslant \int_a^b f(x)\mathrm{d}x \leqslant M(b-a),$$

因此
$$m \leqslant \frac{\int_a^b f(x)\mathrm{d}x}{b-a} \leqslant M.$$

再由连续函数的介值定理,至少存在一点 $\xi \in [a,b]$,使

$$f(\xi) = \frac{\int_a^b f(x)\mathrm{d}x}{b-a},$$

即
$$\int_a^b f(x)\mathrm{d}x = f(\xi)(b-a).$$

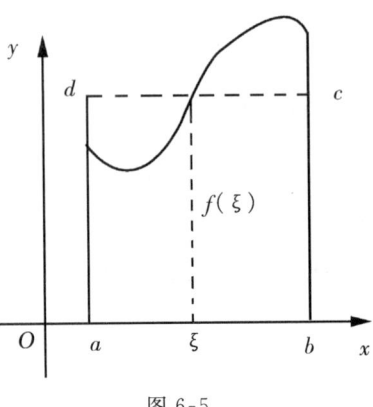

图 6-5

注 (1) 当 $f(x) \geqslant 0$ 时,该定理的几何意义为曲线 $f(x)$ 在 $[a,b]$ 上围成的图形面积恰等于以 $[a,b]$ 为底、以 $f(\xi)$ 为高的矩形 $abcd$ 的面积(如图 6-5 所示).

(2) 称 $f(\xi) = \frac{1}{b-a} \int_a^b f(x)\mathrm{d}x$ 为 $f(x)$ 在 $[a,b]$ 上的平均值.

(3) 在某些理论证明中,使用该定理可将积分号脱去.

例 7 设 $f(x)$ 在 $[0,2]$ 上连续,在 $(0,2)$ 内二阶可导且有 $f(0) = f\left(\frac{1}{2}\right)$ 及 $2\int_{\frac{1}{2}}^1 f(x)\mathrm{d}x = f(2)$,证明存在 $\xi \in (0,2)$,使得 $f''(\xi) = 0$.

证 由积分中值定理知,存在 $\eta \in \left[\frac{1}{2}, 1\right]$,使得

$$2\int_{\frac{1}{2}}^1 f(x)\mathrm{d}x = 2f(\eta) \cdot \frac{1}{2} = f(\eta),$$

从而
$$f(\eta) = f(2).$$

又因 $f(x)$ 在 $\left[0, \frac{1}{2}\right]$ 及 $[\eta, 2]$ 上满足罗尔定理条件,故存在 $\xi_1 \in \left(0, \frac{1}{2}\right)$,使得 $f'(\xi_1) = 0$;存在 $\xi_2 \in (\eta, 2)$,使得 $f'(\xi_2) = 0$. 对 $f'(x)$ 在 $[\xi_1, \xi_2]$ 上使用罗尔定理,存在 $\xi \in (\xi_1, \xi_2) \subset (0,2)$,使得 $f''(\xi) = 0$.

例 8 试证 $\lim\limits_{x \to +\infty} \int_x^{x+1} t\sin\frac{1}{t}\mathrm{d}t = 1$.

证 因为当 $x > 0$ 时,$f(t) = t\sin\frac{1}{t}$ 在 $[x, x+1]$ 上连续,故由积分中值定理知

$$\int_x^{x+1} t\sin\frac{1}{t}\mathrm{d}t = \xi\sin\frac{1}{\xi}.$$

其中,$x \leqslant \xi \leqslant x+1$.

因而当 $x \to +\infty$ 时,有 $\xi \to +\infty$. 故

$$\lim_{x \to +\infty} \int_x^{x+1} t\sin\frac{1}{t}\mathrm{d}t = \lim_{x \to +\infty} \xi\sin\frac{1}{\xi} = \lim_{\xi \to +\infty} \frac{\sin\frac{1}{\xi}}{\frac{1}{\xi}} = 1.$$

性质 8 （推广积分中值定理） 如果 $f(x)$ 与 $g(x)$ 在区间 $[a,b]$ 上连续，且 $g(x)$ 在 $[a,b]$ 上不变号，则至少存在一点 $\xi\in[a,b]$，使得
$$\int_a^b f(x)g(x)\mathrm{d}x = f(\xi)\int_a^b g(x)\mathrm{d}x.$$

证 因 $f(x)$ 在 $[a,b]$ 上连续，所以 $f(x)$ 在 $[a,b]$ 上取得最大值 M 和最小值 m，
$$m\leqslant f(x)\leqslant M.$$
设 $g(x)\geqslant 0$，则 $mg(x)\leqslant f(x)g(x)\leqslant Mg(x)$，积分
$$m\int_a^b g(x)\mathrm{d}x \leqslant \int_a^b f(x)g(x)\mathrm{d}x \leqslant M\int_a^b g(x)\mathrm{d}x,$$
$$m\leqslant \frac{\int_a^b f(x)g(x)\mathrm{d}x}{\int_a^b g(x)\mathrm{d}x} \leqslant M.$$

由介值定理得，存在 $\xi\in[a,b]$ 使得
$$f(\xi) = \frac{\int_a^b f(x)g(x)\mathrm{d}x}{\int_a^b g(x)\mathrm{d}x},$$
所以
$$\int_a^b f(x)g(x)\mathrm{d}x = f(\xi)\int_a^b g(x)\mathrm{d}x.$$

§6.2 定积分的计算

如何计算定积分？显然，利用定义求和式的极限是非常困难的，有时，甚至是不可能的. 本节将通过研究不定积分与定积分的联系，推导出计算定积分的一般方法.

一、微积分学基本定理

设 $f(t)$ 在 $[a,b]$ 上连续，因而对任意 $x\in[a,b]$，$f(t)$ 在 $[a,x]$ 上也连续，故积分 $\int_a^x f(t)\mathrm{d}t$ 存在，且对每一个 $x\in[a,b]$ 都有唯一确定的 $\int_a^x f(t)\mathrm{d}t$ 与之对应，所以积分 $\int_a^x f(t)\mathrm{d}t$ 是定义在 $[a,b]$ 上的一个函数，称为变上限定积分，记作 $p(x)$，即
$$p(x) = \int_a^x f(t)\mathrm{d}t.$$

定理 6.1 （微积分学基本定理） 如果 $f(x)$ 在 $[a,b]$ 上连续，$p(x)=\int_a^x f(t)\mathrm{d}t$，则 $p(x)$ 是 $f(x)$ 在 $[a,b]$ 上的一个原函数，即有
$$p'(x) = \left(\int_a^x f(t)\mathrm{d}t\right)' = f(x), x\in[a,b].$$

证 设任意 $x \in [a,b]$,Δx 为自变量在 x 处取得的改变量,由导数定义,有

$$p'(x) = \lim_{\Delta x \to 0} \frac{p(x+\Delta x) - p(x)}{\Delta x}$$

$$= \lim_{\Delta x \to 0} \frac{\int_a^{x+\Delta x} f(t)\mathrm{d}t - \int_a^x f(t)\mathrm{d}t}{\Delta x}$$

$$= \lim_{\Delta x \to 0} \frac{\int_x^{x+\Delta x} f(t)\mathrm{d}t}{\Delta x},$$

由积分中值定理得

$$\int_x^{x+\Delta x} f(t)\mathrm{d}t = f(\xi)\Delta x, \xi \in [x, x+\Delta x],$$

故

$$p'(x) = \lim_{\Delta x \to 0} \frac{f(\xi)\Delta x}{\Delta x} = \lim_{\Delta x \to 0} f(\xi) = f(x).$$

后一等式成立是由于 $\Delta x \to 0$ 时 $\xi \to x$ 及 $f(t)$ 在 x 连续.因而,$p(x)$ 是 $f(x)$ 的一个原函数.

注 （1）该定理体现了表面上似乎不相干的两个概念不定积分和定积分的内在联系:变上限定积分是不定积分中的一个函数.

（2）该定理同时还证明了:连续函数一定存在原函数.因此,定理 6.1 也称为原函数存在定理.

例 1 设 $f(x) = \int_x^1 \mathrm{e}^{-t^2} \mathrm{d}t$,求 $f'(x)$.

解 因为 $f(x) = \int_x^1 \mathrm{e}^{-t^2} \mathrm{d}t = -\int_1^x \mathrm{e}^{-t^2} \mathrm{d}t$,故 $f'(x) = -\mathrm{e}^{-x^2}$.

例 2 设 $f(x) = \int_0^{x^3+x} \sin t^2 \mathrm{d}t$,求 $f'(x)$.

解 设 $u = x^3 + x$,则 $f(x)$ 为 $p(u) = \int_0^u \sin t^2 \mathrm{d}t$ 与 $u = x^3 + x$ 的复合函数.由复合函数求导法则得

$$f'(x) = p'(u)u' = \sin u^2 \cdot (x^3+x)'$$
$$= (3x^2+1)\sin(x^3+x)^2.$$

注 $\left(\int_a^{\varphi(x)} f(t)\mathrm{d}t\right)' = f[\varphi(x)] \cdot \varphi'(x)$.

例 3 设 $f(x) = \int_{\cos x}^{x\ln x} t^2 \mathrm{d}t$,求 $f'(x)$.

解 $f(x) = \int_{\cos x}^a t^2 \mathrm{d}t + \int_a^{x\ln x} t^2 \mathrm{d}t = \int_a^{x\ln x} t^2 \mathrm{d}t - \int_a^{\cos x} t^2 \mathrm{d}t.$

故

$$f'(x) = (x\ln x)^2 (x\ln x)' - \cos^2 x (\cos x)'$$
$$= (1+\ln x)x^2\ln^2 x + \sin x \cos^2 x.$$

例 4 求极限 $\lim\limits_{x \to 0} \dfrac{\int_0^{x^2} \sqrt{1+t^2}\,\mathrm{d}t}{x^2}$.

解 $x \to 0$ 时，所求极限为 $\dfrac{0}{0}$ 型未定式，故由罗彼塔法则得

$$\lim_{x \to 0} \dfrac{\int_0^{x^2} \sqrt{1+t^2}\,\mathrm{d}t}{x^2} = \lim_{x \to 0} \dfrac{(\int_0^{x^2} \sqrt{1+t^2}\,\mathrm{d}t)'}{(x^2)'}$$

$$= \lim_{x \to 0} \dfrac{\sqrt{1+x^4} \cdot 2x}{2x} = 1.$$

例 5 求由方程 $\int_0^y \mathrm{e}^{t^2}\,\mathrm{d}t + \int_0^x \cos t\,\mathrm{d}t = 0$ 所确定的隐函数 $y = y(x)$ 的导数 $y'(x)$.

解 由隐函数求导法则，方程两边对 x 求导得

$$\left(\int_0^y \mathrm{e}^{t^2}\,\mathrm{d}t\right)'_x + \left(\int_0^x \cos t\,\mathrm{d}t\right)' = 0,$$

$$\mathrm{e}^{y^2} y' + \cos x = 0,$$

故

$$y' = -\dfrac{\cos x}{\mathrm{e}^{y^2}}.$$

二、牛顿 — 莱布尼兹（Newton-leibniz）公式

定理 6.2 如果 $f(x)$ 在区间 $[a,b]$ 上连续，$F(x)$ 是 $f(x)$ 在 $[a,b]$ 上的一个原函数，则

$$\int_a^b f(x)\,\mathrm{d}x = F(b) - F(a).$$

证 因为 $F(x)$ 与 $p(x) = \int_a^x f(t)\,\mathrm{d}t$ 都是 $f(x)$ 在 $[a,b]$ 上的原函数，故应有

$$p(x) = F(x) + c.$$

取 $x = a$ 得

$$p(a) = F(a) + c,$$

由于

$$p(a) = \int_a^a f(t)\,\mathrm{d}t = 0,$$

故

$$c = -F(a),$$

所以

$$p(x) = F(x) - F(a).$$

取 $x = b$ 得 $p(b) = F(b) - F(a)$,

即

$$\int_a^b f(x)\,\mathrm{d}x = F(b) - F(a).$$

注 （1）该定理说明：求连续函数在 $[a,b]$ 上的定积分，只要求出其在 $[a,b]$ 上的一个原函数 $F(x)$，然后计算 $F(b) - F(a)$ 即可. 而求原函数则转化成了求不定积分.

（2）通常将 $F(b) - F(a)$ 记作 $F(x)\Big|_a^b$.

例 6 求 $\int_0^1 x^3\,\mathrm{d}x$.

解

$$\int_0^1 x^3\,\mathrm{d}x = \dfrac{1}{4} x^4 \Big|_0^1 = \dfrac{1}{4} \cdot 1^4 - \dfrac{1}{4} \cdot 0^4 = \dfrac{1}{4}.$$

例 7 求 $\int_0^2 (x^2-1)(x+2)\,dx$.

解
$$\int_0^2 (x^2-1)(x+2)\,dx = \int_0^2 (x^3+2x^2-x-2)\,dx$$
$$= \int_0^2 x^3\,dx + 2\int_0^2 x^2\,dx - \int_0^2 x\,dx - 2\int_0^2 dx$$
$$= \left(\frac{1}{4}x^4\right)\Big|_0^2 + 2\cdot\left(\frac{1}{3}x^3\right)\Big|_0^2 - \left(\frac{1}{2}x^2\right)\Big|_0^2 - 2\cdot x\Big|_0^2$$
$$= \frac{10}{3}.$$

例 8 求 $\int_0^1 \frac{x^4}{1+x^2}\,dx$.

解
$$\int_0^1 \frac{x^4}{1+x^2}\,dx = \int_0^1 \left(x^2-1+\frac{1}{1+x^2}\right)dx$$
$$= \left(\frac{1}{3}x^3 - x + \arctan x\right)\Big|_0^1$$
$$= \frac{\pi}{4} - \frac{2}{3}.$$

例 9 求 $\int_0^{\frac{\pi}{2}} |\sin x - \cos x|\,dx$.

解 因为在 $\left[0, \frac{\pi}{2}\right]$ 上,

$$|\sin x - \cos x| = \begin{cases} -\sin x + \cos x & 0 \leqslant x \leqslant \frac{\pi}{4}; \\ \sin x - \cos x & \frac{\pi}{4} \leqslant x \leqslant \frac{\pi}{2}. \end{cases}$$

故 $\int_0^{\frac{\pi}{2}} |\sin x - \cos x|\,dx = \int_0^{\frac{\pi}{4}} (\cos x - \sin x)\,dx + \int_{\frac{\pi}{4}}^{\frac{\pi}{2}} (\sin x - \cos x)\,dx$
$$= (\sin x + \cos x)\Big|_0^{\frac{\pi}{4}} + (-\cos x - \sin x)\Big|_{\frac{\pi}{4}}^{\frac{\pi}{2}}$$
$$= 2\sqrt{2} - 2.$$

例 10 设 $f(x) = \begin{cases} \sqrt[3]{x} - 1 & 0 \leqslant x \leqslant 1, \\ e^{-x} & 1 < x \leqslant 3; \end{cases}$ 求 $\int_0^3 f(x)\,dx$.

解
$$\int_0^3 f(x)\,dx = \int_0^1 (\sqrt[3]{x}-1)\,dx + \int_1^3 e^{-x}\,dx$$
$$= \left(\frac{3}{4}x^{\frac{4}{3}} - x\right)\Big|_0^1 - e^{-x}\Big|_1^3$$
$$= \frac{3}{4} - 1 - (e^{-3} - e^{-1}) = -\frac{1}{4} - \frac{1}{e^3} + \frac{1}{e}.$$

(3) 利用牛顿-莱布尼兹公式求定积分的条件是 $f(x)$ 在区间 $[a,b]$ 上连续. $\int_{-1}^1 \frac{1}{x^2}\,dx$

$= -\frac{1}{x}\Big|_{-1}^{1} = -1 - 1 = -2$ 的做法是错误的,原因是 $\frac{1}{x^2}$ 在 $[-1,1]$ 上不连续.

三、定积分的换元积分法

定理 6.3 如果 $f(x)$ 在 $[a,b]$ 上连续,$x = \varphi(t)$ 满足下述条件:
(1) $\varphi(t)$ 在 $[\alpha,\beta]$ 上单调连续,且 $a \leqslant \varphi(t) \leqslant b (t \in [\alpha,\beta])$;
(2) $\varphi(\alpha) = a, \varphi(\beta) = b$;
(3) $\varphi'(t)$ 在 $[\alpha,\beta]$ 上连续.

则
$$\int_a^b f(x)\mathrm{d}x = \int_\alpha^\beta f[\varphi(t)]\varphi'(t)\mathrm{d}t.$$

证 $f(x), \varphi(t), \varphi'(t)$ 连续保证了结论中等式两边函数的原函数及定积分都存在.
设 $F(x)$ 为 $f(x)$ 的一个原函数,则
$$\int_a^b f(x)\mathrm{d}x = F(b) - F(a).$$

由于
$$[F(\varphi(t))]' = F'[\varphi(t)] \cdot \varphi'(t) = f[\varphi(t)]\varphi'(t),$$

所以 $F[\varphi(t)]$ 是 $f[\varphi(t)]\varphi'(t)$ 的一个原函数. 故
$$\int_\alpha^\beta f[\varphi(t)]\varphi'(t)\mathrm{d}t = F[\varphi(t)]\Big|_\alpha^\beta$$
$$= F[\varphi(\beta)] - F[\varphi(\alpha)] = F(b) - f(a),$$

因此
$$\int_a^b f(x)\mathrm{d}x = \int_\alpha^\beta f[\varphi(t)]\varphi'(t)\mathrm{d}t.$$

在定理 6.3 的结论中,从左到右相当于不定积分的第二换元法,从右到左相当于不定积分中的凑微分法.

定积分换元法不同于不定积分换元法的关键在于换元也换限,积分结果不必代回原来变量.

例 11 求 $\int_0^{\frac{\pi}{2}} \sin^2 x \cos x \mathrm{d}x$.

解 $\int_0^{\frac{\pi}{2}} \sin^2 x \cos x \mathrm{d}x \xrightarrow{\diamondsuit \sin x = u} \int_0^1 u^2 \mathrm{d}u = \frac{1}{3}u^3\Big|_0^1 = \frac{1}{3} \cdot 1^3 - \frac{1}{3} \cdot 0^3 = \frac{1}{3}$,

或 $\int_0^{\frac{\pi}{2}} \sin^2 x \cos x \mathrm{d}x = \int_0^{\frac{\pi}{2}} \sin^2 x \mathrm{d}\sin x = \left(\frac{1}{3}\sin^3 x\right)\Big|_0^{\frac{\pi}{2}} = \frac{1}{3}\sin^3 \frac{\pi}{2} - \frac{1}{3}\sin^3 0 = \frac{1}{3}$.

注 用定积分第一类换元积分法做题时,不写出新变量 u 时,积分限切勿更换.

例 12 求 $\int_0^8 \frac{1}{1+\sqrt[3]{x}}\mathrm{d}x$.

解 设 $\sqrt[3]{x} = t, x = t^3, \mathrm{d}x = 3t^2 \mathrm{d}t$.
当 $x = 0$ 时,$t = 0$;当 $x = 8$ 时,$t = 2$,所以
$$\int_0^8 \frac{1}{1+\sqrt[3]{x}}\mathrm{d}x = \int_0^2 \frac{1}{1+t} 3t^2 \mathrm{d}t$$

$$= 3\int_0^2 \frac{t^2-1+1}{1+t}dt = 3\int_0^2 [(t-1)+\frac{1}{1+t}]dt$$
$$= 3[\frac{1}{2}t^2 - t + \ln|1+t|]\Big|_0^2$$
$$= 3(2-2+\ln 3) = 3\ln 3.$$

例 13 求 $\int_0^a \frac{1}{\sqrt{a^2+x^2}}dx (a>0)$.

解 设 $x = a\tan t$,则 $dx = a\sec^2 t dt$.

$x = 0$ 时,$t = 0$;$x = a$ 时,$t = \frac{\pi}{4}$,所以
$$\int_0^a \frac{1}{\sqrt{a^2+x^2}}dx = \int_0^{\frac{\pi}{4}} \frac{1}{a\sec t}a\sec^2 t dt$$
$$= \int_0^{\frac{\pi}{4}} \sec t dt = \ln|\tan t + \sec t|\Big|_0^{\frac{\pi}{4}}$$
$$= \ln(1+\sqrt{2}).$$

例 14 求 $\int_0^{\frac{\pi}{4}} \ln(1+\tan x)dx$.

解 $\int_0^{\frac{\pi}{4}} \ln(1+\tan x)dx \xrightarrow{令 x = \frac{\pi}{4}-t} \int_{\frac{\pi}{4}}^0 \ln[1+\tan(\frac{\pi}{4}-t)](-dt)$
$$= \int_0^{\frac{\pi}{4}} \ln[1+\tan(\frac{\pi}{4}-t)]dt$$
$$= \int_0^{\frac{\pi}{4}} \ln(1+\frac{1-\tan t}{1+\tan t})dt$$
$$= \int_0^{\frac{\pi}{4}} \ln\frac{2}{1+\tan t}dt$$
$$= \int_0^{\frac{\pi}{4}} [\ln 2 - \ln(1+\tan t)]dt,$$
$$2\int_0^{\frac{\pi}{4}} \ln(1+\tan x)dx = \int_0^{\frac{\pi}{4}} \ln 2 dt = \frac{\pi}{4}\ln 2,$$
故
$$\int_0^{\frac{\pi}{4}} \ln(1+\tan x)dx = \frac{\pi}{8}\ln 2.$$

本例中的不定积分 $\int \ln(1+\tan x)dx$ 没有初等表达式,但利用定积分换元法却可以求出定积分值来.

例 15 证明 $\int_0^{\pi} xf(\sin x)dx = \frac{\pi}{2}\int_0^{\pi} f(\sin x)dx$.

证 设 $x = \pi - t$,则 $dx = -dt$.

$x = 0$ 时,$t = \pi$;$x = \pi$ 时,$t = 0$,故
$$\int_0^{\pi} xf(\sin x)dx = \int_{\pi}^0 (\pi-t)f[\sin(\pi-t)](-dt)$$

$$= \int_0^\pi (\pi - t)f(\sin t)\mathrm{d}t$$
$$= \pi\int_0^\pi f(\sin t)\mathrm{d}t - \int_0^\pi tf(\sin t)\mathrm{d}t,$$

即 $\int_0^\pi xf(\sin x)\mathrm{d}x = \pi\int_0^\pi f(\sin x)\mathrm{d}x - \int_0^\pi xf(\sin x)\mathrm{d}x,$

因此 $\int_0^\pi xf(\sin x)\mathrm{d}x = \frac{\pi}{2}\int_0^\pi f(\sin x)\mathrm{d}x.$

例 16 若 $f(x)$ 是定义在 $(-\infty, +\infty)$ 内周期为 T 的连续函数,证明 $\int_a^{a+T} f(x)\mathrm{d}x = \int_0^T f(x)\mathrm{d}x.$

证 $\int_a^{a+T} f(x)\mathrm{d}x = \int_a^0 f(x)\mathrm{d}x + \int_0^T f(x)\mathrm{d}x + \int_T^{a+T} f(x)\mathrm{d}x.$

令 $x = t - T$,则 $\mathrm{d}x = \mathrm{d}t$.

当 $x = a$ 时,$t = a + T$;当 $x = 0$ 时,$t = T$,故

$$\int_a^0 f(x)\mathrm{d}x = \int_{a+T}^T f(t-T)\mathrm{d}t = -\int_T^{a+T} f(t)\mathrm{d}t = -\int_T^{a+T} f(x)\mathrm{d}x,$$

所以 $\int_a^{a+T} f(x)\mathrm{d}x = \int_0^T f(x)\mathrm{d}x.$

例 17 (奇偶函数在对称区间上的积分) 设 $f(x)$ 在 $[-a, a]$ 上连续,求证:

(1) 如果 $f(x)$ 为奇函数,则 $\int_{-a}^a f(x)\mathrm{d}x = 0$;

(2) 如果 $f(x)$ 为偶函数,则 $\int_{-a}^a f(x)\mathrm{d}x = 2\int_0^a f(x)\mathrm{d}x.$

证 (1) $\int_{-a}^a f(x)\mathrm{d}x = \int_{-a}^0 f(x)\mathrm{d}x + \int_0^a f(x)\mathrm{d}x.$

令 $x = -t$,则 $\mathrm{d}x = -\mathrm{d}t$. $x = -a$ 时,$t = a$;$x = 0$ 时,$t = 0$,故

$$\int_{-a}^0 f(x)\mathrm{d}x = \int_a^0 f(-t)(-\mathrm{d}t)$$
$$= \int_a^0 -f(t)(-\mathrm{d}t) (因为 f(x) 是奇函数)$$
$$= -\int_0^a f(t)\mathrm{d}t = -\int_0^a f(x)\mathrm{d}x,$$

因此 $\int_{-a}^a f(x)\mathrm{d}x = -\int_0^a f(x)\mathrm{d}x + \int_0^a f(x)\mathrm{d}x = 0.$

(2) 证法同(1),请读者证之.

本题结果可作公式,以简化计算.

例 18 求 $\int_{-\frac{\pi}{2}}^{\frac{\pi}{2}} (x^3\cos^6 x + \cos^2 x)\mathrm{d}x.$

解 由于 $x^3\cos^6 x$ 是奇函数,$\cos^2 x$ 是偶函数,故

$$\int_{-\frac{\pi}{2}}^{\frac{\pi}{2}} x^3\cos^6 x\,\mathrm{d}x = 0,$$

$$\int_{-\frac{\pi}{2}}^{\frac{\pi}{2}} \cos^2 x \, dx = 2\int_0^{\frac{\pi}{2}} \cos^2 x \, dx = \int_0^{\frac{\pi}{2}} (1+\cos 2x) \, dx$$
$$= \left(x + \frac{1}{2}\sin 2x\right)\bigg|_0^{\frac{\pi}{2}} = \frac{\pi}{2},$$

所以
$$\int_{-\frac{\pi}{2}}^{\frac{\pi}{2}} (x^3 \cos^6 x + \cos^2 x) \, dx = \frac{\pi}{2}.$$

例 19 求 $\int_{-\frac{1}{2}}^{\frac{1}{2}} \left(\sqrt{1-4x^2} + \cos x \ln \frac{1+x}{1-x}\right) dx$.

解
$$\int_{-\frac{1}{2}}^{\frac{1}{2}} \left(\sqrt{1-4x^2} + \cos x \ln \frac{1+x}{1-x}\right) dx$$
$$= \int_{-\frac{1}{2}}^{\frac{1}{2}} \sqrt{1-4x^2} \, dx + \int_{-\frac{1}{2}}^{\frac{1}{2}} \cos x \ln \frac{1+x}{1-x} \, dx.$$

因为 $\cos x \ln \frac{1+x}{1-x}$ 为奇函数,所以
$$\int_{-\frac{1}{2}}^{\frac{1}{2}} \cos x \ln \frac{1+x}{1-x} \, dx = 0.$$

又因为 $\sqrt{1-4x^2}$ 为偶函数,所以
$$\int_{-\frac{1}{2}}^{\frac{1}{2}} \sqrt{1-4x^2} \, dx = 2\int_0^{\frac{1}{2}} \sqrt{1-4x^2} \, dx$$
$$= 4\int_0^{\frac{1}{2}} \sqrt{\left(\frac{1}{2}\right)^2 - x^2} \, dx$$
$$= 4 \cdot \frac{1}{4} \cdot \pi \cdot \left(\frac{1}{2}\right)^2 = \frac{\pi}{4}.$$

从而
$$\int_{-\frac{1}{2}}^{\frac{1}{2}} \left(\sqrt{1-4x^2} + \cos x \ln \frac{1+x}{1-x}\right) dx = \frac{\pi}{4}.$$

注 $\int_0^{\frac{1}{2}} \sqrt{\left(\frac{1}{2}\right)^2 - x^2} \, dx$ 的计算用的是定积分的几何意义,当然也可用换元积分法来处理.

四、定积分的分部积分法

将不定积分的分部积分公式应用于定积分就有下面的定理.

定理 6.4 如果 $u(x), v(x)$ 在 $[a,b]$ 上导函数连续,则
$$\int_a^b u(x)v'(x) \, dx = u(x)v(x)\bigg|_a^b - \int_a^b v(x)u'(x) \, dx.$$

证 因为 $[u(x)v(x)]' = u'(x)v(x) + u(x)v'(x),$

两边取 a 到 b 的定积分得
$$\int_a^b [u(x)v(x)]' \, dx = \int_a^b u'(x)v(x) \, dx + \int_a^b u(x)v'(x) \, dx,$$

定理条件保证了这些积分都存在,故

$$u(x)v(x)\Big|_a^b = \int_a^b u'(x)v(x)\mathrm{d}x + \int_a^b u(x)v'(x)\mathrm{d}x,$$

所以 $$\int_a^b u(x)v'(x)\mathrm{d}x = u(x)v(x)\Big|_a^b - \int_a^b u'(x)v(x)\mathrm{d}x.$$

例 20 求 $\int_0^1 x\ln(1+x)\mathrm{d}x$.

解
$$\begin{aligned}\int_0^1 x\ln(1+x)\mathrm{d}x &= \frac{1}{2}\int_0^1 \ln(1+x)(x^2)'\mathrm{d}x \\ &= \frac{1}{2}\Big[x^2\ln(1+x)\Big|_0^1 - \int_0^1 x^2 \cdot \frac{1}{1+x}\mathrm{d}x\Big] \\ &= \frac{1}{2}\Big[\ln 2 - \int_0^1(x-1)\mathrm{d}x - \int_0^1 \frac{1}{1+x}\mathrm{d}x\Big] \\ &= \frac{1}{2}\Big[\ln 2 - (\frac{1}{2}x^2 - x)\Big|_0^1 - \ln|1+x|\Big|_0^1\Big] = \frac{1}{4}.\end{aligned}$$

例 21 求 $\int_0^{\frac{\pi}{2}} x\sin^2 x\mathrm{d}x$.

解
$$\begin{aligned}\int_0^{\frac{\pi}{2}} x\sin^2 x\mathrm{d}x &= \int_0^{\frac{\pi}{2}} x\frac{1-\cos 2x}{2}\mathrm{d}x \\ &= \frac{1}{2}\int_0^{\frac{\pi}{2}} x\mathrm{d}x - \frac{1}{2}\int_0^{\frac{\pi}{2}} x\cos 2x\mathrm{d}x \\ &= \frac{1}{4}x^2\Big|_0^{\frac{\pi}{2}} - \frac{1}{4}\int_0^{\frac{\pi}{2}} x(\sin 2x)'\mathrm{d}x \\ &= \frac{\pi^2}{16} - \frac{1}{4}\Big[x\sin 2x\Big|_0^{\frac{\pi}{2}} - \int_0^{\frac{\pi}{2}}\sin 2x\mathrm{d}x\Big] \\ &= \frac{\pi^2}{16} - \frac{1}{8}\cos 2x\Big|_0^{\frac{\pi}{2}} = \frac{\pi^2}{16} + \frac{1}{4}.\end{aligned}$$

例 22 求 $\int_{-1}^1 (|x|+x)\mathrm{e}^{-|x|}\mathrm{d}x$.

解
$$\begin{aligned}\int_{-1}^1 (|x|+x)\mathrm{e}^{-|x|}\mathrm{d}x &= \int_{-1}^0 (-x+x)\mathrm{e}^x\mathrm{d}x + \int_0^1 (x+x)\mathrm{e}^{-x}\mathrm{d}x \\ &= 2\int_0^1 x\mathrm{e}^{-x}\mathrm{d}x = 2\int_0^1 x(-\mathrm{e}^{-x})'\mathrm{d}x \\ &= (-2x\mathrm{e}^{-x})\Big|_0^1 + 2\int_0^1 \mathrm{e}^{-x}\mathrm{d}x \\ &= -2\mathrm{e}^{-1} + 2(-\mathrm{e}^{-x})\Big|_0^1 \\ &= 2(1-2\mathrm{e}^{-1}),\end{aligned}$$

或
$$\begin{aligned}\int_{-1}^1 (|x|+x)\mathrm{e}^{-|x|}\mathrm{d}x &= \int_{-1}^1 |x|\mathrm{e}^{-|x|}\mathrm{d}x + \int_{-1}^1 x\mathrm{e}^{-|x|}\mathrm{d}x \\ &= 2\int_0^1 x\mathrm{e}^{-x}\mathrm{d}x = 2(1-2\mathrm{e}^{-1}).\end{aligned}$$

例 23 求 $\int_0^{\frac{\pi}{4}} \sec^3 x\mathrm{d}x$.

解
$$\int_0^{\frac{\pi}{4}} \sec^3 x \, dx = \int_0^{\frac{\pi}{4}} \sec x (\tan x)' \, dx$$
$$= \sec x \tan x \Big|_0^{\frac{\pi}{4}} - \int_0^{\frac{\pi}{4}} \tan x \cdot \tan x \sec x \, dx$$
$$= \sqrt{2} - \int_0^{\frac{\pi}{4}} (\sec^2 x - 1) \sec x \, dx$$
$$= \sqrt{2} - \int_0^{\frac{\pi}{4}} \sec^3 x \, dx + \int_0^{\frac{\pi}{4}} \sec x \, dx$$
$$= \sqrt{2} - \int_0^{\frac{\pi}{4}} \sec^3 x \, dx + \ln|\tan x + \sec x| \Big|_0^{\frac{\pi}{4}}$$
$$= \sqrt{2} - \int_0^{\frac{\pi}{4}} \sec^3 x \, dx + \ln|1 + \sqrt{2}|.$$

移项得
$$\int_0^{\frac{\pi}{4}} \sec^3 x \, dx = \frac{\sqrt{2}}{2} + \frac{\ln|1 + \sqrt{2}|}{2}.$$

§6.3 定积分的应用

一、求平面图形的面积

由定积分的几何意义知,可以计算如下图形的面积:

情形 1 $f(x) \geqslant 0$ 时,曲线 $y = f(x)$,直线 $x = a, x = b$ 及 x 轴围成的图形(如图 6-6)的面积为
$$S = \int_a^b f(x) \, dx.$$

情形 2 $f(x) \leqslant 0$ 时,曲线 $y = f(x)$,直线 $x = a, x = b$ 及 x 轴围成的图形(如图 6-7)的面积为
$$S = -\int_a^b f(x) \, dx.$$

情形 3 $f(x) \geqslant g(x) \geqslant 0$ 时,曲线 $y = f(x), y = g(x)$,直线 $x = a, x = b$ 所围成的图形(如图 6-8)的面积为

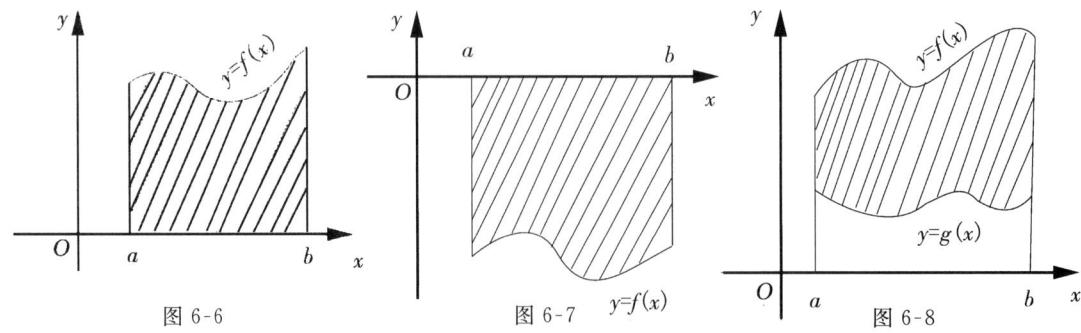

图 6-6   图 6-7   图 6-8

$$S = \int_a^b f(x)\mathrm{d}x - \int_a^b g(x)\mathrm{d}x = \int_a^b [f(x) - g(x)]\mathrm{d}x.$$

情形 4 $f(x) \geqslant g(x)$ 时, 曲线 $y = f(x), y = g(x)$, 直线 $x = a, x = b$ 所围成的图形(如图 6-9)的面积为

$$S = \int_a^b [f(x) - g(x)]\mathrm{d}x.$$

事实上,只要将 x 轴向下平移 c 个单位,使两曲线均在平移坐标系后的 x 轴上方,这时图形成了情形 3. 此时两曲线方程变为

$$y = f(x) + c \text{ 及 } y = g(x) + c.$$

由情形 3 的结果知

$$S = \int_a^b \{[f(x) + c] - [g(x) + c]\}\mathrm{d}x$$
$$= \int_a^b [f(x) - g(x)]\mathrm{d}x.$$

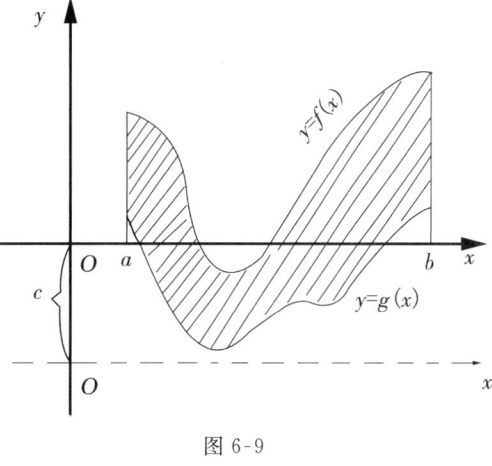

图 6-9

综上所述,可得定积分求面积的方法之一:

如果所求面积夹在垂直于 x 轴的两直线 $x = a, x = b$ 之间,由 $y = f(x), y = g(x)$ 围成,且 $y = f(x)$ 图形在 $y = g(x)$ 图形的上方,则面积公式为

$$S = \int_a^b [f(x) - g(x)]\mathrm{d}x.$$

对于 $y = f(x)$ 时而在 $y = g(x)$ 上方,时而在其下方的情形,可将图形从两曲线交点处分成若干个图形,然后分别求面积,最后再求和.

例 1 求由曲线 $y + 1 = x^2$ 与直线 $y = 1 + x$ 所围成的图形的面积.

解 如图 6-10 所示,求两曲线交点 $\begin{cases} y + 1 = x^2, \\ y = 1 + x \end{cases}$ 得 $(-1, 0)$ 与 $(2, 3)$.

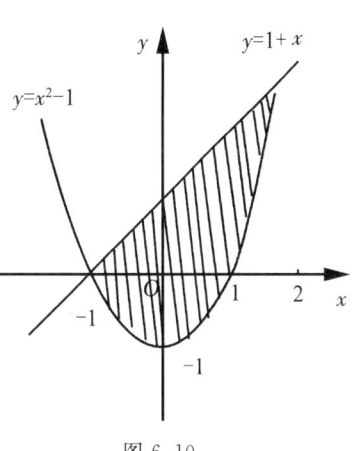

图 6-10

因此
$$S = \int_{-1}^2 [1 + x - (x^2 - 1)]\mathrm{d}x$$
$$= \int_{-1}^2 (x - x^2 + 2)\mathrm{d}x$$
$$= \left(\frac{1}{2}x^2 - \frac{1}{3}x^3 + 2x\right)\Big|_{-1}^2$$
$$= \frac{9}{2}.$$

例 2 求椭圆 $\dfrac{x^2}{a^2} + \dfrac{y^2}{b^2} = 1$ 围成的面积.

解 如图 6-11 所示,根据图形的对称性,只要求出 S_1 即可. 将椭圆方程变形为

$$y = \pm \frac{b}{a}\sqrt{a^2 - x^2},$$

故 $S = 4S_1 = 4\int_0^a \frac{b}{a}\sqrt{a^2 - x^2}\,\mathrm{d}x.$

设 $x = a\sin t, \mathrm{d}x = a\cos t\,\mathrm{d}t.$

$x = 0$ 时, $t = 0$; $x = a$ 时, $t = \frac{\pi}{2}$, 故

$$S = \frac{4b}{a}\int_0^{\frac{\pi}{2}}\sqrt{a^2 - a^2\sin^2 t}\,a\cos t\,\mathrm{d}t = 4ab\int_0^{\frac{\pi}{2}}\cos^2 t\,\mathrm{d}t$$

$$= 2ab\int_0^{\frac{\pi}{2}}(1 + \cos 2t)\,\mathrm{d}t$$

$$= 2ab\left(t + \frac{1}{2}\sin 2t\right)\Big|_0^{\frac{\pi}{2}} = ab\pi.$$

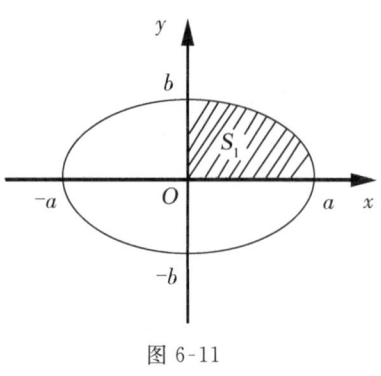

图 6-11

如果要求曲线 $x = \varphi(y)$, 直线 $y = c, y = d, y$ 轴围成的图形面积(如图 6-12), 可采用"无限微元"的思想, 求出来仍是一个定积分

$$S = \int_c^d \varphi(y)\,\mathrm{d}y.$$

同方法一的推导一样, 我们得到定积分求面积的方法之二：

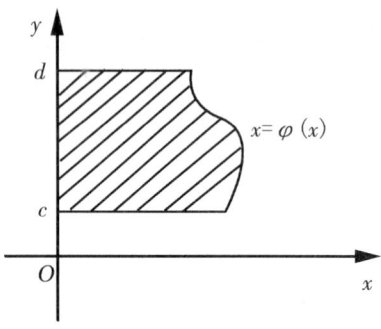

图 6-12

如果所求面积夹在直线 $y = c, y = d$ 之间, 由曲线 $x = \psi(y), x = \varphi(y)$ 围成, 且曲线 $x = \varphi(y)$ 在 $x = \psi(y)$ 的右方, 则

$$S = \int_c^d [\varphi(y) - \psi(y)]\,\mathrm{d}y.$$

例3 求 $y = 1 - x^2 (x \geqslant 0), y = 3x^2$ 以及 x 轴围成的图形的面积.

解 如图 6-13 所示, 求曲线交点 $\begin{cases} y = 1 - x^2 \\ y = 3x^2 \end{cases}$, 得 $\left(\frac{1}{2}, \frac{3}{4}\right)$. 采用两种方法计算.

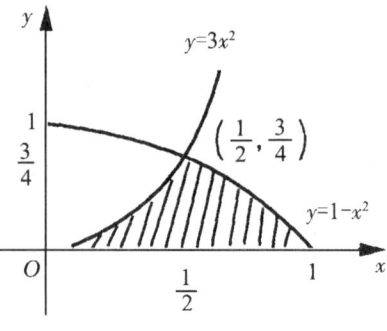

图 6-13

方法一 将图形看成夹在垂直于 x 轴两直线中间时,

$$S = \int_0^{\frac{1}{2}} 3x^2\,\mathrm{d}x + \int_{\frac{1}{2}}^1 (1 - x^2)\,\mathrm{d}x$$

$$= x^3\Big|_0^{\frac{1}{2}} + \left(x - \frac{1}{3}x^3\right)\Big|_{\frac{1}{2}}^1 = \frac{1}{3}.$$

方法二 将图形看成夹在垂直于 y 轴两直线之间时, 先将两曲线方程变形为 $x = \frac{1}{\sqrt{3}}\sqrt{y}$ 及 $x = \sqrt{1-y}$, 于是

$$S = \int_0^{\frac{3}{4}} (\sqrt{1-y} - \frac{1}{\sqrt{3}}\sqrt{y})\,dy$$

$$= \left[-\frac{2}{3}(1-y)^{\frac{3}{2}} - \frac{2}{3\sqrt{3}}y^{\frac{3}{2}} \right]\Big|_0^{\frac{3}{4}}$$

$$= \frac{1}{3}.$$

在求面积时,可适当选择方法一、方法二,使计算简单.

例 4 求 a 的值,使得 $y = a(1-x^2)(a>0)$ 与其在 $(-1,0)$ 及 $(1,0)$ 两点处的法线围成图形的面积最小.

解 如图 6-14 所示,曲线 $y = a(1-x^2)$ 的切线斜率为 $y' = -2ax$,故其在 $(1,0)$ 点的法线斜率为 $\frac{1}{2a}$,所以 $(1,0)$ 点法线方程为 $y = \frac{1}{2a}(x-1)$.

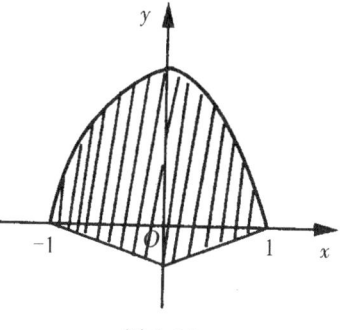

图 6-14

由图形对称性知,阴影部分面积为

$$S = 2\int_0^1 \left[a(1-x^2) - \frac{1}{2a}(x-1) \right] dx$$

$$= 2\left[(a+\frac{1}{2a})x - \frac{a}{3}x^3 - \frac{1}{4a}x^2 \right]\Big|_0^1$$

$$= 2a + \frac{1}{2a} - \frac{2a}{3}.$$

由 $S' = 2 - \frac{1}{2a^2} - \frac{2}{3} = 0$ 得 $a = \frac{\sqrt{6}}{4}$(负值舍去). $S''\left(\frac{\sqrt{6}}{4}\right) > 0$,故当 $a = \frac{\sqrt{6}}{4}$ 时,S 最小.

二、求某些立体的体积

1. 平行截面面积已知的立体的体积

设有一空间立体夹在垂直于 x 轴的两平面 $x = a$ 与 $x = b$ 之间(如图 6-15),用垂直于 x 轴的平面截立体,所得截面面积是 x 的已知函数 $S(x)(a \leqslant x \leqslant b)$,那么如何求该立体的体积呢?

仍然是利用定积分"无限微元"的思想方法:在 $[a,b]$ 之间插入 $n-1$ 个分点:$a = x_0 < x_1 < \cdots < x_{n-1} < x_n = b$,各小区间长为 $\Delta x_i = x_i - x_{i-1}(i=1,\cdots,n)$,过这些分点作垂直于 x 轴的平面,立体被截成 n 个小立体.当 Δx_i 较小时,第 i 个立体体积可用以 $S(\xi_i)$ 为底,以 Δx_i 为高的柱体体积近似表示为

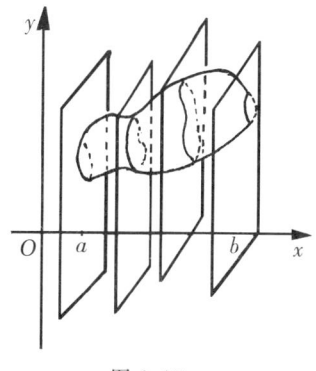

图 6-15

$$\Delta V_i \approx S(\xi_i)\Delta x_i.$$

其中,任取 $\xi_i \in [x_{i-1}, x_i]$,令 $\Delta x = \max\limits_{1 \leqslant i \leqslant n}\{\Delta x_i\}$,于是

$$V = \lim_{\Delta x \to 0} \sum_{i=1}^{n} S(\xi_i) \Delta x_i,$$

由定积分定义

$$V = \int_a^b S(x)\,\mathrm{d}x.$$

2. 旋转体的体积

设 $y = f(x)$ 在 $[a,b]$ 上连续,且 $f(x) \geqslant 0$(或 $f(x) \leqslant 0$). 下面求 $y = f(x)$ 与 $x = a$, $x = b$, x 轴所围图形绕 x 轴旋转一周所成旋转体体积 V_x(如图 6-16).

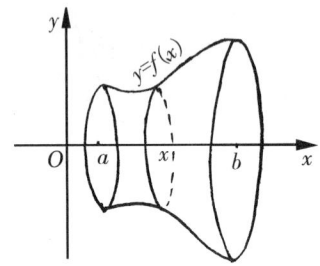
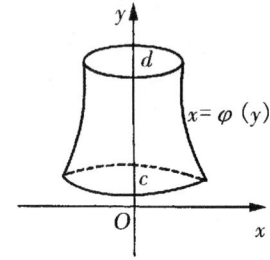

图 6-16　　　　　　　　图 6-17

用垂直于 x 轴的平面截立体,所得截面是半径为 $f(x)$ 的圆,故该截面面积为

$$S(x) = \pi[f(x)]^2,$$

于是

$$V_x = \pi \int_a^b [f(x)]^2 \,\mathrm{d}x.$$

同理,$x = \varphi(y)$ 与 $y = c$, $y = d$, y 轴所围图形绕 y 轴旋转一周所成旋转体体积 V_y(如图 6-17).

$$V_y = \pi \int_c^d [\varphi(y)]^2 \,\mathrm{d}y.$$

例 5　求由 $x^2 + y^2 = 1$ 与 $y^2 = \dfrac{3}{2}x$ 围成的图形中较小的一块分别绕 x 轴、y 轴旋转所成旋转体体积 V_x 及 V_y.

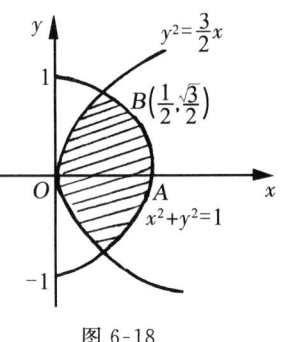

图 6-18

解　如图 6-18 所示,求出曲线交点 $B\left(\dfrac{1}{2}, \dfrac{\sqrt{3}}{2}\right)$. 由对称性知,$V_x$ 为图形 OAB 绕 x 轴旋转所成体积.

$$\begin{aligned} V_x &= \pi \int_0^{\frac{1}{2}} \frac{3}{2} x \,\mathrm{d}x + \pi \int_{\frac{1}{2}}^1 (1 - x^2)\,\mathrm{d}x \\ &= \pi \cdot \frac{3}{4} x^2 \Big|_0^{\frac{1}{2}} + \pi \left(x - \frac{1}{3}x^3\right)\Big|_{\frac{1}{2}}^1 = \frac{19}{48}\pi. \end{aligned}$$

V_y 为图形 OAB 绕 y 轴旋转所成体积的 2 倍,故

$$V_y = 2\pi \int_0^{\frac{\sqrt{3}}{2}} \left[1 - y^2 - \left(\frac{2}{3}y^2\right)^2\right]\,\mathrm{d}y$$

$$= 2\pi \left[y - \frac{1}{3}y^3 - \frac{4}{45}y^5 \right] \Big|_0^{\frac{\sqrt{3}}{2}}$$

$$= \frac{7\sqrt{3}}{10}\pi.$$

三、经济中应用

已知边际函数求总量函数.

1. 已知 $Q'(t) = f(t)$,求 $Q(t) = ?$

区间 $[a,b]$ 上的产量

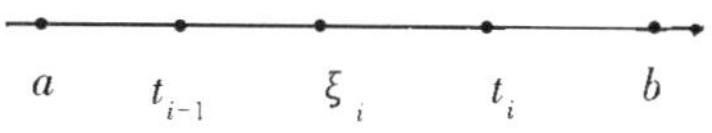

$$\Delta Q(t) = \lim_{\Delta t \to 0} \sum_{i=1}^{n} f(\xi_i) \Delta t_i = \int_a^b f(t) \mathrm{d}t,$$

图 6-19

即
$$Q(b) - Q(a) = \int_a^b f(t) \mathrm{d}t,$$

从而
$$Q(t) = Q(0) + \int_0^t f(\tau) \mathrm{d}\tau = \int_0^t f(\tau) \mathrm{d}\tau.$$

例 6 设某产品在时刻 t 总产量的变化率(单位/小时)为
$$Q'(t) = 300 + 8t - 0.3t^2,$$
求从 $t = 10$ 到 $t = 20$ 这段时间内的总产量.

解
$$\Delta Q = \int_{10}^{20} Q'(t) \mathrm{d}t$$
$$= \int_{10}^{20} (300 + 8t - 0.3t^2) \mathrm{d}t$$
$$= (300t + 4t^2 - 0.1t^3) \Big|_{10}^{20}$$
$$= 3500(单位).$$

例 7 设某商品的需求函数为 $Q = 200 - 5P$,P 是价格.已知生产该商品的边际成本为
$$C'(Q) = 20 - 0.2Q.$$
又固定成本为 1400,试确定价格 P,使工厂利润 L 最大.

$$C(Q) = \int_0^Q C'(Q) \mathrm{d}Q + 1400$$
$$= \int_0^Q (20 - 0.2Q) \mathrm{d}Q + 1400$$
$$= 20Q - 0.1Q^2 + 1400.$$

总利润函数 $L(P) = R - C = PQ - (20Q - 0.1Q^2 + 1400),$

将 $Q = 200 - 5P$ 代入上式得
$$L(P) = -2.5P^2 + 100P - 1400,$$
$$L'(P) = -5P + 100.$$

令 $L'(P) = 0$,得 $P = 20$.
$$L''(20) = -5 < 0.$$

故价格定为 20 元 / 件时，利润最大.

注 本题的成本函数也可用不定积分法求出.

2. 已知 $C'(Q) = f(Q)$，求 $C(Q) = ?$
$$C(Q) = C(0) + \int_0^Q f(\tau)\mathrm{d}\tau.$$

3. 已知 $R'(Q) = f(Q)$，求 $R(Q) = ?$
$$R(Q) = R(0) + \int_0^Q f(\tau)\mathrm{d}\tau = \int_0^Q f(\tau)\mathrm{d}\tau.$$

§6.4 广义积分初步

定积分的存在有两个必要条件：(1) 积分区间有限；(2) 被积函数有界. 然而在实际应用中，有时需要去掉这两个限制. 将定积分概念从上述两个角度进行拓广，这就是我们下面要介绍的无限区间上的广义积分和无界函数的广义积分.

一、无限区间上的广义积分

定义 6.2 设 a 为给定常数，如果对任意 $b > a$，$f(x)$ 在 $[a,b]$ 上都可积，则称 $\lim\limits_{b \to +\infty} \int_a^b f(x)\mathrm{d}x$ 为 $f(x)$ 在 $[a, +\infty)$ 上的广义积分，也叫无穷限积分，记作 $\int_a^{+\infty} f(x)\mathrm{d}x$，即

$$\int_a^{+\infty} f(x)\mathrm{d}x = \lim_{b \to +\infty} \int_a^b f(x)\mathrm{d}x.$$

如果上式极限存在，称广义积分是收敛的；否则，称之为发散的.

同理有
$$\int_{-\infty}^b f(x)\mathrm{d}x = \lim_{a \to -\infty} \int_a^b f(x)\mathrm{d}x,$$
$$\int_{-\infty}^{+\infty} f(x)\mathrm{d}x = \int_{-\infty}^a f(x)\mathrm{d}x + \int_a^{+\infty} f(x)\mathrm{d}x,$$

当 $\int_{-\infty}^c f(x)\mathrm{d}x$ 与 $\int_c^{+\infty} f(x)\mathrm{d}x$ 都收敛时，称 $\int_{-\infty}^{+\infty} f(x)\mathrm{d}x$ 是收敛的.

例 1 讨论广义积分 $\int_e^{+\infty} \dfrac{\mathrm{d}x}{x\ln^3 x}$ 的敛散性.

解
$$\int_e^{+\infty} \frac{1}{x\ln^3 x}\mathrm{d}x = \lim_{b \to +\infty} \int_e^b \frac{1}{x\ln^3 x}\mathrm{d}x$$
$$= \lim_{b \to +\infty} \int_e^b \frac{1}{\ln^3 x}\mathrm{d}\ln x$$
$$= \lim_{b \to +\infty} \left[-\frac{1}{2}(\ln x)^{-2}\right]\Big|_e^b$$
$$= \lim_{b \to +\infty} \left(-\frac{1}{2\ln^2 b} + \frac{1}{2}\right) = \frac{1}{2},$$

所以 $\int_e^{+\infty} \frac{1}{x\ln^3 x}dx$ 收敛.

例 2 讨论 $\int_{-\infty}^{+\infty} \frac{x}{1+x^2}dx$ 的敛散性.

解 $$\int_{-\infty}^{+\infty} \frac{x}{1+x^2}dx = \int_{-\infty}^{0} \frac{x}{1+x^2}dx + \int_{0}^{+\infty} \frac{x}{1+x^2}dx.$$

由于
$$\int_{-\infty}^{0} \frac{x}{1+x^2}dx = \lim_{a \to -\infty} \int_{a}^{0} \frac{x}{1+x^2}dx$$
$$= \lim_{a \to -\infty} \frac{1}{2}\ln(1+x^2) \Big|_{a}^{0}$$
$$= \lim_{a \to -\infty} [-\frac{1}{2}\ln(1+a^2)] = \infty,$$

因而 $\int_{-\infty}^{+\infty} \frac{x}{1+x^2}dx$ 发散.

例 3 讨论重要的无穷限积分 $\int_1^{+\infty} \frac{1}{x^p}dx$ 的敛散性.

解 $p = 1$ 时,
$$\int_1^{+\infty} \frac{1}{x}dx = \lim_{b \to +\infty} \int_1^b \frac{1}{x}dx$$
$$= \lim_{b \to +\infty} \ln|x| \Big|_1^b = \lim_{b \to +\infty} \ln b = +\infty;$$

$p \neq 1$ 时,
$$\int_1^{+\infty} \frac{1}{x^p}dx = \lim_{b \to +\infty} \int_1^b \frac{1}{x^p}dx$$
$$= \lim_{b \to +\infty} \frac{1}{1-p} x^{1-p} \Big|_1^b$$
$$= \lim_{b \to +\infty} \frac{1}{1-p}[b^{1-p} - 1],$$

故 $p > 1$ 时, $\int_1^{+\infty} \frac{1}{x^p}dx = \frac{1}{p-1}$; $p < 1$ 时, $\int_1^{+\infty} \frac{1}{x^p}dx = +\infty$.

综上所述, $\int_1^{+\infty} \frac{1}{x^p}dx$ 当 $p > 1$ 时收敛, 当 $p \leqslant 1$ 时发散.

二、无界函数的广义积分(瑕积分)

定义 6.3 设 $\lim_{x \to a^+} f(x) = \infty$, 如果对任意 $\varepsilon > 0$, $f(x)$ 在区间 $[a+\varepsilon, b]$ 上都可积, 则称 $\lim_{\varepsilon \to 0^+} \int_{a+\varepsilon}^b f(x)dx$ 为无界函数 $f(x)$ 的广义积分或瑕积分, 即

$$\int_a^b f(x)dx = \lim_{\varepsilon \to 0^+} \int_{a+\varepsilon}^b f(x)dx.$$

如果上式极限存在, 称瑕积分为收敛的, 否则称为发散的. 点 $x = a$ 称为奇点或瑕点.

同理, 当 $x = b$ 为瑕点时, $\int_a^b f(x)dx = \lim_{\varepsilon \to 0^+} \int_a^{b-\varepsilon} f(x)dx$. 当 $x = c$ 为瑕点, 而 $c \in (a,b)$

时,$\int_a^b f(x)dx = \int_a^c f(x)dx + \int_c^b f(x)dx$,并且当$\int_a^c f(x)dx$与$\int_c^b f(x)dx$都收敛时,称$\int_a^b f(x)dx$为收敛的.

例 4 讨论$\int_0^1 \ln\frac{1}{1-x^2}dx$的敛散性.

解 因为$\lim\limits_{x\to 1}\ln\frac{1}{1-x^2} = \infty$,所以$x=1$是瑕点.

$$\int_0^1 \ln\frac{1}{1-x^2}dx = \lim_{\varepsilon\to 0^+}\int_0^{1-\varepsilon}\ln\frac{1}{1-x^2}dx$$
$$= \lim_{\varepsilon\to 0^+}\int_0^{1-\varepsilon}[-\ln(1-x) - \ln(1+x)]dx$$
$$= \lim_{\varepsilon\to 0^+}[2 - 2\varepsilon + \varepsilon\ln\varepsilon - (2-\varepsilon)\ln(2-\varepsilon)] = 2 - 2\ln 2.$$

例 5 判定$\int_1^2 \left(\frac{1}{x\ln^2 x} - \frac{1}{x-1}\right)dx$的敛散性.

解 由于$\lim\limits_{x\to 1^+}\left(\frac{1}{x\ln^2 x} - \frac{1}{x-1}\right) = \lim\limits_{x\to 1^+}\frac{(x-1) - x\ln^2 x}{x(x-1)\ln^2 x} = \infty$(利用罗彼塔法则求),故$x=1$是奇点,所以

$$\int_1^2 \left(\frac{1}{x\ln^2 x} - \frac{1}{x-1}\right)dx = \lim_{\varepsilon\to 0^+}\int_{1+\varepsilon}^2 \left(\frac{1}{x\ln^2 x} - \frac{1}{x-1}\right)dx$$
$$= \lim_{\varepsilon\to 0^+}\left(-\frac{1}{\ln x} - \ln|x-1|\right)\Big|_{1+\varepsilon}^2$$
$$= \lim_{\varepsilon\to 0^+}\left[-\frac{1}{\ln 2} + \frac{1}{\ln(1+\varepsilon)} + \ln\varepsilon\right]$$
$$= -\frac{1}{\ln 2} + \lim_{\varepsilon\to 0^+}\frac{1 + \ln(1+\varepsilon)\ln\varepsilon}{\ln(1+\varepsilon)}$$
$$= \infty,$$

因此瑕积分发散.

例 6 讨论重要的瑕积分$\int_0^1 \frac{1}{x^p}dx$的敛散性($p>0$).

解 显然,$x=0$为瑕点.

$p=1$时,$\int_0^1 \frac{1}{x^p}dx = \lim\limits_{\varepsilon\to 0^+}\ln x\Big|_\varepsilon^1 = \infty$;

$p\neq 1$时,$\int_0^1 \frac{1}{x^p}dx = \lim\limits_{\varepsilon\to 0^+}\int_\varepsilon^1 \frac{1}{x^p}dx = \lim\limits_{\varepsilon\to 0^+}\frac{1}{1-p}x^{1-p}\Big|_\varepsilon^1$
$$= \lim_{\varepsilon\to 0^+}\frac{1}{1-p}(1-\varepsilon^{1-p});$$

$p>1$时,$\int_0^1 \frac{1}{x^p}dx = \infty$;

$p<1$时,$\int_0^1 \frac{1}{x^p}dx = \frac{1}{1-p}$.

综上所述,$p\geqslant 1$时,$\int_0^1 \frac{1}{x^p}dx$发散;$p<1$时,$\int_0^1 \frac{1}{x^p}dx$收敛.

三、Γ 函数

定义 6.4 广义积分 $\Gamma(r) = \int_0^{+\infty} x^{r-1} e^{-x} dx (r > 0)$ 是 r 的函数,称为 Γ 函数.

可以证明,$r > 0$ 时,$\int_0^{+\infty} x^{r-1} e^{-x} dx$ 收敛(证明略).

Γ 函数在概率论中经常使用.

显然,$\Gamma(1) = 1$. 这是因为

$$\Gamma(1) = \int_0^{+\infty} e^{-x} dx = \lim_{b \to +\infty} \int_0^b e^{-x} dx$$
$$= \lim_{b \to +\infty} -e^{-x} \Big|_0^b = \lim_{b \to +\infty} (-e^{-b} + 1)$$
$$= 1.$$

$\Gamma\left(\dfrac{1}{2}\right) = \sqrt{\pi}$(证明在第 8 章).

Γ 函数的重要性质:$\Gamma(r+1) = r\Gamma(r)(r > 0)$.

证
$$\Gamma(r+1) = \int_0^{+\infty} x^r e^{-x} dx = \lim_{b \to +\infty} \int_0^b x^r e^{-x} dx$$
$$= \lim_{b \to +\infty} \left[-e^{-x} x^r \Big|_0^b + r\int_0^b x^{r-1} e^{-x} dx\right]$$
$$= \lim_{b \to +\infty} (-e^{-b} b^r) + r\Gamma(r)$$
$$= \lim_{b \to +\infty} \left(-\dfrac{b^r}{e^b}\right) + r\Gamma(r)$$
$$= r\Gamma(r) \text{(用罗彼塔法则求出} \lim_{b \to +\infty} \dfrac{b^r}{e^b} = 0).$$

推论 1 $\Gamma(n+1) = n!$(n 为自然数)

推论 2 当 $0 < r < 1$ 时,$\Gamma(r) = \dfrac{1}{r}\Gamma(s)$,其中 $s = r + 1 (1 < s < 2)$;

当 $r > 1$ 时,$\Gamma(r) = (r-1)(r-2)\cdots(s+1)s\Gamma(s)$,其中 $1 < s < 2$.

由此可见,只要算出了 $\Gamma(s)(1 < s < 2)$,即可算出所有 Γ 函数值. 因此,数学工作者造出了 Γ 函数表(见数学手册),通过查 Γ 函数表,便可得到 $\Gamma(s)$ 的值 $(1 < s < 2)$.

例 7 求 $\int_0^{+\infty} x^3 e^{-x} dx$.

解 $$\int_0^{+\infty} x^3 e^{-x} dx = \Gamma(4) = 3! = 6.$$

例 8 求 (1) $\Gamma\left(\dfrac{5}{2}\right)$;(2) $\Gamma(0.32)$.

解 (1)
$$\Gamma\left(\dfrac{5}{2}\right) = \Gamma\left(1 + \dfrac{3}{2}\right) = \dfrac{3}{2}\Gamma\left(\dfrac{3}{2}\right)$$
$$= \dfrac{3}{2}\Gamma\left(1 + \dfrac{1}{2}\right) = \dfrac{3}{2} \cdot \dfrac{1}{2}\Gamma\left(\dfrac{1}{2}\right)$$

$$= \frac{3}{4}\sqrt{\pi}.$$

(2) $$\Gamma(0.32) = \frac{1}{0.32}\Gamma(0.32+1) = \frac{1}{0.32}\Gamma(1.32).$$

查 Γ 函数表得 $$\Gamma(1.32) = 0.8946,$$

故 $$\Gamma(0.32) = \frac{0.8946}{0.32} \approx 2.796.$$

四、B 函数

定义 6.5 广义积分 $\int_0^1 x^{p-1}(1-x)^{q-1}\mathrm{d}x (p>0, q>0)$ 是 p,q 的函数，称为 B 函数，记作 $\mathbf{B}(p,q)$.

可以证明：$p>0, q>0$ 时，$\int_0^1 x^{p-1}(1-x)^{q-1}\mathrm{d}x$ 收敛.

B 函数具有对称性，即 $\mathbf{B}(p,q) = \mathbf{B}(q,p)$.

证 令 $y = 1-x$，则
$$\mathbf{B}(p,q) = \int_0^1 x^{p-1}(1-x)^{q-1}\mathrm{d}x$$
$$= -\int_1^0 (1-y)^{p-1} y^{q-1}\mathrm{d}y$$
$$= \int_0^1 y^{q-1}(1-y)^{p-1}\mathrm{d}y = \mathbf{B}(q,p).$$

B 函数还可以转化成 Γ 函数：
$$\mathbf{B}(p,q) = \frac{\Gamma(p)\Gamma(q)}{\Gamma(p+q)}.$$

（证明略）

例 9 计算 $\mathbf{B}\left(\frac{3}{2}, \frac{7}{2}\right)$.

解
$$\mathbf{B}\left(\frac{3}{2}, \frac{7}{2}\right) = \frac{\Gamma(\frac{3}{2})\Gamma(\frac{7}{2})}{\Gamma(\frac{3}{2}+\frac{7}{2})} = \frac{\frac{1}{2}\Gamma(\frac{1}{2}) \cdot \frac{5}{2}\Gamma(\frac{5}{2})}{\Gamma(5)}$$
$$= \frac{\frac{1}{2} \cdot \frac{5}{2}\Gamma(\frac{1}{2}) \cdot \frac{3}{2} \cdot \frac{1}{2} \cdot \Gamma(\frac{1}{2})}{4!}$$
$$= \frac{\frac{15}{16}(\sqrt{\pi})^2}{24} = \frac{5}{128}\pi.$$

例 10 求 $\int_0^1 \frac{\sqrt{x}}{\sqrt{1-x^3}}\mathrm{d}x.$

解 令 $x^3 = t$，则 $x = t^{\frac{1}{3}}, \mathrm{d}x = \frac{1}{3}t^{-\frac{2}{3}}\mathrm{d}t.$ 于是

$$\int_0^1 \frac{\sqrt{x}}{\sqrt{1-x^3}}dx = \int_0^1 \frac{t^{\frac{1}{6}}}{(1-t)^{\frac{1}{2}}} \cdot \frac{1}{3}t^{-\frac{2}{3}}dt = \frac{1}{3}\int_0^1 t^{-\frac{1}{2}}(1-t)^{-\frac{1}{2}}dt$$

$$= \frac{1}{3}\int_0^1 t^{\frac{1}{2}-1}(1-t)^{\frac{1}{2}-1}dt = \frac{1}{3}B(\frac{1}{2},\frac{1}{2})$$

$$= \frac{1}{3}\frac{\Gamma(\frac{1}{2}) \cdot \Gamma(\frac{1}{2})}{\Gamma(1)} = \frac{1}{3}\frac{\sqrt{\pi} \cdot \sqrt{\pi}}{1} = \frac{\pi}{3}.$$

习题 6

(A)

1. 不计算定积分,比较下列各组积分值的大小.

(1) $\int_0^1 x\,dx$ 与 $\int_0^1 x^2\,dx$; (2) $\int_1^2 x^2\,dx$ 与 $\int_1^2 x^3\,dx$; (3) $\int_0^{\frac{\pi}{2}} \sin x\,dx$ 与 $\int_0^{\frac{\pi}{2}} x\,dx$;

(4) $\int_0^{\frac{\pi}{4}} x\,dx$ 与 $\int_0^{\frac{\pi}{4}} \tan x\,dx$; (5) $\int_2^e \ln x\,dx$ 与 $\int_2^e \ln^2 x\,dx$; (6) $\int_0^3 e^{-x}\,dx$ 与 $\int_0^3 e^x\,dx$.

2. 利用定积分估值定理估计下列定积分的大小.

(1) $\int_2^3 (x^3+2)\,dx$;

(2) $\int_{\frac{1}{\sqrt{3}}}^{\sqrt{3}} x\arctan x\,dx$;

(3) $\int_{\frac{\pi}{2}}^{\pi} (1+\cos^2 x)\,dx$;

(4) $\int_0^{10} \frac{e^{-4x}}{x+10}\,dx$.

3. 计算下列各题.

(1) $\frac{d}{dx}\int_0^x \cos^2 t\,dt$; (2) $\frac{d}{dx}\int_1^{e^{x^2}} \sqrt{1+t^2}\,dt$; (3) $\frac{d}{dx}\int_{x^3}^1 \ln(2-t^2)\,dt$;

(4) $\frac{d}{dx}\int_{\sin x}^{x\ln x} t^3\,dt$; (5) $d\int_a^{\tan x} (t-3)\,dt$; (6) $\lim_{x\to 0} \frac{\int_0^x t\tan t^2\,dt}{x^3}$;

(7) $\lim_{x\to 0} \frac{x^2 - \int_0^{x^2} \cos^2 t\,dt}{x^{10}}$; (8) $\lim_{x\to 0} \frac{\int_0^{\tan x} \sin t\,dt}{\int_0^x \tan t\,dt}$.

4. 求 $F(x) = \int_0^x t(t-\frac{1}{3})\,dt$ 在 $[-1,1]$ 上的极值点.

5. 求下列定积分.

(1) $\int_0^2 (x^2-1)(x+2)\,dx$; (2) $\int_0^{3\pi} (2e^x - \sin x)\,dx$; (3) $\int_{-1}^3 |x-2|\,dx$;

(4) $\int_0^1 \frac{x^3}{1+x^2}\,dx$; (5) $\int_{-2}^1 \frac{1}{(11+5x)^3}\,dx$; (6) $\int_1^2 \frac{1}{x^2+3x+2}\,dx$;

(7) $\int_0^{\frac{\pi}{2}} \sin x\cos^3 x\,dx$; (8) $\int_0^{\pi} (1-\sin^3 x)\,dx$; (9) $\int_{-\pi}^{\pi} \sin^2 nx\,dx$;

(10) $\int_1^{e^3} \frac{dx}{x\sqrt{2+3\ln x}}$; (11) $\int_0^{\frac{\pi}{4}} \tan^3 x\,dx$; (12) $\int_0^{\frac{1}{2}} \frac{(\arcsin x)^2}{\sqrt{1-x^2}}\,dx$;

(13) $\int_0^1 \dfrac{x^2}{1+x^6}\mathrm{d}x$; (14) $\int_0^1 \dfrac{1}{\mathrm{e}^x+\mathrm{e}^{-x}}\mathrm{d}x$;

(15) $\int_0^4 f(x)\mathrm{d}x$,其中 $f(x)=\begin{cases}\sqrt[3]{x} & 0\leqslant x\leqslant 1,\\ \mathrm{e}^{-2x} & 1<x\leqslant 4.\end{cases}$

6. 用换元法求下列定积分.

(1) $\int_0^4 \dfrac{1}{1+\sqrt{x}}\mathrm{d}x$; (2) $\int_1^{\sqrt{3}} \dfrac{1}{x\sqrt{1+x^2}}\mathrm{d}x$; (3) $\int_0^1 \sqrt{(1-x^2)^3}\mathrm{d}x$;

(4) $\int_0^a x^2\sqrt{a^2-x^2}\mathrm{d}x$; (5) $\int_0^{\ln 2}\sqrt{\mathrm{e}^x-1}\mathrm{d}x$; (6) $\int_1^{\sqrt{2}}\dfrac{\sqrt{x^2-1}}{x^2}\mathrm{d}x$;

(7) $\int_1^5 \dfrac{\sqrt{x-1}}{x}\mathrm{d}x$; (8) $\int_0^{\sqrt{2}}\sqrt{2-x^2}\mathrm{d}x$.

7. 用分部积分法求下列定积分.

(1) $\int_1^2 x\ln x\mathrm{d}x$; (2) $\int_0^{\frac{1}{2}}\arcsin x\mathrm{d}x$; (3) $\int_0^1 x\mathrm{e}^{-x}\mathrm{d}x$;

(4) $\int_0^1 (x-2)2^x\mathrm{d}x$; (5) $\int_0^1 x\arctan x\mathrm{d}x$; (6) $\int_{\frac{1}{\mathrm{e}}}^{\mathrm{e}}|\ln x|\mathrm{d}x$;

(7) $\int_0^{\frac{\pi}{2}}\mathrm{e}^x\cos x\mathrm{d}x$; (8) $\int_{\frac{\pi}{4}}^{\frac{\pi}{3}}\dfrac{x}{\sin^2 x}\mathrm{d}x$.

8. 设 $f(x)$ 在 $[0,1]$ 上连续,且 $f(x)<1$,证明方程 $2x-\int_0^x f(t)\mathrm{d}t=1$ 在 $(0,1)$ 上只有一个实根.

9. 求证:

(1) $\int_x^1 \dfrac{\mathrm{d}t}{1+t^2}=\int_1^{\frac{1}{x}}\dfrac{1}{1+t^2}\mathrm{d}t (x>0)$; (2) $\int_0^1 \dfrac{\mathrm{d}x}{\arccos x}=\int_0^{\frac{\pi}{2}}\dfrac{\sin x}{x}\mathrm{d}x$;

(3) $f(x)=\int_0^x (1+t)\arctan t\mathrm{d}t$ 的极小值是 0.

10. 试确定 a,b 的值,使 $\lim\limits_{x\to 0}\dfrac{1}{bx-\sin x}\int_0^x \dfrac{t^2}{\sqrt{a+t}}\mathrm{d}t=1$.

11. 求下列图形的面积.

(1) 曲线 $y=2-x^2$ 与 x 轴所围成的图形;

(2) 曲线 $y=\dfrac{3}{x}$ 和直线 $x+y=4$ 围成的图形;

(3) 曲线 $y=\mathrm{e}^x$, $y=\mathrm{e}^{-x}$ 及直线 $x=1$ 围成的图形;

(4) 曲线 $y=\sin x$, $y=\cos x$, 直线 $x=\dfrac{\pi}{4}$, $x=\pi$ 围成的图形;

(5) 曲线 $y=-x^2+4x-3$ 及其在点 $(0,-3)$ 和点 $(3,0)$ 处的切线所围成的图形;

(6) 曲线 $y=2x$, $y=\dfrac{x}{2}$, 直线 $x+y=2$ 围成的图形;

(7) 曲线 $xy=2$, $x^2+y^2=5$ 在第 Ⅰ 象限围成的图形;

(8) 曲线 $y=\ln x$, $y=\ln a$, $y=\ln b$ 及 y 轴围成的图形 $(b>a>0)$;

(9) 曲线 $y^2 = 2x$,直线 $y = x - 4$ 所围成的图形;

(10) 曲线 $y = x^3 - 3x + 2$ 和它在其右极值点处的切线围成的图形.

12. 试确定 m 的值,使 $y = mx$ 和抛物线 $y = 2x - x^2$ 所围成的图形面积是 36(已知 $m < 0$).

13. 求下列图形分别绕 x 轴、y 轴旋转所产生的旋转体体积.

(1) 曲线 $y = x^3$ 及直线 $x = 1$,x 轴围成的图形;

(2) 曲线 $y = \dfrac{3}{x}$,直线 $y = 4 - x$ 围成的图形;

(3) 曲线 $y = x^2$ 与 $x = y^2$ 所围成的图形;

(4) 曲线 $y = \sqrt{x}$ 与直线 $x = 1$,$x = 4$,$y = 0$ 围成的图形.

14. 已知生产某产品 x 件时的总收入变化率是 $r(x) = 100 + \dfrac{x}{20}$(元/件). 试求生产此种产品 1000 件时的总收入、从 1000 件到 2000 件所增加的收入、产量为 1000 件时的平均收入和产量从 1000 件到 2000 件时增加的平均收入.

15. 设某产品的总成本 C(单位:万元) 的变化率是产量 x(单位:百台) 的函数:
$$C'(x) = 4 + \dfrac{x}{4}.$$
总收入 R(单位:万元) 的变化率是产量 x 的函数:
$$R'(x) = 8 - x.$$

(1) 求产量由 1 百台增加到 5 百台时总成本与总收入各增加多少.

(2) 求产量为多少时,总利润 L 最大.

(3) 已知不变成本为 1(万元),分别求出总成本、总利润与产量 x 的函数关系.

16. 判定下列广义积分的敛散性.

(1) $\displaystyle\int_1^{+\infty} \dfrac{2}{\sqrt[3]{x}} \mathrm{d}x$; (2) $\displaystyle\int_{-\infty}^0 \dfrac{x^2}{1-x^3} \mathrm{d}x$; (3) $\displaystyle\int_0^{+\infty} \mathrm{e}^{-kx} \mathrm{d}x$;

(4) $\displaystyle\int_1^2 \dfrac{1}{\sqrt[3]{x-1}} \mathrm{d}x$; (5) $\displaystyle\int_1^{\mathrm{e}} \dfrac{\mathrm{d}x}{x\sqrt{1-\ln^2 x}}$; (6) $\displaystyle\int_{-1}^1 \dfrac{x}{\sqrt{1-x^2}} \mathrm{d}x$.

17. 利用 Γ 函数和 B 函数计算下列各题.

(1) $\dfrac{\Gamma(5)}{\Gamma(\frac{3}{2})\Gamma(\frac{7}{2})}$; (2) $\mathrm{B}(2, \dfrac{5}{2})$; (3) $\displaystyle\int_0^{+\infty} x^3 \sqrt{x} \mathrm{e}^{-3x} \mathrm{d}x$;

(4) $\displaystyle\int_0^{+\infty} x^2 \mathrm{e}^{-3x^2} 2\mathrm{d}x$; (5) $\displaystyle\int_0^1 \sqrt{x(1-x)} \mathrm{d}x$; (6) $\displaystyle\int_0^1 x^4 \dfrac{\sqrt{x}}{\sqrt{1-x^2}} \mathrm{d}x$.

(B)

1. 是非判断

(1) 广义积分 $\displaystyle\int_0^1 \dfrac{\mathrm{d}x}{1-x^2}$ 是发散的.   (   )

(2) $\displaystyle\int_0^4 \dfrac{x}{(x^2-4)^2} \mathrm{d}x = \dfrac{1}{2}\displaystyle\int_0^4 \dfrac{\mathrm{d}(x^2-4)}{(x^2-4)^2} = -\dfrac{1}{2} \dfrac{1}{(x^2-4)} \bigg|_0^4$

$$= -\frac{1}{2}\left(\frac{1}{12}+\frac{1}{4}\right) = -\frac{1}{6}.\qquad(\quad)$$

(3) $\int_0^\pi \sqrt{\sin x - \sin^3 x}\,\mathrm{d}x = \int_0^\pi \sqrt{\sin x \cos^2 x}\,\mathrm{d}x = \int_0^\pi \sqrt{\sin x}\cos x\,\mathrm{d}x = 0.$ （　）

(4) $\dfrac{\mathrm{d}}{\mathrm{d}x}\int_a^b f(t)\,\mathrm{d}t = f(x).$ （　）

(5) 设 $\int_0^x f(t)\,\mathrm{d}t = \dfrac{1}{2}f(x) - \dfrac{1}{2}$，且 $f(0)=1$，则 $f(x)=\mathrm{e}^{2x}$. （　）

(6) 图 6-20 中阴影部分的面积为 $S = \int_a^{c_1} f(x)\,\mathrm{d}x + \int_{c_1}^{c_2} f(x)\,\mathrm{d}x + \int_{c_2}^{b} f(x)\,\mathrm{d}x$； （　）

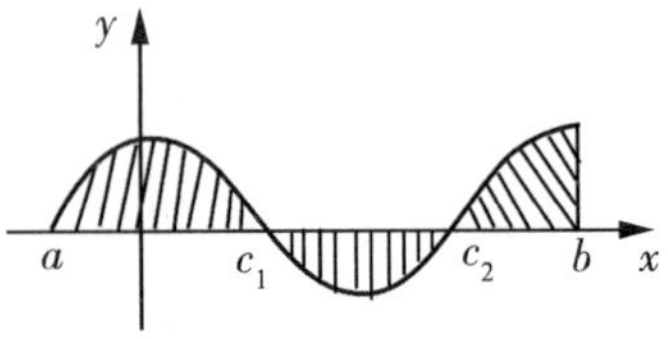

(7) 若 $\int_{-a}^{a} f(x)\,\mathrm{d}x = 0$，则 $f(x)$ 必为奇函数. （　）

图 6-20

2. 单项选择

(1) 设 $f(x)$ 为连续函数，且 $F(x) = \int_{\frac{1}{x}}^{\ln x} f(t)\,\mathrm{d}t$，则 $F'(x)$ 等于（　）.

(A) $\dfrac{1}{x}f(\ln x) + \dfrac{1}{x^2}f\left(\dfrac{1}{x}\right)$ 　　(B) $f(\ln x) + f\left(\dfrac{1}{x}\right)$

(C) $\dfrac{1}{x}f(\ln x) - \dfrac{1}{x^2}f\left(\dfrac{1}{x}\right)$ 　　(D) $f(\ln x) - f\left(\dfrac{1}{x}\right)$

(2) 设 $f(x)$ 是连续函数，$F(x)$ 是 $f(x)$ 的原函数，则（　）.

(A) 当 $f(x)$ 是奇函数时，$F(x)$ 必为偶函数

(B) 当 $f(x)$ 是偶函数时，$F(x)$ 必为奇函数

(C) 当 $f(x)$ 是周期函数时，$F(x)$ 必为周期函数

(D) 当 $f(x)$ 是单调增加函数时，$F(x)$ 必为单调增加函数

(3) 设 $g(x) = \int_0^x f(u)\,\mathrm{d}u$，其中 $f(x) = \begin{cases} \dfrac{1}{2}(x^2+1) & 0 \leqslant x < 1, \\ \dfrac{1}{3}(x-1) & 1 \leqslant x \leqslant 2, \end{cases}$ 则 $g(x)$ 在区间 $(0,2)$ 内（　）.

(A) 无界　　(B) 递减　　(C) 不连续　　(D) 连续

(4) 设函数 $f(x)$ 连续，则在下列变上限定积分定义的函数中，必为偶函数的是（　）.

(A) $\int_0^x t[f(t)+f(-t)]\,\mathrm{d}t$ 　　(B) $\int_0^x t[f(t)-f(-t)]\,\mathrm{d}t$

(C) $\int_0^x f(t^2)\,\mathrm{d}t$ 　　(D) $\int_0^x f^2(t)\,\mathrm{d}t$

(5) 设函数 $f(x), g(x)$ 在 $[0,1]$ 上连续，且 $f(x) \leqslant g(x)$，对任何 $c \in (0,1)$ 有（　）

(A) $\int_{\frac{1}{2}}^{c} f(t)\,\mathrm{d}t \geqslant \int_{\frac{1}{2}}^{c} g(t)\,\mathrm{d}t$ 　　(B) $\int_{\frac{1}{2}}^{c} f(t)\,\mathrm{d}t \leqslant \int_{\frac{1}{2}}^{c} g(t)\,\mathrm{d}t$

(C) $\int_{c}^{1} f(t)\,\mathrm{d}t \geqslant \int_{c}^{1} g(t)\,\mathrm{d}t$ 　　(D) $\int_{c}^{1} f(t)\,\mathrm{d}t \leqslant \int_{c}^{1} g(t)\,\mathrm{d}t$

(6) 如果连续函数 $y=f(x)$ 在区间 $[-3,-2]$，$[2,3]$ 上的图形分别为直径为1的上、下半圆周，在区间 $[-2,0]$，$[0,2]$ 上的图形分别为直径为2的下、上半圆周，设 $F(x)=\int_0^x f(t)\mathrm{d}t$，则下列结论正确的是( ).

(A) $F(3)=-\dfrac{3}{4}F(-2)$ (B) $F(3)=\dfrac{5}{4}F(2)$

(C) $F(-3)=\dfrac{3}{4}F(2)$ (D) $F(-3)=-\dfrac{5}{4}F(-2)$

(7) 如图 6-21 所示，曲线方程为 $y=f(x)$，函数在区间 $[0,a]$ 上有连续导数，则定积分 $\int_0^a xf'(x)\mathrm{d}x$ 为( ).

(A) 曲边梯形 $ABOD$ 的面积
(B) 梯形 $ABOD$ 的面积
(C) 曲边三角形 ACD 的面积
(D) 三角形 ACD 的面积

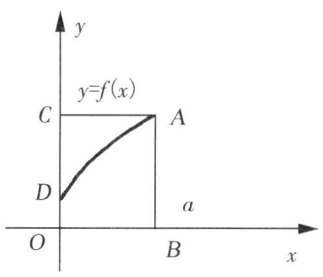

图 6-21

(8) 使不等式 $\int_1^x \dfrac{\sin t}{t}\mathrm{d}t > \ln x$ 成立的 x 的范围是( ).

(A) $(0,1)$ (B) $\left(1,\dfrac{\pi}{2}\right)$ (C) $\left(\dfrac{\pi}{2},\pi\right)$ (D) $(\pi,+\infty)$

(9) 设 $I=\int_0^{\frac{\pi}{4}}\ln\sin x\mathrm{d}x$，$J=\int_0^{\frac{\pi}{4}}\ln\cot x\mathrm{d}x$，$K=\int_0^{\frac{\pi}{4}}\ln\cos x\mathrm{d}x$，则 I,J,K 的大小关系为( ).

(A) $I<J<K$ (B) $I<K<J$ (C) $J<I<K$ (D) $K<J<I$

(10) 由曲线 $y=x(x-1)(2-x)$ 与 x 轴围成的平面图形的面积为( ).

(A) $\int_0^1 x(x-1)(2-x)\mathrm{d}x - \int_1^2 x(x-1)(2-x)\mathrm{d}x$

(B) $-\int_0^2 x(x-1)(2-x)\mathrm{d}x$

(C) $-\int_0^1 x(x-1)(2-x)\mathrm{d}x + \int_1^2 x(x-1)(2-x)\mathrm{d}x$

(D) $\int_0^2 x(x-1)(2-x)\mathrm{d}x$

(11) 设 $f(x)$ 为已知连续函数，$I=t\int_0^s f(tx)\mathrm{d}x$，其中 $s>0,t>0$，则 I 的值( ).

(A) 依赖于 s 和 t (B) 依赖于 s,t,x
(C) 依赖于 t 和 x，不依赖于 s (D) 依赖于 s，不依赖于 t

(12) 设在区间 $[a,b]$ 上 $f(x)>0$，$f'(x)<0$，$f''(x)>0$，令 $S_1=\int_a^b f(x)\mathrm{d}x$，$S_2=f(b)(b-a)$，$S_3=\dfrac{1}{2}[f(a)+f(b)](b-a)$，则( ).

(A) $S_1<S_2<S_3$ (B) $S_2<S_1<S_3$ (C) $S_3<S_1<S_2$ (D) $S_2<S_3<S_1$

(13) 设 $f(x)$ 有连续导数,$f(0)=0, f'(0)\neq 0, F(x)=\int_0^x (x^2-t^2)f(t)\mathrm{d}t$,且当 $x\to 0$ 时,$F'(x)$ 与 x^k 是同阶无穷小,则 k 等于( ).

(A) 1　　　　(B) 2　　　　(C) 3　　　　(D) 4

(14) 下列广义积分发散的是( ).

(A) $\int_{-1}^1 \dfrac{1}{\sin^2 x}\mathrm{d}x$　　(B) $\int_{-1}^1 \dfrac{1}{\sqrt{1-x^2}}\mathrm{d}x$　　(C) $\int_0^{+\infty} \mathrm{e}^{-x^2}\mathrm{d}x$　　(D) $\int_2^{+\infty} \dfrac{1}{x\ln^2 x}\mathrm{d}x$

(15) 下列结论正确的是( ).

(A) $\int_1^{+\infty} \dfrac{1}{x(1+x)}\mathrm{d}x$ 与 $\int_0^1 \dfrac{1}{x(1+x)}\mathrm{d}x$ 都收敛

(B) $\int_1^{+\infty} \dfrac{1}{x(1+x)}\mathrm{d}x$ 与 $\int_0^1 \dfrac{1}{x(1+x)}\mathrm{d}x$ 都发散

(C) $\int_1^{+\infty} \dfrac{1}{x(1+x)}\mathrm{d}x$ 发散,$\int_0^1 \dfrac{1}{x(1+x)}\mathrm{d}x$ 收敛

(D) $\int_1^{+\infty} \dfrac{1}{x(1+x)}\mathrm{d}x$ 收敛,$\int_0^1 \dfrac{1}{x(1+x)}\mathrm{d}x$ 发散

3. 填空

(1) 设 $f(0)=1, f(2)=3, f'(2)=5$,则 $\int_0^1 xf''(2x)\mathrm{d}x =$ _____;

(2) $\int_{-1}^1 \dfrac{x^3\cos x}{1+\sin^2 x}\mathrm{d}x =$ _____;

(3) $\int_{-2}^2 \dfrac{x+|x|}{2+x^2}\mathrm{d}x =$ _____;

(4) 设 $x>0$,$\int_0^{x^2} f(t)\mathrm{d}t = x^2(1+x)$,则 $f(2) =$ _____;

(5) 设 $\int_0^x f(t)\mathrm{d}t = \dfrac{x^3}{2}$,则 $\int_0^{\frac{\pi}{2}} \sin x f(\cos x)\mathrm{d}x =$ _____;

(6) 设 $\dfrac{\mathrm{d}}{\mathrm{d}x}\int_0^{\mathrm{e}^{-x}} f(t)\mathrm{d}t = \mathrm{e}^x$,则 $f(x) =$ _____;

(7) $\lim\limits_{x\to +\infty} \dfrac{\mathrm{e}^{-x^2}}{x}\int_0^x t^2 \mathrm{e}^{t^2}\mathrm{d}t =$ _____;

(8) $\lim\limits_{x\to 0^+} \dfrac{1}{x}\int_0^{\sqrt{x}} \ln(1+t^2)\mathrm{d}t =$ _____;

(9) 设 $f'(3x-1) = \mathrm{e}^x$,且 $f(-1)=3$,则 $f(x) =$ _____;

(10) 设 $\int_0^x f(t)(x-t)\mathrm{d}t = 4x^3 - x + \mathrm{e}^x - 1$,$f(x)$ 连续,则 $f(x) =$ _____;

(11) 设 $\int_0^x f(t-x)\mathrm{d}t = \sin(3x^2-2x)$,$f(x)$ 是连续的,则 $f(x) =$ _____;

(12) 设 $f(x)$ 是连续函数,且 $f(x)>0$,$x\in[a,b]$,则 $\int_a^x f(t)\mathrm{d}t - \int_x^b \dfrac{1}{f(t)}\mathrm{d}t = 0$ 在 (a,b) 内有 _____ 个实根;

(13) 设 $f(x) = x^2 - \int_0^a f(x)\mathrm{d}x$,$a$ 是不等于 -1 的常数,则 $\int_0^a f(x)\mathrm{d}x =$ _____;

(14) 若 $f(x) = \dfrac{1}{1+x^2} + \sqrt{1-x^2}\displaystyle\int_0^1 f(x)\mathrm{d}x$，则 $\displaystyle\int_0^1 f(x)\mathrm{d}x =$ _____．

(15) $\displaystyle\int_1^{+\infty} \dfrac{\mathrm{d}x}{\mathrm{e}^x + \mathrm{e}^{2-x}} =$ _____．

(16) 设 $f(x) = \begin{cases} x\mathrm{e}^{x^2} & -\dfrac{1}{2} \leqslant x < \dfrac{1}{2}, \\ -1 & x \geqslant \dfrac{1}{2}, \end{cases}$ 则 $\displaystyle\int_{\frac{1}{2}}^2 f(x-1)\mathrm{d}x =$ _____；

(17) 函数 $f\left(x + \dfrac{1}{x}\right) = \dfrac{x + x^3}{1 + x^4}$，求积分 $\displaystyle\int_2^{2\sqrt{2}} f(x)\mathrm{d}x =$ _____；

(18) $\displaystyle\lim_{n\to\infty} \sin\dfrac{\pi}{n}\sum_{k=1}^n \cos^2\dfrac{k\pi}{n} =$ _____．

4. 设 $f(x) = \begin{cases} \dfrac{\displaystyle\int_0^x \dfrac{\sin t}{t}\mathrm{d}t}{x} & x < 0, \\ 5 & x \geqslant 0; \end{cases}$ 求 $\displaystyle\lim_{x \to 0} f(x)$．

5. 已知 $f(\pi) = 2$，$\displaystyle\int_0^\pi [f(x) + f''(x)]\sin x \, \mathrm{d}x = 5$，求 $f(0)$．

6. 设 $f(n) = \displaystyle\int_0^{\frac{\pi}{4}} \tan^n x \, \mathrm{d}x$，求 $f(n) + f(n-2)\,(n > 2)$．

7. 若 $f(x) = \displaystyle\int_1^x \dfrac{\ln t}{1+t}\mathrm{d}t, x > 0$，试求 $f(x) + f\left(\dfrac{1}{x}\right)$．

8. 求由方程 $\displaystyle\int_0^y \mathrm{e}^{t^2}\mathrm{d}t + \int_0^{\sqrt[3]{x}} (1-t)^3\mathrm{d}t = 0$ 确定的隐函数的极值点，并指明是极大值点还是极小值点．

9. 设 $F(x) = \displaystyle\int_0^{x^2} \mathrm{e}^{-t^2}\mathrm{d}t$，试求：

(1) $F(x)$ 的极值；

(2) 曲线 $y = F(x)$ 的拐点的横坐标．

10. 计算下列定积分．

(1) $\displaystyle\int_0^{n\pi} \sqrt{1 - \sin 2x}\,\mathrm{d}x$；　　　　(2) $\displaystyle\int_{-\frac{1}{2}}^{\frac{1}{2}} \left[\dfrac{\sin x}{1+x^2} + \sqrt{\ln^2(1-x)}\right]\mathrm{d}x$；

(3) $\displaystyle\int_{-\frac{\pi}{2}}^{\frac{\pi}{2}} \cos x(x + \cos x)^2 \mathrm{d}x$；　　(4) $\displaystyle\int_{-1}^1 (x + \sqrt{1-x^2})^2 \mathrm{d}x$；

(5) $\displaystyle\int_{\frac{1}{3}}^1 \dfrac{\arctan\sqrt{x}}{\sqrt{x}(1+x)}\mathrm{d}x$；　　(6) $\displaystyle\int_a^b x\mathrm{e}^{-|x|}\mathrm{d}x\,(b > a)$；

(7) $\displaystyle\int_{-\frac{\pi}{4}}^{\frac{\pi}{4}} \dfrac{\sin^2 x}{1 + \mathrm{e}^{-x}}\mathrm{d}x$；　　(8) $\displaystyle\int_0^\pi \dfrac{x\sin^3 x}{1 + \cos^2 x}\mathrm{d}x$．

11. 设 $F(x) = \displaystyle\int_0^x \dfrac{\sqrt{t}}{1+t^3}\mathrm{d}t + \int_0^{\frac{1}{x}} \dfrac{\sqrt{t}}{1+t^3}\mathrm{d}t, x > 0$，求证：$F(x) \equiv$ 常数，并求此常数．

12. 若 m 是正整数，求证：$\displaystyle\int_0^{\frac{\pi}{2}} \cos^m x \sin^m x \, \mathrm{d}x = \dfrac{1}{2^m}\int_0^{\frac{\pi}{2}} \cos^m x \, \mathrm{d}x$．

13. 已知 $f(x)$ 连续,满足 $\int_{-x}^{0}(x+t)f(t)\mathrm{d}t = x^3$,求 $\int_{0}^{1}f(x)\mathrm{d}x$.

14. 设 $f(x)$ 是 $[0,1]$ 上的连续函数,且 $\int_{0}^{1}f(x)\mathrm{d}x = 0$,求证:至少存在一个 $\xi \in [0,1]$,使 $f(1-\xi) = -f(\xi)$ 成立.

15. 试求经过点 $(1,1)$ 的直线 $y = f(x)$ 中使得 $\int_{0}^{2}[x^2 - f(x)]^2\mathrm{d}x$ 为最小的直线方程.

16. 设 $f(x),g(x)$ 在 $[-a,a],a>0$ 上连续, $g(x)$ 为偶函数,且 $f(x)$ 满足条件 $f(x) + f(-x) = A$ (常数).

    (1) 证明 $\int_{-a}^{a}f(x)g(x)\mathrm{d}x = A\int_{0}^{a}g(x)\mathrm{d}x$;

    (2) 利用(1)的结论计算 $\int_{-\frac{\pi}{2}}^{\frac{\pi}{2}}|\sin x|\arctan\mathrm{e}^x\mathrm{d}x$.

17. (1) 比较 $\int_{0}^{1}|\ln t|[\ln(1+t)]^n\mathrm{d}t$ 与 $\int_{0}^{1}t^n|\ln t|\mathrm{d}t(n=1,2,\cdots)$ 的大小,说明理由;

    (2) 设 $u_n = \int_{0}^{1}|\ln t|[\ln(1+t)]^n\mathrm{d}t(n=1,2,\cdots)$,求极限 $\lim_{n\to\infty}u_n$.

18. 设函数 $f(x)$ 可导,且 $f(0) = 0, F(x) = \int_{0}^{x}t^{n-1}f(x^n - t^n)\mathrm{d}t$,证明:
$$\lim_{x\to 0}\frac{F(x)}{x^{2n}} = \frac{1}{2n}f'(0).$$

19. 设 $\varphi(t)$ 是正值连续函数, $f(x) = \int_{-a}^{a}|x-t|\varphi(t)\mathrm{d}t, -a \leqslant x \leqslant a(a>0)$,则曲线 $y = f(x)$ 在 $[-a,a]$ 上是凹的.

20. 证明:当 $x \geqslant 0$ 时, $\int_{0}^{x}(t-t^2)\sin^{2n}t\mathrm{d}t \leqslant \dfrac{1}{(2n+2)(2n+3)}$ (n 为正整数).

21. 已知 $\int_{0}^{\pi}\dfrac{\cos x}{(x+2)^2}\mathrm{d}x = A$,求 $\int_{0}^{\frac{\pi}{2}}\dfrac{\sin x\cos x}{x+1}\mathrm{d}x$.

22. 试求 c 值,使 $\int_{a}^{b}(x+c)\cos(x+c)\mathrm{d}x = 0$,其中 $b > a$.

23. 设 $f(x)$ 与 $g(x)$ 在 $[0,1]$ 上的导数连续,且 $f(0) = 0, f'(x) > 0, g'(x) \geqslant 0$. 证明:对任意 $a \in [0,1]$,有
$$\int_{0}^{a}g(x)f'(x)\mathrm{d}x + \int_{0}^{1}f(x)g'(x)\mathrm{d}x \geqslant f(a)g(1).$$

24. 设 $f(x)$ 在区间 $[0,1]$ 上可微,且满足条件 $f(1) = 2\int_{0}^{\frac{1}{2}}xf(x)\mathrm{d}x$,试证:存在 $\xi \in (0,1)$,使 $f(\xi) + \xi f'(\xi) = 0$.

25. 设 $f(x)$ 在 $[0,1]$ 上连续,在 $(0,1)$ 内可导,且满足 $f(1) = k\int_{0}^{\frac{1}{k}}x\mathrm{e}^{1-x}f(x)\mathrm{d}x$, $(k>1)$,证明:至少存在一点 $\xi \in (0,1)$,使 $f'(\xi) = (1-\xi^{-1})f(\xi)$.

26. 设 $f(x)$ 在区间 $[0,1]$ 上连续,在 $(0,1)$ 内可导,且满足 $f(1) = 3\int_{0}^{\frac{1}{3}}\mathrm{e}^{1-x^2}f(x)\mathrm{d}x$,

证明:存在 $\xi \in (0,1)$ 使 $f'(\xi) = 2\xi f(\xi)$.

27. 过点 $M(3,1)$ 作抛物线 $y = \sqrt{x-2}$ 的切线,求由切线、抛物线及 x 轴所围成的图形的面积.

28. 设 $y = e^{-x}, x \geq 0$.

(1) 在此曲线上找一点,使过该点的切线与曲线 $y = e^{-x}$ 及 y 轴,直线 $x = x_A$ (x_A 是切线与 x 轴的交点 A 的横坐标)所围成的平面图形的面积 S 最小;

(2) 把由曲线 $y = e^{-x}$ 及 x 轴、y 轴,直线 $x = \xi (\xi > 0)$ 所围成的平面图形绕 x 轴旋转所得的旋转体体积记作 $V(\xi)$,试问当 ξ 为何值时,$V(\xi) = \dfrac{1}{2} \lim\limits_{\xi \to +\infty} V(\xi)$.

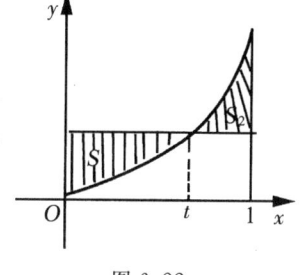

图 6-22

29. 设 $y = x^2$,问当 t 为何值时,图 6-22 中阴影部分 S_1 与 S_2 面积之和最小,何时最大?

30. 已知一抛物线通过两点 $A(1,0), B(3,0)$.

(1) 证明该抛物线与两坐标轴所围图形的面积等于该抛物线与 x 轴所围图形的面积;

(2) 计算上述两平面图形绕 x 轴转一周所成的旋转体的体积之比.

31. 设直线 $y = ax$ 与抛物线 $y = x^2$ 所围成图形的面积为 S_1,它们与直线 $x = 1$ 所围成的图形面积为 S_2,并且 $0 < a < 1$.

(1) 试确定 a 的值,使 $S_1 + S_2$ 达到最小,并求最小值;

(2) 求该最小值所对应的平面图形绕 x 轴旋转一周所得旋转体的体积.

第7章 无穷级数

无穷级数是高等数学的重要组成部分,它同极限论、微分学、积分学一样,是现代数学的重要方法.它不仅是研究函数及其近似计算的有力工具,而且在物理学及其他应用科学中有着广泛的应用.

无穷级数分为两部分,一部分是数项级数,另一部分是函数项级数.本章主要介绍数项级数的概念、正项级数的判敛法以及特殊的函数项级数——幂级数.

§7.1 数项级数的概念及性质

一、数项级数的概念

在初等数学中,我们讨论了有限个数的加法运算.但在实际应用中,我们常常会碰到求无穷多项的和的问题.例如在保险中,有一种养老保险称为年金保险,它是在被保险人生存期内,每年由保险公司支付给被保险人 K 元年金.假若 x 岁的人投保这种保险,他的趸缴净保费(一次性缴清的保费)应是多少?

假设年利率 r 不变,x 岁的人活过 i 年的概率为 $_iP_x$.根据保险原则,趸缴净保费 a_x 应等于其领取总年金的现值.于是有

$$a_x = K_1 P_x \frac{1}{1+r} + K_2 P_x \frac{1}{(1+r)^2} + \cdots + K_n P_x \frac{1}{(1+r)^n} + \cdots$$

如何求这无穷多项的和呢?

由此可见,将加法运算推广到无穷项很有必要,这就是我们要研究的无穷级数.

定义 7.1 如果 $\{u_n\}(n=1,2,\cdots)$ 是一个数列,则称 $u_1+u_2+\cdots+u_n+\cdots$ 为一个数项无穷级数,简称数项级数,记作 $u_1+u_2+\cdots+u_n+\cdots = \sum_{n=1}^{\infty} u_n$,其中 u_n 称为级数的一般项.

例如,$1+\frac{1}{2}+\frac{1}{3}+\cdots+\frac{1}{n}+\cdots = \sum_{n=1}^{\infty} \frac{1}{n}$ 是一个数项级数,$\sum_{n=1}^{\infty} \frac{\sin n}{n}$ 是一个数项级数.

我们自然要问:$\sum_{n=1}^{\infty} u_n$ 的"和数"是多少?为此,我们引入下面的概念.

定义 7.2 对于级数 $\sum_{n=1}^{\infty} u_n$,记 $S_n = \sum_{k=1}^{n} u_k$,S_n 称为级数的第 n 次部分和,数列 $\{S_n\}$($n = 1,2,\cdots$)称为级数的 n 次部分和数列.

给定一个级数 $\sum_{n=1}^{\infty} u_n$,可以得到一个(n 次部分和)数列 $\{S_n\}$;反之,给定一个数列 $\{S_n\}$,我们也可以得到一个级数 $\sum_{n=1}^{\infty} u_n$,其中 $u_1 = S_1, u_2 = S_2 - S_1, \cdots, u_n = S_n - S_{n-1}$. 因而,数列和级数可以互相转化. 由此,我们可以利用数列的知识来研究级数,也可以通过研究级数,对数列作进一步认识.

显然,无穷和 $\sum_{n=1}^{\infty} u_n$ 应该是 $\{S_n\}$ 当 $n \to \infty$ 时的极限. 因此有:

定义 7.3 设 S_n 是级数 $\sum_{n=1}^{\infty} u_n$ 的 n 次部分和,如果 $\lim_{n \to \infty} S_n = S$ 存在,则称级数 $\sum_{n=1}^{\infty} u_n$ 是收敛的,S 称为它的和,$R_n = S - S_n = u_{n+1} + \cdots$ 称为它的余和;如果 $\lim_{n \to \infty} S_n$ 不存在,则称级数 $\sum_{n=1}^{\infty} u_n$ 是发散的,它没有和.

例 1 讨论几何级数(等比级数)$\sum_{n=1}^{\infty} aq^{n-1}$ 的敛散性($a \neq 0, q \neq 0$).

解 当 $q \neq 1$ 时,$S_n = a + aq + \cdots + aq^{n-1} = \dfrac{a(1-q^n)}{1-q}$,因此

当 $|q| < 1$ 时,$\lim_{n \to \infty} S_n = \dfrac{a}{1-q}$;

当 $|q| > 1$ 时,$\lim_{n \to \infty} S_n = \infty$.

当 $q = -1$ 时,$\lim_{n \to \infty} S_n = \lim_{n \to \infty} \dfrac{a(1-(-1)^n)}{2}$ 不存在;

当 $q = 1$ 时,$S_n = a + a + \cdots + a$,$\lim_{n \to \infty} S_n = \infty$.

综上所述,当 $|q| < 1$ 时,$\sum_{n=1}^{\infty} aq^{n-1}$ 收敛于和 $\dfrac{a}{1-q}$;当 $|q| \geq 1$ 时,$\sum_{n=1}^{\infty} aq^{n-1}$ 发散.

例 2 判定 $\sum_{n=1}^{\infty} \dfrac{1}{(4n-1)(4n+3)}$ 的敛散性.

解 因为 $S_n = \dfrac{1}{3 \cdot 7} + \dfrac{1}{7 \cdot 11} + \cdots + \dfrac{1}{(4n-1)(4n+3)}$

$= \dfrac{1}{4}\left(\dfrac{1}{3} - \dfrac{1}{7}\right) + \dfrac{1}{4}\left(\dfrac{1}{7} - \dfrac{1}{11}\right) + \cdots + \dfrac{1}{4}\left(\dfrac{1}{4n-1} - \dfrac{1}{4n+3}\right)$

$= \dfrac{1}{4}\left(\dfrac{1}{3} - \dfrac{1}{4n+3}\right)$,

所以 $\lim_{n \to \infty} S_n = \lim_{n \to \infty} \dfrac{1}{4}\left(\dfrac{1}{3} - \dfrac{1}{4n+3}\right) = \dfrac{1}{12}$,

故级数收敛.

例 3 判断调和级数 $\sum_{n=1}^{\infty} \dfrac{1}{n}$ 的敛散性.

解 设 $f(x) = \ln x$，则 $f(x)$ 在 $[n, n+1]$ 上满足拉格朗日中值定理，所以存在 $\xi \in (n, n+1)$，使得
$$f'(\xi) = f(n+1) - f(n),$$
即
$$\frac{1}{\xi} = \ln(n+1) - \ln n.$$
于是
$$\ln(n+1) - \ln n < \frac{1}{n},$$
因此
$$S_n = 1 + \frac{1}{2} + \cdots + \frac{1}{n}$$
$$> (\ln 2 - \ln 1) + (\ln 3 - \ln 2) + \cdots + (\ln(n+1) - \ln n)$$
$$= \ln(n+1),$$
所以 $\lim_{n \to \infty} S_n = +\infty$，从而 $\sum_{n=1}^{\infty} \frac{1}{n}$ 发散.

有限项和与无穷级数是有限与无限的一对矛盾，两者是不同的，通过求极限，可以将有限项和转化为无穷级数. 对于有限项和的一些性质，在无穷级数中有的仍成立，有的加条件后成立，有的根本不成立. 因此，在学习中切忌将有限项和的运算律无条件地照搬到级数中来，读者要学会比较和区别.

二、级数的基本性质

性质 1 设 a 是常数，如果 $\sum_{n=1}^{\infty} u_n$ 收敛于和 S，则 $\sum_{n=1}^{\infty} a u_n$ 也收敛，且和为 aS；如果 $a \neq 0$，$\sum_{n=1}^{\infty} u_n$ 发散时，$\sum_{n=1}^{\infty} a u_n$ 也发散.

证 设 $\sum_{n=1}^{\infty} u_n$ 的 n 次部分和为 S_n，则 $\sum_{n=1}^{\infty} a u_n$ 的 n 次部分和
$$W_n = a u_1 + a u_2 + \cdots + a u_n = a S_n.$$
因为 $\sum_{n=1}^{\infty} u_n$ 收敛于 S，所以 $\lim_{n \to \infty} S_n = S$.
因此 $\lim_{n \to \infty} W_n = aS$ 存在，故 $\sum_{n=1}^{\infty} a u_n$ 收敛，且 $\sum_{n=1}^{\infty} a u_n = aS$.

反之，如果 $\sum_{n=1}^{\infty} u_n$ 发散，$a \neq 0$ 时，而反设 $\sum_{n=1}^{\infty} a u_n$ 收敛，则 $\sum_{n=1}^{\infty} \frac{1}{a}(a u_n) = \sum_{n=1}^{\infty} u_n$ 收敛，矛盾. 故 $\sum_{n=1}^{\infty} u_n$ 发散时，$\sum_{n=1}^{\infty} a u_n$ 也发散.

由此得到，级数的每一项同乘以不为 0 的常数后，其敛散性不变.

例如，由于 $\sum_{n=1}^{\infty} \frac{1}{(4n-1)(4n+3)}$ 收敛，故级数 $\sum_{n=1}^{\infty} \frac{10}{(4n-1)(4n+3)}$ 也收敛；由于 $\sum_{n=1}^{\infty} \frac{1}{n}$ 发散，故 $\sum_{n=1}^{\infty} \frac{6}{n}$ 也发散，等等.

性质 2 如果 $\sum_{n=1}^{\infty} u_n$ 与 $\sum_{n=1}^{\infty} v_n$ 都收敛,则 $\sum_{n=1}^{\infty}(u_n \pm v_n)$ 也收敛,且

$$\sum_{n=1}^{\infty}(u_n \pm v_n) = \sum_{n=1}^{\infty} u_n \pm \sum_{n=1}^{\infty} v_n.$$

证 设 $\sum_{n=1}^{\infty} u_n, \sum_{n=1}^{\infty} v_n$ 与 $\sum_{n=1}^{\infty}(u_n \pm v_n)$ 的部分和分别为 S_n, W_n, T_n,则

$$\begin{aligned} T_n &= (u_1 \pm v_1) + (u_2 \pm v_2) + \cdots + (u_n \pm v_n) \\ &= (u_1 + u_2 + \cdots + u_n) \pm (v_1 + v_2 + \cdots + v_n) \\ &= S_n \pm W_n. \end{aligned}$$

由于 $\sum_{n=1}^{\infty} u_n, \sum_{n=1}^{\infty} v_n$ 都收敛,故 $\lim_{n \to \infty} S_n = S$ 存在, $\lim_{n \to \infty} W_n = W$ 存在.因而, $\lim_{n \to \infty}(S_n \pm W_n) = S \pm W$ 存在.

所以 $\sum_{n=1}^{\infty}(u_n \pm v_n)$ 收敛,且 $\sum_{n=1}^{\infty}(u_n \pm v_n) = \sum_{n=1}^{\infty} u_n \pm \sum_{n=1}^{\infty} v_n.$

注 (1) 由 $\sum_{n=1}^{\infty} u_n, \sum_{n=1}^{\infty} v_n$ 都发散,不能判定 $\sum_{n=1}^{\infty}(u_n \pm v_n)$ 的敛散性.

例如, $\sum_{n=1}^{\infty} \frac{1}{n}$ 及 $\sum_{n=1}^{\infty}(-\frac{1}{n})$ 都发散,但 $\sum_{n=1}^{\infty}[\frac{1}{n} + (-\frac{1}{n})] = \sum_{n=1}^{\infty} 0$ 却收敛, $\sum_{n=1}^{\infty}[\frac{1}{n} - (-\frac{1}{n})] = \sum_{n=1}^{\infty} \frac{2}{n}$ 仍发散.

(2) 当 $\sum_{n=1}^{\infty} u_n$ 与 $\sum_{n=1}^{\infty} v_n$ 其中一个收敛,一个发散时,则 $\sum_{n=1}^{\infty}(u_n \pm v_n)$ 一定发散.证明留给读者.

例 4 判定下列级数的敛散性.

(1) $\sum_{n=1}^{\infty}[(-1)^n \frac{5}{2^n} + \frac{3^n}{4^n}]$; (2) $\sum_{n=1}^{\infty}(\frac{4}{n} + (\frac{2}{5})^n)$; (3) $\sum_{n=1}^{\infty}[\frac{3}{n(n+1)} + (\frac{3}{2})^n]$.

解 (1) $\sum_{n=1}^{\infty}(-1)^n \frac{5}{2^n}$ 与 $\sum_{n=1}^{\infty} \frac{3^n}{4^n}$ 是两个等比级数,且公比分别为 $-\frac{1}{2}$ 与 $\frac{3}{4}$,因此两级数都收敛,从而原级数收敛,且

$$\begin{aligned} \sum_{n=1}^{\infty}[(-1)^n \frac{5}{2^n} + \frac{3^n}{4^n}] &= \sum_{n=1}^{\infty}(-1)^n \frac{5}{2^n} + \sum_{n=1}^{\infty} \frac{3^n}{4^n} \\ &= \frac{-\frac{5}{2}}{1-(-\frac{1}{2})} + \frac{\frac{3}{4}}{1-\frac{3}{4}} = \frac{4}{3}. \end{aligned}$$

(2) 由于 $\sum_{n=1}^{\infty} \frac{4}{n}$ 发散, $\sum_{n=1}^{\infty}(\frac{2}{5})^n$ 收敛(公比 $|q| = \frac{2}{5} < 1$),故原级数发散.

(3) 由于 $\sum_{n=1}^{\infty}(\frac{3}{2})^n$ 发散(公比 $|q| = \frac{3}{2} > 1$), $\sum_{n=1}^{\infty} \frac{3}{n(n+1)}$ 收敛(判法同例 2),故原级数发散.

性质 3 在级数中去掉或添加有限项,级数的敛散性不变.

证 设级数

$$\sum_{n=1}^{\infty} u_n = u_1 + u_2 + \cdots + u_k + u_{k+1} + \cdots + u_{k+n} + \cdots, \tag{7-1}$$

去掉前 k 项得

$$u_{k+1} + u_{k+2} + \cdots + u_{k+n} + \cdots = \sum_{n=1}^{\infty} u_{k+n}. \tag{7-2}$$

或说级数(7-2)添加 k 项得级数(7-1).现证二者敛散性相同.

级数(7-2)的 n 次部分和为

$$\overline{S}_n = u_{k+1} + \cdots + u_{k+n},$$

级数(7-1)的 $n+k$ 次部分和为

$$S_{n+k} = u_1 + \cdots + u_k + u_{k+1} + \cdots + u_{k+n},$$

于是

$$S_{n+k} = u_1 + u_2 + \cdots + u_k + \overline{S}_n.$$

由于 $u_1 + u_2 + \cdots + u_k$ 为一常数,故 $n \to \infty$ 时,S_{n+k} 与 $\overline{S}_n$ 有相同的敛散性,因而级数(7-1)与(7-2)具有相同的敛散性.

该性质说明,级数的敛散性与级数的有限项无关.但从证明过程中看到,若级数收敛,则添加或去掉有限项后其和与原来的不同.

性质 4 收敛级数任意加括号后仍收敛于原来的和.

证 设收敛级数 $\sum_{n=1}^{\infty} u_n = u_1 + u_2 + \cdots + u_n + \cdots = S$,其 n 次部分和为 S_n;设 $\sum_{n=1}^{\infty} u_n$ 加括号后所成的新级数为 $\sum_{n=1}^{\infty} v_n$,其中

$$v_1 = u_1 + \cdots + u_{j_1},$$
$$v_2 = u_{j_1+1} + \cdots + u_{j_2},$$
$$\cdots\cdots$$
$$v_n = u_{j_{n-1}+1} + \cdots + u_{j_n}.$$

设 $\sum_{n=1}^{\infty} v_n$ 的 n 次部分和为 W_n,则

$$W_n = v_1 + v_2 + \cdots + v_n = S_{j_n},$$

故

$$\lim_{n \to \infty} W_n = \lim_{n \to \infty} S_{j_n} = S.$$

因此,$\sum_{n=1}^{\infty} v_n$ 收敛,且和也为 S.

该性质相当于收敛级数满足"加法结合律".

注 (1) 该性质反之不成立,即若加括号后收敛,则原级数不一定收敛.反例,$\sum_{n=1}^{\infty} (-1)^{n-1} = 1 - 1 + 1 + \cdots + (-1)^n + \cdots$ 发散,但加括号后 $(1-1) + (1-1) + \cdots = 0$ 是收敛的,也就是说,收敛的级数不能随便去括号,发散级数不满足"加法结合律".

(2) 由该性质可知:如果级数加括号后发散,则原级数一定发散.

例如,$\frac{1}{2} + \frac{1}{10} + \frac{1}{4} + \frac{1}{20} + \frac{1}{8} + \frac{1}{30} + \cdots$,由于加括号后成为 $\left(\frac{1}{2} + \frac{1}{10}\right) + \left(\frac{1}{4} + \frac{1}{20}\right) +$

$$\cdots = \sum_{n=1}^{\infty}\left(\frac{1}{2^n} + \frac{1}{10n}\right), \text{ 而 } \sum_{n=1}^{\infty}\frac{1}{2^n} \text{ 收敛}, \sum_{n=1}^{\infty}\frac{1}{10n} \text{ 发散, 从而 } \sum_{n=1}^{\infty}\left(\frac{1}{2^n} + \frac{1}{10n}\right) \text{ 发散, 因此原级数也发散.}$$

(3) 对于正项级数（一般项 $u_n \geq 0$），无论怎样加括号，都不影响敛散性.（证明略）

性质 5（收敛的必要条件） 如果级数 $\sum_{n=1}^{\infty} u_n$ 收敛，则 $\lim_{n\to\infty} u_n = 0$.

证 设 $\sum_{n=1}^{\infty} u_n$ 的 n 次部分和为 S_n，和为 S，则 $\lim S_n = S$.

因为
$$u_n = S_n - S_{n-1},$$

所以
$$\lim_{n\to\infty} u_n = \lim_{n\to\infty}(S_n - S_{n-1}) = \lim_{n\to\infty} S_n - \lim_{n\to\infty} S_{n-1} = S - S = 0,$$

即
$$\lim_{n\to\infty} u_n = 0.$$

注（1）该性质不是 $\sum_{n=1}^{\infty} u_n$ 收敛的充分条件，即由 $\lim_{n\to\infty} u_n = 0$ 不能得出 $\sum_{n=1}^{\infty} u_n$ 收敛.

反例：$\sum_{n=1}^{\infty} \frac{1}{n}$ 中 $\frac{1}{n} \to 0$，但 $\sum_{n=1}^{\infty} \frac{1}{n}$ 是发散的.

(2) 由该性质可得到：如果 $\lim_{n\to\infty} u_n \neq 0$，则 $\sum_{n=1}^{\infty} u_n$ 一定发散.

例 5 判断级数 $\sum_{n=1}^{\infty} n\sin\frac{2}{n}$ 的敛散性.

解 由于 $\lim_{n\to\infty} n\sin\frac{2}{n} = \lim_{n\to\infty} \frac{\sin\frac{2}{n}}{\frac{1}{n}} = 2 \neq 0$，故级数发散.

§7.2 正项级数敛散性的判别

本节讨论一种最简单也是最重要的级数——正项级数. 正项级数不仅可以作为研究一般级数的工具（大量的级数敛散性判别都归结为正项级数敛散性的判别），而且对正项级数的研究方法，在讨论一般级数时，可作借鉴.

定义 7.4 若 $u_n \geq 0 (n = 1, 2, \cdots)$，则称级数 $\sum_{n=1}^{\infty} u_n$ 为正项级数.

定理 7.1（基本定理） 正项级数 $\sum_{n=1}^{\infty} u_n$ 收敛的充要条件为其部分和数列有界.

证 **必要性** 当 $\sum_{n=1}^{\infty} u_n$ 收敛时，由收敛定义，部分和数列 $\{S_n\}$ 收敛，而收敛数列必有界.

充分性 由于 $u_n \geq 0$，所以部分和
$$S_1 \leq S_2 \leq \cdots \leq S_n \leq \cdots$$

即部分和数列单调递增. 又因为 $\{S_n\}$ 有界, 由单调有界原理知 $\{S_n\}$ 收敛, 从而 $\sum_{n=1}^{\infty} u_n$ 收敛.

运用基本原理, 可以得出一个重要判别法:

定理 7.2 (比较判别法) 设 $\sum_{n=1}^{\infty} u_n, \sum_{n=1}^{\infty} v_n$ 都是正项级数, 如果 $u_n \leqslant v_n (n=1,2,\cdots)$, 则

(1) 当 $\sum_{n=1}^{\infty} v_n$ 收敛时, $\sum_{n=1}^{\infty} u_n$ 也收敛;

(2) 当 $\sum_{n=1}^{\infty} u_n$ 发散时, $\sum_{n=1}^{\infty} v_n$ 也发散.

证 设 $\sum_{n=1}^{\infty} u_n$ 与 $\sum_{n=1}^{\infty} v_n$ 的 n 次部分和分别为 S_n 与 W_n, 由于 $\sum_{n=1}^{\infty} u_n, \sum_{n=1}^{\infty} v_n$ 都是正项级数, 且 $u_n \leqslant v_n$, 故

$$0 \leqslant S_n \leqslant W_n.$$

(1) 当 $\sum_{n=1}^{\infty} v_n$ 收敛时, $\{W_n\}$ 有界, 即存在 $M>0, W_n \leqslant M$, 从而 $0 \leqslant S_n \leqslant M$, 即 $\{S_n\}$ 有界, 故 $\sum_{n=1}^{\infty} u_n$ 收敛.

(2) 当 $\sum_{n=1}^{\infty} u_n$ 发散时, $\{S_n\}$ 无界, 从而 $\{W_n\}$ 也无界, 故 $\sum_{n=1}^{\infty} v_n$ 发散.

该定理可通俗理解为"大收敛, 则小收敛; 小发散, 则大发散".

定理 7.2 中的条件 $u_n \leqslant v_n (n=1,2,\cdots)$ 放宽为如下两种情形时, 结论仍成立.

(1) 存在正整数 N, 当 $n>N$ 时, 恒有 $u_n \leqslant v_n$;

(2) 存在常数 $c>0$ 及正整数 N, 对于 $n>N$, 恒有

$$u_n \leqslant cv_n.$$

这两条不难由级数的性质 1、性质 3 及定理 7.2 证得.

例 1 讨论 p 级数 $\sum_{n=1}^{\infty} \frac{1}{n^p}$ 的敛散性.

解 当 $p \leqslant 1$ 时, 由于 $\frac{1}{n^p} \geqslant \frac{1}{n}$, 而 $\sum_{n=1}^{\infty} \frac{1}{n}$ 发散, 由比较判别法知, $\sum_{n=1}^{\infty} \frac{1}{n^p}$ 发散.

当 $p>1$ 时, $\sum_{n=1}^{\infty} \frac{1}{n^p} = \frac{1}{1^p} + \frac{1}{2^p} + \frac{1}{3^p} + \frac{1}{4^p} + \frac{1}{5^p} + \frac{1}{6^p} + \frac{1}{7^p} + \frac{1}{8^p} + \frac{1}{9^p} + \cdots$ 因为正项级数任意加、去括号都不改变其敛散性, 故我们将上述级数加括号, 变成级数

$$1 + \underbrace{\left(\frac{1}{2^p} + \frac{1}{3^p}\right)}_{2\text{项}} + \underbrace{\left(\frac{1}{4^p} + \frac{1}{5^p} + \frac{1}{6^p} + \frac{1}{7^p}\right)}_{4\text{项}} + \underbrace{\left(\frac{1}{8^p} + \frac{1}{9^p} + \cdots + \frac{1}{15^p}\right)}_{8\text{项}} + \cdots \quad (7\text{-}3)$$

它的各项均小于等于级数

$$1 + \left(\frac{1}{2^p} + \frac{1}{2^p}\right) + \left(\frac{1}{4^p} + \frac{1}{4^p} + \frac{1}{4^p} + \frac{1}{4^p}\right) + \left(\frac{1}{8^p} + \frac{1}{8^p} + \cdots + \frac{1}{8^p}\right) + \cdots \quad (7\text{-}4)$$

的对应项. 而级数(7-4)其实为

$$1+\frac{1}{2^{p-1}}+\frac{1}{4^{p-1}}+\frac{1}{8^{p-1}}+\cdots$$

是公比为 $\frac{1}{2^{p-1}}<1$ 的等比级数,故收敛.再由比较判别法知,级数(7-3)也收敛,从而 $\sum_{n=1}^{\infty}\frac{1}{n^p}$ 收敛.

综上所述,$\sum_{n=1}^{\infty}\frac{1}{n^p}\begin{cases}收敛,p>1;\\ 发散,p\leqslant 1.\end{cases}$

使用比较判别法判别级数的敛散性时,必须掌握一批已知敛散性的级数,以作为与之比较的标准.p 级数与等比级数就是我们常用的"标准"级数,因此,读者要牢记它们的敛散性.

例 2 判定 $\sum_{n=1}^{\infty}\frac{1}{n^n}$ 的敛散性.

解 当 $n>2$ 时,因为 $\frac{1}{n^n}<\frac{1}{2^n}$,而 $\sum_{n=1}^{\infty}\frac{1}{2^n}$ 是公比为 $\frac{1}{2}<1$ 的等比级数,故 $\sum_{n=1}^{\infty}\frac{1}{2^n}$ 收敛.由比较判别法的推论知,$\sum_{n=1}^{\infty}\frac{1}{n^n}$ 收敛.

例 3 判别 $\sum_{n=2}^{\infty}\frac{1}{n\sqrt{n^2-n}}$ 的敛散性.

解 由于 $n-1>\frac{n}{2}(n\geqslant 3)$,故

$$u_n=\frac{1}{n\sqrt{n^2-n}}=\frac{1}{n\sqrt{n(n-1)}}<\frac{1}{n\sqrt{n\cdot\frac{n}{2}}}=\frac{\sqrt{2}}{n^2},$$

而 $\sum_{n=1}^{\infty}\frac{1}{n^2}$ 为 $p>1$ 的 p 级数,故收敛.由比较判别法知 $\sum_{n=1}^{\infty}\frac{1}{n\sqrt{n^2-n}}$ 收敛.

在应用比较判别法判定所给级数 $\sum_{n=1}^{\infty}u_n$ 的敛散性时,通常要将级数的通项 u_n 进行适当放大(或缩小),以构造一个合适的对比级数,这有时比较困难,可用下述比较判别法的极限形式.

定理 7.3 (比较判别法的极限形式) 设 $\sum_{n=1}^{\infty}u_n,\sum_{n=1}^{\infty}v_n$ 都是正项级数,如果 $\lim_{n\to\infty}\frac{u_n}{v_n}=c$,则

(1) 当 $0<c<+\infty$ 时,$\sum_{n=1}^{\infty}u_n$ 与 $\sum_{n=1}^{\infty}v_n$ 有相同的敛散性;

(2) 当 $c=0$ 时,若 $\sum_{n=1}^{\infty}v_n$ 收敛,$\sum_{n=1}^{\infty}u_n$ 也收敛;

(3) 当 $c=+\infty$ 时,若 $\sum_{n=1}^{\infty}v_n$ 发散,$\sum_{n=1}^{\infty}u_n$ 也发散.

证 （1）因为 $\lim\limits_{n\to\infty}\dfrac{u_n}{v_n}=c$，且 $0<c<+\infty$，由极限定义，对 $\varepsilon=\dfrac{c}{2}>0$，存在正整数 N，当 $n>N$ 时，有

$$\left|\dfrac{u_n}{v_n}-c\right|<\dfrac{c}{2},$$

即 $\dfrac{c}{2}<\dfrac{u_n}{v_n}<\dfrac{3}{2}c,\dfrac{c}{2}v_n<u_n<\dfrac{3c}{2}v_n.$

由比较判别法知，$\sum\limits_{n=1}^{\infty}v_n$ 收敛时，$\sum\limits_{n=1}^{\infty}u_n$ 也收敛；$\sum\limits_{n=1}^{\infty}v_n$ 发散时，$\sum\limits_{n=1}^{\infty}u_n$ 也发散，即 $\sum\limits_{n=1}^{\infty}u_n$ 与 $\sum\limits_{n=1}^{\infty}v_n$ 有相同的敛散性.

（2）、（3）两条结论请读者自行证明.

由收敛的必要条件知，要 $\sum\limits_{n=1}^{\infty}u_n$ 收敛，必须 $u_n\to 0$. 但在 $u_n\to 0$ 的级数中，为什么有些收敛，有些发散呢？关键问题是 $u_n\to 0$ 的快慢有差别，趋于零较快的就收敛，趋于零较慢的，级数就可能发散. 这就是说，级数收敛与否，决定于 u_n 趋于零的阶. 定理 7.3 恰说明了这一点，它虽由定理 7.2 推得，但用起来很方便.

例 4 判定 $\sum\limits_{n=1}^{\infty}\sin\dfrac{1}{n}$ 的敛散性.

解 因 $\lim\limits_{n\to\infty}\dfrac{\sin\dfrac{1}{n}}{\dfrac{1}{n}}=1\neq 0$，而 $\sum\limits_{n=1}^{\infty}\dfrac{1}{n}$ 是发散的，由定理 7.3 知，$\sum\limits_{n=1}^{\infty}\sin\dfrac{1}{n}$ 也发散.

例 5 判定 $\sum\limits_{n=2}^{\infty}\dfrac{1}{\sqrt{n}}\ln\left(\dfrac{n+1}{n-1}\right)$ 的敛散性.

解 由于 $\lim\limits_{n\to\infty}\dfrac{\dfrac{1}{\sqrt{n}}\ln\left(\dfrac{n+1}{n-1}\right)}{\dfrac{1}{n\sqrt{n}}}=\lim\limits_{n\to\infty}\ln\left(\dfrac{n+1}{n-1}\right)^n=\lim\limits_{n\to\infty}\ln\left(1+\dfrac{2}{n-1}\right)^n=2\neq 0,$

而 $\sum\limits_{n=1}^{\infty}\dfrac{1}{n\sqrt{n}}$ 收敛，故 $\sum\limits_{n=2}^{\infty}\dfrac{1}{\sqrt{n}}\ln\left(\dfrac{n+1}{n-1}\right)$ 也收敛.

例 3 用比较判别法的极限形式计算更为简单（读者不妨试一下）.

定理 7.4（达朗贝尔比值判别法） 设 $\sum\limits_{n=1}^{\infty}u_n$ 是正项级数，若 $\lim\limits_{n\to\infty}\dfrac{u_{n+1}}{u_n}=l$，则

（1）当 $l<1$ 时，$\sum\limits_{n=1}^{\infty}u_n$ 收敛；

（2）当 $l>1$ 或 $l=+\infty$ 时，$\sum\limits_{n=1}^{\infty}u_n$ 发散；

（3）当 $l=1$ 时，此法失效.

证 （1）$l<1$ 时，由于 $\lim\limits_{n\to\infty}\dfrac{u_{n+1}}{u_n}=l$，故对 $\varepsilon=\dfrac{1-l}{2}>0$，存在正整数 N，当 $n\geq N$ 时，

有
$$\frac{u_{n+1}}{u_n} < l + \frac{1-l}{2} = \frac{1+l}{2} = q < 1,$$
从而
$$u_{N+1} < qu_N,$$
$$u_{N+2} < qu_{N+1} < q^2 u_N,$$
$$\cdots\cdots$$
$$u_n < q^{n-N} u_N.$$

由于 $qu_N + q^2 u_N + \cdots + q^{n-N} u_N + \cdots$ 是公比为 $q(|q|<1)$ 的等比级数，故它是收敛的.
由比较判别法知，$u_{N+1} + u_{N+2} + \cdots + u_n + \cdots$ 也收敛.

再由级数的性质 3，$\sum\limits_{n=1}^{\infty} u_n$ 也收敛.

(2) $l > 1$ 时，由于 $\lim\limits_{n\to\infty} \dfrac{u_{n+1}}{u_n} = l$，故对 $\varepsilon = \dfrac{l-1}{2} > 0$，存在正整数 N，当 $n \geqslant N$ 时，有
$$\frac{u_{n+1}}{u_n} > l - \varepsilon = \frac{l+1}{2} = q > 1,$$

即 $\dfrac{u_{n+1}}{u_n} > 1$，故 $u_{n+1} > u_n$. 因此，$u_N, u_{N+1}, \cdots, u_n, \cdots$ 是单调递增数列，故 $\lim\limits_{n\to\infty} u_n \neq 0$，由性质 5，$\sum\limits_{n=1}^{\infty} u_n$ 发散.

当 $l = +\infty$ 的情形，请读者自行证明.

(3) 当 $l = 1$ 时，$\sum\limits_{n=1}^{\infty} u_n$ 可能收敛，也可能发散.

例如，$\sum\limits_{n=1}^{\infty} \dfrac{1}{n}$ 发散，而 $\lim\limits_{n\to\infty} \dfrac{u_{n+1}}{u_n} = 1$；$\sum\limits_{n=1}^{\infty} \dfrac{1}{n^2}$ 收敛，而 $\lim\limits_{n\to\infty} \dfrac{u_{n+1}}{u_n} = 1$.

例 6 判定 $\sum\limits_{n=1}^{\infty} \dfrac{(n+1)!}{n^n}$ 的敛散性.

解
$$u_n = \frac{(n+1)!}{n^n}.$$

$$\lim_{n\to\infty} \frac{u_{n+1}}{u_n} = \lim_{n\to\infty} \frac{\dfrac{(n+2)!}{(n+1)^{n+1}}}{\dfrac{(n+1)!}{n^n}} = \lim_{n\to\infty} \frac{n+2}{n+1} \left(\frac{n}{n+1}\right)^n$$
$$= \lim_{n\to\infty} \left(\frac{1}{1+\dfrac{1}{n}}\right)^n = \frac{1}{e} < 1.$$

由比值判别法得级数收敛.

例 7 判定 $\sum\limits_{n=1}^{\infty} 3^n \sin \dfrac{n}{4^n}$ 的敛散性.

解 由于
$$\sin \frac{n}{4^n} < \frac{n}{4^n},$$
故
$$3^n \sin \frac{n}{4^n} < \frac{3^n n}{4^n}.$$

又因为
$$\lim_{n\to\infty}\frac{\frac{3^{n+1}(n+1)}{4^{n+1}}}{\frac{3^n n}{4^n}}=\lim_{n\to\infty}\frac{3}{4}\cdot\frac{n+1}{n}=\frac{3}{4}<1,$$

从而 $\sum_{n=1}^{\infty}\frac{3^n n}{4^n}$ 收敛.

由比较判别法知,$\sum 3^n\sin\frac{n}{4^n}$ 也收敛.

定理 7.5 （柯西根值判别法） 设 $\sum_{n=1}^{\infty}u_n$ 是正项级数,若 $\lim_{n\to\infty}\sqrt[n]{u_n}=l$,则

(1) 当 $l<1$ 时,$\sum_{n=1}^{\infty}u_n$ 收敛;

(2) 当 $l>1$ 或 $l=+\infty$ 时,$\sum_{n=1}^{\infty}u_n$ 发散;

(3) 当 $l=1$ 时,此法失效.

证法类似于定理 7.4,请读者完成.

例 8 判断级数 $\sum_{n=1}^{\infty}(\frac{n}{3n+2})^n$ 的敛散性.

解
$$u_n=(\frac{n}{3n+2})^n,$$

由于
$$\lim_{n\to\infty}\sqrt[n]{u_n}=\lim_{n\to\infty}\frac{n}{3n+2}=\frac{1}{3}<1,$$

故由根值判别法,$\sum_{n=1}^{\infty}(\frac{n}{3n+2})^n$ 收敛.

上面我们介绍了正项级数敛散性的一系列判别法.正项级数敛散性的判别一般遵循以下思路:先看其是否是特殊级数(等比级数或 p 级数);再看是否满足 $\lim_{n\to\infty}u_n=0$,若不满足则该级数发散,若满足则试用比值判别法或根值判别法(当 u_n 形如 $[f(n)]^n$ 形式时用此法);若比值或根值法失效,则用比较法的极限形式或比较法;若还不能确定,考察部分和数列是否有界;再不行,只好用定义判别了.

§7.3 任意项级数敛散性的判别

一般项可正可负的级数,称为任意项级数,我们先讨论一种特殊的任意项级数——交错级数的判敛方法.

一、交错级数的判敛法

定义 7.5 形如 $\sum_{n=1}^{\infty}(-1)^{n-1}u_n = u_1 - u_2 + u_3 - \cdots$ 其中 $u_n > 0 (n=1,2,\cdots)$ 的级数，称为交错级数．

例如，$\sum_{n=1}^{\infty}(-1)^{n-1}\frac{1}{n}$，$\sum_{n=1}^{\infty}(-1)^{n-1}\frac{1}{2^n}$ 都是交错级数．对于交错级数，有如下的判别法．

定理 7.6（莱布尼兹判别法） 若交错级数 $\sum_{n=1}^{\infty}(-1)^{n-1}u_n$ 满足如下条件

(1) $u_n \geqslant u_{n+1}(n=1,2,\cdots)$；

(2) $\lim_{n\to\infty}u_n = 0$，

则 $\sum_{n=1}^{\infty}(-1)^{n-1}u_n$ 收敛．

证 设级数的部分和为 S_n，于是
$$S_{2n} = u_1 - u_2 + u_3 - u_4 + \cdots + u_{2n-1} - u_{2n}$$
$$= (u_1 - u_2) + (u_3 - u_4) + \cdots + (u_{2n-1} - u_{2n}),$$
又 $$S_{2n} = u_1 - (u_2 - u_3) - \cdots - (u_{2n-2} - u_{2n-1}) - u_{2n},$$
由于 $u_n \geqslant u_{n+1}$，故上两式中括号部分及 u_{2n} 都非负，所以
$$0 \leqslant S_{2n-2} \leqslant S_{2n} \leqslant u_1.$$
故 $\{S_{2n}\}$ 单调有界，因此 $\lim_{n\to\infty}S_{2n}$ 存在设为 S，又 $\lim_{n\to\infty}u_n = 0$，故
$$\lim_{n\to\infty}S_{2n+1} = \lim_{n\to\infty}(S_{2n} + u_{2n+1}) = \lim_{n\to\infty}S_{2n} = S,$$
所以 $$\lim_{n\to\infty}S_n = S,$$
因而 $\sum_{n=1}^{\infty}(-1)^{n-1}u_n$ 收敛于 S，且 $S \leqslant u_1$．

如果以 S_n 作为 S 的近似值，则误差 $|R_n| \leqslant u_{n+1}$，这是因为
$$|R_n| = u_{n+1} - u_{n+2} + \cdots$$
也是一个交错级数，且满足莱布尼兹定理，所以其和也小于等于第一项 u_{n+1}．

例 1 判定交错级数 $\sum_{n=1}^{\infty}(-1)^{n-1}\frac{1}{n}$ 的敛散性．

解 由于 $u_n = \frac{1}{n}$，故 $u_{n+1} < u_n$，且 $\lim_{n\to\infty}u_n = 0$，因此 $\sum_{n=1}^{\infty}(-1)^{n-1}\frac{1}{n}$ 收敛．

注 (1) 使用莱布尼兹定理时，如果条件 $u_n \geqslant u_{n+1}$ 不易判定，可用下述方法：设 $f(x) = u_x$，求出 $f'(x)$，判定 $f'(x) \leqslant 0$．

例 2 判定 $\sum_{n=1}^{\infty}(-1)^{n-1}\frac{\ln n}{n+1}$ 的敛散性．

解 该级数为交错级数，且 $u_n = \frac{\ln n}{n+1}$．

令 $$f(x) = u_x = \frac{\ln x}{x+1}(x \geqslant 1),$$

则 $$f'(x) = \frac{1 - \ln x + \frac{1}{x}}{(x+1)^2} < 0(当 x \geqslant 8 时),$$

故 $x \geqslant 8$ 时,$f(x)$ 单调递减,所以 $n \geqslant 8$ 时,$u_n \geqslant u_{n+1}$.

又 $$\lim_{n \to \infty} u_n = \lim_{x \to +\infty} \frac{\ln x}{x+1} = \lim_{x \to +\infty} \frac{1}{x} = 0,$$

故 $\sum_{n=8}^{\infty} (-1)^{n-1} u_n$ 收敛.

因而 $\sum_{n=1}^{\infty} (-1)^{n-1} u_n$ 收敛.

(2) 莱布尼兹定理的逆命题不成立,即由 $\sum_{n=1}^{\infty} (-1)^{n-1} u_n$ 收敛,不一定有 $u_n \geqslant u_{n+1}$. 例如,$\sum_{n=1}^{\infty} (-1)^{n-1} \frac{2 + (-1)^n}{n^2}$ 是收敛的(读者考虑为什么),但不恒有 $u_n \geqslant u_{n+1}$.

二、绝对收敛与条件收敛

定义 7.6 对于级数 $\sum_{n=1}^{\infty} u_n$,若 $\sum_{n=1}^{\infty} |u_n|$ 收敛,则称 $\sum_{n=1}^{\infty} u_n$ 为绝对收敛;若 $\sum_{n=1}^{\infty} |u_n|$ 发散,但 $\sum_{n=1}^{\infty} u_n$ 收敛,则称 $\sum_{n=1}^{\infty} u_n$ 为条件收敛.

例如,$\sum_{n=1}^{\infty} (-1)^{n-1} \frac{1}{n^2}$ 是绝对收敛的,$\sum_{n=1}^{\infty} (-1)^{n-1} \frac{1}{n}$ 是条件收敛的.

定理 7.7 若 $\sum_{n=1}^{\infty} u_n$ 绝对收敛,则 $\sum_{n=1}^{\infty} u_n$ 一定收敛.

证 令 $W_n = \begin{cases} u_n & 当 u_n > 0, \\ 0 & 当 u_n \leqslant 0; \end{cases}$ $V_n = \begin{cases} -u_n & 当 u_n < 0, \\ 0 & 当 u_n \geqslant 0. \end{cases}$

则 $\sum_{n=1}^{\infty} W_n$ 与 $\sum_{n=1}^{\infty} V_n$ 都是正项级数.

又 $$W_n \leqslant |u_n|, V_n \leqslant |u_n|,$$

而 $\sum_{n=1}^{\infty} |u_n|$ 收敛,由正项级数的比较判别法知,$\sum_{n=1}^{\infty} W_n$ 与 $\sum_{n=1}^{\infty} V_n$ 都收敛. 又因为 $u_n = W_n - V_n$,故 $\sum_{n=1}^{\infty} u_n$ 也收敛.

注 (1) 该定理说明,通过判别正项级数的敛散性,可以判别某些任意项级数的敛散性.

(2) 该定理的否命题不一定成立,即由 $\sum_{n=1}^{\infty} |u_n|$ 发散,不一定有 $\sum_{n=1}^{\infty} u_n$ 发散,比如

$\sum_{n=1}^{\infty}(-1)^{n-1}\frac{1}{n}$. 但如果由比值法或根值法判出 $\sum_{n=1}^{\infty}|u_n|$ 发散,那么 $\sum_{n=1}^{\infty}u_n$ 一定发散. 有如下定理:

定理 7.8 如果任意项级数 $\sum_{n=1}^{\infty}u_n$ 满足

$$\lim_{n\to\infty}\frac{|u_{n+1}|}{|u_n|}=l \text{ 或 } \lim_{n\to\infty}\sqrt[n]{|u_n|}=l,$$

且 $l>1$ 或 $l=+\infty$,则 $\sum_{n=1}^{\infty}u_n$ 发散.

证 当 $l>1$ 时,取 $\varepsilon=\frac{l-1}{2}$,则存在 N,当 $n>N$ 时,

$$\frac{|u_{n+1}|}{|u_n|}>l-\varepsilon=\frac{l+1}{2}=q>1 \text{ 或 } \sqrt[n]{|u_n|}>q>1,$$

故有
$$|u_n|>|u_N|q^{n-N} \text{ 或 } |u_n|>q^n.$$

由于 $q>1$,因此 $n\to\infty$ 时,u_n 不可能趋于 0,所以 $\sum_{n=1}^{\infty}u_n$ 发散.

$l=+\infty$ 的情形留给读者证明.

例 3 判定下列级数的敛散性. 若收敛,是条件收敛还是绝对收敛?

(1) $\sum_{n=1}^{\infty}\frac{\cos n^2}{2^n}$; (2) $\sum_{n=1}^{\infty}(-1)^{n-1}\frac{n!}{5^n}$; (3) $\sum_{n=1}^{\infty}\frac{(-1)^{n-1}}{n-\ln n}$; (4) $\sum_{n=1}^{\infty}\frac{x^n}{\sqrt{n}}$.

解 (1) 由于 $\left|\frac{\cos n^2}{2^n}\right|\leqslant\frac{1}{2^n}$,而 $\sum_{n=1}^{\infty}\frac{1}{2^n}$ 收敛,由比较判别法,$\sum_{n=1}^{\infty}\left|\frac{\cos n^2}{2^n}\right|$ 收敛. 因此原级数绝对收敛.

(2) 先考察 $\sum_{n=1}^{\infty}\frac{n!}{5^n}$ 的敛散性.

由于
$$\lim_{n\to\infty}\frac{\frac{(n+1)!}{5^{n+1}}}{\frac{n!}{5^n}}=\lim_{n\to\infty}\frac{n+1}{5}=+\infty,$$

故 $\sum_{n=1}^{\infty}\frac{n!}{5^n}$ 发散. 由定理 7.8 知,$\sum_{n=1}^{\infty}(-1)^{n-1}\frac{n!}{5^n}$ 发散.

(3) 先考察 $\sum_{n=1}^{\infty}\frac{1}{n-\ln n}$ 的敛散性.

由于 $\frac{1}{n-\ln n}>\frac{1}{n}(n>1)$,由比较判别法,$\sum_{n=1}^{\infty}\frac{1}{n-\ln n}$ 发散.

对于交错级数
$$\sum_{n=1}^{\infty}(-1)^{n-1}\frac{1}{n-\ln n},$$

令
$$f(x)=\frac{1}{x-\ln x},$$

有
$$f'(x)=\frac{(1-\frac{1}{x})}{(x-\ln x)^2}<0(x>1),$$

故 $f(x)$ 单调递减. 因此

$$u_{n+1} = \frac{1}{n+1-\ln(n+1)} < u_n = \frac{1}{n-\ln n}.$$

显然

$$\lim_{n\to\infty} \frac{1}{n-\ln n} = 0,$$

由莱布尼兹判别法, $\sum_{n=1}^{\infty} (-1)^{n-1} \frac{1}{n-\ln n}$ 收敛.

综上所述, $\sum_{n=1}^{\infty} (-1)^{n-1} \frac{1}{n-\ln n}$ 条件收敛.

(4) 对于 $\sum_{n=1}^{\infty} \frac{|x|^n}{\sqrt{n}}$, $\lim_{n\to\infty} \frac{\frac{|x|^{n+1}}{\sqrt{n+1}}}{\frac{|x|^n}{\sqrt{n}}} = |x|$.

当 $|x| < 1$ 即 $x \in (-1,1)$ 时, 级数绝对收敛;

当 $|x| > 1$ 即 $x \in (-\infty, -1) \cup (1, +\infty)$ 时, 原级数发散.

当 $x = 1$ 时, 原级数为 $\sum_{n=1}^{\infty} \frac{1}{\sqrt{n}}$ 发散;

当 $x = -1$ 时, 原级数为 $\sum_{n=1}^{\infty} \frac{(-1)^n}{\sqrt{n}}$, 条件收敛.

判定任意项级数 $\sum_{n=1}^{\infty} u_n$ 敛散性的思路为: 先看是否有 $u_n \to 0$, 若 $u_n \to 0$ 用正项级数判别法判定 $\sum_{n=1}^{\infty} |u_n|$ 是否收敛, 若收敛, 则 $\sum_{n=1}^{\infty} u_n$ 绝对收敛, 若 $\sum_{n=1}^{\infty} |u_n|$ 发散, 且使用的是比值或根值判别法, 则 $\sum_{n=1}^{\infty} u_n$ 发散; 否则, 再利用其他方法 (比如是交错级数时, 可用莱布尼兹判别法) 判定 $\sum_{n=1}^{\infty} u_n$ 是否收敛, 若收敛则 $\sum_{n=1}^{\infty} u_n$ 是条件收敛.

§7.4 幂 级 数

一、函数项级数的概念

设 $u_n(x)(n=1,2,\cdots)$ 是定义在某区间上的函数, 则称

$$\sum_{n=1}^{\infty} u_n(x) = u_1(x) + u_2(x) + \cdots + u_n(x) + \cdots$$

为函数项级数, 并称

$$S_n(x) = \sum_{k=1}^{n} u_k(x)$$

为该级数的 n 次部分和.

例如,$\sum_{n=1}^{\infty} x^{n-1} = 1 + x + x^2 + \cdots + x^{n-1} + \cdots$ 就是定义在 **R** 上的函数项级数,其 n 次部分和为

$$S_n(x) = 1 + x + x^2 + \cdots + x^{n-1}.$$

又如,$\sum_{n=1}^{\infty} \dfrac{e^{nx}}{nx+1}$ 也是一个函数项级数.

如果对于某一 x_0,数项级数

$$\sum_{n=1}^{\infty} u_n(x_0) = u_1(x_0) + u_2(x_0) + \cdots + u_n(x_0) + \cdots$$

收敛,则称 $\sum_{n=1}^{\infty} u_n(x)$ 在点 x_0 收敛,x_0 叫 $\sum_{n=1}^{\infty} u_n(x)$ 的收敛点;否则,x_0 叫发散点. 函数项级数 $\sum_{n=1}^{\infty} u_n(x)$ 的所有收敛点组成的集合 E,称为该函数项级数的收敛域;所有发散点组成的集合称为发散域.

对于收敛域中的每一点 $x \in E$,级数 $\sum_{n=1}^{\infty} u_n(x)$ 都有唯一的和,记此和为 $S(x)$,它是 E 上的一个函数,称为 $\sum_{n=1}^{\infty} u_n(x)$ 的和函数,且 $S(x) = \lim\limits_{n \to \infty} S_n(x)$.

如 $1 + x + x^2 + \cdots + x^{n-1} + \cdots$ 中,当 $|x| < 1$ 时,级数收敛,当 $|x| \geq 1$ 时,级数发散. 故收敛域为 $(-1, 1)$,发散域为 $(-\infty, -1] \cup [1, +\infty)$,且在收敛域内和函数为

$$S(x) = \lim_{n \to \infty} S_n(x) = \lim_{n \to \infty} \frac{1-x^n}{1-x} = \frac{1}{1-x} (-1 < x < 1).$$

二、幂级数及其收敛区间、收敛域

形如

$$\sum_{n=0}^{\infty} a_n (x - x_0)^n = a_0 + a_1(x - x_0) + a_2(x - x_0)^2 + \cdots \tag{7-5}$$

的函数项级数称为幂级数,其中 $a_n (n = 0, 1, 2, \cdots)$ 及 x_0 都是常数,称 a_n 为幂级数的系数. 幂级数的部分和是多项式,是一种较简单的函数项级数,因而具有一些特殊的性质. 特别地,当 $x_0 = 0$ 时,幂级数

$$\sum_{n=0}^{\infty} a_n x^n = a_0 + a_1 x + a_2 x^2 + \cdots + a_n x^n + \cdots \tag{7-6}$$

更为简单,因此,我们重点讨论这种形式的幂级数,而只要令

$$x - x_0 = t,$$

幂级数(7-5)就可变为幂级数(7-6).

首先研究幂级数(7-6)的收敛域.显然,任意的幂级数(7-6)都在 $x=0$ 收敛.除此之外,它还在哪些点收敛?

定理 7.9 （阿贝尔定理） 如果幂级数 $\sum_{n=0}^{\infty} a_n x^n$ 在 $x_0 \neq 0$ 处收敛,则在 $|x|<|x_0|$ 的一切点 x 处都绝对收敛;如果 $\sum_{n=0}^{\infty} a_n x^n$ 在点 x_1 处发散,则在 $|x|>|x_1|$ 的一切点 x 处都发散.

证 设 $\sum_{n=0}^{\infty} a_n x_0^n$ 收敛,则 $\lim_{n\to\infty} a_n x_0^n = 0$,因而数列 $\{a_n x_0^n\}$ 有界,故存在 $M>0$,使得
$$|a_n x_0^n| < M \quad (n=0,1,2,\cdots).$$

设 x 满足 $|x|<|x_0|$,则 $\left|\dfrac{x}{x_0}\right|<1$,于是有
$$|a_n x^n| = \left|a_n x_0^n \left(\frac{x}{x_0}\right)^n\right| = |a_n x_0^n| \cdot \left|\frac{x}{x_0}\right|^n < M \left|\frac{x}{x_0}\right|^n,$$

而 $\sum_{n=0}^{\infty} \left|\dfrac{x}{x_0}\right|^n$ 是公比小于1的等比级数,故 $\sum_{n=0}^{\infty} |a_n x^n|$ 收敛,即当 $|x|<|x_0|$ 时,$\sum_{n=0}^{\infty} a_n x^n$ 绝对收敛.

设 $\sum_{n=0}^{\infty} a_n x^n$ 在 $x=x_1$ 时发散,则对任意满足 $|x|>|x_1|$ 的 x,$\sum_{n=0}^{\infty} a_n x^n$ 都发散;否则,若存在 x_2,满足 $|x_2|>|x_1|$,使 $\sum_{n=0}^{\infty} a_n x_2^n$ 收敛,由定理前半部分知 $\sum_{n=0}^{\infty} a_n x_1^n$ 也收敛,矛盾.

由阿贝尔定理知,幂级数 $\sum_{n=0}^{\infty} a_n x^n$ 的收敛域是以原点为中心的区间.若记该区间长度为 $2R$,则称 R 为幂级数 $\sum_{n=0}^{\infty} a_n x^n$ 的收敛半径.

当 $R=0$ 时,$\sum_{n=0}^{\infty} a_n x^n$ 仅在 $x=0$ 收敛;

当 $R=+\infty$ 时,$\sum_{n=0}^{\infty} a_n x^n$ 在 $(-\infty, +\infty)$ 上绝对收敛;

当 $0<R<+\infty$ 时,$\sum_{n=0}^{\infty} a_n x^n$ 在 $(-R,R)$ 上绝对收敛,在 $x=\pm R$ 处可能收敛也可能发散.

$(-R,R)$ 称为 $\sum_{n=0}^{\infty} a_n x^n$ 的收敛区间,收敛域为收敛区间与其收敛端点的并集.

关于 R 的求法,有下面的定理:

定理 7.10 对于 $\sum_{n=0}^{\infty} a_n x^n$,如果 $\lim_{n\to\infty} \left|\dfrac{a_{n+1}}{a_n}\right| = \rho$,则

(1) 当 $0<\rho<+\infty$ 时,$R = \dfrac{1}{\rho}$;

(2) 当 $\rho = 0$ 时,$R = +\infty$;

(3) 当 $\rho = +\infty$ 时,$R = 0$.

证 由于

$$\lim_{n\to\infty}\left|\frac{a_{n+1}x^{n+1}}{a_n x^n}\right| = |x|\lim_{n\to\infty}\left|\frac{a_{n+1}}{a_n}\right| = |x|\rho,$$

(1) 若 $0 < \rho < +\infty$,由比值判别法,当 $|x|\rho < 1$,即当 $|x| < \dfrac{1}{\rho}$ 时,级数绝对收敛;当 $|x| > \dfrac{1}{\rho}$ 时,级数发散.故 $\sum\limits_{n=0}^{\infty}a_n x^n$ 的收敛半径 $R = \dfrac{1}{\rho}$.

(2) 若 $\rho = 0$,$\lim\limits_{n\to\infty}\left|\dfrac{a_{n+1}x^{n+1}}{a_n x_n}\right| = 0 < 1$,对 $x \in (-\infty, +\infty)$,$\sum\limits_{n=0}^{\infty}a_n x^n$ 都绝对收敛.因而幂级数的收敛半径 $R = +\infty$.

(3) 若 $\rho = +\infty$,当 $x \neq 0$ 时,$\lim\limits_{n\to\infty}\left|\dfrac{a_{n+1}x^{n+1}}{a_n x^n}\right| = +\infty$,因此,$x \neq 0$ 时,恒有 $\sum\limits_{n=0}^{\infty}a_n x^n$ 发散,即幂级数 $\sum\limits_{n=0}^{\infty}a_n x^n$ 的收敛半径为 $R = 0$.

例 1 求 $\sum\limits_{n=1}^{\infty}\dfrac{3^n}{n}x^n$ 的收敛半径、收敛区间及收敛域.

解 幂级数的系数 $a_n = \dfrac{3^n}{n}$,

$$\lim_{n\to\infty}\left|\frac{a_{n+1}}{a_n}\right| = \lim_{n\to\infty}\frac{\dfrac{3^{n+1}}{n+1}}{\dfrac{3^n}{n}} = 3,$$

所以收敛半径 $R = \dfrac{1}{3}$,收敛区间为 $\left(-\dfrac{1}{3}, \dfrac{1}{3}\right)$.

当 $x = \dfrac{1}{3}$ 时,原级数化为 $\sum\limits_{n=1}^{\infty}\dfrac{1}{n}$,发散;

当 $x = -\dfrac{1}{3}$ 时,原级数化为 $\sum\limits_{n=1}^{\infty}\dfrac{(-1)^n}{n}$,条件收敛.

所以,幂级数 $\sum\limits_{n=1}^{\infty}\dfrac{3^n}{n}x^n$ 的收敛域为 $\left[-\dfrac{1}{3}, \dfrac{1}{3}\right)$

例 2 求 $\sum\limits_{n=1}^{\infty}(-1)^n\dfrac{x^{2n}}{n^3}$ 的收敛域.

解 该级数有缺项(缺 x 的奇数次幂),$\dfrac{a_n}{a_{n+1}}$ 无意义,故不能直接应用定理 7.10 求收敛半径.

方法一 用与定理 7.10 的证明类似的思想求收敛域.

$$\lim_{n\to\infty}\left|\frac{(-1)^{n+1}\dfrac{x^{2(n+1)}}{(n+1)^3}}{(-1)^n\dfrac{x^{2n}}{n^3}}\right| = |x|^2 \lim_{n\to\infty}\left(\frac{n}{n+1}\right)^3 = |x|^2.$$

由比值判别法知,当$|x|^2<1$,即$-1<x<1$时,级数收敛;当$|x|^2>1$,即$x>1$或$x<-1$时,级数发散.故收敛半径$R=1$.

当$x=\pm 1$时,原级数化为$\sum_{n=1}^{\infty}(-1)^n\dfrac{1}{n^3}$,收敛,因此收敛域为$[-1,1]$.

方法二 变量替换法.

设$t=x^2$,则原级数变为$\sum_{n=1}^{\infty}(-1)^n\dfrac{t^n}{n^3}$,该级数的系数为

$$a_n=\dfrac{(-1)^n}{n^3},$$

$$\lim_{n\to\infty}\left|\dfrac{a_{n+1}}{a_n}\right|=\lim_{n\to\infty}\left|\dfrac{\frac{(-1)^{n+1}}{(n+1)^3}}{\frac{(-1)^n}{n^3}}\right|=1.$$

所以,$\sum_{n=1}^{\infty}(-1)^n\dfrac{t^n}{n^3}$在$-1<t<1$时收敛,在$t>1$或$t<-1$时发散.从而,$\sum_{n=1}^{\infty}(-1)^n\dfrac{x^{2n}}{n^3}$在$-1<x^2<1$,即$-1<x<1$时收敛,因此$\sum_{n=1}^{\infty}(-1)^n\dfrac{x^{2n}}{n^3}$的收敛半径为1.

当$x=\pm 1$时,级数化为$\sum_{n=1}^{\infty}(-1)^n\dfrac{1}{n^3}$,收敛.

因此,原级数的收敛域为$[-1,1]$.

例3 求幂级数$\sum_{n=1}^{\infty}\dfrac{(x-3)^n}{n2^n}$的收敛域.

解 令$t=x-3$,先求$\sum_{n=1}^{\infty}\dfrac{t^n}{n2^n}$的收敛域.

因为

$$\lim_{n\to\infty}\dfrac{\frac{1}{(n+1)2^{n+1}}}{\frac{1}{n2^n}}=\dfrac{1}{2},$$

所以$R=2$.当$t=2$时,$\sum_{n=1}^{\infty}\dfrac{1}{n}$发散;当$t=-2$时,$\sum_{n=1}^{\infty}(-1)^n\dfrac{1}{n}$收敛,因此,$\sum_{n=1}^{\infty}\dfrac{t^n}{n2^n}$的收敛域为$[-2,2)$,即$-2\leqslant x-3<2$,所以$1\leqslant x<5$.因此,$\sum_{n=1}^{\infty}\dfrac{(x-3)^n}{n2^n}$的收敛域为$[1,5)$.

三、幂级数的性质

下面给出幂级数的三条重要性质,其证明省略.设

$$\sum_{n=0}^{\infty}a_nx^n=a_0+a_1x+a_2x^2+\cdots+a_nx^n+\cdots \tag{7-7}$$

的收敛半径$R>0$.

性质 1 （和函数的连续性） 幂级数(7-7)的和函数
$$S(x) = a_0 + a_1 x + \cdots + a_n x^n + \cdots$$
必在$(-R, R)$内连续，如果级数(7-7)在$x = R$(或$-R$)处也收敛，则$S(x)$在$x = R$(或$-R$)左连续(或右连续).

性质 2 （逐项可导性） 幂级数(7-7)的和函数$S(x)$在$(-R, R)$内可导，且
$$\begin{aligned} S'(x) &= \sum_{n=0}^{\infty} (a_n x^n)' \\ &= a_1 + 2a_2 x + 3a_3 x^2 + \cdots + na_n x^{n-1} + \cdots \\ &= \sum_{n=1}^{\infty} na_n x^{n-1}, x \in (-R, R). \end{aligned}$$

其中，$\sum_{n=1}^{\infty} na_n x^{n-1}$的收敛半径也为$R$.

性质 3 （逐项可积性） 幂级数(7-7)的和函数$S(x)$在$(-R, R)$内可积，且
$$\begin{aligned} \int_0^x S(x) \mathrm{d}x &= \sum_{n=0}^{\infty} \int_0^x a_n x^n \mathrm{d}x \\ &= a_0 x + \frac{1}{2} a_1 x^2 + \frac{1}{3} a_2 x^3 + \cdots \\ &= \sum_{n=0}^{\infty} \frac{a_n}{n+1} x^{n+1}, x \in (-R, R). \end{aligned}$$

其中，$\sum_{n=0}^{\infty} \frac{a_n}{n+1} x^{n+1}$的收敛半径也是$R$.

注 逐项求导、逐项积分后的幂级数与(7-7)的收敛区间都是$(-R, R)$，但在$x = \pm R$处的敛散性可能与(7-7)在$x = \pm R$处的敛散性有所不同.

性质2、性质3常用来求幂级数的和函数.

例 4 求幂级数$\sum_{n=1}^{\infty} nx^{n+1}$的和函数.

解 令$S(x) = \sum_{n=1}^{\infty} nx^{n-1}$，则
$$\int_0^x S(x) \mathrm{d}x = \sum_{n=1}^{\infty} \int_0^x nx^{n-1} \mathrm{d}x = \sum_{n=1}^{\infty} x^n = \frac{x}{1-x}, |x| < 1.,$$
即
$$\int_0^x S(x) \mathrm{d}x = \frac{x}{1-x}, |x| < 1,$$
两边求导
$$S(x) = \left(\frac{x}{1-x}\right)' = \frac{1}{(1-x)^2}, |x| < 1,$$
故
$$\sum_{n=1}^{\infty} nx^{n+1} = x^2 S(x) = \frac{x^2}{(1-x)^2}.$$

$x = \pm 1$时，$\sum_{n=1}^{\infty} nx^{n+1}$均发散，因此$x \in (-1, 1)$.

例 5 求幂级数$\sum_{n=1}^{\infty} (-1)^{n-1} \frac{x^{2n+1}}{2n+1}$的和函数以及级数$\sum_{n=1}^{\infty} (-1)^{n-1} \frac{1}{3^n(2n+1)}$的和.

解 令 $S(x) = \sum_{n=1}^{\infty} (-1)^{n-1} \dfrac{x^{2n+1}}{2n+1}$,

两边求导得 $S'(x) = \sum_{n=1}^{\infty} (-1)^{n-1} x^{2n}$

$$= \frac{x^2}{1-(-x^2)} = \frac{x^2}{1+x^2}, \text{且} |-x^2| < 1, \text{即} |x| < 1,$$

上式两边积分得

$$S(x) = \int_0^x \frac{x^2}{1+x^2} dx = \int_0^x \left(1 - \frac{1}{1+x^2}\right) dx$$
$$= x - \arctan x, \ |x| < 1,$$

即

$$\sum_{n=1}^{\infty} (-1)^{n-1} \frac{x^{2n+1}}{2n+1} = x - \arctan x, \ |x| < 1.$$

当 $x = \pm 1$ 时,$\sum_{n=1}^{\infty} (-1)^{n-1} \dfrac{x^{2n+1}}{2n+1}$ 都收敛.所以

$$\sum_{n=1}^{\infty} (-1)^{n-1} \frac{x^{2n+1}}{2n+1} = x - \arctan x, \ |x| \leqslant 1,$$

$$\sum_{n=1}^{\infty} (-1)^{n-1} \frac{1}{3^n (2n+1)} = \sum_{n=1}^{\infty} (-1)^{n-1} \frac{\sqrt{3}}{(\sqrt{3})^{2n+1}(2n+1)}$$
$$= \sqrt{3} S\left(\frac{1}{\sqrt{3}}\right) = 1 - \frac{\sqrt{3}}{6}\pi.$$

§7.5 函数的幂级数展开

上一节我们看到,某些幂级数在收敛域内和函数是一个初等函数.本节将讨论相反的问题,即给出一个初等函数 $f(x)$,它能否表示成一个幂级数?这是一个很重要的问题,因为幂级数的部分和是一个多项式,从计算角度来看,多项式的值比较容易计算;从理论角度来看,多项式是最简单的函数.这样,较复杂的函数就可以近似地用最简单的多项式来表示,从而便于研究函数的性质.

一、泰勒公式

定理 7.11 (泰勒中值定理) 若 $f(x)$ 在 x_0 的某邻域内有直到 $n+1$ 阶的连续导数,则对该邻域中任一点 x,都有

$$f(x) = f(x_0) + f'(x_0)(x - x_0) + \frac{f''(x_0)}{2!}(x-x_0)^2 + \cdots + \frac{f^{(n)}(x_0)}{n!}(x-x_0)^n$$
$$+ R_n(x), \tag{7-8}$$

其中,$R_n(x) = \dfrac{f^{(n+1)}(\xi)}{(n+1)!}(x-x_0)^{n+1}$ (ξ 介于 x_0 与 x 之间).

证 设
$$f(x) - \left[f(x_0) + f'(x_0)(x-x_0) + \frac{f''(x_0)}{2!}(x-x_0)^2 + \cdots + \frac{f^{(n)}(x_0)}{n!}(x-x_0)^n\right]$$
$$= \frac{r_n(x)}{(n+1)!}(x-x_0)^{n+1},$$

只要证 $r_n(x) = f^{(n+1)}(\xi)$ (ξ 介于 x_0 与 x 之间)即可.

作辅助函数
$$\varphi(t) = f(x) - \left[f(t) + f'(t)(x-t) + \frac{f''(t)}{2!}(x-t)^2 + \cdots + \frac{f^{(n)}(t)}{n!}(x-t)^n\right.$$
$$\left. + \frac{r_n(x)}{(n+1)!}(x-t)^{n+1}\right],$$

于是 $\varphi(x_0) = \varphi(x) = 0.$

不妨设 $x_0 < x$, 则 $\varphi(t)$ 在 $[x_0, x]$ 上满足罗尔中值定理, 所以存在 $\xi \in (x_0, x)$, 使 $\varphi'(\xi) = 0$. 容易验证
$$\varphi'(t) = \frac{(x-t)^n}{n!}[r_n(x) - f^{(n+1)}(t)],$$

因此
$$\varphi'(\xi) = \frac{(x-\xi)^n}{n!}[r_n(x) - f^{(n+1)}(\xi)] = 0,$$

又 $(x-\xi)^n \neq 0$, 故有 $r_n(x) = f^{(n+1)}(\xi).$

(7-8)式称为 $f(x)$ 在 x_0 点的 n 阶泰勒公式, $R_n(x) = \frac{f^{(n+1)}(\xi)}{(n+1)!}(x-x_0)^{n+1}$ 称为拉格朗日型余项. 泰勒中值定理可看做是拉格朗日中值定理的推广,其中 $n=0$ 时的特例即为拉格朗日中值定理.

二、泰勒级数

由泰勒公式知, $f(x)$ 在 x_0 满足一定条件时, $f(x)$ 可近似等于一个多项式. 进一步设想:如果 $f(x)$ 在 x_0 点具有任意阶导数,那么形如
$$f(x_0) + f'(x_0)(x-x_0) + \frac{f''(x_0)}{2!}(x-x_0)^2 + \cdots + \frac{f^{(n)}(x_0)}{n!}(x-x_0)^n + \cdots$$

的幂级数(称为 $f(x)$ 在 x_0 点的泰勒级数)能否表示 $f(x)$, 即是否有
$$f(x) = \sum_{n=0}^{\infty} \frac{f^{(n)}(x_0)}{n!}(x-x_0)^n \tag{7-9}$$

成立呢?

首先, 泰勒级数 $\sum_{n=0}^{\infty} \frac{f^{(n)}(x_0)}{n!}(x-x_0)^n$ 在 x 不一定收敛; 其次, 即使 $\sum_{n=0}^{\infty} \frac{f^{(n)}(x_0)}{n!}(x-x_0)^n$ 在 x 点收敛, (7-9)式也可能不成立. 例如,
$$f(x) = \begin{cases} e^{\frac{1}{x^2}} & x \neq 0; \\ 0 & x = 0. \end{cases}$$

可以证明,在 $x=0$, $f^{(n)}(0)=0(n=1,2,\cdots)$,因此, $f(x)$ 在 $x=0$ 的泰勒级数为
$$0+0x+\frac{0}{2!}x^2+\cdots+\frac{0}{n!}x^n+\cdots$$

它在 $(-\infty,+\infty)$ 上收敛,且和为 $S(x)=0$,但对一切 $x\neq 0$,都有 $f(x)\neq S(x)$,故
$$f(x)\neq \sum_{n=0}^{\infty}\frac{f^{(n)}(x_0)}{n!}(x-x_0)^n\quad(x\neq 0).$$

下面定理给出了 $f(x)$ 可以展为其泰勒级数的充要条件.

定理 7.12 若 $f(x)$ 在 x_0 某邻域内有任意阶导数,则
$$f(x)=\sum_{n=0}^{\infty}\frac{f^{(n)}(x_0)}{n!}(x-x_0)^n$$

的充要条件为
$$\lim_{n\to\infty}R_n(x)=0.$$

$R_n(x)$ 为泰勒公式中的余项.

定理的证明可根据级数的定义及定理 7.11 得到.

最后一个问题是: $f(x)$ 在 x_0 附近有无其他形式的幂级数展开式?即泰勒级数是否是 $f(x)$ 唯一的幂级数展开式?下面的定理给出了回答.

定理 7.13 若 $f(x)$ 在 x_0 的某邻域内有任意阶导数,且 $f(x)=\sum_{n=0}^{\infty}a_n(x-x_0)^n$,则必有
$$a_n=\frac{f^{(n)}(x_0)}{n!}.$$

证 对 $f(x)=\sum_{n=0}^{\infty}a_n(x-x_0)^n$ 两边求导,并利用级数的逐项可导性得
$$f'(x)=a_1+2a_2(x-x_0)+\cdots+na_n(x-x_0)^{n-1}+\cdots$$

再求导
$$f''(x)=2!a_2+3\cdot 2a_3(x-x_0)+\cdots+n(n-1)a_n(x-x_0)^{n-2}+\cdots$$
……
$$f^{(n)}(x)=n!a_n+(n+1)n\cdots 2a_{n+1}(x-x_0)+\cdots$$

于是 $f(x_0)=a_0, f'(x_0)=a_1, f''(x_0)=2!a_2,\cdots,f^{(n)}(x_0)=n!a_n.$

故 $a_0=f(x_0), a_1=f'(x_0), a_2=\frac{f''(x_0)}{2!},\cdots,a_n=\frac{f^{(n)}(x_0)}{n!}.$

$x_0=0$ 时的泰勒级数 $\sum_{n=0}^{\infty}\frac{f^{(n)}(0)}{n!}x^n$ 称为 $f(x)$ 的麦克劳林级数.下面我们重点讨论如何将函数 $f(x)$ 展开成麦克劳林级数.

三、将函数展开成幂级数

1. 直接展开法

直接展开法是利用泰勒级数的定义及定理 7.12 将函数展开成幂级数的方法.

例1 将 $f(x) = e^x$ 展开成 x 的幂级数.

解 $f^{(n)}(x) = e^x$,故 $f^{(n)}(0) = 1$,e^x 的麦克劳林级数为

$$1 + x + \frac{x^2}{2!} + \cdots + \frac{x^n}{n!} + \cdots$$

求出其收敛半径为 $R = +\infty$,收敛区间为 $(-\infty, +\infty)$. 对任 $x \in (-\infty, +\infty)$,余项

$$|R_n(x)| = \left|\frac{e^\xi}{(n+1)!} x^{n+1}\right| \leqslant e^{|x|} \frac{|x|^{n+1}}{(n+1)!},$$

其中 $\xi \in (0, x)$ 或 $\xi \in (x, 0)$.

由于级数 $\sum_{n=0}^{\infty} \frac{|x|^{n+1}}{(n+1)!}$ 恒收敛(由比值法可判出),故

$$\lim_{n \to \infty} \frac{|x|^{n+1}}{(n+1)!} = 0,$$

因此

$$\lim_{n \to \infty} e^{|x|} \frac{|x|^{n+1}}{(n+1)!} = 0.$$

由夹逼定理得

$$\lim_{n \to \infty} R_n(x) = 0,$$

所以

$$e^x = 1 + x + \frac{x^2}{2!} + \cdots + \frac{x^n}{n!} + \cdots$$

$$= \sum_{n=0}^{\infty} \frac{x^n}{n!}, \quad -\infty < x < +\infty. \tag{7-10}$$

例2 求 $f(x) = \cos x$ 的麦克劳林级数.

解 由 $f^{(n)}(0) = \cos\left(n \cdot \frac{\pi}{2}\right)$ 知,

$f(0) = 1, f'(0) = 0, f''(0) = -1, f'''(0) = 0, \cdots, f^{(2k)}(0) = (-1)^k, f^{(2k+1)}(0) = 0.$

因此,$\cos x$ 的麦克劳林级数为

$$1 - \frac{x^2}{2!} + \frac{x^4}{4!} + \cdots + (-1)^k \frac{x^{2k}}{(2k)!} + \cdots$$

其收敛区间为 $(-\infty, +\infty)$.

对任意 $x \in (-\infty, +\infty)$,余项

$$R_n(x) = \frac{\cos\left(\xi + \frac{n+1}{2}\pi\right)}{(n+1)!} x^{n+1},$$

$$|R_n(x)| \leqslant \frac{|x|^{n+1}}{(n+1)!}.$$

由例1的证明知

$$\lim_{n \to \infty} R_n(x) = 0.$$

故

$$\cos x = 1 - \frac{x^2}{2!} + \frac{x^4}{4!} + \cdots + (-1)^k \frac{x^{2k}}{(2k)!} + \cdots$$

$$= \sum_{k=0}^{\infty} \frac{(-1)^k}{(2k)!} x^{2k} \quad (-\infty < x < +\infty). \tag{7-11}$$

同理可得

$$\sin x = x - \frac{x^3}{3!} + \frac{x^5}{5!} + \cdots + (-1)^k \frac{x^{2k+1}}{(2k+1)!} + \cdots$$

$$= \sum_{k=0}^{\infty} \frac{(-1)^k}{(2k+1)!} x^{2k+1} \quad (-\infty < x < +\infty). \tag{7-12}$$

$$(1+x)^a = 1 + ax + \frac{a(a-1)}{2!} x^2 + \cdots + \frac{a(a-1)\cdots(a-n+1)}{n!} x^n + \cdots \quad (-1 < x < 1). \tag{7-13}$$

其中,(7-13)式等号右端的级数称为二项式级数,收敛区间为$(-1,1)$.

当 $a \leqslant -1$ 时,收敛域为$(-1,1)$;

当 $-1 < a < 0$ 时,收敛域为$(-1,1]$;

当 $a > 0$ 时,收敛域为$[-1,1]$.

特别地,当 $a = -1$ 时,得到我们熟知的展开式

$$\frac{1}{1+x} = 1 - x + x^2 - x^3 + \cdots + (-1)^n x^n + \cdots \quad (-1 < x < 1). \tag{7-14}$$

当 a 是正整数 n 时,可得到二项式公式

$$(1+x)^n = 1 + nx + \frac{n(n-1)}{2!} x^2 + \cdots + nx^{n-1} + x^n.$$

利用直接展开法求函数的泰勒级数,一般比较困难,我们有下面的间接展开法.

2. 间接展开法

通过代换或变换及幂级数的逐项可导或可积性,再利用已知函数的展开式,将函数展开为幂级数的方法,就是间接展开法.

例 3 将 $f(x) = \ln(1+x)$ 展开成 x 的幂级数.

解 由于

$$\frac{1}{1+x} = 1 - x + x^2 - x^3 + \cdots + (-1)^n x^n + \cdots \quad (-1 < x < 1),$$

两边积分得

$$\int_0^x \frac{1}{1+x} dx = x - \frac{1}{2} x^2 + \frac{1}{3} x^3 - \cdots + \frac{(-1)^n}{n+1} x^{n+1} + \cdots \quad (-1 < x < 1),$$

即

$$\ln(1+x) = \sum_{n=1}^{\infty} (-1)^{n-1} \frac{x^n}{n} \quad (-1 < x < 1).$$

当 $x = 1$ 时,$\sum_{n=1}^{\infty} (-1)^{n-1} \frac{x^n}{n} = \sum_{n=1}^{\infty} (-1)^{n-1} \frac{1}{n}$,收敛;

当 $x = -1$ 时,$\sum_{n=1}^{\infty} (-1)^{n-1} \frac{x^n}{n} = \sum_{n=1}^{\infty} \left(-\frac{1}{n}\right)$,发散.

因此

$$\ln(1+x) = \sum_{n=1}^{\infty} (-1)^{n-1} \frac{x^n}{n} \quad (-1 < x \leqslant 1). \tag{7-15}$$

例 4 求 $f(x) = e^{-x^2}$ 的麦克劳林级数.

解 由于 $e^x = \sum_{n=0}^{\infty} \frac{x^n}{n!} \quad (-\infty < x < +\infty)$,将 $-x^2$ 代入上式中的 x 得

$$e^{-x^2} = \sum_{n=0}^{\infty} \frac{(-x^2)^n}{n!} = \sum_{n=0}^{\infty} \frac{(-1)^n}{n!} x^{2n} \quad (-\infty < x < +\infty).$$

例 5 求 $f(x) = \arctan x$ 的幂级数展开式.

解 由于 $f'(x) = \dfrac{1}{1+x^2}$,将 x^2 代入公式(7-14)中的 x 得

$$\dfrac{1}{1+x^2} = 1 - x^2 + x^4 - x^6 + \cdots = \sum_{n=0}^{\infty} (-1)^n x^{2n} \quad (-1 < x < 1),$$

两边积分

$$\int_0^x \dfrac{1}{1+x^2} \mathrm{d}x = \sum_{n=0}^{\infty} \int_0^x (-1)^n x^{2n} \mathrm{d}x$$

$$= \sum_{n=0}^{\infty} (-1)^n \dfrac{1}{2n+1} x^{2n+1} \quad (-1 < x < 1),$$

即

$$\arctan x = \sum_{n=0}^{\infty} (-1)^n \dfrac{1}{2n+1} x^{2n+1} \quad (-1 < x < 1).$$

当 $x = 1$ 时,级数变为 $\sum_{n=0}^{\infty} (-1)^n \dfrac{1}{2n+1}$,收敛;

当 $x = -1$ 时,级数变为 $\sum_{n=0}^{\infty} (-1)^{n+1} \dfrac{1}{2n+1}$,收敛.

因此

$$\arctan x = \sum_{n=0}^{\infty} (-1)^n \dfrac{1}{2n+1} x^{2n+1} \quad (-1 \leqslant x \leqslant 1). \tag{7-16}$$

在求函数麦克劳林展开式时,常常要利用展开式(7-10)~(7-16),因此读者要牢记.

例 6 将 $f(x) = \ln(1 - x - 2x^2)$ 展开成 x 的幂级数.

解 $f(x) = \ln[(1+x)(1-2x)] = \ln(1+x) + \ln(1-2x).$

将 $-2x$ 代替公式(7-15)中的 x 得

$$\ln(1-2x) = \sum_{n=1}^{\infty} (-1)^{n-1} \dfrac{(-2x)^n}{n} \quad (-1 < -2x \leqslant 1)$$

$$= -\sum_{n=1}^{\infty} \dfrac{2^n}{n} x^n \quad \left(-\dfrac{1}{2} \leqslant x < \dfrac{1}{2}\right).$$

因此

$$f(x) = \sum_{n=1}^{\infty} (-1)^{n-1} \dfrac{x^n}{n} - \sum_{n=1}^{\infty} \dfrac{2^n}{n} x^n$$

$$= \sum_{n=1}^{\infty} \dfrac{(-1)^{n-1} - 2^n}{n} x^n$$

在 $-1 < x \leqslant 1$ 且 $-\dfrac{1}{2} \leqslant x < \dfrac{1}{2}$ 时成立. 故

$$\ln(1-x-2x^2) = \sum_{n=1}^{\infty} \dfrac{(-1)^{n-1} - 2^n}{n} x^n \quad \left(-\dfrac{1}{2} \leqslant x < \dfrac{1}{2}\right).$$

例 7 将 $f(x) = \cos^2 x$ 展开成麦克劳林级数.

解 由三角函数知识知

$$f(x) = \cos^2 x = \dfrac{1 + \cos 2x}{2} = \dfrac{1}{2} + \dfrac{1}{2} \cos 2x.$$

将 $2x$ 代替公式(7-11)中的 x 得

$$\cos 2x = \sum_{n=0}^{\infty} (-1)^n \dfrac{(2x)^{2n}}{(2n)!}$$

$$= \sum_{n=0}^{\infty}(-1)^n \frac{2^{2n}}{(2n)!}x^{2n}(-\infty<x<+\infty),$$

于是
$$f(x) = \frac{1}{2} + \sum_{n=0}^{\infty}(-1)^n \frac{2^{2n-1}}{(2n)!}x^{2n}$$
$$= 1 + \sum_{n=1}^{\infty}(-1)^n \frac{2^{2n-1}}{(2n)!}x^{2n}(-\infty<x<+\infty).$$

例 8 将 $f(x) = \dfrac{1}{3-x}$ 在 $x=1$ 处展开成泰勒级数.

解 令 $x-1=t$,则 $x=t+1$,于是
$$f(x) = \frac{1}{3-(t+1)} = \frac{1}{2-t}$$
$$= \frac{1}{2}\cdot\frac{1}{1-\dfrac{t}{2}} = \frac{1}{2}\sum_{n=0}^{\infty}\left(\frac{t}{2}\right)^n \left(\left|\frac{t}{2}\right|<1\right)$$
$$= \sum_{n=0}^{\infty}\frac{t^n}{2^{n+1}}(-2<t<2).$$

将 $x-1=t$ 代入级数得
$$f(x) = \sum_{n=0}^{\infty}\frac{(x-1)^n}{2^{n+1}}(-1<x<3).$$

习题 7

(A)

1. 写出下列级数的前四项.

(1) $\sum_{n=1}^{\infty}\sin n^3$;   (2) $\sum_{n=1}^{\infty}\dfrac{n-1}{2^n}$;   (3) $\sum_{n=1}^{\infty}\dfrac{n^n}{n!}$;   (4) $\sum_{n=0}^{\infty}nx^n$.

2. 写出下列级数的通项.

(1) $1 - \dfrac{1}{2} + \dfrac{1}{4} - \dfrac{1}{8} + \dfrac{1}{16} - \dfrac{1}{32} + \cdots$;

(2) $\dfrac{\ln 2}{4} + \dfrac{\ln 3}{9} + \dfrac{\ln 4}{16} + \dfrac{\ln 5}{25} + \cdots$;

(3) $\dfrac{2}{1} - \dfrac{3}{2} + \dfrac{4}{3} - \dfrac{5}{4} + \dfrac{6}{5} + \cdots$;

(4) $a + \dfrac{a^2}{1\cdot 2} + \dfrac{a^3}{1\cdot 2\cdot 3} + \dfrac{a^4}{1\cdot 2\cdot 3\cdot 4} + \cdots$.

3. 已知级数的部分和为 $S_n = \dfrac{n+1}{n}$,写出这个级数.

4. 求证:(1) 若数列 $\{a_n\}$ 收敛于 a,则级数 $\sum_{n=1}^{\infty}(a_n - a_{n+1})$ 收敛于和 $a_1 - a$;

(2) 若数列 $\{b_n\}$ 满足 $\lim\limits_{n\to\infty}b_n = \infty$,且 $b_n \neq 0$,则级数 $\sum_{n=1}^{\infty}\left(\dfrac{1}{b_n} - \dfrac{1}{b_{n+1}}\right)$ 收敛于和 $\dfrac{1}{b_1}$.

5. 利用级数敛散性的定义，判定下列级数的敛散性.

(1) $\sum_{n=1}^{\infty} \frac{1}{n(n+1)}$； (2) $\sum_{n=1}^{\infty} \ln \frac{n+1}{n}$； (3) $\sum_{n=1}^{\infty} \frac{1}{(2n-1)(2n+1)}$.

6. 利用特殊级数及级数的性质，判定下列级数的敛散性.

(1) $\sum_{n=1}^{\infty} \frac{n+1}{n}$；　　　　　(2) $\frac{\ln 2}{2} - \frac{\ln^2 2}{2^2} + \frac{\ln^3 2}{2^3} - \cdots$；

(3) $0.01 + \sqrt{0.01} + \sqrt[3]{0.01} + \cdots$； (4) $\sum_{n=1}^{\infty} \frac{2+(-1)^n}{2^n}$；

(5) $(1+\frac{1}{2}) + (\frac{1}{2}+\frac{1}{2^2}) + (\frac{1}{3}+\frac{1}{2^3}) + \cdots$；

(6) $(\frac{1}{3}+\frac{3}{4}) + (\frac{1}{3^2}+\frac{3^2}{4^2}) + (\frac{1}{3^3}+\frac{3^3}{4^3}) + \cdots$.

7. 用比较判别法或其极限形式判定下列级数的敛散性.

(1) $\sum_{n=1}^{\infty} \frac{1}{2n+3}$； (2) $\sum_{n=1}^{\infty} \frac{1}{n\sqrt{n+2}}$； (3) $\sum_{n=1}^{\infty} \frac{n+1}{n(n+2)}$；

(4) $\sum_{n=1}^{\infty} \frac{2^n}{(3n-1)5^n}$； (5) $\sum_{n=1}^{\infty} \frac{1}{\ln(n+1)}$； (6) $\sum_{n=1}^{\infty} 2^n \sin \frac{\pi}{3^n}$；

(7) $\sum_{n=1}^{\infty} \ln\left(1+\frac{1}{n^2}\right)$； (8) $\sum_{n=1}^{\infty} \frac{n}{1+n^2}$.

8. (1) 已知 $\lim_{n\to\infty} na_n = a \neq 0$, a 为常数，问正项级数 $\sum_{n=1}^{\infty} a_n$ 收敛还是发散？为什么？

(2) 已知 $\lim_{n\to\infty} n^2 a_n = a \neq 0$, a 为常数，问正项级数 $\sum_{n=1}^{\infty} a_n$ 收敛还是发散？为什么？

9. 利用比值判别法或根值判别法判定下列级数的敛散性.

(1) $\sum_{n=1}^{\infty} \frac{2n-1}{2^n}$； (2) $\sum_{n=1}^{\infty} \frac{6^n}{7^n-5^n}$； (3) $\sum_{n=1}^{\infty} \frac{(n+1)!}{10^n}$；

(4) $\sum_{n=1}^{\infty} \frac{1 \cdot 3 \cdots (2n-1)}{n!}$； (5) $\sum_{n=1}^{\infty} \frac{n!}{n^n}$； (6) $\sum_{n=1}^{\infty} \frac{2^n}{n(n+1)}$；

(7) $\sum_{n=1}^{\infty} \left(\frac{n}{2n+1}\right)^n$； (8) $\sum_{n=1}^{\infty} (\arccos \frac{1}{n})^n$.

10. 判断下列级数的敛散性，收敛的要指出是条件收敛还是绝对收敛.

(1) $\sum_{n=1}^{\infty} \frac{(-1)^{n-1}}{\ln(n+1)}$； (2) $\sum_{n=1}^{\infty} \frac{(-1)^n}{n!}$；

(3) $\sum_{n=1}^{\infty} (-1)^{n-1} \frac{n}{4^{n-1}}$； (4) $\sum_{n=1}^{\infty} (-1)^{n-1} (\sqrt{n+1} - \sqrt{n})$；

(5) $\sum_{n=1}^{\infty} (-1)^n \frac{2n}{3n+1}$； (6) $\sum_{n=1}^{\infty} \frac{\sin(n^2+1)}{2n^3+1}$；

(7) $\sum_{n=1}^{\infty} (-1)^n \frac{\ln n}{n}$； (8) $\sum_{n=1}^{\infty} \frac{n!}{n^n} 2^n \cos \frac{n\pi}{6}$.

11. 求下列幂级数的收敛域.

(1) $\sum_{n=1}^{\infty} \frac{x^n}{2n(n+1)}$; (2) $\sum_{n=1}^{\infty} \frac{x^{n-1}}{2^n}$; (3) $\sum_{n=1}^{\infty} \frac{x^n}{n!}$;

(4) $\sum_{n=1}^{\infty} \frac{1}{1+n^2}(3x)^n$; (5) $\sum_{n=1}^{\infty} \frac{(-1)^{n-1} x^n}{5^{n-1}\sqrt{n}}$; (6) $\sum_{n=2}^{\infty} \frac{\ln n}{n} x^n$;

(7) $\sum_{n=1}^{\infty} \frac{n!}{2^n} x^{2n+1}$; (8) $\sum_{n=1}^{\infty} (-1)^{n-1} \frac{(x-2)^n}{n 3^n}$; (9) $\sum_{n=1}^{\infty} (-1)^{n-1} \frac{(2x-3)^n}{2n-1}$;

(10) $\sum_{n=1}^{\infty} \left[\frac{(-1)^n}{2^n} x^n + 3^n x^n \right]$.

12. 求下列幂级数的收敛域及和函数.

(1) $\sum_{n=1}^{\infty} \frac{(-1)^{n-1}}{2n-1} x^{2n-1}$; (2) $\sum_{n=1}^{\infty} \frac{x^n}{n 4^n}$; (3) $\sum_{n=1}^{\infty} n(n+1) x^n$; (4) $\sum_{n=1}^{\infty} n^2 x^n$.

13. 将下列函数展开成 x 的幂级数.

(1) $f(x) = 2^x$; (2) $f(x) = x^2 e^{-2x}$; (3) $f(x) = \frac{1}{\sqrt{1-x}}$;

(4) $f(x) = \ln(-x^2 + 2x + 3)$; (5) $f(x) = \text{arccot} x$; (6) $f(x) = \sin^2 x$.

14. 将下列函数展成 $x-1$ 的幂级数.

(1) $f(x) = \frac{1}{2-x}$; (2) $f(x) = \ln x$.

（B）

1. 是非判断

(1) 若 $\sum_{n=1}^{\infty} u_n$ 收敛,且 $u_n \neq 0 (n=1,2,\cdots)$,则 $\sum \frac{1}{u_n}$ 一定发散. （   ）

(2) 若 $\sum_{n=1}^{\infty} u_n$ 发散,且 $u_n \neq 0 (n=1,2,\cdots)$,则 $\sum \frac{1}{u_n}$ 一定收敛. （   ）

(3) 若正项级数 $\sum_{n=1}^{\infty} u_n$ 发散,则 $u_n \geqslant \frac{1}{n}$. （   ）

(4) 若 $\sum_{n=1}^{\infty} u_n$ 收敛,且 $u_n \geqslant v_n (n=1,2,\cdots)$,则 $\sum_{n=1}^{\infty} v_n$ 一定收敛. （   ）

(5) 设 $u_n = (-1)^n \left(1 - \cos\frac{a}{n}\right) (a \neq 0$ 为常数),则级数 $\sum_{n=1}^{\infty} u_n$ 绝对收敛. （   ）

(6) 如果幂级数 $\sum_{n=1}^{\infty} a_n (x-1)^n$ 在 $x=-1$ 处收敛,则此幂级数在 $x=2$ 处绝对收敛.

（   ）

2. 填空

(1) 设 $u_n > 0, S_n = \sum_{k=1}^{n} u_k, v_n = \frac{1}{S_n}$,则当 $\sum_{n=1}^{\infty} v_n$ 收敛时,$\sum_{n=1}^{\infty} u_n$ 的敛散性为_____;

$\sum_{n=1}^{\infty} u_n$ 收敛时,$\sum_{n=1}^{\infty} v_n$ 的敛散性为_____;

(2) 若 $\sum_{n=1}^{\infty} u_n$ 收敛,则 $\sum_{k=1}^{\infty}(u_{2k-1}+u_{2k})$ 的敛散性为_____;

(3) 若 $\sum_{n=1}^{\infty} u_n^2, \sum_{n=1}^{\infty} v_n^2$ 均收敛,则 $\sum_{n=1}^{\infty}(u_n+v_n)^2$ 的敛散性为_____;

(4) 若正项级数 $\sum_{n=1}^{\infty} u_n$ 收敛,则 $\sum_{n=1}^{\infty} u_n^2$ 的敛散性为_____;$\sum_{n=1}^{\infty} u_n$ 发散时,$\sum_{n=1}^{\infty} u_n^2$ 的敛散性为_____;

(5) 若 $\sum_{n=1}^{\infty} |u_n v_n|$ 收敛,则 $\sum_{n=1}^{\infty} u_n^2$ 及 $\sum_{n=1}^{\infty} v_n^2$ 敛散性为_____;

(6) 设 k,m 为正整数,
$$u_n = \frac{a_0 n^m + a_1 n^{m-1} + \cdots + a_{m-1} n + a_m}{b_0 n^k + b_1 n^{k-1} + \cdots + b_{k-1} n + b_k},$$
其中 $a_0 > 0, b_0 > 0$,则级数 $\sum_{n=1}^{\infty} u_n$ 收敛的必要条件是_____,充分条件是_____;

(7) 若 $\sum_{n=0}^{\infty} a_n(x-1)^n$ 在 $x_1 = 0$ 处收敛,则其收敛半径 R 必定不小于_____;若该幂级数在 $x_2 = 3$ 处发散,则其收敛半径 R 必定不大于_____;

(8) 设有幂级数 $\sum_{n=0}^{\infty} \frac{a_n}{2^n}(x+1)^n (a_n \neq 0)$,已知 $\lim_{n \to \infty} \left| \frac{a_n}{a_{n+1}} \right| = \frac{1}{3}$,则此幂级数的收敛半径 $R = $ _____;

(9) 设幂级数 $\sum_{n=1}^{\infty} a_n x^n$ 的收敛域是 $(-2, 2]$,则幂级数 $\sum_{n=1}^{\infty} \frac{a_n}{n} x^n$ 的收敛半径 $R = $ _____;$\sum_{n=1}^{\infty} a_n x^{2n}$ 的收敛域为_____.

3. 判定下列级数是否收敛?收敛时,求其和.

(1) $\left(\frac{1}{2} + \frac{1}{3} \right) + \left(\frac{1}{2^2} + \frac{1}{3^2} \right) + \cdots + \left(\frac{1}{2^n} + \frac{1}{3^n} \right) + \cdots$;

(2) $\sum_{n=1}^{\infty} (\sqrt{n+2} - 2\sqrt{n+1} + \sqrt{n})$;

(3) $\frac{1}{2} + \frac{3}{2^2} + \frac{5}{2^3} + \cdots + \frac{2n-1}{2^n} + \cdots$.

4. 设 $a > 0$,则级数 $\sum_{n=1}^{\infty} \frac{(-1)^n a^{\frac{n}{2}}}{n}$ 的敛散性与 a 有关吗?

5. 判定下列级数的敛散性.

(1) $\sum_{n=1}^{\infty} \left(1 - \cos \frac{\pi}{n} \right)$;

(2) $\sum_{n=1}^{\infty} n^2 \tan \frac{\pi}{2^n}$;

(3) $\sum_{n=1}^{\infty} \frac{n}{e^n - 1}$;

(4) $\sum_{n=1}^{\infty} \left(\frac{b}{a_n} \right)^n a_n, b > 0, \lim_{n \to \infty} a_n = a \neq b$;

(5) $\sum_{n=1}^{\infty} \frac{1! + 2! + \cdots + n!}{(2n)!}$;

(6) $\sum_{n=2}^{\infty} \frac{n^{\ln n}}{(\ln n)^n}$.

(7) $\sum_{n=1}^{\infty}(-1)^{n+1}\dfrac{\ln\left(2+\dfrac{1}{n}\right)}{\sqrt{(3n-2)(3n+2)}}$；(8) $\sum_{n=2}^{\infty}\dfrac{(-1)^n}{\sqrt{n}+(-1)^n}$；

(9) $\sum_{n=2}^{\infty}(-1)^n\int_{n}^{n+1}\dfrac{\mathrm{e}^{-x}}{x}\mathrm{d}x$.

6. 求下列级数的收敛域.

(1) $\sum_{n=1}^{\infty}\dfrac{nx^{n-1}}{(4n-3)5^{n-1}}$； (2) $\sum_{n=1}^{\infty}(\ln x)^n$； (3) $\sum_{n=1}^{\infty}\dfrac{(-1)^n}{(2n-1)}\left(\dfrac{1-x}{1+x}\right)^n$；

(4) $\sum_{n=1}^{\infty}n\mathrm{e}^{-nx}$； (5) $\sum_{n=1}^{\infty}\dfrac{x}{n^x}$； (6) $\sum_{n=1}^{\infty}\dfrac{1}{n(n+1)}(x^2+x+1)^n$.

7. 将下列级数展成 x 的幂级数.

(1) $f(x)=x\arctan x-\ln\sqrt{1+x^2}$； (2) $f(x)=\dfrac{x}{x^2-2x-3}$；

(3) $f(x)=\dfrac{1+x}{(1-x)^3}$； (4) $f(x)=x^2\sin\left(x+\dfrac{\pi}{4}\right)$.

8. 求 $\sum_{n=1}^{\infty}\dfrac{n}{(n+1)!}x^{n-1}$ 的和函数.

9. 求 $\sum_{n=1}^{\infty}(-1)^{n+1}\dfrac{x^{n+1}}{n(n+1)}$ 的和函数，并求 $\sum_{n=1}^{\infty}\dfrac{(-1)^{n+1}}{2^n n(n+1)}$ 的和.

10. 设 $\{u_n\}$ 是正的单调递增有界数列，求证：$\sum_{n=1}^{\infty}\left(1-\dfrac{u_n}{u_{n+1}}\right)$ 收敛.

11. 设有两条抛物线 $y=nx^2+\dfrac{1}{n}$ 和 $y=(n+1)x^2+\dfrac{1}{n+1}$，记它们交点的横坐标的绝对值为 a_n.

(1) 求这两条抛物线所围成的图形的面积 S_n；

(2) 求级数 $\sum_{n=1}^{\infty}\dfrac{S_n}{a_n}$ 的和.

第 8 章　多元函数微积分

在前面的章节中,我们讨论了一元函数的极限、连续、微分学与积分学,但是在很多自然现象、工程技术和经济关系的研究中,所遇到的函数往往依赖于多个自变量.因此,我们需要研究多变量函数,即多元函数.对一元函数所讨论的绝大多数概念、定理,以及处理问题的方法都能够推广到多元函数上来.多元函数与一元函数有许多共同点,但也存在差异.这种差异是由多元函数自身的特殊性产生的,因此在学习时要注意异同.本章将主要讨论二元函数微积分,为此做如下准备工作.

§8.1　预备知识

一、空间直角坐标系

为讨论二元函数,先引进空间直角坐标系,建立空间的点和数之间的关系.

将三条具有相同单位长度的数轴 Ox,Oy,Oz 的原点重合,且使其相互垂直,它们的正方向符合右手法则:将右手伸直,大拇指朝上为 Oz 的正向,其余四指的方向为 Ox 的正向,四指弯曲 $90°$ 后的指向为 Oy 的正向,这样的三条数轴就组成了一个空间直角坐系.这三条轴分别称为 x 轴(横轴)、y 轴(纵轴)、z 轴(竖轴),其交点 O 称为原点.

任意两条坐标轴确定一个平面,如 x 轴和 y 轴确定的平面称为 xy 平面,类似地还有 xz 平面、yz 平面,这三个平面统称为坐标面.三个坐标面把整个空间分为八部分,每一部分称为一个卦限,在 xy 平面上部含有三个坐标轴正向的那一卦限称为第一卦限,而后以逆时针方向依次为第二、第三、第四卦限;在 xy 平面下部与第一卦限相对的为第五卦限,而后逆时针方向依次为第六、第七、第八卦限,这八个卦限分别用罗马字母 Ⅰ,Ⅱ,⋯,Ⅷ 表示,如图 8-1 所示.

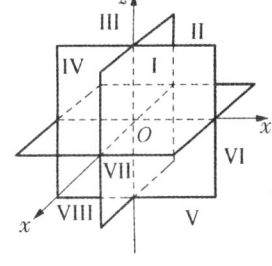

图 8-1

对于空间任一点 P,过点 P 作三个平面分别与 x 轴、y 轴、z 轴垂直,且与它们分别交于 A,B,C 三点(如图8-2). 设 $OA=x,OB=y,OC=z$,则点 P 唯一确定了一个三元有序数组 (x,y,z). 反之,任给一个三元有序数组 (x,y,z),按上面作法的相反次序可唯一地得到空间一点 P. 于是,空间任一点 P 和一个三元有序数组 (x,y,z) 之间建立了一一对应关系. 称 (x,y,z) 为点 P 的坐标,记作 $P(x,y,z)$. 在一一对应的意义下,我们把点和它的坐标不加区别,有时也称 (x,y,z) 为点 P.

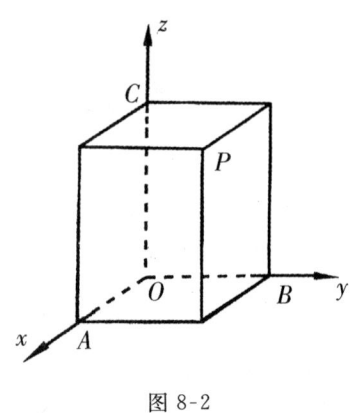

图 8-2

例如,原点 O 的坐标为 $(0,0,0)$,x 轴上任意一点的坐标为 $(x,0,0)$,xy 平面上任一点的坐标为 $(x,y,0)$.

二、空间两点间的距离

设 $P(x_1,y_1,z_1),Q(x_2,y_2,z_2)$ 为空间两点,过 P,Q 各作三个平面分别垂直于三个坐标轴,这六个平面构成一个长方体,PQ 为它的一条对角线,如图8-3所示.

依勾股定理,P 与 Q 的距离为

$$|PQ|=\sqrt{(x_2-x_1)^2+(y_2-y_1)^2+(z_2-z_1)^2},$$

P 到原点的距离为

$$|PQ|=\sqrt{x_1^2+y_1^2+z_1^2}.$$

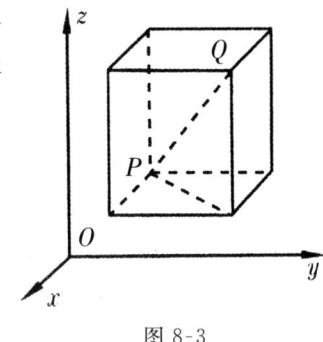

图 8-3

三、空间曲面与曲面方程

在平面直角坐标系中,曾用平面曲线作为对应的方程的几何图形,同样,也可以建立空间曲面与方程 $F(x,y,z)=0$ 的对应关系.

定义 8.1 如果曲面 S 上的点的坐标都满足方程 $F(x,y,z)=0$,而不在曲面 S 上的点的坐标都不满足方程 $F(x,y,z)=0$,则这个方程叫做曲面 S 的方程,曲面 S 叫做该方程的图形.

例如 xy 平面,凡是它上面的点,其坐标都满足方程 $z=0$;不在它上面的点,其坐标就不满足这一方程. 因此,xy 平面就是方程 $z=0$ 的图形.

同理,yz 平面的方程为 $x=0$,zx 平面的方程是 $y=0$.

$z=C$ 代表与 xy 坐标平面平行且距离为 $|C|$ 的平面. 如果 $C>0$,此平面在 xy 平面的上方;如果 $C<0$,此平面在 xy 平面的下方.

一般来说,空间任一平面的方程都可用一次方程

$$Ax+By+Cz+D=0$$

来表示,其中 A,B,C,D 为常数,且 A,B,C 不同时为 0.

下面讨论几种常见的图形.

1. 球面

$$(x-a)^2+(y-b)^2+(z-c)^2=R^2. \tag{8-1}$$

其中 a,b,c,R 均为常数,且 $R>0$.

我们知道,空间中与一定点有等距离的点的集合叫做球面,这个定点叫做球心,定距离叫做半径,而方程

$$\sqrt{(x-a)^2+(y-b)^2+(z-c)^2}=R$$

就表示动点 $P(x,y,z)$ 到定点 $Q(a,b,c)$ 的距离为定值 R,所以(8-1)就表示以 Q 为球心,R 为半径的球面. 如果球心在原点,即 $a=b=c=0$,则球面方程为 $x^2+y^2+z^2=R^2$.

2. 圆柱面

$$x^2+y^2=R^2\ (R>0).$$

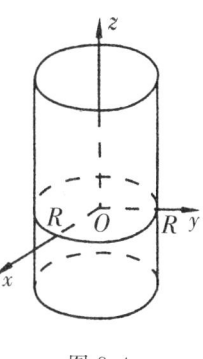

图 8-4

方程 $x^2+y^2=R^2$ 在 xy 平面上表示以原点为圆心,R 为半径的圆周,在空间直角坐标系中,由于该方程不含 z,即意味着 z 可以任意取值,只要求 x 与 y 满足方程,因此这个方程所表示的曲面,是由平行于 z 轴的直线沿 xy 平面上的圆周移动而形成的圆柱面,如图 8-4 所示. 圆 $x^2+y^2=R^2$ 叫做它的准线,平行于 z 轴的直线叫作它的母线.

一般来说,在空间直角坐标系下的一个方程若缺少一个坐标,则这个方程所表示的图形是个柱面,它的母线平行于所缺少的那个坐标的坐标轴,它的准线就在与母线垂直的坐标平面上.

例如 $y-x^2=0$,在 xy 平面上表示一条以 y 轴为对称轴的抛物线,而在空间则表示以此抛物线为准线,母线平行于 z 轴的抛物柱面,如图 8-5 所示.

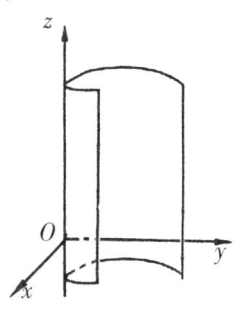

图 8-5

3. 旋转抛物面

$$z=x^2+y^2.$$

因为 $z\geqslant 0$,故整个曲面在 xy 平面的上方. 在方程中依次令 $x=0$ 和 $y=0$,可知曲面与 yz 平面和 xz 平面的交线都是抛物线,坐标原点和 z 轴是它们的共同顶点和对称轴,如图8-6 所示.

用平行于 xy 平面 $z=h$ 去截它,其截痕是一以点 $(0,0,h)$ 为圆心,以 $\sqrt{h}$ 为半径的圆,此圆随 h 增大而增大,故曲面在 $x>0$ 的一侧无限伸展.

由上述可知,$z=x^2+y^2$ 是由 xz 平面上的抛物线 $z=x^2$ 绕 z 轴旋转一周而得到的曲面,故称它为旋转抛物面.

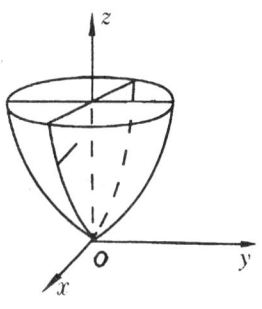

图 8-6

4. 双曲抛物面

$$z=y^2-x^2.$$

它关于 xz 平面和 yz 平面对称,也关于 z 轴对称.它与 xz 平面的截痕是抛物线 $z=-x^2, y=0$,它与 yz 平面的截痕是抛物线 $z=y^2, x=0$. 这两条抛物线有着共同的顶点和对称轴,即原点和 z 轴,但它们的开口方向相反,如图 8-7 所示.

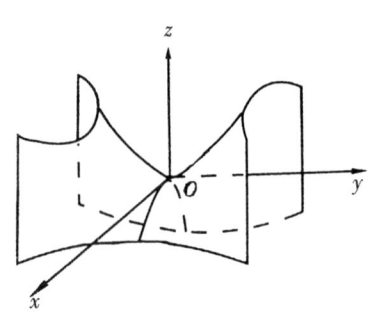

图 8-7

用平行于 xy 平面的平面 $z=h$ 去截它,其截痕为
$$y^2-x^2=h, z=h.$$
当 $h\neq 0$ 时,截痕总是双曲线;

当 $h=0$ 时,截痕是两条相交于原点的直线
$$y-x=0, z=0; x+y=0, z=0.$$

这个曲面称为双曲抛物面,其形状像马鞍,所以又叫它马鞍面.

四、平面点集

在一元函数中我们讨论了数轴上的点集,如开区间、闭区间和点的邻域等. 现在需要讨论平面上点的集合,简称平面点集. 因为平面上的点与数对一一对应,故在今后的讨论中,将把"平面上的点"与"数对"看做具有相同的含义而不加区别.

平面上点集是满足某种条件 P 的数对 (x,y) 的集合,记作
$$E=\{(x,y)|(x,y)\text{满足条件}P\}.$$

例如,全平面上的点所成的集合是
$$R^2=\{(x,y)|-\infty<x<+\infty,-\infty<y<+\infty\}.$$
平面上以原点为圆心,r 为半径的圆内(不包括圆周)所有点的全体是集合
$$E=\{(x,y)|x^2+y^2<r^2, r>0\}.$$

定义 8.2 平面点集
$$\{(x,y)|\sqrt{(x-a)^2+(y-b)^2}<\delta,\delta>0\}$$
称为点 $A(a,b)$ 的 δ 圆形邻域,平面点集
$$\{(x,y)||x-a|<\delta,|y-b|<\delta,\delta>0\}$$
称为点 (a,b) 的 δ 方形邻域.

今后若不加指明,将不加区别地用"点 A 的 δ 邻域"或"点 A 的邻域"泛指这两种邻域,并以记号 $U(A,\delta)$ 或 $U(A)$ 来表示.

平面点集
$$\{(x,y)|0<\sqrt{(x-a)^2+(y-b)^2}<\delta,\delta>0\}\text{和}\{(x,y)|0<|x-a|<\delta,0<|y-b|<\delta,\delta>0\}$$
称为点 (a,b) 的空心 δ 邻域,并记作 $U^\circ(A,\delta)$ 和 $U^\circ(A)$.

设 E 是平面点集,A 是平面上的一点,如果存在点 A 的某个邻域 $U(A)$,使得 $U(A)\subset E$,则称 A 是 E 的内点.

如果点 A 的任意一个邻域内,既含有 E 中的点,又含有不属于 E 的点,则称 A 是 E 的界点. E 的全体界点称为 E 的边界.

例 1 点集 $E=\{(x,y)|x^2+y^2<1\}$ 中的任何点皆为内点,单位圆周 $x^2+y^2=1$ 上的点 (x,y) 皆为 E 的界点.

例 2 点集 $E=\{(x,y)|x^2+y^2\geqslant 1\}$,单位圆外的点皆为内点,单位圆周上的点都是界点.

由以上两例可知,一个点集的界点可以属于它,也可以不属于它.

定义 8.3 设 E 是一个平面点集,如果 E 中的每个点都是内点,且 E 中任意两点都能用一条完全属于 E 的折线连接起来,即 E 是连通的,则称 E 为开区域;开区域连同它的边界所构成的集合称为闭区域.

今后若不需要区分开、闭性,就把开区域或闭区域称为区域,如果区域延伸无穷远处,则称为无界区域,否则称为有界区域.

§8.2 多元函数的概念

一、多元函数的定义

在实际问题中,常遇到一个变量要随两个、三个或更多变量的变化而变化,此即多元函数问题.

例 1 销售收入 $z=xy$ 就是随销售货物的数量 x 和单价 y 的变化而变化的.

例 2 长方体的体积 $V=xyh$ 是由长为 x,宽为 y,高为 h 的三条棱长所决定.

我们抽去其具体含义,仅保留它们的数量关系,就得到多元函数的概念.

定义 8.4 设有一个非空的 n 元有序数组集合 D,f 是某一确定的对应法则,如果对于 D 中的每一个有序数组 $(x_1,x_2,\cdots,x_n)$,通过 f 都有唯一的一个实数 z 与之对应,则称 f 是定义在 D 上的 n 元函数,记作
$$z=f(x_1,x_2,\cdots,x_n).$$
彼此独立的变量 $x_1,x_2,\cdots,x_n$ 称为自变量,z 称为因变量.集合 D 称为 f 的定义域,记作 $D(f)$.D 中任意一点 $(x_1^0,x_2^0,\cdots,x_n^0)$ 根据对应法则 f 所对应的实数 z^0,称为 f 在点 $(x_1^0,x_2^0,\cdots,x_n^0)$ 的函数值,记作
$$z^0=f(x_1^0,x_2^0,\cdots,x_n^0).$$
函数 f 的全体函数值的集合
$$z(f)=\{z|z=f(x_1,x_2,\cdots,x_n),(x_1,x_2,\cdots,x_n)\in D\}$$
称为函数的值域.

当 $n=1$ 时,f 为一元函数,记作 $y=f(x),x\in D$;

当 $n=2$ 时,f 为二元函数,记作 $z=f(x,y),(x,y)\in D$.

二元及二元以上的函数统称为多元函数.

二、二元函数的定义域与几何意义

下面我们着重讨论二元函数
$$z=f(x,y),\ (x,y)\in D.$$
若把数对 (x,y) 和其对应的 $z=f(x,y)$ 一起组成三维数组 (x,y,z),那么二元函数 f 可以看做三维空间内的一个点集:
$$\{(x,y,z)\mid z=f(x,y),(x,y)\in D\}.$$
这个点集在三维空间所描绘出的图形即二元函数的图象。这个图象通常是空间曲面,二元函数的定义域就是这张曲面在 xy 平面上的投影区域。

例 3 函数 $z=x+3y-1$ 的图象就是空间内的一个平面,其定义域为 xy 平面,其值域是 $(-\infty,+\infty)$.

例 4 $z=x^2+y^2$ 的图形是定义在 xy 平面上,顶点在原点的旋转抛物面.

例 5 函数 $f(x,y)=\ln(x^2+y^2-1)+\sqrt{2-x^2-y^2}$ 的定义域是
$$D(f)=\{(x,y)\mid 1<x^2+y^2\leqslant 2\}.$$

例 6 $z=\sqrt{x-\sqrt{y}}$ 的定义域为 $D=\{(x,y)\mid x\geqslant\sqrt{y},\text{且 }y\geqslant 0\}$.

*三、齐次函数及其基本性质

函数的齐次性概念是由齐次多项式拓展而来的,一个多项式所谓是齐次的,是指它的每一项的指数和都等于定数 k. 这时 k 就称为这个多项式的齐性次数。例如,
$$43x^2+xy-5y^2$$
是二次齐次多项式,
$$ax^3+bx^2y+cxy^2+dy^3$$
是一个三次齐次多项式.

显然,若 $p(x,y)$ 是一个 k 次的齐次多项式,则对于任意的 t 都有
$$p(tx,ty)=t^k p(x,y).$$
与此类似,很自然地把具有类似性质的函数称为齐次函数.

定义 8.5 一个多元函数,如果当每个变量都乘上一个任意数 t 时,相当于该函数乘上 t^k,则称此函数为这些变量的 k 次齐次函数.

以二元函数为例,如果函数 $f(x,y)$ 满足恒等式
$$f(tx,ty)=t^k f(x,y),$$
则称 f 为 k 次齐次函数.

例 7 函数 $\dfrac{3x^2+4y^2}{2x+y}$, $\dfrac{x-y}{x+3y}$, $\dfrac{5x+y}{x^2+2y^2}$ 都是变量 x 和 y 的齐次函数,它们的次数分别等于 $1,0,-1$.

例 8 函数 $x^\pi\sin\dfrac{y}{x}+y^\pi\cos\dfrac{y}{x}$ 是变量 x 和变量 y 的 π 次齐次函数.

此例说明齐次函数的次数可以是任何实数. 这与多项式的情况有所不同, 不言而喻, t 所取的值应当使 t^k 有确定的意义. 例如, 当 $k<0$ 时, 应有 $t\neq 0$; 当 $k=\dfrac{1}{2}$ 时, 应取 $t\geqslant 0$ 等.

若 $f(x,y)$ 是零次齐次函数, 即
$$f(tx,ty)=f(x,y);$$
令 $t=\dfrac{1}{x}$, 可得
$$f(x,y)=f\left(1,\dfrac{y}{x}\right).$$
设 $Q(u)=f(1,u)$, 即有
$$f(x,y)=Q\left(\dfrac{y}{x}\right).$$
这就是说, 零次齐次函数都可以写成一个变量与另一个变量之比的函数, 如
$$\dfrac{5x-y}{x+2y}=\dfrac{5-\dfrac{y}{x}}{1+2\dfrac{y}{x}}.$$

对于具有这样性质的函数, 稍后我们就知道, 它的各偏导数与对应变量乘积之和等于 k 乘以零次齐次函数, 有时也简称齐次函数.

四、二元函数的极限与连续性

在一元函数中, 极限与连续这两个重要概念刻划出自变量变化时, 函数的变化趋势和性质, 类似的有下面定义.

定义 8.6 设有二元函数 $f(x,y)$ 和实数 A, 如果对任意给定 $\varepsilon>0$, 都存在 $\delta>0$, 使满足不等式
$$0<\sqrt{(x-x_0)^2+(y-y_0)^2}<\delta$$
的一切 (x,y), 都有
$$|f(x,y)-A|<\varepsilon,$$
则称 A 为函数 $f(x,y)$ 当 $x\to x_0, y\to y_0$ 时的极限, 记作
$$\lim_{\substack{x\to x_0\\ y\to y_0}}f(x,y)=A \quad \text{或} \quad \lim_{(x,y)\to(x_0,y_0)}f(x,y)=A.$$

例 9 用定义证明 $\lim\limits_{(x,y)\to(1,2)}(3x+y)=5$.

证 因为 $|3x+y-5|=|3(x-1)+y-2|\leqslant 3|x-1|+|y-2|$,

而
$$|x-1|\leqslant\sqrt{(x-1)^2+(y-2)^2},$$
$$|y-2|\leqslant\sqrt{(x-1)^2+(y-2)^2},$$

所以对任给的 $\varepsilon>0$, 取 $\delta=\dfrac{1}{4}\varepsilon$, 当 $0<\sqrt{(x-1)^2+(y-2)^2}<\delta$ 时, 恒有
$$|3x+y-5|<\varepsilon$$

成立. 由定义知 $\lim\limits_{(x,y)\to(1,2)}(3x+y)=5$.

在一元函数中,自变量 $x\to x_0$ 时,只有两个方向,即 $x\to x_0^+$ 或 $x\to x_0^-$. 但在二元函数中,当点 $P(x,y)\to P_0(x_0,y_0)$ 时,有无数条路线可走,故若 P 沿不同的方向或路线趋于 P_0 时所得极限值不同,那么二重极限也就不存在了.

例 10 讨论函数

$$f(x,y)=\begin{cases}\dfrac{xy}{x^2+y^2} & x^2+y^2\neq 0;\\ 0 & x^2+y^2=0.\end{cases}$$

在点 $(0,0)$ 处的极限是否存在

解 设点 P 沿直线 $y=kx$ 趋于原点,则有

$$\lim_{(x,y)\to(0,0)}\frac{xy}{x^2+y^2}=\lim_{(x,kx)\to(0,0)}\frac{kx^2}{x^2+k^2x^2}=\frac{k}{1+k^2}.$$

它随 k 值的不同,而得到不同的值,所以当 P 趋于原点时,该函数的极限不存在.

由二元函数极限的定义可知,如果 $\lim\limits_{(x,y)\to(x_0,y_0)}f(x,y)=A$,则当点 (x,y) 在以 (x_0,y_0) 为心的某空心领域内时恒有 $|f(x,y)-A|<\varepsilon$,即 $A-\varepsilon<f(x,y)<A+\varepsilon$,也就是说 $f(x,y)$ 介于两平行平面 $z=A+\varepsilon$ 和 $z=A-\varepsilon$ 之间.

有了二元函数极限的概念,就容易给出二元函数连续的定义.

设 $P_0(x_0,y_0)$ 是函数 $z=f(x,y)$ 定义域内某一点,$P(x,y)$ 为定义域内的任一点,称差值

$$\Delta x=x-x_0,\ \Delta y=y-y_0,$$
$$\Delta z=z-z_0=f(x,y)-f(x_0,y_0)$$

为 x,y,z 的改变量,于是有下面定义:

定义 8.7 如果 $\lim\limits_{\substack{\Delta x\to 0\\ \Delta y\to 0}}\Delta z=0$ 或 $\lim\limits_{(x,y)\to(x_0,y_0)}f(x,y)=f(x_0,y_0)$,则称函数 $f(x,y)$ 在点 $P_0(x_0,y_0)$ 连续,否则称点 $P_0(x_0,y_0)$ 为函数 $f(x,y)$ 的间断点.

如果函数在区域 D 内每一点都连续,就说该函数在区域 D 内是连续函数.

函数 $f(x,y)$ 在 D 上连续的几何意义:$f(x,y)$ 的图形是一张无孔、无缝的曲面.

若二元函数为一初等函数,则其在定义域内连续.

关于一元连续函数的一些运算定理,对于二元连续函数也是成立的,如二元连续函数经过有限次四则运算和有限次复合所得到的函数,仍是二元连续函数;有界闭区域上的连续函数在该区域上一定取得最大值、最小值,等等.

§8.3 偏导数与全微分

一、二元函数的偏导数

我们知道,二元函数 $z=f(x,y)$ 的自变量 x 和 y 是彼此独立无关的. 为了讨论问题

方便,常将其中某一变量暂时看做常量. 如 $z=f(x,y)$,将 y 取定为 y_0,这时二元函数 $z=f(x,y)$ 化为自变量为 x 的一元函数 $z=f(x,y_0)$. 于是,当 x 在 x_0 处有改变量 Δx 时,函数 $z=f(x,y_0)$ 的改变量叫做 z 对 x 的偏改变量,记作 $\Delta_x z$,即

$$\Delta_x z = f(x_0+\Delta x, y_0) - f(x_0, y_0).$$

定义 8.8 若极限

$$\lim_{\Delta x \to 0} \frac{\Delta_x z}{\Delta x} = \lim_{\Delta x \to 0} \frac{f(x_0+\Delta x, y_0) - f(x_0, y_0)}{\Delta x}$$

存在,则称此极限为函数 $f(x,y)$ 在点 (x_0,y_0) 处对 x 的偏导数,记作

$$f_x'(x_0,y_0), \quad z_x'\Big|_{\substack{x=x_0\\y=y_0}}, \quad \frac{\partial z}{\partial x}\Big|_{\substack{x=x_0\\y=y_0}}, \quad \frac{\partial f}{\partial x}\Big|_{\substack{x=x_0\\y=y_0}}.$$

由此可知,$z=f(x,y)$ 在点 (x_0,y_0) 处对 x 的偏导数是一元函数 $z=f(x,y_0)$ 在点 x_0 处的导数.

同样可定义函数 $f(x,y)$ 在 (x_0,y_0) 处对 y 的偏导数,记作

$$f_y'(x_0,y_0), \quad z_y'\Big|_{\substack{x=x_0\\y=y_0}}, \quad \frac{\partial z}{\partial y}\Big|_{\substack{x=x_0\\y=y_0}}, \quad \frac{\partial f}{\partial y}\Big|_{\substack{x=x_0\\y=y_0}}.$$

二元函数 $f(x,y)$ 在点 $P_0(x_0,y_0)$ 处的偏导数有明显的几何意义:设二元函数 $f(x,y)$ 在空间直角坐标系中的图象是曲面 S. 函数 $f(x,y)$ 在 $P_0(x_0,y_0)$ 处关于 x 的偏导数 $f_x'(x_0,y_0)$ 就是一元函数 $f(x,y_0)$ 在 x_0 处的导数,根据一元函数导数的几何意义,偏导数 $f_x'(x_0,y_0)$ 就是平面 $y=y_0$ 上曲线

$$l_1: \begin{cases} z=f(x,y_0), \\ y=y_0 \end{cases}$$

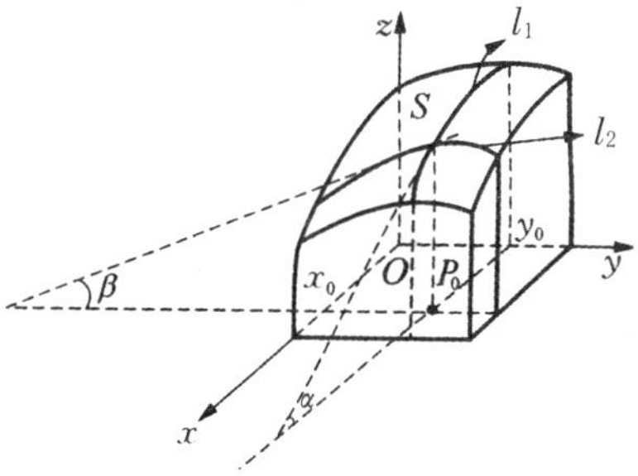

图 8-8

在点 $(x_0,y_0,f(x_0,y_0))$ 的切线斜率 $\tan\alpha$,如图 8-8 所示.

同样,偏导数 $f_y'(x_0,y_0)$ 是平面 $x=x_0$ 上曲线

$$l_2: \begin{cases} z=f(x_0,y), \\ x=x_0 \end{cases}$$

在点 $(x_0,y_0,f(x_0,y_0))$ 处的切线斜率 $\tan\beta$(如图 8-8).

如果函数 $z=f(x,y)$ 在其定义域内每一点 (x,y) 处都有偏导数,那么偏导数也是点 (x,y) 的函数,我们称其为 $f(x,y)$ 对自变量 x 或 y 的偏导函数,简称偏导数,记作

$$z_x', \ f_x'(x,y), \ \frac{\partial z}{\partial x}, \ \frac{\partial f}{\partial x};$$

或

$$z_y', \ f_y'(x,y), \ \frac{\partial z}{\partial y}, \ \frac{\partial f}{\partial y}.$$

从定义可知,求二元函数的偏导数,只需将一个变量看做常数,然后利用一元函数求导公式即可. 类似上面,可对 $n(n \geq 2)$ 元函数求偏导数.

例 1 已知 $f(x,y)=e^{xy}+x^y$,求 $f_x'(x,y), f_y'(x,y), f_x'(1,2), f_y'(1,2)$.

解
$$f_x'(x,y) = e^{xy} \cdot y + yx^{y-1},$$
$$f_x'(1,2) = 2e^2+2,$$

$$f_y'(x,y) = e^{xy} \cdot x + x^y \ln x,$$
$$f_y'(1,2) = e^2.$$

例 2 设 $z = \arctan \dfrac{y}{x}$,求证 $x\dfrac{\partial z}{\partial x} + y\dfrac{\partial z}{\partial y} = 0$.

证 由于
$$\frac{\partial z}{\partial x} = \frac{1}{1 + \left(\dfrac{y}{x}\right)^2}\left(-\frac{y}{x^2}\right) = \frac{-y}{x^2 + y^2},$$
$$\frac{\partial z}{\partial y} = \frac{1}{1 + \left(\dfrac{y}{x}\right)^2}\left(\frac{1}{x}\right) = \frac{x}{x^2 + y^2},$$

于是
$$x\frac{\partial z}{\partial x} + y\frac{\partial z}{\partial y} = \frac{-xy}{x^2 + y^2} + \frac{xy}{x^2 + y^2} = 0.$$

例 3 设 $z = xyf\left(\dfrac{y}{x}\right)$, $f(u)$ 可导,求 $xz_x' + yz_y'$.

解 记 $u = \dfrac{y}{x}$,则 $z = xyf(u)$. 于是有
$$z_x' = yf(u) + xyf'(u)\left(-\frac{y}{x^2}\right) = yf(u) - \frac{y^2}{x}f'(u),$$
$$z_y' = xf(u) + xyf'(u)\frac{1}{x} = xf(u) + yf'(u),$$

故
$$xz_x' + yz_y'$$
$$= x\left[yf(u) - \frac{y^2}{x}f'(u)\right] + y[xf(u) + yf'(u)]$$
$$= xyf(u) - y^2 f'(u) + yxf(u) + y^2 f'(u)$$
$$= 2xyf(u) = 2z.$$

例 4 求函数 $f(x,y,z) = x^{y^z}$ 的偏导数.

解
$$\frac{\partial f}{\partial x} = y^z \cdot x^{y^z - 1} = \frac{x^{y^z} y^z}{x},$$
$$\frac{\partial f}{\partial y} = x^{y^z} \cdot \ln x \cdot (y^z)_y' = zy^{z-1} x^{y^z} \ln x,$$
$$\frac{\partial f}{\partial z} = x^{y^z} \cdot \ln x \cdot (y^z)_z' = y^z x^{y^z} \ln x \ln y.$$

在可导与连续的关系上,二元函数与一元函数有着质的不同,一元函数可导则连续,但对二元函数,尽管两个偏导数都存在,也不能保证连续.

例 5 设 $f(x,y) = \begin{cases} \dfrac{xy}{x^2 + y^2} & x^2 + y^2 \neq 0; \\ 0 & x^2 + y^2 = 0. \end{cases}$

讨论它在原点处的连续性及偏导数.

解 由上节例 10 可知,该函数在原点不连续,但它在原点处的两个偏导数都存在.
$$f_x'(0,0) = \lim_{\Delta x \to 0} \frac{f(0 + \Delta x, 0) - f(0,0)}{\Delta x}$$

$$= \lim_{\Delta x \to 0} \frac{\frac{\Delta x \cdot 0}{(\Delta x)^2 + 0} - 0}{\Delta x} = 0$$

同样 $$f_y'(0,0) = \lim_{\Delta y \to 0} \frac{f(0, 0+\Delta y) - f(0,0)}{\Delta y} = 0.$$

例 6 设 $f(x,y) = \begin{cases} \dfrac{xy}{\sqrt{x^2+y^2}} & (x,y) \neq (0,0); \\ 0 & (x,y) = (0,0). \end{cases}$

求偏导数 $f_x'(x,y), f_y'(x,y)$.

解 当 $(x,y) \neq (0,0)$ 时，由商的求导法则得

$$f_x'(x,y) = \frac{y\sqrt{x^2+y^2} - xy \cdot \frac{1}{2}(x^2+y^2)^{-\frac{1}{2}} \cdot 2x}{x^2+y^2} = \frac{y^3}{(x^2+y^2)^{\frac{3}{2}}},$$

$$f_y'(x,y) = \frac{x\sqrt{x^2+y^2} - xy \cdot \frac{1}{2}(x^2+y^2)^{-\frac{1}{2}} \cdot 2y}{x^2+y^2} = \frac{x^3}{(x^2+y^2)^{\frac{3}{2}}};$$

当 $(x,y) = (0,0)$ 时，由定义求偏导得

$$f_x'(0,0) = \lim_{\Delta x \to 0} \frac{f(0+\Delta x, 0) - f(0,0)}{\Delta x} = \lim_{\Delta x \to 0} \frac{0-0}{\Delta x} = 0;$$

$$f_y'(0,0) = \lim_{\Delta y \to 0} \frac{f(0, 0+\Delta y) - f(0,0)}{\Delta y} = \lim_{\Delta y \to 0} \frac{0-0}{\Delta y} = 0.$$

故 $f_x'(x,y) = \begin{cases} \dfrac{y^3}{(x^2+y^2)^{\frac{3}{2}}} & (x,y) \neq (0,0), \\ 0 & (x,y) = (0,0); \end{cases}$

$f_y'(x,y) = \begin{cases} \dfrac{x^3}{(x^2+y^2)^{\frac{3}{2}}} & (x,y) \neq (0,0), \\ 0 & (x,y) = (0,0). \end{cases}$

偏导数在经济学中也有一定的意义，如有一生产函数 $Q = f(k,l)$，其中 Q, k, l 分别代表产量、资金和劳力. 偏导数 Q_k' 表示当劳力不变时，产量关于资金的变化率，在经济学中称为资金的边际实物产量；Q_l' 表示产量关于劳力的变化率，称为劳力的边际实物产量.

二、二元函数的全微分

偏导数 f_x' 和 f_y' 只说明了 $f(x,y)$ 在 $P(x,y)$ 点沿 x 轴和 y 轴方向的变化率. 要了解在 P 点的某个邻域内的全部变化情况，还必须用全微分来描述，我们称

$$\Delta z = f(x+\Delta x, y+\Delta y) - f(x,y)$$

为函数 $z = f(x,y)$ 在点 $P(x,y)$ 的全改变量，其中 Δx 和 Δy 是自变量的任意改变量，我们可仿一元函数对改变量的处理方法来讨论二元函数的全改变量.

定义 8.9 如果函数 $z = f(x,y)$ 在点 $P(x,y)$ 的全改变量 Δz 能表示成下述形式

$$\Delta z = A\Delta x + B\Delta y + o(\rho).$$

其中 A,B 只与 x,y 有关,而与 $\Delta x,\Delta y$ 无关;$\rho=\sqrt{(\Delta x)^2+(\Delta y)^2}$,则称 $A\Delta x+B\Delta y$ 是函数 $f(x,y)$ 在点 $P(x,y)$ 的全微分,并记作 $\mathrm{d}z$ 或 $\mathrm{d}f$,即
$$\mathrm{d}z=A\Delta x+B\Delta y.$$

这时,我们称该函数在 P 点可微.

此定义具有如下特性:

① $\mathrm{d}z$ 是 Δx 和 Δy 的线性函数,使得微分的计算较全改变量的计算简单;

② $\rho\to 0$ 时,$\Delta z-\mathrm{d}z$ 是比 ρ 高阶的无穷小,这正是微分用于近似计算的理论依据;

③ 由于 $\lim\limits_{\substack{\Delta x\to 0\\ \Delta y\to 0}}\Delta z=\lim\limits_{\substack{\Delta x\to 0\\ \Delta y\to 0}}[A\Delta x+B\Delta y+o(\rho)]=0,$

所以,若函数在 P 点可微,则它在该点必连续,故函数连续是可微的必要条件.

要使全微分用于近似计算,必须知道 A 与 B 是什么.

定理 8.1 若函数 $z=f(x,y)$ 在 $P(x,y)$ 可微,则它在该点存在两个偏导数,且 $A=f_x'(x,y)$,$B=f_y'(x,y)$.

证 因为
$$\begin{aligned}\Delta z &= f(x+\Delta x,y+\Delta y)-f(x,y)\\ &=A\Delta x+B\Delta y+o(\rho)\end{aligned}$$

对任意的 Δx 和 Δy 都成立,当 $\Delta y=0$ 时自然也成立,这时
$$\begin{aligned}\Delta_x z &= f(x+\Delta x,y)-f(x,y)\\ &=A\Delta x+o(|\Delta x|).\end{aligned}$$

用 Δx 除等式两端,再令 $\Delta x\to 0$,得
$$\begin{aligned}f_x'(x,y) &= \lim_{\Delta x\to 0}\frac{f(x+\Delta x,y)-f(x,y)}{\Delta x}\\ &=\lim_{\Delta x\to 0}\left(A+\frac{o(|\Delta x|)}{\Delta x}\right)=A.\end{aligned}$$

同理可证 $f_y'(x,y)=B$.

于是,$z=f(x,y)$ 在 $P(x,y)$ 可微时,其全微分表达式为
$$\mathrm{d}z=f_x'(x,y)\Delta x+f_y'(x,y)\Delta y.$$

又由于自变量的改变量等于自变量的微分,所以
$$\mathrm{d}z=f_x'(x,y)\mathrm{d}x+f_y'(x,y)\mathrm{d}y.$$

等式右端第一项是函数对 x 的偏导数和自变量 x 的微分之积,我们称它为函数关于 x 的偏微分,记作 $\mathrm{d}_x z$;第二项称为函数关于 y 的偏微分,记作 $\mathrm{d}_y z$,于是有
$$\mathrm{d}z=\mathrm{d}_x z+\mathrm{d}_y z,$$

即可微函数的全微分等于其偏微分之和.

例 7 求 $z=(\sin xy)^2+y^2 x$ 的偏微分.

解
$$\mathrm{d}_x z=(2y\sin xy\cos xy+y^2)\mathrm{d}x,$$
$$\mathrm{d}_y z=(2x\sin xy\cos xy+2yx)\mathrm{d}y.$$

例 8 设 $z=x^2\sin y+y^3$,求 $\mathrm{d}z$.

解 因为 $z_x'=2x\sin y$,$z_y'=x^2\cos y+3y^2$,所以
$$\mathrm{d}z=z_x'\mathrm{d}x+z_y'\mathrm{d}y=2x\sin y\mathrm{d}x+(x^2\cos y+3y^2)\mathrm{d}y.$$

在一元函数中可微和可导是等价的,但对二元函数,情况就不同了,因为尽管偏导数

存在,却不能保证连续,当然也不能保证可微,若再附加一些条件,就有了下面定理.

定理 8.2 如果函数 $z=f(x,y)$ 在 $P(x,y)$ 及其邻域内有连续的偏导数 $f_x'(x,y)$ 与 $f_y'(x,y)$,则该函数在点 $P(x,y)$ 可微.

证
$$\Delta z = f(x+\Delta x, y+\Delta y) - f(x,y)$$
$$= [f(x+\Delta x, y+\Delta y) - f(x, y+\Delta y)]$$
$$+ [f(x, y+\Delta y) - f(x,y)].$$

由微分学的中值定理,得
$$\Delta z = f_x'(\xi_1, y+\Delta y)\Delta x + f_y'(x, \xi_2)\Delta y.$$

其中,ξ_1, ξ_2 分别介于 x 与 $x+\Delta x$ 和 y 与 $y+\Delta y$ 之间.

当 $\Delta x \to 0$ 及 $\Delta y \to 0$ 时,即 $\rho \to 0, \xi_1 \to x, \xi_2 \to y$,又已知偏导数连续,所以
$$\lim_{\substack{\Delta x \to 0 \\ \Delta y \to 0}} f_x'(\xi_1, y+\Delta y) = f_x'(x,y),$$
$$\lim_{\substack{\Delta x \to 0 \\ \Delta y \to 0}} f_y'(x, \xi_2) = f_y'(x,y),$$

于是有
$$f_x'(\xi_1, y+\Delta y) = f_x'(x,y) + \alpha,$$
$$f_y'(x, \xi_2) = f_y'(x,y) + \beta,$$

其中,当 $\Delta x \to 0, \Delta y \to 0$ 时,$\alpha \to 0, \beta \to 0$. 因而
$$\Delta z = f_x'(x,y)\Delta x + f_y'(x,y)\Delta y + \alpha\Delta x + \beta\Delta y.$$

又由 $\dfrac{|\alpha\Delta x + \beta\Delta y|}{\rho} \leqslant \dfrac{|\alpha\Delta x|}{\sqrt{(\Delta x)^2+(\Delta y)^2}} + \dfrac{|\beta\Delta y|}{\sqrt{(\Delta x)^2+(\Delta y)^2}} \leqslant |\alpha| + |\beta|$ 知,当 $\rho \to 0$ 时 $\alpha\Delta x + \beta\Delta y$ 是比 ρ 高阶的无穷小量.

由定义知,函数 $z=f(x,y)$ 在 P 点可微.

注 偏导数连续仅是可微的充分条件,但不是必要条件.

综上所述,二元函数的连续性、偏导数、可微性有如下关系:

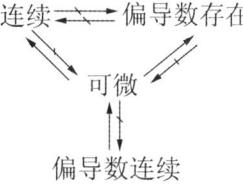

例 9 求 $f(x,y) = x^{\ln y}$ 在 $(1,e)$ 处 $\Delta x = 0.1, \Delta y = 1$ 的全微分.

解
$$f_x'(x,y) = \ln y \cdot x^{\ln y - 1},$$
$$f_y'(x,y) = x^{\ln y} \cdot \ln x \cdot \frac{1}{y},$$
$$dz = \ln y \cdot x^{\ln y - 1} dx + \frac{1}{y}\ln x \cdot x^{\ln y} dy.$$

将 $x=1, y=e, \Delta x=0.1, \Delta y=1$ 代入上式得
$$dz = \ln e \times 1^{\ln e - 1} \times 0.1 + \frac{1}{e} \cdot \ln 1 \times 1^{\ln e} = 0.1.$$

在函数可微的情况下,只要 $|\Delta x|$ 与 $|\Delta y|$ 很小,用全微分代替全改变量,所产生的误差

也是很小的. 因此
$$\Delta z \approx \mathrm{d}z = f_x'(x,y)\Delta x + f_y'(x,y)\Delta y,$$
或
$$f(x+\Delta x, y+\Delta y) \approx f(x,y) + f_x'(x,y)\Delta x + f_y'(x,y)\Delta y.$$

例 10 求 $(1.04)^{2.02}$ 的近似值.

解 设 $f(x,y) = x^y$,则
$$f_x'(x,y) = yx^{y-1}, \quad f_y'(x,y) = x^y \ln x.$$
又
$$f(x+\Delta x, y+\Delta y) \approx f(x,y) + f_x'(x,y)\Delta x + f_y'(x,y)\Delta y,$$
取 $x=1, \Delta x=0.04, y=2, \Delta y=0.02$,有
$$(1.04)^{2.03} \approx f(1,2) + f_x'(1,2) \cdot 0.04 + f_y'(1,2) \cdot 0.02$$
$$= 1 + 0.08 + 0 = 1.08.$$

例 11 有一两端封闭的圆柱形金属桶,底半径 5 厘米,高 18 厘米,若在其表面涂上厚 0.01 厘米的油漆,问共需油漆多少立方厘米.

解 设圆柱的半径为 x,高为 y,则其体积为
$$V = \pi x^2 y.$$
取 $x=5, y=18, \Delta x=0.01, \Delta y=0.02$,则所需油漆为
$$\Delta V \approx \mathrm{d}V = V_x' \Delta x + V_y' \Delta y$$
$$= 2\pi xy \Delta x + \pi x^2 \Delta y$$
$$= \pi(2 \times 5 \times 18 \times 0.01 + 25 \times 0.02)$$
$$= 7.23 (\text{立方厘米}).$$

§8.4 复合函数与隐函数的微分

一、复合函数的微分

设 z 是中间变量 u, v 的函数 $z = f(u, v)$,而 u, v 又分别是 x 和 y 的函数, $u = \varphi(x, y), v = \psi(x, y)$,则称
$$z = f[\varphi(x,y), \psi(x,y)]$$
为 x 和 y 的复合函数.

定理 8.3 若函数 $u = \varphi(x,y), v = \psi(x,y)$ 在点 (x,y) 的偏导数存在,而函数 $z = f(u,v)$ 在对应于 (x,y) 的点 (u,v) 处可微,则复合函数 $z = f(\varphi(x,y), \psi(x,y))$ 在点 (x,y) 处存在偏导数,且
$$\frac{\partial z}{\partial x} = \frac{\partial z}{\partial u}\frac{\partial u}{\partial x} + \frac{\partial z}{\partial v}\frac{\partial v}{\partial x},$$
$$\frac{\partial z}{\partial y} = \frac{\partial z}{\partial u}\frac{\partial u}{\partial y} + \frac{\partial z}{\partial v}\frac{\partial v}{\partial y}.$$

证 当自变量 x 取得改变量 $\Delta x \neq 0$,让 y 保持不变,则 u,v 各取得偏改变量 $\Delta_x u$, $\Delta_x v$,相应地,$z=f(u,v)$ 也取得改变量 $\Delta_x z$. 由于 $z=f(u,v)$ 可微,所以

$$\Delta_x z = \frac{\partial z}{\partial u}\Delta_x u + \frac{\partial z}{\partial v}\Delta_x v + o(\rho).$$

其中,$\rho=\sqrt{(\Delta_x u)^2+(\Delta_x v)^2}$.

将上式两端同除以 Δx,得

$$\frac{\Delta_x z}{\Delta x} = \frac{\partial z}{\partial u}\frac{\Delta_x u}{\Delta x} + \frac{\partial z}{\partial v}\frac{\Delta_x v}{\Delta x} + \frac{o(\rho)}{\Delta x}. \tag{8-2}$$

由于 u,v 对 x 的偏导数都存在,故在 $\Delta y=0$ 条件下,当 $\Delta x \to 0$ 时,$\Delta_x u \to 0$,从而有 $\rho \to 0$,这时有

$$\frac{o(\rho)}{\Delta x} = \frac{o(\rho)}{\rho}\cdot\frac{\rho}{\Delta x} = \frac{o(\rho)}{\rho}\cdot\sqrt{\left(\frac{\Delta_x u}{\Delta x}\right)^2+\left(\frac{\Delta_x v}{\Delta x}\right)^2} \to 0.$$

所以,当 $\Delta x \to 0$ 时,对(8-2)式两边取极限,得

$$\frac{\partial z}{\partial x} = \frac{\partial z}{\partial u}\frac{\partial u}{\partial x} + \frac{\partial z}{\partial v}\frac{\partial v}{\partial x}.$$

同理可得

$$\frac{\partial z}{\partial y} = \frac{\partial z}{\partial u}\frac{\partial u}{\partial y} + \frac{\partial z}{\partial v}\frac{\partial v}{\partial y}.$$

我们称这两个式子为链式法则. 即复合函数对某一自变量的偏导数,等于复合函数对每个中间变量的偏导数分别乘以这些中间变量对该自变量的偏导数,然后相加,其项数与中间变量的个数相同.

例1 求 $z=\ln(e^{2(x+y^2)}+x^2+y)$ 的偏导数.

解 设 $u=e^{x+y^2}, v=x^2+y$,则 $z=\ln(u^2+v)$,那么

$$\frac{\partial z}{\partial u}=\frac{2u}{u^2+v}, \qquad \frac{\partial z}{\partial v}=\frac{1}{u^2+v},$$

$$\frac{\partial u}{\partial x}=e^{x+y^2}, \qquad \frac{\partial u}{\partial y}=2ye^{x+y^2},$$

$$\frac{\partial v}{\partial x}=2x, \qquad \frac{\partial v}{\partial y}=1.$$

所以

$$\frac{\partial z}{\partial x}=\frac{2u}{u^2+v}e^{x+y^2}+\frac{2x}{u^2+v}=\frac{2(e^{2(x+y^2)}+x)}{e^{2(x+y^2)}+x^2+y},$$

$$\frac{\partial z}{\partial y}=\frac{2u}{u^2+v}2ye^{x+y^2}+\frac{1}{u^2+v}=\frac{4ye^{2(x+y^2)}+1}{e^{2(x+y^2)}+x^2+y}.$$

例2 求 $z=f(x^2-y^2, e^{xy})$ 的偏导数.

解 设 $u=x^2-y^2, v=e^{xy}$,则 $z=f(u,v)$,那么

$$\frac{\partial u}{\partial x}=2x, \quad \frac{\partial u}{\partial y}=-2y, \quad \frac{\partial v}{\partial x}=ye^{xy}, \quad \frac{\partial v}{\partial y}=xe^{xy},$$

所以

$$\frac{\partial z}{\partial x}=2x\frac{\partial z}{\partial u}+ye^{xy}\frac{\partial z}{\partial v},$$

$$\frac{\partial z}{\partial y}=-2y\frac{\partial z}{\partial u}+xe^{xy}\frac{\partial z}{\partial v}.$$

例 3 $z=f(u,x,y)$, $u=u(x,y)$ 均可微,求 $\dfrac{\partial z}{\partial x}$, $\dfrac{\partial z}{\partial y}$.

解
$$\frac{\partial z}{\partial x}=f_1{}'\cdot\frac{\partial u}{\partial x}+f_2{}',$$

$$\frac{\partial z}{\partial y}=f_1{}'\cdot\frac{\partial u}{\partial y}+f_3{}'.$$

注 $f_i{}'$ 表示 f 对第 i 个中间变量求偏导 $(i=1,2,3)$.

例 4 设函数 $z=f(x,u,v)$, $u=g(x,y)$, $v=\varphi(x,y,u)$ 均可微,求 $\dfrac{\partial z}{\partial x}$, $\dfrac{\partial z}{\partial y}$.

解
$$\frac{\partial z}{\partial x}=f_1{}'+f_2{}'\frac{\partial g}{\partial x}+f_3{}'\left(\varphi_1{}'+\varphi_3{}'\cdot\frac{\partial g}{\partial x}\right),$$

$$\frac{\partial z}{\partial y}=f_2{}'\frac{\partial g}{\partial y}+f_3{}'\left(\varphi_2{}'+\varphi_3{}'\cdot\frac{\partial g}{\partial y}\right).$$

例 5 已知 $w=f(x-y,y-z,t-z)$, 求 $\dfrac{\partial w}{\partial x}+\dfrac{\partial w}{\partial y}+\dfrac{\partial w}{\partial z}+\dfrac{\partial w}{\partial t}$.

解 $\dfrac{\partial w}{\partial x}+\dfrac{\partial w}{\partial y}+\dfrac{\partial w}{\partial z}+\dfrac{\partial w}{\partial t}$
$$=f_1{}'\cdot 1+f_1{}'\cdot(-1)+f_2{}'\cdot 1+f_2{}'\cdot(-1)+f_3{}'\cdot(-1)+f_3{}'\cdot 1=0.$$

特别地,若 $z=f(u,v)$, 而 $u=\varphi(x)$, $v=\psi(x)$, 则 $z=f(\varphi(x),\psi(x))$ 就是 x 的一元函数,这时 z 对 x 的导数称为全导数,即

$$\frac{\mathrm{d}z}{\mathrm{d}x}=\frac{\partial z}{\partial u}\frac{\mathrm{d}u}{\mathrm{d}x}+\frac{\partial z}{\partial v}\frac{\mathrm{d}v}{\mathrm{d}x}.$$

若 $z=f(x,y)$, 而 $y=\varphi(x)$, 则 $z=f(x,\varphi(x))$ 对 x 的全导数为

$$\frac{\mathrm{d}z}{\mathrm{d}x}=\frac{\partial z}{\partial x}+\frac{\partial z}{\partial y}\frac{\mathrm{d}y}{\mathrm{d}x}.$$

例 6 设 $z=\ln(x^2-y^2)$, 其中 $y=\mathrm{e}^x$, 求 $\dfrac{\partial z}{\partial x}$, $\dfrac{\mathrm{d}z}{\mathrm{d}x}$.

解 因为
$$\frac{\partial z}{\partial x}=\frac{2x}{x^2-y^2},$$

$$\frac{\partial z}{\partial y}=\frac{-2y}{x^2-y^2},\ \frac{\mathrm{d}y}{\mathrm{d}x}=\mathrm{e}^x,$$

所以
$$\frac{\mathrm{d}z}{\mathrm{d}x}=\frac{\partial z}{\partial x}+\frac{\partial z}{\partial y}\frac{\mathrm{d}y}{\mathrm{d}x}=\frac{2x}{x^2-y^2}-\frac{2y\mathrm{e}^x}{x^2-y^2}=\frac{2(x-y\mathrm{e}^x)}{x^2-y^2}.$$

事实上,将 $y=\mathrm{e}^x$ 代入 $z=\ln(x^2-y^2)$ 中,得到 z 是 x 的一元函数,然后求导,也得同样结果.

例 7 设 $z=x^y(x>0)$, 而 $x=\sin t$, $y=\cos t$, 求 $\dfrac{\mathrm{d}z}{\mathrm{d}t}$.

解 因为 $\dfrac{\partial z}{\partial x}=yx^{y-1}$, $\dfrac{\partial z}{\partial y}=x^y\ln x$, $\dfrac{\mathrm{d}x}{\mathrm{d}t}=\cos t$, $\dfrac{\mathrm{d}y}{\mathrm{d}t}=-\sin t$,

所以
$$\frac{\mathrm{d}z}{\mathrm{d}t}=\frac{\partial z}{\partial x}\frac{\mathrm{d}x}{\mathrm{d}t}+\frac{\partial z}{\partial y}\frac{\mathrm{d}y}{\mathrm{d}t}=yx^{y-1}\cos t-x^y\ln x\sin t.$$

二、隐函数的微分法

对一元函数的隐函数 $F(x,y)=0$，我们用复合函数的求导法去求它的导数，现在利用偏导数给出隐函数的导数公式. 假设 $F(x,y)=0$ 确定 y 是 x 的函数 $y=f(x)$，则有恒等式
$$F(x,f(x))\equiv 0.$$
等式左边是 x 的复合函数，如果 $F(x,y)$ 及 $f(x)$ 都是可微函数，则应用全导公式得
$$\frac{\mathrm{d}F[(x,f(x)]}{\mathrm{d}x}=\frac{\partial F}{\partial x}+\frac{\partial F}{\partial y}\cdot\frac{\mathrm{d}y}{\mathrm{d}x}=0.$$
若 $\frac{\partial F}{\partial y}\neq 0$，则
$$\frac{\mathrm{d}y}{\mathrm{d}x}=-\frac{\frac{\partial F}{\partial x}}{\frac{\partial F}{\partial y}}.$$
这是由 $F(x,y)=0$ 确定的隐函数的求偏导数公式.

同样，如果三元方程 $F(x,y,z)=0$ 确定了二元函数 $z=f(x,y)$，将其代入原方程得
$$F[x,y,f(x,y)]\equiv 0.$$
等式两端分别对 x 和 y 求偏导数，得
$$\frac{\partial F}{\partial x}+\frac{\partial F}{\partial z}\frac{\partial z}{\partial x}=0,\quad \frac{\partial F}{\partial y}+\frac{\partial F}{\partial z}\frac{\partial z}{\partial y}=0.$$
若 $\frac{\partial F}{\partial z}\neq 0$，则
$$\frac{\partial z}{\partial x}=-\frac{\frac{\partial F}{\partial x}}{\frac{\partial F}{\partial z}},\quad \frac{\partial z}{\partial y}=-\frac{\frac{\partial F}{\partial y}}{\frac{\partial F}{\partial z}}.$$
这是由 $F(x,y,z)=0$ 确定的隐函数的求偏导数公式.

例 8 已知 $\sin y+\mathrm{e}^x-xy^2=0$，求 $\frac{\mathrm{d}y}{\mathrm{d}x}$.

解 令 $F(x,y)=\sin y+\mathrm{e}^x-xy^2$，则
$$\frac{\partial F}{\partial x}=\mathrm{e}^x-y^2,\quad \frac{\partial F}{\partial y}=\cos y-2xy,$$
所以
$$\frac{\mathrm{d}y}{\mathrm{d}x}=\frac{-(\mathrm{e}^x-y^2)}{\cos y-2xy}.$$

例 9 求 $\frac{x^2}{4}+\frac{y^2}{8}+\frac{z^2}{16}=1$ 确定的隐函数的偏导数 $\frac{\partial z}{\partial x},\frac{\partial z}{\partial y}$.

解 设 $F(x,y,z)=\frac{x^2}{4}+\frac{y^2}{8}+\frac{z^2}{16}-1$，则
$$\frac{\partial F}{\partial x}=\frac{x}{2},\quad \frac{\partial F}{\partial y}=\frac{y}{4},\quad \frac{\partial F}{\partial z}=\frac{z}{8}.$$

当 $\dfrac{\partial F}{\partial z} \neq 0$,即 $z \neq 0$ 时,

$$\frac{\partial z}{\partial x} = -\frac{4x}{z}, \quad \frac{\partial z}{\partial y} = -\frac{2y}{z}.$$

例 10 设 $z=z(x,y)$ 由关系式 $x^2+y^2+z^2=xf\left(\dfrac{y}{x}\right)$ 确定,其中 $f(t)$ 可微,求 z_x', z_y'.

解 关系式两端对 x 求导可得

$$2x + 2z \cdot z_x' = f\left(\frac{y}{x}\right) + xf'\left(\frac{y}{x}\right) \cdot \left(-\frac{y}{x^2}\right),$$

所以

$$z_x' = \frac{1}{2z}\left[f\left(\frac{y}{x}\right) - \frac{y}{x}f'\left(\frac{y}{x}\right) - 2x\right].$$

同理可得

$$z_y' = \frac{1}{2z}\left[f'\left(\frac{y}{x}\right) - 2y\right].$$

例 11 设 $z=z(x,y)$ 由关系式 $\dfrac{1}{z}-\dfrac{1}{x}=f\left(\dfrac{1}{y}-\dfrac{1}{x}\right)$ 确定,证明:$x^2\dfrac{\partial z}{\partial x}+y^2\dfrac{\partial z}{\partial y}=z^2$.

证明 记 $u=\dfrac{1}{y}-\dfrac{1}{x}$,则 $\dfrac{1}{z}-\dfrac{1}{x}=f(u)$.

上式两端分别对 x,y 求偏导可得

$$-\frac{1}{z^2}\frac{\partial z}{\partial x} + \frac{1}{x^2} = f'(u) \cdot \frac{1}{x^2},$$

$$-\frac{1}{z^2}\frac{\partial z}{\partial y} = f'(u) \cdot \left(-\frac{1}{y^2}\right),$$

故

$$\frac{\partial z}{\partial x} = \frac{z^2}{x^2}[1-f'(u)], \quad \frac{\partial z}{\partial y} = \frac{z^2}{y^2}f'(u),$$

$$x^2\frac{\partial z}{\partial x} + y^2\frac{\partial z}{\partial y} = z^2[1-f'(u)] + z^2 f'(u) = z^2.$$

例 12 证明由方程 $F(bz-cy, cx-az, ay-bx)=0$ 确定的隐函数 $z=f(x,y)$ 满足

$$a\frac{\partial z}{\partial x} + b\frac{\partial z}{\partial y} = c.$$

证明 方程 $F(bz-cy, cx-az, ay-bx)=0$ 两端分别对 x,y 求偏导:

$$F_1' \cdot b\frac{\partial z}{\partial x} + F_2' \cdot \left(c - a\frac{\partial z}{\partial x}\right) + F_3' \cdot (-b) = 0,$$

$$F_1' \cdot \left(b\frac{\partial z}{\partial y} - c\right) + F_2' \cdot \left(-a\frac{\partial z}{\partial y}\right) + F_3' \cdot a = 0,$$

得

$$\frac{\partial z}{\partial x} = \frac{-cF_2' + bF_3'}{bF_1' - aF_2'}, \quad \frac{\partial z}{\partial y} = \frac{cF_1' - aF_3'}{bF_1' - aF_2'},$$

故

$$a\frac{\partial z}{\partial x} + b\frac{\partial z}{\partial y} = \frac{a(-cF_2' + bF_3')}{bF_1' - aF_2'} + \frac{b(cF_1' - aF_3')}{bF_1' - aF_2'} = \frac{c(bF_1' - aF_2')}{bF_1' - aF_2'} = c.$$

例 13 设 $z=z(x,y)$ 是方程 $x^2+y^2-z=\varphi(x+y+z)$ 所确定的函数,其中 φ 具有二阶导数,且 $\varphi' \neq -1$.

(1) 求 $\mathrm{d}z$;

(2) 记 $u(x,y)=\dfrac{1}{x-y}\left(\dfrac{\partial z}{\partial x}-\dfrac{\partial z}{\partial y}\right)$,求 $\dfrac{\partial u}{\partial x}$.

解 (1) 对方程 $x^2+y^2-z=\varphi(x+y+z)$ 求微分,则有
$$2x\mathrm{d}x+2y\mathrm{d}y-\mathrm{d}z=\varphi'(x+y+z)(\mathrm{d}x+\mathrm{d}y+\mathrm{d}z),$$
$$(\varphi'+1)\mathrm{d}z=(-\varphi'+2x)\mathrm{d}x+(-\varphi'+2y)\mathrm{d}y,$$

故有
$$\mathrm{d}z=\frac{(-\varphi'+2x)\mathrm{d}x+(-\varphi'+2y)\mathrm{d}y}{\varphi'+1}(\text{其中 }\varphi'\neq -1).$$

(2) 由(1)可知 $\dfrac{\partial z}{\partial x}=\dfrac{-\varphi'+2x}{\varphi'+1}$,$\dfrac{\partial z}{\partial y}=\dfrac{-\varphi'+2y}{\varphi'+1}$,则
$$u(x,y)=\frac{1}{x-y}\left(\frac{\partial z}{\partial x}-\frac{\partial z}{\partial y}\right)=\frac{1}{x-y}\cdot\frac{2x-2y}{\varphi'+1}=\frac{2}{\varphi'+1},$$

从而偏导数
$$\frac{\partial u}{\partial x}=\frac{-2(\varphi'+1)_x'}{(\varphi'+1)^2}=\frac{-2\varphi''\left(1+\dfrac{\partial z}{\partial x}\right)}{(\varphi'+1)^2}$$
$$=\frac{-2\varphi''\left(1+\dfrac{-\varphi'+2x}{\varphi'+1}\right)}{(\varphi'+1)^2}=-\frac{2\varphi''(1+2x)}{(\varphi'+1)^3}.$$

§8.5 高阶偏导数

由于二元函数 $z=f(x,y)$ 的偏导数仍是 x 和 y 的二元函数,故可以再求偏导数. 如果这种偏导数存在,则称之为 $f(x,y)$ 的二阶偏导数,即二阶偏导数是一阶偏导的偏导数,其可表示为
$$z''_{xx}=f''_{xx}(x,y)=\frac{\partial}{\partial x}\left(\frac{\partial z}{\partial x}\right)=\frac{\partial^2 z}{\partial x^2},$$
$$z''_{yy}=f''_{yy}(x,y)=\frac{\partial}{\partial y}\left(\frac{\partial z}{\partial y}\right)=\frac{\partial^2 z}{\partial y^2},$$
$$z''_{xy}=f''_{xy}(x,y)=\frac{\partial}{\partial y}\left(\frac{\partial z}{\partial x}\right)=\frac{\partial^2 z}{\partial x\partial y},$$
$$z''_{yx}=f''_{yx}(x,y)=\frac{\partial}{\partial x}\left(\frac{\partial z}{\partial y}\right)=\frac{\partial^2 z}{\partial y\partial x}.$$

其中,z''_{xy} 与 z''_{yx} 叫做二阶混合偏导数.

注 由于求导的顺序不同而得到的两个二阶混合偏导数未必相等,但若满足如下定理则其相等.

定理 8.4 若 $f''_{xy}(x,y)$ 与 $f''_{yx}(x,y)$ 在点 (x,y) 都连续,则
$$f''_{xy}(x,y)=f''_{yx}(x,y).$$

证明略.

用上述同样的方法可以给出更高阶偏导数的定义.

例 1 求 $z=x^3y-3x^2y^3$ 的二阶偏导数.

解
$$\frac{\partial z}{\partial x}=3x^2y-6xy^3,\quad \frac{\partial z}{\partial y}=x^3-9x^2y^2,$$

$$\frac{\partial^2 z}{\partial x^2} = 6xy - 6y^3, \quad \frac{\partial^2 z}{\partial y^2} = -18x^2 y,$$

$$\frac{\partial^2 z}{\partial x \partial y} = 3x^2 - 18xy^2, \quad \frac{\partial^2 z}{\partial y \partial x} = 3x^2 - 18xy^2.$$

例2 设 $u = e^{xy} \sin z$，求 $\dfrac{\partial^3 u}{\partial x \partial y \partial z}$.

解
$$\frac{\partial u}{\partial x} = y e^{xy} \sin z,$$

$$\frac{\partial^2 u}{\partial x \partial y} = e^{xy} \sin z + xy e^{xy} \sin z = e^{xy}(1+xy)\sin z,$$

$$\frac{\partial^3 u}{\partial x \partial y \partial z} = e^{xy}(1+xy)\cos z.$$

例3 设 $f(u,v)$ 有连续的二阶偏导数，$z = f(xy, x^2+y^2)$，求 $\dfrac{\partial^2 z}{\partial x^2}, \dfrac{\partial^2 z}{\partial x \partial y}$.

解 令 $u = xy, v = x^2+y^2$，则 $z = f(u,v)$. 于是有
$$z_x' = y f_u' + 2x f_v',$$
$$z_{xx}'' = y(f_u')_x' + 2f_v' + 2x(f_v')_x'$$
$$= y(y f_{uu}'' + 2x f_{uv}'') + 2f_v' + 2x(y f_{vu}'' + 2x f_{vv}'')$$
$$= y^2 f_{uu}'' + 4xy f_{uv}'' + 2f_v' + 4x^2 f_{vv}'',$$
$$z_{xy}'' = f_u' + y(f_u')_y' + 2x(f_v')_y'$$
$$= f_u' + y(x f_{uu}'' + 2y f_{uv}'') + 2x(x f_{vu}'' + 2y f_{vv}'')$$
$$= f_u' + xy f_{uu}'' + 2(x^2+y^2) f_{uv}'' + 4xy f_{vv}''.$$

注 复合函数 $f(u,v)$ 求偏导之后，$f_u'(u,v), f_v'(u,v)$ 仍是复合函数.

例4 若函数 $z = f(x,y)$ 满足 $\dfrac{\partial^2 z}{\partial y^2} = 2$，且 $f(x,1) = x+2$，又 $f_y'(x,1) = x+1$，求 $f(x,y)$.

解 由 $\dfrac{\partial^2 z}{\partial y^2} = 2$ 得 $\dfrac{\partial z}{\partial y} = \int 2 dy = 2y + \varphi(x)$，由 $f_y'(x,1) = 1+x$ 知 $2 + \varphi(x) = 1+x$，即 $\varphi(x) = x-1$，$\dfrac{\partial z}{\partial y} = 2y + x - 1$，于是
$$z = \int (2y+x-1) dy = y^2 + (x-1)y + \psi(x).$$
由 $f(x,1) = x+2$ 知 $1 + (x-1) + \psi(x) = x+2$，
故 $\psi(x) = 2, \quad z = y^2 + (x-1)y + 2.$

§8.6 多元函数的极值与最值

一、二元函数的极值

以下设二元函数 $f(x,y)$ 的定义域为 D，点 (x_0, y_0) 是 D 的内点.

定义 8.10 如果函数 $f(x,y)$ 在点 (x_0,y_0) 的某个邻域内对异于 (x_0,y_0) 的任何点 (x,y) 恒有 $f(x_0,y_0)>f(x,y)$（或 $f(x_0,y_0)<f(x,y)$），则称 $f(x,y)$ 在点 (x_0,y_0) 取得极大值（或极小值）$f(x_0,y_0)$，点 (x_0,y_0) 称为函数 $f(x,y)$ 的极大值点（或极小值点）.

函数的极大值和极小值统称为极值，极大值点和极小值点统称为极值点。

定理 8.5（极值存在的必要条件）如果函数 $f(x,y)$ 在点 (x_0,y_0) 取得极值，且在点 (x_0,y_0) 偏导数都存在，则
$$f_x'(x_0,y_0)=0, \quad f_y'(x_0,y_0)=0.$$

证 由于二元函数 $f(x,y)$ 在点 (x_0,y_0) 有极值，所以一元函数 $f(x,y_0)$ 在点 $x=x_0$ 处也有极值. 由一元函数取得极值的必要条件，有
$$f_x'(x_0,y_0)=0.$$
同理
$$f_y'(x_0,y_0)=0.$$

方程组
$$\begin{cases} f_x'(x_0,y_0)=0, \\ f_y'(x_0,y_0)=0 \end{cases}$$
的解（即平面上的某些点）叫做二元函数 $f(x,y)$ 的驻点.

该定理说明，若函数 $f(x,y)$ 的两个一阶偏导数存在，则在求二元函数的极值时，只需对驻点进行考察，但在驻点并不一定能取极值.

例如，二元函数 $f(x,y)=y^2-x^2$（马鞍面）.

由 $f_x'(x,y)=-2x, f_y'(x,y)=2y$，可得驻点 $(0,0)$，且 $f(0,0)=0$. 但在点 $(0,0)$ 的邻域内，点 $(x,0)(x\neq 0)$ 处的函数值 $f(x,0)=-x^2<0$，点 $(0,y)(y\neq 0)$ 处的函数值 $f(0,y)=y^2>0$，因此 $f(0,0)$ 不是极值，即驻点 $(0,0)$ 不是极值点.

与一元函数相仿，在函数的偏导数不存在的点上也可能取得极值. 例如，$f(x,y)=\sqrt{x^2+y^2}$ 在原点的偏导数不存在，但在原点取得极小值.

上述结论可相应地推广到 n 元函数的极值问题上去.

驻点是否为极值点呢？

定理 8.6（极值存在的充分条件） 设二元函数 $f(x,y)$ 在驻点 (x_0,y_0) 的某邻域内具有一阶和二阶的连续偏导数，并记
$$A=f_{xx}''(x_0,y_0), \qquad B=f_{xy}''(x_0,y_0),$$
$$C=f_{yy}''(x_0,y_0), \qquad D=B^2-AC.$$

（1）若 $D<0$，且 $A<0$，则 (x_0,y_0) 是极大值点；

（2）若 $D<0$，且 $A>0$，则 (x_0,y_0) 是极小值点；

（3）若 $D>0$，则 (x_0,y_0) 不是极值点；

（4）若 $D=0$，则 (x_0,y_0) 是否为极值点须进一步讨论.

证明略.

例 1 求 $z=x^3+y^3-3xy$ 的极值.

解 求偏导数，令它们等于零
$$\begin{cases} z_x'=3x^2-3y=0, \\ z_y'=3y^2-3x=0. \end{cases}$$

解此方程组,得驻点(0,0)和(1,1).

求二阶偏导数
$$z_{xx}''=6x,\ z_{xy}''=-3,\ z_{yy}''=6y.$$

对于驻点$(0,0)$,$A=0$,$B=-3$,$C=0$,$D=9>0$,故$(0,0)$不是极值点;

对于驻点$(1,1)$,$A=6$,$B=-3$,$C=6$,$D=-27<0$,并且$A>0$,故$(1,1)$为极小点,极小值为-1.

如果函数$z=f(x,y)$在闭区域D上连续,则函数在D上一定有最大值和最小值. 其求法是:求出函数在D内的所有可能取极值的点(驻点和导数不存在的点)及边界上可能取最值的点,再将上述点的值求出相比较,取其最大的与最小的,即为所求.

如果根据实际问题可以判定函数有最值,而驻点又唯一,则该驻点即为所求最值点.

例2 设商品A的需求量为x,价格为p,需求函数为$p=26-x$;商品B的需求量为y,价格为q,需求函数为$q=40-4y$,生产两种产品的总成本函数为$C=x^2+2xy+y^2$.问两种商品各生产多少时,才能获得最大利润.

解 总收入 $R=xp+yq=26x-x^2+40y-4y^2$,

总利润 $L=R-C=26x-2x^2+40y-5y^2-2xy$.

解方程组
$$\begin{cases}L_x'=26-4x-2y=0,\\ L_y'=40-10y-2x=0\end{cases}$$

得唯一驻点$(5,3)$.依实际问题,L只可能在点$(5,3)$取最大值,即生产商品A 5件、生产商品B 3件时,可获得最大利润.

例3 设长方体三边长度之和为a,试问三边各取什么值时,所得长方体的体积最大.

解 设三边长度各为x,y,z. 由题设知
$$x+y+z=a,$$
即$z=a-x-y$.

于是,长方体的体积为
$$V=xyz=xy(a-x-y).$$
令
$$\begin{cases}V_x'=ay-2xy-y^2=0,\\ V_y'=ax-x^2-2xy=0;\end{cases}$$

得唯一解$\left(\dfrac{a}{3},\dfrac{a}{3}\right)$. 因实际问题必存在最大值,从而$V$在$\left(\dfrac{a}{3},\dfrac{a}{3}\right)$处取最大值,即当各边的长都是$\dfrac{a}{3}$时,长方体(此时已是正方体)的体积最大.

例4 求函数$z=x^2y(4-x-y)$在直线$x+y=6$,x轴和y轴所围成的区域D上的最大值和最小值.

解 区域D如图8-9所示.
$$\frac{\partial z}{\partial x}=2xy(4-x-y)-x^2y=xy(8-3x-2y),$$

$$\frac{\partial z}{\partial y} = x^2(4-x-y) - x^2 y = x^2(4-x-2y).$$

为了求得 D 内的驻点,只要解方程组 $\begin{cases} 3x+2y=8, \\ x+2y=4, \end{cases}$ 由此可解得 $z(x,y)$ 在 D 内唯一驻点为 $(2,1)$,且 $z(2,1)=4$.

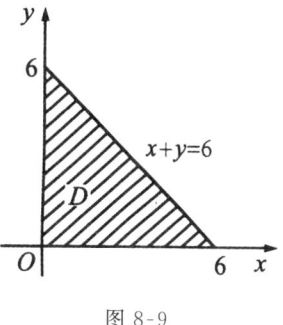

图 8-9

在 D 的边界 $y=0, 0 \leqslant x \leqslant 6$ 或 $x=0, 0 \leqslant y \leqslant 6$ 上 $z(x,y) = 0$.

在边界 $x+y=6 (0 \leqslant x \leqslant 6)$ 上,将 $y=6-x$ 代入 $z(x,y) = 2(x^3-6x^2)(0 \leqslant x \leqslant 6)$.

令
$$\varphi(x) = 2(x^3-6x^2), \quad 0 \leqslant x \leqslant 6,$$
则
$$\varphi'(x) = 6x^2 - 24x.$$

令 $\varphi'(x)=0$ 得 $x_1=0, x_2=4$. 由于
$$\varphi(0)=0, \varphi(4)=-64, \varphi(6)=0,$$
则 $z(x,y)$ 在边界 $x+y=6 (0 \leqslant x \leqslant 6)$ 上最大值为 0,最小值为 -64.

由此可知,$z(x,y)$ 在区域 D 上的最大值为 4,最小值为 -64.

例 5 (最小二乘法问题)

设通过观测或实验得到 n 个点 $(x_i, y_i), i=1,2,\cdots,n$. 它们大体上散布在一条直线附近,即大体上可用直线方程来反映变量 x 与 y 之间的对应关系. 现要确定一直线,使它与这 n 个点总的看来最接近,即一直线与这 n 个点沿平行纵轴的距离平方和最小(最小二乘方).

设所求直线方程为 $y=ax+b$,所测的 n 个点为 $(x_i, y_i)(i=1,2,\cdots,n)$. 现要确定 a, b,使得
$$f(a,b) = \sum_{i=1}^{n} (ax_i+b-y_i)^2$$
最小. 为此,令
$$\begin{cases} f_a' = 2 \sum_{i=1}^{n} x_i(ax_i+b-y_i) = 0; \\ f_b' = 2 \sum_{i=1}^{n} (ax_i+b-y_i) = 0. \end{cases}$$

求这个关于 a, b 的线性方程组
$$\begin{cases} a \sum_{i=1}^{n} x_i^2 + b \sum_{i=1}^{n} x_i - \sum_{i=1}^{n} x_i y_i = 0, \\ a \sum_{i=1}^{n} x_i + bn - \sum_{i=1}^{n} y_i = 0 \end{cases}$$
的解,即得 $f(a,b)$ 的驻点

$$\bar{a} = \frac{n\sum_{i=1}^{n} x_i y_i - \left(\sum_{i=1}^{n} x_i\right)\left(\sum_{i=1}^{n} y_i\right)}{n\sum_{i=1}^{n} x_i^2 - \left(\sum_{i=1}^{n} x_i\right)^2},$$

$$\bar{b} = \frac{\left(\sum_{i=1}^{n} x_i^2\right)\left(\sum_{i=1}^{n} y_i\right) - \left(\sum_{i=1}^{n} x_i y_i\right)\left(\sum_{i=1}^{n} x_i\right)}{n\sum_{i=1}^{n} x_i^2 - \left(\sum_{i=1}^{n} x_i\right)^2}.$$

为了进一步确定该点是否为极值点，我们计算得

$$A = f_{aa}'' = 2\sum_{i=1}^{n} x_i^2, \quad B = f_{ab}'' = 2\sum_{i=1}^{n} x_i, \quad C = f_{bb}'' = 2n,$$

于是

$$D = B^2 - AC = 4\left(\sum_{i=1}^{n} x_i\right)^2 - 4n\sum_{i=1}^{n} x_i^2 < 0.$$

由于 $A > 0$，所以 $f(a, b)$ 在点 $(\bar{a}, \bar{b})$ 取得极小值.

二、条件极值与拉格朗日乘数法

在上面所举的例子中，尽管都是求极值问题，但有所不同．在求 $z = x^3 + y^3 - 3xy$ 的极值时，其中 x 和 y 在其定义域内独立地变化，不受任何限制；但在求 $v = xyz$ 的极值时，自变量 x, y, z 必须满足条件 $x + y + z = a$．像这样对自变量有附加条件的极值称为条件极值，而前者称为无条件极值，简称极值.

如何求条件极值呢？

方法一 化条件极值为无条件极值．如例3，从附加条件中解出一些自变量为其他自变量的函数，代入到所讨论的函数表达式中，这样就把条件极值化为无条件极值了.

方法二 拉格朗日乘数法．这是一个普遍适用的方法，它不仅可以免去隐函数化显函数的困难，还可以简化运算步骤，特别是对于自变量较多、附加条件也多的情况更为优越.

条件极值的一般形式是，在满足约束方程组

$$\begin{cases} \varphi_1(x_1, x_2, \cdots, x_n) = 0; \\ \varphi_2(x_1, x_2, \cdots, x_n) = 0; \\ \quad\cdots\cdots \\ \varphi_m(x_1, x_2, \cdots, x_n) = 0; \end{cases} \quad m < n$$

的一切点 $(x_1, x_2, \cdots, x_n)$ 中求 n 元函数 $u = f(x_1, x_2, \cdots, x_n)$ 的极值.

拉格朗日提出一种引入恰好等于约束方程个数的 m 个独立的未定乘数（称为拉格朗日乘数），然后化为一般的极值问题的方法．这样的方法称为拉格朗日乘数法，步骤如下.

（1）作拉格朗日函数（或辅助函数）

$$F(x_1, x_2, \cdots, x_n, \lambda_1, \lambda_2, \cdots, \lambda_m) = f + \lambda_1\varphi_1 + \lambda_2\varphi_2 + \cdots + \lambda_m\varphi_m,$$

这就把约束方程组之下求函数 f 的条件极值变为函数 F 的无条件极值，其中引入的 $\lambda_1, \lambda_2, \cdots, \lambda_m$ 称为拉格朗日乘数，它们只是为了简化演算的手续，对讨论条件极值不起作用.

(2) 写出 $F(x_1,x_2,\cdots,x_n,\lambda_1,\lambda_2,\cdots,\lambda_m)$ 存在无条件极值的必要条件:

$$\begin{cases} \dfrac{\partial F}{\partial x_1}=\dfrac{\partial f}{\partial x_1}+\lambda_1\dfrac{\partial \varphi_1}{\partial x_1}+\lambda_2\dfrac{\partial \varphi_2}{\partial x_1}+\cdots+\lambda_m\dfrac{\partial \varphi_m}{\partial x_1}=0; \\ \cdots\cdots \\ \dfrac{\partial F}{\partial x_n}=\dfrac{\partial f}{\partial x_n}+\lambda_1\dfrac{\partial \varphi_1}{\partial x_n}+\lambda_2\dfrac{\partial \varphi_2}{\partial x_n}+\cdots+\lambda_m\dfrac{\partial \varphi_m}{\partial x_n}=0; \\ \dfrac{\partial F}{\partial \lambda_1}=\varphi_1=0; \\ \cdots\cdots \\ \dfrac{\partial F}{\partial \lambda_m}=\varphi_m=0. \end{cases}$$

解方程得可能的极值点 $(x_1,x_2,\cdots,x_n)$ 及乘数.

(3) 判别求出的 $(x_1,x_2,\cdots,x_n)$ 是否为极值点,通常都是根据问题本身的实际意义来确定.

例 6 如上面的例 3,问题可归结为求三元函数 $V=xyz(x>0,y>0,z>0)$ 在约束条件 $x+y+z=a$ 下的条件极值.

下面利用拉格朗日乘数法求解.

作拉格朗日函数

$$F(x,y,z,\lambda)=xyz+\lambda(x+y+z-a),$$

令其偏导数为零

$$\begin{cases} F_x{'}=yz+\lambda=0; \\ F_y{'}=xz+\lambda=0; \\ F_z{'}=xy+\lambda=0; \\ F_\lambda{'}=x+y+z-a=0. \end{cases}$$

消去 λ,解得唯一解 $x=y=z=\dfrac{a}{3}$,与例 3 相同.

例 7 设有 n 个正数 $x_1,x_2,\cdots,x_n$,且 $x_1+x_2+\cdots+x_n=a$(常数). 问当 $x_1,x_2,\cdots,x_n$ 取何值时,函数 $u=\sqrt[n]{x_1x_2\cdots x_n}$ 取最大值.

解 作拉格朗日函数

$$F=\sqrt[n]{x_1x_2\cdots x_n}+\lambda(x_1+x_2+\cdots+x_n-a).$$

令

$$\begin{cases} F_{x_1}{'}=\dfrac{1}{n}(x_1x_2\cdots x_n)^{\frac{1}{n}-1}(x_2x_3\cdots x_n)+\lambda=\dfrac{1}{n}\dfrac{u}{x_1}+\lambda=0; \\ F_{x_2}{'}=\dfrac{1}{n}(x_1x_2\cdots x_n)^{\frac{1}{n}-1}(x_1x_3\cdots x_n)+\lambda=\dfrac{1}{n}\dfrac{u}{x_2}+\lambda=0; \\ \cdots\cdots \\ F_{x_n}{'}=\dfrac{1}{n}(x_1x_2\cdots x_n)^{\frac{1}{n}-1}(x_1x_2\cdots x_{n-1})+\lambda=\dfrac{1}{n}\dfrac{u}{x_n}+\lambda=0; \\ F_\lambda{'}=x_1+x_2+\cdots+x_n-a=0; \end{cases}$$

即
$$\begin{cases} u = -n\lambda x_1; \\ u = -n\lambda x_2; \\ \cdots\cdots \\ u = -n\lambda x_n; \\ x_1 + x_2 + \cdots + x_n = a. \end{cases}$$

显然,其解为
$$x_1 = x_2 = \cdots = x_n = \frac{a}{n}.$$

因给定问题存在最大值,故函数 u 在 $\left(\frac{a}{n}, \frac{a}{n}, \cdots, \frac{a}{n}\right)$ 必取极大值 $\sqrt[n]{\left(\frac{a}{n}\right)^n} = \frac{a}{n}$,于是
$$\sqrt[n]{x_1 x_2 \cdots x_n} \leqslant \frac{a}{n},$$

即
$$\sqrt[n]{x_1 x_2 \cdots x_n} \leqslant \frac{x_1 + x_2 + \cdots + x_n}{n}.$$

从而得到:n 个正数的几何平均值不超过它的算术平均值.

例 8 某厂生产甲、乙两种产品,当两种产品的产量分别为 x 吨和 y 吨时,总收益为
$$R = 27x + 42y - x^2 - 2xy - 4y^2 (万元),$$
成本函数为
$$C = 36 + 12x + 8y(万元).$$
另外,生产甲产品每吨还需支付排污费 1 万元,生产乙产品每吨还需支付排污费 2 万元.

(1) 如果不限制排污费,怎样安排生产,可使总利润最大?最大总利润是多少?

(2) 如果排污费用支出总额限制为 6 万元,应怎样安排生产,使总利润最大?最大总利润是多少?

解 (1) 这是一个无条件极值问题,总利润函数为(设生产甲、乙两种产品分别为 x 吨和 y 吨)
$$\begin{aligned} L(x,y) &= R - C - (x + 2y) \\ &= 14x + 32y - x^2 - 2xy - 4y^2 - 36. \end{aligned}$$

解方程组
$$\begin{cases} L'_x = 14 - 2x - 2y = 0, \\ L'_y = 32 - 2x - 8y = 0 \end{cases}$$

得唯一驻点 $(4, 3)$. 由问题的实际意义可知,总利润存在最大值. 故最大值必在 $(4, 3)$ 处取得,即生产甲产品 4 吨,乙产品 3 吨可使总利润最大,最大总利润为
$$L(4, 3) = 40(万元).$$

(2) 这是一个条件极值问题. 仍设生产甲产品 x 吨,乙产品 y 吨,则问题是求函数在条件 $x + 2y = 6$ 下的最大值问题. 令
$$L = 14x + 32y - x^2 - 2xy - 4y^2 - 36 + \lambda(x + 2y - 6).$$

解方程组
$$\begin{cases} 14 - 2x - 2y + \lambda = 0, \\ 32 - 2x - 8y + 2\lambda = 0, \\ x + 2y - 6 = 0 \end{cases}$$

得 $x = 2, y = 2$,即得唯一可能的驻点 $(2, 2)$. 从实际意义上看,总利润必有最大值,则最大值必在 $(2, 2)$ 处取得. 故生产甲产品 2 吨,乙产品 2 吨可使总利润最大,最大总利润为
$$L(2, 2) = 28(万元).$$

§8.7 二重积分

一、二重积分的概念

我们先来讨论曲顶柱体的体积问题. 设 $z=f(x,y)$ 是有界闭区域 D 上的连续函数,且 $f(x,y)\geqslant 0,(x,y)\in D$. 在几何上它表示一个连续的曲面. 试求以曲面 $z=f(x,y)$ 为顶,以区域 D 为底,以 D 的边界为准线,母线平行于 Oz 轴的柱面所围成的曲顶柱体体积 V(图 8-10).

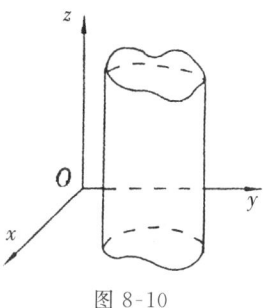

图 8-10

为了求得曲顶柱体的体积,我们采用类似于求曲边梯形面积的方法,首先用一些光滑曲线(例如,分别与 x 轴、y 轴平行的一些直线段)把区域 D 分成 n 个小区域 $\Delta\sigma_1,\Delta\sigma_2,\cdots,\Delta\sigma_n$(图 8-11),且以 $\Delta\sigma_i$ 表示第 i 个小区域的面积. 这样就把曲顶柱体分成了以 $\Delta\sigma_i$ 为底的 n 个小曲顶柱体. 若在 $\Delta\sigma_i$ 中任取一点 (x_i,y_i),由于曲面 $z=f(x,y)$ 是连续的,所以在分割得很细的情况下,这些小曲顶柱体的体积就可近似地用平顶柱体的体积 $f(x_i,y_i)\Delta\sigma_i$ 代替 $(i=1,2,\cdots,n)$(图 8-12),所以

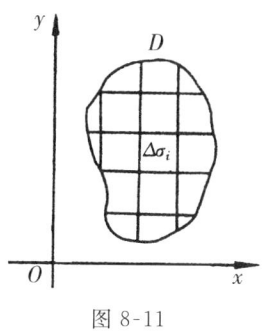

图 8-11

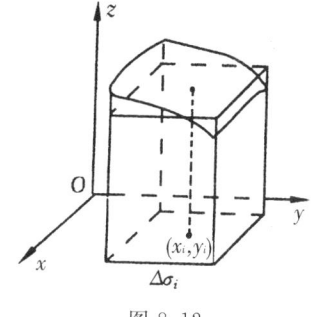

图 8-12

$$V\approx \sum_{i=1}^{n}f(x_i,y_i)\Delta\sigma_i.$$

当分割愈细,小区域 $\Delta\sigma_i$ 愈小而逐渐收缩为一点时,上式的近似程度愈高. 我们用 d_i 表示 $\Delta\sigma_i$ 中任意两点间距离的最大值(称为该区域的直径),记 $d=\max\limits_{1\leqslant i\leqslant n}\{d_i\}$,这样 $d\to 0$ 时,就得到了曲顶柱体体积,即

$$V=\lim_{d\to 0}\sum_{i=1}^{n}f(x_i,y_i)\Delta\sigma_i. \tag{8-3}$$

现在我们给出二重积分的定义.

定义 8.11 设 $f(x,y)$ 是定义在有界闭区域 D 上的二元函数,将 D 分成任意 n 个区域 $\Delta\sigma_1,\Delta\sigma_2,\cdots,\Delta\sigma_n$,在每个小区域中任取一点 (x_i,y_i),作积分和

$$\sum_{i=1}^{n} f(x_i, y_i) \Delta \sigma_i. \qquad (8\text{-}4)$$

当 n 无限增大,且最大直径 $d = \max\limits_{1 \leqslant i \leqslant n} \{d_i\}$ 趋于零时,如果积分和(8-4)式的极限存在,且与小区域的分法及点 (x_i, y_i) 的选取无关,则称此极限为函数 $f(x,y)$ 在区域 D 上的二重积分,记为 $\iint\limits_{D} f(x,y) \mathrm{d}\sigma$,即

$$\iint\limits_{D} f(x,y) \mathrm{d}\sigma = \lim_{d \to 0} \sum_{i=1}^{n} f(x_i, y_i) \Delta \sigma_i.$$

此时也称 $f(x,y)$ 在 D 上是可积的,D 称为积分区域,$f(x,y)$ 称为被积函数,$\Delta \sigma$ 称为面积元素.

由此得出:曲顶柱体的体积 V 就是曲面方程 $z = f(x,y) \geqslant 0$ 在区域 D 上的二重积分.

注 (1) 有界闭区域 D 上的连续函数一定可积(证明略去).

(2) 若 $f(x,y)$ 在 D 上可积,可以证明,在直角坐标系下,面积元素 $\mathrm{d}\sigma = \mathrm{d}x\mathrm{d}y$,所以在直角坐标系中二重积分可记为

$$\iint\limits_{D} f(x,y) \mathrm{d}\sigma = \iint\limits_{D} f(x,y) \mathrm{d}x\mathrm{d}y.$$

二、二重积分的基本性质

如果 $f(x,y)$ 在给定区域 D 上可积,则有以下性质(证明略).

性质 1 $\iint\limits_{D} k f(x,y) \mathrm{d}\sigma = k \iint\limits_{D} f(x,y) \mathrm{d}\sigma$ (k 是常数).

性质 2 $\iint\limits_{D} [f(x,y) \pm g(x,y)] \mathrm{d}\sigma = \iint\limits_{D} f(x,y) \mathrm{d}\sigma \pm \iint\limits_{D} g(x,y) \mathrm{d}\sigma.$

性质 3 如果 $f(x,y) \leqslant g(x,y)$,$(x,y) \in D$,则

$$\iint\limits_{D} f(x,y) \mathrm{d}\sigma \leqslant \iint\limits_{D} g(x,y) \mathrm{d}\sigma.$$

性质 4 如果 $f(x,y)$ 在 D 上可积,则 $|f(x,y)|$ 在 D 上也可积,且

$$\left| \iint\limits_{D} f(x,y) \mathrm{d}\sigma \right| \leqslant \iint\limits_{D} |f(x,y)| \mathrm{d}\sigma.$$

性质 5 如果积分区域 D 被一曲线分成两部分 D_1, D_2(图 8-13),则

$$\iint\limits_{D} f(x,y) \mathrm{d}\sigma = \iint\limits_{D_1} f(x,y) \mathrm{d}\sigma + \iint\limits_{D_2} f(x,y) \mathrm{d}\sigma.$$

性质 6 $\iint\limits_{D} \mathrm{d}\sigma = A$ (A 为积分区域 D 的面积).

性质 7 设 M 与 m 分别为 $f(x,y)$ 在 D 上的

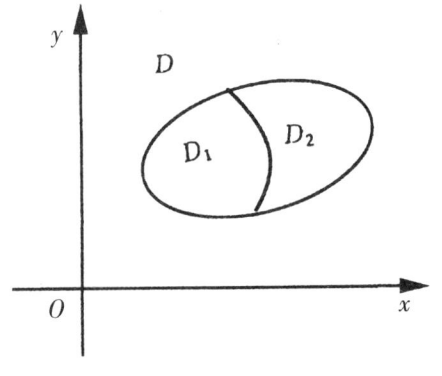

图 8-13

最大值与最小值，A 是 D 的面积，则
$$mA \leqslant \iint_D f(x,y) d\sigma \leqslant MA.$$

性质 8 （二重积分的中值定理）如果 $f(x,y)$ 在有界闭区域 D 上连续，A 是 D 的面积，则在 D 内至少存在一点 (ξ,η)，使得
$$\iint_D f(x,y) d\sigma = f(\xi,\eta) A.$$

三、二重积分的计算

二重积分的计算，可以化为依次计算两个定积分的问题.

1. 直角坐标系下二重积分的计算

设 $z=f(x,y)$ 在区域 D 上连续，且 $f(x,y) \geqslant 0,(x,y) \in D$. $D=\{(x,y) \mid a \leqslant x \leqslant b, \varphi_1(x) \leqslant y \leqslant \varphi_2(x)\}$ 称为 X-型区域（图 8-14）.

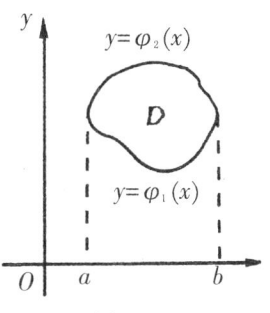

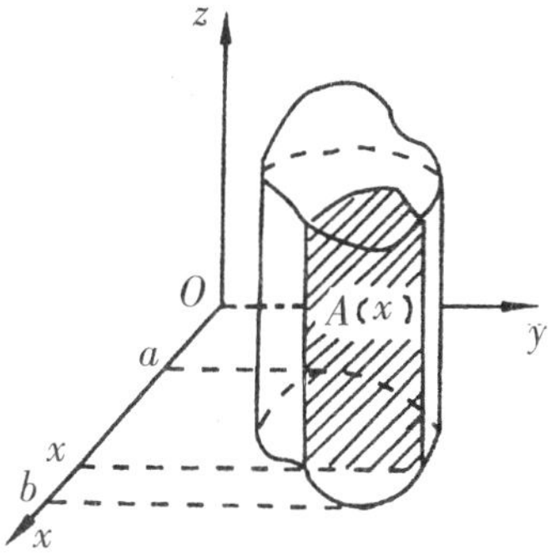

图 8-14

于是二重积分 $\iint_D f(x,y) d\sigma$ 是区域 D 上以曲面 $z=f(x,y)$ 为顶的曲顶柱体的体积. 为求曲顶柱体的体积，在图 8-15 中，用平行于 yz 面的平面去截曲顶柱体，设截面积为 $A(x)$，则
$$A(x) = \int_{\varphi_1(x)}^{\varphi_2(x)} f(x,y) dy. \tag{8-5}$$

由第 6 章定积分的应用可知，曲顶柱体的体积为
$$V = \int_a^b A(x) dx.$$

图 8-15

将 (8-5) 式代入上式得
$$V = \int_a^b \left[\int_{\varphi_1(x)}^{\varphi_2(x)} f(x,y) dy \right] dx,$$

于是有
$$\iint_D f(x,y) d\sigma = \int_a^b \left[\int_{\varphi_1(x)}^{\varphi_2(x)} f(x,y) dy \right] dx.$$

为书写方便起见，上式通常写为
$$\iint_D f(x,y) d\sigma = \int_a^b dx \int_{\varphi_1(x)}^{\varphi_2(x)} f(x,y) dy.$$

右端的积分叫累次积分. 于是，二重积分就化为计算两次定积分. 第一次计算 $A(x) = \int_{\varphi_1(x)}^{\varphi_2(x)} f(x,y) dy$ 时，将 x 看成常量，y 是积分变量，第二次积分时 x 是变量.

同时，若积分区域
$$D = \{(x,y) \mid \psi_1(y) \leqslant x \leqslant \psi_2(y), c \leqslant x \leqslant d\}$$
称为 Y-型区域（图 8-16）.

用平行于 xz 面的平面去截曲顶柱体(图 8-17),则得

$$\iint_D f(x,y)\mathrm{d}\sigma = \int_c^d \mathrm{d}y \int_{\psi_1(y)}^{\psi_2(y)} f(x,y)\mathrm{d}x.$$

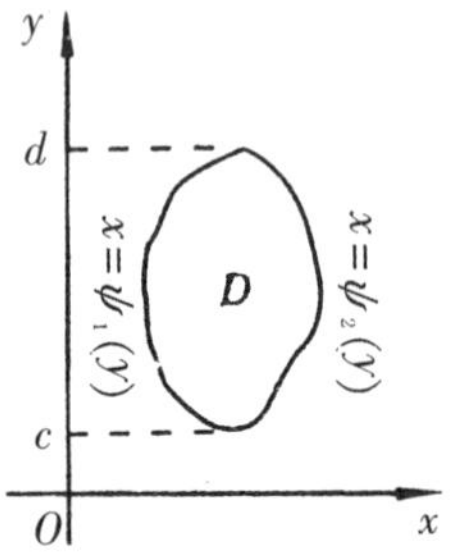

图 8-16 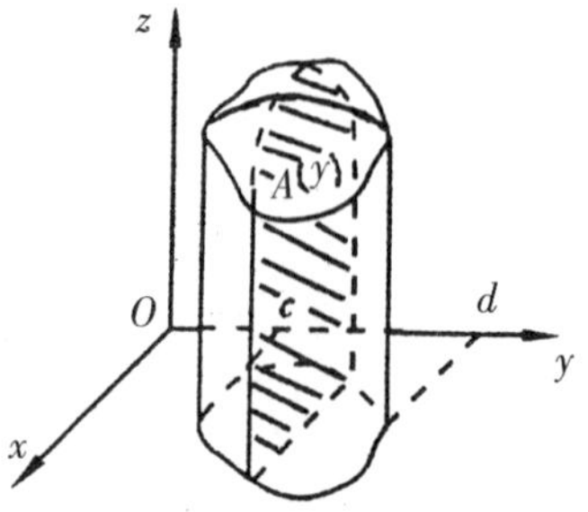   图 8-17

注 (1) 在将二重积分化为累次积分的上述两个公式中,去掉 $f(x,y) \geqslant 0$ 公式仍成立;

(2) 对同一二重积分,无论积分顺序怎样,其结果不变;

(3) 如果积分区域是矩形,即

$$D = \{(x,y) \mid a \leqslant x \leqslant b, c \leqslant x \leqslant d\},$$

则

$$\iint_D f(x,y)\mathrm{d}\sigma = \int_a^b \mathrm{d}x \int_c^d f(x,y)\mathrm{d}y = \int_c^d \mathrm{d}y \int_a^b f(x,y)\mathrm{d}x,$$

也可记为

$$\iint_D f(x,y)\mathrm{d}\sigma = \int_a^b \int_c^d f(x,y)\mathrm{d}y\mathrm{d}x = \int_c^d \int_a^b f(x,y)\mathrm{d}x\mathrm{d}y;$$

(4) 如果 $f(x,y) = f_1(x)f_2(y)$ 在 D 上可积,且

$$D = \{(x,y) \mid a \leqslant x \leqslant b, c \leqslant x \leqslant d\},$$

则

$$\iint_D f(x,y)\mathrm{d}\sigma = \int_a^b f_1(x)\mathrm{d}x \int_c^d f_2(y)\mathrm{d}y;$$

(5) 如果平行于坐标轴的直线与区域 D 的边界交点多于两点(图 8-18),则要将 D 分成若干个小区域,使每个小区域的边界线与平行于坐标轴的直线的交点不多于两个,然后再利用积分的区域可加性计算.

至此,计算二重积分就归结为计算两次定积分,所以只要能把累次积分的上、下限确定出来,计算二重积分就比较容易了. 确定积分上、下限时,一般先画出积分区域 D 的图形,考察一下被积函数的性质及积分区域的形状,判断用哪一种积分顺序计算比较简单(既可积出,又较简单),依此将 D 表示出来,即可得积分上下限.

例 1 计算积分 $\iint_D \dfrac{x^2}{1+y^2}\mathrm{d}x\mathrm{d}y$,其中 D 是矩形区域,且 $D = \{(x,y) \mid 1 \leqslant x \leqslant 2, 0 \leqslant y \leqslant 1\}$(图 8-19).

解 $\iint_D \dfrac{x^2}{1+y^2}\mathrm{d}x\mathrm{d}y = \int_1^2 \mathrm{d}x \int_0^1 \dfrac{x^2}{1+y^2}\mathrm{d}y$

$= \int_1^2 x^2 \mathrm{d}x \int_0^1 \dfrac{1}{1+y^2}\mathrm{d}y$

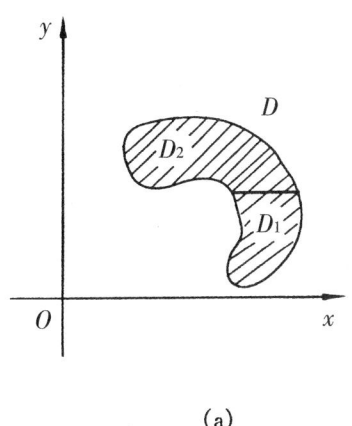
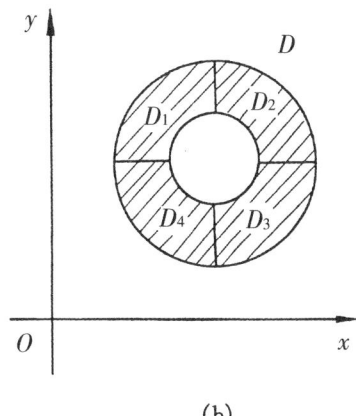

(a)   (b)

图 8-18

$$=\frac{x^3}{3}\Big|_1^2 \cdot \arctan y\Big|_0^1 = \frac{7}{12}\pi.$$

例 2 计算积分 $\iint\limits_D \frac{x^2}{y^2}\mathrm{d}\sigma$，其中 D 是由 $y=2, y=x$ 及双曲线 $y=\frac{1}{x}$ 围成的区域(图 8-20).

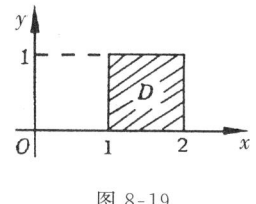

图 8-19

解 由图 8-20 可知，
$$\iint\limits_D \frac{x^2}{y^2}\mathrm{d}\sigma = \int_1^2 \mathrm{d}y \int_{\frac{1}{y}}^y \frac{x^2}{y^2}\mathrm{d}x$$
$$= \int_1^2 \frac{x^3}{3y^2}\Big|_{\frac{1}{y}}^y \mathrm{d}y$$
$$= \int_1^2 \left(\frac{y}{3} - \frac{1}{3y^5}\right)\mathrm{d}y$$
$$= \left(\frac{y^2}{6} + \frac{1}{12y^4}\right)\Big|_1^2$$
$$= \frac{27}{64}.$$

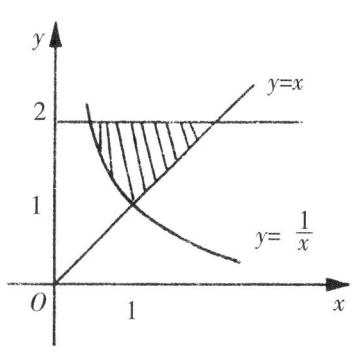

图 8-20

例 3 计算积分 $\iint\limits_D (2x-y)\mathrm{d}\sigma$，其中 D 是由直线 $y=1, 2x-y+3=0$ 及 $x+y-3=0$ 所围区域(图 8-21).

解 由图可知，
$$\iint\limits_D (2x-y)\mathrm{d}\sigma = \int_1^3 \mathrm{d}y \int_{\frac{1}{2}(y-3)}^{3-y} (2x-y)\mathrm{d}x$$
$$= \int_1^3 (x^2-xy)\Big|_{\frac{1}{2}(y-3)}^{3-y} \mathrm{d}y = \frac{9}{4}\int_1^3 (y^2-4y+3)\mathrm{d}y$$
$$= \frac{9}{4}\left(\frac{1}{3}y^3 - 2y^2 + 3y\right)\Big|_1^3 = -3.$$

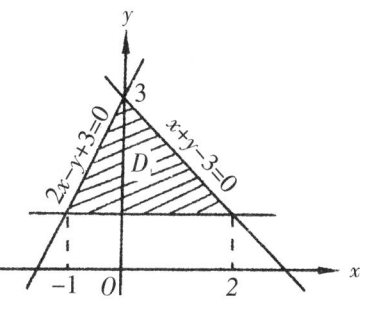

图 8-21

例4 计算积分 $\iint_D e^{-y^2} d\sigma$，其中 D 是由直线 $x=0, y=x$, $y=1$ 所围区域(图 8-22).

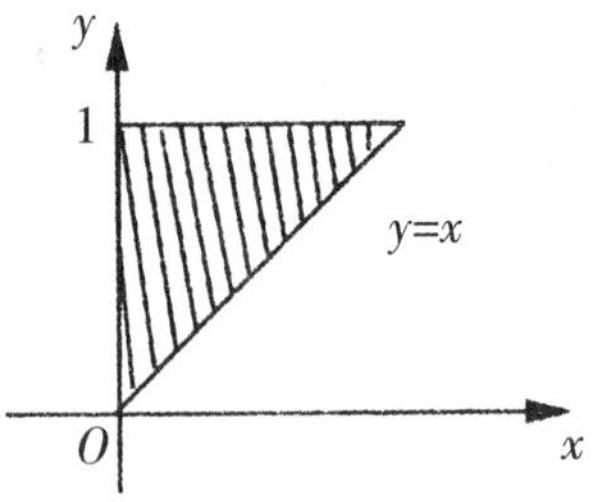

解 $\iint_D e^{-y^2} d\sigma = \int_0^1 dy \int_0^y e^{-y^2} dx = \int_0^1 y e^{-y^2} dy$
$= -\frac{1}{2} e^{-y^2} \Big|_0^1 = \frac{1}{2}\left(1 - \frac{1}{e}\right).$

图 8-22

注 此题若先对 y 积是积不出的.

例5 计算积分 $I = \int_{\frac{1}{4}}^{\frac{1}{2}} dy \int_y^{\sqrt{y}} e^{\frac{y}{x}} dx + \int_{\frac{1}{2}}^{1} dy \int_y^{\sqrt{y}} e^{\frac{y}{x}} dx$.

解 $I = \int_{\frac{1}{2}}^{1} dx \int_{x^2}^{x} e^{\frac{y}{x}} dy = \int_{\frac{1}{2}}^{1} x \, dx \int_{x^2}^{x} e^{\frac{y}{x}} d\frac{y}{x}$
$= \int_{\frac{1}{2}}^{1} x e^{\frac{y}{x}} \Big|_{x^2}^{x} dx = \int_{\frac{1}{2}}^{1} x(e - e^x) dx$
$= \frac{3}{8} e - \frac{1}{2}\sqrt{e}.$

图 8-23

注 若被积函数中含 $e^{\pm x^2}, \sin x^2, \cos x^2, e^{\pm \frac{1}{x}}, \sin \frac{1}{x}, \cos \frac{1}{x}$, $\frac{1}{\ln x}, \frac{\sin x}{x}, \frac{\cos x}{x}$ 等，应后对 x 积分；对含变量 y 的类似函数的情形，则后对 y 积分.

例6 求两个半径相等，其轴互相垂直的圆柱相交部分的体积.

解 设圆柱面的半径为 R，这两个圆柱面的方程分别为 $x^2 + z^2 = R^2, x^2 + y^2 = R^2$ (图 8-24).

由于所求立体关于坐标面对称，故只要求出它在第一卦限部分的体积，然后乘以 8 即可. 所以

$V = 8 \iint_D \sqrt{R^2 - x^2} \, dx \, dy$
$= 8 \int_0^R dx \int_0^{\sqrt{R^2 - x^2}} \sqrt{R^2 - x^2} \, dy$
$= 8 \int_0^R \sqrt{R^2 - x^2} \cdot y \Big|_0^{\sqrt{R^2 - x^2}} dx$
$= 8 \int_0^R (R^2 - x^2) dx$
$= 8 \left(R^2 x - \frac{1}{3} x^3\right) \Big|_0^R$
$= \frac{16}{3} R^3.$

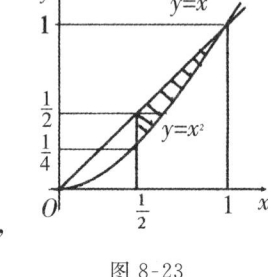

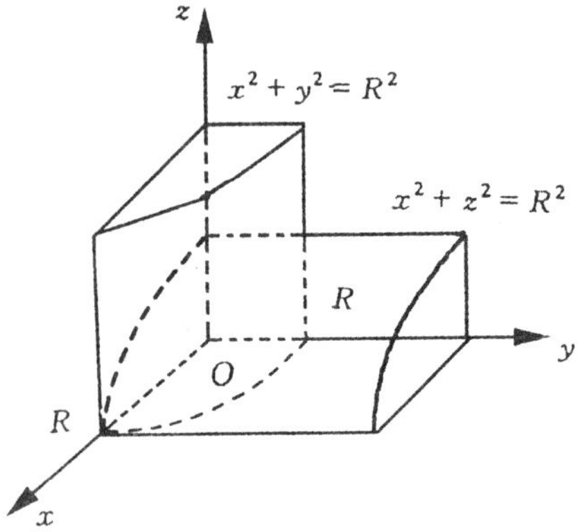

图 8-24

2. 极坐标系下二重积分的计算

在解析几何中，我们已经知道平面上任意一点既可用直角坐标 (x, y) 表示，亦可用极坐标 (r, θ) 表示，二者的关系是

$$x = r\cos\theta, \quad y = r\sin\theta.$$

如果所求二重积分的被积函数为 $f(x^2+y^2)$, $f\left(\dfrac{x}{y}\right)$ 等形式，而积分区域 D 的边界方程为圆或圆的一部分，这时采用极坐标计算二重积分一般就比较简单．

下面介绍二重积分在极坐标系下的计算公式．

设函数 $f(x,y)$ 在闭区域 D 上连续，区域的边界为 $r=r_1(\theta)$ 和 $r=r_2(\theta)$ 是 $[\alpha,\beta]$ 上的连续函数，在极坐标下，我们用一组同心圆（$r=$ 常数）和一组通过极点的射线（$\theta=$ 常数）将区域 D 分成很多小区域，将极角分别为 θ 与 $\theta+\Delta\theta$ 的两条射线与半径分别为 r 与 $r+\Delta r$ 的两条弧线所围成的小区域记作 $\Delta\sigma$（图 8-25），则由扇形面积公式可得

$$\Delta\sigma = \frac{1}{2}(r+\Delta r)^2 \Delta\theta - \frac{1}{2}r^2\Delta\theta = r\Delta r\Delta\theta + \frac{1}{2}(\Delta r)^2\Delta\theta.$$

当 Δr 充分小时，略去高阶无穷小 $\dfrac{1}{2}(\Delta r)^2\Delta\theta$ 得

$$\Delta\sigma \approx r\Delta r\Delta\theta.$$

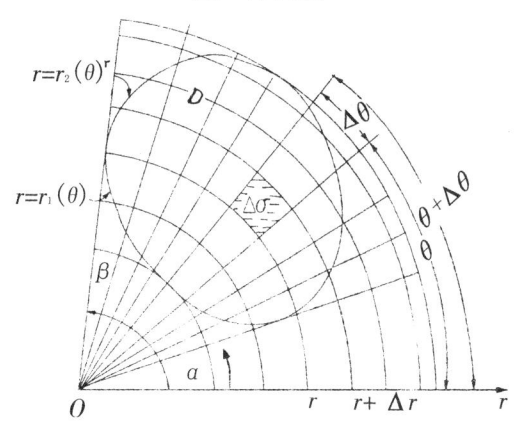

图 8-25

于是
$$\sum_{i=1}^n f(x_i,y_i)\Delta\sigma_i \approx \sum_{i=1}^n f(r_i\cos\theta_i, r_i\sin\theta_i) r_i \Delta\theta_i \Delta r_i.$$

两端取极限令 $d\to 0$，就得到将直角坐标系下的二重积分化为极坐标系下二重积分的公式

$$\iint_D f(x,y)\,d\sigma = \iint_D f(r\cos\theta, r\sin\theta) r\,dr\,d\theta.$$

计算极坐标系下的二重积分也要化为累次积分，它可分为下述三种情况．

① 极点在区域 D 之外（图 8-26）．此时
$$D = \{(r,\theta) \mid r_1(\theta) \leqslant r \leqslant r_2(\theta), \alpha \leqslant \theta \leqslant \beta\},$$

故
$$\iint_D f(r\cos\theta, r\sin\theta) r\,dr\,d\theta = \int_\alpha^\beta d\theta \int_{r_1(\theta)}^{r_2(\theta)} f(r\cos\theta, r\sin\theta) r\,dr.$$

② 极点在区域 D 的边界上（图 8-27）．此时
$$D = \{(r,\theta) \mid 0 \leqslant r \leqslant r(\theta), \alpha \leqslant \theta \leqslant \beta\},$$

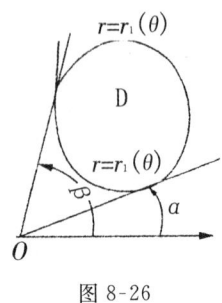
图 8-26

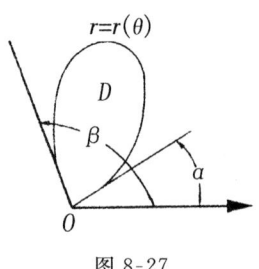
图 8-27

故
$$\iint_D f(r\cos\theta, r\sin\theta) r \mathrm{d}r\mathrm{d}\theta = \int_\alpha^\beta \mathrm{d}\theta \int_0^{r(\theta)} f(r\cos\theta, r\sin\theta) r \mathrm{d}r.$$

③ 极点在区域 D 的内部(图 8-28). 此时
$$D = \{(r, \theta) \mid 0 \leqslant r \leqslant r(\theta), 0 \leqslant \theta \leqslant 2\pi\}.$$

故
$$\iint_D f(r\cos\theta, r\sin\theta) r \mathrm{d}r\mathrm{d}\theta = \int_0^{2\pi} \mathrm{d}\theta \int_0^{r(\theta)} f(r\cos\theta, r\sin\theta) r \mathrm{d}r.$$

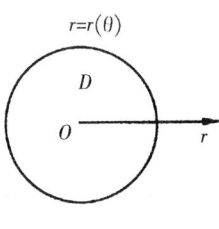
图 8-28

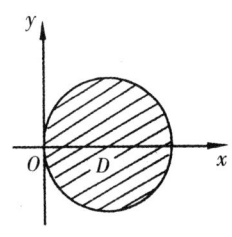
图 8-29

例 7 求积分 $\iint_D (x^2 + y^2) \mathrm{d}\sigma$. 其中 D 是圆 $x^2 + y^2 = 2ax(a>0)$ 所围成的区域(图 8-29).

解 $x^2 + y^2 = 2ax$ 的极坐标方程是 $r = 2a\cos\theta$, 所以
$$D = \left\{(r, \theta) \mid 0 \leqslant r \leqslant 2a\cos\theta, -\frac{\pi}{2} \leqslant \theta \leqslant \frac{\pi}{2}\right\},$$

于是
$$\iint_D (x^2 + y^2) \mathrm{d}\sigma = \iint_D r^2 \cdot r \mathrm{d}r\mathrm{d}\theta = \int_{-\frac{\pi}{2}}^{\frac{\pi}{2}} \mathrm{d}\theta \int_0^{2a\cos\theta} r^3 \mathrm{d}r$$
$$= \int_{-\frac{\pi}{2}}^{\frac{\pi}{2}} \frac{1}{4} r^4 \Big|_0^{2a\cos\theta} \mathrm{d}\theta = \int_{-\frac{\pi}{2}}^{\frac{\pi}{2}} 4a^4 \cos^4\theta \mathrm{d}\theta = \frac{3}{2}\pi a^4.$$

例 8 计算二重积分 $\iint_D \frac{\mathrm{d}\sigma}{1 + x^2 + y^2}$, 其中 D 是由 $x^2 + y^2 = 1$ 所围成的区域(图 8-30).

解 $x^2 + y^2 = 1$ 的极坐标方程 $r = 1$, 所以
$$D = \{(r, \theta) \mid 0 \leqslant r \leqslant 1, 0 \leqslant \theta \leqslant 2\pi\},$$

于是
$$\iint_D \frac{\mathrm{d}\sigma}{1 + x^2 + y^2} = \iint_D \frac{1}{1 + r^2} \cdot r \mathrm{d}r\mathrm{d}\theta$$
$$= \int_0^{2\pi} \mathrm{d}\theta \int_0^1 \frac{r}{1 + r^2} \mathrm{d}r = \int_0^{2\pi} \frac{1}{2} \ln(1 + r^2) \Big|_0^1 \mathrm{d}\theta$$

$$= \int_0^{2\pi} \frac{1}{2}\ln 2 \, d\theta = \pi\ln 2.$$

例 9 计算二重积分 $\iint\limits_D \arctan\dfrac{y}{x} d\sigma$,其中 D 是由 $y = \sqrt{4-x^2}, y=x, y=0, x=1$ 所围成的区域.

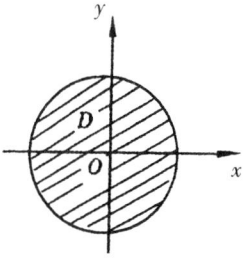

图 8-30

解 积分区域 D 如图 8-31 所示,$x=1$ 的极坐标方程为 $r = \dfrac{1}{\cos\theta}$,所以积分区域为

$$D = \left\{(r,\theta)\ \bigg|\ \frac{1}{\cos\theta} \leqslant r \leqslant 2, 0 \leqslant \theta \leqslant \frac{\pi}{4}\right\},$$

于是 $\iint\limits_D \arctan\dfrac{y}{x} d\sigma$

$$= \int_0^{\frac{\pi}{4}} d\theta \int_{\frac{1}{\cos\theta}}^2 \theta \cdot r \, dr = \int_0^{\frac{\pi}{4}} \left(2\theta - \frac{\theta}{2\cos^2\theta}\right) d\theta$$

$$= \frac{\pi^2}{16} - \int_0^{\frac{\pi}{4}} \frac{\theta}{2} d\tan\theta = \frac{\pi^2}{16} - \left(\frac{\theta}{2}\tan\theta\right)\bigg|_0^{\frac{\pi}{4}} + \int_0^{\frac{\pi}{4}} \frac{\tan\theta}{2} d\theta$$

$$= \frac{\pi^2}{16} - \frac{\pi}{8} - \frac{1}{2}\ln\cos\theta\bigg|_0^{\frac{\pi}{4}} = \frac{\pi^2}{16} - \frac{\pi}{8} + \frac{1}{4}\ln 2.$$

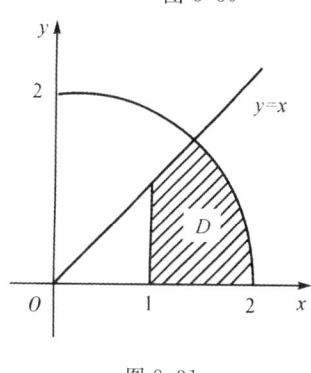

图 8-31

3. 二重积分中的对称性

(1) 利用积分区域的对称性和被积函数的奇偶性

① 若积分区域关于 x 轴对称,被积函数关于 y 有奇偶性,则

$$\iint\limits_D f(x,y) d\sigma = \begin{cases} 0 & f(x,y) \text{关于} y \text{为奇函数,即 } f(x,-y)=-f(x,y); \\ 2\iint\limits_{D_1} f(x,y) d\sigma & f(x,y) \text{关于} y \text{为偶函数,即 } f(x,-y)=f(x,y). \end{cases}$$

其中 D_1 为 D 在 x 轴上方的部分.

② 若积分区域 D 关于 y 轴对称,被积函数关于 x 有奇偶性,则

$$\iint\limits_D f(x,y) d\sigma = \begin{cases} 0 & f(x,y) \text{关于} x \text{为奇函数,即 } f(-x,y)=-f(x,y); \\ 2\iint\limits_{D_1} f(x,y) d\sigma & f(x,y) \text{关于} x \text{为偶函数,即 } f(-x,y)=f(x,y). \end{cases}$$

其中 D_1 为 D 在 y 轴右侧的部分.

③ 若积分区域 D 关于 x 轴、y 轴都对称,则

$$\iint\limits_D f(x,y) d\sigma = \begin{cases} 0 & f(x,y) \text{关于} x(\text{或 } y) \text{为奇函数,即} \\ & f(-x,y)=-f(x,y) \text{或 } f(x,-y)=-f(x,y); \\ 4\iint\limits_{D_1} f(x,y) d\sigma & f(x,y) \text{关于} x \text{与} y \text{都是偶函数,即} \\ & f(-x,y)=f(x,y)=f(x,-y). \end{cases}$$

其中 D_1 是 D 在第一象限的部分.

(2) 利用变量的对称性

若积分区域 D 是关于直线 $y=x$ 对称的有界闭区域,则

$$\iint_D f(x,y)d\sigma = \begin{cases} 0 & f(x,y)\text{关于变量轮换反对称,即 }f(y,x)=-f(x,y); \\ 2\iint_{D_1} f(x,y)d\sigma & f(x,y)\text{关于变量轮换对称,即 }f(y,x)=f(x,y). \end{cases}$$

其中 D_1 表示直线 $y=x$ 上方的部分.

例 10 计算二重积分 $\iint_D x[1+yf(x^2+y^2)]dxdy$. 其中 D 是由 $y=x^3, y=1, x=-1$ 围成的区域,$f(u)$ 为连续函数.

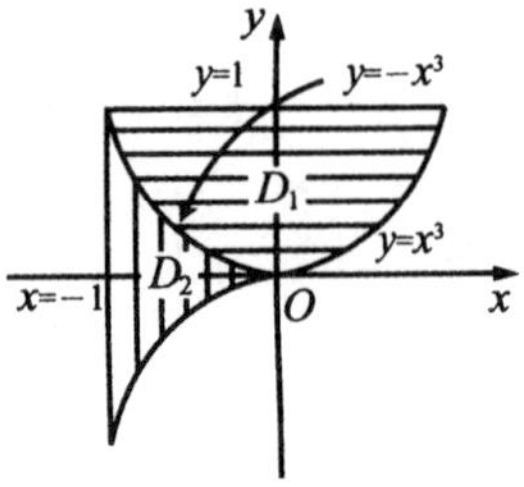

解 $\iint_D x[1+yf(x^2+y^2)]dxdy$

$$= \iint_D xdxdy + \iint_D xyf(x^2+y^2)dxdy.$$

而 $\iint_D xdxdy = \int_{-1}^{1} dx \int_{x^3}^{1} xdy = -\frac{2}{5}$,

$\iint_D xyf(x^2+y^2)dxdy$

$$= \iint_{D_1} xyf(x^2+y^2)dxdy + \iint_{D_2} xyf(x^2+y^2)dxdy,$$

由于 $xyf(x^2+y^2)$ 既是 x 的奇函数也是 y 的奇函数,而 D_1 关于 y 轴对称,D_2 关于 x 轴对称,则

$$\iint_{D_1} xyf(x^2+y^2)dxdy = 0, \quad \iint_{D_2} xyf(x^2+y^2)dxdy = 0,$$

故 $\iint_D x[1+yf(x^2+y^2)]dxdy = -\frac{2}{5}$.

图 8-32

例 11 设 $f(x,y) = \begin{cases} x^2 & |x|+|y| \leqslant 1; \\ \dfrac{1}{\sqrt{x^2+y^2}} & 1 \leqslant |x|+|y| \leqslant 2. \end{cases}$ 求 $\iint_D f(x,y)d\sigma$,其中 $D = \{(x,y) \mid |x|+|y| \leqslant 2\}$.

解 $\iint_D f(x,y)d\sigma$

$$= 4\iint_{D_{11}} f(x,y)d\sigma + 4\iint_{D_{12}} f(x,y)d\sigma,$$

$\iint_{D_{11}} f(x,y)d\sigma$

$$= \iint_{D_{11}} x^2 d\sigma = \int_0^1 dx \int_0^{1-x} x^2 dy = \frac{1}{12},$$

$\iint_{D_{12}} f(x,y)d\sigma$

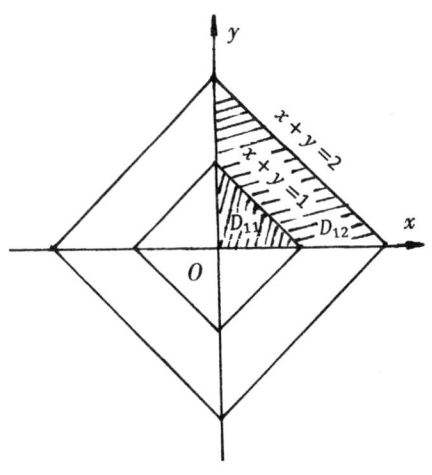

图 8-33

$$= \iint_{D_{12}} \frac{1}{\sqrt{x^2+y^2}} d\sigma = \iint_{D_{12}} dr d\theta$$

$$= \int_{\frac{\pi}{2}}^{\frac{\pi}{2}} d\theta \int_{\frac{1}{\sin\theta+\cos\theta}}^{\frac{2}{\sin\theta+\cos\theta}} dr = \sqrt{2}\ln(\sqrt{2}+1),$$

$$\iint_D f(x,y) d\sigma$$

$$= \frac{1}{3} + 4\sqrt{2}\ln(\sqrt{2}+1).$$

另外,有些习题看似一元函数的定积分问题,实则需用二重积分理论处理.

例 12 求 $I = \int_0^1 \frac{x^b - x^a}{\ln x} dx (b > a > 0)$.

解 由 $\int_a^b x^y dy = \frac{x^b - x^a}{\ln x}$,则

$$I = \int_0^1 dx \int_a^b x^y dy = \int_a^b dy \int_0^1 x^y dx = \int_a^b \frac{dy}{1+y} = \ln\frac{b+1}{a+1}.$$

例 13 设 $f(x)$ 为 $[0,1]$ 上的单调增加函数,证明:$\dfrac{\int_0^1 xf^3(x)dx}{\int_0^1 xf^2(x)dx} \geqslant \dfrac{\int_0^1 f^3(x)dx}{\int_0^1 f^2(x)dx}$.

证 由于 $I = \int_0^1 xf^3(x)dx \int_0^1 f^2(x)dx - \int_0^1 f^3(x)dx \int_0^1 xf^2(x)dx$

$$= \iint_D xf^3(x)f^2(y)dxdy - \iint_D f^3(x)yf^2(y)dxdy$$

$$= \iint_D f^3(x)f^2(y)(x-y)dxdy, \tag{8-6}$$

其中 $D = \{(x,y) \mid 0 \leqslant x \leqslant 1, 0 \leqslant y \leqslant 1\}$.

同理可得 $I = \iint_D f^2(x)f^3(y)(y-x)dxdy. \tag{8-7}$

将(8-6)、(8-7)两式相加得

$$2I = \iint_D (x-y)f^2(x)f^2(y)[f(x)-f(y)]dxdy \geqslant 0,$$

即 $I \geqslant 0$,故所证不等式成立.

四、二重积分的变量替换公式

我们在计算定积分时,常常需要作变量替换,将所求积分化难为易. 计算二重积分也存在同样的问题.

下面给出二重积分的变量替换公式(不予证明).

定理 8.7 设给一个二重积分 $\iint_D f(x,y)dxdy$,其中被积函数 $f(x,y)$ 在有界闭区域 D 上连续,作变换

$$x=x(u,v), y=y(u,v), (u,v)\in D'.$$

将 D' 一对一地变换成 D，函数 $x=x(u,v), y=y(u,v)$ 在 D' 上有连续的一阶偏导数，且

$$J(u,v)=\frac{\partial x}{\partial u}\cdot\frac{\partial y}{\partial v}-\frac{\partial x}{\partial v}\cdot\frac{\partial y}{\partial u}$$

在 D' 上恒不为零，则

$$\iint_D f(x,y)\mathrm{d}x\mathrm{d}y=\iint_{D'} f[x(u,v),y(u,v)]|J(u,v)|\mathrm{d}u\mathrm{d}v.$$

作为一个特例，我们可以验证一下由平面直角坐标系到极坐标系下的二重积分的变换公式.

由 $x=r\cos\theta, y=r\sin\theta$，有

$$\begin{aligned}J(r,\theta)&=\frac{\partial x}{\partial r}\cdot\frac{\partial y}{\partial\theta}-\frac{\partial x}{\partial\theta}\frac{\partial y}{\partial r}\\&=\cos\theta\cdot(r\cos\theta)-(-r\sin\theta)\cdot\sin\theta\\&=r\cos^2\theta+r\sin^2\theta=r.\end{aligned}$$

于是
$$\iint_D f(x,y)\mathrm{d}x\mathrm{d}y=\iint_{D'} f(r\cos\theta,r\sin\theta)r\mathrm{d}r\mathrm{d}\theta.$$

例 14 求直线 $x+y=p, x+y=q(0<p<q), y=ax, y=bx(0<a<b)$ 所围成区域的面积（图 8-34a）.

解 作变换

$$\begin{cases}x+y=u,\\\dfrac{y}{x}=v,\end{cases}\quad\text{即}\quad\begin{cases}x=\dfrac{u}{1+v},\\y=\dfrac{uv}{1+v},\end{cases}$$

则 D 变换为 $D'=\{(u,v)\mid p\leqslant u\leqslant q, a\leqslant v\leqslant b\}$（图 8-34b）.

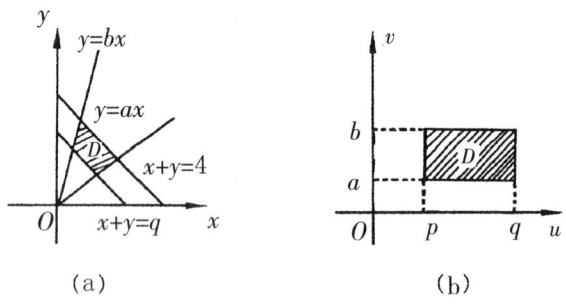

图 8-34

又
$$\begin{aligned}J(u,v)&=\frac{\partial x}{\partial u}\cdot\frac{\partial y}{\partial v}-\frac{\partial x}{\partial v}\cdot\frac{\partial y}{\partial u}\\&=\frac{1}{1+v}\cdot\frac{u}{(1+v)^2}+\frac{u}{(1+v)^2}\cdot\frac{v}{1+v}=\frac{u}{(1+v)^2}.\end{aligned}$$

所以所求面积为

$$\iint_D \mathrm{d}x\mathrm{d}y=\iint_{D'}\frac{u}{(1+v)^2}\mathrm{d}u\mathrm{d}v=\int_p^q \mathrm{d}u\int_a^b\frac{u}{(1+v)^2}\mathrm{d}v$$

$$= \int_p^q u\,\mathrm{d}u \cdot \int_a^b \frac{1}{(1+v)^2}\mathrm{d}v = \frac{1}{2}u^2\Big|_p^q \cdot \left(-\frac{1}{1+v}\right)\Big|_a^b$$
$$= \frac{1}{2}(q^2-p^2)\cdot\left(\frac{1}{1+a}-\frac{1}{1+b}\right) = \frac{(b-a)(q^2-p^2)}{2(1+a)(1+b)}.$$

如果二元函数的积分区域 D 是无界的,则类似于一元函数,我们可以定义二元函数的广义积分,这里我们只举一个概率统计中常用的正态密度函数积分的例子.

例 15 求广义积分 $\int_{-\infty}^{+\infty} \frac{1}{\sqrt{2\pi}}\exp\left(-\frac{x^2}{2}\right)\mathrm{d}x$.

解 只需求 $\int_{-\infty}^{+\infty} \exp\left(-\frac{x^2}{2}\right)\mathrm{d}x$ 即可,但 $\exp\left(-\frac{x^2}{2}\right)$ 的原函数不是初等函数,所以不能用定积分的牛顿—莱布尼兹公式求出积分值,但利用重积分就很容易求出这一广义积分的值. 由

$$\left[\int_{-\infty}^{+\infty} exp\left(-\frac{x^2}{2}\right)\mathrm{d}x\right]^2$$
$$= \int_{-\infty}^{+\infty}\exp\left(-\frac{x^2}{2}\right)\mathrm{d}x \cdot \int_{-\infty}^{+\infty}\exp\left(-\frac{x^2}{2}\right)\mathrm{d}x$$
$$= \int_{-\infty}^{+\infty}\exp\left(-\frac{x^2}{2}\right)\mathrm{d}x \cdot \int_{-\infty}^{+\infty}\exp\left(-\frac{y^2}{2}\right)\mathrm{d}y$$
$$= \int_{-\infty}^{+\infty}\int_{-\infty}^{+\infty}\exp\left(-\frac{x^2+y^2}{2}\right)\mathrm{d}x\mathrm{d}y.$$

作变换 $x=r\cos\theta, y=r\sin\theta$,得

$$\left[\int_{-\infty}^{+\infty}\exp\left(-\frac{x^2}{2}\right)\mathrm{d}x\right]^2 = \int_0^{2\pi}\mathrm{d}\theta\int_0^{+\infty}\exp\left(-\frac{r^2}{2}\right)r\mathrm{d}r$$
$$= 2\pi\cdot\left[-\exp\left(-\frac{r^2}{2}\right)\right]\Big|_0^{+\infty} = 2\pi,$$

所以
$$\int_{-\infty}^{+\infty}\exp\left(-\frac{x^2}{2}\right)\mathrm{d}x = \sqrt{2\pi},$$

因而
$$\int_{-\infty}^{+\infty}\frac{1}{\sqrt{2\pi}}\exp\left(-\frac{x^2}{2}\right)\mathrm{d}x = 1.$$

习题 8

(A)

1. 求下列函数定义域.

   (1) $z = \sqrt{x-y}$; (2) $z = \sqrt{1-x^2}+\sqrt{y^2-1}$; (3) $z = xy$;

   (4) $z = \dfrac{\sqrt{4x-y^2}}{\ln(1-x^2-y^2)}$; (5) $z = \arcsin\dfrac{x}{y^2}$; (6) $z = \dfrac{1}{\sqrt{x^2+y^2}}$.

2. 已知 $f(x,y) = x^2 y^3 + x^y$,求: $f'_x(x,y), f'_y(x,y), f'_x(1,0), f'_y(2,-1)$.

3. 求下列函数的偏导数.

   (1) $z = x^2 y^2$; (2) $z = \ln\dfrac{y}{x}$; (3) $z = \mathrm{e}^{\sin x}\cos y$;

(4)$z = e^{xy}\sin(3x+2y)$; (5)$z = \sqrt{x}\arctan\dfrac{y}{x}$; (6)$u = \sin(x+y^2-e^z)$.

4. 求下列函数的全微分.

(1)$z = x^3 y + y^2$; (2)$z = \arctan\dfrac{x+y}{x-y}$; (3)$z = \sqrt{\dfrac{x}{y}}$;

(4)$z = e^{x^2+y^2}$; (5)$z = \ln(3x^2 - 2y^2)$.

5. 求下列函数在已给条件下全微分的值.

(1)$z = x^2 y^3$,当 $x=2, \Delta x = 0.02, y = -1, \Delta y = -0.01$;

(2)$z = e^{xy}$,当 $x=1, \Delta x = 0.15, y=1, \Delta y = 0.1$.

6. 计算下列各式的近似值.

(1) $\sqrt{(1.02)^3 + (1.97)^3}$; (2)$(10.1)^{2.03}$.

7. 已知边长 $x=6$ 米,$y=8$ 米的矩形,求当 x 边增加 5 厘米,y 边减少 10 厘米时,此矩形对角线变化的近似值.

8. 用某种材料做一个开口长方体容器,其外形长 5 米,宽 4 米,高 3 米,厚 20 厘米,求所需材料的近似值与精确值.

9. 求下列函数的二阶偏导数.

(1)$z = y\ln x$; (2)$z = xe^x\sin y$.

10. 设 $z = e^{x+2y}$,求 $\dfrac{\partial^3 z}{\partial y \partial x^2}$.

11. 求下列函数的导数.

(1)$z = u^2 \ln v$,而 $u = \dfrac{x}{y}, v = 3x - 2y$,求 $\dfrac{\partial z}{\partial x}, \dfrac{\partial z}{\partial y}$;

(2)$z = x^2 - y^2, x = \sin t, y = \cos t$,求 $\dfrac{dz}{dt}$;

(3)$z = e^{u-2v}, u = \sin x, v = x^3$,求 $\dfrac{dz}{dx}$;

(4)$z = \dfrac{y}{x}, y = \sqrt{1-x^2}$,求 $\dfrac{dz}{dx}$.

12. 求下列函数的导数.

(1)$xy + x + y = 1$,求 $\dfrac{dy}{dx}$; (2)$xy + \ln y - \ln x = 0$,求 $\dfrac{dy}{dx}$;

(3)$\sin y + e^x - xy^2 = 0$,求 $\dfrac{dy}{dx}$; (4)$e^z = xyz$,求 z'_x, z'_y.

13. 求下列函数的极值.

(1)$z = x^2 + xy + y^2 - 3x - 6y$; (2)$z = 4(x-y) - x^2 - y^2$.

14. 某厂生产两种产品,当产量分别为 x(千克) 和 y(千克) 时,其总成本为
$$C = 4x^2 + 3xy + 5y^2 + 6(单位为元),$$
求当两种产品产量分别为 5 千克和 6 千克时的边际成本.

15. 有一块宽 24 厘米的铁皮,把它的两边折上去做成一个槽,要使容量最大,求每边的倾斜度及宽度.

16. 在直径为 $2r$ 的球体内作一内接长方体,使其体积最大.

17. 在所有面积等于 S 的直角三角形中,求斜边最小者.

18. 设生产某种产品的数量 u 与所用三种原料 A,B,C 的数量 x,y,z 之间有关系式 $u = 0.01x^2yz$. 欲用 240 元购料,已知 A,B,C 原料的单价分别为 3 元、2 元、1 元,问购进三种原料各多少,可使生产产品的数量最多.

19. 求由一定点 (x_0, y_0, z_0) 到平面 $Ax + By + Cz + D = 0$ 的最短距离 r. 其中,$A^2 + B^2 + C^2 \neq 0$.

20. 计算下列各题.

(1) $\dfrac{x}{z} = \ln \dfrac{z}{y}$ 所确定的函数 $z = f(x, y)$,求 $\dfrac{\partial z}{\partial x}, \dfrac{\partial z}{\partial y}, \dfrac{\partial^2 z}{\partial x \partial y}$;

(2) 设 $f(u)$ 具有二阶连续导数,且 $g(x, y) = f\left(\dfrac{y}{x}\right) + yf\left(\dfrac{x}{y}\right)$,求 $x^2 \dfrac{\partial^2 g}{\partial x^2} - y^2 \dfrac{\partial^2 g}{\partial y^2}$;

(3) 方程 $F(x + y + z, x^2 + y^2 + z^2) = 0$,所确定的函数 $z = f(x, y)$,求 $\dfrac{\partial z}{\partial x}, \dfrac{\partial z}{\partial y}$.

21. 将二重积分 $\iint\limits_{D} f(x, y) \mathrm{d}x\mathrm{d}y$ 化为累次积分(写出两种积分次序).

(1) $D = \{(x, y) \mid 0 \leqslant x \leqslant 1, |y| \leqslant 2\}$;

(2) D 是由 $x + y = 1, x - y = 1$ 及 $x = 0$ 所围成的区域;

(3) D 是由 $y = 0, x^2 + y^2 - 2x = 0$ 在第一象限的部分及直线 $x + y = 2$ 围成的区域;

(4) D 是由 $y = x^2$ 及 $y = 4 - x^2$ 所围成的区域.

22. 更换积分次序.

(1) $\displaystyle\int_0^1 \mathrm{d}y \int_y^{\sqrt{y}} f(x, y) \mathrm{d}x$;   (2) $\displaystyle\int_0^1 \mathrm{d}x \int_0^x f(x, y) \mathrm{d}y + \int_1^2 \mathrm{d}x \int_0^{2-x} f(x, y) \mathrm{d}y$.

23. 将下列二重积分化为极坐标下的二重积分.

(1) $\displaystyle\int_0^{2R} \mathrm{d}y \int_0^{\sqrt{2Ry - y^2}} f(x, y) \mathrm{d}x$;   (2) $\displaystyle\int_0^R \mathrm{d}x \int_0^{\sqrt{R^2 - x^2}} f(x^2 + y^2) \mathrm{d}y$.

24. 计算下列二重积分.

(1) $\iint\limits_{D}(x + 6y) \mathrm{d}x\mathrm{d}y$,$D$ 是由 $y = x, y = 5x, x = 1$ 所围成的区域;

(2) $\iint\limits_{D} \cos(x + y) \mathrm{d}x\mathrm{d}y$,$D$ 是由 $x = 0, y = \pi, y = x$ 所围成的区域;

(3) $\iint\limits_{D}(x^2 + y) \mathrm{d}x\mathrm{d}y$,$D$ 是由 $y = x^2$ 及 $y^2 = x$ 所围成的区域;

(4) $\iint\limits_{D}(x^2 + y^2) \mathrm{d}x\mathrm{d}y$,$D$ 是由 $y = x, y = x + a, y = a, y = 3a (a > 0)$ 所围成的区域;

(5) $\iint\limits_{D} y \mathrm{d}x\mathrm{d}y$,$D$ 是第一象限内的圆域 $x^2 + y^2 = a^2$;

(6) $\iint\limits_{D} \mathrm{e}^{-(x^2 + y^2)} \mathrm{d}x\mathrm{d}y$,$D$ 为圆域 $x^2 + y^2 = 1$;

(7) $\iint\limits_{D} \ln(1 + x^2 + y^2) \mathrm{d}x\mathrm{d}y$,$D$ 为第一象限的圆域 $x^2 + y^2 = 1$;

(8) $\iint\limits_{D} \sin\sqrt{x^2+y^2}\,\mathrm{d}x\mathrm{d}y$, D 为 $\pi^2 \leqslant x^2+y^2 \leqslant 4\pi^2$.

25. 计算下列曲线所围成的面积.

(1) $y=x^2, y=x+2$;   (2) $y=\sin x, y=\cos x(x\geqslant 0), x=0$.

26. 计算下列曲面所围成立体的体积.

(1) $z=1+x+y, z=0, x+y=1, x=0, y=0$;

(2) $z=x^2+y^2, y=1, z=0, y=x^2$.

(B)

1. 是非判断

(1) 二元函数 $f(x,y)$ 在点 (x,y) 处两个偏导数 $f_x'(x,y), f_y'(x,y)$ 存在是 $f(x,y)$ 在该点连续的充分必要条件.　　　　　　　　　　　　　　　　　　　　(　　)

(2) 二元函数 $f(x,y)=\begin{cases}\dfrac{xy}{x^2+y^2} & (x,y)\neq(0,0),\\ 0 & (x,y)=(0,0)\end{cases}$

在点 $(0,0)$ 处不连续但偏导数存在.　　　　　　　　　　　　　　　　　(　　)

(3) 已知 $x+y-z=\mathrm{e}^x, x\mathrm{e}^x=\tan t, y=\cos t$, 则 $\dfrac{\mathrm{d}z}{\mathrm{d}t}=0$.　　　(　　)

(4) $z=x+2y$ 在满足 $x^2+y^2=5$ 的条件下的极小值为 -5.　　　(　　)

(5) $\int_0^1\mathrm{d}x\int_0^{1-x}f(x,y)\mathrm{d}y=\int_0^{1-x}\mathrm{d}y\int_0^1 f(x,y)\mathrm{d}x$.　　　(　　)

(6) $\int_0^1\mathrm{d}x\int_0^{\sqrt{1-x^2}}\sqrt{1-x^2-y^2}\,\mathrm{d}y=\dfrac{\pi}{6}$.　　　(　　)

(7) 设 $f(x,y)$ 连续, 且 $f(x,y)=xy+\iint\limits_{D}f(u,v)\mathrm{d}\sigma$, 其中 D 是由 $v=0, v=u^2, u=1$ 所围区域, 则 $f(x,y)=xy+1$.　　　(　　)

(8) 累次积分 $\int_0^{\frac{\pi}{2}}\mathrm{d}\theta\int_0^{\cos\theta}f(r\cos\theta,r\sin\theta)r\mathrm{d}r$ 可以写成 $\int_0^1\mathrm{d}y\int_0^{\sqrt{1-y^2}}f(x,y)\mathrm{d}x$.　(　　)

(9) 积分 $\iint\limits_{x^2+y^2\leqslant 1}f(x,y)\mathrm{d}x\mathrm{d}y=4\int_0^1\mathrm{d}x\int_0^{\sqrt{1-x^2}}f(x,y)\mathrm{d}y$, 当 $f(x,y)$ 满足 $f(-x,-y)=f(x,y)$ 时成立.　　　(　　)

(10) 设 $z=f(x,y)$ 在点 (x_0,y_0) 处可微, 且 $f_x'(x_0,y_0)=f_y'(x_0,y_0)=0$, 则 $f(x,y)$ 在 (x_0,y_0) 处必有极值.　　　(　　)

2. 填空

(1) 设 $u=\mathrm{e}^{-x}\sin\dfrac{x}{y}$, 则 $\dfrac{\partial^2 u}{\partial x\partial y}$ 在 $\left(2,\dfrac{1}{\pi}\right)$ 处的值为＿＿＿＿＿；

(2) 设 $z=\dfrac{1}{x}f(xy)+y\varphi(x+y)$, f,φ 具有二阶连续导数, 则 $\dfrac{\partial^2 z}{\partial x\partial y}=$ ＿＿＿＿＿；

(3) 设 $z=xyf\left(\dfrac{y}{x}\right), f(u)$ 可导, 则 $xz_x'+yz_y'=$ ＿＿＿＿＿；

(4) 设 $z=f(x,y)$，$\dfrac{\partial^2 f}{\partial y^2}=2$，且 $f(x,0)=1$，$f'_y(x,0)=x$，则 $f(x,y)$ 为 _____；

(5) $\displaystyle\int_0^2 dx \int_x^2 e^{-y^2} dy = $ _____；

(6) $\displaystyle\iint_{x^2+y^2\leqslant 1} e^{-(x^2+y^2)} d\sigma = $ _____.

3. 单项选择

(1) 设 $f(x,y)=e^{\sqrt{x^2+y^4}}$，则（ ）．

(A) $f_x'(0,0)$，$f_y'(0,0)$ 都存在　　　　(B) $f_x'(0,0)$ 不存在，$f_y'(0,0)$ 存在

(C) $f_x'(0,0)$ 存在，$f_y'(0,0)$ 不存在　　(D) $f_x'(0,0)$，$f_y'(0,0)$ 都不存在

(2) 设函数 $z=f(u)$，方程 $u=\varphi(u)+\displaystyle\int_y^x p(t)dt$ 确定 u 是 x,y 的函数，其中 $f(u)$，$\varphi(u)$ 可微；$p(t)$，$\varphi'(u)$ 连续，且 $\varphi'(u)\neq 1$，则 $p(y)\dfrac{\partial z}{\partial x}+p(x)\dfrac{\partial z}{\partial y}=$（ ）．

(A) 0　　(B) $p(x)$　　(C) $p(y)$　　(D) $f(u)$

(3) 设连续函数 $z=f(x,y)$ 满足 $\displaystyle\lim_{\substack{x\to 0\\ y\to 1}}\dfrac{f(x,y)-2x+y-2}{\sqrt{x^2+(y-1)^2}}=0$，则 $dz\big|_{(0,1)}=$（ ）．

(A) $2dx+dy$　(B) $2dx-dy$　(C) $2xdx+dy$　(D) $-2dx+(y-2)dy$

(4) 已知 $\dfrac{(x+ay)dx+ydy}{(x+y)^2}$ 为某函数的全微分，则 a 等于（ ）．

(A) -1　　(B) 0　　(C) 1　　(D) 2

(5) 设 $f(u,v)$ 是二元可微函数，$z=f\left(\dfrac{y}{x},\dfrac{x}{y}\right)$，则 $x\dfrac{\partial z}{\partial x}-y\dfrac{\partial z}{\partial y}=$（ ）．

(A) $xf_1'-yf_2'$　(B) $-\dfrac{y}{x}f_1'+\dfrac{x}{y}f_2'$　(C) $-\dfrac{2y}{x}f_1'+\dfrac{2x}{y}f_2'$　(D) $xf_1'+yf_2'$

(6) 设 $z=(x+e^y)^x$，则 $\dfrac{\partial z}{\partial x}\bigg|_{(1,0)}=$（ ）．

(A) 0　　(B) $\ln 2$　　(C) $2\ln 2+1$　　(D) $2\ln 2-1$

(7) 设 $f(x,y)$ 与 $\varphi(x,y)$ 均为可微函数，且 $\varphi_y'(x,y)\neq 0$．已知 (x_0,y_0) 是 $f(x,y)$ 在约束条件 $\varphi(x,y)=0$ 下的一个极值点，下列选项正确的是（ ）．

(A) 若 $f_x'(x_0,y_0)=0$，则 $f_y'(x_0,y_0)=0$

(B) 若 $f_x'(x_0,y_0)=0$，则 $f_y'(x_0,y_0)\neq 0$

(C) 若 $f_x'(x_0,y_0)\neq 0$，则 $f_y'(x_0,y_0)=0$

(D) 若 $f_x'(x_0,y_0)\neq 0$，则 $f_y'(x_0,y_0)\neq 0$

(8) 设 $I_1=\displaystyle\iint_D \cos\sqrt{x^2+y^2}d\sigma$，$I_2=\displaystyle\iint_D \cos(x^2+y^2)d\sigma$，$I_3=\displaystyle\iint_D \cos(x^2+y^2)^2 d\sigma$，其中 $D=\{(x,y)\mid x^2+y^2\leqslant 1\}$，则（ ）．

(A) $I_3>I_2>I_1$　(B) $I_1>I_2>I_3$　(C) $I_2>I_1>I_3$　(D) $I_3>I_1>I_2$

(9) 设函数 $f(t)$ 连续，则二次积分 $\displaystyle\int_0^{\frac{\pi}{2}}d\theta\int_{2\cos\theta}^2 f(r^2)rdr=$（ ）．

(A) $\int_0^2 dx \int_{\sqrt{2x-x^2}}^{\sqrt{4-x^2}} \sqrt{x^2+y^2} f(x^2+y^2) dy$ (B) $\int_0^2 dx \int_{\sqrt{2x-x^2}}^{\sqrt{4-x^2}} f(x^2+y^2) dy$

(C) $\int_0^2 dx \int_{1+\sqrt{2x-x^2}}^{\sqrt{4-x^2}} \sqrt{x^2+y^2} f(x^2+y^2) dy$ (D) $\int_0^2 dx \int_{1+\sqrt{2x-x^2}}^{\sqrt{4-x^2}} f(x^2+y^2) dy$

(10) 设函数 $f(x)$ 连续，若 $F(u,v) = \iint\limits_{D_{uv}} \frac{f(x^2+y^2)}{\sqrt{x^2+y^2}} dx dy$，

其中区域 D_{uv} 为图中阴影部分，则 $\frac{\partial F}{\partial u} = ($ $)$.

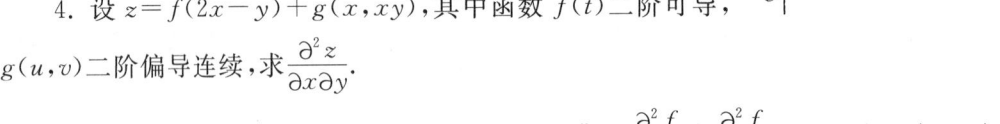

(A) $vf(u^2)$ (B) $\frac{v}{u} f(u^2)$ (C) $vf(u)$ (D) $\frac{v}{u} f(u)$

4. 设 $z = f(2x-y) + g(x, xy)$，其中函数 $f(t)$ 二阶可导，$g(u,v)$ 二阶偏导连续，求 $\frac{\partial^2 z}{\partial x \partial y}$.

5. 设 $f(u,v)$ 具有二阶连续偏导数，且满足 $\frac{\partial^2 f}{\partial u^2} + \frac{\partial^2 f}{\partial v^2} = 1$，又 $g(x,y) = f\left[xy, \frac{1}{2}(x^2-y^2)\right]$，求 $\frac{\partial^2 g}{\partial x^2} + \frac{\partial^2 g}{\partial y^2}$.

6. 设 $z = u(x,y) e^{ax+y}$，$\frac{\partial^2 u}{\partial x \partial y} = 0$，试确定 a，使

$$\frac{\partial^2 z}{\partial x \partial y} - \frac{\partial z}{\partial x} - \frac{\partial z}{\partial y} + z = 0.$$

7. 设 $u = f(x,y,z)$ 有连续偏导数，$y = y(x)$ 和 $z = z(x)$ 分别由方程 $e^{xy} - y = 0$ 和 $e^z - xz = 0$ 所确定求 $\frac{du}{dx}$.

8. 设 $f(x,y) = \int_0^{xy} e^{-t^2} dt$，求 $\frac{x}{y} \frac{\partial^2 f}{\partial x^2} - 2 \frac{\partial^2 f}{\partial x \partial y} + \frac{y}{x} \frac{\partial^2 f}{\partial y^2}$.

9. 求函数 $u = xy + 2yz$ 在约束条件 $x^2 + y^2 + z^2 = 10$ 下的最大值和最小值.

10. 设 $D = \{(x,y) | x^2 + y^2 \leqslant x\}$，求 $\iint\limits_D \sqrt{x} dx dy$.

11. 求 $\iint\limits_D y dx dy$，其中 D 是由直线 $x = -2, y = 0, y = 2$，以及 $x = -\sqrt{2y-y^2}$ 所围成的平面区域.

12. 设 D 是以点 $O(0,0), A(1,2)$ 和 $B(2,1)$ 为顶点的三角形区域，求 $\iint\limits_D x dx dy$.

13. 求 $\iint\limits_D \frac{\sqrt{x^2+y^2}}{\sqrt{4a^2-x^2-y^2}} d\sigma$，其中 D 由曲线 $y = -a + \sqrt{a^2-x^2}$ $(a > 0)$ 和 $y = -x$ 围成.

14. 求 $\iint\limits_D |\cos(x+y)| d\sigma$，$D$ 由 $0 \leqslant x \leqslant \frac{\pi}{2}, 0 \leqslant y \leqslant \frac{\pi}{2}$ 围成.

15. 设 $f(x,y) = \begin{cases} x^2 y & 1 \leqslant x \leqslant 2, 0 \leqslant y \leqslant x; \\ 0 & 其他. \end{cases}$ 求 $\iint\limits_D f(x,y) dx dy$，其中 $D = \{(x,y) | x^2$

$+y^2 \geqslant 2x\}$.

16. 试证：$\int_0^a dy \int_0^y e^{b(x-a)} f(x) dx = \int_0^a (a-x) e^{b(x-a)} f(x) dx$，其中 a,b 均为常数，且 $a>0$.

17. 设函数 $f(x)$ 在区间 $[0,1]$ 上连续，并设 $\int_0^1 f(x) dx = A$，求 $\int_0^1 dx \int_x^1 f(x) f(y) dy$.

18. 计算二重积分 $\iint\limits_D e^x xy \, dxdy$，其中 D 是以曲线 $y=\sqrt{x}, y=\dfrac{1}{\sqrt{x}}$ 及 y 轴为边界的无界区域.

19. 计算二重积分 $\iint\limits_D (x+y)^3 dxdy$，其中 D 由曲线 $x=\sqrt{1+y^2}$ 与直线 $x+\sqrt{2}y=0$ 及 $x-\sqrt{2}y=0$ 围成.

20. 计算 $\iint\limits_D \max\{xy,1\} dxdy$，其中 $D=\{(x,y) | 0 \leqslant x \leqslant 2, 0 \leqslant y \leqslant 2\}$.

21. 求 $\iint\limits_D (\sqrt{x^2+y^2}+y) d\sigma$，其中 D 是由圆 $x^2+y^2=4$ 和 $(x+1)^2+y^2=1$ 所围成的平面区域.

22. 设生产某种产品必须投入两种要素，x_1 和 x_2 分别为两要素的投入量，Q 为产出量；若生产函数 $Q=2x_1^\alpha x_2^\beta$，其中 α, β 为正常数，且 $\alpha+\beta=1$. 假设两种要素的价格分别为 p_1 和 p_2，试问当产出量为 12 时，两要素各投入多少可以使得总费用最小.

23. 假设某企业在两个相互分割的市场上出售同一种产品，两个市场的需求函数分别是 $P_1=18-2Q_1, P_2=12-Q_2$，其中 P_1 和 P_2 分别表示该产品在两个市场的价格（单位：万元/吨），Q_1 和 Q_2 分别表示该产品在两个市场的销售量（即需求量，单位：吨），并且该企业生产这种产品的总成本函数是 $C=2Q+5$，其中 Q 表示该产品在两个市场的销售总量，即 $Q=Q_1+Q_2$.

(1) 如果该企业实行价格差别策略，试确定两个市场上该产品的销售量和价格，使该企业获得最大利润；

(2) 如果该企业实行价格无差别策略，试确定两个市场上该产品的销售量及统一的价格，使该企业的总利润最大化，并比较两种价格策略下的总利润大小.

24. 某企业为生产甲、乙两种型号的产品，投入的固定成本为 10000 万元，设该企业生产甲、乙两种产品的产量分别为 x 件和 y 件，且两种产品的边际成本分别为 $20+\dfrac{x}{2}$ 万元/件与 $6+y$ 万元/件.

(1) 求生产甲、乙两种产品的总成本函数 $C(x,y)$ 万元；

(2) 当总产量为 50 件时，甲、乙两种产品的产量各为多少时可使总成本最小？求最小成本；

(3) 求总产量为 50 件时，且总成本最小时甲产品的边际成本，并解释其经济意义.

第9章 微分方程

在自然科学、经济及管理科学的许多实际问题中,往往需要通过解有未知函数及其导数或微分的函数方程去求未知函数,这种含有未知函数的导数或微分的函数方程就是微分方程.本章介绍微分方程的基本知识及解法和经济中的简单应用.

§9.1 微分方程的基本概念

本节通过具体例子来说明微分方程的有关概念.

例1 求过点$(1,2)$且切线斜率为$3x^2$的曲线方程.

解 设所求曲线方程为$y=y(x)$,则由题意它应满足如下关系

$$\begin{cases} \dfrac{dy}{dx}=3x^2; \\ y(1)=2. \end{cases}$$

将$\dfrac{dy}{dx}=3x^2$两端积分,得

$$y=\int 3x^2 dx=x^3+c.$$

其中c为任意常数.

由条件$y(1)=2$得$2=1^3+c$,即$c=1$. 从而$y=x^3+1$就是所求的方程.

一、微分方程的定义

定义9.1 含有自变量、未知函数以及未知函数的导数或微分的方程,称为微分方程.未知函数为一元函数的微分方程称为常微分方程,未知函数为多元函数并且出现多元函数偏导数的微分方程称为偏微分方程.

例如,$\dfrac{dy}{dx}=\dfrac{1}{x}$和$s''(t)=-g$都是常微分方程,而方程

$$\dfrac{\partial^2 z}{\partial x^2}-a\dfrac{\partial^2 z}{\partial y^2}=0 \text{ 和 } y\dfrac{\partial z}{\partial x}-x\dfrac{\partial z}{\partial y}=0$$

都是偏微分方程.

在本章我们只介绍常微分方程,简称为微分方程或方程.

定义 9.2 微分方程中出现的未知函数的最高阶导数的阶数,称为微分方程的阶.

例如,方程 $y''+xy'=1$ 是二阶常微分方程. n 阶常微分方程的一般形式为

$$F(x,y,y',y'',\cdots,y^{(n)})=0. \tag{9-1}$$

其中,$F(x,y,y',y'',\cdots,y^{(n)})$ 是 $x,y,y',y'',\cdots,y^{(n)}$ 的已知函数,y 是未知函数,x 是自变量.

如果方程(9-1)左端的函数 F 为 $y,y',y'',\cdots,y^{(n)}$ 的线性函数,则称(9-1)为 n 阶线性(常)微分方程. 例如,方程

$$\frac{\mathrm{d}y}{\mathrm{d}x}=2x,\frac{\mathrm{d}^2y}{\mathrm{d}x^2}+x\frac{\mathrm{d}y}{\mathrm{d}x}+x^2y=f(x)$$

分别为一阶和二阶线性微分方程. n 阶线性微分方程的一般形式为

$$\frac{\mathrm{d}^n y}{\mathrm{d}x^n}+a_1(x)\frac{\mathrm{d}^{n-1}y}{\mathrm{d}x^{n-1}}+\cdots+a_{n-1}(x)\frac{\mathrm{d}y}{\mathrm{d}x}+a_n(x)y=f(x).$$

其中,$a_1(x),a_2(x),\cdots,a_n(x)$ 和 $f(x)$ 均为自变量为 x 的已知函数.

否则,称为非线性微分方程. 例如,方程

$$\frac{\mathrm{d}^3 y}{\mathrm{d}x^3}+y\left(\frac{\mathrm{d}y}{\mathrm{d}x}\right)^2+y^2=0$$

是三阶非线性微分方程.

二、微分方程的解

定义 9.3 如果将已知函数 $y=Q(x)$ 代入方程(9-1)后能使其两端恒等,则称函数 $y=Q(x)$ 为方程(9-1)的解.

例如,$y=\ln x+1$,$y=\ln x+c$(c 为任意常数)都是 $\dfrac{\mathrm{d}y}{\mathrm{d}x}=\dfrac{1}{x}$ 的解,$s(t)=-\dfrac{1}{2}gt^2+c_1 t+c_2$($c_1,c_2$ 为任意常数)与 $s=-\dfrac{1}{2}gt^2+t+1$ 都是 $s''=-g$ 的解.

如果微分方程的解所含任意常数的个数等于微分方程的阶数,则称其为微分方程的通解;在通解中,如果给任意常数以特定值所得的解称为微分方程的特解. 用来确定通解中任意常数取特定值的条件称为初始条件.

一般来说,n 阶微分方程应含有 n 个互相独立的初始条件,满足初始条件的解就是特解.

不能由初始条件而从通解中得到的解称为奇解.

§9.2 一阶微分方程

一阶微分方程的一般形式是

$$F(x,y,y')=0 \text{ 或 } y'=f(x,y).$$

例如,$y' = \dfrac{1}{x}$,和 $y' + xy = e^x$.

一、变量分离方程

形如
$$f(x)dx = g(y)dy \tag{9-2}$$
的一阶微分方程称为变量分离方程,而形如
$$y' = f(x)g(y) \tag{9-3}$$
的方程,可改写为形如
$$\frac{1}{g(y)}dy = f(x)dx$$
的变量分离方程,因此称方程(9-3)为可分离变量方程.

将方程(9-2)两边同时积分,得
$$\int f(x)dx = \int g(y)dy + c. \tag{9-4}$$
其中 c 为任意常数,(9-4)就是方程(9-2)的通解. 这里把 $\int f(x)dx$ 看做一个原函数,将式中两端不定积分的任意常数合并在一起,记为 c.

方程(9-3)在化为变量分离方程时总设 $g(y) \neq 0$ 而对 $g(y) = 0$ 的特殊情形,不加以讨论(这是因为本书只解决求微分方程的通解,而非全解).

例1 求方程 $\dfrac{dy}{dx} = -\dfrac{x}{y}$ 满足初始条件 $y(1) = 2$ 的特解.

解 原方程分离变量得
$$ydy = -xdx,$$
两边积分得通解为
$$\frac{1}{2}y^2 = -\frac{1}{2}x^2 + c.$$
将 $x = 1, y = 2$ 代入通解得
$$c = \frac{5}{2},$$
故所求特解为
$$x^2 + y^2 = 5.$$

例2 求微分方程 $\dfrac{dy}{dx} = 2xy$ 的通解.

解 将所给方程分离变量后得
$$\frac{dy}{y} = 2xdx,$$
两边积分
$$\int \frac{dy}{y} = \int 2xdx,$$
得
$$\ln|y| = x^2 + \ln c_1, \quad c_1 > 0.$$
从而有
$$|y| = c_1 e^{x^2}, \quad y = \pm c_1 e^{x^2}.$$
因 $\pm c_1$ 为非零任意常数,将其记作 c,而 $y = 0$ 也是方程的解便得方程的通解 $y = ce^{x^2}$(c 为任意常数).

以后为运算方便起见,可将 $\ln|y|$ 写成 $\ln y$,取常数 c 可正可负.

二、齐次微分方程

1. 齐次微分方程

形如

$$\frac{dy}{dx} = f\left(\frac{y}{x}\right) \tag{9-5}$$

的一阶微分方程称为齐次微分方程,简称为齐次方程. 例如,方程

$$y' = \frac{y}{x} + \tan\frac{y}{x}$$

和

$$(xy - y^2)dx - (x^2 - 2xy)dy = 0,$$

后者可化为

$$\frac{dy}{dx} = \frac{\frac{y}{x} - \left(\frac{y}{x}\right)^2}{1 - 2\left(\frac{y}{x}\right)},$$

都是齐次方程.

求解齐次方程的常用方法是利用变量替换,将方程(9-5)化为变量分离方程,然后再求解.

令 $u(x) = \frac{y}{x}$,或 $y = ux$,则

$$\frac{dy}{dx} = u + x\frac{du}{dx},$$

将此式代入方程(9-5)得

$$\frac{1}{f(u) - u}du = \frac{1}{x}dx.$$

对上式两端积分,求出通解,再以 $u = \frac{y}{x}$ 代回,便得原方程(9-5)的通解.

例 3 求方程 $(xe^{\frac{y}{x}} + y)dx = xdy$ 的通解.

解 原方程可化为

$$\frac{dy}{dx} = e^{\frac{y}{x}} + \frac{y}{x}.$$

令 $u = \frac{y}{x}$,则

$$\frac{1}{e^u}du = \frac{1}{x}dx,$$

积分得

$$\ln x + e^{-u} = c.$$

将 $u = \frac{y}{x}$ 代入上式,得通解

$$\ln x + e^{-\frac{y}{x}} = c.$$

例 4 求方程 $(y^2 - xy)dx + x^2 dy = 0$ 满足 $y(1) = 1$ 的特解.

解 原方程可化为
$$\frac{dy}{dx}=\frac{y}{x}-\left(\frac{y}{x}\right)^2.$$

令 $u=\frac{y}{x}$，则
$$-\frac{1}{u^2}du=\frac{1}{x}dx,$$

积分得
$$\ln x-\frac{1}{u}=c.$$

将 $u=\frac{y}{x}$ 代入上式，得通解
$$y=\frac{x}{\ln x-c}.$$

由 $y(1)=1$ 得 $c=-1$，故所求特解为
$$y=\frac{x}{\ln x+1}.$$

例 5 求方程 $\dfrac{dy}{dx}=\dfrac{y-\sqrt{x^2+y^2}}{x}$ 的通解.

解 (1) 当 $x>0$ 时，方程化为
$$\frac{dy}{dx}=\frac{y}{x}-\sqrt{1+\left(\frac{y}{x}\right)^2}.$$

令 $\dfrac{y}{x}=u$，$\dfrac{dy}{dx}=u+x\dfrac{du}{dx}$ 代入上式中得
$$u+x\frac{du}{dx}=u-\sqrt{1+u^2},$$

即
$$\frac{du}{\sqrt{1+u^2}}=-\frac{dx}{x}.$$

故
$$\ln(u+\sqrt{1+u^2})=-\ln x+c_1,$$

即
$$u+\sqrt{1+u^2}=\frac{c}{x}(\text{其中 }c=e^{c_1}).$$

将 $\dfrac{y}{x}=u$ 代入上式得
$$y+\sqrt{x^2+y^2}=c.$$

(2) 当 $x<0$ 时，原方程化为
$$\frac{dy}{dx}=\frac{y}{x}+\sqrt{1+\left(\frac{y}{x}\right)^2}.$$

令 $\dfrac{y}{x}=u$，$\dfrac{dy}{dx}=u+x\dfrac{du}{dx}$，代入上式得通解
$$u+x\frac{du}{dx}=u+\sqrt{1+u^2},$$

即
$$\frac{du}{\sqrt{1+u^2}}=\frac{dx}{x}.$$

故
$$\ln(u+\sqrt{1+u^2})=\ln|x|+c_2,$$
即
$$u+\sqrt{1+u^2}=cx \text{（其中 } c=\pm e^{c_2}\text{）}.$$

将 $\dfrac{y}{x}=u$ 代入上式得通解 $\dfrac{y}{x}+\sqrt{1+\dfrac{y^2}{x^2}}=cx,$

即
$$y-\sqrt{x^2+y^2}=cx^2.$$

*2. 可化为齐次方程的微分方程

形如
$$\frac{dy}{dx}=f\left(\frac{a_1x+b_1y+c_1}{a_2x+b_2y+c_2}\right) \tag{9-6}$$

的方程，可用移坐标原点于直线

$$a_1x+b_1y+c_1=0 \text{ 与 } a_2x+b_2y+c_2=0$$

的交点 (x_0,y_0) 处的方法化为齐次方程.

令 $u=y-y_0$，$v=x-x_0$，则 $\dfrac{dy}{dx}=\dfrac{du}{dv}$，可将方程化为

$$\frac{du}{dv}=f\left(\frac{a_1v+b_1u}{a_2v+b_2u}\right)$$

或
$$\frac{du}{dv}=f\left(\frac{a_1+b_1\dfrac{u}{v}}{a_2+b_2\dfrac{u}{v}}\right)=\varphi\left(\frac{u}{v}\right).$$

此为 u,v 的齐次方程.

此方法要求 $a_1x+b_1y+c_1=0$ 与 $a_2x+b_2y+c_2=0$ 为非平行直线，若平行即有

$$\frac{a_2}{a_1}=\frac{b_2}{b_1}=k.$$

方程(9-6)可化为

$$\frac{dy}{dx}=f\left(\frac{a_1x+b_1y+c_1}{k(a_1x+b_1y)+c_2}\right)=F(a_1x+b_1y).$$

若令 $z=a_1x+b_1y$ 可将此方程化为可分离变量方程.

例 6 求解 $\begin{cases}\dfrac{dy}{dx}=\dfrac{x-y+1}{x+y-3};\\ y(0)=0.\end{cases}$

解 线性方程组

$$\begin{cases}x-y+1=0,\\ x+y-3=0\end{cases}$$

的解为 $x_0=1,y_0=2$. 令 $v=x-1$，$u=y-2$ 代入原方程得

$$\frac{du}{dv}=\frac{v-u}{v+u}=\frac{1-\dfrac{u}{v}}{1+\dfrac{u}{v}}.$$

又令 $z=\dfrac{u}{v}$，则上述方程可化为

$$\frac{1+z}{1-2z-z^2}dz = \frac{1}{v}dv,$$

积分得
$$-\frac{1}{2}\ln(1-2z-z^2) = \ln v - \frac{1}{2}\ln c,$$

即
$$(1-2z-z^2)v^2 = c.$$

将 $z = \frac{u}{v}$ 代入得
$$v^2 - 2uv - u^2 = c,$$

再将 $v = x-1, u = y-2$ 代入得
$$x^2 - 2xy - y^2 + 2x + 6y = c_1.$$

其中 c_1 为任意常数. 由 $y(0)=0$, 得 $c_1 = 0$. 故所求解为
$$x^2 - 2xy - y^2 + 2x + 6y = 0.$$

三、一阶线性微分方程

形如
$$y' + p(x)y = Q(x) \tag{9-7}$$
的一阶微分方程为一阶线性微分方程,简称为一阶线性方程.

例如, $y' + x^2 y = \sin x$ 和 $y' - \frac{1}{x}y = e^x$ 都是一阶线性方程.

如果(9-7)中 $Q(x) \equiv 0$, 则方程变为
$$y' + p(x)y = 0, \tag{9-8}$$
称其为一阶齐次线性方程. $Q(x) \not\equiv 0$ 则称为一阶非齐次线性方程.

注意, 这里所说的"齐次"其含义与前面介绍的"齐次方程"不同. 例如, $y' = (\sin x)y$ 是齐次线性方程, 而不是前面所说的齐次方程; 又如, $y' = \tan\frac{y}{x} + \frac{y}{x}$ 是齐次方程, 而不是齐次线性方程.

1. 一阶齐次线性方程的通解

方程(9-8)是可分离变量方程, 分离变量后得
$$\frac{dy}{y} = -p(x)dx,$$

积分得
$$\ln|y| = -\int p(x)dx + c_1.$$

从而 $y = \pm e^{c_1} e^{-\int p(x)dx}$, $\pm e^{c_1}$ 为非零常数, 而 $y = 0$ 也是方程的解
由此得方程的通解
$$y = ce^{-\int p(x)dx} \quad (c \text{ 为任意常数}). \tag{9-9}$$

2. 一阶非齐次线性方程的通解

方程(9-7)一般是不可分离变量的, 其解通常可用"任意常数变易法"求得, 即将(9-9)中任意常数 c 变易为 x 的函数 $u(x)$, 然后再设法求出 $u(x)$ 来.

设方程(9-7)的解为
$$y = u(x)e^{-\int p(x)dx}. \tag{9-10}$$

其中 $u(x)$ 待定,对上式两边求导得
$$y' = u'(x)e^{-\int p(x)dx} - u(x)p(x)e^{-\int p(x)dx}.$$

将 y 与 y' 代入方程(9-7),得 $\quad u'(x) = Q(x)e^{\int p(x)dx},$

积分得 $\quad u(x) = \int Q(x)e^{\int p(x)dx}dx + c.$

其中 c 为任意常数,将求出的 $u(x)$ 代入(9-10)中,得方程(9-7)的通解为
$$y = e^{-\int p(x)dx}\left(\int Q(x)e^{\int p(x)dx}dx + c\right). \tag{9-11}$$

例7 求解方程 $y' - \dfrac{n}{x}y = x^n e^x$,$n$ 为常数.

解 取 $p(x) = -\dfrac{n}{x}, Q(x) = x^n e^x$,则通解
$$y = e^{-\int(-\frac{n}{x})dx}\left(\int x^n e^x e^{\int(-\frac{n}{x})dx}dx + c\right)$$
$$= x^n(e^x + c)(c \text{ 为任意常数}).$$

例8 求解方程 $\dfrac{dy}{dx} = \dfrac{y}{2x - y^2}$.

解 此方程对未知函数 $y = y(x)$ 不是线性方程,如果将原方程改写为
$$\frac{dx}{dy} = \frac{2}{y}x - y,$$
则方程为以 $x = x(y)$ 为未知函数的一阶线性方程了.由公式(9-11)得通解为
$$x(y) = e^{\int \frac{2}{y}dy}\left(\int -ye^{-\int \frac{2}{y}dy}dy + c\right)$$
$$= y^2\left(\int -y \cdot \frac{1}{y^2}dy + c\right)$$
$$= y^2(c - \ln|y|)(c \text{ 为任意常数}).$$

例9 求方程 $\dfrac{dy}{dx} = \dfrac{2x^3 y}{x^4 + y^2}$ 满足初始条件 $y(1) = 1$ 的特解.

解 原方程可化为 $\quad \dfrac{dx}{dy} = \dfrac{x^4 + y^2}{2x^3 y},$

即
$$\frac{dx}{dy} = \frac{x}{2y} + \frac{y}{2x^3}.$$

上式两边同乘 $4x^3$,左端凑微分后有
$$\frac{d(x^4)}{dy} - \frac{2x^4}{y} = 2y.$$

令 $z = x^4$,方程化为 $\quad \dfrac{dz}{dy} - \dfrac{2}{y}z = 2y,$

解之得 $\quad z = e^{\int \frac{2}{y}dy}\left(\int 2ye^{-\int \frac{2}{y}dy}dy + c\right)$
$$= y^2\left(\int \frac{2}{y}dy + c\right) = y^2(2\ln|y| + c).$$

故原方程的通解为
$$x^4 = y^2(2\ln|y| + c).$$
将初始条件 $y(1)=1$ 代入上式得 $c=1$. 故所求特解为
$$x^4 = y^2(2\ln|y| + 1).$$

例 10 已知可微函数 $f(x)$ 满足 $\int_1^x \dfrac{f(x)}{f^2(x)+x}dx = f(x)+1$，求 $f(x)$.

解 将题设式子两边对 x 求导,有
$$\frac{f(x)}{f^2(x)+x} = f'(x).$$
令 $f(x)=y$，上式可写为 $\dfrac{y}{y^2+x}=y'$，即 $\dfrac{dx}{dy} - \dfrac{1}{y}x = y$，

解之得
$$x = e^{\int \frac{1}{y}dy}\left(\int y e^{-\int \frac{1}{y}dy}dy + c\right)$$
$$= y(y+c) = y^2 + cy.$$

由题设知 $f(1)=-1$，代入上式得 $c=0$. 故有 $x=y^2$ 即 $y=\pm\sqrt{x}$. 由 $f(1)=-1$ 知 $y=-\sqrt{x}$ 即 $f(x)=-\sqrt{x}$.

例 11 设 $F(x)=f(x)g(x)$，其中函数 $f(x),g(x)$ 在 $(-\infty,+\infty)$ 内满足以下条件：$f'(x)=g(x)$，$g'(x)=f(x)$，且 $f(0)=0$，$f(x)+g(x)=2e^x$.

(1) 求 $F(x)$ 所满足的一阶微分方程；

(2) 求出 $F(x)$ 的表达式.

解 $F(x)$ 所满足的微分方程应含有其导数，所以先求 $F(x)$ 的导数.

(1) 由于 $F'(x) = f'(x)g(x) + f(x)g'(x) = g^2(x) + f^2(x)$
$$= [f(x)+g(x)]^2 - 2f(x)g(x) = (2e^x)^2 - 2F(x),$$
即 $F(x)$ 所满足的一阶微分方程为
$$F'(x) + 2F(x) = 4e^{2x}.$$

(2)
$$F(x) = e^{-\int 2dx}\left(\int 4e^{2x}e^{\int 2dx}dx + c\right)$$
$$= e^{-2x}\left(\int 4e^{4x}dx + c\right) = e^{2x} + ce^{-2x},$$

将 $F(0)=f(0)g(0)=0$ 代入上式得 $c=-1$. 故
$$F(x) = e^{2x} - e^{-2x}.$$

*3. 伯努利方程

形如
$$\frac{dy}{dx} + p(x)y = Q(x)y^n \tag{9-12}$$

的方程称为伯努利方程，其中 n 为已知常数，而且 $n \neq 0,1$（否则即为线性方程）.

如果令 $z = y^{1-n}$，即可将原方程化为关于 z 的线性方程
$$\frac{dz}{dx} + (1-n)p(x)z = (1-n)Q(x).$$

例 12 求方程 $\dfrac{dy}{dx} = \dfrac{4}{x}y + x\sqrt{y}$ 的通解.

解 此方程为 $n=\frac{1}{2}$ 的伯努利方程，令 $z=y^{\frac{1}{2}}$，则

$$\frac{\mathrm{d}z}{\mathrm{d}x}=\frac{1}{2}y^{-\frac{1}{2}}\frac{\mathrm{d}y}{\mathrm{d}x},$$

代入原方程得

$$\frac{\mathrm{d}z}{\mathrm{d}x}=\frac{2}{x}z+\frac{x}{2}.$$

这是 z 的线性方程，其通解为

$$z=x^2\left(c+\frac{1}{2}\ln x\right),$$

将 $z=y^{\frac{1}{2}}$ 代入上式，得原方程的通解

$$y=x^4\left(c+\frac{1}{2}\ln x\right)^2.$$

§9.3 高阶微分方程

一、n 阶线性微分方程的一般形式

n 阶线性微分方程的一般形式为

$$y^{(n)}+a_1(x)y^{(n-1)}+\cdots+a_{n-1}(x)y'+a_n(x)y=f(x). \tag{9-13}$$

其中 $a_1(x),a_2(x),\cdots,a_n(x)$ 及 $f(x)$ 都是 x 的已知连续函数.

如果 $f(x)\equiv 0$，则(9-13)式变为

$$y^{(n)}+a_1(x)y^{(n-1)}+\cdots+a_{n-1}(x)y'+a_n(x)y=0, \tag{9-14}$$

称其为 n 阶齐次线性微分方程，简称为齐次线性方程.

如果 $f(x)\not\equiv 0$，则称(9-13)为 n 阶非齐次线性方程，并将方程(9-14)称为对应于方程(9-13)的齐次线性方程.

*二、n 阶线性微分方程解的基本定理

为了便于给出 n 阶线性微分方程解的基本定理，先给出两个定义.

定义 9.4 设有 k 个函数 $y_1(x),y_2(x),\cdots,y_k(x)$ 在区间 (a,b) 内有定义，如果存在 k 个不全为零的常数 $c_1,c_2,\cdots,c_k$ 使得恒等式

$$c_1y_1(x)+c_2y_2(x)+\cdots+c_ky_k(x)\equiv 0$$

对所有的 $x\in(a,b)$ 都成立，则称函数组 $y_1(x),y_2(x),\cdots,y_k(x)$ 在区间 (a,b) 内是线性相关的；否则，称函数组 $y_1(x),y_2(x),\cdots,y_k(x)$ 在区间 (a,b) 内是线性无关的.

例 1 函数组 $1,x,x^2,\cdots,x^k$ 在任意区间内都是线性无关的.

证 因为要使
$$c_0 \cdot 1 + c_1 x + c_2 x^2 + \cdots + c_k x^k \equiv 0$$
对一切 x 都成立,当且仅当 $c_0 = c_1 = c_2 = \cdots = c_k = 0$.

在定义 9.4 中,特别当 $k = 2$ 时,如果 $\dfrac{y_1(x)}{y_2(x)} \equiv$ 常数,则称 $y_1(x)$ 与 $y_2(x)$ 线性相关;如果 $\dfrac{y_1(x)}{y_2(x)} \not\equiv$ 常数,则称 $y_1(x)$ 与 $y_2(x)$ 线性无关.例如,$\cos^2 x$ 与 $\sin^2 x - 1$ 在任何区间上都是线性相关的,而 $\sin x$ 与 $\cos x$ 在任何区间上都是线性无关的.

定义 9.5 由定义在区间 (a,b) 内的 k 个 $k-1$ 次可微的函数 $y_1(x), y_2(x), \cdots, y_k(x)$ 所构成的行列式

$$W(x) \equiv W[y_1(x), y_2(x), \cdots, y_k(x)]$$
$$\equiv \begin{vmatrix} y_1(x) & y_2(x) & \cdots & y_k(x) \\ y_1'(x) & y_2'(x) & \cdots & y_k'(x) \\ \vdots & \vdots & & \vdots \\ y_1^{(k-1)}(x) & y_2^{(k-1)}(x) & \cdots & y_k^{(k-1)}(x) \end{vmatrix}$$

称为这 k 个函数的伏朗斯基行列式.

定理 9.1 如果 $a_1(x), a_2(x), \cdots, a_n(x)$ 及 $f(x)$ 都是定义在区间 $[a,b]$ 上的连续函数,则对任一 $x_0 \in [a,b]$ 及任意的常数 $\eta_0, \eta_1, \cdots, \eta_{n-1}$,$n$ 阶方程(9-13)存在唯一解 $y = \varphi(x)$ 定义于区间 $[a,b]$ 上且满足初始条件

$$\varphi(x_0) = \eta_0, \varphi'(x_0) = \eta_1, \cdots, \varphi^{(n-1)}(x_0) = \eta_{n-1}.$$

定理 9.2 如果 $y_1(x), y_2(x), \cdots, y_k(x)$ 是齐次方程(9-14)的 $k(1 \leqslant k \leqslant n)$ 个解,则它们的线性组合

$$y(x) = c_1 y_1(x) + c_2 y_2(x) + \cdots + c_k y_k(x)$$

也是方程(9-14)的解,其中 $c_1, c_2, \cdots, c_k$ 是 k 个任意常数.

定理 9.3 齐次方程(9-14)的 n 个解 $y_1(x), y_2(x), \cdots, y_n(x)$ 在区间 (a,b) 内线性无关的充要条件是伏朗斯基行列式 $W(x) \equiv W[y_1(x), y_2(x), \cdots, y_n(x)]$ 在区间 (a,b) 内恒不等于零.

定理 9.4 n 阶齐次方程(9-14)一定存在 n 个线性无关的解.

定理 9.5 如果 $y_1(x), y_2(x), \cdots, y_n(x)$ 是齐次方程(9-14)的 n 个线性无关的解,则 (9-14) 的通解为

$$y(x) = c_1 y_1(x) + c_2 y_2(x) + \cdots + c_n y_n(x), \tag{9-15}$$

其中 $c_1, c_2, \cdots, c_n$ 是任意常数.而且(9-14)的任何解都可表成(9-15)的形式.

定理 9.6 如果 $\overline{y}(x)$ 是非齐次方程(9-13)的某个特解,$y_1(x), y_2(x), \cdots, y_n(x)$ 是齐次方程(9-14)的 n 个线性无关的特解,则非齐次线性方程(9-13)的通解为

$$y(x) = \overline{y}(x) + c_1 y_1(x) + c_2 y_2(x) + \cdots + c_n y_n(x), \tag{9-16}$$

其中 $c_1, c_2, \cdots, c_n$ 为任意常数.

上述定理证明略.

三、二阶常系数线性微分方程

二阶常系数线性微分方程的一般形式是

$$y'' + py' + qy = f(x). \tag{9-17}$$

其中 p, q 为已知实常数，$f(x)$ 是 x 的已知函数.

与方程(9-17)对应的齐次方程是

$$y'' + py' + qy = 0. \tag{9-18}$$

下边分别讨论(9-18)的通解和(9-17)的特解.

1. 二阶常系数齐次线性方程的通解

定理 9.5 告诉我们，欲求方程(9-18)的通解，只需求出方程(9-18)的两个线性无关的特解 y_1 与 y_2. 注意到方程(9-18)具有常系数、线性、齐次三个特点，而指数函数

$$y = e^{rx} \ (r \text{ 为待定常数}).$$

具有它本身及各阶导数仍为指数函数的特点，因此，方程(6)必有指数函数形式的特解.

将 $y = e^{rx}, y' = re^{rx}, y'' = r^2 e^{rx}$ 代入(9-18)得

$$e^{rx}(r^2 + pr + q) = 0.$$

由于 $e^{rx} \neq 0$，要上式成立，必有

$$r^2 + pr + q = 0. \tag{9-19}$$

因此，要使 $y = e^{rx}$ 是方程(9-18)的特解的充分必要条件是：常数 r 是方程(9-19)的根，称方程(9-19)为方程(9-18)或方程(9-17)的特征方程，特征方程(9-19)的解称为特征根或特征值.

注意到特征方程(9-19)的系数 $1, p, q$ 恰好是方程(9-18)中 y'', y', y 的系数，因此，已知方程(9-18)立即可写出它的特征方程(9-19).

这样，求方程(9-18)的特解就转化为求特征方程(9-19)的特征根. 下边分三种情况，讨论如何根据特征根的不同情况求(9-18)的两个线性无关的特解.

① 当 $p^2 - 4q > 0$ 时，特征根为互异实根，记 $r_1, r_2, r_1 \neq r_2$，相应的方程(9-18)有两个特解

$$y_1 = e^{r_1 x}, y_2 = e^{r_2 x}.$$

由于 $\frac{y_1}{y_2} = e^{(r_1 - r_2)x} \neq$ 常数，故 y_1 与 y_2 线性无关，由定理 9.5 知方程(9-18)的通解为

$$y^* = c_1 e^{r_1 x} + c_2 e^{r_2 x},$$

其中 c_1, c_2 为任意常数.

② 当 $p^2 - 4q = 0$ 时，特征根为重根 $r_1 = r_2 = r$，此时方程(9-18)有一特解

$$y_1 = e^{rx}.$$

可以验证，$y_2 = xe^{rx}$ 是(9-18)的另一个与 y_1 线性无关的特解. 因此(9-18)的通解为

$$y^* = c_1 e^{rx} + c_2 x e^{rx}.$$

③ 当 $p^2 - 4q < 0$ 时，特征根为共轭复根. 设共轭复根为 $r_1 = \alpha + i\beta, r_2 = \alpha - i\beta$，此时，可以验证

$$y_1 = e^{\alpha x} \cos\beta x, \ y_2 = e^{\alpha x} \sin\beta x$$

是方程(9-18)的两个线性无关的特解，因此(9-18)的通解为

$$y^* = e^{\alpha x}(c_1 \cos\beta x + c_2 \sin\beta x).$$

例 2 求方程 $y'' - 2y' - 3y = 0$ 的通解.

解 特征方程为
$$r^2 - 2r - 3 = (r+1)(r-3) = 0,$$
故有特征根 $r_1 = -1, r_2 = 3$,因此方程的通解为
$$y^* = c_1 e^{-x} + c_2 e^{3x}.$$

例 3 求方程 $y'' - 6y' + 9y = 0$ 的通解.

解 特征方程为
$$r^2 - 6r + 9 = (r-3)^2 = 0,$$
故有特征根 $r_1 = r_2 = 3$,因此方程的通解为
$$y^* = (c_1 + c_2 x) e^{3x}.$$

例 4 求方程 $y'' + 2y' + 3y = 0$ 的通解.

解 特征方程为
$$r^2 + 2r + 3 = 0,$$
故有共轭复根 $r_1 = -1 + i\sqrt{2}, r_2 = -1 - i\sqrt{2}$,因此方程的通解为
$$y^* = e^{-x}(c_1 \cos\sqrt{2}x + c_2 \sin\sqrt{2}x).$$

可见,求二阶常系数齐次线性方程的通解,不必计算积分,只需写出特征方程,再求特征根,根据特征根的不同情形即可写出通解.

例 5 求 $y_1 = e^{2x}, y_2 = xe^{2x}$ 所满足的二阶常系数线性齐次微分方程.

解 由所给解的形式知,$r = 2$ 是特征方程的二重根,故特征方程为
$$(r-2)^2 = 0,$$
即
$$r^2 - 4r + 4 = 0,$$
故所求微分方程是
$$y'' - 4y' + 4y = 0.$$

例 6 设函数 $y = y(x)$ 满足条件
$$\begin{cases} y'' + 4y' + 4y = 0; \\ y(0) = 2, \; y'(0) = -4. \end{cases}$$
求广义积分 $\int_0^{+\infty} y(x) \mathrm{d}x$.

解 方程对应的特征方程为 $r^2 + 4r + 4 = 0$,得 $r_1 = r_2 = -2$,故原方程的通解为 $y = (c_1 + c_2 x) e^{-2x}$. 由初始条件得 $c_1 = 2, c_2 = 0$. 因此原方程的通解的
$$y = 2e^{-2x}.$$
故
$$\int_0^{+\infty} y(x) \mathrm{d}x = \int_0^{+\infty} 2e^{-2x} \mathrm{d}x = -e^{-2x} \Big|_0^{+\infty} = 1.$$

*2. n 阶常系数齐次线性方程的通解

形如
$$y^{(n)} + p_1 y^{(n-1)} + p_2 y^{(n-2)} + \cdots + p_{n-1} y' + p_n y = 0 \tag{9-20}$$
的方程(其中 $p_1, p_2, \cdots, p_n$ 为常数)称为 n 阶常系数齐次线性方程,其通解的求法类似于二阶常系数齐次线性方程. 通解的求法,步骤如下:

① 写出方程(9-20)的特征方程
$$r^n + p_1 r^{n-1} + p_2 r^{n-2} + \cdots + p_{n-1} r + p_n = 0,$$

这是未知数为 r 的一元 n 次代数方程.

② 求特征方程的 n 个特征根(k 重根算作 k 个根),每一个特征根对应着通解中的一项.

③ 根据特征根的情况按表 9-1 写出通解中的对应项.

表 9-1　n 阶常系数齐次线性方程特征根与通解中的对应项

特征根	通解中的对应项
每一个单实根 r	给出一项　　ce^{rx}
每一个 k 重实根 r	给出 k 项　　$e^{rx}(c_1 + c_2 x + \cdots + c_k x^{k-1})$
每一对共轭复数单根 $\alpha \pm i\beta$	给出两项 $e^{\alpha x}(c_1 \cos\beta x + c_2 \sin\beta x)$
每一对 k 重共轭复根 $\alpha \pm i\beta$	给出 $2k$ 项 $e^{\alpha x}[(c_1 + c_2 x + \cdots + c_k x^{k-1})\cos\beta x$ 　　　　　　$+ (d_1 + d_2 x + \cdots + d_k x^{k-1})\sin\beta x]$

例 7　求方程 $y^{(4)} - 2y^{(3)} + 5y'' = 0$ 的通解.

解　特征方程为
$$r^4 - 2r^3 + 5r^2 = r^2(r^2 - 2r + 5) = 0,$$
解得特征根为 $r_1 = r_2 = 0, r_3 = 1 + 2i, r_4 = 1 - 2i$. 由上表知,对于二重实根 $r_1 = r_2 = 0$,给出通解中两项
$$(c_1 + c_2 x)e^{0 \cdot x} = c_1 + c_2 x.$$
对于一对共轭复根 $1 \pm 2i$,给出通项中两项
$$e^x(c_3 \cos 2x + c_4 \sin 2x).$$
因此,方程的通解为
$$y^* = c_1 + c_2 x + e^x(c_3 \cos 2x + c_4 \sin 2x).$$

3. 二阶常系数非齐次线性方程的通解

定理 9.6 告诉我们,欲求方程(9-17)的通解,只需求出它的一个特解 $\bar{y}$ 及其对应齐次方程(9-18)的通解 y^*,然后取和式 $y = \bar{y} + y^*$ 即可. 现在的问题是如何求方程(9-17)的一个特解.

通常求方程(5)特解的方法有待定系数法和常数变易法.

① 待定系数法

待定系数法的基本思想是,用与非齐次项的函数 $f(x)$ 形状相同但含有待定系数的函数作为方程(9-17)的特解,并将此函数代入方程(9-17),然后利用方程两端对任何 x 之值恒等的条件,确定出待定系数的值,从而求得方程(9-17)的一个特解.

几类常见类型的函数设特解的方法见表 9-2.

表 9-2　二阶常系数非齐次线性方程 $y'' + py' + qy = f(x)$ 特解的试解形式

$f(x)$ 的形式	特解 $\bar{y}$ 的试解形式	取试解的条件
$f(x)$ 是 m 次多项式 $f(x) = P_m(x)$ $= a_0 + a_1 x + \cdots + a_m x^m$	$\bar{y} = Q_m(x)$ $= A_0 + A_1 x + \cdots + A_m x^m$ ($A_0, A_1, \cdots, A_m$ 为待定系数)	$q \neq 0$ ($q = 0$ 时，令 $u = y'$，方程化为一阶线性方程)
$f(x) = e^{ax} p_m(x)$ (a 为实常数)	$\bar{y} = e^{ax} Q_m(x)$	a 不是特征根
	$\bar{y} = x e^{ax} Q_m(x)$	a 为单特征根
	$\bar{y} = x^2 e^{ax} Q_m(x)$	a 为重特征根
$f(x) = A\cos\omega x + B\sin\omega x$ (A, B, ω 为已知常数)	$\bar{y} = A_1 \cos\omega x + B_1 \sin\omega x$	$\pm i\omega$ 不是特征根
	$\bar{y} = x(A_1 \cos\omega x + B_1 \sin\omega x)$	$\pm i\omega$ 是特征根
$f(x) = e^{ax}(A\cos\omega x + B\sin\omega x)$	$\bar{y} = e^{ax}(A_1 \cos\omega x + B_1 \sin\omega x)$	$a \pm i\omega$ 不是特征根
	$\bar{y} = x e^{ax}(A_1 \cos\omega x + B_1 \sin\omega x)$	$a \pm i\omega$ 是特征根

例 8　求方程 $y'' - 2y' - 3y = 9$ 的通解.

解　对应齐次方程的通解为
$$y^* = c_1 e^{-x} + c_2 e^{3x}.$$

为了求非齐次方程的一个特解，设 $\bar{y} = A$ (A 为待定常数) 并代入方程，得 $A = -3$. 因此，$\bar{y} = -3$ 是方程的一个特解. 于是，所求方程的通解为
$$y = \bar{y} + y^* = c_1 e^{-x} + c_2 e^{3x} - 3.$$

例 9　求方程 $y'' - 6y' + 9y = x e^{3x}$ 的通解.

解　对应齐次方程的通解为
$$y^* = (c_1 + c_2 x) e^{3x}.$$

因为 $f(x) = x e^{3x}$，即 $P_m(x) = x$ 为一次多项式，$a = 3$ 为特征方程的特征重根，故由表 9-2 可设特解为
$$\bar{y} = x^2 (A_0 + A_1 x) e^{3x} \ (A_0, A_1 \text{ 为待定系数}),$$

并将 $\bar{y}$ 代入所给非齐次方程，得
$$(2A_0 + 6A_1 x) e^{3x} = x e^{3x}.$$

因此，$A_0 = 0, A_1 = \dfrac{1}{6}$，故 $\bar{y} = \dfrac{1}{6} x^3 e^{3x}$ 为所求方程的一个特解，从而所求方程的通解为
$$y = \bar{y} + y^* = \left(c_1 + c_2 x + \dfrac{1}{6} x^3\right) e^{3x}.$$

例 10　求方程 $y'' + y' - 2y = \cos 2x$ 的通解.

解　对应齐次方程的通解为
$$y^* = c_1 e^x + c_2 e^{-2x}.$$

$\pm 2i$ 不是特征根，故由表 9-2 可设所求方程的特解为
$$\bar{y} = A_1 \cos 2x + B_1 \sin 2x \ (A_1, B_1 \text{ 为待定常数}),$$

将此 $\bar{y}$ 代入方程得 $A_1 = -\dfrac{3}{20}, B_1 = \dfrac{1}{20}$，因此

$$\bar{y} = -\frac{3}{20}\cos 2x + \frac{1}{20}\sin 2x$$

为所求方程的一个特解,从而所求方程的通解为

$$y = \bar{y} + y^* = -\frac{3}{20}\cos 2x + \frac{1}{20}\sin 2x + c_1 e^x + c_2 e^{-2x}.$$

② 常数变易法

设方程(9-18)有两个线性无关的特解 $y_1(x), y_2(x)$,那么它的通解为

$$y^* = c_1 y_1(x) + c_2 y_2(x),$$

其中 c_1, c_2 为任意常数. 从一阶线性方程的常数变易法中得到启示,将 y^* 中的任意常数 c_1 和 c_2 变易为 x 的待定函数 $c_1(x)$ 与 $c_2(x)$,并假定

$$\bar{y} = c_1(x) y_1(x) + c_2(x) y_2(x) \tag{9-21}$$

是非齐次方程(9-17)的一个特解. 下面只要设法确定 $c_1(x)$ 与 $c_2(x)$ 即可.

将(9-21)代入方程(9-17)应使其相等,为此将(9-21)两边对 x 求导,得

$$\bar{y}' = (c_1(x) y_1'(x) + c_2(x) y_2'(x)) + (c_1'(x) y_1(x) + c_2'(x) y_2(x)).$$

为了确定 $c_1(x)$ 与 $c_2(x)$,假定有

$$c_1'(x) y_1(x) + c_2'(x) y_2(x) = 0,$$

在此条件下

$$\bar{y}' = c_1(x) y_1'(x) + c_2(x) y_2'(x). \tag{9-22}$$

将(9-22)两边对 x 求导,得

$$\bar{y}'' = (c_1(x) y_1''(x) + c_2(x) y_2''(x)) + (c_1'(x) y_1'(x) + c_2'(x) y_2'(x)). \tag{9-23}$$

将(9-21)、(9-22)和(9-23)代入方程(9-17)得

$$c_1'(x) y_1'(x) + c_2'(x) y_2'(x) = f(x).$$

于是,为了使 $\bar{y} = c_1(x) y_1(x) + c_2(x) y_2(x)$ 是非齐次方程(9-17)的解,待定函数 $c_1(x)$ 与 $c_2(x)$ 应满足下面方程组

$$\begin{cases} y_1(x) c_1'(x) + y_2(x) c_2'(x) = 0; \\ y_1'(x) c_1'(x) + y_2'(x) c_2'(x) = f(x). \end{cases} \tag{9-24}$$

这是关于 $c_1'(x)$ 与 $c_2'(x)$ 的线性代数方程组. 由于 $y_1(x)$ 与 $y_2(x)$ 是齐次方程(9-18)的两个线性无关的特解,根据定理 9.3 知

$$W[y_1(x), y_2(x)] \equiv \begin{vmatrix} y_1(x) & y_2(x) \\ y_1'(x) & y_2'(x) \end{vmatrix} \not\equiv 0,$$

故方程组(9-24)有唯一解 $c_1'(x)$ 与 $c_2'(x)$,然后求积分即可定出 $c_1(x)$ 与 $c_2(x)$,从而由 $\bar{y} = c_1(x) y_1(x) + c_2(x) y_2(x)$ 求出方程(9-17)的一个特解.

例 11 求方程 $y'' - 6y' + 9y = xe^{3x}$ 的通解.

解 此方程已在例 9 中用待定系数法解过,现在用常数变易法求解,设

$$\bar{y} = c_1(x) e^{3x} + c_2(x) x e^{3x}$$

为所求方程的一个特解,则由(9-24)得方程组

$$\begin{cases} e^{3x} c_1'(x) + x e^{3x} c_2'(x) = 0; \\ 3 e^{3x} c_1'(x) + (1+3x) e^{3x} c_2'(x) = x e^{3x}. \end{cases}$$

即
$$\begin{cases} c_1'(x) + xc_2'(x) = 0; \\ 3c_1'(x) + (1+3x)c_2'(x) = x. \end{cases}$$

解得
$$c_1'(x) = -x^2, c_2'(x) = x,$$

积分得
$$c_1(x) = -\frac{1}{3}x^3, c_2(x) = \frac{1}{2}x^2.$$

于是所给方程的一个特解为
$$\overline{y} = -\frac{1}{3}x^3 e^{3x} + \frac{1}{2}x^2 \cdot xe^{3x} = \frac{1}{6}x^3 e^{3x},$$

从而其通解为
$$y = \left(c_1 + c_2 x + \frac{1}{6}x^3\right)e^{3x}.$$

*4. n 阶常系数非齐次线性方程的通解

形如
$$y^{(n)} + p_1 y^{(n-1)} + p_2 y^{(n-2)} + \cdots + p_{n-1} y' + p_n y = f(x) \tag{9-25}$$

的方程称为 n 阶常系数非齐次线性方程,其通解的求法与二阶常系数线性方程类似,分如下三个步骤:

① 求与(9-25)对应的齐次方程(9-20)的通解
$$y^* = c_1 y_1 + c_2 y_2 + \cdots + c_n y_n,$$

其中 $y_1, y_2, \cdots, y_n$ 为(9-20)的 n 个线性无关特解,$c_1, c_2, \cdots, c_n$ 为 n 个任意常数;

② 求非齐次方程(9-25)的一个特解 $\overline{y}$,可与二阶类似地采用待定系数法和常数变易法;

③ 由定理 9.6 知 $y = \overline{y} + y^*$ 即为方程(9-25)的通解.

例 12 求方程 $y^{(5)} - y^{(4)} + 8y^{(3)} - 8y'' + 16y' - 16y = 25e^{-x}$ 的通解.

解 对应的特征方程为
$$r^5 - r^4 + 8r^3 - 8r^2 + 16r - 16 = 0,$$

即
$$(r-1)(r^2+4)^2 = 0,$$

解得特征根
$$r_1 = 1, r_2 = r_3 = 2i, r_4 = r_5 = -2i.$$

故齐次方程的通解为
$$y^* = c_1 e^x + (c_2 + c_3 x)\cos 2x + (c_4 + c_5 x)\sin 2x.$$

再设 $\overline{y} = Ae^{-x}$ 为原方程的一个特解,将其代入方程得
$$-50Ae^{-x} = 25e^{-x},$$

故 $A = -\frac{1}{2}$,从而 $\overline{y} = -\frac{1}{2}e^{-x}$. 于是,原方程的通解为
$$y = \overline{y} + y^*$$
$$= -\frac{1}{2}e^{-x} + c_1 e^x + (c_2 + c_3 x)\cos 2x + (c_4 + c_5 x)\sin 2x,$$

其中 $c_1, c_2, \cdots, c_5$ 为任意常数.

四、几类特殊的高阶微分方程的解法

1. 可直接积分的方程

形如 $y'' = f(x)$ 的二阶微分方程,通过两次积分可求得其通解,积分一次得
$$y' = \int f(x) \mathrm{d}x + c_1,$$
再积分一次得通解
$$y = \int \left[\int f(x) \mathrm{d}x\right] \mathrm{d}x + c_1 x + c_2 \quad (c_1, c_2 \text{ 为任意常数}).$$

对于一般的 n 阶方程 $y^{(n)} = f(x)$,可通过 n 次直接积分求得其通解.

例 13 求方程 $y'' = \mathrm{e}^{2x}$ 的通解.

解 积分一次得 $y' = \dfrac{1}{2}\mathrm{e}^{2x} + c_1,$

再积分一次得通解 $y = \dfrac{1}{4}\mathrm{e}^{2x} + c_1 x + c_2.$

2. 不显含未知函数 y 的方程

① $F(x, y', y'') = 0$

令 $y' = z$,则原方程变为 $F(x, z, z') = 0$. 这是以 z 为未知函数的一阶微分方程,易得其通解为
$$z = \varphi(x, c_1),$$
即
$$y' = \varphi(x, c_1),$$
故方程的通解为
$$y = \int \varphi(x, c_1) \mathrm{d}x + c_2.$$

② $F(x, y^{(k)}, y^{(k+1)}, \cdots, y^{(n)}) = 0 \ (1 < k \leqslant n)$

令 $y^{(k)} = z$,则原方程变为
$$F(x, z, z', \cdots, z^{(n-k)}) = 0,$$
即降为以 z 为未知函数的 $n-k$ 阶微分方程. 如能求出该方程的通解 $z = \varphi(x, c_1, c_2, \cdots, c_{n-k})$,即
$$y^{(k)} = \varphi(x, c_1, c_2, \cdots, c_{n-k}).$$
再积分 k 次,就得原方程的通解
$$y = \varphi(x, c_1, c_2, \cdots, c_n),$$
其中 $c_1, c_2, \cdots, c_n$ 为任意常数

例 14 求方程 $xy^{(4)} - y^{(3)} = 0$ 的通解.

解 令 $y^{(3)} = z$,则原方程化为
$$z' - \dfrac{1}{x}z = 0.$$
此一阶方程的通解为 $z = cx$,即 $y''' = cx$,将此式积分三次,得原方程的通解为

$$y = c_1 x^4 + c_2 x^2 + c_3 x + c_4,$$

其中 c_1, c_2, c_3, c_4 为任意常数.

3. 不显含自变量 x 的方程 $F(y, y', y'') = 0$

令 $y' = z(y)$,则 $y'' = \dfrac{dz}{dx} = \dfrac{dz}{dy} \cdot \dfrac{dy}{dx} = z\dfrac{dz}{dy}$,代入原方程得

$$F\left(y, z, z\dfrac{dz}{dy}\right) = 0.$$

此为关于 y 和 z 的一阶方程,设其通解为

$$z = \varphi(y, c_1),$$

即

$$\dfrac{dy}{dx} = \varphi(y, c_1),$$

则原方程的通解为

$$\int \dfrac{1}{\varphi(y, c_1)} dy = x + c_2.$$

一般地,对于

$$F(y, y', y'', \cdots, y^{(n)}) = 0,$$

可类似地作变换,将其降为 $n-1$ 阶方程.

例 15 求方程 $yy'' - (y')^2 = 0$ 的通解.

解 令 $y' = z, y'' = z\dfrac{dz}{dy}$,则原方程化为

$$yz\dfrac{dz}{dy} - z^2 = 0.$$

其解是 $z = c_1 y$ 或 $z = 0$,即 $y' = c_1 y$ 或 $y' = 0$,故原方程的通解是

$$y = c_2 e^{c_1 x} \text{ 或 } y = c.$$

§9.4 微分方程在经济学中的应用

本节介绍微分方程在经济学中的几个简单应用例子.

一、价格调整模型

设有某种商品,它的价格主要是由市场的供求关系决定,为简单起见,设供给函数 Q_S 与需求函数 Q_D 是只依赖于价格 p 的线性函数:

$$\begin{cases} Q_S = a + bp; \\ Q_D = c - dp. \end{cases}$$

其中 a, b, c, d 为已知常数,且 $b > 0, d > 0$,

当供给量与需求量相等时,可得价格

$$\bar{p} = \frac{c-a}{b+d},$$

称其为均衡价格.

一般来说,当市场上该商品供过于求($\varphi_S > \varphi_D$)时,价格将下跌;当供不应求($\varphi_S < \varphi_D$)时,价格将上涨. 这样,该商品在市场上的价格将随着时间的变化而围绕着均衡价格 $\bar{p}$ 上下波动. 因而,可设想价格 p 是时间 t 的函数 $p = p(t)$. 假定 t 时刻价格 $p(t)$ 的变化率与 t 时刻的过剩需求量 $Q_D - Q_S$ 成正比,即有

$$\frac{\mathrm{d}p}{\mathrm{d}t} = k(Q_D - Q_S), \tag{9-26}$$

其中 k 为正常数,用来反映价格的调整速度. 将 Q_S,Q_D 及 $\bar{p}$ 的表达式代入上式,得

$$\frac{\mathrm{d}p}{\mathrm{d}t} = \lambda(\bar{p} - p),$$

其中 $\lambda = k(b+d) > 0$,方程(9-26)的通解为

$$p = p(t) = c\mathrm{e}^{-\lambda t} + \bar{p}.$$

如果初始价格 $p(0) = p_0$,代入上式得 $c = p_0 - \bar{p}$,于是(9-26)的初始解为

$$p(t) = \bar{p} + (p_0 - \bar{p})\mathrm{e}^{-\lambda t}.$$

因为 $\lambda > 0$,故有 $\lim\limits_{t \to \infty} p(t) = \bar{p}$. 这表明,实际价格 $p(t)$ 最终将趋向于均衡价格 $\bar{p}$.

二、多马(E. D. Domar)宏观经济模型

设 $S(t)$ 为 t 时刻的储蓄,$I(t)$ 为 t 时刻的投资,$Y(t)$ 为 t 时刻的国民收入. 多马曾提出如下简单的宏观经济模型:

$$\begin{cases} S(t) = \alpha Y(t); \\ I(t) = \beta \dfrac{\mathrm{d}Y}{\mathrm{d}t}; \\ S(t) = I(t); \\ Y(0) = Y_0; \\ \alpha > 0, \beta > 0 \text{ 为常数.} \end{cases} \tag{9-27}$$

其中,第一个方程表示储蓄与国民收入成正比,第二个方程表示投资与国民收入的变化率成正比,第三个方程表示储蓄等于投资,第四个方程表示初期的国民收入 Y_0,即初始条件.

由前三个方程消去 $S(t)$ 和 $I(t)$,得微分方程

$$\frac{\mathrm{d}Y}{\mathrm{d}t} = \frac{\alpha}{\beta}Y,$$

其通解为

$$Y = c\mathrm{e}^{\frac{\alpha}{\beta}t}.$$

由初始条件 $Y(0) = Y_0$,得 $c = Y_0$,因此

$$Y = Y_0 \mathrm{e}^{\frac{\alpha}{\beta}t}.$$

由此得
$$I(t)=S(t)=\alpha Y=\alpha Y_0 e^{\frac{\alpha}{\beta}t}.$$

由于 $\alpha>0,\beta>0$,故 $Y(t),S(t),I(t)$ 均为时间 t 的单调增加函数.

三、索罗(Solow)经济增长模型

设 $Y=Y(t)$ 为 t 时刻的国民收入,$K=K(t)$ 为 t 时刻的资本存量,$L=L(t)$ 为 t 时刻的劳动力,这三个变量有如下的关系:

$$\begin{cases} Y=F(K,L); \\ \dfrac{dK}{dt}=SY(t); \\ L(t)=L_0 e^{\lambda t}. \end{cases} \quad (9\text{-}28)$$

其中,S 为储蓄率,λ 为劳动力增长率,L_0 为初始劳动力,$F(K,L)$ 为 K 和 L 的一次齐次函数.

由(9-28)得
$$\frac{dK}{dt}=SF(K,L)=SLF\left(\frac{K}{L},1\right).$$

令 $k=\dfrac{K}{L}$(k 称为资本劳动力比),则由上式得
$$\frac{dK}{dt}=L\frac{dk}{dt}+k\frac{dL}{dt}=SLF(k,1),$$

即
$$\frac{dk}{dt}+\lambda k=SF(k,1). \quad (9\text{-}29)$$

其中利用了
$$\frac{dL}{dt}=\lambda L_0 e^{\lambda t}=\lambda L.$$

为了求出(9-29)的通解,需给出生产函数 $F(K,L)$ 的具体形式. 为此,下边取柯布—道格拉斯生产函数,即设
$$F(K,L)=AK^{\alpha}L^{1-\alpha}=ALk^{\alpha},$$

则 $F(k,1)=Ak^{\alpha}$,代入(9-29)得
$$\frac{dk}{dt}=-\lambda k+SAk^{\alpha}. \quad (9\text{-}30)$$

这是 k 的伯努利方程,令 $z=k^{1-\alpha}$,则有
$$\frac{dz}{dt}+(1-\alpha)\lambda z=(1-\alpha)SA.$$

这是 z 的一阶线性方程,其通解为
$$z=\frac{SA}{\lambda}+ce^{-(1-\alpha)\lambda t}.$$

将 $z=k^{1-\alpha}=\left(\dfrac{K}{L}\right)^{1-\alpha}$ 代入上式得
$$k^{1-\alpha}=\left(\frac{K}{L}\right)^{1-\alpha}=\frac{SA}{\lambda}+ce^{-(1-\alpha)\lambda t}.$$

如果 $K(0)=K_0$，则
$$k(0)=\frac{K(0)}{L(0)}=\frac{K_0}{L_0}=k_0, C=k_0^{1-\alpha}-\frac{SA}{\lambda}.$$

于是(9-30)的解为
$$\left(\frac{K}{L}\right)^{1-\alpha}=\frac{SA}{\lambda}+\left(k_0^{1-\alpha}-\frac{SA}{\lambda}\right)e^{-(1-\alpha)\lambda t}$$

或
$$K=L\left[\frac{SA}{\lambda}+\left(k_0^{1-\alpha}-\frac{SA}{\lambda}\right)e^{-(1-\alpha)\lambda t}\right]^{\frac{1}{1-\alpha}}.$$

习题 9

（A）

1. 验证下列各给定的函数是否为其对应方程的解. 如果是解的话, 是通解还是特解？
(1) $y'+y=x, y=e^{-x}+x+1$；
(2) $y''+9y=0, y=c_1\cos 3x+c_2\sin 3x$；
(3) $y''-y^2=x^2, y=\frac{1}{x}$；
(4) $y'+y\sin x=x, y=e^{\cos x}\int_0^x te^{-\cos t}dt$；
(5) $y''=0, y=(c_1+c_2)x$.

2. 求下列各微分方程的通解或在给定初始条件下的特解.
(1) $xy\mathrm{d}x+\sqrt{1-x^2}\mathrm{d}y=0$；
(2) $y'=10^{x+y}$；
(3) $y\ln x\mathrm{d}x+x\ln y\mathrm{d}y=0$；
(4) $y'+y\sin x=0$；
(5) $\frac{x}{1+y}\mathrm{d}x-\frac{y}{1+x}\mathrm{d}y=0, y(0)=1$；
(6) $(1+e^x)\mathrm{d}y=ye^x\mathrm{d}x, y(0)=2$；
(7) $x\frac{\mathrm{d}y}{\mathrm{d}x}=y\ln\frac{y}{x}$；
(8) $x^2\frac{\mathrm{d}y}{\mathrm{d}x}=y^2+2xy$；
(9) $xy^2\mathrm{d}y=(x^3+y^3)\mathrm{d}x$；
(10) $xy'=y+\sqrt{x^2+y^2}$；
(11) $(xy-x^2)\mathrm{d}y-y^2\mathrm{d}x=0, y(1)=1$；
(12) $(x^2+y^2)\mathrm{d}x-xy\mathrm{d}y=0, y(1)=0$；
(13) $(x-y+1)\mathrm{d}x-(x+y-3)\mathrm{d}y=0$；
(14) $(2x+3y+4)\mathrm{d}x-(4x+6y+5)\mathrm{d}y=0$；
(15) $y'+2y=e^{3x}$；
(16) $y'+y\cos x=e^{-\sin x}$；
(17) $(x^2+1)y'+2xy=4x^2$；
(18) $(y^2-6x)y'+2y=0$；
(19) $xy'-2y=x^3e^x, y(1)=0$；
(20) $2y'-2x^2=9x^2, y(0)=-2.5$；
(21) $y'+\frac{1}{x}y=x^2y^6$；
(22) $xy'+\frac{3}{2}y=x^2\sqrt[3]{y}$.

3. 求下列各微分方程的通解或在给定条件下的特解.
(1) $y''-4y'+3y=0$；
(2) $y''+2y'+y=0$；
(3) $y''-2y'+5y=0$；
(4) $y''-4y'+13y=0$；
(5) $y'''-y=0$；
(6) $y^{(4)}-4y'''+10y''-12y'+5y=0$；
(7) $y''+5y'+6y=0, y(0)=1, y'(0)=-6$；
(8) $y''-10y'+25y=0, y(0)=0, y'(0)=1$；
(9) $y''-6y'+9y=0, y(0)=0, y'(0)=2$；
(10) $y''+3y'+2y=0, y(0)=1, y'(0)=1$；
(11) $y''-4y'+4y=x$；
(12) $2y''+y'-y=2e^x$；
(13) $y''+y=2x^2-3$；
(14) $y''-5y'+6y=xe^x$；

(15) $y''+4y=8\sin 2x$.

4. 某商品投入市场,其初始价格为 100,在 t 时刻价格 $P(t)$ 的变化率等于此时过剩需求 Q_D-Q_S 的 4 倍,这里需求量 $Q_D=20-P$,供给量 $Q_S=-40+2P$,求价格函数的表达式.

5. 某公司对以往资料分析之后发现,在不做广告时,它的某种商品的利润为 L_0;如果做广告宣传,则利润 L 随着广告支付费 x 的增长率,同某确定常数 a 与利润 L 之差成正比,试求利润与广告支付费用的函数关系.

(B)

1. 是非判断

(1) 微分方程 $y''+5x(y')^2+6x=\sin x$ 是二阶线性方程. ( )

(2) 方程 $(y^4-3x^2)\mathrm{d}y+xy\mathrm{d}x=0$ 可化为 $x\dfrac{\mathrm{d}x}{\mathrm{d}y}-\dfrac{3}{y}x^2=-y^3$. ( )

(3) 方程 $y'''+4y'=0$ 的通解为 $y=c_1+c_2\sin 2x+c_3\cos 2x$. ( )

(4) 方程 $(x+1)(y^2+1)\mathrm{d}x+y^2x^2\mathrm{d}y=0$ 是可分离变量方程. ( )

(5) 方程 $x\dfrac{\mathrm{d}y}{\mathrm{d}x}=y+x^3$ 的通解是 $y=\dfrac{x^3}{4}+\dfrac{c}{x}$. ( )

(6) 函数 $y(x)$ 满足方程 $xy'+y-y^2\ln x=0$,且在 $x=1$ 时 $y=1$,则在 $x=\mathrm{e}$ 时, $y=\mathrm{e}$. ( )

(7) 方程 $x\mathrm{d}y-y\mathrm{d}x=y^2\mathrm{e}^y\mathrm{d}y$ 的通解是 $x=y(\mathrm{e}^y+c)$. ( )

(8) 一阶线性齐次方程 $y'=p(x)y+q(x)$ 的通解是
$y=\mathrm{e}^{-\int p(x)\mathrm{d}x}\left[\int q(x)\mathrm{e}^{\int p(x)\mathrm{d}x}\mathrm{d}x+c\right]$. ( )

(9) 若 y_1 和 y_2 是 $y''+p(x)y'+q(x)y=0$ 的两个特解,则 $y=c_1y_1+c_2y_2$(其中 c_1,c_2 为任意常数)是该方程的解. ( )

(10) 方程 $y''-2y'=x\mathrm{e}^{2x}$ 的特解 y^* 的形式为 $y^*=x(Ax+B)\mathrm{e}^{2x}$. ( )

2. 填空

(1) $f'(x)+\dfrac{1}{x}f(x)=-1$ 的通解 $f(x)=$ _____;

(2) $x\dfrac{\mathrm{d}y}{\mathrm{d}x}+y=xy\dfrac{\mathrm{d}y}{\mathrm{d}x}$ 的通解为 _____;

(3) 方程 $(x^2-1)y'+2xy-\cos x=0$ 满足 $y|_{x=0}=1$ 的特解是 _____;

(4) 方程 $y'+y\cos x=(\ln x)\mathrm{e}^{-\sin x}$ 的通解是 _____;

(5) 方程 $y''+2y'+5y=0$ 的通解为 _____.

3. 单项选择

(1) 微分方程 $F[x,y^4,y',(y')^3]=0$ 的通解中所含独立的任意常数的个数为( ).
 (A) 2　　　　(B) 6　　　　(C) 4　　　　(D) 3

(2) 微分方程 $2y''+y'-y=0$ 的通解为( ).
 (A) $y=c_1\mathrm{e}^x-c_2\mathrm{e}^{-2x}$　　　　(B) $y=c_1\mathrm{e}^{-x}-c_2\mathrm{e}^{\frac{x}{2}}$
 (C) $y=c_1\mathrm{e}^x-c_2\mathrm{e}^{-\frac{x}{2}}$　　　　(D) $y=c_1\mathrm{e}^{-x}+c_2\mathrm{e}^{2x}$

(3) 具有特解 $y_1 = e^{-x}, y_2 = 2xe^{-x}, y_3 = 3e^x$ 的三阶常数齐次线性微分方程是(　　).

(A) $y''' - y'' - y' + y = 0$ 　　　　(B) $y''' + y'' - y' - y = 0$

(C) $y''' - 6y'' + 11y' - 6y = 0$ 　　(D) $y''' - 2y'' - y' + 2y = 0$

(4) 设线性无关的函数 y_1, y_2, y_3 都是二阶非齐次线性方程 $y'' + p(x)y' + q(x)y = f(x)$ 的解，C_1, C_2 是任意常数，则该非齐次方程的通解是(　　).

(A) $c_1 y_1 + c_2 y_2 + y_2$ 　　　　(B) $c_1 y_1 + c_2 y_2 - (c_1 + c_2) y_3$

(C) $c_1 y_1 + c_2 y_2 - (1 - c_1 - c_2) y_3$ 　(D) $c_1 y_1 + c_2 y_2 + (1 - c_1 - c_2) y_3$

(5) 对于微分方程 $y'' + 2y' + y = 0$，$y = cxe^{-x}$（其中 c 为任意常数），则(　　).

(A) 是方程的通解　(B) 是方程的特解

(C) 不是方程的解　(D) 是不包含在(A)(B)(C)三个选项中的情况

4. 求 $(e^{x+y} - e^x)dx + (e^{x+y} + e^y)dy = 0$ 的通解.

5. 求 $(x^2 + 1)\dfrac{dy}{dx} + 2xy = 4x^2$ 的通解.

6. 求 $x\dfrac{dy}{dx} = y(\ln y - \ln x)$ 的通解.

7. 已知函数 $f(x)$ 满足方程 $f''(x) + f'(x) - 2f(x) = 0$ 及 $f'(x) + f(x) = 2e^x$，求 $f(x)$ 的表达式.

8. 设函数 $f(t)$ 在 $[0, +\infty]$ 上连续，且满足

$$f(t) = e^{4\pi t^2} + \iint\limits_{x^2 + y^2 \leqslant 4t^2} f\left(\dfrac{1}{2}\sqrt{x^2 + y^2}\right)dxdy,$$

求 $f(t)$.

9. 已知连续函数 $f(x)$ 满足条件 $f(x) = \int_0^{3x} f\left(\dfrac{t}{3}\right)dt + e^{2x}$，求 $f(x)$.

10. 设有微分方程 $y' - 2y = \varphi(x)$，其中 $\varphi(x) = \begin{cases} 2 & x < 1; \\ 0 & x > 1. \end{cases}$

试求在 $(-\infty, +\infty)$ 内的连续函数 $y = y(x)$，使其在 $(-\infty, 1)$ 和 $(1, +\infty)$ 内满足所给方程，且满足条件 $y(0) = 0$.

11. 设函数 $f(x)$ 在 $[1, +\infty)$ 上连续，若由曲线 $y = f(x)$，直线 $x = 1, x = t(t > 1)$ 与 x 轴所围成的平面图形绕 x 轴旋转一周所成的旋转体体积为

$$V(t) = \dfrac{\pi}{3}[t^2 f(t) - f(1)].$$

试求 $y = f(x)$ 所满足的微分方程，并求该方程满足条件 $y\big|_{x=2} = \dfrac{2}{9}$ 的特解.

第10章 差分方程

微分方程刻画了连续变化的自变量 x 与其变化过程中因变量 y 的变化率之间的关系. 而在经济管理的许多实际问题中, 大多数的自变量是以定义在整数集上变化的, 是一系列的离散的值, 如银行中的定期存款按所设定的时间间隔计息, 国家财政预算按年制定等, 要描述这种自变量是离散的变化关系就需要本章要介绍的差分方程.

显然, 微分方程和差分方程是两类不同的方程, 但它们有许多共同点, 因此参照微分方程去学习差分方程是一有效的学习方法.

§10.1 差分与差分方程的基本概念

一、差分

在连续变化的时间范围内, 变量 y 的即时变化率是用 $\dfrac{dy}{dt}$ 刻画, 但在某些场合, 变量是只能取一系列离散的值, 此时要刻画变量 y 的变化率用差商 $\dfrac{\Delta y}{\Delta t}$ 来代替 $\dfrac{dy}{dt}$ (即自变量的某一时间内的平均变化率代替即时变化率), 通常取 $\Delta t = 1$, 那么差商 $\Delta y = y(t+1) - y(t)$ 可以近似表示变量 y 的变化率.

给定函数 $y_t = f(t)$, 其自变量 t (通常表示时间) 的取值为离散的等间隔整数值: $t = 0, 1, 2, \cdots$

函数 $y_t = f(t)$ 在 t 时刻的一阶差分定义为
$$\Delta y_t = y_{t+1} - y_t = f(t+1) - f(t).$$

依次定义有
$$\Delta y_{t+1} = y_{t+2} - y_{t+1} = f(t+2) - f(t+1),$$
$$\Delta y_{t+2} = y_{t+3} - y_{t+2} = f(t+3) - f(t+2),$$
$$\cdots\cdots$$

函数 $y_t = f(t)$ 在 t 时刻的二阶差分定义为 t 时刻一阶差分的差分, 即
$$\Delta^2 y_t = \Delta y_{t+1} - \Delta y_t = y_{t+2} - 2y_{t+1} + y_t.$$

类似地有

$$\Delta^2 y_{t+1} = \Delta y_{t+2} - \Delta y_{t+1} = y_{t+3} - 2y_{t+2} + y_{t+1},$$
$$\Delta^2 y_{t+2} = \Delta y_{t+3} - \Delta y_{t+2} = y_{t+4} - 2y_{t+3} + y_{t+2},$$
$$\cdots\cdots$$

其中 Δ^2 的上标 2 表示差分运算 Δ 进行了两次.

依次类推,计算两个相继的二阶差分的差,便得到三阶差分
$$\Delta^3 y_t = \Delta^2 y_{t+1} - \Delta^2 y_t = \Delta y_{t+2} - 2\Delta y_{t+1} + \Delta y_t$$
$$= y_{t+3} - 3y_{t+2} + 3y_{t+1} - y_t.$$

一般地,k 阶差分定义为
$$\Delta^k y_t = \Delta(\Delta^{k-1} y_t) = \Delta^{k-1} y_{t+1} - \Delta^{k-1} y_t = \sum_{i=0}^{k}(-1)^i C_k^i y_{t+k-i}, k=1,2,\cdots$$

其中 $C_k^i = \dfrac{k!}{i!(k-i)!}$.

例 1 设 $y_t = c$(c 为常数),求 Δy_t.

解 $$\Delta y_t = y_{t+1} - y_t = c - c = 0.$$

例 2 设 $y_t = a^t$(其中 $a > 0$ 且 $a \neq 1$),求 Δy_t.

解 $$\Delta y_t = y_{t+1} - y_t = a^{t+1} - a^t = a^t(a-1).$$

例 3 设 $y_t = t^2$,求 $\Delta y_t, \Delta^2 y_t, \Delta^3 y_t$.

解 $$\Delta y_t = y_{t+1} - y_t = (t+1)^2 - t^2 = 2t+1,$$
$$\Delta^2 y_t = \Delta y_{t+1} - \Delta y_t = [2(t+1)+1] - (2t+1) = 2,$$
$$\Delta^3 y_t = \Delta^2 y_{t+1} - \Delta^2 y_t = 2 - 2 = 0.$$

根据差分的定义可知差分具有下列性质:

(1) $\Delta(Cy_t) = C\Delta y_t$($C$ 为常数);

(2) $\Delta(y_t \pm z_t) = \Delta y_t \pm \Delta z_t$;

(3) $\Delta(y_t z_t) = y_{t+1}\Delta z_t + z_t \Delta y_t = y_t \Delta z_t + z_{t+1}\Delta y_t$;

(4) $\Delta\left(\dfrac{y_t}{z_t}\right) = \dfrac{z_t \Delta y_t - y_t \Delta z_t}{z_t z_{t+1}} = \dfrac{z_{t+1}\Delta y_t - y_{t+1}\Delta z_t}{z_t z_{t+1}}$.

证 只证性质(3).
$$\Delta(y_t z_t) = y_{t+1} z_{t+1} - y_t z_t$$
$$= y_{t+1} z_{t+1} - y_{t+1} z_t + y_{t+1} z_t - y_t z_t$$
$$= y_{t+1}(z_{t+1} - z_t) + z_t(y_{t+1} - y_t)$$
$$= y_{t+1}\Delta z_t + z_t \Delta y_t.$$

同理可证 $$\Delta(y_t z_t) = y_t \Delta z_t + z_{t+1}\Delta y_t.$$

例 4 设 $y_t = t^2 e^{3t}$,求 Δy_t.

解 $$\Delta y_t = \Delta(t^2 e^{3t}) = (t+1)^2 \Delta(e^{3t}) + e^{3x}\Delta(t^2)$$
$$= (t+1)^2 (e^3 - 1)e^{3t} + (2t+1)e^{3t}$$
$$= (t^2 e^3 + 2te^3 + e^3 - t^2)e^{3t}.$$

例 5 已知 $y_t = 3t^2 - 4t + 2$,求 $\Delta y_t, \Delta^2 y_t, \Delta^3 y_t$.

解 $$\Delta y_t = 3\Delta(t^2) - 4\Delta(t) + \Delta(2) = 3(2t+1) - 4 + 0 = 6t - 1,$$

$$\Delta^2 y_t = \Delta y_{t+1} - \Delta y_t = \Delta(\Delta y_t) = \Delta(6t-1) = 6\Delta(t) - \Delta(1) = 6,$$
$$\Delta^3 y_t = \Delta(6) = 0.$$

二、差分方程

定义 10.1 含有自变量 t，未知函数 y_t，以及 y_t 的差分 $\Delta y_t, \Delta^2 y_t, \cdots$ 的函数方程，称为（常）差分方程，简称为差分方程；出现在差分方程中的差分最高阶数，称为差分方程的阶.

n 阶差分方程的一般形式为

$$F(t, y_t, \Delta y_t, \cdots, \Delta^n y_t) = 0. \tag{10-1}$$

其中 $F(t, y_t, \Delta y_t, \cdots, \Delta^n y_t)$ 为 $t, y_t, \Delta y_t, \cdots, \Delta^n y_t$ 的已知函数，且 $\Delta^n y_t$ 一定要出现（否则就不是 n 阶差分方程）.

注意，由定义可知，方程的阶数与方程中是否含有低阶差分无关. 例如，$\Delta^5 y_t = f(t)$ 为五阶差分方程.

由差分定义知，任何阶的差分均可表示为函数在不同时刻之值的代数和. 因此，差分方程也可定义为下面定义.

定义 10.2 含有自变量 t 和两个或两个以上的函数值 $y_t, y_{t+1}, \cdots$ 的函数方程，称为（常）差分方程；出现在差分方程中未知函数下标的最大差，称为差分方程的阶.

按此定义，n 阶差分方程的一般形式为

$$F(t, y_t, y_{t+1}, \cdots, y_{t+n}) = 0. \tag{10-2}$$

其中 $F(t, y_t, y_{t+1}, \cdots, y_{t+n})$ 为 $t, y_t, \cdots, y_{t+n}$ 的已知函数，且 y_t 与 y_{t+n} 一定要出现（否则不是 n 阶差分方程，而是低于 n 阶的差分方程）.

注意，差分方程的这两种定义不是完全等价的. 例如，方程 $\Delta^2 y_t + \Delta y_t = 0$，按定义 10.1 为二阶差分方程. 将此方程改写为

$$\Delta^2 y_t + \Delta y_t = (y_{t+2} - 2y_{t+1} + y_t) + (y_{t+1} - y_t) = y_{t+2} - y_{t+1} = 0,$$

按定义 10.2，则应为一阶差分方程.

由于经济学中经常遇到的是按定义 10.2 给出的差分方程，故本章只讨论形如 (10-2) 的差分方程.

三、差分方程的解

定义 10.3 如果将已知函数 $y_t = \varphi(t)$ 代入方程 (10-2)，使其对 $t = 0, 1, 2, \cdots$ 成为恒等式，则称 $y_t = \varphi(t)$ 为方程 (10-2) 的解. 含有 n 个（独立的）任意常数 $c_1, c_2, \cdots, c_n$ 的解

$$y_t = \varphi(t, c_1, c_2, \cdots, c_n)$$

称为 n 阶差分方程 (10-2) 的通解. 在通解中给任意常数 $c_1, c_2, \cdots, c_n$ 以确定的值而得到的解，称为 n 阶差分方程 (10-2) 的特解.

例如，函数 $y_t = at + c$（a 为已知常数，c 为任意常数）是差分方程

$$y_{t+1} - y_t = a$$

的通解,而函数 $y_t=at$, $y=at-5$ 等均是此差分方程的特解.

与常微分方程类似,为了由通解确定差分方程的某个特解,需给出确定此特解应满足的定解条件,对 n 阶差分方程(10-2),应给出 n 个定解条件. n 阶差分方程(10-2)的常见定解条件为初始条件:

$$y_0=a_0, y_1=a_1, \cdots, y_{n-1}=a_{n-1},$$

其中 $a_0, a_1, \cdots, a_{n-1}$ 为 n 个已知常数.

注意,如果保持差分方程中的时间滞后结构不变,而将 t 的计算提前或推后一个相同的时间间隔,所得到的新差分方程与原差分方程将是等价的,即二者有相同的解. 例如,方程

$$ay_{t+1}+by_t=0$$

与方程

$$ay_t+by_{t-1}=0 \text{ 或 } ay_{t+3}+by_{t+2}=0$$

是等价的. 因为对任何 $t=\cdots,-2,-1,0,1,2,\cdots$ 前一方程的解一定是后两个方程的解,反之亦然.

差分方程的这个特点,使我们在求解时,可根据需要或方便,随意地移动时间下标,只要移动下标时,使出现在方程中所有时刻未知函数的下标均移动相同的值(去掉这个条件将改变方程). 基于这个原因,我们在解的定义中仅规定对 $t=0,1,2,\cdots$ 恒成立,今后也仅讨论 $t=0,1,2,\cdots$ 的情形.

四、线性差分方程

形如

$$y_{t+n}+a_1(t)y_{t+n-1}+\cdots+a_{n-1}(t)y_{t+1}+a_n(t)y_t=f(t) \tag{10-3}$$

的差分方程,称为 n 阶非齐次线性差分方程. 其中 $a_1(t), \cdots, a_{n-1}(t), a_n(t)$ 和 $f(t)$ 为 t 的已知函数,且 $a_n(t) \not\equiv 0, f(t) \not\equiv 0$. 而形如

$$y_{t+n}+a_1(t)y_{t+n-1}+\cdots+a_{n-1}(t)y_{t+1}+a_n(t)y_t=0 \tag{10-4}$$

的差分方程,称为 n 阶齐次线性差分方程. 其中 $a_1(t), \cdots, a_{n-1}(t), a_n(t)$ 为 t 的已知函数,且 $a_n(t) \not\equiv 0$. n 阶齐次线性差分方程与 n 阶非齐次线性差分方程统称为 n 阶线性差分方程,有时也称方程(10-4)为(10-3)的对应齐次方程.

如果 $a_1(t)=a_1, \cdots, a_{n-1}(t)=a_{n-1}, a_n(t)=a_n$ 为常数,则有

$$y_{t+n}+a_1y_{t+n-1}+\cdots+a_{n-1}y_{t+1}+a_ny_t=f(t), \tag{10-5}$$

$$y_{t+n}+a_1y_{t+n-1}+\cdots+a_{n-1}y_{t+1}+a_ny_t=0. \tag{10-6}$$

称(10-5)为 n 阶常系数非齐次线性差分方程,称(10-6)为 n 阶常系数齐次线性差分方程.

例如,方程

$$3y_{t+2}+8y_{t+1}=3t$$

为一阶常系数非齐次线性差分方程,方程

$$y_{t+2}-10y_{t+1}+5y_t=5t+3$$

为二阶常系数非齐次线性差分方程,而方程

$$2^t y_{t+3} - 3^t y_{t+2} + 4^t y_{t+1} - 5^t y_t = 0$$

为三阶齐次线性差分方程.

关于线性差分方程有下列基本定理.

定理 10.1 若 $y_1(t), \cdots, y_m(t)$ 是 n 阶齐次线性差分方程(10-4)的 m 个解,则它们的线性组合

$$y(t) = c_1 y_1(t) + \cdots + c_m y_m(t)$$

也是(10-4)的解,其中 $c_1, \cdots, c_m$ 为任意常数.

定理 10.2 n 阶齐次线性差分方程(10-4)一定存在 n 个线性无关的特解,若 $y_1(t), \cdots, y_n(t)$ 为(10-4)的 n 个线性无关特解,则(10-4)的通解为

$$y(t) = c_1 y_1(t) + \cdots + c_n y_n(t),$$

其中 $c_1, \cdots, c_n$ 为 n 个任意常数.

这个定理告诉我们,为了求出 n 阶齐次线性差分方程(10-4)的通解,只需求出其 n 个线性无关的特解.

定理 10.3 n 阶非齐次线性差分方程(10-3)的通解等于其一个特解与对应齐次方程(10-4)的通解之和.

证明略.

例 1 求方程 $y_{t+2} - 5y_{t+1} + 6y_t = 2t - 3$ 的通解.

解 对应齐次方程为

$$y_{t+2} - 5y_{t+1} + 6y_t = 0.$$

直接验证可知, $y_1(t) = 2^t, y_2(t) = 3^t$ 为此齐次方程的两个线性无关的特解,故此齐次方程通解为

$$y^*(t) = c_1 2^t + c_2 3^t.$$

同样地,直接验证可知, $\overline{y}(t) = t$ 是所给非齐次方程的一个特解. 于是,由定理 10.3 可知,所给非齐次线性差分方程的通解为

$$y(t) = y^*(t) + \overline{y}(t) = c_1 2^t + c_2 3^t + t,$$

其中 c_1, c_2 为任意常数.

§10.2 一阶常系数线性差分方程

形如

$$y_{t+1} - ay_t = f(t) \quad (t = 0, 1, 2, \cdots \quad a \neq 0 \text{ 常数})$$

的差分方程称为一阶常系数线性差分方程.

一、一阶齐次常系数线性差分方程

对于齐次方程

$$y_{t+1} - ay_t = 0,$$

设初始条件为 y_0，由上式得递推公式 $y_{t+1} = ay_t$，将 $x = 0, 1, 2, \cdots$ 依次代入得 $y_1 = ay_0$，$y_2 = ay_1 = a^2 y_0$，$y_3 = ay_2 = a^3 y_0$，$\cdots$ 归纳可得 $y_t = a^t y_0$，容易验证它是方程的解。由于 y_0 的任意性，因此 $y_t = a^t y_0$ 就是方程的通解，一般记为

$$y_t = Aa^t \text{（其中 } A \text{ 为任意常数）}.$$

二、一阶非齐次常系数线性差分方程

对于非齐次方程

$$y_{t+1} - ay_t = f(t),$$

设初始条件为 y_0，由上式可得 $y_{t+1} = ay_t + f(t)$，将 $t = 0, 1, 2, \cdots$ 依次代入得

$$y_1 = ay_0 + f(0),$$
$$y_2 = ay_1 + f(1) = a^2 y_0 + af(0) + f(1),$$
$$y_3 = ay_2 + f(2) = a^3 y_0 + a^2 f(0) + af(1) + f(2),$$
$$\cdots\cdots$$

归纳可得

$$y_t = a^t y_0 + a^{t-1} f(0) + a^{t-2} f(1) + \cdots + af(t-2) + f(t-1).$$

若记 $F(t) = a^{t-1} f(0) + a^{t-2} f(1) + \cdots + af(t-2) + f(t-1)$，则上式可写成 $y_t = y_0 a^t + F(t)$，容易验证它是方程的解。又由于 y_0 的任意性，可知它是方程的通解，一般记为

$$y_t = Aa^t + F(t).$$

实际上 $\bar{y}_t = F(t)$ 是方程的一个特解，而 $y_t = Aa^t$ 是对应的齐次方程的通解，这刚好与定理 10.3 的结论一致。下面将根据 $f(t)$ 的具体情形，确定出其特解的形式，从而给出它的通解。

1. $f(t) = c$（常数）

此时方程为

$$y_{t+1} - ay_t = c,$$

因此特解为

$$\bar{y}_t = F(t) = a^{t-1} c + a^{t-2} c + \cdots + ac + c = \begin{cases} \dfrac{c(1-a^t)}{1-a} & a \neq 1 \text{ 时}; \\ ct & a = 1 \text{ 时}. \end{cases}$$

则方程的通解可表为

$$y_t = \begin{cases} \left(A - \dfrac{c}{1-a}\right) a^t + \dfrac{c}{1-a} & \text{当 } a \neq 1 \text{ 时}; \\ A + ct & \text{当 } a = 1 \text{ 时}. \end{cases}$$

式中 A 为任意常数。注意到 $\bar{y}_t = \dfrac{c}{1-a}$（$a \neq 1$ 时）也是方程的特解，为了简便起见，通解表达式也可记为

$$y_t = \begin{cases} Aa^t + \dfrac{c}{1-a} & \text{当 } a \neq 1 \text{ 时}; \\ A + ct & \text{当 } a = 1 \text{ 时}. \end{cases}$$

式中 A 为任意常数. 对于以上通解的两种表达式可根据具体情况采用一种形式. 因此 $f(t)=c$ 时,一阶非齐次常系数方程的通解可根据 a 的值如何而确定.

2. $f(t)=cb^t$(c,b 都为常数)

此时方程为
$$y_{t+1}-ay_t=cb^t.$$

因此特解为
$$\bar{y}_t=F(t)=a^{t-1}c+a^{t-2}cb+\cdots+acb^{t-2}+cb^{t-1}=\begin{cases}\dfrac{c(b^t-a^t)}{b-a} & \text{当 }a\neq b\text{ 时};\\ cta^{t-1} & \text{当 }a=b\text{ 时}.\end{cases}$$

则方程的通解为
$$y_t=\begin{cases}\left(A-\dfrac{c}{b-a}\right)a^t+\dfrac{cb^t}{b-a} & \text{当 }a\neq b\text{ 时};\\ Aa^t+cta^{t-1} & \text{当 }a=b\text{ 时}.\end{cases}$$

式中 A 为任意常数. 注意到 $\bar{y}_t=\dfrac{cb^t}{b-a}$($a\neq b$ 时)也是方程的特解,通解的形式也可写为
$$y_t=\begin{cases}Aa^t+\dfrac{cb^t}{b-a} & \text{当 }a\neq b\text{ 时};\\ Aa^t+cta^{t-1} & \text{当 }a=b\text{ 时}.\end{cases}$$

式中 A 为任意常数.

然而,对于 $f(t)$ 为其他种情形,我们很难给出像上述两种情形下通解的具体表达式,只能根据 $f(t)$ 的具体表达式对非齐次方程的特解 $\bar{y}_t$ 进行估计. 凭经验 $\bar{y}_t$ 的形式与 $f(t)$ 的形式类似,这样根据 $f(t)$ 的形式可假定 $\bar{y}_t$ 的形式,然后待定系数. 下面介绍的 3,4 两种情形就属于此.

3. $f(t)=b^t p(t)$(b 为常数,$p(t)$ 为已知的 m 次多项式)

此时方程为
$$y_{t+1}-ay_t=b^t p(t),$$

根据 $f(t)$ 的形式,方程应具有如下形式的特解:

① 如果 $a\neq b$,则有 $\bar{y}_t=b^t q(t)$;

② 如果 $a=b$,则有 $\bar{y}_t=b^t t q(t)$,

其中 $q(t)$ 为待定的 m 次多项式. 若假定
$$q(t)=B_1+B_2 t+\cdots+B_m t^m,$$

将 $\bar{y}_t$ 代入方程中,比较两边系数可定出 $q(x)$ 的系数 $B_0,B_1,\cdots,B_m$,得出特解的表达式,从而可得方程的通解.

4. $f(t)=(\alpha\cos wt+\beta\sin wt)b^t$($\alpha,\beta,w,b$ 都为已知常数)

此时方程为
$$y_{t+1}-ay_t=(\alpha\cos wt+\beta\sin wt)b^t.$$

根据 $f(t)$ 的具体形式,方程应有如下形式的特解:
$$\bar{y}_t=(\gamma\cos wt+\delta\sin wt)b^t,$$

其中 γ,δ 是待定常数. 将 $\bar{y}_t$ 代入方程中,比较两边关于 $\cos wt,\sin wt$ 的系数,可得到一个

二元一次方程组,定出 γ,δ 之值,就得到 $\bar{y}_t$,从而可确定方程的通解.

上面给出了 $f(t)$ 在四种情形下非齐次常系数线性差分方程的特解及通解的确定方法. 实际上,1,2 两种情形是 3 的特殊情况. 因为在 3 中,若 $b=1,p(t)=c$,即是 1 的情形;若 $p(t)=c$,即是 2 的情形. 因此,也可用 3 中的方法定出 1,2 两种情形之下方程的特解.

例 1 试求差分方程 $y_{t+1}-5y_t=3$ 的通解及在 $y_0=\dfrac{7}{3}$ 的特解.

解 由于 $a=5,c=3$,直接由公式可得

$$y_t = A5^t + \frac{3}{1-5} = A5^t - \frac{3}{4}$$

为方程的通解. 由初始条件 $y_0=\dfrac{7}{3}$,代入上式得

$$\frac{7}{3}=A-\frac{3}{4},$$

从而

$$A=\frac{37}{12}.$$

因此所求的特解为

$$y_t=\frac{37}{12}5^t-\frac{3}{4}.$$

例 2 试求差分方程 $4y_{t+1}-y_t=3^t(t+2)$ 的通解.

解 这个方程在形式上同所研究的方程有差异,因此需整理一下变为

$$y_{t+1}-\frac{1}{4}y_t=3^t\left(\frac{1}{4}t+\frac{1}{2}\right),$$

而这个方程与所给出的方程同解.

此时 $f(t)=3^t\left(\dfrac{1}{4}t+\dfrac{1}{2}\right),b=3\neq a=\dfrac{1}{4},p(t)$ 是一次多项式,可假定

$$\bar{y}_t=3^t(B_1 t+B_2)$$

是方程的特解,代入方程中得

$$3^{t+1}[B_1(t+1)+B_2]-\frac{1}{4}3^t[B_1 t+B_2]=3^t\left[\frac{1}{4}t+\frac{1}{2}\right],$$

化简得

$$\left(3B_1-\frac{1}{4}B_1\right)t+3B_1+3B_2-\frac{1}{4}B_2=\frac{1}{4}t+\frac{1}{2},$$

比较两边系数得方程组解之得

$$B_1=\frac{1}{11}, B_2=\frac{10}{121},$$

从而

$$\bar{y}_t=3^t\left(\frac{t}{11}+\frac{10}{121}\right).$$

因此,原方程的通解为

$$y_t=A4^{-t}+3^t\left(\frac{t}{11}+\frac{10}{121}\right),$$

其中 A 为任意常数.

例3 试求差分方程 $y_{t+1}-y_t=2^{-t}\cos\pi t$ 的通解.

解 此时 $a=1, f(t)=2^{-t}\cos\pi t=\left(\dfrac{1}{2}\right)^t\cos\pi t$，有 $b=\dfrac{1}{2}, \alpha=1, \beta=0, \omega=\pi$. 假定

$$\bar{y}_t=(\gamma\cos\pi t+\delta\sin\pi t)\left(\dfrac{1}{2}\right)^t$$

为方程的特解，代入方程中化简可得

$$\gamma\left[\dfrac{1}{2}\cos\pi(t+1)-\cos\pi t\right]+\delta\left[\dfrac{1}{2}\sin\pi(t+1)-\sin\pi t\right]=\cos\pi t,$$

即

$$-\dfrac{3}{2}\gamma\cos\pi t-\dfrac{3}{2}\delta\sin\pi t=\cos\pi t.$$

比较两边关于 $\cos\pi t, \sin\pi t$ 的系数得方程组解之得

$$\begin{cases}\gamma=-\dfrac{2}{3};\\ \delta=0.\end{cases}$$

因此有

$$\bar{y}_t=-\dfrac{2}{3}2^{-t}\cos\pi t,$$

得通解

$$y_t=A-\dfrac{2}{3}2^{-t}\cos\pi t.$$

通过上述例子可知方程的求解步骤：

(1) 将方程中 y_{t+1} 的系数变为 1；

(2) 根据 $f(t)$ 具体形式假定特解的形式；

(3) 将假定的特解代入方程中确定待定系数；

(4) 写出一阶非齐次常系数线性差分方程的通解

$$y_t=Aa^t+\bar{y}_t.$$

差分方程在实际经济问题中有较多的应用，现举例说明差分方程在经济问题中的一些简单应用.

例4 设某产品在时间 t 时的价格 P_t、总供给 R_t 与总需求 Q_t 三者的关系有

$$R_t=2P_t+1, \quad Q_t=-4P_{t-1}+5, \quad R_t=Q_t.$$

试推出 P_t 满足的差分方程，并求满足初始条件 $P(0)=P_0$ 的特解.

解 由已知得

$$P_t+2P_{t-1}=2,$$

解得该一阶差分方程的通解为

$$P_t=A(-2)^t+\dfrac{2}{3},$$

由初始条件 $P(0)=P_0$ 得特解

$$P_t=\left(P_0-\dfrac{2}{3}\right)(-2)^t+\dfrac{2}{3}.$$

例5 (债务问题)设某人欠款 10 万元，现计划 10 年时间按每年以相等数额还款方式还债，假设年利率 5%，问每年应还多少欠款.

解 设每年底还债 C 元，则有

开始	$y_0 = 100000$ 元,	
第一年底剩余债款为	$y_1 = (1+0.05)y_0 - C$,	
第二年底剩余债款为	$y_2 = (1+0.05)y_1 - C$,	
	……	

故可得一阶差分方程为
$$y_{y+1} = (1+0.05)y_1 - C,$$
且满足条件为
$$y_0 = 100000, \quad y_{10} = 0.$$
解得该一阶差分方程的通解为
$$y_t = A(1.05)^t + 20C.$$
将条件 $y_0 = 100000, y_{10} = 0$ 代入得
$$A = -158982.5, \quad C \approx 12949.13.$$
所以每年需还款 12949.13 元,可在 10 年还清.

§10.3 二阶常系数线性差分方程

形如
$$y_{t+2} + ay_{t+1} + by_t = f(t)$$
(其中 a,b 为常数,$b \neq 0$)的方程称为二阶常系数线性差分方程. 对它的通解的处理方法非常类似二阶常系数线性微分方程的处理方法——特征根解法. 因此首先研究一下齐次的情形.

一、二阶常系数线性差分方程

考虑齐次方程
$$y_{t+2} + ay_{t+1} + by_t = 0. \tag{10-7}$$
在确定它的通解之前先回忆一下一阶齐次方程 $y_{t+1} - ay_t = 0$ 的通解形式 $y_t = Aa^t$. 下面考虑如果二阶齐次常系数线性差分方程也具有形如 $y_t = \lambda^t$ 的解,则需要什么条件. 将 $y_t = \lambda^t$ 代入方程(10-7)有
$$\lambda^{t+2} + a\lambda^{t+1} + b\lambda^t = 0,$$
即
$$\lambda^2 + a\lambda + b = 0. \tag{10-8}$$
也就是说 λ 满足上述二次方程,λ 应是这个方程的根,此方程(10-8)就称为方程(10-7)的特征方程,它的根
$$\lambda_1 = \frac{-a + \sqrt{a^2 - 4b}}{2}, \quad \lambda_2 = \frac{-a - \sqrt{a^2 - 4b}}{2}$$
称为方程(10-7)的特征根. 下面将根据特征根的不同情况(互异实根、相等实根及复根)来确定方程(10-7)解的形式. 至于原因,讨论起来较冗长,因此省略这部分内容,只给出确定

方法.

1. 当 $a^2-4b>0$ 时

此条件下特征方程有两个不相等的实根,此时方程的通解为
$$y_t = A_1 \lambda_1^t + A_2 \lambda_2^t,$$

其中 A_1, A_2 为任意常数, $\lambda_{1,2} = \dfrac{-a \pm \sqrt{a^2-4b}}{2}$.

2. 当 $a^2-4b=0$ 时

此条件下特征方程有两个相等实根,因此方程的通解为
$$y_t = (A_1 + A_2 t) \lambda_0^t,$$

其中 A_1, A_2 为任意常数, $\lambda_0 = -\dfrac{a}{2}$.

3. 当 $a^2-4b<0$ 时

此条件下特征方程有两共轭复根:
$$\lambda_{1,2} = -\dfrac{a}{2} \pm \mathrm{i} \dfrac{\sqrt{4b-a^2}}{2} \ (\mathrm{i} = \sqrt{-1}).$$

记
$$r = \sqrt{\left(-\dfrac{a}{2}\right)^2 + \left(\dfrac{\sqrt{4b-a^2}}{2}\right)^2} = \sqrt{b},$$

$$\theta = \arctan \dfrac{\sqrt{4b-a^2}}{-a} \left(a \neq 0; a=0 \text{ 时}, \theta = \dfrac{\pi}{2}\right),$$

此时方程的通解为
$$y_t = (A_1 \cos\theta t + A_2 \sin\theta t) r^t,$$

其中 A_1, A_2 为任意常数.

综上所述,二阶齐次常系数线性差分方程通解的确定,可先写出特征方程,求出特征根,然后根据根的情况写出它的通解.

例1 求差分方程 $y_{t+2} - 5y_{t+1} + 6y_t = 0$ 的通解,并求出当 $y_0=2, y_1=5$ 时的特解.

解 特征方程为 $\lambda^2 - 5\lambda + 6 = 0$, 解之得特征根为 $\lambda_1=2, \lambda_2=3$, 因此方程的通解为
$$y_t = A_1 2^t + A_2 3^t (A_1, A_2 \text{ 为任意常数}).$$

由初始条件 $y_0=2, y_1=5$ 得
$$\begin{cases} A_1 + A_2 = 2; \\ 2A_1 + 3A_2 = 5. \end{cases}$$

从而
$$\begin{cases} A_1 = 1; \\ A_2 = 1. \end{cases}$$

因此,满足 $y_0=2, y_1=5$ 的特解为 $y_t = 2^t + 3^t$.

例2 求差分方程 $y_{t+2} - 4y_{t+1} + 4y_t = 0$ 的通解.

解 特征方程为 $\lambda^2 - 4\lambda + 4 = 0$, 故有重根 $\lambda_1 = \lambda_2 = 2$, 所给方程的通解为
$$y_t = (A_1 + A_2 t) 2^t (\text{其中 } A_1, A_2 \text{ 为任意常数}).$$

例3 求差分方程 $y_{t+2} - y_{t+1} + y_t = 0$ 的通解.

解 特征方程为
$$\lambda^2 - \lambda + 1 = 0,$$
其判别式 $\Delta = (-1)^2 - 4 = -3 < 0$,故有一对共轭复根
$$\lambda_1 = \frac{1}{2}(1 - \sqrt{3}\mathrm{i}), \lambda_2 = \frac{1}{2}(1 + \sqrt{3}\mathrm{i}),$$
$$r = 1, \theta = \arctan\sqrt{3} = \frac{\pi}{3} \in (0, \pi).$$
因此,所给方程的通解为
$$y_t = \left(A_1 \cos\frac{\pi}{3}t + A_2 \sin\frac{\pi}{3}t\right) \cdot 1^t = A_1 \cos\frac{\pi}{3}t + A_2 \sin\frac{\pi}{3}t,$$
其中 A_1, A_2 为任意常数.

二、二阶非齐次常系数线性差分方程

非齐次方程
$$y_{t+2} + a y_{t+1} + b y_t = f(t) \tag{10-9}$$
所对应的齐次方程为
$$y_{t+2} + a y_{t+1} + b y_t = 0.$$
它的通解在一中已解决了.因此,(10-9)式通解的确定问题转化为求其一特解的问题.习惯上,也称齐次方程的特征方程为(10-9)式的特征方程.同一阶类似,特解 $\bar{y}_t$ 的确定只能根据 $f(t)$ 的具体表达式,假定 $\bar{y}_t$ 的形式,然后代入方程中求待定系数,从而定出特解.下面分两种情形给出.

1. $f(t) = h^t p(t)$(其中 h 为常数,$p(t)$ 为已知的 m 次多项式)

此时方程为
$$y_{t+2} + a y_{t+1} + b y_t = h^t p(t).$$
又分两种情况:

(1) 如果 h 不是特征根,即 $h^2 + ah + b \neq 0$,则方程具有形如
$$\bar{y}_t = h^t q(t)$$
的特解,其中 $q(t) = B_0 + B_1 t + \cdots + B_m t^m$,系数待定.

(2) 如果 h 是特征根,且重数为 l($1 \leq l \leq 2$),即 h 满足
$$h^2 + ah + b = 0,$$
则方程具有形如 $\bar{y}_t = h^t t^l q(t)$ 的特解,其中 $q(t)$ 为 m 次待定系数多项式.

注意,如果 $f(t) = c$(常数),即有 $h = 1, p(t) = c$(零次多项式),则方程的特解为 $\bar{y}_t = B$ 或 Bt^l($1 \leq l \leq 2, \lambda = 1$ 是特征方程的 l 重根);如果 $f(t) = ch^t$,即 $p(t) = c$(零次多项式),则方程的特解为 $\bar{y}_t = Bh^t$ 或 $Bt^l h^t$($1 \leq l \leq 2, h$ 是特征方程的 l 重根);如果 $f(t) = p(t)$(m 次多项式),则方程的特解为 $\bar{y}_t = q(t)$ 或 $t^l q(t)$(此时 $\lambda = 1$ 是特征方程的 l 重根).

2. $f(t) = (\alpha \cos wt + \beta \sin wt) h^t$

此时方程为
$$y_{t+2} + a y_{t+1} + b y_t = (\alpha \cos wt + \beta \sin wt) h^t.$$

记 $\lambda_0 = h(\cos wt + i\sin wt)(i=\sqrt{-1})$，也分两种情况：

(1) 如果 λ_0 不是特征根，则方程具有形如
$$\bar{y}_t = (\gamma\cos wt + \delta\sin wt)h^t$$
的特解，其中 γ,δ 是待定常数.

(2) 如果 λ_0 是特征根，则方程具有形如
$$\bar{y}_t = (\gamma\cos wt + \delta\sin wt)th^t$$
的特解，其中 γ,δ 是待定常数.

综合上述可知，对 $f(t)$ 的几种形式可以定出二阶非齐次常系数线性差分方程的特解，从而可根据定理 10.3 定出它的通解. 其求解步骤如下：

(1) 将差分方程标准化使其与(10-9)式一致；
(2) 写出对应的齐次方程和特征方程；
(3) 求出特征根，写出齐次方程的通解；
(4) 根据 $f(t)$ 的具体形式假定特解 $\bar{y}_t$ 的形式；
(5) 将特解代入方程中确定待定系数；
(6) 写出方程的通解.

例 4 差分方程
(1) $y_{t+2} - 3y_{t+1} + 2y_t = f(t)$，　　(2) $y_{t+2} - 3y_{t+1} + 3y_t = f(t)$.

当 $f(t)$ 分别为 (i) $f(t)=2$，(ii) $f(t)=3\times 2^t$，(iii) $f(t)=2t^2+1$ 时，方程应具有什么形式的特解？

解 (1) 它的特征方程为 $\lambda^2 - 3\lambda + 2 = 0$，特征根为 $\lambda_1 = 1, \lambda_2 = 2$.

(i) $f(t)=2$, $h=1$ 是特征根，方程应具有 $\bar{y}_t = Bt$ 形式的特解.

(ii) $f(t) = 3\times 2^t$, $h=2$ 是特征根，方程应具有 $\bar{y}_t = Bt2^t$ 形式的特解.

(iii) $f(t) = 2t^2 + 1$ 为二次多项式，而 $h=1$ 是特征根，方程的特解为 $\bar{y}_t = t(B_0 + B_1 t + B_2 t^2)$.

(2) 它的特征方程为
$$\lambda^2 - 3\lambda + 3 = 0,$$
特征根为
$$\lambda_{1,2} = \frac{3}{2} \pm \frac{\sqrt{3}}{2}i.$$

(i) $f(t)=2$，有 $\bar{y}_t = B$ 的特解.

(ii) $f(t) = 3\times 2^t$，有 $\bar{y}_t = B2^t$ 的特解.

(iii) $f(t) = 2t^2 + 1$，有 $\bar{y}_t = B_0 + B_1 t + B_2 t^2$ 的特解.

例 5 求差分方程
$$y_{t+2} - 5y_{t+1} + 6y_t = 3$$
的通解及 $y_0 = 4, y_1 = 7$ 的特解.

解 相应的齐次方程为
$$y_{t+2} - 5y_{t+1} + 6y_t = 0,$$
特征方程为
$$\lambda^2 - 5\lambda + 6 = 0,$$
因此特征根为 $\lambda_1 = 2, \lambda_2 = 3$.

从而,齐次方程通解为
$$y_t = A_1 2^t + A_2 3^t.$$

又因 $f(t)=3, h=1$ 不是特征根,故方程应具有形如 $y_t = B$ 的特解,代入方程得
$$B - 5B + 6B = 3,$$

解得 $B = \dfrac{3}{2}$,即 $\bar{y}_t = \dfrac{3}{2}$ 是方程一特解.
$$y_t = A_1 2^t + A_2 3^t + \dfrac{3}{2}$$

是所求的通解,其中 A_1, A_2 为任意常数.

由初始条件 $y_0 = 4, y_1 = 7$ 可定出
$$A_1 = 2, A_2 = \dfrac{1}{2},$$

从而
$$y_t = 2^{t+1} + \dfrac{1}{2} \times 3^t + \dfrac{3}{2}$$

是所求的特解.

§10.4　n 阶常系数线性差分方程

形如
$$y_{t+n} + a_1 y_{t+n-1} + \cdots + a_n y_t = f(t)$$
(其中 $a_1, a_2, \cdots, a_n$ 为常数且 $a_n \neq 0$)的方程称为 n 阶常系数线性差分方程.它的通解的确定方法是二阶常系数线性差分方程通解确定方法的推广.

一、n 阶齐次常系数线性差分方程

齐次方程
$$y_{t+n} + a_1 y_{t+n-1} + \cdots + a_n y_t = 0 \tag{10-10}$$
如果具有形如 $y_t = \lambda^t$ 的解,代入方程中可得
$$\lambda^{t+n} + a_1 \lambda^{t+n-1} + \cdots + a_n \lambda^t = 0,$$
两边约去因子 λ^t 后得
$$\lambda^n + a_1 \lambda^{n-1} + \cdots + a_{n-1} \lambda + a_n = 0. \tag{10-11}$$
这就意味着 λ 应满足上式,即是它的根.通常(10-11)式称为(10-10)式的特征方程,(10-11)的根称为(10-10)的特征根.同二阶的情形一样,可根据特征根的分布情况来确定(10-10)式的通解表达式.

1.具有 n 个互异的特征根

设 $\lambda_1, \lambda_2, \cdots, \lambda_n$ 是 n 个互异的特征根,则方程的通解为
$$y_t = A_1 \lambda_1^t + A_2 \lambda_2^t + \cdots + A_n \lambda_n^t,$$

其中 $A_1, A_2, \cdots, A_n$ 为任意常数.

2. 特征根出现重根

设 $\lambda_1, \lambda_2, \cdots, \lambda_r$ 是 r 个互异的实根,重数分别为 $n_1, n_2, \cdots, n_r (n_1+n_2+\cdots+n_r=n)$,则方程的通解为

$$\begin{aligned} y_t &= (A_1^{(1)}+A_2^{(1)}t+\cdots+A_{n_1}^{(1)}t^{n_1-1})\lambda_1^t \\ &+ (A_1^{(2)}+A_2^{(2)}t+\cdots+A_{n_2}^{(2)}t^{n_2-1})\lambda_2^t \\ &+ \cdots + (A_1^{(r)}+A_2^{(r)}t+\cdots+A_{n_r}^{(r)}t^{n_r-1})\lambda_r^t, \end{aligned}$$

其中 $A_i^{(j)}(i=1,2,\cdots,n_j; j=1,2,\cdots,r)$ 为 n 个任意常数.

3. 特征根出现复根

设 $\lambda_1, \lambda_2, \cdots, \lambda_r$ 是 r 个重数分别为 $n_1, n_2, \cdots, n_r$ 的互异的实根, $\alpha_1 \pm i\beta_1, \alpha_2 \pm i\beta_2, \cdots, \alpha_l \pm i\beta_l$ 是重数分别为 $m_1, m_2, \cdots, m_l$ 的 $2l$ 个复根 $(n_1+n_2+\cdots+n_r+2m_1+2m_2+\cdots+2m_l=n)$,则方程的通解为

$$\begin{aligned} y_t &= (A_1^{(1)}+A_2^{(1)}t+\cdots+A_{n_1}^{(1)}t^{n_1-1})\lambda_1^t \\ &+ (A_1^{(2)}+A_2^{(2)}t+\cdots+A_{n_2}^{(2)}t^{n_2-1})\lambda_2^t+\cdots \\ &+ (A_1^{(r)}+A_2^{(r)}t+\cdots+A_{n_r}^{(r)}t^{n_r-1})\lambda_r^t \\ &+ [(B_1^{(1)}\cos\theta_1 t+B_2^{(1)}t\cos\theta_1 t+\cdots+B_{m_1}^{(1)}t^{m_1-1}\cos\theta_1 t) \\ &+ (C_1^{(1)}\sin\theta_1 t+C_2^{(1)}t\sin\theta_1 t+\cdots+C_{m_1}^{(1)}t^{m_1-1}\sin\theta_1 t)]r_1^t+\cdots \\ &+ [(B_1^{(l)}\cos\theta_l t+B_2^{(l)}t\cos\theta_l t+\cdots+B_{m_l}^{(l)}t^{m_l-1}\cos\theta_l t)+\cdots+(C_1^{(l)}\sin\theta_l t+C_2^{(l)} \\ &\cdot t\sin\theta_l t+\cdots+C_{m_l}^{(l)}t^{m_l-1}\sin\theta_l t)]r_l^t. \end{aligned}$$

其中, $A_i^{(j)}(i=1,2,\cdots,n_j; j=1,2,\cdots,r), B_i^{(j)}, C_i^{(j)}(i=1,2,\cdots,m_j; j=1,2,\cdots,l)$ 为任意常数, $\theta_i = \arctan\dfrac{\beta_i}{\alpha_i}, r_i = \sqrt{\alpha_i^2+\beta_i^2}\,(i=1,2,\cdots,l)$.

注意,特征根的重数可能为1,特征方程可能只有实根,也可能只有复根,也可能二者都有,从上述结论可看出方程通解的确定关键是弄清特征根的分布情况.

例 1 求三阶差分方程 $y_{t+3}+y_{t+2}-2y_t=0$ 的通解.

解 特征方程为 $\lambda^3+\lambda^2-2=0$,从而特征根为 $\lambda_1=1, \lambda_{2,3}=-1\pm i$. 又 $\theta=-\dfrac{\pi}{4}, r=\sqrt{2}$,因此方程的通解为

$$y_t = A_1 \cdot 1^t + \left[A_2 \cos\left(-\dfrac{\pi}{4}\right)t + A_3 \sin\left(-\dfrac{\pi}{4}\right)t\right](\sqrt{2})^t,$$

即

$$y_t = A_1 + 2^{\frac{t}{2}} A_2 \cos\dfrac{\pi}{4}t - 2^{\frac{t}{2}} A_3 \sin\dfrac{\pi}{4}t,$$

其中 A_1, A_2, A_3 为任意常数.

二、n 阶非齐次常系数线性差分方程

非齐次方程

$$y_{t+n}+a_1 y_{t+n-1}+\cdots+a_n y_t = f(t) \tag{10-12}$$

通解的确定同二阶非齐次差分方程的处理方法一样,转化为求一特解的问题.(10-11)式也称为(10-12)式的特征方程,特解的确定要根据 $f(x)$ 的具体形式而定.

1. $f(t)=h^t p(t)$（其中 h 为常数，$p(t)$ 为已知的 m 次多项式）

此时方程为
$$y_{t+n}+a_1 y_{t+n-1}+\cdots+a_n y_t = h^t p(t),$$
则可按照下列两种情形确定它的一个特解.

(1) 如果 h 不是特征根,则方程有形如
$$\bar{y}_t = h^t q(t)$$
的特解,其中 $q(t)$ 为 m 次待定系数多项式.

(2) 如果 h 是 l 重特征根($1 \leqslant l \leqslant n$),则方程有形如
$$\bar{y}_t = t^l h^t q(t)$$
的特解,其中 $q(t)$ 为 m 次待定系数多项式.

2. $f(t)=(\alpha\cos wt + \beta\sin wt)h^t$（其中 α,β,w,h 为常数，记 $\lambda_0 = h(\cos w + i\sin w)$）

此时方程为
$$y_{t+n}+a_1 y_{t+n-1}+\cdots+a_n y_t = (\alpha\cos wt + \beta\sin wt)h^t,$$
则可按下列两种情形确定它的一个特解.

(1) 如果 λ_0 不是特征根,则方程有形如
$$\bar{y}_t = (\gamma\cos wt + \delta\sin wt)h^t$$
的特解,其中 γ,δ 为待定系数.

(2) 如果 λ_0 是 l 重特征根($1 \leqslant l \leqslant n$),则方程有形如
$$\bar{y}_t = (\gamma\cos wt + \delta\sin wt)t^l h^t$$
的特解,其中 γ,δ 为待定系数.

综上所述,n 阶非齐次常系数线性差分方程的求解步骤可归结如下：

(1) 写出相应的齐次方程和特征方程；
(2) 求出特征根并根据特征根的分布写出齐次方程的通解；
(3) 根据 $f(t)$ 的具体表达式假定特解的形式；
(4) 将特解代入方程中定出待定系数；
(5) 写出非齐次方程的通解.

例 2 求差分方程 $y_{t+4} - 8y_{t+2} + 16y_t = \cos\dfrac{\pi}{2}t + \sin\dfrac{\pi}{2}t$ 的通解.

解 对应的齐次方程为
$$y_{t+4} - 8y_{t+2} + 16y_t = 0.$$
特征方程为 $\lambda^4 - 8\lambda^2 + 16 = 0$,特征根为 $\lambda = 2$(二重),$\lambda = -2$(二重).故齐次方程的通解为
$$y_t = (A_1 + A_2 t)2^t + (A_3 + A_4 t)(-2)^t.$$

又因 $f(t) = \cos\dfrac{\pi t}{2} + \sin\dfrac{\pi t}{2}$,此时 $h=1$,$\lambda_0 = \cos\dfrac{\pi}{2} + i\sin\dfrac{\pi}{2} = i$ 不是特征根,故方程应有
$$\bar{y}_t = \gamma\cos\dfrac{\pi}{2}t + \delta\sin\dfrac{\pi}{2}t$$

形式的特解，代入方程比较系数可得 $\gamma = \dfrac{1}{25}, \delta = \dfrac{1}{25}$. 故
$$\bar{y}_t = \frac{1}{25}\left(\cos\frac{\pi t}{2} + \sin\frac{\pi t}{2}\right).$$

因此，原方程的通解为
$$y_t = (A_1 + A_2 t)2^t + (A_3 + A_4 t)(-2)^t + \frac{1}{25}\left(\cos\frac{\pi t}{2} + \sin\frac{\pi t}{2}\right).$$

§10.5 差分方程在经济学中的应用

本节将简单介绍一些经济模型，这些模型可化为一阶或二阶差分方程表示的变量间的依赖关系，因此可以应用一阶或二阶差分方程的解法确定某一经济变量的依赖关系和函数关系，这样就可对其进行经济分析和判断.

一、存款模型

设 S_t 为 t 期存款总额，i 为存款利率，则 S_t 与 i 有如下关系式：
$$S_{t+1} = S_t + iS_t = (1+i)S_t, \quad t = 0, 1, 2, \cdots$$
这是关于 S_t 的一阶常系数齐次线性差分方程，其通解为
$$S_t = (1+i)^t S_0, \quad t = 0, 1, 2, \cdots$$
其中 S_0 为初始存款总额.

二、一般蛛网模型

某产品在时期 t 供给和需求的调整可以利用下面的模型来研究：

供给　　$Q_t = \alpha + \beta P_{t-1}$, 　　　　　　　　　　　　　　　　　　　　(10-13)
需求　　$P_t = \gamma + \delta Q_t$. 　　　　　　　　　　　　　　　　　　　　　(10-14)

式中 P 是价格，Q 是产品数，二者都是时间 t 的函数，$\alpha, \beta, \gamma, \delta$ 是常量，且 $\beta > 0, \delta < 0$.

将(10-14)式代入(10-13)式中可得
$$Q_t = \alpha + \beta\gamma + \beta\delta Q_{t-1},$$
将(10-13)式代入(10-14)式中可得
$$P_t = \gamma + \alpha\delta + \beta\delta P_{t-1},$$
所得的是两个一阶常系数线性差分方程. 若设初始条件为 $P_0, Q_0 (P_0 = \gamma + \delta Q_0)$，则有
$$P_t = \left(P_0 - \frac{\gamma + \alpha\delta}{1 - \beta\delta}\right)(\beta\delta)^t + \frac{\gamma + \alpha\delta}{1 - \beta\delta},$$
$$Q_t = \left(Q_0 - \frac{\alpha + \beta\gamma}{1 - \beta\delta}\right)(\beta\delta)^t + \frac{\alpha + \beta\gamma}{1 - \beta\delta}.$$

解的表达式中 $\dfrac{\gamma+\alpha\beta}{1-\beta\delta}, \dfrac{\alpha+\beta\gamma}{1-\beta\delta}$ 两部分刚好是均衡价格及均衡产品量（即供给曲线 $Q=\alpha+\beta P$ 与需求曲线 $P=\gamma+\delta Q$ 的交点处的 P 与 Q 的坐标）. 为了使市场稳定,总是期望产品的价格 P_t 能够随时间 t 的变化在均衡价格 P^* 左右跳动,并且能够逐渐接近 P^*,即收敛于 P^*. 从 P_t 的表达式可以看出,只有当 $-1<\beta\delta<0$ 时, P_t 才能收敛于 P^*,而当 $\beta\delta\leqslant-1$ 时, P_t 不会收敛于 P^*. 因此,我们可以根据实际情况调整参数,使其达到目的.

三、消费模型

对于消费,有人给出这样一个简单模型

$$C_t+S_t=y_t, \tag{10-15}$$
$$y_t=\alpha S_{t-1}, \tag{10-16}$$
$$C_t=\gamma y_t, \tag{10-17}$$

式中 C 是消费, S 是储蓄, y 是收入,都是时间 t 的函数, $\alpha>0, 0<\gamma<1$,设初始收入为 y_0.

由(10-16)式得

$$y_{t+1}=\alpha S_t,$$

由(10-15)式和(10-17)式得

$$S_t=(1-\gamma)y_t,$$

因此有

$$y_{t+1}=\alpha(1-\gamma)y_t.$$

解之可得

$$y_t=(\alpha-\alpha\gamma)^t y_0.$$

从而有

$$C_t=\gamma(\alpha-\alpha\gamma)^t y_0=(\alpha-\alpha\gamma)^t C_0,$$
$$S_t=(\alpha-\alpha\gamma)^t(1-\gamma)y_0=(\alpha-\alpha\gamma)^t S_0,$$

式中 $C_0=\gamma y_0, S_0=(1-\gamma)y_0$,这就是 y_t, C_t, S_t 的变化规律.

四、萨谬尔森相互作用模型

萨谬尔森曾提出如下国民收入分析模型

$$y_t=C_t+I_t+G_t, \tag{10-18}$$
$$C_t=\alpha y_{t-1}, \tag{10-19}$$
$$I_t=\beta(C_t-C_{t-1}), \tag{10-20}$$

式中 y 是国民收入, C 是消费, I 是投资, G 是政府财政支出总额, $0<\alpha<1, \beta>0$ 是常数,设初始值 y_0, y_1 为已知,下面讨论中假定各个时期 G 为常数 A.

将(10-19)代入(10-20),把 I_t, G_t 再代入(10-16)式整理后可得

$$y_t-\alpha(1+\beta)y_{t-1}+\alpha\beta y_{t-2}=A.$$

由于 A 是常数,所以以上方程等价于

$$y_{t+2}-\alpha(1+\beta)y_{t+1}+\alpha\beta y_t=A.$$

这是一个二阶非齐次常系数线性差分方程,对应的齐次方程为
$$y_{t+2}-\alpha(1+\beta)y_{t+1}+\alpha\beta y_t=0,$$
特征方程为
$$\lambda^2-\alpha(1+\beta)\lambda+\alpha\beta=0,$$
特征根为
$$\lambda_{1,2}=\frac{\alpha(1+\beta)\pm\sqrt{\alpha^2(1+\beta)^2-4\alpha\beta}}{2}.$$

(1) 当 $\alpha^2(1+\beta)^2-4\alpha\beta>0$ 时,特征方程有两个相异的实根.
$$\lambda_1=\frac{\alpha(1+\beta)+\sqrt{\alpha^2(1+\beta)^2-4\alpha\beta}}{2},$$
$$\lambda_2=\frac{\alpha(1+\beta)-\sqrt{\alpha^2(1+\beta)^2-4\alpha\beta}}{2},$$
齐次方程的通解为
$$y_t=A_1\lambda_1^t+A_2\lambda_2^t.$$

(2) 当 $\alpha^2(1+\beta)^2-4\alpha\beta=0$ 时,特征方程有一重根
$$\lambda=\frac{\alpha(1+\beta)}{2},$$
齐次方程的通解为
$$y_t=(A_1+A_2t)\lambda^t.$$

(3) 当 $\alpha^2(1+\beta)^2-4\alpha\beta<0$ 时,特征方程有两个复根
$$\lambda_1=\frac{\alpha(1+\beta)}{2}+i\frac{\sqrt{4\alpha\beta-\alpha^2(1+\beta)^2}}{2},$$
$$\lambda_2=\frac{\alpha(1+\beta)}{2}-i\frac{\sqrt{4\alpha\beta-\alpha^2(1+\beta)^2}}{2},$$
则齐次方程的通解为
$$y_t=\gamma^t(A_1\cos\theta t+A_2\sin\theta t),$$
其中 $\gamma=\sqrt{\alpha\beta},\theta=\arctan\dfrac{\sqrt{4\alpha\beta-\alpha^2(1+\beta)^2}}{\alpha(1+\beta)}$.

对于非齐次方程,由于 $f(t)=A,h=1$ 不是特征根,即
$$1-\alpha(1+\beta)+\alpha\beta=1-\alpha\neq 0,$$
故有特解
$$\bar{y}_t=\frac{A}{1-\alpha}.$$

因此,原方程的通解为

(1) 当 $\alpha^2(1+\beta)^2-4\alpha\beta>0$ 时,$y_t=A_1\lambda_1^t+A_2\lambda_2^t+\dfrac{A}{1-\alpha}$.

(2) 当 $\alpha^2(1+\beta)^2-4\alpha\beta=0$ 时,$y_t=(A_1+A_2t)\lambda^t+\dfrac{A}{1-\alpha}$.

(3) 当 $\alpha^2(1+\beta)^2-4\alpha\beta<0$ 时,$y_t=\gamma^t(A_1\cos\theta t+A_2\sin\theta t)+\dfrac{A}{1-\alpha}$.

这样可根据不同的情形对 y_t 进行分析,至于 C_t 和 I_t 可由 y_t 表示出,同样可进行分析.

习题 10

(A)

1. 计算下列各题的差分.
   (1) $y_t = t^2 + 2t$,求 $\Delta^2 y_t$;
   (2) $y_t = e^t$,求 $\Delta^2 y_t$;
   (3) $y_t = t^3 + 3$,求 $\Delta^3 y_t$;
   (4) $y_t = \ln(t+1)$,求 $\Delta^2 y_t$.

2. 确定下列差分方程的阶.
   (1) $3y_{t+2} - 2y_{t+1} = 5t + 1$;
   (2) $8y_{t+3} - y_t = 9$;
   (3) $5y_{t+5} - 7y_t = 7$;
   (4) $8y_{t+2} - 9y_{t+1} + 10y_t = \sin t$.

3. 试证下列函数是所给方程的解(题中 C_1, C_2, C_3, C_4 等均为任意常数).
   (1) $y_t = \dfrac{C}{1+Ct}$, $(1+y_t)y_{t+1} = y_t$;
   (2) $y_t = C_1 + C_2 2^t$; $y_{t+2} - 3y_{t+1} + 2y_t = 0$;
   (3) $y_t = C_1 + C_2 2^t + C_3 3^t$, $y_{t+3} - 6y_{t+2} + 11y_{t+1} - 6y_t = 0$;
   (4) $y_t = C_1 + C_2 t + C_3 t^2 + C_4 t^3$, $y_{t+4} - 4y_{t+3} + 6y_{t+2} - 4y_{t+1} + y_t = 0$.

4. 试证函数 $y_1(t) = (-2)^t$ 和 $y_2(t) = t(-2)^t$ 是方程
$$y_{t+2} + 4y_{t+1} + 4y_t = 0$$
的两个线性无关特解,并求该方程的通解.

5. 求下列差分方程的通解.
   (1) $6y_{t+1} + 2y_t = 8$;
   (2) $5y_{t+1} - 25y_t = 20$;
   (3) $2y_{t+1} + y_t = 3 + t$;
   (4) $y_{t+1} + y_t = 2^t$;
   (5) $y_{t+1} - ay_t = e^{\beta t}$,$\alpha, \beta$ 为常数,$\alpha \neq 0$;
   (6) $y_{t+1} - y_t = 2^t \cos \pi t$(提示:设特解为 $\bar{y}_t = 2^t(B_1 \cos \pi t + B_2 \sin \pi t)$,其中 B_1, B_2 为待定常数).

6. 求下列差分方程满足给定条件的特解.
   (1) $16y_{t+1} - 6y_t = 1, y_0 = 0.2$;
   (2) $3y_{t+1} - y_t = 1.2, y_0 = 0.4$;
   (3) $y_{t+1} + 3y_t = -1, y_0 = -1$;
   (4) $2y_{t+1} - y_t = 2 + t, y_0 = 4$;
   (5) $y_{t+1} - y_t = 2^t - 1, y_0 = 5$;
   (6) $y_{t+1} + 4y_t = 3\sin\pi t, y_0 = 1$.

7. 设 a, b 为非零常数,且 $1 + a \neq 0$,试证:通过变换 $u_t = y_t - \dfrac{b}{1+a}$,可将非齐次方程 $y_{t+1} + ay_t = b$ 变换为 u_t 的齐次方程,并由此求出 y_t 的通解.

8. 求下列二阶差分方程的通解及特解.
   (1) $2y_{t+2} - 5y_{t+1} + 2y_t = 0, y_0 = 0, y_1 = 1$;
   (2) $y_{t+2} + 2y_t = 0, y_0 = 1, y_1 = \sqrt{2}$;
   (3) $y_{t+2} + 4y_{t+1} + 8y_t = 26, y_0 = 6, y_1 = 3$;
   (4) $y_{t+2} - 4y_{t+1} + 4y_t = 4 \times 3^t$;
   (5) $y_{t+2} - 4y_t = t^2 + 4$;
   (6) $2y_{t+2} - 2y_{t+1} + y_t = \left(\dfrac{\sqrt{2}}{2}\right)^t \cos \dfrac{\pi t}{4}$.

9. 求下列差分方程的通解.
   (1) $y_{t+3} + y_{t+2} - y_{t+1} - y_t = 0$;
   (2) $y_{t+3} - 3y_{t+2} + 3y_{t+1} - y_t = 24(t+2)$;

(3) $y_{t+4}+6y_{t+2}+9y_t=3$；　　　(4) $y_{t+4}-8y_{t+3}+24y_{t+2}-32y_{t+1}+16y_t=2^t$.

10. 试解经济中的国民收入增长模型
$$Y_t=C_t+I_t,$$
$$C_t=\alpha+\beta Y_t,$$
$$Y_{t+1}-Y_t=\gamma I_t,$$

式中 Y 是收入，C 是消费，I 是投资；初始条件为 Y_0,C_0,I_0，常数 $\alpha\geqslant 0,0<\beta<1,\gamma>0$.

11. 设有价格调整方程
$$P_{t+2}=\beta\gamma_0+\beta\alpha(P_{t+1}-P_t),$$

式中 P 是价格，β,α 和 γ_0 是正常数，求该方程通解.

12. 设某产品在 t 时期的价格，总供给与总需求分别为 P_t,S_t,D_t，并设 $t=0,1,2,\cdots$ 已知：① $S_t=2P_t+1$；② $D_t=-4P_{t-1}+5$；③ $S_t=D_t$.
试求：(1) 关于价格 P_t 的差分方程；(2) 初始条件 P_0 时的特解.

(B)

1. 是非判断

(1) $y_t=t^2$ 的二阶差分 $\Delta^2 y_t=2$.　　　　　　　　　　　　　　　(　)

(2) 若 $y_t=C$ (常数)，则 $\Delta y=C$.　　　　　　　　　　　　　　　(　)

(3) 二阶差分方程的通解中应含有两个任意常数.　　　　　　　(　)

(4) n 阶差分方程的初始条件应为 n 个.　　　　　　　　　　　(　)

2. 填空

(1) 设 $y_t=2t^2-5$，则 $\Delta^2 y_t=$ ＿＿＿＿＿；

(2) $y_t=4^t$ 是方程 $y_t+ay_{t-1}-4y_{t-2}=0$ 的一个解，则 $a=$ ＿＿＿＿＿；

(3) 已知 $\varphi(t)=2^t,\psi(t)=2^t-3t$ 是方程 $y_{t+1}+P(t)y_t=f(t)$ 的两个特解，则 $P(t)=$ ＿＿＿＿＿，$f(t)=$ ＿＿＿＿＿；

(4) 方程 $y_{t+1}-5y_t=2t$ 的通解是 ＿＿＿＿＿．

3. 单项选择

(1) 下列等式是差分方程的为（　）.

(A) $\Delta^2 y_t=y_{t+2}-2y_{t+1}+y_t$　　　(B) $3\Delta y_t+3y_t=t-2$

(C) $y(1-2t)+y(1+2t)=3^t$　　　(D) $3\Delta y_t=2y_t-t$

(2) 下列函数中是所给方程 $(y_t+1)y_{t+1}=y_t$ 的通解的是（　）.

(A) $y_t=\dfrac{A}{1+At}$　　(B) $y_t=\dfrac{1+At}{A}$　　(C) $y_t=\dfrac{1}{1+t}$　　(D) $y_t=\dfrac{A}{1-At}$

(3) 方程 $y_t-3y_{t-1}=-4$ 的通解为（　）.

(A) $y_t=A\cdot 3^t+2$　　　　　　(B) $y_t=3^t-2$

(C) $y_t=A\cdot(-3)^t-2$　　　　　(D) $y_t=A\cdot 3^t-2$

(4) 某数列后项的 3 倍与前项 2 倍之差为 3，且 $a_1=1$，则数列的通项为（　）.

(A) $3\left[1+\left(\dfrac{2}{3}\right)^n\right]$　(B) $3\left[1-\left(\dfrac{2}{3}\right)^n\right]$　(C) $\left(\dfrac{2}{3}\right)^n+1$　(D) $\left(\dfrac{2}{3}\right)^n$

(5) 已知 $y_t=3e^t$ 是差分方程 $y_{t+1}-ay_{t-1}=e^t$ 的一个特解，则 $a=$（　）.

(A) $\dfrac{e}{3}$ (B) e^2 (C) $\dfrac{e}{3}-e^2$ (D) $\dfrac{e}{3}+e^2$

4. 求方程 $y_{t+1}-5y_t=3^t$ 的通解.

5. 求方程 $y_{t+1}-4y_t=2^{2t}$ 的通解.

6. 求方程 $y_{t+1}-y_t=2\sin\dfrac{\pi}{2}t$ 的通解.

7. 已知差分方程 $(a+by_t)y_{t+1}=cy_t$,其中 a,b,c 为正的常数,设初始条件 $y(0)=y_0>0$,证明:

(1) 对 $\forall t=1,2,3,\cdots,y_t>0$;

(2) 在变换 $u_t=\dfrac{1}{y_t}$ 之下,原差分方程可化为有关 u_t 的线性差分方程,写出该线性差分方程,并求其通解;

(3) 求方程 $(1+2y_t)y_{t+1}=y_t$ 的满足初始条件 $y_0=2$ 的解.

8. 设 y_t 为第 t 期国民收入,C_t 为第 t 期消费,I 为每期投资(I 为常数),已知 y_t,C_t,I 之间有关系:$y_t=C_t+I,C_t=\alpha y_{t-1}+\beta$,其中 $0<\alpha<1,\beta>0$,试求 y_t,C_t.

附录　在高等数学中应用 MATLAB 软件

　　MATLAB 是 MATrix LABoratory（矩阵实验室）的缩写，是美国 MathWorks 公司出品的商业数学软件，它是一种集数值计算、符号运算、可视化建模、仿真和图形处理等多种功能于一体的非常优秀的图形化高级计算机语言和交互式环境. 目前版本到 MATLAB7.14(R2012a). 除了 MATLAB 核心的基本功能外，还有近百个用于 MATLAB 功能扩展的工具箱和用于不同专业学科领域的学科工具箱. 这些工具箱涉及到许多专业技术知识，都是由相应领域著名的专家和学者设计实现的，使得 MATLAB 功能强大、应用广泛. 它能使使用者从繁重的计算工作中解脱出来，把精力集中于研究、设计以及基本理论的分析理解上. 在设计研究单位和工业部门，MATLAB 广泛用于研究和解决具体的工程问题.

　　就数学运算功能而言，MATLAB 能方便地实现许多数学问题的计算机求解. MATLAB 的指令表达式与数学、工程中常用的形式十分相似，故用 MATLAB 来解算问题要比用其他语言简捷、高效, 易学、易用, 使它成为攻读学位的大学生、硕士生、博士生热衷的基本数学软件, 学习和使用 MATLAB 也是必须掌握的基本技能. 在许多高等院校, 尤其是在西方的大学教育中 MATLAB 获得了广泛的应用, 是大学数学课程辅助教学的基本工具. 使用它, 我们可以很容易实现和验证高等数学、线性代数、概率论与数理统计、微分方程、复变函数、运筹学、数学建模等大学数学课程所讲述的内容, 这对于学生深刻理解和应用所学数学课程的知识, 起着巨大的促进作用, 并且对将来毕业后的工作或进一步的学习, 以及运用计算机解决实际问题都有着重要的意义.

　　为了开展大学数学课程的教学改革, 适应用计算机辅助教学、进行数学实验的需要, 我们针对本高等数学教材的内容, 简要介绍在该课程中应用 MATLAB 实现数值计算、研究函数的基本性质、绘制函数图形、求极限、导数、积分、级数求和或展开、微分方程求解等基本操作方法. 教材上的许多例题和课后习题都可以用 MATLAB 进行求解.

一、MATLAB 软件使用入门

　　首先要正确安装并能正常启动运行 MATLAB 软件.

　　启动 MATLAB 后, 将进入 MATLAB 集成环境, 即 Desktop 操作桌面, 它是一个高度集成的 MATLAB 工作界面. 其默认形式, 如图 11-1 所示. 该桌面上铺放着四个最常用的窗口界面: 命令窗口(Command Window)、当前目录(Current Directory)浏览窗口、MATLAB 工作内存空间(Workspace)窗口、命令历史(Command History)窗口. 此外, 根据需要还可调出 MATLAB 程序文件(M 文件)编辑(Editor)窗口、图形(Figures)窗口、帮助(Help)和演示(Demos)窗口等等.

　　1. 菜单和工具栏

　　MATLAB 的菜单栏和工具栏界面, 以及针对不同操作对象的右键快捷菜单, 与 Windows 程序的界面类似, 只要稍加实践就可以掌握其功能和使用方法.

　　2. 命令窗口

　　该窗口是进行各种 MATLAB 操作的最主要窗口. 在该窗口内, 可直接键入各种送给 MATLAB 运作的命令、函数、表达式, 以实现与 MATLAB 几乎所有的交互操作, 调用管理、计算和绘图等各种功能; 显示除图形外的所有运算结果; 运行错误时, 给出相关的出错提示.

附录　在高等数学中应用 MATLAB 软件

图 11-1　Desktop 操作桌面的默认外貌

MATLAB 命令窗口中的符号 fx 指示当前命令行的位置,它后面的"≫"为命令提示符(Prompt),表示 MATLAB 处于准备状态.当在提示符后输入命令、程序或一段运算式代码后按回车键,MATLAB 就会解释执行,给出计算结果并将其保存在工作空间窗口中,然后再次进入准备状态.

例 1　求 $[75+3\times(7-2)]\div 3^2$ 的算术运算结果.

在命令窗口中提示符"≫"后面输入:(75+3*(7-2))/3^2

敲回车键,该指令被执行,并显示如下结果:

ans =

　　10

为了节省篇幅,以后我们把 MATLAB 显示的答案,去掉空行,写成紧凑的形式,如 ans = 10.

本例输入的指令是"不含赋值号的表达式",所以计算结果被赋给 MATLAB 的一个预设的默认答案变量"ans",它是英文"answer"的缩写.

一般来说,一个命令行输入一条命令,命令行以回车结束.但一个命令行也可以输入若干条命令,各命令之间以逗号或者分号分隔,其中以分号结尾的命令表示不显示这条命令的执行结果.如果一个命令行很长,一个物理行之内写不下,可以在第一个物理行之后加上西文省略号并按下回车键,然后接着下一个物理行继续写命令的其他部分."…"称为续行符,即把下面的物理行看作该行的逻辑继续.

3.当前目录浏览窗口

当前目录是指 MATLAB 运行文件时的工作目录,只有在当前目录或搜索路径下的文件、函数可以被直接运行或调用.在当前目录窗口中显示的 M 文件,可直接进行复制、编辑和运行;界面上的 MAT 数据文件,可直接送入 MATLAB 工作内存,只须在目录浏览窗口用鼠标双击相应的文件即可.

4. 工作空间窗口

该窗口罗列出 MATLAB 工作空间中所有的变量名、大小、字节数；在该窗口中，可对变量进行观察、图示、编辑、提取和保存.可在工作空间窗口点选某变量，通过双击、右键菜单或工具栏按钮执行相应的操作.

5. 命令历史窗口

该窗口记录所有已经执行过的命令、函数、表达式，及它们运行的日期、时间.可以重复利用原来输入的命令，该窗中的所有命令令、文字都允许复制、重新运行及用于产生 M 文件.在命令历史窗口中直接双击某个命令，就可以执行该命令.在命令窗口中使用上、下光标键，可调入已经执行过的命令列表中前一条或后一条命令，然后执行或经行编辑修改形成新的命令.

6. 帮助窗口

学会使用 MATLAB 的帮助(help)系统，是我们学习 MATLAB 的有效方法.通过 Help 菜单工具栏中的 Help 按钮或者在命令窗内输入 help 相关命令均可打开帮助窗口.例如：要想知道 MATLAB 中的基本数学函数有哪些，可以在帮助总览中查到：MATLAB 中的"基本数学函数"用 elfun 表示，于是，可进一步键入：help elfun，屏幕上将出现"基本数学函数"表，如果想了解 sin 函数怎样使用，可进一步键入 help sin.

7. 演示(Demos)系统

输入 demos 命令或点击 Demos 链接，都可进入演示系统.通过联机演示系统，用户可以直观、快速地学习 MATLAB 某个工具箱的使用方法，它是有关的参考书籍不能替代的.

在演示窗口中点选某演示分类下的某演示程序，可查看关于该演示程序的说明、程序文件代码(M 文件)，点击 Run this Demo 按钮，可执行该演示程序，看到演示效果.

8. 开始(Start)键

它具有多个子菜单，引出通往本 MATLAB 所包含的各种组件、模块库、图形用户界面、帮助分类目录、演示算例等的快捷菜单，以及向用户提供自建快捷操作的环境，点击它能实现对子菜单的快速访问.

二、基本数学运算

数学运算包括数值运算和符号运算，MATLAB 的所有运算都是定义在复数域上的.我们的高等数学上涉及的运算通常是实数域上的运算，实数可以看做是虚部系数为 0 的特殊复数. MATLAB 的基本数据单位是矩阵和数组，所谓矩阵就是把 $m\times n$ 个数排成 m 行 n 列的二维矩形数表，此数表被称为 $m\times n$ 矩阵.而某一个数值，可看做是特殊的 1×1 矩阵，称为标量.由矩阵的某一行或某一列构成的一维数表，称为向量，或叫一维数组.矩阵为二维数组，数组可以是多维的，矩阵和向量都是数组的特例.

1. 数学运算符号及标点符号

如例 1 所示，可以在命令窗口直接输入一个数学运算表达式，其中用到了加(＋)、减(－)、乘(＊)、除(/)、乘方(^)等数学运算符号，其运算顺序与运算优先级，与通常的数学规则完全相同.关于矩阵的运算按照线性代数上有关矩阵的运算规则执行，为了方便矩阵的运算，MATLAB 还规定了矩阵的右除(/)和左除(\).数组的运算，都是数组中对应元素的相应运算，其中加(＋)、减(－)运算与矩阵相同，但数组的乘、除、乘方与矩阵不同，分别记作点乘(.＊)、点右除(./)、点左除(.\)、点乘方(.^).

除了上述算术运算符，还有用于比较大小的关系运算符和用于逻辑关系运算的逻辑运算符.

MATLAB 中，标点符号的使用相对比较灵活，不同的标点符号代表不同的运算，或是被赋予了特定的含义.如前所述的逗号(,)、分号(;)、续行符(…)等，逗号(,)在函数中为变量的分隔符，在数组或矩阵中为数值分隔符，而分号(;)在矩阵中为分行符.冒号(:)用于产生等距数组，圆括号(( ))用于指定运算的优先级，或用在函数名后指明输入变量等，方括号([ ])是定义矩阵或数组的标志，花括号({ })用于构成单元数组等,单引号('')是字符串的标示符号,等号(=)为赋值符号,百分号(%)为注释语句的标示等等.

2. 常量与变量

MATLAB 中有一些特定的变量,它们已经被预定义了某个特定的值,这些量被称为常量.常用的有:pi 为圆周率 π,通常用它的近似值;i 和 j 为虚数单位,即 $i = j = \sqrt{-1}$;eps 为浮点数相对误差,是用来判断一个数是否为 0 的误差限,它的值为 2^{-52},大约是 2.2204×10^{-16},MATLAB 用科学计数法表示为 2.2204e−16;realmin 为最小正实数,即 MATLAB 识别的最小正数,默认值是 2^{-1022} 大约是 2.2251e−308;realmax 为最大正实数,默认值是 2^{1024} 大约为 1.7977e+308;inf 表示无穷大"∞",实际上,系统把超过最大正实数的数都视为无穷大,−inf 为负无穷大;NaN 表示不是一个数(Not a Number),用于表示结果为不定值,如 $0/0, \infty/\infty$ 等.

变量分数值变量和符号变量,数值变量不需要事先声明,可直接赋值并进行运算,赋值命令语句为:变量=表达式,或:[输出变量列表]=函数名(输入变量列表),它表示将等号右边的表达式的值赋给等号左边的变量,变量的值可以是输入指定的某个数值或由表达式运算的结果值,也可以是矩阵或数组.例如用冒号表达式产生数组:变量=初始值:步长:终值,表示产生从初始值依次增加步长直到终值的一组数(等差数组).用变量=初始值:终值,表示以默认步长 1 产生等差数组(公差为 1).

例 2 输入:a=1:5, b=1:2:10, c=a+b, d=a.*b, e=a.^2

显示结果:a=1　　2　　3　　4　　5

　　　　　b=1　　3　　5　　7　　9

　　　　　c=2　　5　　8　　11　　14

　　　　　d=1　　6　　15　　28　　45

　　　　　e=1　　4　　9　　16　　25

变量的命名规则:变量名必须以字母开头,其它组成可以是任意字母、数字或者下划线,但不能含有空格、标点符号和运算符.字母是区分大小写的,例如,"a"和"A"是不同的变量.关键字(如 if、while 等)不能作为变量名.

符号变量需要声明或定义.符号计算是可以对未赋值的符号对象(可以是常数、变量、表达式)进行运算和处理,运算结果以标准的符号形式表达.如对多项式进行因式分解、化简,对符号代数方程求解,对函数式求极限、导数、积分,函数的幂级数展开,求解微分方程等等.在进行符号计算时,首先要定义基本的符号对象,然后才能进行符号运算.在运算中,凡是由包含符号对象的表达式所生成的新对象也都是符号对象.可以使用 sym 和 syms 这两个函数来创建和定义基本的符号对象.

函数 sym 用来创建符号变量、表达式或将数值矩阵转化为符号形式,最常用的形式为:x=sym('字符串')——创建单个的变量,变量的值为单引号内的字符串(包括数值字符).

函数 syms 用来同时创建多个符号变量,这些符号变量的值就是变量本身,最常用的形式为:syms arg1 arg2 arg3 …,将 arg1 arg2 arg3 …等定义为符号变量.关于这两个函数的更多用法可以查阅 MATLAB 的帮助.符号变量也可以通过直接赋值的方法创建.

例 3 解符号代数方程或方程组:(1) $ax^2+bx+c=0$;(2) $\begin{cases} ax-by=1 \\ ax+by=5 \end{cases}$.

(1)输入:syms a b c x; f=a*x^2+b*x+c; solve(f)

显示结果:ans =

−(b + (b^2 − 4*a*c)^(1/2))/(2*a)

−(b − (b^2 − 4*a*c)^(1/2))/(2*a)

(2)输入:syms a b x y

[x,y]=solve(a*x-b*y-1,a*x+b*y-5,x,y) %以 a,b 为符号常数,x,y 为符号变量
即可得到方程组的解:x=3/a,y=2/b

其中用 solve 可对符号变量方程求解析解;对非符号变量方程求数值解.调用格式:
solve('方程 1','方程 2',…'变量 1','变量 2'…),若不指定求解变量,则使用方程的默认变量.若方程符号表达式不含等号,则函数 solve 会自动将表达式转成等号右端为 0 的符号方程表达式.

此外,对线性方程组还可用 linsolve 求解析解,用矩阵运算求数值解等.对多项式方程用 roots 求根.

三、函数及其图像

高等数学第一章主要介绍函数及其基本性质,包括函数的几何特性,反函数、复合函数、初等函数等.

1. 基本数学函数

MATLAB 提供了功能强大的函数库,包括内部函数、系统附带各种工具包中的 M 文件所提供的大量函数和用户自己增加的函数.以下列出 MATLAB 常用的基本数学函数:

(1)幂函数:x^a(x 的 a 次幂,即 x^a);sqrt(x)(x 的平方根$\sqrt{x}$,同 x^(1/2));nthroot(x,n)(x 的 n 次方实数根);abs(x)(x 的绝对值$|x|$).

(2)指数函数:a^x(以 a 为底的指数函数,即 a^x);exp(x)(以 e 为底的指数函数,即 e^x);pow2(x)(以 2 为底的指数函数).

(3)对数函数:log(x)(以 e 为底的自然对数函数,即 $\ln x$);log2(x)(以 2 为底的对数函数,即 $\log_2 x$;log10(x)(以 10 为底的对数函数,即 $\log_{10} x = \lg x$)

(4)三角函数:sin(x);cos(x);tan(x);cot(x);sec(x);csc(x).

注 自变量默认是弧度(radians)值,若以度数(degrees)为单位,在上述函数名后加字母 d,即:sind(x);cosd(x);tand(x);cotd(x);secd(x);cscd(x).

(5)反三角函数(在上述三角函数名前加 a):asin(x);acos(x);atan(x);acot(x);asec(x);acsc(x);atan2(x,y)(四象限的反正切函数).以上返回弧度值.asind(x);acosd(x);atand(x);acotd(x);asecd(x);acscd(x)(返回度数值).

(6)双曲函数和反双曲函数(与三角函数和反三角函数相对应,在三角函数和反三角函数名后加字母 h):sinh(x);cosh(x);tanh(x);coth(x);sech(x);csch(x);asinh(x);acosh(x);atanh(x);acoth(x);asech(x);acsch(x).

(7)截断取整函数:round(x)(四舍五入至最近整数);fix(x)(无论正负,舍去小数至最近整数);floor(x)(地板函数,即舍去正小数至最近整数);ceil(x)(天花板函数,即加入正小数至最近整数).

(8)符号函数(Signum function):sign(x).

即 $f(x) = \text{sign}(x) = \begin{cases} -1 & x < 0 \\ 0 & x = 0 \\ 1 & x > 0 \end{cases}$

2. 函数的变换与运算

函数符号表达式的运算符与基本函数、数值运算中的算符几乎完全相同.所以符号运算操作指令都比较直观、简单.

(1)函数符号表达式的变形化简.

factor(f):对符号表达式 f 分解因式,若 f 是整数则分解成质因数;
expand(f):对 f 进行展开,如多项式展开、三角函数展开等;
collect(f):对 f 按默认变量合并同类项; collect(f,v):对 f 按指定变量 v 合并同类项;

horner(f):将 f 写成嵌套形式；　　simplify(f):利用各种恒等式对 f 化简；
simple(f):给出多种化简形式；　　pretty(f):给出排版形式的输出结果；
latex(f):转换成 LaTeX 表示形式(如上下标分别用 ˆ 和 _ 表示).

例 4　输入:f=sym('x^3−6*x^2+11*x−6')　　%多项式形式
　　　　　g1= factor(f)　　　　　　　　　　%因式分解
　　　　　g2= horner(f)　　　　　　　　　　%嵌套形式
显示:g1=(x−1)*(x−2)*(x−3),g2=x*(x*(x−6)+11)−6

(2)函数表达式中符号变量的搜索与替换.
findsym(f):按字母顺序列出符号表达式 f 中的所有符号变量；
findsym(f,n):列出符号表达式 f 中离 x 最近的 n 个符号变量.
函数 findsym 搜索自变量的规则为:如果表达式中有符号变量 x,则默认 x 为自变量;如果没有 x,则以靠近 x 的优先作为自变量,当与 x 的接近程度相同时,以后面的优先.
subs(f):用从调用的函数中获得的变量值,或 MATLAB 的工作空间中存在的变量值,替换表达式 f 中所有出现的相同的变量,同时自动进行化简计算;若是数值表达式,则计算出结果.
subs(f,x,a):用 a 替换函数 f 中的字符变量 x,其中 a 可以是数、数值变量或数值表达式,也可以是字符变量或字符表达式(没有事先定义的字符变量、字符表达式要带单引号).

例 5　设函数 $f(x)=\dfrac{1}{1-x}$,求 $f(0),f(1+1),f(a+1),f\left(\dfrac{1}{x-1}\right)$.

输入:f=sym('1/(1−x)'); f0=subs(f,'x',0), a=1; f2=subs(f,'x',a+1), fa1=subs(f,'x','a+1'), g= simplify(subs(f,'x','1/(1−x)'))

显示结果:f0=1,f2=−1,fa1= −1/a,g= 1 − 1/x

3．求反函数和复合函数
(1)反函数
finverse(f):返回函数 f 关于默认变量的反函数,其中 f 为单值的一元数学函数,如 f=f(x).
finverse(f,v):若符号函数 f 中有几个符号变量时,对指定的符号自变量 v 的函数 f(v)计算其反函数.

例 6　求函数 $y=x^3+2t$ 的反函数
　　f= sym('x^3+2*t')　　　　　　　　%直接函数
　　g1=finverse(f)　　　　　　　　　　%对默认自由变量求反函数
　　g2=finverse(f,'t')　　　　　　　　%对 t 求反函数
显示结果:g1=(x−2)*t^(1/3),g2=(t−x^3)/2
注　如果先定义 t 为符号变量,则参数't'的单引号可去掉;syms t, finverse(f,t).

(2)复合函数
compose(f,g,u,v,z):返回复合函数 f[g(z)].其中 u, v 分别为 f 和 g 的指定自变量,即将 u=g(v)代入 f(u),最后用 z 代替 v. 其中 u, v, z 可缺省,即不指定自变量,则使用函数的默认自变量,如 f=f(x),g=g(y),返回复合函数 f[g(y)].

例 7　计算 $f=te^x$ 与 $g=ay^2$ 的复合函数.
　　syms a t x y,f=t*exp(x); g=a*y^2;　　%创建符号表达式
　　h1=compose(f,g)　　　　　　　　　　%计算 f(g(y))
　　显示:h1 = t*exp(a*y^2)
　　h2=compose(g,f)　　　　%计算 g(f(x))
　　显示:h2 = a*t^2*exp(2*x)

h3=compose(f,g,'t','y','z')   %以 t 为 f 的指定自变量计算 f(g(y)),并用 z 替换 y
显示:h3 = a * z^2 * exp(x)

4. 一元函数曲线绘图

(1)由点列绘图命令 plot

plot 是绘制曲线的基本函数,但在使用此函数之前,需先定义曲线上每一点的横坐标与纵坐标,即先给出由向量 x 和对应的 y 组成的点列,然后用直线连接相邻两点来绘制图形.

plot(x,y,'属性参数选项'):x 和 y 为长度相同的向量,以 x 的值为横坐标和 y 对应的值为纵坐标绘制一条平面曲线;这里属性参数选项可缺省,用来控制线条的颜色、线型等,可以组合使用,用一个单引号括起来的字符串表示.参数字符如下:

线型:- 实线; : 点线;-. 虚点线;-- 虚线;
颜色:y 黄;m 紫;c 青;r 红;g 绿;b 蓝;w 白;k 黑;
标识:. 点;o 圆点;x 叉号;+ 加号;* 星号;s 方形;d 菱形;v 下三角;^ 上三角;< 左三角;> 右三角;p 五角星;h 六角星.

plot(x1,y1,'选项 1',x2,y2,'选项 2',…,xn,yn,'选项 n'):以 xi 和 yi 分别组成一组向量对,每一组向量对的长度可以不同.每一向量对按对应的选项可以绘制出一条曲线,这样可以在同一坐标内绘制出多条曲线.缺省选项时,以默认的实线线型绘制不同颜色的曲线.也可以在绘制曲线后,在图形窗口(figure)中修改图形属性.

例 8 绘制函数 $f(x)=\dfrac{5}{13}e^x$ 及其反函数 $f^{-1}(x)$ 的曲线.

x = -2:0.1:3; y=5/13 * exp(x); plot(x,y,y,x,'r')

(2)指定绘图区域,由函数符号表达式(解析式)绘图命令 fplot

fplot 命令根据指定的自变量 x 的取值范围(xmin≤x≤xmax,)绘制函数 f 的图形,通过内部的自适应算法来动态决定自变量的取值间隔,当函数值变化缓慢时,间隔取大一点;变化剧烈时,间隔取小一点.总之,使计算量与时间最小,图形尽可能精确.

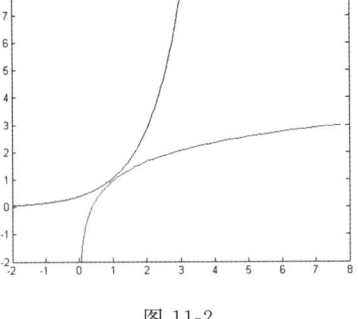

图 11-2

fplot 命令的一般调用方式为:fplot(f,lims,tol,选项),其中 f 为函数符号表达式(字符串形式),lims 是指定的 x 的取值范围[xmin xmax]或同时指定 x 和 y 的范围[xmin xmax ymin ymax],tol 为相对允许误差,其缺省默认值为 2e-3,选项定义与 plot 函数相同,也可以缺省.

例 9 分别执行下面两条命令,观察所绘的两条曲线图形:

fplot('sin(x)./x',[-20 20 -0.3 1.3])

fplot('sin(1./x)',[-1,1 -2,2],1e-4)

(3)更简单的符号函数简易绘图命令 ezplot

ezplot 命令可以绘制一元显函数 f=f(x)、隐函数 f(x,y)=0 或参数方程 x=x(t),y=y(t) 表示的函数图形,甚至可以不必给出绘图区域.一般调用格式为:

ezplot(f,[xmin,xmax,ymin,ymax]):在平面矩形区域[xmin<x<xmax,ymin<y<ymax]上画出函数 f=f(x)或 f(x,y)=0 的图形.x 与 y 的缺省范围均为 -2π 到 2π.

ezplot(x,y,[tmin,tmax]):在指定的范围[tmin<t<tmax]内画参数形式函数 x=x(t)与 y=y(t)的图形.t 的缺省默认范围是 $0<t<2\pi$.

其实 MATLAB 提供了非常丰富的绘图命令,如 plotyy(x1,y1,x2,y2):绘制双纵坐标刻度的图形;subplot(m,n,p):划分成 m×n 个绘图子区域;polar(theta,rho,选项):极坐标绘图;plot3:三维绘图等等.

四、极限

高等数学第二章讲述极限与连续,最主要的是极限的计算,MATLAB提供了对符号表达式求极限的命令 limit. 其调用格式为:

limit(f,x,a):求以指定变量 x 作为自变量的符号表达式 f 当 x→a 时的极限;

limit(f,a):求以系统默认变量为自变量的符号表达式 f 当 x→a 时的极限,a 的缺省值为 0;

limit(f,x,a,'right')或 limit(f,x,a,'left'):求以 x 作为自变量的符号表达式 f 当 x→a 时的右极限或左极限.

limit(f,n,inf,'left'):数列的极限 $\lim_{x\to\infty} f(n)$;limit(f,x,+inf,):函数极限 $\lim_{x\to+\infty} f(x)$;limit(f,x,-inf,'right'):$\lim_{x\to-\infty} f(x)$;limit(f,x,inf):$\lim_{x\to\infty} f(x)$;limit(f,x,a):$\lim_{x\to a} f(x)$;limit(f,x,a,'left'):$\lim_{x\to a^-} f(x)$;limit(f,x,a,'right'):$\lim_{x\to a^+} f(x)$;特别地 limit(f):$\lim_{x\to 0} f(x)$.

例 10 求 (1) $\lim_{x\to 0}\left(\dfrac{1+x}{1-x}\right)^{\frac{1}{x}}$;(2) $\lim_{n\to\infty} n\sin\dfrac{a}{n}$;(3) $\lim_{h\to 0}\dfrac{\sin(x+h)-\sin x}{h}$

输入:syms x n a h
    L1=limit(((1-x)/(1+x))^(1/x))
    L2=limit(n*sin(a/n),n,inf)
    L3=limit((sin(x+h)-sin(x))/h,h,0)
结果为:L1=exp(-2),L2=a,L3=cos(x)

五、导数

在 MATLAB 中,求符号表达式函数的导数由命令函数 diff 来完成,其调用格式为:

diff(f):按系统默认符号变量为自变量对函数 f 求一阶导数;

diff(f,v):按指定变量 v 对函数 f 求一阶导数(用于求偏导数);

diff(f,n):按默认符号变量对函数 f 求 n 阶导数;

diff(f,v,n):按指定变量 v 对函数 f 求 n 阶导数.

例 11 求函数 $y=x^2\ln x$ 的一阶和二阶导数

输入:y=sym('x^2*log(x)');d1y=diff(y),d2y=diff(y,2)
显示:d1y=2*x*log(x)+x,d2y=2*log(x)+3

例 12 已知参数方程 $\begin{cases} x=\ln\cos t \\ y=\cos t-t\sin t \end{cases}$,求 $\dfrac{\mathrm{d}y}{\mathrm{d}x}\Big|_{t=\frac{\pi}{4}}$

解 参数方程的导数可以由下面语句直接求出

syms t; x=log(cos(t)); y=cos(t)-t*sin(t); f=diff(y,t)/diff(x,t), subs(f,t,sym(pi)/4)
显示结果:f=(cos(t)*(2*sin(t)+t*cos(t)))/sin(t),ans=(pi*2^(1/2))/8+2^(1/2)

六、积分

MATLAB 使用 int 命令实现符号表达式函数的积分,包括不定积分和定积分.

int(f):函数 f 对默认积分变量(符号变量 x 或接近字母 x 的符号变量)求不定积分;

int(f,v):函数 f 对指定符号积分变量 v 求不定积分;

int(f,a,b):函数 f 对默认积分变量求从 a 到 b 的定积分;

int(f,v,a,b):函数 f 对指定符号积分变量 v 求从 a 到 b 的定积分. 其中 a,b 可以是标量数值,也可以是符号变量或符号表达式.注意,对没有事先定义的符号变量须加单引号.

例 13 求 $\int \dfrac{-2x}{(1+x^2)^2}dx$.

键入:symsx, int(−2*x/(1+x^2)^2)

得:ans = 1/(x^2 + 1)　注意 MATLAB 给出的不定积分答案中,省略了任意常数 C.

例 14 求 $\int_0^1 x\ln(1+x)dx$.

键入:symsx, int(x*log(1+x),0,1)

得:ans = 1/4

例 15 求 $\int_{\sin x}^{\ln x} 2t\,dt$.

键入:syms t x, int(2*t, t, sin(x), log(x))

得:ans = log(x)^2 − sin(x)^2

例 16 求 $\int_{-\infty}^{+\infty} \dfrac{1}{x^2+2x+3}dx$.

键入:clear, syms x, y=1/(x^2+2*x+3), int(y, −inf, +inf)

得:ans = (pi*2^(1/2))/2

七、无穷级数

1. 判断无穷级数的敛散性与级数求和

判断无穷级数的敛散性的基本方法,是求部分和的极限,若极限存在,则级数收敛,极限值为级数的和.MATLAB 提供了符号表达式求和命令函数 symsum,其调用格式为:

symsum(f);对通项 f(符号表达式)中的默认求和符号变量 n(由命令 findsym(f)确定)从 0 到 n−1 求和(部分和);

symsum(f,v);对通项符号表达式 f 中指定的求和符号变量 v 从 0 到 v−1 求和;

symsum(f,a,b);对通项符号表达式 f 中的默认求和符号变量 n(由命令 findsym(f)确定)从 a 到 b 求和;

symsum(f,v,a,b);对通项符号表达式 f 中指定的求和符号变量 v 从 a 到 b 求和.

例如部分和 $S_n = \sum\limits_{k=1}^{n} u_k$:symsum(uk,k,1,n);级数和 $\sum\limits_{n=1}^{\infty} u_n$:symsum(un,n,1,inf).

例 17 求 $\left(\dfrac{1}{2}+\dfrac{1}{3}\right)+\left(\dfrac{1}{2^2}+\dfrac{1}{3^2}\right)+\cdots+\left(\dfrac{1}{2^n}+\dfrac{1}{3^n}\right)+\cdots$.

键入:syms n; symsum(1/2^n+1/3^n, n, 1, inf)　%直接求级数的和.

得:ans = 3/2

或键入:syms n k; limit(symsum(1/2^k+1/3^k, k, 1, n), n, inf)　%求部分和的极限.

得:ans = 3/2

例 18 求 $\sum\limits_{n=1}^{\infty} (-1)^{n-1} \dfrac{x^n}{n}$.

键入:syms x n; symsum((−1)^(n−1)*x^n/n, n, 1, inf)

得:ans = piecewise([x == −1, −Inf], [abs(x) <= 1 and x ~= −1, log(x + 1)])

即在 x∈(−1,1]时,级数和为 log(x + 1).

例 19 求 $\lim\limits_{n\to\infty} n\left(\dfrac{1}{n^2+\pi}+\dfrac{1}{n^2+2\pi}+\dfrac{1}{n^2+3\pi}+\cdots+\dfrac{1}{n^2+n\pi}\right)$.

键入:syms k n; limit(n*symsum(1/(n^2+k*pi),k,1,n),n,inf)

得:ans = 1

另外,按照教材介绍的比值法,用 MATLAB 还可计算幂级数的收敛半径和收敛区间.

2. 函数的幂级数展开

一般地将函数 $f(x)$ 展开成关于 $(x-a)$ 的幂级数形式,即为泰勒级数,$a=0$ 时,为麦克劳林级数. 在 MATLAB 中由命令函数 taylor 来实现.

taylor(f, n, v, a):将函数 f 按指定变量 v 展开为关于 $(v-a)$ 的泰勒级数,展开到前 n 项(即到 n−1 次幂)泰勒多项式. n 的缺省值为 6. v 的缺省值为 f 的默认符号变量(如函数 f(x)中的 x,或是由 findsym(f)确定的接近字母 x 的符号变量). 参数 a 指定将函数 f 在自变量 v=a 处展开,a 可以是一数值、符号或字符串. a 的缺省值是 0,即展开成关于 x 的麦克劳林多项式.

例 20 将函数 $f(x)=\dfrac{1}{1+x^2}$ 展开为 x 的幂级数.

键入:clear; syms x; taylor(1/(1+x^2))   %默认展开到 5 阶多项式

得:ans = x^4 − x^2 + 1

例 21 将函数 $f(x)=\dfrac{1}{3-x}$ 展开为 $(x-1)$ 的幂级数.

键入:clear; syms x; taylor(1/(3-x), 5, 1)

得:ans = 1/2+1/4*(x−1)+1/8*(x−1)^2+1/16*(x−1)^3+1/32*(x−1)^4

另外,MATLAB 提供了一个泰勒展开的可视化工具 taylortool,很好用.

八、多元函数微积分

本部分主要介绍直角坐标与极坐标系,空间曲线与曲面,多元函数的极限、偏导数、极值,二重积分等.

1. 极坐标绘图

有些问题变换到极坐标系下处理可能更简单. polar 或 ezpolar 函数用来绘制极坐标图,其调用格式为:

polar(θ, r, 选项):根据极坐标点列绘制极坐标曲线,其中 θ(即 theta)为极坐标角度数组,r 为极坐标半径数组,选项的内容与 plot 函数相似,缺省选项时按默认值.

ezpolar(f, [a, b]):在指定的范围 a<θ<b 内画极坐标函数 $r=f(\theta)$ 的图形. 且将函数关系式显示于图形下方. 其中[a, b]可缺省,默认范围为 $0<\theta<2\pi$.

在极坐标系下有一些常见的曲线方程(其中常数 $a>0$):

螺旋线:$r=a\theta$;$r=e^{a\theta}$;$r=\dfrac{a}{\theta}$;$r^2=a\theta$ 等.

心形线:$r=a(1-\cos\theta)$;$r=a(1+\sin\theta)$. 双纽线:$r^2=2a^2\cos2\theta$.

圆:$r=a$;$r=\pm 2a\cos\theta$;$r=\pm 2a\sin\theta$;

玫瑰线:$r=a\sin3\theta$ 和 $r=a\cos3\theta$(三叶);$r=a\sin2\theta$ 和 $r=a\cos2\theta$(四叶);$r=a\sin5\theta$ 和 $r=a\cos5\theta$(五叶);$r=a\sin4\theta$ 和 $r=a\cos4\theta$(八叶);以此类推. 读者可以就不同的整数 n,用上述极坐标绘图命令画出 $r=a\sin n\theta$ 和 $r=a\cos n\theta$ 的图形进行比较;针对 θ 的不同长度的取值区间,画出 $r=a\sin\pi\theta$ 和 $r=a\cos\pi\theta$ 的图形进行观察.

例如键入:syms t; ezpolar(sin(pi*t), [0, 5*pi]),观察得到了什么样的图形?

例 22 绘制三叶玫瑰线图形:$r=\sin3\theta$

极坐标系下绘图键入:

syms t; ezpolar(sin(3*t), [0, pi])

2. 绘制三维图形

三维图形的绘制与二维图形的绘制在许多方面都很类似,其中曲线的属性设置完全相同.最常用的三维绘图是绘制三维曲线图、三维网格图和三维曲面图三种基本类型,相应的 MATLAB 数值作图命令为 plot3、mesh、surf,对应的符号函数作图命令为 ezplot3、ezmesh、ezsurf.

(1) plot3 命令与 plot 类似,ezplot3 命令与 ezplot 类似,plot3 是三维绘图的基本函数,调用格式如下:

plot3(x1,y1,z1,选项 1,x2,y2,z2,选项 2,…,xn,yn,zn,选项 n):其中每一组 xi,yi,zi 组成一组曲线的坐标参数,选项的定义和 plot 函数相同.当 xi,yi,zi 是同维向量时,则 xi,yi,zi 对应元素组成点列构成一条三维曲线.当 xi,yi,zi 是同维矩阵时,则以 xi,yi,zi 对应列元素绘制三维曲线,曲线条数等于矩阵列数.

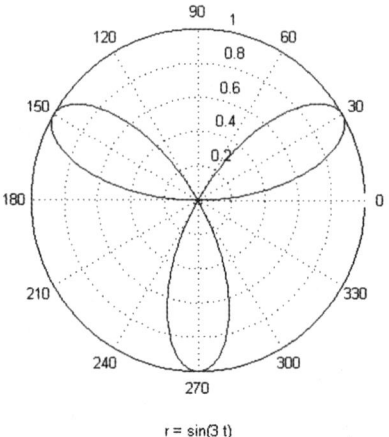

图 11-3

一般地,三维曲线由参数方程表示:$x=x(t)$,$y=y(t)$,$z=z(t)$,ezplot3 使用符号函数解析式绘制三维曲线,调用格式如下:

ezplot3(x,y,z,[tmin,tmax]):在指定的范围 tmin< t <tmax. 内画空间参数形式的曲线 $x=x(t)$,$y=y(t)$ 与 $z=z(t)$ 的图形.在缺省指定范围时,t 的默认范围是 $0<t<2\pi$.

ezplot3(x,y,z,[tmin,tmax],'animate'):以动画形式画出空间三维曲线.

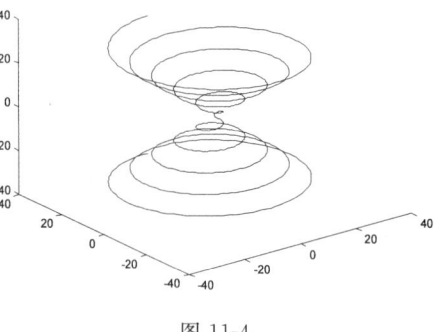

图 11-4

例 23 键入:t=linspace(0,10*pi,501);plot3(t.*sin(t),t.*cos(t),t,t.*sin(t),t.*cos(t),-t)可得圆锥螺线,如图 11-4 所示.

(2) 空间曲面的绘制

一般地,二元函数 $z=f(x,y)$ 或三元方程 $F(x,y,z)=0$(隐函数)也可用参数形式表示:$x=x(s,t)$,$y=y(s,t)$,$z=z(s,t)$,其图形是三维空间曲面.MATLAB 使用 mesh 和 ezmesh 绘制三维网格曲面图;使用 surf 和 ezsurf 绘制填充表面的三维曲面图.

使用数值计算绘图前,需要先给出自变量 x,y 或参数 s,t 的取值向量(一维数组),然后使用命令 [X Y]=meshgrid(x,y)产生三维图形所需的 xoy 平面的网格节点坐标矩阵(二维数组),Z=f(X,Y)即为函数值(高度)矩阵.对于参数形式的曲面方程,用同样的方法,计算 X,Y,Z 得到三维网格点矩阵.最后绘制三维曲面.命令调用格式如下:

mesh(X,Y,Z,c)或 surf(X,Y,Z,c),其中可选项 c 用于指定在不同高度下的颜色范围.

使用符号函数作图相对简单,只须给出函数符号表达式和绘图区域.调用格式如下:

ezmesh(f):画出二元数学符号函数 f=f(x,y)的三维网格曲面图.函数 f 将显示于缺省的平面区域 $[-2\pi<x<2\pi,-2\pi<y<2\pi]$ 内.系统将根据函数变动的激烈程度自动选择相应的计算网格.若函数 f 在某些网格点上没有定义,则这些点将不显示.

ezmesh(f,[xmin,xmax,ymin,ymax],n,'circ'):在指定的区域内画出二元函数 f(x,y)的网格图.选项 n 用于指定绘制 n×n 个网格点,缺省值为 60×60.若有选项'circ'表示在圆形区域(圆心位于指定区域的中心)的范围内画出函数 f 的网格图形.缺省时是在指定的矩形区域[xmin,xmax,ymin,ymax]上绘图,若再缺省一个变量的范围,是指在正方形区域(此时两个变量的范围一样)上绘图.

对于参数形式 $x=x(s,t),y=y(s,t),z=z(s,t)$ 表示的二元函数 $z=f(x,y)$ 绘制网格图,使用格式为:ezmesh(x,y,z,[smin,smax,tmin,tmax],n,'circ'),可选项的使用及其缺省值同上.

ezsurf(f),ezsurf(f,[xmin,xmax,ymin,ymax],n,'circ'),ezsurf(x,y,z,[smin,smax,tmin,tmax],n,'circ')的使用格式与 ezmesh 相同,只不过绘制的是对网格表面填充了颜色的三维曲面图.

另外,MATLAB 还给出一些特殊的三维曲面,如 sphere(球面)、cylinder(旋转面)、ellipsoid(椭球面)、peaks(一个特殊的多峰函数)等,还有大量的图形修饰、色彩处理、光照、视角、动画制作等命令,如 shading flat,shading interp,colormap,view,light,surfl 等等,详看有关帮助信息和演示.

例 24 用 sphere 函数产生球表面坐标,绘制不透明网格图、透明网格图、表面图和带剪孔的表面图.

依次键入以下命令,注意观察图形的变化:

[x,y,z]=sphere(30); mesh(x,y,z)
mesh(x,y,z), hidden off
surf(x,y,z)
z(18:30,1:5)=NaN*ones(13,5); surf(x,y,z)
axis square
axis off

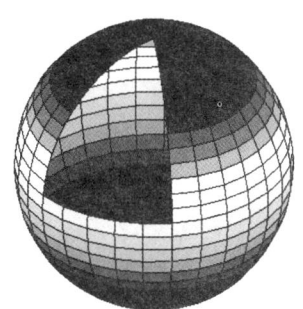

图 11-5

最终得到图 11-5.

3. 多元函数的极限

多元函数求极限,一般变为多重极限来处理,嵌套使用 limit 命令函数即可,注意指明每次的极限变量.

例 25 求 $\lim\limits_{\substack{x\to 0\\ y\to 0}}\dfrac{xy}{\sqrt{xy+1}-1}$

键入:syms x y; f=x*y/(sqrt(x*y+1)-1); limit(limit(f,x,0),y,0)
得:ans=2

4. 偏导数

多元函数的求一阶偏导数与一元函数求导数一样用 diff 命令,但要指定每个偏导数的求导变量.求高阶偏导数嵌套使用 diff 命令函数即可.

例 26 已知 $\arctan\dfrac{y}{x}=\ln\sqrt{x^2+y^2}$,求 $\dfrac{\mathrm{d}y}{\mathrm{d}x}$.

利用隐函数求导公式,键入:

syms x y; F=atan(y/x)-log(sqrt(x^2+y^2)); simple(-diff(F,x)/diff(F,y))
得结果:ans = (x + y)/(x - y)

例 27 已知 $u=\mathrm{e}^{xyz}$,求 $\dfrac{\partial^3 u}{\partial x\partial y\partial z}$.

键入:syms u x y z; u=exp(x*y*z); diff(diff(diff(u,x),y),z), simple(ans)

5. 多元函数的极值

按照高等数学介绍的多元函数求无条件极值和条件极值的方法,利用符号变量命令 syms、求导命令 diff、赋值命令 inline、解方程的命令 solve 等结合起来求解.

例 28 求函数 $f(x)=x^3+y^3-3xy$ 的极值.

求解过程:syms x y; f=x^3+y^3-3*x*y; fx=diff(f,'x'); fy=diff(f,'y'); [x0 y0]=solve(fx,fy)
观察运行结果,不考虑复数解,在实数域范围内有两个驻点:(0,0),(1,1),再键入:
fxx=diff(diff(f,'x'),'x'); fxy=diff(diff(f,'x'),'y'); fyy=diff(diff(f,'y'),'y');

delta=inline(fxy^2−fxx*fyy);delta(x0,y0)

从运行结果易知驻点(1,1)为极值点($\Delta=-27<0$).

最后:x=1;y=1;fxx11=subs(fxx),f11=subs(f)

得 fxx11= 6,f11=−1 为函数极小值.

6. 二重积分

二重积分的计算,基本方法是变为二次积分,嵌套使用积分命令函数 int,每次指明积分变量,即可实现.

例 29 计算二重不定积分 $\iint x\mathrm{e}^{-xy}\mathrm{d}x\mathrm{d}y$.

键入:syms x y, F=int(int(x*exp(−x*y),x),y)

结果:F= exp(−x*y)/y

例 30 计算二重定积分 $\iint\limits_{D}(1+x+y)\mathrm{d}x\mathrm{d}y$,其中 D 为 $x^2+y^2\leqslant 1$.

解 可将此二重积分转化为累次积分 $\iint\limits_{D}(1+x+y)\mathrm{d}x\mathrm{d}y=\int_{-1}^{1}\int_{-\sqrt{1-x^2}}^{\sqrt{1-x^2}}(1+x+y)\mathrm{d}y\mathrm{d}x$

输入 MATLAB 代码:clear; syms x y; iy=int(1+x+y,y,−sqrt(1−x^2),sqrt(1−x^2));
int(iy,x,−1,1)

结果为:ans =pi

九、微分方程

在 MATLAB 中,用大写字母 D 表示导数.例如,Dy 表示 y',D2y 表示 y'',Dy(0)=5 表示 $y'(0)=5$. D3y+D2y+Dy−x+5=0 表示微分方程 $y'''+y''+y'-x+5=0$.符号常微分方程求解可以通过函数 dsolve 来实现,其调用格式为:

dsolve(e,c,v):该函数求解常微分方程 e 在初值条件 c 下的特解.参数 v 为方程中的自变量,省略时按缺省原则处理.若没有给出初值条件 c,则求方程的通解.

dsolve 在求常微分方程组时的调用格式为:

dsolve(e1,e2,…,en,c1,…,cn,v1,…,vn):该函数求解常微分方程组 e1,…,en 在初值条件 c1,…,cn 下的特解,若不给出初值条件,则求方程组的通解,v1,…,vn 给出求解变量.

例 31 求微分方程 $y''-2y'+5y=e^x\cos 2x$ 的通解,并求满足 $y(0)=0, y'(0)=2$ 的特解.

键入程序代码:y=dsolve('D2y−2*Dy+5*y=exp(x)*cos(2*x)','x')

得答案:y = exp(x)*sin(2*x)*C2+exp(x)*cos(2*x)*C1+1/4*exp(x)*sin(2*x)*x

再键入:y0=dsolve('D2y−2*Dy+5*y=exp(x)*cos(2*x)','y(0)=0','Dy(0)=2','x')

得答案:y0 = exp(x)*sin(2*x)+1/4*exp(x)*sin(2*x)*x

例 32 求微分方程组 $\begin{cases}\dfrac{\mathrm{d}x}{\mathrm{d}t}=y\\\dfrac{\mathrm{d}y}{\mathrm{d}t}=-x\end{cases}$ 的通解和在初始条件 $x\big|_{t=0}=1, y\big|_{t=0}=1$ 下的特解.

键入程序代码:[x,y]=dsolve('Dx=y','Dy=−x','t')

得答案:x =cos(t)*C1+sin(t)*C2,y =−sin(t)*C1+cos(t)*C2

再键入:[x,y]=dsolve('Dx=y','Dy=−x','x(0)=0','y(0)=1','t')

得答案:x = sin(t), y = cos(t).

参考答案与提示

习题 1

(A)

1. $\varnothing, \{1\}, \{2\}, \{3\}, \{1,2\}, \{1,3\}, \{2,3\}, \{1,2,3\}$ **2.** (1) $\{1,2,3,5\}$ (2) $\{1,3\}$ (3) $\{1,2,3,4,5,6\}$ (4) $\varnothing$ (5) $\{2\}$ **3.** (1) $\{x|x>3\}$ (2) $\{x|4<x<5\}$ (3) $\{x|3<x\leqslant 4\}$ **4.** $a=1,b=2$ **5.** (1) 不同 (2) 相同 (3) 不同 (4) 相同 (5) 相同 (6) 不同 **6.** (1) $f(1)=1, f(-x)=x^2+3x+3$ $f(x+1)=x^2-x+1$ (2) $f(0)=2$ $f(2)=0$ $f\left(\dfrac{1}{x}\right)=\dfrac{|1-2x|}{1+x}\cdot\dfrac{x}{|x|}$ (3) $f(x^2)=x^4+1$ $[f(x)]^2=x^4+2x^2+1$ (4) $f\left(\dfrac{a}{2}\right)=0$ (5) $f\left(\dfrac{\pi}{4}\right)-f\left(-\dfrac{\pi}{4}\right)=\arctan\dfrac{\pi}{4}$ **7.** (1) $\left[-\dfrac{1}{2},+\infty\right)$ (2) $(-3,3)$ (3) $(-\infty,+\infty)$ (4) $[-1,3]$ (5) $(-\infty,1)$ (6) $4k^2\pi^2\leqslant x\leqslant(2k+1)^2\pi^2, k=0,1,2,\cdots$ (7) $[-100,-1]\cup[1,100]$ (8) $(-2,-1)\cup(-1,4]$ **8.** $[1,10]$ **9.** $f(x)=\dfrac{1}{x}+\sqrt{\dfrac{1}{x^2}+1}$ **10.** $f(x)=1-2x^2$ **11.** $\dfrac{x}{4-3x}$, $f\{f[f(x)]\}=\dfrac{x}{8-7x}$ **12.** $f[f(x)]=2000$ **13.** (1) 单调减少 (2) 单调增加 (3) 单调增加 (4) 在 $(-\infty,0)$ 单调减少. (5) 单调增加 **14.** (1) 有界 (2) 有界 (3) 无界 (4) 有界 (5) 有界 (6) 无界 **15.** (1) 奇 (2) 偶 (3) 偶 (4) 非奇非偶 (5) 奇 (6) 偶 **16.** 略 **17.** 略 **18.** (1) $T=\pi$ (2) $T=\dfrac{\pi}{3}$ (3) $T=\pi$ (4) 非周期函数 (5) $T=\pi$ (6) $T=2\pi$ (7) $T=\dfrac{\pi}{2}$ (8) 非周期函数 **19.** (1) $y=\sqrt[3]{x-2}$ (2) $y=-\sqrt{1-x^2}\,(0\leqslant x\leqslant 1)$ (3) $y=\dfrac{1+x}{1-x}$ (4) $y=\log_2\left(\dfrac{x}{1-x}\right)$ (5) $y=e^{x-1}-2$ (6) $y=2\cos x+1\,(0\leqslant x\leqslant\pi)$ **20.** (1) $y=\lg\sqrt{x}$ (2) $y=\sqrt{2+\cos^2 x}$ (3) $y=[\ln(2x+1)]^2$ (4) $y=\arcsin\dfrac{x^2}{1+x^2}$ **21.** (1) $y=u^2, u=\sin v, v=x^2$ (2) $u^3, u=1+\ln x$ (3) $y=u^3, u=\ln v, v=x^2$ (4) $y=\sqrt{u}, u=e^v, v=\sqrt{x}$ (5) $y=\arcsin u, u=\sqrt{v}, v=1-x^2$ (6) $y=\log_a u, u=x+\sqrt{v}, v=x^2+1$ **22.** (1) $a=2$ 时,是复合函数,定义域为 $(-\infty,+\infty)$ (2) $a=\dfrac{1}{2}$ 时,是复合函数,定义域为 $\left\{x\Big|2k\pi-\dfrac{7}{6}\pi<x<2k\pi+\dfrac{\pi}{6}, k=0,\pm 1,\pm 2,\cdots\right\}$ (3) $a=-2$ 时,不是复合函数. **23.** $f[g(x)]=2^{2x}, g[f(x)]=2^{x^2}$ **24.** $f(x)=2x-2+\dfrac{1}{x-1}(x\neq 1)$ **25.** $f(x)+g(x)=\begin{cases}x^2+x+1 & x\geqslant 1;\\ 2x & 0\leqslant x<1;\\ 0 & x<0\end{cases}$ **26.** $\overline{P}=4$ **27.** $C(Q)=10000+5Q, \overline{C}(Q)=\dfrac{10000}{Q}+5, \overline{C}(1000)=15$ $\overline{C}(10000)=6$ **28.** $R(Q)=\begin{cases}20Q & 0\leqslant Q\leqslant 800\\ 18Q+1600 & 800<Q\leqslant 1000\end{cases}$ **29.** $L(Q)=5Q-0.01Q^2-200$

(B)

1. (1) × (2) × (3) ✓ (4) × (5) × (6) ✓ (7) ✓ (8) ✓ (9) × (10) ✓ **2.** (1) (A) (2) (C) (3) (B) (4) (C) (5) (B) (6) (B) (7) (C) (8) (A) (9) (C) (10) (C) (11) (B) (12) (A) (13) (D) (14) (B) (15) (B) (16) (B) (17) (D) (18) (D) (19) (A) (20) (A) **3.** (1) $\{x|-2<x\leqslant 4\}$ (2) $\dfrac{x+1}{2x+3}$ (3) 0 (4) $x\neq 4,5,6$ (5) $(0,+\infty)$ (6) 5 (7)

3π (8) $(-\infty,0)$ (9) 奇函数,原点 (10) 有界,无界 (11) $4\sin x+1$ (12) ± 1 (13) $y=e^u, u=v^2, v=\sin w, w=\sqrt{x}$ (14) $e^{\cos^2 x}$ (15) $\begin{cases} 4+2x & x<\frac{1}{2} \\ 6-2x & x\geqslant \frac{1}{2} \end{cases}$ 4. (1) $(-\infty,-1)\cup(1,2)$ (2) $[1,4]$ (3) $[-3,-2)\cup(3,4]$ (4) $(5,6]$ (5) $[-4,-\pi]\cup[0,\pi]$ 5. $\left[\frac{1}{4},\frac{3}{4}\right]$ 6. x^2+2 7. e^x+x+1 8. 是 9. $0\leqslant k<2$ 10. 有界 11. 提示: $f(x)=\frac{1}{2}[f(x)-f(-x)]+\frac{1}{2}[f(x)+f(-x)]$ 12. 略 13. $T=2\pi$ 14. 略 15. 略 16. $f[f(x)]=f(x), f[g(x)]=0, g[f(x)]=g(x), g[g(x)]=0$ 17. $f(x)=\frac{ab}{x}+\frac{c}{2}x$ $(0<x\leqslant a)$

习题 2

(A)

1. (1) $\frac{1}{2}, \frac{3}{4}, \frac{7}{8}, \frac{15}{16}, \frac{31}{32}, \cdots$ $\lim\limits_{n\to\infty}\left(1-\frac{1}{2^n}\right)=1$ (2) $0, \frac{1}{3}, \frac{2}{4}, \frac{3}{5}, \frac{4}{6}, \cdots$ $\lim\limits_{n\to\infty}\left(\frac{n-1}{n+1}\right)=1$ (3) $0, 1, -\frac{1}{2}, 1, -\frac{2}{3}, \cdots$ 数列发散 (4) $1, 0, -1, 0, 1, \cdots$ 数列发散 (5) $0, \frac{3}{2}, \frac{8}{3}, \frac{15}{4}, \frac{24}{5}, \cdots$ 数列发散 (6) $0.3, 0.33, 0.333, 0.3333, 0.33333, \cdots$, $\lim\limits_{n\to\infty}\left(\frac{3}{10}+\frac{3}{10^2}+\cdots+\frac{3}{10^n}\right)=\frac{1}{3}$ 2. (1) $y_n=\frac{(-1)^{n+1}}{n}$, 有界, 收敛, $\lim\limits_{n\to\infty}\frac{(-1)^{n+1}}{n}=0$ (2) $y_n=(-1)^{n+1}$, 有界, 发散 (3) $y_n=2n-1$, 单调递增, 无界, 发散 (4) $y_n=\frac{1}{2n}$, 单调递减, 收敛, $\lim\limits_{n\to\infty}\frac{1}{2n}=0$ (5) $y_n=\frac{1+(-1)^n}{2n}$, 有界, 收敛, $\lim\limits_{n\to\infty}\frac{1+(-1)^n}{2n}=0$ 3. 略. 4. 略. 5. (1) 不存在 (2) 1 (3) ∞ (4) 0 (5) $-\infty$ (6) 0 6. (1) $\lim\limits_{x\to 0}f(x)=1$ (2) 不存在 7. $a=0$. 8. $\lim\limits_{x\to 0}f(x)$不存在, $\lim\limits_{x\to 1}f(x)=2$ 9. (1) 不存在, 极限不唯一 (2) 存在, 符合唯一性 10. (1) $\frac{3}{4}$ (2) 2 (3) $\frac{\pi}{2}$ (4) 0 (5) $\frac{1}{2}$ 11. (1) $\frac{3}{2}$ (2) 1 (3) $\frac{1}{3}$ (4) 1 12. (1) -1 (2) 3 (3) 0 (4) $\frac{3}{5}$ (5) 2 (6) 1 (7) n (8) $3x^2$ (9) $\left(\frac{3}{2}\right)^{10}$ (10) $\frac{1}{2}$ (11) 2 (12) 1 (13) 0 (14) 1 (15) $\frac{1}{6}$ (16) 1 13. $\frac{1}{2\sqrt{x}}$ 14. $k=0$ 15. $a=1, b=-2$ 16. $a=1, b=-1$ 17. $\lim\limits_{n\to\infty}y_n=2$ 18. 略 19. (1) $\frac{2}{3}$ (2) 1 (3) 0 (4) $\frac{1}{2}$ (5) π (6) 4 20. (1) e^6 (2) e^2 (3) $e^{-\frac{1}{n}}$ (4) e^{-1} (5) 1 (6) 1 (7) e (8) e^{-2} 21. (1) $x\to 0$ (2) $x\to 2, x\to 3$ (3) $x\to\left(k\pi+\frac{\pi}{2}\right)^{-1}$, $x\to\infty$ (4) $x\to 0$ (5) $x\to 1^+$ (6) $x\to 2^-, x\to -\infty$ 22. (1) $x\to -1, x\to 1$ (2) $x\to 1^-, x\to -\infty$ (3) $x\to 0^+$ (4) $x\to -1^-$ 或 $x\to +\infty$ 23. $x\to -\infty$时 y 为无穷小量, $x\to +\infty$时 y 为无穷大量. 24. 无界, 但 $x\to\infty$时不是无穷大量, $|y|>M$ 不恒成立 25. (1) 同阶无穷小量 (2) 等价无穷小量 26. 略 27. 略 28. 略 29. 略 30. (1) $x=2, x=3$ (2) $x=0, x=1$ (3) $x=-1$ (4) $x=-1, x=1$ (5) $x=1$ (6) $x=0$ 31. (1) 连续 (2) 连续 (3) 在 $x=0$ 间断 (4) 连续 32. (1) $f(0)=0$ (2) $f(0)=\alpha\beta$ 33. (1) $a=1, b=-1$ (2) $a=1$ $b=0$ 34. (1) $\frac{2}{\pi}$ (2) 0 35. 提示: $f(x)=xe^x-1$ 36. 提示: $f(x)=x-a\sin x-b$ 37. 提示: $g(x)=e^x-2-x$ 38. 提示: $g(x)=f(x)-x$

(B)

1. (1) √ (2) √ (3) × (4) × (5) √ (6) × (7) × (8) × (9) × (10) × 2.

(1) $\dfrac{1}{3}$ (2) 0 (3) 1,0 (4) 1,1 (5) 同阶 (6) -1 (7) e^4 (8) $1,\dfrac{1}{2}$ (9) ∞ (10) $(-\infty,-1)\cup(-1,3)\cup(3,+\infty)$ **3.** 提示:用定义证 **4.** 当 $0<a<1$ 时极限为 1,当 $a>1$ 时极限为 0 **5.** (1) $\dfrac{p+q}{2}$ (2) $\dfrac{1}{2}$ (3) $\dfrac{2}{3}$ (4) 2 (5) $\dfrac{1}{3}$ (6) $\dfrac{1}{2}$ (7) 1 (8) $\dfrac{1}{2}$ (9) $\dfrac{n(n+1)}{2}$ (10) $\dfrac{1}{n}$ **6.** $\dfrac{1}{1-x}$ **7.** $a=1,b=-\dfrac{1}{2}$ **8.** 提示:利用单调有界性 **9.** $\dfrac{1}{2}$ **10.** 提示:利用夹逼定理 **11.** 提示:利用单调有界性 $\lim\limits_{n\to\infty}y_n=3$ **12.** 提示:利用单调有界性 $\lim\limits_{n\to\infty}y_n=\dfrac{3}{2}$ **13.** (1) $-\sqrt{3}$ (2) $\dfrac{5}{2}$ (3) 1 (4) 0 (5) 1 **14.** $q=0$ 且 $p=-5$ 时,$f(x)$ 为无穷小量,$q\ne 0$ 时,$f(x)$ 为无穷大量. **15.** 略.

习题 3
(A)

1. (1) $4x$ (2) $-\dfrac{1}{x^2}$ (3) $\dfrac{1}{2\sqrt{x}}$ **2.** $6x+5,5,8,0$ **3.** $S'|_{t=1}=6, S'|_{t=3}=18$ **4.** $\overline{V}\Big|_{\substack{t=4\\ \Delta t=1}}=55$, $\overline{V}\Big|_{\substack{t=4\\ \Delta t=0.1}}=50.5, V|_{x=4}=50$ **5.** $5x-y=0$ **6.** $x=0$ 或 $x=\dfrac{4}{9}$ **7.** (1) 不可导,不连续 (2) $f'(1)=1$ **8.** (1) 连续,可导 $f'(0)=1$, (2) 连续且可导,$f'(0)=0$ **9.** (1) $3x^2-4x+3$ (2) $3x^2+\dfrac{1}{2\sqrt{x}}+\dfrac{4}{x^2}$ (3) $\dfrac{9x+9}{\sqrt{6x}}$ (4) $\dfrac{1}{2\sqrt{x}}\left(1-\dfrac{1}{x}\right)$ (5) $\dfrac{1+x^2}{(1-x^2)^2}$ (6) $\dfrac{3x^2-5x-1}{2x\sqrt{x}}$ **10.** (1) $3x^2+2(a+b+c)x+ab+bc+ac$ (2) $x^{n-1}(n\ln x+1)$ (3) $\dfrac{c(1-ax^2)}{(1+ax^2)^2}$ (4) $\dfrac{2}{x(1-\ln x)^2}$ **11.** $(2,4)$ **12.** $a=\dfrac{1}{2e}$ **13.** 提示:写出切线与两坐标轴的交点,再计算面积. **14.** (1) $xa^x(x\ln a+2)$ (2) $ax^{a-1}+a^x\ln a$ (3) $e^x(\sin 2x+2\cos 2x)$ (4) $-2xe^{-x^2}$ (5) $\dfrac{1}{\cos^2 x}e^{\tan x}$ (6) $xe^{-2x}(2\sin 3x-2x\sin 3x+3x\cos 3x)$ (7) $2(x+1)e^{x^2+2x+1}\cos e^{x^2+2x+1}$ (8) $-\dfrac{1}{1-x^2}+\dfrac{x\arccos x}{(1-x^2)\sqrt{1-x^2}}$ (9) 0 (10) $-\dfrac{2}{1+x^2}\arctan\dfrac{1}{x}$ (11) $\dfrac{2}{1+x^2}$ (12) $-\dfrac{1}{1+x^2}$ (13) $\dfrac{2}{\sqrt{2+4x-4x^2}}$ (14) $\dfrac{3}{2}\cdot\dfrac{1}{\sqrt{4-x^2}}\left(\arcsin\dfrac{x}{2}\right)^{\frac{1}{2}}$ **15.** (1) $2(1-x^2)\cdot(1-2x-5x^2)$ (2) $5(x^3-x)^4(3x^2-1)$ (3) $2(2x+3)^2(4x+5)^3(28x+39)$ (4) $\dfrac{x}{\sqrt{(1-x^2)^3}}$ (5) $\dfrac{(x-3)(x+7)}{(x+2)^2}$ (6) $\dfrac{10x^9}{(1+x)^{11}}$ (7) $\dfrac{3+x^2}{3(1+x^2)\sqrt[3]{1+x^2}}$ (8) $\dfrac{2}{\sin 2x}$ (9) $\dfrac{x}{\sqrt{x^2+a^2}}$ (10) $\dfrac{\ln x}{x}\dfrac{1}{\sqrt{1+\ln^2 x}}$ (11) $-\dfrac{2x}{a^2-x^2}$ (12) $-2xe^{-x^2+1}$ (13) $\dfrac{1}{2x}\left(1+\dfrac{1}{\sqrt{\ln x}}\right)$ (14) $-3e^{3x}\dfrac{1}{\sin^2(e^{3x})}\cdot\cos(e^{3x})$ (15) $n\cos nx$ (16) $\arctan\sqrt{x}+\dfrac{\sqrt{x}}{2(1+x)}$ (17) $nx^{n-1}\cos x^n$ (18) $\dfrac{\sin 2x\cdot\sin x^2-2x\sin^2 x\cdot\cos x^2}{(\sin x^2)^2}$ (19) $\dfrac{3}{2}\sin^2\dfrac{x}{2}\cos\dfrac{x}{2}$ (20) $\sqrt{\dfrac{4}{x}-1}$ (21) $2x\sin\dfrac{1}{x}-\cos\dfrac{1}{x}$ (22) $\sqrt{x^2+a^2}$ (23) $\dfrac{x}{\sqrt{1+x^2}}\cos\sqrt{1+x^2}$ (24) $\dfrac{1}{x^2-1}$ (25) $\dfrac{1}{x\ln x}$ (26) $\tan^3 x$ (27) $-\dfrac{e^x}{2\sqrt{1-e^x}}$ (28) $\dfrac{1}{\sqrt{2x+x^2}}$ (29) $\dfrac{1}{\sin x}$ (30) $-\dfrac{1}{x^2}e^{\tan\frac{1}{x}}\cdot\left(\cos\dfrac{1}{x}+\sin\dfrac{1}{x}\cdot\dfrac{1}{\cos^2\frac{1}{x}}\right)$ (31) $\dfrac{x^2}{(\cos x+x\sin x)^2}$ (32) $-\dfrac{\sin 2x}{2(1+\sin^2 x)}$ **16.** (1) $y'=\dfrac{y}{y-x}$ (2) $y'=\dfrac{2y-3x^2}{3y^2-2x}$ (3) $y'=\dfrac{1+e^{x+y}-y}{x-e^{x+y}}$ (4) $y'=\dfrac{e^y}{1-xe^y}$ (5) $y'=\dfrac{y}{y-1}$ (6) $y'=$

$-\dfrac{e^x+y2^{xy}\ln 2}{e^y+x2^{xy}\ln 2}$ (7) $y'=-\dfrac{1+2x\sin(x^2+y)}{\sin(x^2+y)}$ (8) $y'=-\dfrac{\sin y+y\cos x}{\sin x+x\cos y}$ (9) $y'=\dfrac{e^x-y}{e^y+x}$ (10) $y'=\dfrac{x+y}{x-y}$ 17. (1) $x\sqrt{\dfrac{1-x}{1+x}}\left(\dfrac{1}{x}-\dfrac{1}{1-x^2}\right)$ (2) $(\cos x\cot x-\sin x\ln\sin x)(\sin x)^{\cos x}$ (3) $(x+\sqrt{1+x^2})^n\cdot\dfrac{n}{\sqrt{1+x^2}}$ (4) $\left[\ln\left(1+\dfrac{1}{x}\right)-\dfrac{1}{1+x}\right]\left(1+\dfrac{1}{x}\right)^x$ (5) $\dfrac{1}{2}\left(\dfrac{1}{x+1}-\dfrac{3}{x+3}-\dfrac{5}{x+2}\right)\sqrt{\dfrac{x+1}{(x+3)^3(x+2)^5}}$ (6) $\left(1+\dfrac{1}{2}\ln x\right)x^{\sqrt{x}-\frac{1}{2}}$ 18. (1) $e^{f(x)}[f'(e^x)e^x+f'(x)f(e^x)]$ (2) $(ex^{e-1}+e^x)f'(x^e+x^e)$ (3) $\dfrac{1}{\ln a}\left[f'(\log_a x)\cdot\dfrac{1}{x}+\dfrac{f'(x)}{f(x)}\right]$ (4) $\sin 2x[f'(\sin^2 x)-f'(\cos^2 x)]$ (5) $f'[f(f(x))]f'(f(x))f'(x)$ (6) $-\dfrac{1}{(1+x)^2}$ 19. 20. 21. 略 22. $x+2y-3=0$ 23. 500公里/小时 24. (1) $\dfrac{2-2x^2}{(1+x^2)^2}$ (2) $\dfrac{1}{x}$ (3) $-\dfrac{2x}{(1+x^2)^2}$ (4) $-\dfrac{a^2}{y^3}$ (5) $\dfrac{2xy+(x^2-2xy+y^2-2x-2y)e^{x+y}+2e^{2(x+y)}}{(x-e^{x+y})^3}$ (6) $2ae^{x^2}(1+2x^2)$ 25. (1) $\sin\left(\dfrac{n\pi}{2}+x\right)$ (2) $a^x(\ln a)^n$ (3) $n!$ (4) $(n+x)e^x$ 26. (1) $12x^2\,\mathrm dx$ (2) $\dfrac{2x\,\mathrm dx}{3\sqrt[3]{(1+x^2)^2}}$ (3) $\dfrac{3}{x}\,\mathrm dx$ (4) $e^{-x}(\cos x-\sin x)\,\mathrm dx$ (5) $-\dfrac{1}{\sqrt{2x(1-2x)}}\,\mathrm dx$ (6) $\dfrac{5}{2x}\,\mathrm dx$ (7) $\dfrac{2x^3y}{1+y^2}\,\mathrm dx$ (8) $\dfrac{x-y-1}{x+y}\,\mathrm dx$ 27. (1) 1.04 (2) 0.01 (3) 3.004 (4) 0.495 28. 略 29. 5.76(米^2),0.24(米^2),4.2% 30. 边际成本 $C'(x)=3x^2-18x+33$,边际收益 $R'(x)=20$,边际利润 $L'(x)=-3x^2+18x-13$ 31. 边际利润 $L'(Q)=7-\dfrac{2}{5}Q$, $L'(5)=5$, $L'(10)=3$ 32. (1) a (2) $\dfrac{x}{2(x-9)}$ 33. (1) -8 (2) 约为 0.54 (3) 增加 0.46% (4) 增加 0.85%

(B)

1. (1) × (2) × (3) × (4) × (5) √ (6) 提示: $f(x)=\dfrac{x+|x|}{2}\cdot g(x)=\dfrac{x-|x|}{2}$ 在 $x=0$ 处不可导,但 $f(x)+g(x)=x$ 在 $x=0$ 处可导 × (7) × (8) √ 2. (1) (D) (2) (D) (3) (B) (4) (A) (5) (C) (6) (A) (7) (C) (8) (C) (9) (B) (10) (D) 3. (1) -3 (2) -2 (3) $\dfrac{1}{e}$ (4) 负,负 (5) $e^{f(x)}\left[\dfrac{1}{x}f'(\ln x)+f'(x)f(\ln x)\right]\mathrm dx$ (6) $\dfrac{\mathrm dx}{x(1+\ln y)}$ (7) $(1+2x)e^{2x}$ (8) $(1+3x)e^{3x}$ (9) 0 (10) $\dfrac{1}{e}$ (11) $2e^3$ (12) $-\dfrac{3}{2}$ (13) $2^{n-1}\sin\left(2x+\dfrac{n-1}{2}\pi\right)$ (14) 4 (15) 4.2% 4. $2ag(a)$ 5. 略 6. $\lambda>2$ 7. 提示:利用导数定义和极限的保号性,证明 $f(x)$ 在 $[a,b]$ 上函数值有正有负 8. 提示:利用 $0\leqslant\left|\dfrac{f(x_2)-f(x_1)}{x_2-x_1}\right|\leqslant|x_2-x_1|$,证明 $f'(x)\equiv 0$ 9. $a=1,c=\dfrac{3}{2}$ 10. $y+3=-\dfrac{2}{3}(x+2)$ 和 $y-1=-\dfrac{2}{3}(x-4)$ 11. $\dfrac{\mathrm d^2 y}{\mathrm dx^2}=-\dfrac{[1-f'(y)]^2-f''(y)}{x^2[1-f'(y)]^3}$ 12. 提示:证明在 $x=a$ 的单侧导数不相等 13. (1) $(1+x^3)^{\cos x}\left[-2x\sin x^2\ln(1+x^3)+\dfrac{3x^2\cos x^2}{1+x^3}\right]$ (2) $\sqrt[3]{x^2}\dfrac{1-x}{1+x^2}\sin^3 x\cos^2 x\left(\dfrac{2}{3x}-\dfrac{1}{1-x}-\dfrac{2x}{1+x^2}+\dfrac{3\cos x}{\sin x}-2\dfrac{\sin x}{\cos x}\right)$ (3) $-\dfrac{1}{x(1+\ln^2 x)}$ (4) $\dfrac{3}{4}\pi$ (5) $\dfrac{e-1}{1+e^2}$ (6) $2b\varphi'(a)$ (7) 1 14. (1) $1-4x^3-3x^6$ (2) $-\cot x(x\neq k\pi,k$ 为整数) (3) $-\tan^2 x\left(x\neq k\pi+\dfrac{\pi}{2},k$ 为整数$\right)$ (4) $-1(|x|<1)$ 15. 提示:$y=(-x+1)+\dfrac{1}{1-x},\dfrac{\mathrm d^8 y}{\mathrm dx^8}=\dfrac{8!}{(1-x)^9}(x\neq 1)$ 16. 提示: (1) $y=\dfrac{1}{x}+$

$\dfrac{1}{1-x}, y^{(n)} = n! \left[\dfrac{(-1)^n}{x^{n+1}} + \dfrac{1}{(1-x)^{n+1}}\right]$ (2) $\dfrac{(-1)^n 2 \cdot n!}{(1+x)^{n+1}}$ **17.** 提示：$\dfrac{dR}{dQ} = p\left(1 - \dfrac{1}{E_p}\right), \dfrac{dR}{dp} =$ $Q(1-E_p), p_0 = \dfrac{ab}{b-1}, Q_0 = \dfrac{c}{1-b}$ **18.** 1.9953 **19.** 略

习题 4

(A)

1. (1) 满足 (2) 不满足 (3) 不满足 (4) 满足 (5) 满足 (6) 满足 **2.** 有两个实根，分别在 $(1,2), (2,3)$ 内 **3.** 略 **4.** $\xi = e-1$ **5.** 提示：设 $f(x) = \arctan x$ **6.** 略 **7.** 提示：令 $\varphi(x) = \dfrac{f(x)}{e^x}$，先证明 $\varphi(x)$ 为一常数 **8.** 略 **9.** 略 **10.** 提示：(1) 构造函数 $F(x) = f(x)e^{\lambda x}$，(2) 构造函数 $F(x) = f(x)e^{g(x)}$ **11.** (1) 2 (2) $-\dfrac{1}{8}$ (3) $-\dfrac{3}{5}$ (4) 1 (5) 0 (6) 1 (7) $\dfrac{1}{2}$ (8) ∞ (9) 1 (10) -1 (11) $\dfrac{2}{\pi}$ (12) 1 (13) e^{-1} (14) 1 (15) 1 (16) 0 **12.** 略 **13.** (1) 在 $(-\infty,-1)$ 及 $(0,1)$ 单调减少，在 $(-1,0)$ 及 $(1,+\infty)$ 内单调增加 (2) 在 $(-\infty,0)$ 内单调增加，在 $(0,+\infty)$ 内单调减少 (3) 在 $(-\infty,0) \cup (0,+\infty)$ 时，单调增加 (4) 在 $(-\infty,+\infty)$ 内单调减少 (5) 在 $(-\infty,0)$ 及 $\left(\dfrac{2}{5},+\infty\right)$ 内单调增加；在 $\left(0,\dfrac{2}{5}\right)$ 内单调减少 (6) 在 $(-\infty,+\infty)$ 内，单调增加 **14.** 略 **15.** 略 **16.** (1) 极大值 $y|_{x=1} = 1$，极小值 $y|_{x=-1} = -1$ (2) 极小值 $y|_{x=0} = 0$ (3) 无极值 (4) 极大值 $y|_{x=2} = 4e^{-2}$，极小值 $y|_{x=0} = 0$ (5) 极小值 $y|_{x=\frac{7}{5}} = -\dfrac{18}{5}\sqrt[3]{\left(\dfrac{12}{5}\right)^2}$，极大值 $y|_{x=-1} = 0$ (6) 极大值 $y|_{x=2} = 2$，极小值 $y|_{x=2\frac{8}{27}} = 1\dfrac{23}{27}$ **17.** (1) 最大值 $y|_{x=0} = \dfrac{\pi}{4}$，最小值 $y|_{x=1} = 0$ (2) 最大值 $y|_{x=4} = 8$，最小值 $y|_{x=0} = 0$ (3) 最大值 $y|_{x=-10} = 132$，最小值 $y|_{x=1.2} = 0$ (4) 最大值 $y|_{x=1} = 0$，最小值 $y|_{x=\frac{1}{2}} = -\dfrac{1}{\sqrt{2}}\ln 2$ **18.** $a = -\dfrac{2}{3}, b = -\dfrac{1}{6}$，极大值 $y|_{x_2=2} = \dfrac{4}{3} - \dfrac{2}{3}\ln 2$，极小值 $y|_{x_1=1} = \dfrac{5}{6}$ **19.** 所截去得小正方形边长为 $\dfrac{a}{6}$ **20.** 底边长 6 米，高 3 米 **21.** $\dfrac{2}{3}(3-\sqrt{6})\pi$ **22.** 从 A 厂开始沿河岸修 7 公里费用最少 **23.** 水厂离甲城 40 公里时费用最省 **24.** 12 次/日，6 只/次 **25.** 2 小时 **26.** 5 批 **27.** 2 百台 **28.** $a>0$ 时 $x=2a$ 为极大值点；$a<0$ 时 $x=2a$ 为极小值点 **29.** (1) $x \in (-\sqrt{3},0)$ 及 $(\sqrt{3},+\infty)$ 时，凹；$x \in (-\infty,-\sqrt{3})$ 及 $(0,\sqrt{3})$ 时，凸. $\left(-\sqrt{3},-\dfrac{\sqrt{3}}{2}\right),(0,0),\left(\sqrt{3},\dfrac{\sqrt{3}}{2}\right)$ 为拐点 (2) $x \in (-\infty,+\infty)$ 时凹，无拐点 (3) $x \in \left(-\infty,\dfrac{1}{3}\right)$ 时凹；$x \in \left(\dfrac{1}{3},+\infty\right)$ 时凸. 拐点为 $\left(\dfrac{1}{3},\dfrac{2}{27}\right)$ (4) $x \in (-\infty,0)$ 时凸；$x \in (0,+\infty)$ 时凹；$(0,0)$ 为拐点 (5) $x \in (-\infty,1)$ 时凸；$x \in (1,+\infty)$ 时凹；$\left(1,\dfrac{4}{3}\right)$ 为拐点 (6) $x \in (2,+\infty)$ 时凹；$x \in (-\infty,2)$ 时凸；拐点为 $(2,2e^{-2})$ **30.** $a = -\dfrac{3}{2}, b = \dfrac{9}{2}$ **31.** $a=0, b=-3; (0,0)$ 为拐点 **32.** (1) 水平渐近线 $y=0$，垂直渐近线 $x=0$ (2) 垂直渐近线 $x=0$，斜渐近线 $y=x+3$ (3) 垂直渐近线 $x=0$，水平渐近线 $y=0$ (4) 垂直渐近线 $x=1$，斜渐近线 $y=x$ **33.** 略

(B)

1. (1) ×，如 $f(x)=5-x, g(x)=x$ 在 $(0,1)$ 内 (2) ✓ (3) ×，如 $f(x)=x^3$ 在 $(-1,1)$ 内 (4) ×，如 $f(x)=x^2$，在 $(-1,1)$ 内 (5) ✓ (6) × **2.** (1) (D) (2) (B) (3) (B) (4) (C) (5) (B)

(6)(B) (7)(B) (8)(D) (9)(D) (10)(C) (11)(A) (12)(D) **3.** (1) 3 (2) $(-1,-1)$ 或 $(1,1)$ (3) $a^a(\ln a-1)$ (4) $f''(x_0)=3$ (5) 增加 (6) 小值 (7) $f(-1)=1$ (8) $(0,0)$ (9) $\sqrt[3]{3}$ (10) $x=1$ **4.** 提示：先在 $[0,2]$ 上使用介值定理 **5.** 提示：(1) 利用介值定理,分两种情况讨论,一是最大值在内部某点同时取到,二是最大值在不同点取到. (2) 利用罗尔定理 **6.** 提示：即证 $f''(\xi)=0$ **7.** 提示：反证法做辅助函数 $\varphi(x)=\mathrm{e}^{g(x)}f(x)$,用罗尔定理证 **8.** 提示：作辅助函数 $\varphi(x)=f'(x)(1-2x)-f(x)$ **9.** (1) 提示：反证法,利用罗尔定理可推出 $g''(\xi_3)=0$,与已知矛盾 (2) 作辅助函数 $\varphi(x)=f(x)g'(x)-f'(x)g(x)$,应用罗尔定理 **10.** 提示：(1) 作辅助函数 $\varphi(x)=f(x)-x$,在 $\left(\dfrac{1}{2},1\right)$ 由零点存在定理即可证明 (2) 作辅助函数 $F(x)=\mathrm{e}^{-\lambda x}\varphi(x)=\mathrm{e}^{-\lambda x}[f(x)-x]$,则 $F(x)$ 在 $[0,\eta]$ 上满足罗尔定理条件 **11.** 提示：作辅助函数 $F(x)=xf(x),G(x)=\dfrac{1}{x}$,用柯西定理 **12.** 提示：首先令 $F(x)=\mathrm{e}^x f(x)$,则在 $[a,b]$ 上 $F(x)$ 满足拉格朗日定理条件,故有 $\dfrac{\mathrm{e}^b-\mathrm{e}^a}{b-a}=\mathrm{e}^\eta[f(\eta)+f'(\eta)]$,① 其次令 $\varphi(x)=\mathrm{e}^x$,则 $\varphi(x)$ 在 $[a,b]$ 上满足拉格朗日定理条件,故有 $\dfrac{\mathrm{e}^b-\mathrm{e}^a}{b-a}=\mathrm{e}^\xi$. ② 综合①,②两式即可 **13.** 提示：对 $f(x),\varphi(x)=\sqrt{x}$ 用柯西定理 **14.** 提示：在 $[0,a]$ 与 $[b,a+b]$ 上分别应用拉格朗日定理 **15.** 提示：作辅助函数 $\varphi(x)=(1+x)\ln^2(1+x)-x^2, \varphi(0)=0, \varphi'(0)=0, \varphi''(x)<0$. 故 $\varphi'(x)<0$,从而 $\varphi(x)<0, x\in(0,1)$ **16.** 提示：选函数 $f(x)=x\sin x+2\cos x+\pi x$,讨论其单调性 **17.** 提示：选函数 $f(x)=x\ln\dfrac{1+x}{1-x}+\cos x-1-\dfrac{x^2}{2}$,求其最小值 **18.** 提示：先求 $\lim\limits_{x\to 0^+}\left(\dfrac{\tan x}{x}\right)^{\frac{1}{x^2}}$,取 $x=\dfrac{1}{n}$ 得原式 $=\mathrm{e}^{\frac{1}{3}}$ **19.** $-\dfrac{1}{2}$ **20.**

x	$(-\infty,0)$	0	$(0,1)$	$(1,3)$	3	$(3,+\infty)$
y'	+	0	+	−	0	+
y''	−	0	+	+	+	+
y	↗⌢	拐点	↗⌣	↘⌣	极小值	↗⌣

(1) 由表可知, $(-\infty,1)$ 和 $(3,+\infty)$ 为增区间; $(1,3)$ 为减区间, 极小值为 $y\big|_{x=3}=\dfrac{27}{4}$ (2) $(-\infty,0)$ 凸, $(0,1)$ 和 $(1,+\infty)$ 内是凹,拐点为 $(0,0)$ (3) $x=1$ 是垂直渐近线, $y=x+2$ 是斜渐近线 **21.** (1) 当 $0<p<\sqrt{\dfrac{b}{c}}(\sqrt{a}-\sqrt{bc})$ 时,有 $R'>0$. 所以随单价 P 的增加,相应的销售额也将增加. 当 $P>\sqrt{\dfrac{b}{c}}(\sqrt{a}-\sqrt{bc})$ 时,有 $R'<0$,所以随着单价 P 的增加,相应的销售额将减少. (2) 由(1)知, $P=\sqrt{\dfrac{b}{c}}(\sqrt{a}-\sqrt{bc})$ 时,销售额 R 取得最大值,最大销售额为 $R_{\max}=\left(\sqrt{\dfrac{ab}{c}}-b\right)\left[\dfrac{a}{\sqrt{\dfrac{ab}{c}}}-c\right]=(\sqrt{a}-\sqrt{bc})^2$. **22.** $x=\dfrac{5}{2}(4-t)$ 即为利润最大时的销售量. 此时 $T=tx=t\cdot\dfrac{5(4-t)}{2}=10t-\dfrac{5}{2}t^2$, $t=2$ 时, T 最大 **23.** 当 $P=101$ 时,利润最大,且为 167080(元). **24.** t 年末总收益 R 的现值为 $A(t)=R\mathrm{e}^{-rt}$, 而 $R=R_0\mathrm{e}^{\frac{2}{5}\sqrt{t}}$, 故 $A(t)=R_0\mathrm{e}^{\frac{2}{5}\sqrt{t}-rt}$ 当 $t=\dfrac{1}{25r^2}$(年)时, $A(t)$ 最大,(总收入的现值),当 $r=0.06$ 时, $t=\dfrac{100}{9}\approx 11$ 年 **25.** 容器表面积 $S=2\pi rh+\pi r^2+2\pi r^2$ 当 $r=h=\sqrt[3]{\dfrac{3V}{5\pi}}$,该容器表面积最小. **26.** $\dfrac{5}{8}b+\dfrac{1}{2}a$ 元, $\dfrac{c}{16b}(5b-4a)^2$ 元.

习题 5
(A)

1. (1) $-6x^2 e^{-2x^3}$ (2) 是 (3) $k=-2$ (4) $f(x)=(10x-1)\sin x + 5x^2 \cos x$ **2.** (1) $x^2 - \frac{2}{5}x^{\frac{5}{2}} + x + c$ (2) $\frac{3^x}{\ln 3} + e^x + \frac{1}{2}e^{-2x} + c$ (3) $\frac{4}{5}x^{\frac{5}{4}} - \frac{3}{2}x^{\frac{2}{3}} + c$ (4) $\frac{1}{4}x^4 - \frac{2}{5}x^{\frac{5}{2}} + \frac{3}{2}x^2 + c$ (5) $\frac{1}{3}x^3 + 6x^{\frac{1}{3}} - 3\ln|x| + c$ (6) $2\arcsin x - \cos x + c$ (7) $\frac{2^x e^x}{1+\ln 2} + c$ (8) $2x - 2\arctan x + c$ (9) $\frac{1}{2}e^{2x} + e^x + x + c$ (10) $\frac{1}{2}x^2 - 2x + c$ (11) $\frac{1}{2}(x + \sin x) + c$ (12) $-2\cot x - x + c$ (13) $\arctan x + \ln|x| + c$ (14) $\tan x - \cot x + c$ **3.** $f(x) = \frac{2}{3}x^3 + 3x + 3$ **4.** $Q(t) = 100t + 6t^2 - 0.2t^3$ **5.** $Q(p) = 1500\left(\frac{1}{4}\right)^p$ **6.** (1) $3x^3 + 12x^2 + 16x + c$ (2) $\frac{1}{2}\sqrt{4x-1} + c$ (3) $\frac{1}{5}e^{5x+2} + c$ (4) $-\frac{1}{2}\cos(2x+1) + c$ (5) $\frac{1}{20}(5x^3-2)^{\frac{4}{3}} + c$ (6) $\frac{1}{4}e^{2x^2+4x} + c$ (7) $-\frac{1}{12(3x^4+1)} + c$ (8) $\frac{1}{2}\arcsin\frac{2}{3}x + c$ (9) $-\ln|1-e^x| + c$ (10) $\ln x + \frac{1}{3}\ln^3 x + c$ (11) $\frac{1}{3}\ln\left|\frac{x-2}{x+1}\right| + c$ (12) $\frac{1}{6}\arctan\frac{2x+1}{3} + c$ (13) $\arcsin\frac{x+1}{\sqrt{6}} + c$ (14) $-\cos(e^x+1) + c$ (15) $2\sin\sqrt{x} + c$ (16) $\cos\frac{1}{x} + c$ (17) $-\frac{1}{7}\cos^7 x - \frac{1}{2}\cos^4 x - \cos x + c$ (18) $\frac{2^{\sin x}}{\ln 2} + c$ (19) $\frac{1}{3}\cos^3 x - \cos x + c$ (20) $\frac{1}{2}\sin\ln^2 x + c$ (21) $\frac{1}{3}\sin^3 x - \frac{2}{5}\sin^5 x + \frac{1}{7}\sin^7 x + c$ (22) $\frac{1}{2}x + \frac{1}{12}\sin 6x + c$ (23) $\frac{1}{3}(\arcsin x)^3 + c$ (24) $e^{\arctan x} + c$ (25) $-\frac{1}{4}\cot^2(2x+1) + c$ (26) $-\frac{1}{3(\cos x + \sin x)^3} + c$ **7.** (1) $\frac{2}{5}(\sqrt{x-1})^5 + \frac{2}{3}(\sqrt{x-1})^3 + c$ (2) $\frac{3}{10}(\sqrt[3]{x+2})^{10} - \frac{12}{7}(\sqrt[3]{x+2})^7 + 3(\sqrt[3]{x+2})^4 + c$ (3) $\frac{2}{3}(\sqrt{3x-1} - 2\ln(2+\sqrt{3x-1})) + c$ (4) $(\arctan\sqrt{x})^2 + c$ (5) $\frac{4}{3}(\sqrt[4]{x})^3 - 2\sqrt{x} + 4\sqrt[4]{x} - 4\ln(1+\sqrt[4]{x}) + c$ (6) $\frac{3}{8}\arcsin x + \frac{1}{2}x\sqrt{1-x^2} + \frac{1}{8}x\sqrt{1-x^2}(1-2x^2) + c$ (7) $-\sqrt{1-x^2} + \frac{1}{3}(\sqrt{1-x^2})^3 + c$ (8) $\sqrt{1+x^2} + \ln\left|\frac{\sqrt{1+x^2}-1}{x}\right| + c$ (9) $\frac{1}{16}\left(\arctan\frac{x}{2} + \frac{2x}{4+x^2}\right) + c$ (10) $\sqrt{x^2-9} - 3\arccos\frac{3}{x} + c$ (11) $\arccos\frac{1}{x} + c$ (12) $a\arcsin\frac{x}{a} - \sqrt{a^2-x^2} + c$ (13) $\ln\frac{e^x}{1+e^x} + c$ (14) $\frac{1}{3}\ln|3x-1+\sqrt{9x^2-6x+7}| + c$ **8.** (1) $e^x(x^2-2x+2) + c$ (2) $\sin x - x\cos x + c$ (3) $x^2\sin x - \sin x + 2x\cos x + c$ (4) $\frac{1}{2}e^x(\sin x + \cos x) + c$ (5) $\frac{1}{2}x^2\ln x + x\ln x - \frac{1}{4}x^2 - x + c$ (6) $\frac{1}{2}(x^2+1)\cdot\ln(x^2+1) - \frac{1}{2}x^2 + c$ (7) $\frac{1}{2}x^2\arctan x + \frac{1}{2}\arctan x - \frac{1}{2}x + c$ (8) $x\ln(x+\sqrt{1+x^2}) - \sqrt{1+x^2} + c$ (9) $-\frac{1}{3x^3}\left(\ln x + \frac{1}{3}\right) + c$ (10) $x - \sqrt{1-x^2}\arcsin x + c$ (11) $-x\cot x + \ln|\sin x| + c$ (12) $\frac{1}{4}x^2 - \frac{1}{4}x\sin 2x - \frac{1}{8}\cos 2x + c$ (13) $\frac{x}{2}[\sin(\ln x) - \cos(\ln x)] + c$ (14) $2e^{\sqrt{x}}(\sqrt{x}-1) + c$ **9.** (1) $-\frac{x}{(x-1)^2} + c$ (2) $\ln\left(\frac{x}{x+1}\right)^2 + \frac{4x+3}{2(x+1)^2} + c$ (3) $\frac{1}{6}\ln\frac{(x+1)^2}{x^2-x+1} + \frac{\sqrt{3}}{3}\arctan\frac{2x-1}{\sqrt{3}} + c$ (4) $\ln\left(\frac{x+3}{x+2}\right)^2 - \frac{3}{x+3} + c$ (5) $\frac{1}{6}\ln\left(\frac{x^2+1}{x^2+4}\right) + c$ (6) $-\frac{x+3}{4(x^2+2x+5)} - \frac{1}{8}\arctan\frac{x+1}{2} + c$

(B)

1. (1) × (2) ✓ (3) × (4) ✓ (5) × (6) ✓ (7) ✓ (8) × 2. (1) (B) (2) (D) (3) (D) (4) (B) (5) (D) (6) (A) (7) (C) (8) (A) 3. (1) $\frac{1}{6}\sqrt{3(3x^2+1)^2+1}+c$ (2) $\frac{1-2\ln x}{x}+c$ (3) $\frac{1}{3x}+c$ (4) $e^{-x}(x+1)+c$ (5) $2\ln x - \ln^2 x + c$ (6) $2x^2 - x + c$ (7) 提示：两边求导，得 $f'(x)$，再求积分得 $f(x)=\sqrt{1-x^2}+c$ (8) $-\frac{1}{3}(1-x^2)^{\frac{3}{2}}+c$ 4. (1) $-\cot x \ln\sin x - \cot x - x + c$ (2) $\frac{1}{4}x^2 - \frac{1}{2}x\sin x - \frac{1}{2}\cos x + c$ (3) $-\frac{\ln x}{x} + c$ (4) $\frac{1}{\sqrt{3}}\arctan\frac{e^x}{\sqrt{3}} + c$ (5) $-\frac{1}{2}\text{arctan}(2\cot x) + c$ (6) $\arctan(e^x+1)+c$ (7) $\arcsin(2\ln x - 1) + c$ (8) $\sqrt{e^x-1}(2x-4) + 4\arctan\sqrt{e^x-1} + c$ (9) $\frac{e^{-x}}{1-x} + c$ (10) $-\frac{2}{3}\left[\frac{\sqrt{2+\sqrt{x}}}{\sqrt[4]{x}}\right]^3 + c$ (11) $\frac{3}{2}x^2 + \ln|x^2-1||x-1|+c$ (12) $\frac{x-1}{2\sqrt{1+x^2}}e^{\arctan x}+c$ (13) 提示：$1+\cos x = 2\cos^2\frac{x}{2}$，$\sin x = 2\sin\frac{x}{2}\cos\frac{x}{2}$，分部积分法：$e^x \tan\frac{x}{2} + c$ (14) 分部积分法 $\sqrt{1+x^2}\ln(x+\sqrt{1+x^2}) - x + c$ (15) $-e^{-x}\arctan e^x + x - \frac{1}{2}\ln(1+e^{2x}) + c$ (16) $-2\arctan\sqrt{1-x} + c$ (17) $x\ln(1+\sqrt{\frac{1+x}{x}}) + \frac{1}{2}\ln(\sqrt{1+x}+\sqrt{x}) - \frac{1}{2}\sqrt{x}(\sqrt{1+x}-\sqrt{x}) + c$ (18) $2\sqrt{x}\arcsin\sqrt{x} + 2\sqrt{1-x} + 2\sqrt{x}\ln x - 4\sqrt{x} + c$ (19) $\frac{e^x}{1+x^2} + c$ (20) $\frac{1}{2}(\ln x)^2 - \frac{2\ln x}{x-1} + 2\ln|x-1| - 2\ln x + c$ 5. $\cos x - \frac{2\sin x}{x} + c$ 6. $x^2\cos x - 4x\sin x - 6\cos x + c$ 7. 提示：$(x\ln x)' = f(x)$，$\int xf(x)dx = \int x(x\ln x)'dx = \frac{1}{2}x^2\ln x + \frac{1}{4}x^2 + c$ 8. 提示：先求出 $f(x)$，再求出 $\varphi(x)$ (1) $f(x) = \ln\frac{x+1}{x-1}$ $\varphi(x) = \frac{x+1}{x-1}$ $\int\varphi(x)dx = x + 2\ln|x-1| + c$ (2) $f(x) = e^{\frac{x+1}{2x+4}}$ $\varphi(x) = \frac{1-4x^2}{2x^2-1}$ $\int\varphi(x)dx = -2x - \frac{\sqrt{2}}{4}\ln\left|\frac{\sqrt{2}x-1}{\sqrt{2}x+1}\right| + c$ 9. 提示：$\cos^2 x = \frac{1}{1+\tan^2 x} = \frac{1}{1+(1+\tan x - 1)^2}$ $\sec^2 x = 1 + \tan^2 x = 1 + (1+\tan x - 1)^2$，求出 $f'(x)$，然后积分. $f(x) = \arctan(x-1) + 2x + \frac{1}{3}x^3 - x^2 + \frac{2}{3}$ 10. $\int\max(x^3, x^2, 1)dx = \begin{cases} \frac{1}{3}x^3 - \frac{2}{3} + c & x \leq -1 \\ x + c & -1 < x < 1 \\ \frac{1}{4}x^4 + \frac{3}{4} + c & x \geq 1 \end{cases}$ 11. $2\sqrt{x} - 2\sqrt{1-x}\arcsin\sqrt{x} + c$ 12. $-e^{-x}\ln(1+e^x) + \ln\frac{e^x}{1+e^x} + c$ 13. $\frac{1}{4}\cos 2x - \frac{1}{4x}\sin 2x + c$ 14. $\frac{3y}{x} - 2\ln\left|\frac{y}{x}\right| + c$ 提示：令 $t = \frac{y}{x}$ 15. $\frac{1}{2}\ln|(x-y)^2 - 1| + c$ 提示：令 $t = x - y$ 16. (1) $2\arctan f(\sqrt{x}) + c$ (2) $\frac{f(x)}{xe^x} + c$ 17. $\frac{xe^{\frac{x}{2}}}{2(1+x)^{\frac{3}{2}}}$

习题 6
(A)

1. (1) $\int_0^1 xdx > \int_0^1 x^2 dx$ (2) $\int_1^2 x^2 dx < \int_1^2 x^3 dx$ (3) $\int_0^{\frac{\pi}{2}}\sin x dx < \int_0^{\frac{\pi}{2}} x dx$ (4) $\int_0^{\frac{\pi}{4}} x dx < \int_0^{\frac{\pi}{4}} \tan x dx$ (5) $\int_2^e \ln x dx > \int_2^e \ln^2 x dx$ (6) $\int_0^3 e^{-x} dx < \int_0^3 e^x dx$ 2. (1) $10 \leq \int_2^3 (x^3+2)dx \leq 29$ (2) $\frac{\pi}{9}$

$\leqslant \int_{\frac{1}{\sqrt{3}}}^{\sqrt{3}} x\arctan x \mathrm{d}x \leqslant \frac{2}{3}\pi$ (3) $\frac{\pi}{2} \leqslant \int_{\frac{\pi}{2}}^{\pi}(1+\cos^2 x)\mathrm{d}x \leqslant \pi$ (4) $\frac{1}{2\mathrm{e}^{40}} \leqslant \int_0^{10}\frac{\mathrm{e}^{-4x}}{x+1}\mathrm{d}x \leqslant 1$ **3.** (1) $\cos^2 x$ (2) $2x\mathrm{e}^{x^2}\sqrt{1+\mathrm{e}^{2x^2}}$ (3) $-3x^2\ln(2-x^6)$ (4) $x^3\ln^3 x(1+\ln x)-\sin^3 x\cos x$ (5) $(\tan x-3)\sec^2 x\mathrm{d}x$ (6) 0 (7) ∞ (8) 1 **4.** $x=0$ 是极大值点；$x=\frac{1}{3}$ 是极小值点. **5.** (1) $\frac{10}{3}$ (2) $2\mathrm{e}^{3\pi}-4$ (3) 5 (4) $\frac{1-\ln 2}{2}$ (5) $\frac{51}{512}$ (6) $\ln\frac{9}{8}$ (7) $\frac{1}{4}$ (8) $\pi-\frac{4}{3}$ (9) π (10) $\frac{2}{3}(\sqrt{11}-\sqrt{2})$ (11) $\frac{1}{2}(1-\ln 2)$ (12) $\frac{\pi^3}{648}$ (13) $\frac{\pi}{12}$ (14) $\arctan\mathrm{e}-\frac{\pi}{4}$ (15) $\frac{3}{4}+\frac{\mathrm{e}^{-2}-\mathrm{e}^{-8}}{2}$ **6.** (1) $2(2-\ln 3)$ (2) $\ln\frac{1}{\sqrt{3}}-\ln(\sqrt{2}-1)$ (3) $\frac{3\pi}{16}$ (4) $\frac{a^4}{16}\pi$ (5) $2(1-\frac{\pi}{4})$ (6) $\ln|1+\sqrt{2}|-\frac{\sqrt{2}}{2}$ (7) $2(2-\arctan 2)$ (8) $\frac{\pi}{2}$ **7.** (1) $2\ln 2-\frac{3}{4}$ (2) $\frac{\pi}{12}+\frac{\sqrt{3}}{2}-1$ (3) $1-\frac{2}{\mathrm{e}}$ (4) $-\frac{1}{\ln^2 2}$ (5) $\frac{\pi}{4}-\frac{1}{2}$ (6) $2-\frac{2}{\mathrm{e}}$ (7) $\frac{1}{2}(\mathrm{e}^{\frac{\pi}{2}}-1)$ (8) $\frac{\pi}{4}-\frac{\sqrt{3}}{9}\pi+\frac{1}{2}\ln\frac{3}{2}$ **8.** 提示：设 $F(x)=2x-\int_0^x f(t)\mathrm{d}t-1$，先证 $F(x)$ 在 $(0,1)$ 上有根，再证 $F(x)$ 单调. **9.** (1) 提示：设 $t=\frac{1}{u}$ (2) 提示：设 $t=\arccos x$ (3) 略 **10.** $a=4, b=1$ **11.** (1) $\frac{8}{3}\sqrt{2}$ (2) $4-3\ln 3$ (3) $\mathrm{e}+\frac{1}{\mathrm{e}}-2$ (4) $1+\sqrt{2}$ (5) $\frac{9}{4}$ (6) $\frac{2}{3}$ (7) $\frac{5}{2}\arcsin\frac{2}{\sqrt{5}}-\frac{5}{2}\arcsin\frac{1}{\sqrt{5}}-2\ln 2$ (8) $b-a$ (9) 18 (10) $6\frac{3}{4}$ **12.** $m=-4$ **13.** (1) $V_x=\frac{\pi}{7}, V_y=\frac{2}{5}\pi$ (2) $V_x=\frac{8}{3}\pi, V_y=\frac{8}{3}\pi$ (3) $V_x=\frac{3}{10}\pi, V_y=\frac{3}{10}\pi$ (4) $V_x=\frac{15}{2}\pi, V_y=\frac{124}{5}\pi$ **14.** 125000 元；175000 元，125 元/件，175 元/件 **15.** (1) $19, 20$ (2) 3.2 (3) $4x+\frac{x^2}{8}+1, 4x-\frac{5}{8}x^2-1$ **16.** (1) 发散 (2) 发散 (3) $k\leqslant 0$ 时发散，$k>0$ 时收敛 (4) 收敛 (5) 收敛 (6) 收敛 **17.** (1) $\frac{128}{5\pi}$ (2) $\frac{4}{35}$ (3) $\frac{35\sqrt{3}\pi}{1296}$ (4) $\frac{\sqrt{\pi}}{12\sqrt{3}}$ (5) $\frac{\pi}{8}$ (6) $\frac{5\sqrt{\pi}\Gamma(\frac{5}{4})}{14\Gamma(\frac{7}{4})}$

(B)

1. (1) √ (2) × (3) × (4) × (5) √ (6) × (7) × **2.** (1) (A) (2) (A) (3) (D) (4) (A) (5) (D) (6) (C) (7) (C) (8) (A) (9) (B) (10) (C) (11) (D) (12) (B) (13) (C) (14) (A) (15) (D) **3.** (1) 2 (2) 0 (3) $\ln 3$ (4) $1+\frac{3\sqrt{2}}{2}$ (5) $\frac{1}{2}$ (6) $-\frac{1}{x^2}$ (7) $\frac{1}{2}$ (8) 0 (9) $3\mathrm{e}^{\frac{x+1}{3}}$ (10) $24x+\mathrm{e}^x$ (11) 提示：左端积分作变量替换 $u=t-x$ 后，再两边求导 $-(6x+2)\cos(3x^2+2x)$ (12) 仅有一个 (13) $\frac{a^3}{3(1+a)}$ (14) $\frac{\pi}{4-\pi}$ (15) $\frac{\pi}{4\mathrm{e}}$ (16) $-\frac{1}{2}$ (17) $\frac{1}{2}\ln 3$ (18) $\frac{\pi}{2}$ **4.** 不存在 **5.** $f(0)=3$ 提示：左 $=\int_0^\pi f(x)(-\cos x)'\mathrm{d}x+\int_0^\pi \sin x(f'(x))'\mathrm{d}x$ **6.** 提示：$f(n)=\int_0^{\frac{\pi}{4}}\tan^{n-2}x(\sec^2 x-1)\mathrm{d}x=\int_0^{\frac{\pi}{4}}\tan^{n-2}x\mathrm{d}\tan x-f(n-2)$ 答案：$\frac{1}{n-1}$ **7.** $\frac{1}{2}\ln^2 x$ 提示：令 $\frac{1}{x}=t$ **8.** $x=1$ 是极小值点. **9.** ① $F(0)=0$ 为极小值；② 拐点横坐标为 $-\frac{1}{\sqrt{2}}, \frac{1}{\sqrt{2}}$ **10.** (1) $2\sqrt{2}n$

(提示：sin2x 是周期为 π 的函数) (2) $\frac{3}{2}\ln3-2\ln2$ (3) $\frac{\pi^2}{2}-\frac{8}{3}$ (4) 2 (5) $\frac{5}{144}\pi^2$ (6) $a\geqslant 0$ 时，$(a+1)e^{-a}-(b+1)e^{-b}$；$a<0,b\leqslant 0$ 时，$(b-1)e^b-(a-1)e^a$； $a<0,b>0$ 时，$-(a-1)e^a-(b+1)e^{-b}$ (7) 提示：令 $x=-t$ $\frac{1}{8}(\pi-2)$ (8) 提示：令 $x=\pi-t$ $\frac{1}{2}(\pi^2-2\pi)$ 11. $F(x)\equiv\frac{\pi}{3}$，提示：只要证明 $F'(x)=0$ 12. 提示：左 $=\frac{1}{2^m}\int_0^{\frac{\pi}{2}}\sin^m 2x\,dx\xrightarrow{\diamondsuit 2x=u}\frac{1}{2^{m+1}}\int_0^{\pi}\sin^m u\,du\xrightarrow{\diamondsuit u=\frac{\pi}{2}-t}\frac{1}{2^{m+1}}\int_{-\frac{\pi}{2}}^{\frac{\pi}{2}}\cos^m t\,dt=2\cdot\frac{1}{2^{m+1}}\int_0^{\frac{\pi}{2}}\cos^m t\,dt$. 13. 提示：先求出 $f(x)$；等式左端令 $u=-t$ 得 $\int_0^x(x-u)f(-u)\,du=x\int_0^x f(-u)\,du-\int_0^x uf(-u)\,du$ $\left(\int_{-x}^0(x+t)f(t)\,dt\right)'=\left(x\int_0^x f(-u)\,du\right)'-\left(\int_0^x uf(-u)\,du\right)'=\int_0^x f(-u)\,du+xf(-x)-xf(-x)=\int_0^x f(-u)\,du=3x^2$ $\left(\int_0^x f(-u)\,du\right)'=6x$ $f(-x)=6x$ $f(x)=-6x$ $\int_0^1 f(x)\,dx=-3$ 14. 提示：只要证 $f(1-\xi)+f(\xi)=0$. 用积分中值定理：$[f(1-\xi)+f(\xi)](1-0)=\int_0^1[f(1-x)+f(x)]\,dx$，也可设 $G(x)=\int_0^x f(t)\,dt+\int_0^x f(1-t)\,dt$，证明 $G(t)$ 在 $[0,1]$ 上满足罗尔定理. 15. 提示：设 $y=ax+b$ 得 $b=1-a$ $u(a)=\int_0^2[x^2-(ax+1-a)]^2\,dx$ $u'(a)=0$ 得 $a=2$ $u''(a)>0,y=2x-1$ 16. (1) 略 (2) $\frac{\pi}{2}$ 17. (1) 提示：$\ln(1+t)<t$ (2) 0 18. 提示：令 $u=x^n-t^n$ 19. 略 20. 提示：求不等式左端的最大值，再利用不等式 $\sin t\leqslant t$ 21. $\frac{1}{2}\left(\frac{1}{2}+\frac{1}{\pi+2}-A\right)$ 22. $-\frac{a+b}{2}$ 23. 略 24. 提示：设辅助函数 $\varphi(x)=xf(x)$ 25. 提示：设辅助函数 $\varphi(x)=xe^{-x}f(x)$ 26. 提示：设辅助函数 $\varphi(x)=e^{-x^2}f(x)$ 27. $\frac{1}{3}$ 28. (1) 点 $P(\sqrt{1-2e^{-1}},e^{-\sqrt{1-2e^{-1}}})$ (2) $\xi=\frac{1}{2}\ln 2$ 29. $t=\frac{1}{2}$ 时，和最小值为 $\frac{1}{4}$. $t=1$ 时，S 最大为 $\frac{2}{3}$ 30. 提示：设抛物线方程为 $y=a(x-1)(x-3)$，(1) $S_1=\int_0^1|a(x-1)(x-3)|\,dx=\frac{4}{3}|a|$，$S_2=\int_1^3|a(x-1)(x-3)|\,dx=\frac{4}{3}|a|$，(2) $V_1=\frac{38}{15}\pi a^2$ $V_2=\frac{16}{15}\pi a^2$ $V_1:V_2=\frac{19}{8}$ 31. 提示：① $0<a<1$ 时，$S=S_1+S_2=\frac{a^3}{3}-\frac{a}{2}+\frac{1}{3}$，最小值为 $S\left(\frac{1}{\sqrt{2}}\right)=\frac{2-\sqrt{2}}{6}$，② $V_x=\frac{\sqrt{2}+1}{30}\pi$

习题 7
(A)

1. (1) $\sin 1,\sin 8,\sin 27,\sin 64$ (2) $0,\frac{1}{4},\frac{1}{4},\frac{3}{16}$ (3) $1,\frac{2^2}{2!},\frac{3^3}{3!},\frac{4^4}{4!}$ (4) $0,x,2x^2,3x^3$ 2. (1) $u_n=\frac{(-1)^n}{2^n}$ $n=0,1,2,\cdots$ (2) $u_n=\frac{\ln n}{n^2}$ $n=2,3,\cdots$ (3) $u_n=(-1)^{n-1}\frac{n+1}{n}$ $n=1,2,3,\cdots$ (4) $u_n=\frac{a^n}{n!}$ $n=1,2,\cdots$ 3. $2-\sum_{n=2}^{\infty}\frac{1}{n(n-1)}$，提示：$u_1=2,u_2=-\frac{1}{2},\cdots,u_n=-\frac{1}{n(n-1)},\cdots$ 4. (1) 提示：$\sum_{n=1}^{\infty}(a_n-a_{n+1})$ 的 n 次部分和 $S_n=a_1-a_n$ ∴ $S=\lim_{n\to\infty}(a_1-a_{n+1})=a_1-a$ (2) 提示同上(略) 5. (1) 收敛 (2) 发散 (3) 收敛 6. (1) 发散 (2) 收敛 (3) 发散 (4) 收敛 (5) 发散 (6) 收敛 7. (1) 发散 (2) 收敛 (3) 发散 (4) 收敛 (5) 发散 (6) 收敛 (7) 收敛 (8) 发散 8. (1) 发散.

$\lim_{n\to\infty}\dfrac{a_n}{\frac{1}{n}}=a\neq 0$,由比较法的极限形式知 (2) 收敛 **9.** (1) 收敛 (2) 收敛 (3) 发散 (4) 发散 (5) 收敛 (6) 发散 (7) 收敛 (8) 发散 **10.** (1) 条件收敛 (2) 绝对收敛 (3) 绝对收敛 (4) 条件收敛 (5) 发散 (6) 绝对收敛 (7) 条件收敛 (8) 绝对收敛 **11.** (1) $[-1,1]$ (2) $(-2,2)$ (3) $(-\infty,+\infty)$ (4) $[-\frac{1}{3},\frac{1}{3}]$ (5) $(-5,5)$ (6) $[-1,1)$ (7) 仅 $x=0$ 收敛 (8) $(-1,5]$ (9) $(1,2)$ (10) $(-\frac{1}{3},\frac{1}{3})$. **12.** (1) $[-1,1]$ $S=\arctan x$; (2) $[-4,4)$ $S=-\ln|4-x|+\ln 4$ (3) $(-1,1)$ $S=\dfrac{2x}{(1-x)^3}$ (4) $(-1,1)$ $S=\dfrac{x(1+x)}{(1-x)^3}$ **13.** (1) $\sum_{n=0}^{\infty}\dfrac{\ln^n 2}{n!}x^n$ $(-\infty<x<+\infty)$ (2) $\sum_{n=0}^{\infty}\dfrac{(-1)^n 2^n}{n!}x^{n+2}$ $(-\infty<x<+\infty)$ (3) $1+\dfrac{x}{2}+\dfrac{1\cdot 3}{2!\cdot 2^2}x^2+\dfrac{1\cdot 3\cdot 5}{3!\cdot 2^3}x^3+\cdots+\dfrac{1\cdot 3\cdot 5\cdots(2n-1)}{n!\cdot 2^n}x^n+\cdots$ $x\in(-1,1]$ (4) $\ln 3+\sum_{n=1}^{\infty}\dfrac{3^n(-1)^{n-1}-1}{3^n n}x^n$ $x\in(-1,1]$ (5) $\dfrac{\pi}{2}+\sum_{n=0}^{\infty}(-1)^{n+1}\dfrac{1}{2n+1}x^{2n+1}$ $-1\leqslant x\leqslant 1$ (6) $\sum_{n=1}^{\infty}(-1)^{n+1}\dfrac{2^{2n-1}}{(2n)!}x^{2n}$ $(-\infty<x<+\infty)$ **14.** (1) $\sum_{n=0}^{\infty}(x-1)^n$ $0<x<2$ (2) $\sum_{n=1}^{\infty}(-1)^{n-1}\dfrac{(x-1)^n}{n}$ $0<x\leqslant 2$

(B)

1. (1) √ (2) × (3) × (4) × (5) √ (6) √ **2.** (1) 发散;发散 (2) 收敛 (3) 收敛 (4) 收敛;不确定 (5) 不确定 (6) 必要条件为 $m<k$;充分条件:$k-m>1$ (7) 1;2 (8) $\dfrac{2}{3}$ (9) 2; $[-\sqrt{2},\sqrt{2}]$ **3.** (1) 收敛,和为 $\dfrac{3}{2}$ (2) 收敛,和为 $1-\sqrt{2}$ (3) 收敛,和为 3 **4.** $0<a<1$ 时绝对收敛;$a>1$ 时发散;$a=1$ 时条件收敛. **5.** (1) 收敛 (2) 收敛 (3) 收敛 (4) 提示:用根值判别法判,当 $a>b$ 时收敛;当 $a<b$ 时发散 (5) 提示:$u_n<\dfrac{nn!}{(2n)!}=\dfrac{n}{(n+1)\cdots(2n)}$ 用比较法判出收敛 (6) 收敛,采用根值判别法 (7) 条件收敛 (8) 提示:$u_n=\dfrac{(-1)^n\sqrt{n}-1}{n-1}=(-1)^n\dfrac{\sqrt{n}}{n-1}-\dfrac{1}{n-1}$ 发散 (9) 提示:$u_n<\int_n^{n+1}e^{-x}dx$,绝对收敛 **6.** (1) $(-5,5)$ (2) (e^{-1},e) (3) $[0,+\infty)$ (4) $(0,+\infty)$ (5) 0 及 $(1,+\infty)$ (6) $[-1,0]$ **7.** (1) $\sum_{n=1}^{\infty}\dfrac{(-1)^{n-1}}{2n(2n-1)}x^{2n}$ $x\in[-1,1]$ (2) 提示:$f(x)=\dfrac{3}{4(x-3)}+\dfrac{1}{4(x+1)}=\dfrac{1}{4}\sum_{n=0}^{\infty}[(-1)^n-\dfrac{1}{3^n}]x^n$ $-1<x<1$ (3) 提示:$f(x)=\dfrac{2}{(1-x)^3}-\dfrac{1}{(1-x)^2}$ 设 $g_1(x)=\dfrac{1}{(1-x)^2}$,则 $\int_0^x g_1(x)dx=\dfrac{1}{1-x}=\sum_{n=0}^{\infty}x^n$, $-1<x<1$,因此 $g_1(x)=\sum_{n=1}^{\infty}nx^{n-1}$ 设 $g_2(x)=\dfrac{2}{(1-x)^3}$,可得 $g_2(x)=\sum_{n=2}^{\infty}n(n-1)x^{n-2}=\sum_{n=1}^{\infty}n(n+1)x^{n-1}$, $-1<x<1$. $f(x)=\sum_{n=1}^{\infty}n^2 x^{n-1}$, $-1<x<1$ (4) 提示:$\sin(x+\dfrac{\pi}{4})=\dfrac{\sqrt{2}}{2}(\sin x+\cos x)$ $f(x)=\dfrac{\sqrt{2}}{2}\sum_{n=0}^{\infty}(-1)^n[\dfrac{x^{2n+2}}{(2n)!}+\dfrac{x^{2n+3}}{(2n+1)!}]$

8. 提示:两边积分,再用公式 $e^x=\sum_{n=0}^{\infty}\dfrac{x^n}{n!}$ $S(x)=\begin{cases}\dfrac{(x-1)e^x+1}{x^2} & x\neq 0 \\ \dfrac{1}{2} & x=0\end{cases}$ **9.** $S(x)=(x+1)$

$\ln(1+x)-x, -1 < x \leqslant 1$. $3(\ln 3 - \ln 2) - 1$ 10. 提示：因为单调有界，所以收敛，设 $\lim_{n\to\infty} u_n = a$,

$\sum_{n=1}^{\infty}(u_{n+1}-u_n) = \lim_{n\to\infty}\sum_{i=1}^{n}(u_{i+1}-u_i) = \lim_{n\to\infty}(u_{n+1}-u_1) = a - u_1$, 收敛 而 $\frac{u_{n+1}-u_n}{u_{n+1}} \leqslant \frac{u_{n+1}-u_n}{u_1}$

11. (1) $a_n = \frac{1}{\sqrt{n(n+1)}}, S_n = \frac{4}{3}\frac{1}{n(n+1)\sqrt{n(n+1)}}$ (2) $\frac{S_n}{a_n} = \frac{4}{3}(\frac{1}{n} - \frac{1}{n+1})$

习题 8
(A)

1. (1) $D(f) = \{(x,y) | y \leqslant x\}$ (2) $D(f) = \{(x,y) | |x| \leqslant 1, |y| \geqslant 1\}$ (3) $D(f) = \{(x,y) | -\infty < x < +\infty, -\infty < y < +\infty\}$ (4) $D(f) = \{(x,y) | y^2 \leqslant 4x, x^2+y^2 < 1$ 且 $x^2+y^2 \neq 0\}$ (5) $D(f) = \{(x,y) | -y^2 \leqslant x \leqslant y^2 \ y \neq 0\}$ (6) $D(f) = \{(x,y) | x^2+y^2 \neq 0\}$ 2. $f'_x = 2xy^3 + yx^{y-1}$ $f'_y = 3x^2y^2 + x^y \ln x$ $f'_x(1,0) = 0$ $f'_y(2,-1) = 12 + \frac{1}{2}\ln 2$ 3. (1) $z'_x = 2xy^2, z'_y = 2x^2y$ (2) $z'_x = -\frac{1}{x}, z'_y = \frac{1}{y}$ (3) $z'_x = e^{\sin x}\cos x \cos y, z'_y = -e^{\sin x}\sin y$ (4) $z'_x = e^{xy}[y\sin(3x+2y) + 3\cos(3x+2y)]$ $z'_y = e^{xy}[x\sin(3x+2y) + 2\cos(3x+2y)]$ (5) $z'_x = \frac{1}{2\sqrt{x}}\arctan\frac{y}{x} - \frac{y\sqrt{x}}{x^2+y^2}, z'_y = \frac{\sqrt{x^3}}{x^2+y^2}$ (6) $u'_x = \cos(x+y^2-e^z), u'_y = 2y\cos(x+y^2-e^z)$ $u'_z = -e^z\cos(x+y^2-e^z)$ 4. (1) $dz = 3x^2 y dx + (x^3+2y)dy$ (2) $dz = \frac{xdy-ydx}{x^2+y^2}$ (3) $dz = \frac{1}{2\sqrt{xy}}dx - \frac{1}{2}\sqrt{\frac{x}{y^3}}dy$ (4) $dz = 2e^{x^2+y^2}(xdx+ydy)$ (5) $dz = \frac{2}{3x^2-2y}(3xdx-2ydy)$ 5. (1) -0.2 (2) $0.25e$ 6. (1) 约 2.95 (2) 约 108.9 7. 约减少 5 厘米 8. 约 $14.8 m^3$, $16.032 m^3$ 9. (1) $z''_{xx} = -\frac{y}{x^2}, z''_{xy} = \frac{1}{x}, z''_{yy} = 0$ (2) $z''_{xx} = (2+x)e^x \sin y, z''_{xy} = (1+x)e^x \cos y, z''_{yy} = -xe^x \sin y$ 10. $2e^{x+2y}$ 11. (1) $z'_x = \frac{2x}{y^2}\ln(3x-2y) + \frac{3x^2}{y^2(3x-2y)}$ $z'_y = -\frac{2x^2}{y^3}\ln(3x-2y) - \frac{2x^2}{y^2(3x-2y)}$ (2) $2\sin 2t$ (3) $e^{\sin x - 2x^3}(\cos x - 6x^2)$ (4) $-\frac{1}{x^2\sqrt{1-x^2}}$ 12. (1) $-\frac{y+1}{x+1}$ (2) $-\frac{xy^2-y}{x^2y+x}$ (3) $\frac{e^x-y^2}{\cos y - 2xy}$ (4) $z'_x = \frac{yz}{e^z-xy}, z'_y = \frac{xz}{e^z-xy}$ 13. (1) 极小值 $z(0,3) = -9$ (2) 极大值 $z(2,-2) = 8$ 14. $\frac{\partial c}{\partial x} = 58$(元/千克) $\frac{\partial c}{\partial y} = 75$(元/千克) 15. $x=8, \alpha=60°$ 16. 长=宽=高=$\frac{2r}{\sqrt{3}}$ 17. 等腰直角三角形的斜边最小. 18. A, B, C 三种原料分别为 $40, 30, 60$. 19. $\frac{|Ax_0+By_0+Cz_0+D|}{\sqrt{A^2+B^2+C^2}}$ 20. (1) $z'_x = \frac{1}{1+\ln z - \ln y}, z'_y = \frac{z}{y(1+\ln z - \ln y)}$ $z''_{xy} = \frac{\ln z - \ln y}{y(1+\ln z - \ln y)^3}$ (2) $x^2\frac{\partial^2 g}{\partial x^2} - y^2\frac{\partial^2 g}{\partial y^2} = \frac{2y}{x}f'(\frac{y}{x})$ (3) 设 $u=x+y+z, v=x^2+y^2+z^2$ $z'_x = -\frac{F'_u+2xF'_v}{F'_u+2zF'_v}, z'_y = -\frac{F'_u+2yF'_v}{F'_u+2zF'_v}$ 21. (1) $\int_0^1 dx \int_{-2}^{x^2} f(x,y)dy$, $\int_{-2}^0 dy \int_0^1 f(x,y)dx$ (2) $\int_0^1 dx \int_{x-1}^{1-x} f(x,y)dy$, $\int_{-1}^0 dy \int_0^{1+y} f(x,y)dx + \int_0^1 dy \int_0^{1-y} f(x,y)dx$ (3) $\int_0^1 dx \int_0^{\sqrt{2x-x^2}} f(x,y)dy + \int_1^2 dx \int_0^{2-x} f(x,y)dy$ $\int_0^1 dy \int_{1-\sqrt{1-y^2}}^{2-y} f(x,y)dx$. (4) $\int_{-\sqrt{2}}^{\sqrt{2}} dx \int_{x^2}^{4-x^2} f(x,y)dy$ $\int_0^2 dy \int_{-\sqrt{y}}^{\sqrt{y}} f(x,y)dx + \int_2^4 dy \int_{-\sqrt{4-y}}^{\sqrt{4-y}} f(x,y)dx$ 22. (1) $\int_0^1 dx \int_{x^2}^x f(x,y)dy$ (2) $\int_0^1 dy \int_y^{2-y} f(x,y)dx$ 23. (1) $\int_0^{\frac{\pi}{2}} d\theta \int_0^{2R\sin\theta} f(r\cos\theta, r\sin\theta)r dr$ (2) $\frac{\pi}{2}\int_0^R f(r^2)r dr$ 24. (1) $\frac{76}{3}$ (2) -2 (3) $\frac{33}{140}$ (4) $14a^4$ (5) $\frac{a^3}{3}$ (6) $\pi(1-\frac{1}{e})$ (7) $\frac{\pi}{4}(\ln 4 - 1)$ (8) $-6\pi^2$

25. (1) $\dfrac{9}{2}$ (2) $\sqrt{2}-1$ **26.** (1) $\dfrac{5}{6}$ (2) $\dfrac{88}{105}$

(B)

1. (1) × (2) √ (3) × (4) √ (5) × (6) √ (7) × (8) × (9) × (10) × **2.** (1) $\left(\dfrac{\pi}{e}\right)^2$；(2) $yf''(xy)+\varphi'(x+y)+y\varphi''(x+y)$；(3) $2z$；(4) 提示：由 $\dfrac{\partial^2 f}{\partial y^2}=2$，两边积分得 $\dfrac{\partial f}{\partial y}$，再积分得 $f(x,y)=1+xy+y^2$；(5) $\dfrac{1}{2}(1-e^{-4})$；(6) $\pi(1-e^{-1})$ **3.** (1) B (2) A (3) B (4) D (5) C (6) C (7) D (8) A (9) B (10) A **4.** $-2f''(2x-y)+xg''_{12}+g'_2+xyg''_{22}$ **5.** x^2+y^2 **6.** $a=1$ **7.** $\dfrac{\partial f}{\partial x}+\dfrac{y^2}{1-xy}\dfrac{\partial f}{\partial y}+\dfrac{z}{xz-x}\dfrac{\partial f}{\partial z}$ **8.** $-2e^{-x^2y^2}$ **9.** 最大值 $u(1,\sqrt{5},2)=u(-1,-\sqrt{5},-2)=5\sqrt{5}$，最小值 $u(1,-\sqrt{5},2)=u(-1,\sqrt{5},-2)=-5\sqrt{5}$ **10.** $\dfrac{8}{15}$ **11.** $4-\dfrac{\pi}{2}$ **12.** $\dfrac{3}{2}$ **13.** $a^2\left(\dfrac{\pi^2}{16}-\dfrac{1}{2}\right)$ **14.** $\pi-2$ **15.** $\dfrac{49}{20}$ **16.** 提示：更换积分次序 **17.** $\dfrac{1}{2}A^2$ **18.** $\dfrac{1}{2}$ **19.** $\dfrac{14}{15}$ **20.** $\dfrac{19}{4}+\ln 2$ **21.** $\dfrac{16}{9}(3\pi-2)$ **22.** $x_1=6\left(\dfrac{p_2\alpha}{p_1\beta}\right)^\beta$，$x_2=6\left(\dfrac{p_1\beta}{p_2\alpha}\right)^\alpha$ **23.** (1) $Q_1=4, Q_2=5, p_1=10$ 万元/吨；$p_2=7$ 万元/吨；$L=52$（万元） (2) $Q_1=5, Q_2=4, p_1=p_2=8, L=49$. **24.** (1) $c(x,y)=\dfrac{1}{4}x^2+20x+\dfrac{1}{2}y^2+6y+10000$ (2) 甲产品产量为 24 件，乙产品产量为 26 件时，可使总成本最小，最小成本为 $c(24,26)=11118$（万元） (3) 甲产品为 24 件时的边际成本为 32（万元/件） 经济意义：当生产甲产品 24 件时，每多生产一件甲产品，成本增加 32 万元.

习题 9

(A)

1. 略 **2.** (1) $y=ce^{\sqrt{1-x^2}}$ (2) $10^x+10^{-y}=c$ (3) $\ln^2 x+\ln^2 y=C$ (4) $y=ce^{\cos x}$ (5) $2y^3+3y^2-2x^3-3x^2=5$ (6) $y=e^x+1$ (7) $y=xe^{cx+1}$ (8) $y=\dfrac{cx^2}{1-cx}$ (9) $cx^3=e^{\frac{y^3}{x^3}}$ (10) $y+\sqrt{x^2+y^2}=cx^2$ (11) $y=e^{\frac{y}{x}-1}$ (12) $x^2=e^{\frac{y^2}{x^2}}$ (13) $y^2+2xy-x^2-6y-2x=c$ (14) $14y-7x-3\ln|14x+21y+22|=c$ (15) $y=\dfrac{1}{5}e^{3x}+ce^{-2x}$ (16) $y=e^{-\sin x}(c+x)$ (17) $y=\dfrac{1}{1+x^2}\left(c+\dfrac{4}{3}x^3\right)$ (18) $cy^3+\dfrac{1}{2}y^2=x$ (19) $y=x^2(e^x-e)$ (20) $y=-4.5+2e^{\frac{1}{3}x^3}$ (21) $y^{-5}=\dfrac{5}{2}x^3+cx^5$ (22) $y^{\frac{2}{3}}=\dfrac{1}{x}\left(c+\dfrac{2}{9}x^3\right)$

3. (1) $y=c_1e^x+c_2e^{3x}$ (2) $y=(c_1+c_2x)e^{-x}$ (3) $y=e^x(c_1\cos 2x+c_2\sin 2x)$ (4) $y=e^{2x}(c_1\cos 3x+c_2\sin 3x)$ (5) $y=c_1e^x+e^{-\frac{1}{2}x}\left(c_2\cos\dfrac{\sqrt{3}}{2}x+c_3\sin\dfrac{\sqrt{3}}{2}x\right)$ (6) $y=e^x(c_1+c_2x+c_3\cos 2x+c_4\sin 2x)$ (7) $y=4e^{-3x}-3e^{-2x}$ (8) $y=xe^{5x}$ (9) $y=2xe^{3x}$ (10) $y=3e^{-x}-2e^{-2x}$ (11) $y=(c_1+c_2x)e^{2x}+\dfrac{1}{4}x+\dfrac{1}{4}$ (12) $y=c_1e^{-x}+c_2e^{\frac{1}{2}x}+e^x$ (13) $y=c_1\cos x+c_2\sin x+2x^2-7$ (14) $y=c_1e^{2x}+c_2e^{3x}+\left(\dfrac{1}{2}x+\dfrac{3}{4}\right)e^x$ (15) $y=(c_1-2x)\cos 2x+c_2\sin 2x$ **4.** $P(t)=20+80e^{-12t}$ **5.** $L=\alpha-(\alpha-L_0)e^{-kx}$

(B)

1. (1) × (2) √ (3) √ (4) √ (5) × (6) × (7) × (8) × (9) √ (10) √ **2.** (1) $\dfrac{1}{x}\left(c-\dfrac{x^2}{2}\right)$ (2) $y=\ln(cxy)$ (3) $\dfrac{1}{x^2-1}(\sin x-1)$ (4) $e^{-\sin x}[x\ln x-x+c]$ (5) $e^{-x}(c_1\cos 2x+$

$c_2\sin 2x$ **3.** (1) A (2) B (3) B (4) D (5) D **4.** $(e^x+1)(e^y-1)=C$ **5.** $\frac{1}{x^2+1}(\frac{4}{3}x^3+c)$ **6.** xe^{cx+1} **7.** $f(x)=e^x$ **8.** $f(t)=(4\pi t^2+1)e^{4\pi t^2}$ **9.** $3e^{3x}-2e^{2x}$ **10.** 提示：当 $x<1$ 和 $x>1$ 时，分别解微分方程，再利用 $y=y(x)$ 在 $x=1$ 是连续的，求出 $y=y(x)$ 中的常数及 $y(1)$ 的值. $y(x)=\begin{cases}e^{2x}-1 & x\leq 1\\(1-e^{-2})e^{2x} & x>1\end{cases}$ **11.** 微分方程为 $3f^2(t)=2tf(t)+t^2f'(t)$，即 $3y^2=2xy+x^2y'$，解为 $y-x=-x^3y$.

习题 10

(A)

1. (1) 2 (2) $(e-1)^2e^t$ (3) 6 (4) $\ln\frac{t^2+4t+3}{t^2+4t+4}$ **2.** (1) 1 阶 (2) 3 阶 (3) 5 阶 (4) 2 阶 **3.** 略 **4.** 略 **5.** (1) $y_t=c(-\frac{1}{3})^t+1$ (2) $y_t=c5^t-1$ (3) $y_t=c(-\frac{1}{2})^t+\frac{7}{9}+\frac{1}{3}t$ (4) $y_t=c(-1)^t+\frac{1}{3}\times 2^t$ (5) $y_t=\begin{cases}c\alpha^t+\dfrac{1}{e^\beta-\alpha}e^{\beta t} & \alpha\neq e^\beta \text{ 时}\\(c\alpha+t)\alpha^{t-1} & \alpha=e^\beta \text{ 时}\end{cases}$ (6) $y_t=c-\frac{1}{3}\times 2^t\cos\pi t$ **6.** (1) $y_t=0.1\times(\frac{3}{8})^t+0.1$ (2) $y_t=0.6-0.2\times(\frac{1}{3})^t$ (3) $y_t=-\frac{3}{4}\times(-3)^t-\frac{1}{4}$ (4) $y_t=(\frac{1}{2})^{t-2}+t$ (5) $y_t=2^t-t+4$ (6) $y_t=(-4)^t+\sin\pi t$ **7.** 略 **8.** (1) $y_t=-\frac{2}{3}2^{-t}+\frac{2}{3}2^t$ (2) $y_t=(\sqrt{2})^t(A_1\cos\frac{\pi}{2}t+A_2\sin\frac{\pi}{2}t)$ $y_t=(\sqrt{2})^t(\cos\frac{\pi}{2}t+\sin\frac{\pi}{2}t)$ (3) $y_t=(2\sqrt{2})^t(A_1\cos\frac{\pi t}{4}+A_2\sin\frac{\pi t}{4})+2$ $y_t=(2\sqrt{2})^t(4\cos\frac{\pi t}{4}-\frac{7}{2}\sin\frac{\pi t}{4})+2$ (4) $y_t=(A_1+A_2t)2^t+4\times 3^t$ (5) $y_t=A_1(-2)^t+A_22^t-\frac{1}{3}t^2-\frac{4}{9}t-\frac{56}{27}$ (6) $y_t=(\frac{\sqrt{2}}{2})^t(A_1\cos\frac{\pi t}{4}+A_2\sin\frac{\pi t}{4})+t(\frac{\sqrt{2}}{2})^t(-\frac{1}{2}\cos\frac{\pi t}{4}+\frac{1}{2}\sin\frac{\pi t}{4})$ **9.** (1) $y_t=(-1)^t(A_1+A_2t)+A_3$ (2) $y_t=A_1+A_2t+A_3t^2+2t^3+t^4$ (3) $y_t=(A_1\cos\frac{\pi}{2}t+A_2t\cos\frac{\pi}{2}t+A_3\sin\frac{\pi}{2}t+A_4t\sin\frac{\pi t}{2})\cdot(\sqrt{3})^t+\frac{3}{16}$ (4) $y_t=(A_1+A_2t+A_3t^2+A_4t^3)2^t+\frac{2^{t-7}}{3}t^4$ **10.** $Y_t=(Y_0-\frac{\alpha}{1-\beta})[1+(1-\beta)\gamma]^t+\frac{\alpha}{1-\beta}$ **11.** 当 $\beta\alpha>4$ 时，$y_t=A_1\lambda_1^t+A_2\lambda_2^t+\beta\gamma_0$，其中 $\lambda_{1,2}=\frac{\beta\alpha\pm\sqrt{(\beta\alpha)^2-4\alpha\beta}}{2}$，当 $\beta\alpha=4$ 时，$y_t=(A_1+A_2t)(\frac{\beta\alpha}{2})^t+\beta\gamma_0$，当 $\beta\alpha<4$ 时，$y_t=(A_1\cos\theta t+A_2\sin\theta t)(\sqrt{\beta\alpha})^t+\beta\gamma_0$，其中 $\theta=\arctan\sqrt{\frac{4}{\beta\alpha}-1}$ **12.** $p_t=(p_0-\frac{2}{3})(-2)^t+\frac{2}{3}$

(B)

1. (1) √ (2) × (3) √ (4) √ **2.** (1) 4 (2) -3 (3) $-\frac{t+1}{t}$, $2^t\frac{t-1}{t}$ (4) $A5^t-\frac{1}{8}(1+4t)$ **3.** (1) D (2) A (3) A (4) B (5) C **4.** $y_t=A5^t-\frac{1}{2}\times 3^t$ **5.** $y_t=A4^t+\frac{1}{4}t\cdot 4^t$ **6.** $y_t=A-\cos\frac{\pi}{2}t-\sin\frac{\pi}{2}t$ **7.** (1) 略 (2) 当 $a\neq c$ 时，$u_t=A(\frac{a}{c})^t+\frac{b}{c-a}$ 当 $a=c$ 时，$u_t=A+\frac{b}{c}t$ (3) $y_t=\frac{2}{1+4t}$ **8.** $y_t=A\alpha^t+\frac{\beta+I}{1-\alpha}$ $C_t=A\alpha^t+\frac{\alpha I+\beta}{1-\alpha}$.

打造学术精品　服务教育事业
河南大学出版社
读者信息反馈表

尊敬的读者：

　　感谢您购买、阅读和使用河南大学出版社的＿＿＿＿＿＿＿＿＿＿一书,我们希望通过这张小小的反馈表来获得您更多的建议和意见,以改进我们的工作,加强我们双方的沟通和联系。我们期待着能为您和更多的读者提供更多的好书。

　　请您填妥下表后,寄回或发 E－mail 给我们,对您的支持我们不胜感激！

1. 您是从何种途径得知本书的：
　　□书店　　□网上　　□报刊　　□图书馆　　□朋友推荐
2. 您为什么决定购买本书：
　　□工作需要　　□学习参考　　□对本书感兴趣　　□随便翻翻
3. 您对本书内容的评价是：
　　□很好　　□好　　□一般　　□差　　□很差
4. 您在阅读本书的过程中有没有发现明显的专业及编校错误？如果有,它们是：
　　＿＿＿＿＿＿＿＿＿＿＿＿＿＿＿＿＿＿＿＿＿＿＿＿＿＿＿＿＿＿＿＿＿＿＿
　　＿＿＿＿＿＿＿＿＿＿＿＿＿＿＿＿＿＿＿＿＿＿＿＿＿＿＿＿＿＿＿＿＿＿＿
　　＿＿＿＿＿＿＿＿＿＿＿＿＿＿＿＿＿＿＿＿＿＿＿＿＿＿＿＿＿＿＿＿＿＿＿
5. 您对哪一类的图书信息比较感兴趣：＿＿＿＿＿＿＿＿＿＿＿＿＿＿＿＿＿＿
　　＿＿＿＿＿＿＿＿＿＿＿＿＿＿＿＿＿＿＿＿＿＿＿＿＿＿＿＿＿＿＿＿＿＿＿
6. 如果方便,请提供您的个人信息,以便于我们和您联系(您的个人资料我们将严格保密)：
　　您供职的单位：＿＿＿＿＿＿＿＿＿＿＿＿＿＿＿＿＿＿＿＿＿＿＿＿＿＿
　　您教授的课程(老师填写)：＿＿＿＿＿＿＿＿＿＿＿＿＿＿＿＿＿＿＿＿
　　您的通信地址：＿＿＿＿＿＿＿＿＿＿＿＿＿＿＿＿＿＿＿＿＿＿＿＿＿＿
　　您的电子邮箱：＿＿＿＿＿＿＿＿＿＿＿＿＿＿＿＿＿＿＿＿＿＿＿＿＿＿

请联系我们：
电话:0371－86059750
传真:0371－86059750
E－mail:zyjyfs2308@163.com
通信地址:河南省郑州市郑东新区 CBD 商务外环路商务西七街中华大厦2409室
河南大学出版社高等教育与职业教育出版分社